Veröffentlichungen des
Deutschen Historischen Instituts London

Publications of the
German Historical Institute London

Veröffentlichungen
des Deutschen Historischen
Instituts London

Herausgegeben von Hagen Schulze

Band 58

Publications of the
German Historical Institute
London

Edited by Hagen Schulze

Volume 58

R. Oldenbourg Verlag München 2005

Ursula Rombeck-Jaschinski

Das Londoner Schuldenabkommen

Die Regelung der deutschen Auslandsschulden
nach dem Zweiten Weltkrieg

R. Oldenbourg Verlag München 2005

Bibliografische Information Der Deutschen Bibliothek
Die Deutsche Bibliothek verzeichnet diese Publikation in der Deutschen
Nationalbibliografie; detaillierte bibliografische Daten sind im Internet
über <http://dnb.ddb.de> abrufbar.

© 2005 Oldenbourg Wissenschaftsverlag GmbH, München
Rosenheimer Straße 145, D-81671 München
Internet: http://www.oldenbourg-verlag.de

Das Werk einschließlich aller Abbildungen ist urheberrechtlich geschützt. Jede Verwertung außerhalb der Grenzen des Urheberrechtsgesetzes ist ohne Zustimmung des Verlages unzulässig und strafbar. Dies gilt insbesondere für Vervielfältigungen, Übersetzungen, Mikroverfilmungen und die Einspeicherung und Bearbeitung in elektronischen Systemen.

Umschlaggestaltung: Dieter Vollendorf, München
Gedruckt auf säurefreiem, alterungsbeständigem Papier (chlorfrei gebleicht).
Gesamtherstellung: R. Oldenbourg Graphische Betriebe Druckerei GmbH, München

ISBN 3-486-57580-5

INHALT

EINLEITUNG 7

I. DIE SCHULDENFRAGE IM KRIEG UND IN DEN ERSTEN NACHKRIEGSJAHREN 25
   1. Überlegungen im Krieg 25
   2. Die ersten Nachkriegsjahre 53

II. VORBEREITUNGEN ZUR LÖSUNG DER SCHULDENFRAGE 81
   1. Erste Orientierungen 81
   2. Die Auseinandersetzungen um die Schuldenerklärung 112
   3. Grundlegende Prinzipien 144

III. AUF DEM WEG ZUR HAUPTKONFERENZ 159
   1. Die Einbeziehung der Deutschen und das deutsche Auslandsvermögen 159
   2. Die Londoner Vorkonferenz 182
   3. Die vorläufige Regelung der Nachkriegsschulden 206
   4. Die Vorbereitung der Hauptkonferenz 223

IV. DIE HAUPTVERHANDLUNGEN 249
   1. Die erste Phase 249
   2. Die Ausarbeitung des deutschen Angebots und die Verhandlungen mit Israel 269
   3. Die Aufnahme des deutschen Angebots in London 290
   4. Die Rogers-Krise und der Erfolg der Verhandlungen 307
   5. Der Schlußbericht 345

V. ABSCHLIESSENDE REGIERUNGSVERHANDLUNGEN 363
   1. Die Verhandlungen über die bilateralen Abkommen mit den Besatzungsmächten 363
   2. Das Regierungsabkommen unter besonderer Berücksichtigung der Reparationsfrage 389
   3. Die Ratifikation des Londoner Schuldenabkommens 423

ZUSAMMENFASSUNG 443

ABKÜRZUNGEN. 459

QUELLEN- UND LITERATURVERZEICHNIS 461
    1. Ungedruckte Quellen 461
    2. Gedruckte Quellen 462
    3. Literatur 462

ABSTRACT 477

PERSONENREGISTER 479

EINLEITUNG

Das Londoner Schuldenabkommen von 1953 fristete mehr als drei Jahrzehnte ein Schattendasein. Im öffentlichen Bewußtsein spielte es praktisch keine Rolle. Dies änderte sich seit den frühen neunziger Jahren fundamental. Seit dieser Zeit ist das Londoner Schuldenabkommen auch breiteren Bevölkerungskreisen zum Begriff geworden, und zwar in zweifacher Hinsicht: Es wird einerseits als Modell gerühmt, um die Schuldenkrise der Dritten Welt zu lösen. Nord-Süd-Initiativen wie *Germanwatch* oder die beiden großen christlichen Kirchen fordern seit Jahren, die Bundesrepublik Deutschland und die privaten deutschen Banken sollten, dem Beispiel der Londoner Schuldenkonferenz folgend, den Entwicklungsländern einen erheblichen Teil ihrer Schulden erlassen, damit diese Länder die frei werdenden finanziellen Mittel in Projekte investieren können, welche die Ursachen ihrer wirtschaftlichen Instabilität und das soziale Elend der Menschen wirksam zu bekämpfen vermögen. Die Befürworter eines Schuldenerlasses für die Dritte Welt verweisen darauf, daß die Bundesrepublik bei der Erfüllung des Schuldenabkommens zu keinem Zeitpunkt mehr als 5% ihres Exporterlöses für den Schuldendienst aufwenden mußte, während die Entwicklungsländer 20%–30% ihrer Exporterlöse für die Bedienung ausländischer Kredite verwenden müssen, die ihnen zum Teil überaus leichtfertig und nicht immer zu lobenswerten Zwecken gewährt worden waren.[1] Das Beispiel Londoner Schuldenabkommen zeige aber, „daß Entschuldung möglich ist, wenn ein ernsthafter politischer Wille besteht."[2]

Ob man dem Londoner Schuldenabkommen für die Bewältigung aktueller Schuldenkrisen eine gewisse Vorbildfunktion konzedieren möchte, hängt von den Umständen des Einzelfalls ab. Es darf nicht außer acht gelassen werden, daß der Erfolg des Schuldenabkommens von 1953 an konkrete Bedingungen gebunden war und nur aus der historischen Situation heraus verstanden werden kann. Insofern bietet sich eine detaillierte Untersuchung der historischen Umstände an, die zur Entstehung des Londoner Schuldenabkommens geführt haben. Es wird zu untersuchen sein, inwiefern die Ver-

---
1 Vgl. WALTER EBERLEI, Von Abs lernen. Schuldenerlaß: Vorbildliches Modell aus Deutschland, Frankfurt a.M., April 1993 (Separatdruck der Reihe: Entwicklung und Zusammenarbeit), HADB.
2 Rat der Evangelischen Kirche und Deutsche Bischofskonferenz (Hrsg.), „Internationale Verschuldung – eine ethische Herausforderung". Gemeinsames Wort des Rates der Evangelischen Kirche in Deutschland und der Deutschen Bischofskonferenz 1998, www.ekd.de-Texte/2064-verschuldung.1998.

zichtbereitschaft des Auslands zum einen auf einer positiven Einschätzung der wirtschaftlichen Entwicklungsmöglichkeiten der Bundesrepublik basierte und zum anderen aus bestimmten politischen Zielvorstellungen der Alliierten resultierte.

Peter F. Schaffner hat in seiner schon etwas älteren juristischen Dissertation am Beispiel der in London geregelten Schulden aus der Dawes- und Young-Anleihe die Frage zu beantworten versucht, ob das Londoner Schuldenabkommen überhaupt als Modell zur Bereinigung gouvernementaler Auslandsschulden tauglich ist. Schaffner gelangt in seiner Arbeit, die ausschließlich auf der Basis der Vertragstexte und von Sekundärliteratur erstellt worden ist, zu keiner eindeutigen Antwort.[3] Da die historischen Umstände und die Entstehungsgeschichte des Londoner Schuldenabkommens in seiner Dissertation nicht weiter berücksichtigt werden, fehlen zuverlässige Vergleichsparameter.

Andererseits hat das Londoner Schuldenabkommen in den vergangenen Jahren auch noch in völlig anderer Hinsicht Furore gemacht. Es wird vielfach als Instrument eingeschätzt, um die individuellen Wiedergutmachungsansprüche ausländischer Opfer des nationalsozialistischen Regimes abzublocken. Seit der Wiedervereinigung steht insbesondere die Frage der Entschädigung ausländischer Zwangsarbeiter wieder auf der politischen Tagesordnung. Dabei geht es speziell um den Artikel 5 Absatz 2 des Schuldenabkommens, der eine Zurückstellung sämtlicher aus dem Zweiten Weltkrieg herrührenden Forderungen ausländischer Staaten und deren Staatsangehörigen gegen Deutschland bis zu einer endgültigen Regelung der Reparationsfrage im Rahmen eines Friedensvertrags beinhaltet. Da ein Friedensvertrag auf sich warten ließ, entwickelte sich der Artikel 5 Absatz 2 zu einer dauerhaften Regelung. Einen eigentlichen Friedensvertrag gibt es bis heute nicht, und es wird ihn wohl auch nicht mehr geben. An seiner Stelle steht der im September 1990 in Moskau unterzeichnete Zwei-Plus-Vier-Vertrag. Mit dem Abschluß dieses Vertrages wird die eigentliche Reparationsfrage allgemein als erledigt angesehen, nicht aber die Erfüllung individueller Entschädigungsansprüche von Opfern des Nazi-Regimes. Viele Nazi-Opfer konnten ihre Ansprüche auf Wiedergutmachung in der Vergangenheit nicht realisieren, weil der Artikel 5 Absatz 2 des Londoner Schuldenabkommens von deutschen Gerichten dahingehend ausgelegt wurde, daß auch die privatrechtlichen Ansprüche ehemaliger Zwangsarbeiter gegen deutsche Fir-

---

3 Vgl. PETER F. SCHAFFNER, Die Regelung der verbrieften Auslandsschulden des Deutschen Reichs innerhalb des Londoner Schuldenabkommens – ein taugliches Modell zur Bereinigung gouvernementaler Auslandsschulden, Jur. Diss. Würzburg 1987, S. 199.

men als Reparationsforderung qualifiziert und damit von einer Regelung ausgeschlossen wurden.⁴ Die prohibitive Wirkung des Artikels 5 Absatz 2 des Londoner Schuldenabkommens richtete sich in der Praxis vor allem gegen die Ansprüche von Ostblockstaaten und deren Bürgern, denn im Lauf der Jahre wurden mit einigen westlichen Staaten trotzdem individuelle Abkommen zur Regelung von Entschädigungsforderungen geschlossen. Mit der Instrumentalisierung des Londoner Schuldenabkommens zum Bollwerk gegen Wiedergutmachungsansprüche hat sich der Historiker Ulrich Herbert sehr kritisch auseinandergesetzt.⁵ Daß der Artikel 5 Absatz 2 seit der Unterzeichnung des Schuldenabkommens im Jahr 1953 in den Dienst der Abwehr ausländischer Entschädigungsansprüche gestellt wurde, ist wegen der Milliardenhöhe der Forderungen aus wirtschaftlicher Perspektive heraus nachvollziehbar, moralisch aber fragwürdig.

In seiner Arbeit über die Reparationen nach dem Zweiten Weltkrieg vertritt der Historiker Jörg Fisch ebenfalls die Auffassung, daß mittels Artikel 5 Absatz 2 des Londoner Schuldenabkommens moralisch gerechtfertigte Reparations- und Wiedergutmachungsansprüche zugunsten einer Regelung privater Schulden unter den Tisch gefallen sind. Sein Vorwurf richtet sich allerdings primär gegen die Vereinigten Staaten und Großbritannien, die der Bedienung privater Kapitalinteressen Vorrang vor den Interessen ziviler Kriegsopfer eingeräumt hätten.⁶ Auf ihren Beschluß hin wurden die während des Krieges angefallenen Schulden von einer Regelung ausgenommen. Fisch hält dies für eine moralisch verwerfliche Politik, die zudem ohne jede Rücksicht auf die Interessen anderer vom Krieg heimgesuchter Länder und deren Bewohner durchgeführt worden sei. Bei einem genauen Blick auf die Entstehungsgeschichte der Schuldenregelung, die in ersten Ansätzen bis in die Kriegszeit zurückreicht, ist zu prüfen, ob der Vorwurf von Fisch in dieser Form berechtigt ist. Dazu sollen die unterschiedlichen Interessenlagen analysiert werden, die Großbritannien und die Vereinigten Staaten an der Regelung der deutschen Auslandsverschuldung hatten. Nicht übersehen

---

4 Vgl. ERNST FÉAUX DE LA CROIX, Schadenersatzansprüche ausländischer Zwangsarbeiter im Lichte des Londoner Schuldenabkommens, in: Neue Juristische Wochenschrift 13 (1960), S. 2268 ff.; vgl. BERT WOLFGANG EICHHORN, Reparationen als völkerrechtliche Deliktshaftung. Rechtliche und praktische Probleme unter besonderer Berücksichtigung Deutschlands (1918–1990), Baden-Baden 1992, S. 140 ff.
5 Vgl. ULRICH HERBERT, Nicht entschädigungsfähig? Die Wiedergutmachungsansprüche der Ausländer, in: LUDOLF HERBST und CONSTANTIN GOSCHLER (Hrsg.), Wiedergutmachung in der Bundesrepublik Deutschland, München 1989, S. 276 ff.
6 Vgl. JÖRG FISCH, Reparationen nach dem Zweiten Weltkrieg, München 1982, S. 111 ff.; DERS., Reparationen und Entschädigungen nach dem Zweiten Weltkrieg, in: Blätter für deutsche und internationale Politik 6 (2000), S. 687 ff.

werden darf, daß nach dem Krieg neben den Schulden aus der Vorkriegszeit noch die Schulden aus der alliierten Nachkriegswirtschaftshilfe hinzukamen.

Ob der Artikel 5 des Londoner Schuldenabkommens auch heute noch Gültigkeit beanspruchen kann, ist in der juristischen Literatur umstritten. In einer jüngst erschienenen staatsrechtlichen Publikation von Hermann-Josef Brodesser, Bernd Josef Fehn u. a. wird diese Frage bejaht und die Praxis der Vergangenheit juristisch auch nicht weiter in Frage gestellt.[7]

Die Beantwortung juristischer Fragen ist nicht die Aufgabe der vorliegenden Arbeit. Sicher kann aber die Darlegung des Entstehungszusammenhangs von Artikel 5 Absatz 2 des Londoner Schuldenabkommens zur aktuellen Diskussion einen Beitrag leisten.

Das am 27. Februar 1953 unterzeichnete Londoner Schuldenabkommen stellte ein Novum in der Geschichte der internationalen Schuldenregelung dar. Mit ihm wurde die gigantische deutsche Auslandsverschuldung aus der Vor- und Nachkriegszeit geregelt. Von ersten Gesprächen im Juni 1951 zogen sich die komplizierten und teilweise sehr schwierigen Verhandlungen, an der Gläubigervertreter und Regierungsbeobachter aus über zwanzig Ländern teilnahmen, in mehreren Abschnitten bis Ende Februar 1953 hin. Dabei konnte die ursprüngliche Schuldensumme von geschätzten fast DM 30 Milliarden auf knapp DM 14 Milliarden reduziert werden. Im Zentrum der Verhandlungen standen die Vorkriegsschulden, die ganz überwiegend ein Erbe der Weimarer Republik und nicht der nationalsozialistischen Zeit waren, wie fälschlicherweise oft behauptet wurde. Den größten Anteil am Schuldenberg machten die Reichsschulden aus. Dabei handelte es sich im wesentlichen um die Schulden aus der Dawes-Anleihe von 1924, der Young-Anleihe und der Kreuger-Anleihe, beide von 1930. Die Dawes- und die Young-Anleihe standen in einem mittelbaren Zusammenhang zur Reparationsregelung nach dem Ersten Weltkrieg. Sie hatten als Anschubfinanzierung für Reparationszahlungen gedient. Da es sich bei ihnen um Verpflichtungen gegenüber privaten Anleihegläubigern aus verschiedenen Ländern handelte, fielen die beiden Reichsanleihen nicht unter den von der Lausanner Reparationskonferenz beschlossenen Reparationsstop.

Aus der Zeit nach der nationalsozialistischen Machtübernahme stammen dagegen die Schulden der Konversionskasse. Die 1933 gegründete Konversionskasse lenkte den gesamten Zahlungsverkehr des Reiches mit dem Ausland. Nach deutschem Recht war der deutsche Schuldner entlastet, wenn er

---

[7] Vgl. HERMANN-JOSEF BRODESSER, Wiedergutmachung und Kriegsfolgenliquidation. Geschichte, Regelungen, Zahlungen, München 2000, S. 183 ff.

seinen Schuldverpflichtungen durch eine RM-Zahlung an die Konversionskasse nachgekommen war, unabhängig davon, ob der ausländische Gläubiger tatsächlich Zahlungen erhalten hatte. Nach dem Beginn des Krieges wurde der Transfer mit Ausnahme an neutrale Staaten praktisch ganz eingestellt.

Neben den öffentlichen Schulden von Reich, Ländern und Kommunen wurden in London auch rein private Schulden geregelt. Neben den Anleiheschulden der deutschen Industrie waren die sogenannten Stillhalteschulden die wichtigste Kategorie. Dabei handelte es sich um kurzfristige Schulden zwischen ausländischen und deutschen Banken oder Industrieunternehmen, die in Folge der deutschen Bankenkrise 1930/31 entstanden waren. In sämtlichen Schuldenkategorien mit Ausnahme der Stillhalteschulden waren die Amerikaner Hauptgläubiger. Bei den Stillhalteschulden hielten britische Banken den größten Anteil. Als letzte Kategorie kamen noch die kommerziellen und diverse sonstige private Schulden hinzu. Im Zuge der Londoner Schuldenkonferenz wurde also ein Konglomerat von Schulden unterschiedlichster Provenienz geregelt, was die besondere Schwierigkeit der Schuldenverhandlungen ausmachte.

Parallel zu den Vorkriegsschulden und mit ihnen in einem wechselseitigen Abhängigkeitsverhältnis verbunden wurden in London auch die Schulden aus der alliierten Nachkriegswirtschaftshilfe geregelt. Die wichtigsten Hilfsmaßnahmen waren die GARIOA-Hilfe (*Government Appropriations and Relief for Import in Occupied Areas*) und die Marshallplan-Hilfe. Die Besatzungsmächte hatten sich beim Abschluß der Verträge Priorität vor allen anderen Zahlungen, die ein künftiger deutscher Staat zu leisten haben würde, einräumen lassen. Großbritannien und vor allem die Vereinigten Staaten waren aber bereit, unter bestimmten Bedingungen einen großzügigen Nachlaß auf ihre Forderungen zu gewähren, ohne den eine Regelung der Vorkriegsschulden nicht möglich gewesen wäre.

Die Regelung der deutschen Auslandsschulden aus der Vor- und Nachkriegszeit – die während des Krieges entstandenen Schulden wurden ausgeklammert – war von Großbritannien und den Vereinigten Staaten auf den Weg gebracht worden. Dazu war auf Beschluß der Außenminister in London eine *International Study Group* ins Leben gerufen worden, die den organisatorischen Rahmen und die wesentlichsten Ziele für eine internationale Schuldenkonferenz in London abzustecken hatte. Als Bedingung für eine Revision des Besatzungsstatuts verlangten die Besatzungsmächte von der Bundesrepublik, eine Erklärung zur Übernahme der deutschen Auslandsschulden abzugeben. Als Rechtsnachfolger des Deutschen Reichs übernahm die Bundesrepublik in dieser Erklärung die Haftung für die gesamten Vorkriegsschulden des ehemaligen Reichs, allerdings sollte die Bundesrepublik davon nur einen ihren Zahlungsmöglichkeiten angepaßten Anteil tatsächlich zurückzahlen müssen. Über die dafür zugrundezulegenden Kriterien gab es Meinungsunterschiede zwischen der Bundesregierung und den Besatzungsmächten, die sich über ein halbes Jahr hinzogen. Die Schuldenerklärung wurde am 6. März 1951 von der Bundesregierung abgegeben.

Im Mai 1951 wurde die *Study Group* durch die *Tripartite Commission on German Debts* (TCGD) ersetzt. In dieser waren neben Vertretern Großbritanniens und der Vereinigten Staaten auch Vertreter Frankreichs vertreten. Frankreich hatte zwar einen relativ hohen Anteil an den privaten Vorkriegsschulden, hatte aber nach dem Krieg keine Wirtschaftshilfe geleistet. Pro forma wurde Frankreich eine geringe Summe als Nachkriegswirtschaftshilfe zuerkannt. Wegen der politischen Bedeutung des Schuldenabkommens sollte auch Frankreich als Besatzungsmacht in der TCGD vertreten sein, unter deren Aufsicht und Leitung die gesamten Schuldenverhandlungen standen.

Die Leitung der deutschen Verhandlungsdelegation übernahm auf Wunsch von Bundeskanzler Adenauer der Bankier Hermann J. Abs, der die notwendigen Voraussetzungen mitbrachte, um die schwierige Aufgabe meistern zu können. Als Bankier verfügte Abs über reiche Erfahrung im Umgang mit Schulden, er hatte internationale Verhandlungserfahrung, beherrschte die Sprachen der wichtigsten Gläubigerländer und besaß diplomatisches Geschick. Darüber hinaus hatte Abs in den Augen von Adenauer den besonderen Vorzug, neben seinen anerkannten Fähigkeiten als Bankier auch ein gutes politisches Urteilsvermögen zu besitzen. Für die Londoner Schuldenverhandlung war ein Verhandlungschef, der sowohl den Finanz- als auch den Politikbereich abdecken konnte, von großem Vorteil, denn in London ging es um mehr als um reine Finanzverhandlungen. Zahlreiche politische Probleme spielten in die Verhandlungen hinein: der Umgang mit dem für Reparationszwecke beschlagnahmten deutschen Auslandsvermögen, die schrittweise Wiederherstellung der deutschen Souveränität, die Einbindung der Bundesrepublik in das westliche Verteidigungssystem und *last but not least* die parallel verlaufenden Wiedergutmachungsverhandlungen mit Israel. Die beiden zuletzt genannten Punkte waren insofern besonders bedeutsam, als sie mit großen finanziellen Belastungen für die Bundesrepublik verbunden waren, die in einem Konkurrenzverhältnis zu den für die Bedienung der Auslandsschulden aufzubringenden Mitteln standen. Die Vermögensfrage hatte vor allem innenpolitische Bedeutung. Trotz aller Widrigkeiten und Krisen konnten die Schuldenverhandlungen in London nicht zuletzt dank des Verhandlungsgeschicks von Abs zu einem erfolgreichen Ende gebracht werden.

Abs zählte den Abschluß des Londoner Schuldenabkommens zu den größten Leistungen seines öffentlichen Lebens. Er sah es zu Recht als gutes Zeichen an, daß die Regelung der deutschen Auslandsschulden nach dem Zweiten Weltkrieg keine vergleichbare Aufregung in breiten Kreisen der deutschen Bevölkerung hervorgerufen hat wie die Reparationsregelung nach dem Ersten Weltkrieg. Erheblich beigetragen hat dazu die äußerst positive Entwicklung der deutschen Wirtschaft im allgemeinen und der deutschen Zahlungsbilanz im besonderen, die eine unproblematische Umsetzung der in London ausgehandelten Vereinbarungen ermöglichte. Im Verlauf der Untersuchung wird deutlich werden, daß die weitgehend störungsfreie Durchführung des Schuldenabkommens vor und während den Verhandlungen zwar erhofft, von vielen aber nicht unbedingt erwartet wurde.

In den letzten Jahren seines langen Lebens hat Abs zunehmend beklagt, daß das Londoner Schuldenabkommen in der Zeitgeschichtsforschung recht stiefmütterlich behandelt worden ist.[8] Es ist in der Tat erstaunlich, daß noch immer keine wissenschaftlich fundierte Monographie über das Londoner Schuldenabkommen von 1953 erarbeitet worden ist. Hans-Peter Schwarz hat dies schon vor zwanzig Jahren bedauert und die Zeitgeschichtsforschung dazu aufgerufen, sich verstärkt mit dieser wichtigen Thematik auseinanderzusetzen, an der die für die Adenauer-Ära so typische Verzahnung von Außen- und Wirtschaftspolitik exemplarisch aufgezeigt werden kann.[9] Er tat dies in seiner Einführung zu einem Vortrag von Hermann J. Abs über das Londoner Schuldenabkommen, den dieser anläßlich einer Tagung der Stiftung Bundeskanzler-Adenauer-Haus am 18. April 1980 hielt. Der als Band 4 der „Rhöndorfer-Gespräche" 1982 in Buchform erschienene, aus dem Gedächtnis gehaltene Vortrag von Abs samt anschließender Diskussion war jahrelang die wichtigste Publikation zum Londoner Schuldenabkommen. Vortrag und Buch tragen den Titel „Die Wiederherstellung des deutschen Kredits", auf den sich Schwarz mit Abs in einem Vorgespräch geeinigt hatte.[10] Schwarz weist in seiner Einführung auf die bewußt gewählte Doppeldeutigkeit der Formulierung hin. Sie sollte darauf aufmerksam machen, daß es beim Londoner Schuldenabkommens nicht nur

---
8 Interview mit Prof. Dr. Dieter Spethmann, 25. 1. 2002.
9 Vgl. HANS-PETER SCHWARZ (Hrsg.), Die Wiederherstellung des deutschen Kredits. Das Londoner Schuldenabkommen (Rhöndorfer Gespräche, Bd. 4), Stuttgart 1982, S. 8 ff. (Einleitung).
10 Ebd., S. 12 ff.

um die Wiederherstellung des deutschen Auslandskredits im finanztechnischen Sinn, sondern auch um die Wiedergewinnung der deutschen Glaub- und Vertrauenswürdigkeit, also um die Wiedergewinnung des politisch-moralischen Kredits, ging. Schwarz weist in diesem Zusammenhang ausdrücklich auf die Bedeutung des Vertrags mit Israel hin, der etwa zur gleichen Zeit wie das Schuldenabkommen in Den Haag ausgehandelt wurde und mit diesem interdependent verflochten ist.[11]

Die maßgebliche bisher zum Londoner Schuldenabkommen erschienene Publikation stammt wiederum von Hermann J. Abs und trägt den programmatischen Titel „Entscheidungen". Fast genau zehn Jahre nach seinem Rhöndorfer Vortrag hat sich Abs hier noch einmal dem Thema Londoner Schuldenabkommen zugewandt. Im Vorwort erklärt Abs es zum wesentlichen Ziel seiner Publikation, der zeitgeschichtlichen Forschung den Einstieg in das Thema zu erleichtern. Er fügt an: „Es wäre wünschenswert, wenn sie sich des Themas weiter annähme."[12] In einer Rezension zu diesem Buch weist der Wirtschaftshistoriker Friedrich-Wilhelm Henning ausdrücklich darauf hin, daß das Londoner Schuldenabkommen noch immer ein Desiderat der zeitgeschichtlichen und wirtschaftsgeschichtlichen Forschung darstellt.[13] Die vorliegende Arbeit will einen Beitrag leisten, um diese nach wie vor bestehende Forschungslücke zu füllen.

Im Gegensatz zum Rhöndorfer Vortrag von Abs ist das Ende 1991 erschienene Buch „Entscheidungen" keine reine Gedächtnisleistung. Es wurde im Auftrag von Abs und unter dessen intensiver Anteilnahme von Bernd Kulla, einem Mitarbeiter des Deutsche Bank Archivs, auf einer soliden Quellenbasis verfaßt und bietet zweifellos einen guten Einstieg in das komplexe Thema. Das Buch schildert die Entstehungsgeschichte des Londoner Schuldenabkommens in einem zeitlichen Rahmen von 1949 bis 1953 mit Ausblick auf die Jahre der praktischen Umsetzung des Abkommens. Teilweise hat das Buch etwas Zwitterhaftes an sich. Obwohl es in der Ich-Form geschrieben ist und im wesentlichen die Sichtweise von Abs darlegt, handelt es sich nicht um Memoiren. Eine wissenschaftliche Monographie im klassischen Sinne ist es aber auch nicht. Der Titel „Entscheidungen" weist den Leser auf das Selbstverständnis von Abs beim Aushandeln des Londoner Abkommens hin. Abs war Verhandlungsführer im wörtlichen

---

[11] Ebd., S. 10.
[12] Ebd., S. XI.
[13] FRIEDRICH-WILHELM HENNING, Rezension von: HERMANN J. ABS, Entscheidungen 1949–1953. Die Entstehung des Londoner Schuldenabkommens, Mainz 1991, in: Vierteljahrschrift für Sozial- und Wirtschaftsgeschichte 79 (1992), S. 596.

Sinn. Daß dies innerhalb der Deutschen Delegation nicht immer goutiert wurde und es zu gelegentlichen Spannungen über die Verhandlungsführung kam, wird in der vorliegenden Arbeit gezeigt werden.

Leider war Abs nur sehr selten bereit, die nüchterne und sachliche Schilderung der langwierigen und komplizierten Verhandlungen durch Hintergrundinformationen, die in den Akten keinen Niederschlag gefunden haben, anzureichern. Plastischere Schilderungen zu den Protagonisten des Schuldenabkommens finden sich eher in den Memoiren von Sir George Rendel, dem Leiter der britischen Verhandlungsdelegation.[14] Einen Eindruck von der Atmosphäre der Londoner Verhandlungen vermitteln auch die Erinnerungen von Georg Vogel, der als Vertreter des Marshallplanministeriums an den Verhandlungen teilnahm. Zwischen Abs und Vogel kam es gelegentlich zu Meinungsverschiedenheiten über die Verhandlungsstrategie.[15] Naturgemäß fehlen in der Publikation weitgehend die zeitgenössischen kritischen Äußerungen über die Person und das Wirken von Abs vor allem von amerikanischer Seite.

Außer den beiden bereits erwähnten Publikationen gibt es noch einige kleinere Arbeiten von Abs zum Londoner Schuldenabkommen. Nicht selten handelt es sich dabei um die gedruckte Fassung von Vorträgen von Hermann J. Abs. Sie umspannen einen Zeitraum von 1952, also noch vor der Unterzeichnung des Abkommens, bis zum Beginn der 90er Jahre.[16] Auf einen Vortrag, den Abs kurz nach Gründung der Bundesrepublik im September 1949 vor dem Hamburger *Übersee-Club* gehalten und in dem er auf die dringende Notwendigkeit einer schnellen Regelung der deutschen Auslandsverschuldung hingewiesen hat, soll hier als Quelle gesondert hingewiesen werden.[17] Die Vortrags- und Publikationstätigkeit von Abs hat die

---

14 GEORGE RENDEL, The Sword and the Olive. Recollections of Diplomacy and the Foreign Service, 1913–1954, London 1957, S. 325 ff.
15 GEORG VOGEL, Diplomat unter Hitler und Adenauer, Düsseldorf 1969, S. 179 ff.
16 Im folgenden sollen nur die wichtigsten Titel aufgeführt werden (In der Tagespresse veröffentlichte Artikel bleiben unberücksichtigt): HERMANN J. ABS, Auslandsschulden, in: DERS., Zeitfragen der Geld- und Wirtschaftspolitik. Aus Vorträgen und Aufsätzen (Schriftenreihe zur Geld- und Finanzpolitik, Bd. 3), Frankfurt a. M. 1959, S. 11 ff.; DERS., Konrad Adenauer und die Wirtschaftspolitik der fünfziger Jahre, in: DIETER BLUMENWITZ (Hrsg.), Konrad Adenauer und seine Zeit. Politik und Persönlichkeit des ersten Bundeskanzlers, Stuttgart 1976, S. 229–245; DERS., Deutschlands wirtschaftlicher und finanzieller Aufbau, in: KARL CARSTENS und ALFONS GOPPEL (Hrsg.), Franz Josef Strauß. Erkenntnisse, Standpunkte, Ausblicke, München 1985, S. 351–370; DERS., Der Weg zum Londoner Schuldenabkommen, in: WOLFGANG J. MÜCKL (Hrsg.), Föderalismus und Finanzpolitik. Gedenkschrift für Fritz Schäffer, Paderborn 1990, S. 81–95.
17 HERMANN J. ABS, Probleme der deutschen Auslandsverschuldung und der Auslandskredite. Vortrag vor dem „Übersee-Club", Gesellschaft für Weltwirtschaft e.V., Hamburg am

Rezeption des Londoner Schuldenabkommens stark beeinflußt. Abs war Protagonist und Interpret des Londoner Schuldenabkommens in einer Person.

Sieht man einmal von den Arbeiten ab, die Abs selbst geschrieben oder in Auftrag gegeben hat, gibt es nur eine einzige geschichtswissenschaftliche Einzelschrift zum Londoner Schuldenabkommen. Der Wirtschaftshistoriker Christoph Buchheim hat 1986 einen kurzen, instruktiven Aufsatz zur Entstehungsgeschichte des Londoner Abkommens veröffentlicht.[18] Buchheim führt darin das mangelnde Interesse der historischen Forschung an diesem Thema, das er vor allem wegen seiner Vorgeschichte für historisch bedeutsam hält, auf dessen „technischen Charakter" zurück. In der Tat ist die Materie spröde. Abgesehen von Abs waren es fast ausschließlich Juristen, die sich mit dem Schuldenabkommen beschäftigt haben.[19] Besonders zu erwähnen ist der Name Paul Krebs.[20] Krebs war ein enger Mitarbeiter von Abs, der während der Schuldenverhandlungen als persönlicher Referent fungiert hat. In den zum Schuldenabkommen zugänglichen Quellen taucht sein Name jedoch so gut wie gar nicht auf.

In Gesamtdarstellungen zur Geschichte und Außenpolitik der frühen Bundesrepublik wird das Schuldenabkommen sehr unterschiedlich behandelt. In den schon etwas älteren Arbeiten von Andreas Hillgruber und Paul Noack wird das Schuldenabkommen ebensowenig erwähnt wie in den vergleichsweise neuen Arbeiten von Christian Hacke und Wolfgang F. Hanrieder.[21] Kurt Düwell und Klaus Hildebrand nennen das Londoner Schulden-

---

16. 9. 1949, in: HANS-PETER SCHWARZ (Hrsg.), Die Wiederherstellung des deutschen Kredits. Das Londoner Schuldenabkommen, Stuttgart 1982, S. 80–96.
[18] Vgl. CHRISTOPH BUCHHEIM, Das Londoner Schuldenabkommen, in: LUDOLF HERBST (Hrsg.), Westdeutschland 1945–1955: Unterwerfung, Kontrolle, Integration, München 1986, S. 229–239.
[19] GEORG ERLER, Die Rechtsprobleme der deutschen Auslandsverschuldung und ihre Behandlung auf der Londoner Schuldenkonferenz, in: Europa-Archiv 18 (1952), S. 2–16; ERNST FÉAUX DE LA CROIX, Betrachtungen zum Londoner Schuldenabkommen, in: Völkerrechtliche und staatsrechtliche Abhandlungen. Festschrift für Carl Bilfinger zum 75. Geburtstag am 21. Januar 1954, Köln 1954, S. 27–70; HANS GURSKI, Das Abkommen über deutsche Auslandsschulden. Kommentar, Köln 1955. Hinzu kommen diverse Artikel zu speziellen Themen, z.B. WERNER VEITH, Der Begriff der Auslandsschuld nach dem Abkommen über deutsche Auslandsschulden, in: Der Betriebs-Berater 8 (1953), S. 814–816.
[20] PAUL KREBS, Die Stillhaltung erfüllte ihren Zweck, in: Zeitschrift für das gesamte Kreditwesen 7 (1954), S. 806–808; DERS., Schuldenabkommen, in: HEINRICH NICKLISCH, Handwörterbuch der Betriebswirtschaft, Bd. 3, Stuttgart 1960, Sp. 4816–4829.
[21] Vgl. ANDREAS HILLGRUBER, Deutsche Geschichte von 1945–1972, Darmstadt 1974; PAUL NOACK, Die Außenpolitik der Bundesrepublik Deutschland, Stuttgart 1972 (gilt auch für die Neubearbeitung von 1982); vgl. CHRISTIAN HACKE, Weltmacht wider Willen. Die Außenpolitik der Bundesrepublik Deutschland, Stuttgart 1988; WOLFGANG F. HANRIEDER,

Einleitung 17

abkommen in ihren Werken im Zusammenhang mit dem Wiedergutmachungsvertrag mit Israel.[22]

Im Gegensatz zum Schuldenabkommen wird die Wiedergutmachung seit langem intensiv erforscht. Da die Verhandlungen über die deutschen Auslandsschulden in einem direkten Konkurrenzverhältnis zu den Wiedergutmachungsverhandlungen standen, findet das Schuldenabkommen in der umfangreichen Literatur über das Abkommen mit Israel einen vergleichsweise großen Niederschlag. In älteren Arbeiten, die teilweise von direkt Beteiligten stammen, steht nicht selten die Person von Hermann J. Abs im Vordergrund, der als Gegner des Wiedergutmachungsabkommens überwiegend kritisch bewertet wird.[23] Das gilt auch für die Erinnerungen von Franz Böhm, der als Leiter der deutschen Verhandlungsdelegation in Den Haag ein entschiedener Gegner von Abs gewesen war.[24] In neueren Forschungen wird das Spannungsverhältnis zwischen London und Den Haag sowie die Rolle der Alliierten wesentlich differenzierter gesehen.[25]

In seiner Adenauer-Biographie bricht Henning Köhler dagegen eine Lanze für Abs, der nicht in Bausch und Bogen als Feind Israels verurteilt werden dürfe, sondern schlichtweg den Zwängen der Londoner Verhandlungsstrategie unterlegen habe. Köhler widmet dem Vertrag mit Israel in seinem Buch ein eigenes Kapitel, in dem als Gegenpol auch die Schulden-

---

Deutschland, Europa, Amerika. Die Außenpolitik der Bundesrepublik Deutschland 1949–1989, Paderborn 1991.
22 Vgl. KURT DÜWELL, Entstehung und Entwicklung der Bundesrepublik 1945–1961, Köln 1981, S. 242 f.; vgl. KLAUS HILDEBRAND, Integration und Souveränität. Die Außenpolitik der Bundesrepublik Deutschland 1949–1982, Bonn 1991, S. 41 f.
23 Als Beispiele für viele: KURT R. GROSSMANN, Die Ehrenschuld. Kurzgeschichte der Wiedergutmachung, Frankfurt a. M. 1967, S. 33 ff.; LOUIS E. PEASE, After the Holocaust: West Germany and Material Reparation, Ph. D. Thesis, The Florida State University 1976, S. 426 ff.; INGE DEUTSCHKRON, Bonn and Jerusalem. The Strange Coalition, Philadelphia 1970, S. 50 ff.; FELIX E. SHINNAR, Bericht eines Beauftragten. Die deutsch-israelischen Beziehungen 1951–1966, Tübingen 1967, S. 39 ff. Vgl. dagegen das relativ milde Urteil von NAHUM GOLDMANN, Staatsmann ohne Staat. Autobiographie, Köln 1970, S. 317 ff.
24 Vgl. FRANZ BÖHM, Das deutsch-israelische Abkommen 1952, in: DIETER BLUMENWITZ (Hrsg.), Konrad Adenauer und seine Zeit. Politik und Persönlichkeit des ersten Bundeskanzlers, Stuttgart 1976, S. 444 ff. Im selben Band findet sich auch ein Beitrag von Abs.
25 Vgl. ROLF THEIS, Wiedergutmachung zwischen Moral und Interesse. Eine kritische Bestandsaufnahme der deutsch-israelischen Regierungsverhandlungen, Frankfurt a. M. 1989, S. 161 ff.; YESHAYAHU A. JELINEK, Die Krise der Shilumin/Wiedergutmachungsverhandlungen im Sommer 1952, in: VfZ (1990), S. 113–125, S. 116 ff.; DERS, Israel und die Anfänge der Shilumin, in: LUDOLF HERBST und CONSTANTIN GOSCHLER (Hrsg.), Wiedergutmachung in der Bundesrepublik Deutschland, München 1989, S. 131 ff.; NIELS HANSEN, Aus dem Schatten der Katastrophe. Die deutsch-israelischen Beziehungen in der Ära Konrad Adenauer und David Ben Gurion, Düsseldorf 2002, S. 67 ff.

verhandlungen erwähnt werden. Im Vordergrund steht bei Köhler die Person von Abs als Widerpart von Adenauer.[26]

In der Geschichte der Bundesrepublik von Hans-Peter Schwarz ist dagegen weniger von Abs persönlich, sondern mehr vom Schuldenabkommen selbst die Rede. Schwarz wählte für sein Kapitel über das Londoner Schuldenabkommen und den Vertrag mit Israel den Titel des Rhöndorfer Vortrags von Abs in seiner doppelten Bedeutung.[27]

Gregor Schöllgen erwähnt das Schuldenabkommen in seiner Darstellung der deutschen Außenpolitik nur sehr kurz. Im Gegensatz zu allen bisher angeführten Arbeiten stellt er das Abkommen nicht in einen Zusammenhang mit dem Israel-Vertrag, der an anderer Stelle vorgestellt wird, sondern erwähnt allgemein dessen Bedeutung für die schrittweise Wiedergewinnung der deutschen Souveränität und für den deutschen Verteidigungsbeitrag.[28]

Man kann sich dem komplexen und heterogenen Thema Londoner Schuldenabkommen auf unterschiedliche Weise nähern. Die vorliegende Arbeit verfolgt einen politikgeschichtlichen Ansatz, und es ist ihr übergeordnetes Ziel, die Bedeutung der Auslandsschuldenregelung für die politische Geschichte der frühen Bundesrepublik herauszuarbeiten. Sie legt deshalb einen größeren zeitlichen Rahmen zugrunde als Hermann J. Abs in seinem Buch „Entscheidungen". Im Gegensatz zu Abs, dessen Buch vorwiegend die deutsche Perspektive darstellt, wählt die vorliegende Arbeit einen multiperspektivischen Ansatz. Die Interessen Großbritanniens und der Vereinigten Staaten am Zustandekommen einer Regelung der deutschen Auslandsverschuldung sollen ebenso dargelegt werden wie die der Bundesrepublik.

Wie Christoph Buchheim in seinem Aufsatz zu Recht festgestellt hat, ist die Vorgeschichte des Schuldenabkommens für die politische Geschichte besonders relevant. Sie soll deshalb in der vorliegenden Arbeit stärker berücksichtigt werden. In ersten Ansätzen reicht die Vorgeschichte des Schuldenabkommens bis in die frühe Kriegszeit zurück. Besonders die Briten haben sich schon sehr frühzeitig mit dem Problem der Auslandsschulden beschäftigt, wobei es ihnen primär um eine rechtliche Sicherung der privaten Schuldansprüche über das Kriegsende hinaus ging. Allein dies sollte sich

---

[26] Vgl. HENNING KÖHLER, Adenauer. Eine politische Biographie, Frankfurt a.M. 1994, S. 698 ff.
[27] Vgl. HANS-PETER SCHWARZ, Geschichte der Bundesrepublik 1949–1957: Die Ära Adenauer (Geschichte der Bundesrepublik, hrsg. von DIETRICH BRACHER und THEODOR ESCHENBURG, Bd. 2), Stuttgart 1981, S. 181 ff.
[28] Vgl. GREGOR SCHÖLLGEN, Die Außenpolitik der Bundesrepublik Deutschland. Von den Anfängen bis zur Gegenwart, München 1999, S. 27.

zeitweilig als sehr schwierig erweisen, weil die privaten Vorkriegsschulden in einem Konkurrenzverhältnis zu den Reparations- und sonstigen Entschädigungsansprüchen standen. Im Zuge der Veränderung der weltpolitischen Lage nahm das Interesse an einer Regelung der deutschen Auslandsschulden sukzessive wieder zu. Das Interesse an der Erfüllung von Entschädigungs- und Wiedergutmachungsansprüchen ging proportional zurück.

Es ist zu prüfen, in welchem Umfang die globalstrategischen Zielvorstellungen der westlichen Führungsmacht USA auf der einen und die geschwächte Machtposition und desolate finanzielle Lage Großbritanniens auf der anderen Seite die Vorbereitung und Durchführung der Londoner Schuldenkonferenz beeinflußten. Die USA sahen in der Bundesrepublik zunehmend einen wichtigen Stabilisierungsfaktor für ganz Westeuropa, sowohl in wirtschaftlicher als auch in verteidigungspolitischer Hinsicht. Ihre Schuldenpolitik gegenüber der Bundesrepublik muß daher in diesem Kontext gesehen werden, während für Großbritannien die aus der eigenen Schwäche resultierende Abhängigkeit von den USA als Faktor in die Untersuchungen einzubeziehen ist.

In der vorliegenden Arbeit soll auch untersucht werden, welchen innenpolitischen Einflüssen und Rücksichtnahmen die Regierungen von Großbritannien und den Vereinigten Staaten in ihrer Schuldenpolitik ausgesetzt waren. Der Umgang mit den Schulden aus der alliierten Nachkriegswirtschaftshilfe ist für Großbritannien in diesem Zusammenhang von besonderer Bedeutung.

Auf die relativ untergeordnete Rolle Frankreichs wird in dieser Arbeit nur insoweit eingegangen, als sie für das Verhältnis der Besatzungsmächte untereinander oder für das deutsch-französische Verhältnis von Interesse ist.

Eine Sonderrolle spielen die Niederlande, die Schweiz und Israel. Alle drei Länder versuchten auf unterschiedliche Weise, Forderungen in die Schuldenkonferenz einzubringen, die außerhalb ihres Zuständigkeitsbereichs (*scope of settlement*) lagen. Auf die speziellen Interessen der Niederlande und der Schweiz geht die vorliegende Arbeit nur kurz ein. Etwas ausführlicher sollen dagegen die Auswirkungen der Wiedergutmachungsverhandlungen auf die Londoner Schuldenverhandlungen expliziert werden. Der Schwerpunkt des Interesses liegt also genau umgekehrt wie in den oben angeführten Arbeiten zum Israel-Vertrag.

Die Bundesrepublik wurde von den Besatzungsmächten erst zu einem relativ späten Zeitpunkt in die Vorbereitungen zur Schuldenkonferenz eingeschaltet. Dies ist nicht nur dadurch begründet, daß das Schuldnerland

Deutschland erst seit Ende 1949 wieder über eine funktionsfähige zentrale Regierungsinstanz verfügte. Es wird zu zeigen sein, wie die ursprünglichen Vorstellungen der Besatzungsmächte, in welcher Art und Weise der neue deutsche Staat in die Verhandlungen einbezogen werden sollte, erheblich von den Erwartungen der Bundesregierung abwichen. Eine erste Positionsbestimmung für beide Seiten brachten die Auseinandersetzungen um die Abgabe der deutschen Schuldenerklärung, die von den Besatzungsmächten zur Vorbedingung einer Revision des Besatzungsstatuts gemacht worden war.

Es soll untersucht werden, inwiefern der zunehmende wirtschaftliche und politische Bedeutungszuwachs der Bundesrepublik Einfluß auf die Londoner Verhandlungen und auf die deutsche Verhandlungsstrategie hatte. In diesem Zusammenhang war der deutsche Verteidigungsbeitrag sehr bedeutsam.

Über die Ziele und die Strategie der Verhandlungen gab es innenpolitische Auseinandersetzungen. Dabei spielte die Frage des deutschen Auslandsvermögens eine nicht unerhebliche Rolle. Die Versuche verschiedener deutscher Interessengruppen, Einfluß auf die Schuldenverhandlungen zu nehmen, soll im Rahmen der vorliegenden Arbeit ebenso untersucht werden wie die Strategiekonflikte innerhalb und außerhalb der deutschen Verhandlungsdelegation. In diesem Zusammenhang soll nochmals die Bedeutung von Hermann J. Abs beleuchtet und kritisch bewertet werden. Ungeachtet manch kritischer Stellungnahmen zu seiner Person und Verhandlungsführung hat Abs sicher erheblich zum erfolgreichen Abschluß der Londoner Schuldenkonferenz beigetragen. Dies gilt sowohl für die Verhandlungen mit den Gläubigern als auch für die anschließenden Verhandlungen mit den Besatzungsmächten. Es darf dabei nicht übersehen werden, daß die deutsche Seite trotz aller für sie günstigen politischen Entwicklungen aus der inferioren Position eines moralisch diskreditierten Staats und Kriegsverlierers heraus verhandeln mußte.

Die vorliegende Arbeit endet mit dem Inkrafttreten des Schuldenabkommens am 16. September 1953. Die praktische Durchführung des Schuldenabkommens wird in dieser Arbeit abgesehen von einem kurzen Ausblick am Ende der Zusammenfassung nicht mehr thematisiert. Die Wirkungsgeschichte des Londoner Schuldenabkommens ist weniger von politik- als von finanzgeschichtlichem Interesse.

Abschließend soll die Quellenbasis der vorliegenden Arbeit dargelegt werden. Es handelt sich fast ausschließlich um archivalisches Quellenmaterial, da nur wenige für das Thema relevante Dokumente in gedruckter Form vorliegen.

Ausgangspunkt der Quellenarbeit war der erst Anfang der 90er Jahre freigegebene Bestand Londoner Schuldenabkommen (LSA) des Politischen Archivs des Auswärtigen Amts. Es bot sich an, die Quellenarbeit mit diesem Archiv zu beginnen, da das Auswärtige Amt für die Koordination der gesamten Schuldenverhandlungen verantwortlich war. Der Bestand LSA bietet einen guten Überblick über den gesamten Konferenzverlauf von der Vorkonferenz im Juni/Juli 1951 bis zur Regierungskonferenz 1952/53 und dem anschließenden Ratifizierungsverfahren. Ein wichtiger Bestandteil des Quellenmaterials sind die in hektographierter Form vorliegenden offiziellen Konferenzdokumente, die von der *Tripartite Commission on German Debts* in deutscher, englischer und französischer Sprache herausgegeben wurden. Es handelt sich im wesentlichen um Sitzungsprotokolle, Denkschriften und Memoranden, die im Bestand LSA in deutscher Sprache vollständig und teilweise auch in englischer Sprache vorhanden sind. Für die vorliegende Arbeit wurde in der Regel die englische und ergänzend die deutsche Fassung der Sitzungsprotokolle benutzt. Neben den offiziellen Konferenzunterlagen enthält der Bestand interne Aufzeichnungen und den Schriftverkehr der deutschen Verhandlungsdelegation mit dem Auswärtigen Amt.

Im Bundesarchiv in Koblenz finden sich die Materialien der an der Vorbereitung und Durchführung der Londoner Verhandlungen beteiligten Bundesministerien. An erster Stelle sind hier die Bestände B 126 (Bundesfinanzministerium) und B 146 (Ministerium für den Marshallplan) zu nennen. Der Bestand B 126 des Bundesfinanzministeriums ist der umfangreichste und für den Bereich der Vorkriegsschulden wichtigste Aktenbestand. Dies gilt insbesondere für die konkrete Vorbereitung der Verhandlungen und die Ausarbeitung des deutschen Angebots. Komplementär ist hier der Bestand B 102 (Bundeswirtschaftsministerium) anzuführen, der aufschlußreiche Akten zur Transferproblematik enthält, die auch im Hinblick auf die Wiedergutmachungsverhandlungen von Relevanz sind. Im Bestand B 141 (Bundesjustizministerium) finden sich Dokumente zu speziellen juristischen Problemen im Zusammenhang mit dem Schuldenabkommen (Auslandsvermögen, Reparationen, Konversionskasse). Der Bestand 136 (Bundeskanzleramt) enthält einige bemerkenswerte Dokument zur Abgabe der deutschen Schuldenerklärung. Für den Bereich der Nachkriegsschulden ist der Bestand B 146 (Ministerium für den Marshallplan) der maßgebliche Bestand. Er enthält darüber hinaus noch eine Reihe hochinteressanter Berichte über den Verlauf der Schuldenkonferenz, die von Mitgliedern der deutschen Verhandlungsdelegation fortlaufend für Vizekanzler Blücher angefertigt wurden. Sie vermitteln einen sehr guten Einblick über den aktuellen Stand und über die während der Verhandlungen auftretenden Probleme. Aus diesen Berichten lassen sich bedeutsame Einblicke in das Innenleben der deutschen Verhandlungsdelegation gewinnen.

Aufschlußreiche Erkenntnisse über die Meinung der deutschen Privatwirtschaft zum Londoner Schuldenabkommen gibt der Bestand B 184 (Studiengesellschaft für privatrechtliche Auslandsinteressen). Die Studiengesellschaft hat sich speziell für die Freigabe des deutschen Auslandsvermögens eingesetzt und in diesem Zusammenhang massiven Einfluß auf die Verhandlungen zu nehmen versucht.

Die Auswertung des Nachlasses Blankenhorn hat für die Auseinandersetzungen über den Vertrag mit Israel zusätzliche Erkenntnisse geliefert.

Eine Durchsicht des Bestands B 330 im Historischen Archiv der Bundesbank (Frankfurt a. M.) hat eine Reihe wertvoller Hinweise ergeben. Die Bank deutscher Länder war zusammen mit dem Bundeswirtschaftsministerium für die wichtige Transferfrage zuständig. Wegen einer unterschiedlichen Einschätzung der deutschen Zahlungsfähigkeit kam es verschiedentlich zu Meinungsverschiedenheiten zwischen Hermann J. Abs und dem Präsidenten der Bank deutscher Länder Vocke. Die Akten des Archivs der Bundesbank enthalten einige Schlüsseldokumente für das schwierige Verhältnis zwischen den beiden Männern. Ergänzende Hinweise konnten dem Nachlaß Emminger entnommen werden.

In der Stiftung Bundeskanzler Adenauer-Haus haben sich in der Korrespondenz Adenauer-Schäffer und Adenauer-Abs weitere Hinweise finden lassen.

Nach jahrelangen vergeblichen Versuchen wurde der Verfasserin auf Veranlassung von Dr. Rolf-E. Breuer der Zugang zum Historischen Archiv der Deutschen Bank eröffnet. Dort konnte der bedeutsame und umfangreiche Nachlaß Paul Krebs gesichtet werden. Aus den dort enthaltenen Unterlagen konnten zusätzliche Erkenntnisse zum Schuldenabkommen gewonnen werden. Der Nachlaß Paul Krebs ist archivalisch noch nicht erschlossen und stand lediglich in ungeordnetem Zustand zur Verfügung. Wie bereits erwähnt, war Krebs als persönlicher Referent von Abs während der gesamten Verhandlungen tätig. Sein Nachlaß enthält für das Schuldenabkommen eine Parallelüberlieferung zum Nachlaß Abs, der testamentarisch bis auf weiteres für Forschungszwecke gesperrt ist.

Dank eines Forschungsstipendiums des Deutschen Historischen Instituts London war der Verfasserin eine ausführliche Sichtung der für das Schuldenabkommen relevanten umfangreichen Bestände im Public Record Office in Kew möglich. Zentraler Leitbestand für das Londoner Schuldenabkommen ist der Bestand FO 371 (Foreign Office). Dort finden sich zahlreiche wichtige Hinweise zur britischen Verhandlungsstrategie. Die offiziellen Konferenzdokumente in englischer Sprache sind dort ebenfalls vollständig und gut geordnet vorhanden. Ergänzend wurden die Bestände FO 944 (Foreign Office, German Section, Finance Department), FO 1036 (Control Commission for Germany, Office of the Economic Adviser) und FO 1046 (Control Commission for Germany, Finance Division) herangezogen. Wertvolle Hinweise haben sich auch dem ebenfalls recht umfangreichen Bestand T 236 (Treasury) entnehmen lassen. Interessant ist ein Vergleich der teilweise unterschiedlichen Auffassungen von Beamten des *Foreign Office* und des *Treasury*. Die vorbildliche britische Aktenführung hat die Auswertung des britischen Quellenmaterials erheblich erleichtert.

Bei den im National Archives (Washington D.C.) lagernden amerikanischen Akten verhält es sich gerade gegenteilig. Die amerikanischen Akten sind teilweise nur grob geordnet und befinden sich vielfach in einem schlechten Erhaltungszustand. Die Verfasserin hat im Anschluß an die Auswertung der britischen Akten einen mehrmonatigen Forschungsaufenthalt in Washington verbracht. Der für das Schuldenabkommen zentrale Leitbestand ist der Bestand RG 59 (Department of State). Er enthält u.a. die höchst bedeutsamen Direktiven des *Department of State* für die amerikanische Verhandlungsdelegation in London. Von großer Relevanz für die Analyse der amerikanischen Verhandlungsposition ist außerdem der Bestand RG 43 (Records of International Conferences, Commissions and Expositions) und ergänzend der Bestand RG 466 (High Commissioner of Germany).

*

Die vorliegende Studie wurde unter dem Titel „Der Weg zum Londoner Schuldenabkommen. Die Regelung der deutschen Auslandsschulden nach dem Zweiten Weltkrieg" im Januar 2003 von der Philosophischen Fakultät der Heinrich-Heine-Universität Düsseldorf als schriftliche Habilitationsleistung angenommen. Unter der großen Zahl all jener, die zum Gelingen der Arbeit beitragen haben und denen die Verfasserin an dieser Stelle danken möchte, sei lediglich Univ.-Prof. Dr. Kurt Düwell hervorgehoben, der das Projekt in jeder Phase mit großem persönlichen Engagement unterstützt hat.

I. DIE SCHULDENFRAGE IM KRIEG UND IN DEN ERSTEN NACHKRIEGSJAHREN

1. Überlegungen im Krieg

Im Verlauf des Jahres 1942 zeichnete sich immer deutlicher ab, daß Deutschland den Krieg früher oder später verlieren würde. Der Kriegseintritt der Vereinigten Staaten im Dezember 1941 und die sowjetische Gegenoffensive bei Stalingrad im November 1942 markierten Wendepunkte des Krieges, so daß Überlegungen und Planungen für die Zeit nach dem Krieg auf eine konkretere Basis gestellt werden konnten. Dabei dienten die überwiegend negativen Erfahrungen, die man nach dem Ersten Weltkriegs gemacht hatte, als Orientierungsrahmen.

Der britische Ökonom und Nobelpreisträger John Maynard Keynes hatte schon Anfang der zwanziger Jahre Kritik am Versailler Vertrag geübt.[1] Während der gesamten Zwischenkriegszeit war er ein aufmerksamer Beobachter der Probleme, die sich aus der Verflechtung von Reparationen und interalliierten Kriegsschulden ergaben. Die dem Deutschen Reich von den Siegermächten auferlegten gigantischen Reparationslasten und die enormen Kriegsschulden der europäischen Länder, insbesondere gegenüber den Vereinigten Staaten, hatten die internationalen Finanzbeziehungen zu einem Gordischen Knoten verknäuelt,[2] der während der gesamten Zwischenkriegszeit und darüber hinaus nicht entwirrt werden konnte und schließlich zur Neuordnung des Weltwährungssystems von Bretton Woods führte.[3] Keynes, der während des Krieges zusammen mit einigen anderen namhaften Wirtschaftswissenschaftlern als Berater in den britischen Staatsdienst eingetreten war, forderte entschieden dazu auf, aus den Fehlern von Versailles zu lernen. In dem von Haß und Rachsucht vergifteten Klima der Versailler Friedensverhandlungen war Deutschland, das im berühmten Artikel 231 des Versailler Vertrags zum alleinigen Kriegsverursacher erklärt worden war, von den Siegermächten unter demütigenden Umständen mit exorbitant

---
1 Vgl. JOHN M. KEYNES, Der Friedensvertrag von Versailles, Berlin 1921, S. 40 ff.
2 Vgl. BERNHARD MAHRHOLZ, Reparationsregelung und interalliierte Kriegsschulden, in: Bankwissenschaft 5 (1928), S. 648–652.
3 Vgl. RAYMOND F. MIKESELL, Foreign Exchange in the Postwar World, New York 1954, S. 14 ff.; ECKARD MINX, Von der Liberalisierungs- zur Wettbewerbspolitik, Berlin 1980, S. 17 ff.

I. Die Schuldenfrage im Krieg und in den ersten Nachkriegsjahren

hohen Reparationsforderungen belegt worden, die als moralisch gerechtfertigt angesehen wurden.[4]

Obwohl der Wunsch nach Straf- und Vergeltungsmaßnahmen gegenüber Nazi-Deutschland weitaus verständlicher war, riet Keynes entschieden davon ab, weil die Auswirkungen derartiger Maßnahmen schädlich für Großbritannien sein würden.

Unter Vorsitz von Sir William Malkin wurde Ende November 1942 in London ein interministerieller Ausschuß eingesetzt, der Grundsätze für eine künftige Regelung der Reparationsfrage sowie damit verwandter Gebiete erarbeitete. Dem *Malkin Committee* gehörten Beamte des *Board of Trade*, *Treasury*, des *Foreign Office* und einige Finanzexperten an, darunter John M. Keynes.[5] Im Sommer 1943 legte der Ausschuß die *Recommendations of the British Interdepartmental Committee on Reparation and Economic Security* vor.[6] Der kurz *Malkin Report* genannte Bericht sprach sich im Prinzip gegen die Erhebung von Reparationen aus, allenfalls in einem bescheidenen Umfang über einen Zeitraum von nicht mehr als fünf Jahren. Reparationsleistungen sollten ganz überwiegend aus dem beschlagnahmten deutschen Auslandsvermögen bestritten werden. Ein bequemer Weg für jeden Staat, der über diese Quelle verfügte, da ein sofortiger Zugriff möglich und Transferleistungen nicht erforderlich waren. Im übrigen empfahl der Bericht, sich weitgehend auf Restitutionen, d.h. die faktische Rückgabe geraubter Gegenstände, wie z.B. Kunstgegenstände oder Wertpapiere, zu beschränken.[7] Auf gar keinen Fall sollten Reparationen in Form von Geldleistungen in Frage kommen, denn es war klar, daß Deutschland nach dem Krieg nur über eine begrenzte Zahlungsfähigkeit verfügen würde. Für Devisen galt dies ganz besonders, weil durch den Verlust des Auslandsvermögens, der Schiffahrt u.a. wesentliche Deviseneinnahmequellen entfielen. Auf der anderen Seite hielt man Deutschland trotz der beträchtlichen Kriegsverluste auch in Zukunft für eine enorm leistungsfähige Industrienation, sobald die deutschen Produktionskapazitäten wieder auf Friedenswirtschaft umgestellt sein würden. „But we cannot say", hieß es einschränkend, „how great until we have much knowledge, now unattainable, of the

---

4   Vgl. FISCH, Reparationen nach dem Zweiten Weltkrieg, S. 11 ff.
5   Zur Zusammensetzung des *Malkin Committee* vgl. LOTHAR KETTENACKER, Krieg zur Friedenssicherung. Die Deutschlandplanungen der britischen Regierung während des Zweiten Weltkriegs, Göttingen 1989, S. 399.
6   Abgedruckt in: DONALD MOGGRIDGE (Hrsg.), The Collected Writings of John Maynard Keynes, Bd. XXVI: Activities 1941–1946. Shaping the Post-War World Bretton Woods and Reparations, Cambridge o.J., S. 348–373.
7   Zur Unterscheidung von Restitution und Reparation vgl. EICHHORN, S. 68 ff.

economic conditions of the post-war world."⁸ Unstreitig war allerdings, daß die Auferlegung umfangreicher Reparationsforderungen, vergleichbar mit der Praxis nach 1918, die wirtschaftliche Erholung Deutschlands erheblich verzögern würde. „It would delay and impair the restoration of normal trade in Germany, to the disadvantage not only of herself but also of her neighbours and competitors."⁹ Funktionierende Handelsbeziehungen wurden also mittelfristig für lukrativer gehalten als Reparationszahlungen, zumal England als nicht besetztes Land von der zur Verfügung stehenden Reparationsmasse nur einen relativ kleinen Teil erhalten würde. Aus Sicht des *Malkin Committee* machte es deshalb weitaus mehr Sinn, Deutschland nach dem Ende des Krieges zur Bezahlung notwendiger Hilfslieferungen und zur Beteiligung an den beträchtlichen britischen Besatzungskosten zu verpflichten. Dafür sollten sobald wie möglich deutsche Exportüberschüsse verwendet werden. Die Experten des *Malkin Committee* sahen klar voraus, daß auf Großbritannien als Siegermacht enorme finanzielle Lasten zuzukommen drohten, die das wirtschaftlich arg gebeutelte Land kaum zu tragen vermochte. Die Kriegführung hatte die britische Volkswirtschaft über Gebühr beansprucht. Ohne amerikanische Hilfe wäre sie in dem Umfang überhaupt nicht möglich gewesen.¹⁰

Neben den bisher genannten Reparationen, Restitutionen und Besatzungsmaßnahmen befaßte sich der *Malkin Report* in Abschnitt XII schließlich noch mit einer weiteren Gruppe finanzieller Forderungen. Es handelte sich um die sogenannten *Pre-War Claims on Germany*, denen man sich mit einer gewissen Unsicherheit zugewandt hatte. Einleitend hieß es dazu, daß der Ausschuß „in some perplexity"¹¹ nach tragfähigen Lösungsmöglichkeiten für dieses spezielle Problem gesucht und sich schließlich auf die Präsentation von drei Alternativen beschränkt habe. Die große Schwierigkeit bestand ganz einfach darin, daß jede Bedienung der Vorkriegsverbindlichkeiten zwangsläufig zu Lasten von Reparationen oder Besatzungskosten gehen mußte. Eine Befriedigung aller theoretisch denkbaren Schuld- und Entschädigungsansprüche gegenüber Deutschland war völlig unrealistisch. Deshalb mußte in jedem Fall eine Grundsatzentscheidung getroffen werden, welche Kategorie von Ansprüchen Priorität erhalten sollte. Die im *Malkin Report* vorgeschlagene Alternative I sah vor „to wipe out private pre-war claims

---

8 MOGGRIDGE (Hrsg.), S. 360.
9 Ebd., S. 361.
10 Vgl. RICHARD N. GARDNER, Sterling-Dollar Diplomacy in Current Perspective. The Origins and the Prospects of our International Economic Order, New York 1980, S. 171 ff.
11 MOGGRIDGE (Hrsg.), S. 367.

against Germany so as to leave the whole of Germany's capacity intact to meet claims arising out of the war and subsequent development."[12] Der Vorschlag bot eine radikale Lösung zugunsten der aus dem Krieg resultierenden Forderungen, die sicher nicht im Interesse der Vorkriegsgläubiger liegen konnte, auch wenn es den Einzelstaaten freigestellt bleiben sollte, ihre betroffenen Gläubiger aus Staatsmitteln zu entschädigen.[13] Problematisch war auch, daß diese Regelung unterschiedslos für alle Vorkriegsschulden gelten sollte, egal ob sie aus rein geschäftlichen Zusammenhängen resultierten oder, wie z. B. die Verbindlichkeiten aus der Dawes- und der Young-Anleihe, in ihrer Genese in einem mittelbaren Zusammenhang zu den Reparationen des Ersten Weltkriegs standen und daher nach Meinung des Ausschusses „involve a certain responsibility for some of the Allied Governments."[14] Auf die britische Regierung traf dieser Vorbehalt sicher zu. Die Alternative II sah vor, die Bedienung der Vorkriegsschulden einem fünfjährigen Moratorium zugunsten von Reparationszahlungen zu unterwerfen, die Schuldverhältnisse juristisch aber unverändert bestehen zu lassen. Damit blieb den Gläubigern zumindest die Chance erhalten, zu einem späteren Zeitpunkt eine Wiederaufnahme des Schuldendienstes erreichen zu können. Die Alternative III stellte eine Art Kompromiß aus den Alternativen I und II dar. Demnach sollte ein beträchtlicher Teil der deutschen Auslandsschulden gelöscht werden, die Dawes- und Young-Anleiheschulden sollten davon aber ausgenommen werden. Dieser Vorschlag war scheinbar etwas weniger rigoros als der erste, implizierte aber eine fragwürdige Ungleichbehandlung der Vorkriegsgläubiger. Offenbar sollten nur diejenigen Schuldverhältnisse erhalten bleiben, welche einen gewissen politischen Charakter aufwiesen. Daraus ergab sich abgesehen von der Gerechtigkeitsfrage aber auch ein Definitionsproblem.

Die Alternative II, die im Bericht zu Recht als „by far the simplest solution"[15] bezeichnet wurde, entsprach am ehesten dem traditionell legalistischen britischen Rechtsempfinden. Außerdem wurde mit dieser Variante auch dem moralischen Aspekt der Wiedergutmachung als wichtiger Auf-

---

12 Ebd., S. 368.
13 Als Vorteil der radikalen Alternative I wurde die Möglichkeit gesehen, gleichzeitig mit den Vorkriegsschulden auch die im Krieg aus dem Verrechnungsverkehr zwischen Deutschland und diversen Staaten entstandenen Clearing-Schulden auslöschen zu können. Ein besonderes Problem waren hierbei die neutralen Staaten. Vgl. dazu BERND HÖPFNER, Clearingdefizite im Großwirtschaftsraum. Der Verrechnungsverkehr des Dritten Reiches 1939–1945, in: Bankhistorisches Archiv 14 (1988), S. 116–138.
14 MOGGRIDGE (Hrsg.), S. 369.
15 Ebd.

1. Überlegungen im Krieg

gabe von Reparationen Rechnung getragen.[16] Der *Malkin Report* stieß wegen seiner moderaten Haltung gegenüber Deutschland, das nicht als „böser Bube", sondern als ein „vom Bankrott bedrohter Konzern, den man im Interesse seiner Gläubiger sanieren mußte"[17], behandelt werden sollte, in Großbritannien vielfach auf kritische Reaktionen. Diese waren teils ideologisch, teils industriepolitisch begründet. An einem maßvollen Umgang mit dem Kriegsverlierer Deutschland waren dagegen all jene Kräfte interessiert, die darauf hofften, nach dem Krieg finanzielle Forderungen gegenüber Deutschland oder deutschen Staatsbürgern geltend machen zu können. Eine rasche Normalisierung der deutschen Volkswirtschaft war dafür die unabdingbare Voraussetzung.[18]

Obwohl der Krieg noch fast zwei weitere Jahre andauerte, boten die weitsichtigen und realistischen Empfehlungen des *Malkin Report* den Beamten der mit der Nachkriegsthematik befaßten Ministerien eine gute Diskussionsgrundlage. Auch in den USA wurde der *Malkin Report* mit Interesse zur Kenntnis genommen, denn vergleichbare Analysen offizieller Stellen gab es in den USA zu diesem Zeitpunkt ebensowenig wie in anderen alliierten Staaten.[19] Dem *Malkin Report* kam somit eine wichtige Vordenkerfunktion zu. Allerdings wurde die schwierige Frage des künftigen Umgangs mit den privaten *pre-war debts* darin nur am Rande thematisiert. Die Reparationsfrage stand naturgemäß im Vordergrund, sie war jedoch mit der Schuldenfrage eng verflochten. In England oblag die Zuständigkeit für diese komplizierte Materie auf staatlicher Seite primär dem *Treasury*. Bereits im Oktober 1941 hatte das *Public Trustee Office* dort angefragt, ob das auf Grund des *Trading with the Enemy Act* in Großbritannien seit Kriegsbeginn beschlagnahmte deutsche Auslandsvermögen nicht zur Regelung kommerzieller deutscher Schulden herangezogen werden sollte. Ein sofortiger Verkauf deutscher Vermögenswerte wurde für diesen Fall dringlich empfohlen.[20] Diesem Vorschlag lag die auch im *Malkin Report* enthaltene Überlegung zugrunde, daß nach dem Krieg in Deutschland nicht genügend liquide Mittel vorhanden sein würden, um Reparationen, Vorkriegsschulden und sonstige finanzielle Ansprüche gleichermaßen zu erfüllen. Mit großer Wahrscheinlichkeit war daher damit zu rechnen, daß die moralisch begründbaren Reparations- und Entschädigungsforderungen Priorität gegen-

---

16   Vgl. FISCH, Reparationen nach dem Zweiten Weltkrieg, S. 35 ff.
17   KETTENACKER, S. 401.
18   Vgl. ebd., S. 407 ff.
19   Vgl. ERNEST FRANCIS PENROSE, Economic Planning for Peace, Princeton 1953, S. 37 ff. und 217 ff.
20   Public Trustee Office (Fass) to Waley (Treasury), 20. 10. 1941, PRO, T 236–1984.

über den Vorkriegsverbindlichkeiten erhalten würden. Dies war insbesondere dann zu erwarten, wenn es sich um rein geschäftliche Schuldverpflichtungen ohne jeden politischen Bezug handelte. Auszuschließen war nicht einmal, daß die Vorkriegsschulden im Sinn der Variante I des *Malkin Report* völlig unter den Tisch fielen. Auch im Ersten Weltkrieg waren die deutschen Vermögenswerte in England und in vielen anderen Ländern beschlagnahmt und zur Schuldentilgung verwandt worden. Laut Artikel 296 des Versailler Vertrags hatten die Siegerstaaten das Recht, Bankschulden oder Handelsschulden aus Erlösen des deutschen Auslandsvermögens zu tilgen. In England war es mit Hilfe staatlicher *clearing offices* innerhalb von nur drei Jahren gelungen, fast sämtliche Vorkriegsschulden zu bereinigen.[21] Das in einer mehr als vierzig Jahre währenden Friedenszeit bis 1914 angesammelte deutsche Auslandsvermögen gestattete eine komplette Schuldentilgung zu Vorkriegskursen.

Nach dem Zweiten Weltkrieg stellte sich die Lage gänzlich anders dar. Sir Otto Niemeyer, Direktor der *Bank of England*, erklärte es gegenüber Sir David Waley vom *Treasury* für „nearly impossible to derive any guidance from what happened last time (except as to what *not* to do)." Er fügte an, daß es diesmal notwendig werden würde „to be much more brutal to our nationals: and much less expectant from Germany."[22] Dies bedeutete im Klartext, daß den britischen Gläubigern noch manch bittere Pille verabreicht werden würde. Denn einerseits belief sich der geschätzte Wert des deutschen Auslandsvermögens in Großbritannien nur auf einen Bruchteil des seinerzeitigen Werts, andererseits war der Schuldenberg weitaus höher, da es diesmal nicht nur um die zwischen Industrienationen üblichen Handelsschulden ging. Diese Gruppe bildete lediglich einen überschaubaren kleineren Teil der Vorkriegsverbindlichkeiten. Der größte Teil der Schulden entfiel auf die mittel- und langfristigen Anleiheschulden, darunter die beträchtlichen Rückstände aus der Dawes- und Young-Anleihe, sowie auf die sogenannten Stillhalteschulden (*standstill debts*).[23] Sowohl für die Stillhalteschulden als auch für die meisten Anleiheschulden konnte wegen ihres spe-

---

21 German property in the United Kingdom and United Kingdom claims against Germany: Paper by the Trading with the Enemy Department (Ende 1942), PRO, T 236–1984.
22 Niemeyer (Bank of England) to Waley (Treasury), 18. 1. 1943, PRO, T 236–1984.
23 Waley (Treasury) to Keynes, 22. 10. 1941, PRO, T 236–1984. In diesem Schreiben wird das deutsche Vermögen in Großbritannien auf £ 20 Mio. geschätzt. Die Handelsschulden wurden auf £ 2 Mio., die *standstill debts* auf £ 34 Mio., die Anleiheschulden auf £ 60 Mio. taxiert. Die in den Akten des PRO befindlichen Zahlenangaben der Jahre 1941 bis 1945 schwanken allerdings erheblich, was teilweise auf die unterschiedliche Berechnung von Zinsen zurückzuführen ist.

1. Überlegungen im Krieg

zifischen Entstehungszusammenhangs eine gewisse Regierungsverantwortlichkeit reklamiert werden.

Der Vorschlag des *Public Trustee Office*, die Handelsschulden noch während des Krieges aus dem deutschen Auslandsvermögen zu befriedigen, um sie nicht der Gefahr auszusetzen, später im Strudel der Reparations- und Nachkriegsforderungen unterzugehen, stieß auf den Widerspruch der *Bank of England*. Zwar zeigten sich die Herren der Bank grundsätzlich um die Wahrung der rechtmäßigen Ansprüche aller Gläubiger besorgt, sie lehnten es aber entschieden ab, daß „banking claims should be relegated below traders' claims."[24] Die Reaktion der britischen Staatsbanker auf den Vorstoß des *Public Trustee Office* verdeutlicht eine weitere grundsätzliche Schwierigkeit, die mit einer Regelung der Vorkriegsschulden verbunden sein würde, nämlich die Heterogenität der Gläubigergruppen. Gemeinsam war allen Gläubigern lediglich das Ziel, ihre ausstehenden Gelder nach dem Krieg zurückzuerhalten. Die Wege, die zu diesem Ziel führten, waren aber unter Umständen verschieden und potentiell davon abhängig, ob es sich um kurz-, mittel- oder langfristige Schuldverhältnisse gegenüber Privatpersonen, Industriefirmen, Banken, sonstigen Institutionen oder um Forderungen gegen Reich, Länder und Kommunen handelte. Je nach Art des Schuldverhältnisses konnten sich also durchaus divergierende Interessenlagen ergeben.

Aus britischer Sicht kam den *standstill debts* eine besondere Bedeutung zu. Diese resultierten aus kurzfristigen Krediten (*short-term credits*) mit einer Laufzeit von bis zu einem Jahr.[25] Die Kredite waren von ausländischen Bankhäusern während der zwanziger Jahre an deutsche Banken, Industrie- und Handelsfirmen vergeben worden. Seit dem Jahr 1924 war viel ausländisches Kapital nach Deutschland geströmt, weil das deutsche Zinsniveau im internationalen Vergleich in der Spitzengruppe rangierte.[26] Kapitalanlagen in Deutschland waren aber nicht nur für ausländische Investoren interessant, sondern auch für den deutschen Kreditnehmer. Ihm war das Auslandskapital hoch willkommen, weil Auslandskredite in dieser Zeit vielfach

---

24 Bank of England to Waley (Treasury), 31. 10. 1941, PRO, T 236–1984.
25 Unter Umständen konnten auch reine Bankkredite mit einer Laufzeit von 3–5 Jahren darunter fallen. Vgl. HERMANN HINDERER, Probleme der Stillhaltekredite, Diss. Heidelberg 1935, S. 19.
26 Von 1924–1930 flossen Devisen im Wert von RM 25,6 Mrd. nach Deutschland (ohne Direktanlagen in Aktien und Grundbesitz). RM 7,3 Mrd. davon waren langfristig (länger als 3 Jahre) angelegt. Vgl. FRIEDRICH-WILHELM HENNING, Die Liquidität der Banken in der Weimarer Republik, in: HARALD WINKEL (Hrsg.), Finanz- und wirtschaftspolitische Fragen der Zwischenkriegszeit, Berlin 1973, S. 71.

leichter und billiger zu bekommen waren als inländische RM-Kredite.[27] Viele der kurzfristig hereingenommenen Gelder wurden allerdings in Deutschland längerfristig angelegt, was beim Ausbruch der Wirtschaftskrise Anfang der 30er Jahre die Situation drastisch verschlimmerte.[28] Die Reichsbank erkannte zwar frühzeitig die mit der ungebremsten Hereinnahme von Auslandskapital verbundenen Gefahren, sie war aber gesetzlich nicht in der Lage, die Aufnahme kurzfristiger Auslandskredite durch Banken und Industrie zu steuern.[29] Daran bestand auch kein nennenswertes Interesse, weil man sich bis zum Ausbruch der Krise mit den Gegebenheiten allseits bestens arrangiert hatte. Der Zufluß von Devisen versetzte das Deutsche Reich nämlich in die Lage, seinen Reparationsverpflichtungen nachzukommen, obwohl die deutsche Leistungsbilanz während der gesamten 20er Jahre durchgehend negativ war.[30]

Die Lage wurde aber schlagartig kritisch, als im Zuge der Weltwirtschaftskrise die in Deutschland zumeist langfristig angelegten Auslandsgelder in großem Umfang zurückgerufen wurden. Im Juli 1930 erhielt das Reich zur Überbrückung von akuten Zahlungsschwierigkeiten vom schwedischen Zündholzmagnaten Ivar Kreuger eine Anleihe im Wert von $ 125 Millionen[31], im Oktober des gleichen Jahres gewährte ein internationales Bankenkonsortium unter Führung von *Lee, Higginson & Co. New York* noch einen weiteren Kredit in gleicher Höhe.[32] Das am 21. Juni 1931 von US-Präsident Hoover für alle politischen Schulden erlassene Moratorium entlastete Deutschland zwar von seinen Reparationszahlungen, der massive Abzug privaten Kapitals aus Deutschland ging aber unvermindert weiter. Das Vertrauen der Auslandsgläubiger in die deutsche Zahlungsfähigkeit und in die Solidität der deutschen Wirtschaft schwand weiter dahin, als die

---

27 Vgl. HINDERER, S. 13 ff.
28 Seit 1928 war die Inanspruchnahme kurzfristiger Kredite stark gestiegen. Nur 19% davon entfielen auf die öffentliche Hand, der Rest auf Banken (35%) und Wirtschaft (46%). Vgl. HENNING, Liquidität, S. 72.
29 Vgl. GERD HARDACH, Weltmarktorientierung und relative Stagnation. Währungspolitik in Deutschland 1924–1931, Berlin 1976, S. 72 ff.
30 Vgl. ALBRECHT RITSCHEL, Die Deutsche Zahlungsbilanz 1936–1941 und das Problem des Devisenmangels vor Kriegsbeginn, in: VfZ 41 (1993), S. 103–123.
31 Die Kreuger-Anleihe hatte eine Laufzeit von 50 Jahren und eine Verzinsung von 6%. Die Anleihe umfaßte zwei Tranchen von $ 50 000 und $ 750 000. Als Gegenleistung vergab die Reichsregierung an Ivar Kreuger das Zündwarenmonopol bis 1983. Vgl. ECKHARDT WANNER, Ein Streichholzfabrikant finanziert das Reich, in: Die Bank. Zeitschrift für Bankpolitik und Bankpraxis 1983, S. 188–190.
32 Der Lee-Higginson-Kredit umfaßte $ 125 Mio. zu einem Zinssatz von 7,5%. Vgl. HERMANN J. ABS, Entscheidungen 1949–1953. Die Entstehung des Londoner Schuldenabkommens, Mainz 1991, S. 34 f.

Reichsbank im Juni 1931 im Ausland um Kredithilfe bitten mußte, weil die Devisenlage langsam kritisch wurde.[33] Ein letztes Mal erhielt Deutschland einen befristeten Notenbankkredit, der die Krisensituation aber nur vorübergehend entschärfte, da sich der Abzug von Auslandsgeldern und die Kapitalflucht trotz der Einführung der Devisenzwangswirtschaft nicht stoppen ließen.[34]

Langsam setzte sich vor allem in Großbritannien und in den USA die Einsicht durch, daß weitere Kredite an Deutschland lediglich die Symptome kurierten, die Wurzel des Übels aber unangetastet ließen. Im Grunde machte die wirtschaftliche Krise der frühen dreißiger Jahre sichtbar, daß die politische und die damit interdependent verflochtene wirtschaftliche Nachkriegsordnung revisionsbedürftig waren. Das Hoover-Moratorium war zwar ein erster Schritt in die richtige Richtung, die vom Isolationismus geprägten innenpolitischen Verhältnisse der Vereinigten Staaten verhinderten aber zu diesem Zeitpunkt ein gestalterisches Eingreifen der US-Regierung. Da die Vereinigten Staaten mit Abstand der Welt größter Gläubiger waren, besaßen sie allein den Schlüssel zu einer umfassenden Revision der Schulden- und Reparationsregelungen, eine unabdingbare Voraussetzung für die Gesundung der Weltwirtschaft. Mit Hingabe wurde in Washington statt dessen die Fiktion gehegt, daß private Kredite und zwischenstaatliche Finanzverpflichtungen in keinem unmittelbaren Abhängigkeitsverhältnis zueinander stünden. Der Einfluß der New Yorker Banker, die den engen Zusammenhang zwischen politischer und privater internationaler Verschuldung klar erkannten, reichte nicht aus, um den binnenorientierten *main stream* des amerikanischen Denkens nachhaltig zugunsten einer Öffnung nach außen zu beeinflussen.

Meanwhile, ignorance of the role of a creditor in international finance led the general public, as well as the businessmen to think of the ‚war debts‘ in the same manner that they would think of debts to the local grocer, due each month. Everywhere there was a demand for the repayment of these ‚debts‘. These factors tended to

---

[33] Ende Juni lag die Notendeckung bei 40,1% und war damit hart an der Mindestgrenze von 40% Deckung durch Gold und Devisen angelangt. Die Reichsbank hatte deswegen von F, GB, den USA und der BIZ einen Überbrückungskredit von $ 100 Mio. erhalten, befristet auf 4 Wochen, verlängert auf 3 Monate. Vgl. KARL ERICH BORN, Die deutsche Bankenkrise 1931. Finanzen und Politik, München 1967, S. 81ff.

[34] Vgl. GERD HARDACH, Währungskrise 1931. Das Ende des Goldstandards in Deutschland, in: HARALD WINKEL (Hrsg.), Finanz- und wirtschaftspolitische Fragen der Zwischenkriegszeit, Berlin 1973, S. 121–133. Zur Bedeutung der Kapitalflucht vgl. HAROLD JAMES, Deutschland in der Weltwirtschaftskrise, Stuttgart 1988, S. 289ff.

steadily dry up the mobile exchange of the world. Investments made abroad by the Americans from 1919 to 1929 were investments made for their high return.[35]

An dieser Einstellung änderte sich bis in die 40er Jahre nichts Wesentliches. Auf Anregung des amerikanischen Präsidenten Hoover fand zwar im Juli 1931 in London eine Regierungskonferenz mit deutscher Beteiligung statt, auf der über die wirtschaftliche Notlage des Reichs beraten wurde, zu wegweisenden Neuorientierungen gelangten die dort versammelten sieben Mächte aber nicht. An die internationale Finanzwelt wurde lediglich der Appell gerichtet, das deutsche Kreditvolumen nicht weiter zu beschneiden.

Unter Vorsitz des amerikanischen Bankiers Albert H. Wiggin trat am 8. August 1931 bei der *Bank for International Settlement* (BIS) in Basel ein Sonderausschuß internationaler Bankiers zu Beratungen über die schwierige Lage zusammen. In einem vom Ausschuß beauftragten Untersuchungsbericht (*Layton-Wiggin-Report*) traten die Bankiers für eine Stabilisierung und Aufrechterhaltung des kurzfristigen deutschen Kreditvolumens ein. Sie folgten damit dem politischen Appell an die internationale Finanzwelt, allerdings nur aus schlichter Einsicht in die Notwendigkeit. Die deutschen Bank- und Industrieschuldner waren zu einer schnellen und umfänglichen Bedienung ihrer Auslandskredite nicht in der Lage.[36] Dies lag trotz Depression weniger an der Fähigkeit der Schuldner, die erforderlichen RM aufzubringen, als an der Unmöglichkeit für die Reichsbank, die für den Transfer nötigen Devisen zur Verfügung zu stellen.[37] Am 19. August 1931 wurde deshalb in Basel der Entwurf eines Stillhalteabkommens (*Standstill agreement*) unterzeichnet, das eine Laufzeit von sechs Monaten ab dem 1. September 1931 hatte.[38] Auf der Gläubigerseite konnten ausschließlich Banken, auf Seiten der deutschen Schuldner neben Banken auch Industrie- oder Handelsfirmen Vertragspartner des Stillhalteabkommens sein. RM-Schulden waren von der Stillhaltung ausdrücklich ausgenommen, ebenso

---

[35] WARREN LEROY HICKMAN, Genesis of the European Recovery Program. A Study on the Trend of American Economic Policies, Genf 1949, S. 11.
[36] Zum Mißverhältnis zwischen der kurzfristigen deutschen Auslandsverschuldung und den Währungsreserven der Reichsbank vgl. RUDOLF STUCKEN, Schaffung der Reichsmark, Reparationsregelungen und Auslandsanleihen, Konjunkturen (1924–1939), in: Deutsche Bundesbank (Hrsg.), Währung und Wirtschaft in Deutschland 1876–1975, Frankfurt a. M. 1976, S. 279f.
[37] Vgl. BORN, S. 136ff.; vgl. SUSANNE WEGERHOFF, Die Stillhalteabkommen 1931–1933. Internationale Versuche zur Privatschuldenregelung unter den Bedingungen des Reparations- und Kriegsschuldensystems, Diss. München 1982, S. 70ff. und 198ff.
[38] Dabei handelte es sich um eine Art Musterabkommen, das privatrechtlich erst durch einen Briefaustausch wirksam wurde. Vgl. HARRY ARTHUR SIMON, Das Baseler Stillhalteabkommen, in: Bank-Archiv 30 (1930/31), S. 506–514.

1. Überlegungen im Krieg

Zins- und Amortisationsraten sowie langfristige Verbindlichkeiten. Die von den Gläubigern ursprünglich geforderte Staatsgarantie konnte ebenso abgewendet werden wie eine Sicherung durch Effekten oder Debitorenabtretung. Das Abkommen wurde nach zähen Verhandlungen in Berlin im März 1932 in leicht modifizierter Form um ein Jahr verlängert. Es firmierte nun als *Deutsches Kreditabkommen von 1932*, um den bilateralen Geschäftscharakter des Abkommens zu betonen. Die Aufrechterhaltung der kurzfristigen Kreditlinien für den deutschen Außenhandel war weiterhin das wichtigste Ziel, eine schrittweise Senkung der Kreditlinien aber grundsätzlich erlaubt, sofern die deutsche Devisenlage dies zuließ.[39] Die Stillhaltevereinbarungen wurden Jahr für Jahr verlängert, mit Ausbruch des Krieges brachen sie ab.[40] Zu diesem Zeitpunkt war der Gesamtumfang der Stillhalteschulden, begünstigt durch die Abwertung von Dollar und britischem Pfund, deutlich gesunken.[41] Betrug der Umfang im Jahr 1931 noch RM 6,3 Milliarden, so reduzierte sich die Schuldensumme auf rund RM 700 Millionen im Jahr 1939.[42]

In diesem Zeitraum kam es aber zu einer beträchtlichen Gewichtsverlagerung zwischen den Gläubigerländern. Während die Vereinigten Staaten im Jahr 1931 mit 36,2% den größten Anteil am Stillhalteaufkommen hielten, waren sie im Jahr 1939 mit einem Anteil von 26,4% hinter Großbritannien auf den zweiten Platz zurückgefallen, das zuvor mit einem Anteil von 28,2% hinter den USA rangiert hatte, nun aber mit weitem Abstand (56,3%) an der Spitze lag.[43] Es folgten die Schweiz, die Niederlande und mit etwas Abstand Frankreich als Hauptstillhaltegläubiger.[44] Zwar hatten alle Länder die Stillhaltekredite sukzessive zurückgeführt, die britischen Banken waren dabei aber weitaus zurückhaltender vorgegangen als die Banken anderer Gläubigerländer. In absoluten Zahlen ausgedrückt beliefen sich die

---

[39] Vgl. DERS., Das neue Stillhalteabkommen, in: Bank-Archiv 31 (1931/32), S. 180ff. Inhaltlich wurde der Begriff *short-term indebtness* durch den Begriff *banking credits* ersetzt. Vgl. WEGERHOFF, S. 188ff.
[40] Die Stillhaltevereinbarung mit den USA lief bis 1941. Nur das Abkommen mit der Schweiz wurde bis 1945 weitergeführt.
[41] Vgl. FRITZ BERTUCH und WILHELM JAEHNICKE, Das Deutsche Kreditabkommen von 1939, Berlin 1939, S. 2.
[42] Davon entfielen 2/3 [4,1 Mrd. RM] auf die Banken und 1/3 auf Direktkredite an Industrie und Handel. Vgl. HINDERER, S. 19.
[43] Die Zahlenangaben entstammen einer Tabelle über den prozentualen Anteil der Länder am Stillhalteaufkommen aus: NEIL FORBES, London Banks, the German Standstill Agreements, and „Economic Appeasement" in the 1930s, in: The Economic History Review 40 (1987), S. 585.
[44] Der prozentuale Anteil 1931/1939 war wie folgt: Schweiz (16,0%/8,7%), Niederlande (13,0%/6,7%), Frankreich (4,5%/0,7%), übrige (2,1%/1,2%), ebd.

amerikanischen Kreditlinien 1931 auf RM 1.629 Millionen und 1939 auf RM 203 Millionen, während Großbritannien seinen Anteil im gleichen Zeitraum lediglich von RM 1.051 auf RM 463 Millionen reduzierte.[45] Die amerikanischen Banker waren im Gegensatz zu den britischen sehr bemüht, ihre Stillhaltekredite schrittweise zu liquidieren. Dagegen neigten die britischen Stillhaltegläubiger dazu, ihre Kredite in Deutschland zu belassen. Montagu Norman, der *Governor* der *Bank of England*, hatte in der Bankenwelt eifrig für den Abschluß von Stillhaltevereinbarungen geworben, weil mit dem Hoover-Moratorium die Voraussetzung dafür geschaffen worden war. Die Londoner Banker hatten eine Aussetzung aller politischen Zahlungen bis zur völligen Wiederherstellung des kommerziellen Kredits gefordert. Die britische Regierung und die britischen Banker stimmten in ihrer Intention weitgehend überein, die Kreditlinien gegenüber deutschen Banken und Firmen trotz der schwierigen Lage weiter aufrechtzuerhalten. Die britischen Banken verfügten über langjährige Geschäftsbeziehungen mit deutschen Instituten und vertrauten deshalb darauf, daß sie ihr Kapital zurückerhalten würden, wenn die deutsche Wirtschaft wieder besseren Zeiten entgegensah.

Der Optimismus der Banker wurde von der britischen Regierung bestärkt, weil Großbritannien grundsätzlich an der Aufrechterhaltung guter Wirtschaftsbeziehungen mit dem Deutschen Reich interessiert war.[46] Das Ziel dieser Politik war der Wunsch nach einer langfristigen Sicherung des wichtigen deutschen Absatzmarkts, der vor dem Hintergrund des sich wandelnden amerikanisch-britischen Verhältnisses gesehen werden muß. Während die wirtschaftliche Weltmacht USA vermehrt die Auslandsmärkte ins Visier nahm, konnte das Vereinigte Königreich nur noch mit großer Mühe seinem Selbstverständnis als Macht ersten Ranges gerecht werden. Der Erste Weltkrieg hatte den schon seit dem Ende des 19. Jahrhunderts einsetzenden Niedergang des *British Empire* beschleunigt und die finanzielle Abhängigkeit von den USA verstärkt. Tatsache war, „that Britain herself no longer disposed of the resources necessary to pursue great power policy, especially

---

[45] Die Höhe aller Kreditlinien sank von RM 4.339 Mio. auf RM 806 Mio. Die Zahlenangaben entstammen einer Tabelle über sämtliche Kreditlinien aus: ebd., S. 582.
[46] Das Ausmaß der Kooperation zwischen Regierung und City ist in der Literatur umstritten. Vgl. FORBES, S. 586 f.; vgl. BERND-JÜRGEN WENDT, „Economic Appeasement". A Crisis Strategy, in: WOLFGANG J. MOMMSEN und LOTHAR KETTENACKER (Hrsg.), The Fascist Challenge and the Policy of Appeasement, London 1983, S. 161 ff., und DERS., Economic Appeasement. Handel und Finanz in der britischen Deutschlandpolitik 1933–1939, Düsseldorf 1971, S. 157 ff.

1. Überlegungen im Krieg

in the case of war."⁴⁷ Ein erneuter kriegerischer Konflikt mit Deutschland würde den Negativtrend beschleunigen und Großbritannien zu einer Macht zweiten Ranges herabsinken lassen. Solange Chamberlain an der Spitze der britischen Regierung stand, verfolgte die Regierung in Übereinstimmung mit weiten Teilen der Wirtschaft deshalb einen Schmusekurs gegenüber Deutschland. Dieser war im Land allerdings nicht unumstritten, nachdem Hitler an die Macht gekommen war. Einer der schärfsten Kritiker der britischen Appeasement-Politik war der damalige Oppositionspolitiker Winston Churchill. Mit seiner Beurteilung der nationalsozialistischen Politik lag Churchill sicher richtig. Er übersah aber die negativen wirtschaftlichen Konsequenzen, die eine Politik der Stärke gegenüber Deutschland für den Status des *British Empire* mit sich bringen würde.⁴⁸ In den ersten Jahren nach der Machtübernahme war die NS-Regierung um Wohlverhalten gegenüber Großbritannien bemüht. Insofern wurden die deutsch-britischen Handels- und Finanzbeziehungen von politischen Friktionen weitgehend freigehalten. Dies änderte sich aber nach und nach. Letztlich ließ die Politik Hitlers auch den entgegenkommendsten Briten keine Wahl mehr.⁴⁹ Das spürten sukzessive auch die englischen Banken, deren hochgesteckte Erwartungen im Lauf der nächsten Jahre zu schwinden begannen. Dennoch hielten sie am einmal eingeschlagenen Kurs mangels besserer Alternative so lange wie möglich fest:

British banks held the largest share of credit lines because they were the least inclined to write off their claims as worthless and to accept any discount. Credits were maintained in the belief that they would become good. Further, the market had not experienced any particular difficulties – Germany regularly transferred the service in sterling without interruption – which was more than could be said for other debts.⁵⁰

Weitaus schlechter als den Banken erging es den britischen Anleihegläubigern, die ab 1934 auf Zahlungen ganz oder teilweise verzichten mußten. Gerade unter den Gläubigern der Dawes- und Young-Anleihe waren zahlreiche Privatleute, die von Zahlungsunterbrechungen spürbarer betroffen wurden als Bankhäuser, deren pro-deutsche Politik in der britischen Öffentlichkeit zunehmend auf Kritik stieß.⁵¹ Mit Ausbruch des Krieges fan-

---

⁴⁷ Ebd., S. 170.
⁴⁸ Vgl. JOHN CHARMLEY, Churchill. Das Ende einer Legende, Berlin 1995, S. 333 ff.
⁴⁹ Vgl. CHARLES BETTELHEIM, Die deutsche Wirtschaft unter dem Nationalsozialismus, München 1974, S. 95 f., und JOACHIM RADKAU, Entscheidungsprozesse und Entscheidungsdefizite in der deutschen Außenwirtschaft 1933–1940, in: Geschichte und Gesellschaft 2 (1976), S. 44 ff.
⁵⁰ FORBES, S. 583.
⁵¹ Vgl. WENDT, Economic-Appeasement. Handel und Finanzen, S. 130 ff.

den dann nicht nur die Stillhaltevereinbarungen ein Ende, deren Abschluß sich von Jahr zu Jahr schwieriger gestaltet hatte, sondern er wurden sämtliche Schuldverhältnisse unterbrochen, die zwischen den feindlichen Staaten bestanden hatten. Die Zäsur von 1939 schuf völlig andere Verhältnisse, die zu neuen Überlegungen zwangen. Die *Bank of England* war während der Kriegsjahre bemüht, den Überblick über den wachsenden Schuldenstand zu behalten.[52] Für die Gläubiger gab es in dieser Zeit praktisch keine Chance, an ihr Geld zu gelangen, sieht man einmal von den frühen Überlegungen zur Verwendung des deutschen Auslandsvermögens ab. Insofern konzentrierten sich alle Hoffnungen auf die Zeit danach. Der *Malkin Report* hatte schlüssig aufgezeigt, daß bei den *pre-war claims* zumindest Abstriche unvermeidbar sein würden. Man ging davon aus, daß die privaten Vorkriegsschulden in ihrer Wertigkeit hinter den Reparationsansprüchen und den Besatzungskosten rangieren würden. Zwar war das Interesse der englischen Regierung an Reparationen sicher geringer als das Interesse anderer Staaten, die Entscheidung über die Priorität von Reparationen, Besatzungskosten und Vorkriegsschulden oblag aber nicht der britischen Regierung allein. Im übrigen war sie selbst im eigenen Land umstritten. Der *Labour*-Abgeordnete Hugh Dalton vertrat in einem Schreiben an Schatzkanzler Sir John Anderson die Meinung, daß Reparationen in Form von Sachlieferungen weitaus mehr im britischen Interesse lägen als „a monetary payment for this somewhat debatable class of pre-war creditors."[53] Die reservierte Haltung gegenüber den *pre-war creditors* war in politisch links stehenden Kreisen verbreitet. Sie basierte einerseits auf einem antikapitalistischen Ressentiment gegenüber den vermeintlich Besitzenden, andererseits auf dem unbegründeten Vorurteil, die Vorkriegsschulden resultierten aus Geschäften mit Nazi-Deutschland und seien deshalb moralisch anrüchig. Dieser Vorwurf traf lediglich auf einen kleinen Teil der Handelsschulden zu. Die Masse der Vorkriegsschulden (*pre-war debts*) stammte aus der Zeit vor der Machtübernahme.

Eine völlig andere Meinung als der Sozialist Dalton vertrat die *Bank of England*. Der Gouverneur der Bank erhob gegenüber dem *Treasury* die Forderung, daß „the claims of pre-war creditors should rank in front of subsequent claims by Governments on reparations or other account."[54] Sicher hatte die Bank vor allem die Interessen der Stillhaltegläubiger im Blick, die Interessenvertretung der britischen *long- and medium-term creditors*

---

52 Bank of England to E.W. Playfair, 11. 3. 1942, PRO, T 236–1984.
53 Dalton (MP) to Anderson, 13. 12. 1944, PRO, T 236–122.
54 Cobbold (Bank of England) to Waley (Treasury), 1. 5. 1944, PRO, T 236–1985.

stieß aber mit ihrer Forderung, etwaige finanzielle Konzessionen an Deutschland nicht auf Kosten der Gläubiger zu machen, ins gleiche Horn. Zum Schutz der Gläubigeransprüche sollte der deutschen Regierung nach Auffassung der Gläubiger sofort nach Kriegsende eine Erklärung abverlangt werden, in der sie sich selbst und für alle deutschen Staatsbürger zur Aufbringung und zum Transfer sämtlicher (!) Vorkriegsschulden verpflichtete. Die vor Kriegsausbruch von Deutschland annektierten Gebiete (Sudetenland, Österreich) sollten in diese Verpflichtungserklärung einbezogen werden, nicht aber die Schulden der nach 1939 besetzten Gebiete.[55] Damit wurde ein erster Versuch zur Abgrenzung der *pre-war claims* von den während des Krieges in den besetzten Gebieten entstandenen Schulden gemacht.[56]

Im Juni 1944 fand auf Einladung des *Treasury* eine erste informelle Besprechung mit Vertretern der verschiedenen Gläubigergruppen statt. Sir Waley machte einleitend darauf aufmerksam, daß die Verwendung des bei Kriegsausbruch beschlagnahmten deutschen Vermögens in Großbritannien bei der Regelung der Schuldenfrage eine Schlüsselrolle spielen könnte. „It would be realistic to assume that, at least in the immediate future, there would be nothing available for pre-war claims beyond the German assets in this country."[57] Sir Waley schätzte die Bereitschaft der übrigen Alliierten, zugunsten der Vorkriegsschulden auf Reparationen zu verzichten, trotz der negativen Erfahrungen nach 1918 äußerst gering ein. Die anschließende Diskussion über eine potentielle Verwendung des deutschen Vermögens in Großbritannien zugunsten der Gläubiger offenbarte die unterschiedlichen Interessen zwischen den *short-term* und den *long-term creditors*. Bei letzteren handelte es sich ganz überwiegend um die Gläubiger deutscher Reichsanleihen, die ihre Hoffnung darauf setzten, daß sich die Kurse ihrer im Wert stark gefallenen Papiere nach dem Krieg wieder erholen würden. Eine Minimalentschädigung aus den deutschen Vermögenswerten war für die langfristigen Gläubiger keine interessante Perspektive. Die kurzfristigen Gläubiger hofften dagegen mehrheitlich auf die Möglichkeit, ihre Schulden vom britischen Staat aus dem Erlös der deutschen *assets* abgelten zu lassen, auch wenn dies mit beträchtlichen Abschlägen verbunden sein würde. Bei der potentiellen Verteilung von Geldern zurückstehen wollten die Anleihegläu-

---

[55] Committee of British Long Term and Medium Term Creditors of Germany (Lever, Chairman) to The Secretary of the Treasury, 21. 3. 1944, PRO, T 236–1985.
[56] Die Schwierigkeit der Abgrenzung wurde im Treasury bereits frühzeitig als Problem erkannt. Vermerk Playfair: Pre-war claims against Germany, 14. 8. 1944, PRO, T 236–1985.
[57] Note of a meeting at the Treasury, 6th June, 1944 to discuss the treatment of U.K. Pre-war claims against Germany, PRO, T 236–1985.

biger aber auf keinen Fall. Ein einheitliches Meinungsbild kam somit nicht zustande. Gemeinsam war allen Gläubigergruppen lediglich das Bestreben, ihre Rechtsansprüche solange aufrecht zu erhalten, bis die Zeit für eine akzeptable Schuldenregelung reif sein würde.

Die Frage der *pre-war claims* wurde auf der Basis der knappen Empfehlungen des *Malkin Report* seit dem Sommer 1944 in den zuständigen Ministerien wieder verstärkt diskutiert. Da mit den Russen und den Amerikanern in Kürze Gespräche darüber bevorstanden, in welcher Form und in welchem Umfang Deutschland Reparationen auferlegt werden sollten, mußte sich die britische Regierung auch über die Ziele klar werden, die sie in der Schuldenfrage auf internationaler Ebene verfolgen wollte. „We must formulate our policy", forderte das *Treasury*, das mehr als die übrigen mit der Nachkriegsplanung befaßten Ministerien für die Belange der *pre-war creditors* eintrat und sich gleichsam als deren Treuhänder verstand.[58] Im Vordergrund stand dabei das Bemühen, die Ansprüche der britischen *pre-war creditors* über das Kriegsende hinaus juristisch am Leben zu erhalten. Die Frage, wann und in welchem Umfang mit Zahlungen faktisch zu rechnen sein würde, war erst einmal zweitrangig. Vor dem Hintergrund der internationalen Interessenlage war die Sicherung des *status quo ante* bereits schwierig genug.

Viele Staaten, allen voran die Sowjetunion, hatten an den Vorkriegsschulden wenig oder kein Interesse. Selbst die Vereinigten Staaten als die mit Abstand größte Gläubigernation räumten den *pre-war debts* keine Priorität ein. Ungeachtet aller äußeren Widerstände kam für die Briten ein völliger Verzicht auf die Vorkriegsansprüche jedoch grundsätzlich nicht in Frage. In einem Strategiepapier des *Treasury* hieß es:

> We do not consider that any solution which involves the writing off of British contractual claims on Germany should be adopted. Our aim should be to get for British creditors as large a dividend as we can on the debts already outstanding, to restore to British owners their securities and other property, and to help them to get as large a proportion as possible of the service of their investments.[59]

Der Dawes- und der Young-Anleihe sowie den Stillhaltevereinbarungen wurde sogar eine Sonderrolle zugesprochen, denn diese seien „investments either made or allowed to remain in Germany at the encouragement of H.M. Government, and we have a certain responsibility towards the creditors."[60]

---

[58] Playfair to Sir Wilfrid Eady, 30. 8. 1944, PRO, T 236–1985.
[59] Draft: Pre-war claims on Germany, 10. 8. 1944, PRO, T 236–122.
[60] Ebd.

Die hier konstatierte besondere Verantwortlichkeit der britischen Regierung für die Belange eines Teils der Vorkriegsgläubiger wurde von anderen Ministerien in dieser Form nicht geteilt. Zwar waren die Banken seinerzeit zu einer pro-deutschen Haltung ermuntert worden, die Kontrakte waren aber von den britischen Banken aus freiem Entschluß abgeschlossen worden, und eine förmliche Garantie seitens der Regierung hatte es nicht gegeben.[61] Trotzdem wurde das Argument einer historisch begründeten, besonderen Verpflichtung der britischen Regierung von den Gläubigern in der Folgezeit immer wieder ins Feld geführt. Die Formulierung einer klaren britischen Position in der Schuldenfrage gestaltete sich schwieriger als zunächst erwartet, denn zwischen den beteiligten Ministerien und Institutionen gab es unterschiedliche Auffassungen über die Bedeutung der Schuldenfrage. Den radikalsten Standpunkt vertrat – abgesehen von den direkt Betroffenen – die *Bank of England*, die eine absolute Priorität der *pre-war debts* vor allen übrigen Forderungen verlangte. Auch die Beamten des *Treasury*, die stets um eine gemeinsame Haltung mit der *Bank* bemüht waren, räumten mehrheitlich den Interessen der Gläubiger Priorität ein, sie verschlossen sich jedoch nicht der Einsicht, daß eine kompromißlose Haltung in dieser Frage international nicht durchsetzbar war:

But, if it is clearly in our interests to press for an absolute priority for pre-war debts over reparations, it is equally clear that it is against the interests of many Allies. The moral claim for reparation will be pressed, and is difficult to measure against contractual rights. [...] To sum up, we feel no doubt that our national interest is to get the best possible treatment for our pre-war claims, and that we are fully justified in pressing for a high priority for them.[62]

Aus taktischen Gründen war es aber nötig, die Schuldenfrage auf interalliierter Ebene nicht allzu sehr in den Vordergrund zu spielen. Die juristische Sicherung der Vorkriegsansprüche und die Hoffnung auf eine möglichst schnelle Wiederaufnahme der Zahlungen nach dem Ende des Krieges; mehr konnten die Briten realistischerweise vorläufig nicht erwarten, da ihre wichtigsten Verbündeten andere Ziele verfolgten.[63] Die Sowjets waren ausschließlich auf Reparationen aus, und selbst die Vereinigten Staaten ordneten die Schuldenfrage, ungeachtet ihrer eigenen materiellen Interessen, politischen Opportunitäten unter. Diese Haltung geht aus einem amerikanischen Memorandum hervor, das im Sommer 1944 vom *Executive Commit-*

---

[61] Waley to Playfair, 21. 10. 1944, PRO, T 236–1986.
[62] Draft: Pre-war claims on Germany, PRO, T 236–122.
[63] Treasury to Sir Edward Hodgon, Board of Trade (Copies to H.S. Gregory (T.W.E.D.), Coulson (Foreign Office) and Turner (E.I.P.S.)], October 1944, PRO, T 236–1986.

tee on Foreign Economic Policy vorgelegt wurde. Darin wurde zwar das starke Interesse der Vereinigten Staaten an den *pre-war debts* festgestellt und auch grundsätzlich die Verpflichtung der US-Regierung anerkannt, den amerikanischen Vorkriegsgläubigern zur Seite zu stehen, ohne jedoch konkrete Maßnahmen daraus abzuleiten. Das Memorandum endete sogar mit einem klaren Votum zugunsten von Reparationen: „It is recommended, however, in view of the urgent need of reparation for reconstruction purposes, that pre-war debts and claims receive a priority *below* that of reparation."[64]

Ein Jahr zuvor hatte sich Jacob Viner, ein einflußreicher Berater von US-Finanzminister Henry Morgenthau, in einem Artikel der Zeitschrift *Foreign Affairs* mit der Verflechtung von Reparationen und Vorkriegsschulden auseinandergesetzt. Er war dabei zu anderen Prioritäten gelangt. Außer Zweifel stand für ihn, daß Deutschland wegen seiner Kriegsverbrechen moralisch zu jeder Art von Reparationen verpflichtet werden konnte. Fraglich war aber, ob diese nicht den langfristigen ökonomischen und politischen Interessen gerade der Völker entgegenstanden, die Opfer des Nationalsozialismus geworden waren. Seine These basierte auf den negativen Erfahrungen, die nach dem Ersten Weltkrieg mit Reparationszahlungen gemacht worden waren. Es gab gute Gründe, am Segen von Reparationsleistungen für die Empfängerländer zu zweifeln. Nur für die Sowjetunion galt diese Einschätzung nicht, da sie systembedingt praktisch unbegrenzt Reparationen absorbieren konnte.[65] Viner sah nur zwei Möglichkeiten für ein „real payment of reparations": entweder die Inanspruchnahme des deutschen Auslandsvermögens zu Reparationszwecken oder die Nutzung von deutschen Exportüberschüssen, wobei die Gefahr bestand, daß ein gezwungenermaßen extrem exportorientiertes Nachkriegsdeutschland bei der Eroberung von Absatzmärkten mit den Handelsinteressen anderer Industriestaaten kollidieren könnte. Die von Deutschland nach dem letzten Krieg gewählte Möglichkeit, das Geld für Reparationen weitgehend über den internationalen Kapitalmarkt zu beschaffen, bestand diesmal aus zwei Gründen nicht: Zum einen war Deutschland als Schuldnernation völlig diskreditiert, zum anderen bedurfte der Kapitalmarkt selbst einer Reorganisation. Im Gegensatz zum oben angeführten Memorandum schlug Viner jedoch vor, das deutsche Auslandsvermögen, das selbst unter Einbeziehung von Patenten,

---

[64] ECEFP D-37/44 Memorandum by the Executive Committee on Foreign Economic Policy, IV. Résumé of recommendations with respect to subjects closely related to reparation, (Washington) August 12, 1944, in: FRUS, 1944 I (General), S. 297.

[65] Vgl. JACOB VINER, German Reparations once more, in: Foreign Affairs. An American Quarterly Review 21 (1943), S. 659–673. Der Artikel war sicher nicht ohne Einfluß auf die Haltung maßgeblicher Regierungskreise.

Aktienpaketen und Firmenanteilen als „of modest proportions" einzuschätzen war, nicht für Reparationszwecke zu verwenden, sondern den Vorkriegsgläubigern zur Verfügung zu stellen. Allerdings würden die deutschen Vermögenswerte bei weitem nicht zur Befriedigung aller Gläubigeransprüche aus der Vorkriegszeit gegenüber dem Deutschen Reich oder gegenüber deutschen Geschäftsleuten reichen. Viner vertrat die Auffassung, daß „these private claims should probably be given *priority over reparation claims.*"[66] Obwohl Viner das amerikanische Interesse an Reparationen nicht sehr hoch veranschlagte und er empfahl, den *pre-war claims* eine gewisse Priorität einzuräumen, sah er hellsichtig große interalliierte Meinungsunterschiede in der Reparationsfrage voraus. Neben der Sowjetunion und Frankreich waren auch kleinere Länder wie die Niederlande, die durch die deutsche Besatzung schwere finanzielle Verluste erlitten hatten, sehr an Entschädigungsleistungen interessiert.[67]

Der in *Foreign Affairs* publizierte Artikel von Jacob Viner wurde in Washingtoner Regierungskreisen mit Interesse zu Kenntnis genommen. Eine den Arbeiten des *Malkin Committee* vergleichbare, systematische und ressortübergreifende Analyse der Reparationsfrage und der eng damit verknüpften Schuldenfrage gab es in den USA während des Krieges nicht.[68] Die Divergenzen innerhalb der amerikanischen Exekutive waren beträchtlich, da sich zwei rivalisierende Strömungen in der Deutschlandpolitik gegenüberstanden. Die maßgeblich vom *State Department* und vom *Department of Commerce* geprägte Richtung trat für einen raschen wirtschaftlichen Wiederaufbau Europas unter Einschluß Deutschlands als Voraussetzung für eine Reorganisation der internationalen Wirtschafts- und Finanzordnung ein, während die vom *US-Treasury* getragene „Morgenthau-Linie" auf ein vollständiges Niederhalten Deutschlands ausgerichtet war.[69] Die Morgenthau-Konzeption sprach den Siegerstaaten jedes moralische Recht

---

66 Ebd., S. 661.
67 Vgl. GERHARD HIRSCHFELD, Fremdherrschaft und Kollaboration. Die Niederlande unter deutscher Besatzung 1940–1945, Stuttgart 1984, S. 126 ff.
68 Vgl. FRIEDRICH JERCHOW, Import Financing and the Establishment of a Foreign Exchange Rate as Origins and Means of West Germany's Integration into the World Economy after the Second World War, in: ECKEHARD KRIPPENDORFF (Hrsg.), The Role of the United States in the Reconstruction of Italy and West Germany 1943–1949, Papers presented at a German-Italian Colloquium at the John F. Kennedy-Institut für Nordamerikastudien, Berlin, June 1980, Berlin 1981, S. 56–78.
69 Vgl. OTTO NÜBEL, Die Amerikanische Reparationspolitik gegenüber Deutschland 1941–1945, Frankfurt a. M. 1980, S. 2 ff.; vgl. WILFRIED MAUSBACH, Zwischen Morgenthau und Marshall. Das wirtschaftspolitische Deutschlandkonzept der USA 1944–1947, Düsseldorf 1996, S. 26 ff.

zu, sich an Deutschland schadlos zu halten, verweigerte aber gleichzeitig die dazu nötige Wiederherstellung der industriellen Basis. Die alternative Konzeption des *State Department* wollte Reparationen nur in einem sehr eingeschränkten Umfang zulassen, damit die Erholung der deutschen Volkswirtschaft unter keinen Umständen gefährdet würde. Die Konzeptionen des *State Department* zur Gestaltung der künftigen Deutschlandpolitik waren ähnlich wie die Überlegungen der Londoner Ministerien weniger von moralischem Rigorismus als von einer pragmatisch-realistischen Sichtweise geprägt. International stieß diese nüchterne Haltung jedoch vielfach auf Ablehnung. Es war menschlich verständlich, daß die Sieger über Hitlerdeutschland nach finanzieller Entschädigung verlangten. Kenner der Materie hatten aber längst erkannt, daß die Schuldenproblematik nach dem Ersten Weltkrieg den Weg in die wirtschaftliche Depression geebnet hatte. Der daraus resultierende Abzug des Dollarkapitals aus Europa hatte massiv zum Zusammenbruch der internationalen Handels- und Finanzbeziehungen beigetragen. Die USA befanden sich praktisch gegenüber der gesamten Welt in einer übermächtigen Gläubigerposition. Die Überwindung des chronischen Dollardefizits in Europa war nach dem Krieg eine vordringliche Aufgabe, die sowohl im wirtschaftlichen Interesse Europas als auch der USA lag.[70] Diese Einsicht über den Kreis von Finanzexperten hinaus in den USA zu vermitteln, war aber keine leichte Aufgabe. Die meisten Senatoren und Abgeordneten richteten dem Wunsch ihrer Wähler folgend den Blick nach innen und vereitelten sinnvolle außenpolitische Programme.[71] So bereitete die parlamentarische Billigung des *Lend-Lease-Agreement* mit Großbritannien während des Krieges nicht unerhebliche Schwierigkeiten.[72] Erschwerend trat hinzu, daß die Morgenthau-Richtung seit Sommer 1944 zunehmend Einfluß auf den von schwerer Krankheit gezeichneten Präsidenten Roosevelt gewann. Der mit dem Namen Morgenthau verbundene Mythos übersteigt zwar bei weitem dessen tatsächliche politische Wirksamkeit, der Einfluß von Morgenthau führte aber zu einem Blockieren der bis 1944 schon recht weit gediehenen Nachkriegsplanungen. Erst 1946 trat unter Präsident Truman wieder eine Wende zugunsten der politischen Richtung ein, die schließlich den Marshall-Plan auf den Weg brachte. Dabei konnte auf zahlreiche Vorarbeiten zurückgegriffen werden, die bereits in früheren

---

[70] Vgl. ROBERT TRIFFIN, Europe and the Money Muddle. From Bilateralism to Near-Convertibility, 1947–1956, London 1957, S. 2ff.
[71] Vgl. PENROSE, S. 37ff.
[72] Vgl. GARDNER, S. 171ff.

1. Überlegungen im Krieg

Jahren im *State Department* und anderen Ministerien geleistet worden waren.

Die Frage der Vorkriegsschulden spielte während des Krieges in den Planungen amerikanischer Regierungsstellen nur eine untergeordnete Rolle. Nach amerikanischem Verständnis war dies auch primär eine Angelegenheit der betroffenen *pre-war creditors* und ihrer Organisationen, die nach Kräften Lobbyismus betrieben und die zuständigen Regierungsstellen über relevante Entwicklungen in der Schuldenfrage auf dem laufenden hielten.[73] So war das *State Department* frühzeitig über Bestrebungen der Reichsregierung informiert, deutsche Anleihen über Mittelsmänner auf dem US-Markt zurückzukaufen.[74] Ein Mann namens Wolfgang von Gibara kaufte im Auftrag der Deutschen Golddiskontbank, einer Tochter der Reichsbank, in den USA deutsche Wertpapiere auf, deren Kurse infolge der miserablen deutschen Zahlungsmoral stark gefallen waren. Darunter befanden sich auch zahlreiche Wertpapiere aus ursprünglich britischem Besitz, die über spezielle Kanäle in die Vereinigten Staaten gelangt waren.[75] Auch trachteten einige britische Banken danach, ihre *standstill debts* in Amerika gegen Dollar loszuschlagen, weil nach dem Beginn des Krieges direkte deutsch-britische *deals* in England gesetzlich verboten waren. Zahlreiche jüdische Emigranten, denen es gelungen war, Wertpapiere aus Deutschland herauszubekommen, waren aus Geldnot ebenfalls an deren Verkauf interessiert. Von deutscher Seite war man sehr darauf bedacht, die *repatriation of bonds* als eine völlig normale Finanztransaktion darzustellen. Der Rückkauf von im Kurs gefallenen Wertpapieren zwecks vorzeitiger Entwertung – ein Verfahren, das von deutscher Seite vor Kriegsbeginn auch in Großbritannien und anderen Ländern angewandt worden war – war rein juristisch betrachtet völlig legal. Moralisch zumindest zweifelhaft war aber die Tatsache, daß Deutschland aus seinem eigenen Fehlverhalten – dem hausgemachten Zahlungsverzug (*default*) – Kapital zu schlagen versuchte. Statt die vorhandenen Devisen zur Bedienung der Anleihen zu verwenden, wurden diese zum Rückkauf der notleidend gewordenen Anleihen verwendet. Viele Gläubiger waren aber angesichts der ungewissen Zukunftsaussichten dennoch gewillt, ihre Papiere für wenig Geld abzustoßen. „Of course if Germany wins the

---

[73] Zahlreiche Eingaben betr. *pre-war claims* aus den Jahren 1940–45 finden sich in: NA, RG 59–5607.
[74] Department of State, A.A. Berle Jr. (Ass. Secretary) to Welles (The Secretary), 28. 11. 1940, NA, RG 59–5608.
[75] Department of State, Advisor on International Affairs, Memorandum of Conversation: Activities of Wolfgang von Gibara in German Financial Transactions in the United States, 19. 2. 1941, NA, RG 59–5608.

war, holders will have a very good thing; if Germany loses, the securities will be worth nothing", hieß es in einer Notiz des *State Department* von 1941.[76] Die Einschätzung ist interessant, weil man im *State Department* einerseits offenbar von der Annahme ausging, daß ein siegreiches Deutschland seine Vorkriegsschulden anstandslos begleichen würde, obwohl ein beträchtlicher Teil davon – die Schulden aus der Dawes- und Young-Anleihe – mittelbar aus dem verhaßten Versailler Vertrag resultierten, während andererseits im Fall einer deutschen Niederlage von einem Totalverlust der Vorkriegsansprüche ausgegangen wurde. Die Kurse deutscher Dollaranleihen waren bis 1939 auf knapp ein Viertel ihres Nennwerts gesunken, stabilisierten sich dann wieder ein wenig durch die Rückkaufaktionen des Deutschen Reichs. Nach dem Eintritt der Vereinigten Staaten in den Krieg wurde der Handel deutscher Wertpapiere an amerikanischen Börsen ausgesetzt. Der Wert der Papiere sank daraufhin praktisch auf Null. Für die amerikanischen Besitzer deutscher Wertpapiere gab es allerdings die Möglichkeit, ihre Verluste steuerlich geltend zu machen.

Anleihen des Deutschen Reichs waren in den USA breit gestreut.[77] Die Dawes-Anleihe von 1924 und mit Abstrichen auch die Young-Anleihe von 1930 hatten wegen ihrer guten Verzinsung und ihrer vermeintlich großen Sicherheit[78] bei amerikanischen Anlegern eine gute Aufnahme gefunden. Beide Anleihen standen in einem direkten Zusammenhang zur Reparationsregelung nach dem Ersten Weltkrieg. Auf der Londoner Reparationskonferenz von 1921 war dem Deutschen Reich eine Gesamtschuld von 132 Milliarden GM auferlegt worden, die bis zur Tilgung in Jahresraten von 2 Milliarden GM plus eines Viertels des Wertes der deutschen Ausfuhr beglichen werden sollte. Die Aufbringung derartiger Summen erwies sich schon bald als unmöglich. Als dann infolge der Ruhrbesetzung die bereits inflationsgeschwächte deutsche Währung völlig zusammenbrach,[79] wurde auf Antrag der Reichsregierung gemäß Artikel 234 des Versailler Vertrags im Novem-

---

[76] Department of State (Office of The Adviser of International Economic Affairs), Memorandum of Conversation: Activities of W. v. Gibara & Co. in repatriation of German securities, 20. 5. 1941, NA, RG 59–5608.
[77] Vgl. WALTHER SKAUPY, Deutsche Dollarbonds in den Vereinigten Staaten, in: Zeitschrift für das gesamte Kreditwesen 8 (1955), S. 98–102. Posten einer Anleihe von mehr als $ 25 000 in einer Hand waren selten, solche über $ 100 000 gab es in 104 Fällen, über $ 300 000 in 14 Fällen, ein Posten von $ 847 000 war im Besitz einer Bank.
[78] Der Anleihedienst hatte Priorität gegenüber allen sonstigen Zahlungen aus dem Dawes-Plan, die Pfänder für die Anleihe waren besonders geschützt.
[79] Vgl. PETER CZADA, Ursachen und Folgen der großen Inflation, in: HARALD WINKEL (Hrsg.), Finanz- und wirtschaftspolitische Fragen der Zwischenkriegszeit, Berlin 1973, S. 17 ff.

ber 1923 eine Sachverständigenkommissionen eingesetzt, die unter der Leitung des Amerikaners Charles G. Dawes stand. Ihre Aufgabe war die Prüfung der deutschen Währungs- und Haushaltslage unter Einschluß der Reparationsproblematik. Das Ergebnis war der sogenannte *Dawes-Plan*, der zwar keine Absenkung der gesamten Reparationsschuld von 132 Milliarden GM vorsah, wohl aber eine Verringerung der Annuitäten. Wichtig war auch die Trennung zwischen der Aufbringung der Jahresraten in Reichsmark und deren Transfer ins Ausland. Die Reichsregierung hatte ihre Pflicht erfüllt, wenn das Geld in deutscher Währung auf dem Konto des Reparationsagenten Parker Gilbert eingegangen war. Für den Transfer ins Ausland, der die Stabilität der deutschen Währung nicht gefährden durfte, waren der Reparationsagent und ein Transferkomitee zuständig. Nach einer Übergangsfrist von vier Jahren sollten die jährlichen Zahlungen 2,5 Milliarden GM betragen, die allerdings an einen *Wohlstandsindex* gekoppelt waren, der weitere Erhöhungen der Annuität in der Zukunft nicht ausschloß. Die Aufbringung sollte zur Hälfte aus dem Reichshaushalt und zur Hälfte aus dem Verkehrssteueraufkommen sowie aus Zinszahlungen auf Obligationen bestritten werden, die der Reichsbahn (11 Mrd.) und der Industrie (5 Mrd.) auferlegt wurden.

Da der Reichshaushalt 1924, dem ersten Jahr der Dawes-Periode, von Zahlungen befreit war, sollten die Mittel für Reparationszahlungen über eine Auslandsanleihe aufgebracht werden.[80] Bereits am 10. Oktober 1924 wurde die Dawes-Anleihe in parallelen Ländertranchen in den USA, Großbritannien, Frankreich, der Schweiz und einigen kleineren Ländern emittiert. Über die Hälfte des Gesamtaufkommens von 800 Millionen Goldmark konnte in den Vereinigten Staaten plaziert werden.[81] Die Investmentbank *J. P. Morgan* fungierte nach anfänglichem Zögern als einer der wichtigsten Geldgeber und übernahm einen Anteil von $ 110 Millionen. Die wachsende Abhängigkeit Deutschlands vom US-Kapitalmarkt nahm hier ihren Anfang, weil der Erfolg der Dawes-Anleihe den Kapitalexport nach Deutschland verstärkte.[82] Der Dawes-Plan als solcher war dagegen weniger

---
80 Vgl. STUCKEN, S. 250 ff.
81 Die Dawes-Anleihe erbrachte 801 Mio. Goldmark: USA (401 Mio.), Großbritannien (193 Mio.), Frankreich und Schweiz (je 48 Mio.), Niederlande (41 Mio.), Belgien und Schweden (je 24 Mio.), Italien (16 Mio.) und Deutschland (6 Mio.). Die Anleihe hatte eine Laufzeit von 25 Jahren mit Fälligkeit im Oktober 1949 zum Nennwert, in den USA zu 105%. Die Verzinsung betrug 7% p.a. Angaben aus HARDACH, Weltmarktorientierung, S. 46; vgl. HANS RONDE, Von Versailles bis Lausanne. Der Verlauf der Reparationsverhandlungen nach dem ersten Weltkrieg, Stuttgart 1950, S. 105 ff.
82 Vgl. JON JACOBSON, The Reparation Settlement of 1924, in: GERALD D. FELDMAN et al. (Hrsg.), Konsequenzen der Inflation, Berlin 1989, S. 90 ff.

erfolgreich, da sein Gelingen von einer aktiven deutschen Handelsbilanz abhing. De facto wurden die Annuitäten nicht aus Exportüberschüssen finanziert, sondern durch die Hereinnahme von Auslandsgeldern. Obwohl die Annuitäten im Verlauf der nächsten fünf Jahre voll entrichtet wurden, war keine Seite mit den Regelungen des Dawes-Plans wirklich zufrieden. Es gab für Schuldner und Gläubiger zu viele Unsicherheitsfaktoren. Von deutscher Seite wurde das Fehlen fester Laufzeiten sowie die prinzipiell mögliche Erhöhung der Annuitäten über den *Wohlstandsindex* als nachteilig empfunden. Die Empfängerländer, allen voran Frankreich, befürchteten dagegen, in wirtschaftlichen Krisenzeiten auf Grund der *Transferschutzklausel* Einbußen hinnehmen zu müssen.

Der Eingang regelmäßiger Reparationszahlungen war für die meisten europäischen Staaten unverzichtbar, weil sie mit diesen Einnahmen ihre beträchtlichen Kriegsschulden bei den Vereinigten Staaten abzahlten. Seit Jahren versuchten die Europäer vergeblich, den Amerikanern die unheilvolle Interdependenz zwischen Reparationen und Kriegsschulden nahezubringen, um sie dadurch zum Verzicht zumindest auf einen Teil ihrer Außenstände zu bewegen. Aus innenpolitischen Gründen sah sich die US-Regierung jedoch nicht in der Lage, ihre internationale Verantwortung zur Kenntnis zu nehmen. Bevor die Anlaufphase des Dawes-Plans abgeschlossen war, geriet die Reparationsfrage schon wieder auf die politische Tagesordnung, weil die französische Regierung die Räumung des Rheinlands von einer definitiven Regelung der Reparationsfrage abhängig machte.

Im Februar 1929 trat in Paris eine internationale Sachverständigenkonferenz unter Vorsitz des einflußreichen amerikanischen Bankers Owen D. Young zusammen. Die deutsche Delegation stand unter der Leitung von Reichsbankpräsident Hjalmar Schacht, dessen Verhandlungsstrategie in Paris vollkommen scheiterte.[83] Die von Deutschland erhofften spürbaren Zahlungserleichterungen blieben wegen der unnachgiebigen Haltung der US-Regierung in der Kriegsschuldenfrage aus. Solange die USA in diesem Punkt zu keinen Konzessionen bereit waren, mußten die europäischen Staaten auf ihren Reparationen bestehen. Die Deckung der Kriegsschulden war für sie praktisch die Mindestgrenze zur Bemessung von Reparationsforderungen. Frankreich verlangte zusätzlich allerdings noch eine nennens-

---

[83] Vgl. JOHANNES HOUWINK TEN CATE, Hjalmar Schacht als Reparationspolitiker (1926–1930), in: Vierteljahrschrift für Sozial- und Wirtschaftsgeschichte 74 (1987), S. 193 ff.; MARTIN VOGT, Die Entstehung des Youngplans, dargestellt vom Reichsarchiv 1931–1933, Boppard am Rhein 1970, S. 33 ff.; ECKHARD WANDEL, Hans Schäffer. Steuermann in wirtschaftlichen und politischen Krisen, Stuttgart 1974, S. 106 ff.

1. Überlegungen im Krieg

werte „indemnité nette".[84] Es ließ sich deshalb schon im voraus leicht errechnen, daß die durchschnittliche Annuität bei rund zwei Milliarden RM liegen mußte, wobei die Mittel für die Bedienung der Dawes-Anleihe noch hinzuzurechnen waren. Nach schwierigen, mehr von politischen als von wirtschaftlichen Erwägungen geleiteten Verhandlungen, einigte sich die Sachverständigenkommission Anfang Juni auf den Young-Plan. Dieser sah vor, daß das Deutsche Reich ab 1930/31 in einer ersten Phase über einen Zeitraum von 36 Jahren Annuitäten aufzubringen hatte, die sukzessive von RM 1,7 auf RM 2,4 Milliarden ansteigen sollten. Ab 1966/7 sollten in einer zweiten Phase über einen Zeitraum von weiteren 22 Jahren Annuitäten in Höhe von RM 1,6 bis RM 1,7 Milliarden gezahlt werden. Ein Teil der jährlichen Zahlungen in einer Höhe von RM 660 Millionen war als *ungeschützte Annuität* unter allen Umständen vom Reich aufzubringen und in Devisen zu transferieren. Nur der Rest, die *geschützte Annuität*, sollte im Fall einer schweren wirtschaftlichen Krise gestundet werden können. In einem Sondermemorandum wurde für den Fall eines Schuldenerlasses der USA zwar eine deutliche Absenkung der Annuitäten vereinbart, zum damaligen Zeitpunkt war dies aber nur eine theoretische Perspektive.

Die Vorteile des Young-Plans gegenüber dem Dawes-Plan waren fast ausschließlich politischer Natur. Reichsaußenminister Stresemann trat deshalb sehr für die Annahme des Young-Plans ein. Neben dem Abzug fremder Truppen aus Deutschland bestanden die Vorteile vor allem in der Beseitigung ausländischer Kontrollorgane (z. B. Reparationsagent, Transferkomitee) sowie in der Löschung von Zwangsobligationen auf Industrie und Reichsbahn. Dafür oblag der Reichsregierung von nun an die alleinige Verantwortung für die Aufbringung *und* den Transfer der Annuitäten. Bisher war der Reparationsagent für den Transfer zuständig. Für die künftig aufzubringende ungeschützte Annuität gab es überhaupt keinen Transferschutz. Den Platz des Reparationsagenten nahm in der Zukunft die neugegründete *Bank for International Settlement/Bank für Internationalen Zahlungsausgleich* (BIS/BIZ) mit Sitz in Basel ein.[85] Wirtschaftlich von Vorteil war beim Young-Plan lediglich die kurzzeitige Senkung der Annuitäten, längerfristig stellte die Regelung gegenüber dem Dawes-Plan jedoch eine Verschlechterung dar. Der Young-Plan verfügte zwar über feste Laufzeiten für die Reparationszahlungen, diese sollten sich aber auf einen generationenübergreifen-

---

[84] Vgl. STUCKEN, S. 273 f.
[85] Vgl. GIAN TREPP, Bankgeschäfte mit dem Feind. Die Bank für Internationalen Zahlungsausgleich im Zweiten Weltkrieg. Von Hitlers Europabank zum Instrument des Marshallplans, Zürich 1993, S. 11 ff.

den Zeitraum von fast sechzig (!) Jahren erstrecken. Der Young-Plan wurde von der politischen Rechten in Deutschland entschieden bekämpft. Die innerdeutsche Auseinandersetzung um den Young-Plan trug entschieden zum Anwachsen antidemokratischer Stimmungen in weiten Teilen der deutschen Bevölkerung bei und begünstigte somit den Niedergang der Weimarer Republik.[86]

Ähnlich wie beim Dawes-Plan war auch beim Young-Plan zur Anschubfinanzierung eine internationale Anleihe des Deutschen Reichs vorgesehen, die einen Erlös von $ 300 Millionen erzielen sollte. Wegen der Verschlechterung der internationalen Kapitalmarktsituation verstrichen bis zur Emittierung der Young-Anleihe im Juni 1930 mehrere Monate, während dies bei der Dawes-Anleihe nur ein paar Wochen gedauert hatte.[87] Die Zins- und Tilgungszahlungen waren an die BIZ zu entrichten. Wie bei der Dawes-Anleihe wurden auch diesmal die mit Abstand meisten Anteilscheine in den Vereinigten Staaten plaziert. Die Inhaber von Young-*bonds* in den USA erhielten ihre Zinsen nur über einen sehr kurzen Zeitraum, denn bereis 1934 wurden die Reichsanleihen notleidend. Die nationalsozialistische Reichsregierung stellte ungeachtet aller juristischen Verpflichtungen den Zinsendienst beider Anleihen für fast alle Tranchen ein. Ausnahmen wurden nur für die Tranchen neutraler Staaten gemacht. Die Dawes- und die Young-Anleihen standen bei den Nazis in einem besonders schlechten Ruf, weil durch sie ein Teil der Reparationslasten kommerzialisiert worden war. Mit der Kommerzialisierung erfolgte auch eine Privatisierung. Die Gläubiger der Anleihen waren private oder institutionelle Anleger. Durch diesen Umstand blieb dieser Teil der ursprünglichen Reparationsschuld auch nach der Konferenz von Lausanne weiter als Reichsschuld bestehen. Die im internationalen Vergleich mit Abstand größte Gläubigergruppe lebte in den USA.

Die Einstellung des Zinsendienstes für Auslandsanleihen des Deutschen Reichs hatte in den 30er Jahren zu den bereits erwähnten drastischen Kursverlusten und den daraus resultierenden Rückkaufaktionen geführt. Die amerikanischen Regierungsstellen waren zumindest vor dem Eintritt der

---

[86] Vgl. FRITZ NEUMARK, Vom Dawes-Gutachten zum Young-Plan, in: Bankwissenschaft 6 (1929/30), S. 302–314; WANDEL, S. 106 ff.; GERD MEYER, Die Reparationspolitik. Ihre außen- und innenpolitischen Rückwirkungen, in: KARL D. BRACHER et al. (Hrsg.), Die Weimarer Republik 1918–1933. Politik, Wirtschaft, Gesellschaft, Bonn 1987, S. 340 f.

[87] Um $ 300 Mio. zu erlösen mußte der Nennwert der Anleihe auf $ 352 Mio. festgesetzt werden. Sie wurde in neun Tranchen aufgelegt zu einem Emissionskurs von 90% (außer in Frankreich 98,5%). Die Laufzeit betrug 35 Jahre bei einer Verzinsung von nominell 5,5%. Der Reinerlös lag bei 1,26 Mrd. RM. Angaben aus: ABS, Entscheidungen, S. 20 f.

1. Überlegungen im Krieg 51

USA in den Krieg geneigt, die Ankäufe als reine Privatgeschäfte anzusehen und stillschweigend zu dulden, sofern sie ohne *big noise* vonstatten gingen. In Großbritannien hatte das Bekanntwerden solcher Finanztransaktionen zu einem öffentlichen Eklat geführt. Ähnliche Vorfälle sollten in den USA vermieden werden. Auch in den Vereinigten Staaten gab es einflußreiche Kreise, die Geschäfte mit Nazi-Deutschland für moralisch verwerflich erachteten.[88] Auf der anderen Seite rieten amerikanische Finanzzeitungen durchaus zum Abstoßen deutscher Papiere, solange dies noch möglich war, weil deren Zukunftsperspektiven überaus ungewiß waren. Die Verkaufsempfehlung erstreckte sich nicht nur auf die Reichsanleihen, sondern galt auch für alle *corporate and municipal bonds*. Denn wie auch immer der Krieg ausgehen würde, „a complete readjustment of the entire financial and debt structure in the post-war period appears inevitable."[89] Nach dem Kriegseintritt der Vereinigten Staaten geriet die Frage der Vorkriegsschulden erst einmal in den Hintergrund, weil der Handel dieser Papiere ausgesetzt wurde. Erst gegen Ende des Krieges trat das Problem im Zusammenhang mit der Diskussion der Reparationsfrage wieder stärker in den Blickpunkt.

Im Dezember 1944 wandte sich der Treuhänder für die amerikanische Tranche der Dawes-Anleihe mit einem Schreiben an den amerikanischen Außenminister, in dem nach einer ausführlichen Darstellung der Entstehungsgeschichte der Dawes-Anleihe die Forderung erhoben wurde, daß künftige Reparationsregelungen die Rechte der Dawes-Gläubiger nicht tangieren dürften. Komme, was da wolle, „it is a pre-eminent obligation that as a condition precedent to any such alteration this Loan should be repaid in full, with arrears of interest."[90] Auch andere Gläubigerorganisationen richteten vergleichbare Eingaben an die Regierung. Die BIZ als Treuhänder der Young-Anleihe wandte sich unmittelbar vor Kriegsende mit der Bitte an die Regierungen mehrerer Staaten, „to watch over the interests of the bondholders."[91] Auch in diesem Schreiben diente ein langer historischer Exkurs dazu, die besonderen Ansprüche der Young-Gläubiger zu begründen. Alle

---

[88] Department of State, Office of The Adviser of International Economic Affairs, Memorandum of Conversation: Activities of W. v. Gibara & Co. In repatriation of German securities, NA, RG 59–5608.
[89] Bond Outlook: German Dollar Bonds, 12. 10. 1940, NA, RG 59–5608.
[90] The Trustees for the German External Loan 1924 (Nelson Dean Jay) to The Secretary of State, 8. 12. 1944, NA, RG 59–5608.
[91] Bank for International Settlement, T.H. McKittrick (President) to The Chancellor of the Exchequer, 2. 5. 1945, PRO, T 236–1987; Bank for International Settlement to The Secretary of the Treasury, 2. 5. 1945, NA, RG 59–6783.

diese Schreiben verfolgten das Ziel, die *pre-war debts* nicht im Sumpf der Reparations- und Kriegsschuldenfrage untergehen zu lassen. Feste Zusicherungen erhielten die Vorkriegsgläubiger weder von der britischen noch von der amerikanischen Regierung. Weder in London noch in Washington wurde die Schuldenfrage während des Krieges auf Ministerebene diskutiert. Auch auf interalliierter Ebene spielten die *pre-war debts* nur eine Rolle am Rande. In Jalta wurde von britischer Seite zwar kurz auf die grundsätzliche Problematik der Schuldenfrage hingewiesen, zu irgendwelchen Entscheidungen kam es aber nicht.

2. Die ersten Nachkriegsjahre

Zur Vorbereitung der Konferenz von Jalta war von Schatzkanzler Sir John Anderson eine Denkschrift vorgelegt worden, in der in Anlehnung an die Regelungen des Versailler Vertrags empfohlen wurde, das deutsche Auslandsvermögen zur Bedienung der Vorkriegsschulden in Anspruch zu nehmen. Zu diesem Zweck sollten in allen kriegsalliierten Staaten die deutschen Vermögenswerte auf die Regierungen übertragen werden „as an offset against pre-war debts owing from Germany to that country."[1] Der Schatzkanzler griff damit auf Pläne zurück, die bereits in den Anfangsjahren des Krieges in Großbritannien diskutiert worden waren. In britischen Regierungskreisen traf der Vorschlag von Anderson weitgehend auf Zustimmung, dessen internationale Durchsetzbarkeit wurde aber erheblich in Zweifel gezogen. Zu Recht, denn die Konferenz von Jalta führte den Briten drastisch vor Augen, daß ihr Einfluß im Kreis der Großen Drei begrenzt war. Mit Billigung der unter dem Einfluß von Finanzminister Morgenthau stehenden Amerikaner konnten die Sowjets in Jalta eine Reparationssumme von $ 20 Milliarden veranschlagen, wovon sie die Hälfte für sich beanspruchten. Vergeblich stemmten sich die Briten dagegen, Deutschland so hohe Reparationen aufzuerlegen. Angesichts der Erfahrungen der Zwischenkriegszeit hielten sie eine Forderung in dieser Höhe für völlig unrealistisch. Ihr Eintreten für einen maßvollen Frieden, weil ein wirtschaftlich prosperierendes Deutschland für den europäischen Wiederaufbau unverzichtbar sein würde, stieß sowohl bei Stalin als auch bei Roosevelt auf taube Ohren. Ein britischer Vorstoß, in Jalta auch die Frage der Vorkriegsschulden zu einem Diskussionsthema zu machen, scheiterte ebenfalls. Vor allem die Sowjets zeigten sich an dieser Thematik gänzlich desinteressiert.

Die unterschiedliche politische und wirtschaftliche Interessenlage der drei Hauptalliierten trat in Jalta erstmals deutlicher zutage. Je näher das Kriegsende rückte, desto mehr verschlechterte sich das Klima zwischen den Großen Drei. Das Ausscheiden von zwei der drei Protagonisten der Kriegskoalition in den nächsten Monaten – nur Stalin blieb übrig – trug sicher nicht unerheblich zur Klimaverschlechterung bei. Im April 1945 starb Präsident Roosevelt. Dessen Amtsnachfolger Truman verfolgte eine weitaus nüchternere und pragmatischere Politik. Während der Konferenz von Potsdam wurde auch Kriegspremier Churchill aus dem Spiel genommen. Er verlor sein Amt im Juli an den *Labour*-Politiker Clement Attlee. In Potsdam

---
[1] Pre-war German assets in allied territories (o. Datum; erstellt im Jan./Feb. 1945), PRO, T 236–122.

konnten sich die Alliierten nur noch mit Mühe auf eine gemeinsame Erklärung einigen. Die Spaltung zwischen Ost und West trat immer deutlicher hervor. Sie zeigte sich nach der Einführung des Territorialprinzips auch in der Reparationsfrage. Die Siegermächte – unter Einschluß Frankreichs – befriedigten ihre Reparationsansprüche aus ihren Besatzungszonen. Die der Sowjetunion darüber hinaus aus den Westzonen zugesprochenen Reparationsleistungen fielen schon bald dem Kalten Krieg zum Opfer.[2]

Auch im Verhältnis zwischen London und Washington traten nach Kriegsende Spannungen auf. Großbritannien, das unter der Führung von Winston Churchill erheblich zum Sieg der Alliierten beigetragen hatte, war am Ende des Krieges wirtschaftlich ausgepowert. Die Reserven an Gold, Devisen und sonstigem Vermögen im In- und Ausland waren weitgehend aufgezehrt, die Exportquote war erheblich gesunken. Hinzu kam eine hohe Auslandsverschuldung. Da der Lebensstandard der britischen Bevölkerung noch unter das Kriegsniveau abzusinken drohte, war das Vereinigte Königreich dringend auf Auslandshilfe angewiesen.[3] Allein die Vereinigten Staaten, die bei Kriegsende wirtschaftlich potenter waren als jemals zuvor in ihrer Geschichte, waren dazu in der Lage. Entgegen britischer Erwartung zeigte die amerikanische Regierung nur eine sehr zögerliche Bereitschaft, ihre im Krieg gewährten Wirtschaftshilfen auch nach dessen Beendigung fortzusetzen. Aus innenpolitischen Gründen dachten die USA weder an eine Verlängerung des *Lend-Lease-Agreement* über das Ende des Krieges hinaus noch an einen generellen Verzicht auf die britischen Kriegsschulden.[4] Genau dies wurde aber in Großbritannien unter Berufung auf die vielbeschworene *equality of sacrifice* erwartet. Präsident Roosevelt und Premierminister Churchill, die ein im Krieg gewachsenes persönliches Vertrauensverhältnis verband, hatten zwar noch über eine mögliche Fortführung des *Lend-Lease-Agreement* nach der Kapitulation verhandelt, zu einer vertraglichen Vereinbarung war es aber nicht mehr gekommen. So verfügte der von persönlichen Rücksichtnahmen unbelastete Präsident Truman unmittelbar nach dem Sieg über die Japaner das Ende von *Lend-Lease*. Die Briten

---

[2] Vgl. ALEC CAIRNCROSS, The Price of War. British Policy on German Reparations, 1941–1949, Oxford 1986, S. 72 ff.

[3] Zur wirtschaftlichen Situation Großbritanniens vgl. JIM TOMLINSON, The Attlee Government and the Balance of Payments, 1945–1951, in: Twentieth Century British History 2 (1991), S. 47–66.

[4] Die Durchsetzung des Lend-Lease Agreement im US-Congress erfolgte gegen den entschiedenen Widerstand republikanischer Isolationisten, die u. a. eine Herausgabe der südafrikanischen Goldminen von den Briten als Bezahlung für amerikanische Kriegslieferungen verlangten. Vgl. HICKMAN, S. 39 f.

2. Die ersten Nachkriegsjahre

wurden von dieser Entscheidung unangenehm überrascht, glaubten sie doch wegen der im Krieg für die gemeinsame Sache erbrachten Opfer geradezu ein Anrecht auf weitere finanzielle Hilfen der Amerikaner zu besitzen. Im amerikanischen Kongreß stieß diese Haltung auf völliges Unverständnis, da die Unterstützung der Kriegsverbündeten den amerikanischen Steuerzahler bereits erhebliche Summen gekostet hatte.[5] Nachdem der Sieg über Nazi-Deutschland errungen war, sah man in der amerikanischen Öffentlichkeit keinen Grund mehr für weitere Zahlungen an alliierte Staaten.

In der US-Administration wurde die Angelegenheit etwas differenzierter betrachtet, denn die Gewährung von Auslandshilfen war bereits während des Krieges mit der Durchsetzung außenpolitischer Zielsetzungen der USA gekoppelt worden. So verpflichtete der berühmte Artikel VII des *Lend-Lease-Agreement* von 1941 zum Abbau von Handels- und Zollschranken seitens der Empfängerländer und zur Einführung des *non-discrimination principle*. Dies waren Eckpfeiler der von den USA gewünschten multilateralen ökonomischen Nachkriegsordnung. Das im Juli 1944 vereinbarte System von Bretton Woods mit der Gründung des *International Monetary Fund* als Kernstück lag ganz auf dieser Linie. Es sollte erstens einer Integration der „different national policies into a coherent global order" Vorschub leisten und verfolgte zweitens das Ziel einer Kontrolle der „international capital movements that would, in the eyes of the makers of Bretton Woods, be needed for that international order to function."[6] Das dort beschlossene System fester Wechselkurse mit einer marginalen Schwankungsbreite von höchstens 10% existierte mit seinen Stärken und Schwächen bis in die frühen 70er Jahre.[7] Zu den „Machern von Bretton Woods" gehörten im wesentlichen der Amerikaner Harry Dexter White, ein enger Mitarbeiter von Finanzminister Morgenthau, und der Brite John M. Keynes. Letzterer konnte sich jedoch mit den Ergebnissen der Konferenz von Bretton Woods nur bedingt identifizieren. Im wesentlichen hatten sich die Amerikaner mit ihren Plänen zur Wiederherstellung eines multilateralen Welthandels durch-

---

5 Vgl. GARDNER, S. 171 ff.
6 HAROLD JAMES, The IMF and the creation of the Bretton Woods System 1944–1958, in: BARRY EICHENGREEN (Hrsg.), Europe's post-war recovery, Cambridge 1995, S. 94.
7 Der Abwertungswettlauf der 30er Jahre wurde u. a. auf die zu große Flexibilität der Wechselkursparitäten zurückgeführt. Daher wurden für die Nachkriegszeit feste Wechselkurse etabliert, deren zu große Starrheit sich in der Folgezeit aber als nachteilig erwies. Vgl. dazu: GOTTFRIED HABERLER, Die Weltwirtschaft und das internationale Währungssystem in der Zeit zwischen den beiden Kriegen, in: Deutsche Bundesbank (Hrsg.), Währung und Wirtschaft in Deutschland 1876–1975, Frankfurt a. M. 1976, S. 243 ff.; vgl. MINX, S. 17 ff.

gesetzt, ohne dabei besondere Rücksicht auf die divergierenden Vorstellungen der Engländer zu nehmen.[8]

Der bedingungslose Multilateralismus der USA wurde von den Briten zu Recht als eine Bedrohung ihrer *Sterling area* angesehen. Dabei handelte es sich um eine Währungszone, der eine Reihe von Staaten des britischen *Commmenwealth* angehörten. Diese waren in zahlreichen bilateralen Handelsabkommen miteinander verbunden. Alle Mitgliedsstaaten der *Sterling area* waren gehalten, ihre Währungsreserven ganz oder teilweise bei der *Bank of England* zu deponieren.[9] Die *Sterling area* mit ihrem *Imperial Preference System* war auf Freizügigkeit nach innen und Abschottung nach außen ausgerichtet und daher den freihandelsorientierten USA ein Dorn im Auge. Die Freizügigkeit der USA endete aber an ihren eigenen Grenzen. Zum Schutz des Binnenmarkts lehnte es die amerikanische Regierung ihrerseits strikt ab, die hohen amerikanischen Zollschranken zu senken. Die *Sterling area* war ein Versuch, das Erbe des *British Empire* in die zweite Hälfte des 20. Jahrhunderts hinüberzuretten. Das Vorhaben mußte aber letztlich scheitern, weil Großbritannien ökonomisch viel zu schwach war, um weiter eine Weltmachtrolle spielen zu können. Den meisten Briten fehlte aber die innere Bereitschaft, dies als Faktum anzuerkennen und sich mit einer geringeren Position in der Weltpolitik abzufinden. Umgekehrt sträubten sich viele Amerikaner noch immer dagegen, ihrer Rolle als Führungsmacht der westlichen Welt und den damit verbundenen Verpflichtungen gerecht zu werden.

Both we [die Amerikaner] and the British clung to an illusion created by the war – the illusion of equal Partnership. [...] Because they were slow to realize that, with their diminished resources they could not sustain a position purchased at an enormous wartime sacrifice, the British resented the changed relationship. And, because we were reluctant to assume responsibility commensurate with our vastly increased power, we continued to expect Britain to carry out commitments beyond her means, which we desired to see maintained.[10]

---

[8] Vgl. HANS MÖLLER, The Reconstruction of the International Economic Order after the Second World War and the Integration of the Federal Republic of Germany into the World Economy, in: Zeitschrift für die gesamte Staatswissenschaft 137 (1981), S. 349 ff.; zur Genese des britisch-amerikanischen Gegensatzes vgl. GEORG SCHILD, Bretton Woods and Dumbarton Oaks. American Economic and Political Postwar Planning in the Summer of 1944, London 1995, S. 80 ff.; zur Rolle von Keynes vgl. MATTHIAS PETER, John Maynard Keynes und die britische Deutschlandpolitik, München 1997, S. 234 ff.

[9] Vgl. PHILIP W. BELL, The Sterling Area in the Postwar World. Internal Mechanism and Cohesion 1946–1952, Oxford 1956, S. 3 ff.

[10] JAMES P. WARBURG, Germany. Key to Peace, London 1954, S. 36.

2. Die ersten Nachkriegsjahre

Die Ausführungen des amerikanischen Bankiers James P. Warburg beschreiben die wechselseitigen Fehleinschätzungen und die daraus resultierenden Spannungen im Verhältnis der beiden angelsächsischen Länder recht zutreffend, die in den folgenden Jahren tendenziell eher noch zunahmen. Ein Beispiel dafür ist das Zustandekommen des *Loan-Agreement* nach dem abrupten Ende von *Lend-Lease*. Eine Delegation unter der Leitung von Keynes war im Herbst 1945 mit dem Ziel nach Washington gereist, als Ersatz für *Lend-Lease* eine weitere Finanzhilfe in Höhe von etwa $ 6 Milliarden zu erhalten. Insgeheim hofften die Briten auf eine Schenkung oder wenigstens auf einen zinslosen Kredit. Tatsächlich gewährten die Amerikaner den Briten nach zähen Verhandlungen schließlich im Dezember 1945 einen zu 2% verzinslichen Kredit in Höhe von $ 3,75 Milliarden statt der geforderten $ 6 Milliarden. Mehr war im *Congress* nicht durchsetzbar gewesen, weil den Briten neben dem Kredit noch eine sehr günstige Regelung der Schulden aus dem *Lend-Lease-Agreement* eingeräumt worden war. Im Grunde hatten die Briten damit keinen Grund, sich über mangelnde Großzügigkeit der Amerikaner zu beklagen. Die Kreditvergabe an Großbritannien war aber an zwei Bedingungen geknüpft, die allein der Durchsetzung strategischer Interessen der USA dienen sollten: Zum einen verlangten die Amerikaner die Einführung von Handelsliberalisierungen in der *Sterling area*, zum anderen verlangten sie die Wiederherstellung der vollständigen Konvertibilität des britischen Pfunds. Mit dieser Maßnahme sollte das *Imperial Preference System* zu Fall gebracht und der freie Zugang zur bisher abgeschotteten *Sterling area* eröffnet werden. Die von den Briten 1947 vertragsgemäß eingeführte Sterling-Konvertibilität führte zu einem Fiasko. Bereits nach sechs Wochen mußte die Konvertibilität des Pfundes wieder rückgängig gemacht werden, weil die britischen Gold- und Devisenreserven erschöpft waren. Die britische Regierung hatte in grober Fehleinschätzung der eigenen Kräfteverhältnisse die Bedingung des *Loan-Agreement* auf Wiederherstellung der Pfund Konvertibilität allzu bereitwillig akzeptiert, weil sie sich der trügerischen Hoffnung hingegeben hatte, das Pfund als Hauptreservewährung reaktivieren zu können. Um so mehr fühlte sich die britische Nation durch das Desaster von 1947 gedemütigt. Die Folge war, daß Großbritannien auf Jahre hinaus ein strikter Gegner frei konvertibler Währungen in Europa blieb.[11] Ein positiver Nebeneffekt des britischen Desasters war das zunehmende Verständnis der amerikanischen Regierung für die fundamentale ökonomische Schwäche des britischen Juniorpartners, die

---

[11] Vgl. JACOB J. KAPLAN und GÜNTHER SCHLEIMINGER, The European Payments Union. Financial Diplomacy in the 1950s, Oxford 1989, S. 12 ff.

dann in der Folgezeit durch das *European Recovery Program* (ERP) abgefedert wurde.[12] Die Einführung eines multilateralen Handelssystems und die Realisierung der freien Konvertierbarkeit europäischer Währungen wurden auf Grund dieser Erfahrung nur noch schrittweise vollzogen.[13]

Die prekäre wirtschaftliche Lage Großbritanniens am Ende des Krieges wurde durch die beträchtlichen Unterhaltskosten für die Besatzungstruppen in Deutschland und durch die Aufwendungen für Hilfslieferungen an die deutsche Bevölkerung weiter verschärft. Bis zum Zerplatzen der „illusion of equal partnership" und der Bildung der Bizone am 1. Januar 1947 hatten die Briten die Aufwendungen für ihre Besatzungszone allein zu bestreiten. Bereits im *Malkin Report* war vorausschauend auf die erheblichen Belastungen hingewiesen worden, die auf Großbritannien nach dem Krieg durch Besatzungs- und Versorgungskosten zukommen würden. Die Briten hatten deshalb schon während des Krieges in interalliierten Diskussionen über die künftige Regelung der Reparationsfrage auf das *first charge principle* gepocht und der sowjetischen Forderung nach *reparation first* entgegengestellt.[14] Mit grundsätzlicher Zustimmung der Amerikaner forderten die Briten, Deutschland vorrangig zur Bezahlung der laufenden Besatzungskosten und der notwendigen Hilfslieferungen heranzuziehen, bevor an Reparationen gedacht werden konnte. Die Sowjetunion war aber überhaupt nicht bereit, ihre Reparationsforderungen hinter den Besatzungskosten rangieren zu lassen. An eine Bedienung der Vorkriegsschulden war aus ihrer Sicht überhaupt nicht zu denken. Die Meinung der Sowjetunion verlor aber wegen des beginnenden Kalten Krieges zunehmend an Relevanz. Auch die von Winston Churchill protegierte nachträgliche Aufnahme der Franzosen in den Kreis der Hauptkriegsalliierten konnte nicht verhindern, daß die USA in nahezu allen wirtschaftlichen und politischen Belangen der Nachkriegszeit den Ton angaben. Die Erfahrung, gegen den dezidierten Willen der Amerikaner politisch kaum mehr etwas durchsetzen zu können, bedeutete für die Briten einen schmerzlichen Lernprozeß, von dem auch die Schuldenfrage nicht ausgenommen blieb.

Kurz vor dem Beginn der Konferenz von Potsdam hatte die Interessenvertretung der britischen Anleiheschuldner die Regierung in einem Schrei-

---

12 Vgl. GARDNER, S. 188 ff.
13 Vgl. MIKESELL, S. 42 ff.; KAPLAN und SCHLEIMINGER, S. 12 ff.
14 Vgl. JOSEF FOSCHEPOTH, Konflikte in der Reparationspolitik der Alliierten, in: DERS. (Hrsg.), Kalter Krieg und Deutsche Frage. Deutschland im Widerstreit der Mächte 1945–1952, Göttingen 1985, S. 176 ff.; vgl. PETER, S. 196 ff.

ben an Schatzkanzler Anderson nachdrücklich an ihre besondere Verpflichtung gegenüber den Vorkriegsgläubigern erinnert:

Morally and logically pre-war debts should not be subordinated to reparation claims in relation to Germany's future annual capacity to pay, particularly as in essence some of these debts represent unpaid reparation claims arising from the war 1914–1918. It would be an ironical situation if the first result of Germany losing the war were to be that she was relieved for the future of a large external debt.[15]

Wieder einmal wurde die besondere Historie der Dawes- und der Young-Anleihe zur Legitimation der britischen Schuldansprüche beschworen. Die in dem Schreiben weiter geforderte Heranziehung des deutschen Auslandsvermögens zur Entschädigung der Gläubiger stimmte zwar mit den bekannten Intentionen des Schatzkanzler überein, die definitive Entscheidung über die Verwendung der deutschen Vermögenswerte (*assets*) war aber an internationale Vereinbarungen gebunden. Die in England verfügbaren deutschen Vermögenswerte reichten aber ohnehin nur zur Abdeckung eines geringen Teils der Auslandsschulden. Deshalb war die Aufteilung eventuell zur Verfügung stehender Erlöse aus den *assets* ein diffiziles innerbritisches Problem. Die Furcht der mittel- und langfristigen Anleihegläubiger vor einer einseitigen Bevorzugung der kurzfristigen Gläubiger war nicht unberechtigt, weil die zügige Regelung der Bank- und Handelsschulden eine wichtige Voraussetzung für die Wiederherstellung geordneter Wirtschafts- und Finanzbeziehungen mit Deutschland war, die voll und ganz im britischen Interesse lag. Der Abbau der mittel- und langfristigen Verschuldung hatte dagegen keine unmittelbaren Auswirkungen auf die britische Wirtschaftsentwicklung. Die Anleihegläubiger waren sich dieser Tatsache durchaus bewußt. Da mittlerweile ihre Hoffnung, der Wert der Anleihen könnte sich nach dem Ende des Krieges in überschaubarer Frist spürbar erholen, zerstoben war, versuchten sie ihre Ansprüche durch folgende Forderungen wenigstens teilweise zu retten: Erstens sollten Zahlungen zugunsten ihrer notleidend gewordenen Anleihen „precedence over future trade debts or future bank loans (if any)" haben, und zweitens sollten Zinszahlungen gegenüber Kapitalrückzahlungen vorrangig behandelt werden.[16] Die zweite Forderung diente vor allem der Abwehr des von den *short-term creditors* gern zu ihren Gunsten angeführten Arguments, daß im Fall begrenzter finanzieller Ressourcen die nachrangige Bedienung der Anleiheschulden gerechtfertigt sei, weil diese wegen ihrer langen Laufzeiten im Gegensatz zu

---

15 Committee of British Long Term and Medium Term Creditors of Germany (Lever) to Secretary of the Treasury, 26. 6. 1945, PRO, T 236–122.
16 Ebd.

den sofort fälligen Handels- und Bankschulden ohnehin erst zu einem späteren Zeitpunkt fällig würden.

Die zuständigen britischen Ministerien hatten sich während der Kriegsjahre nach Kräften bemüht, die Interessen ihrer *pre-war creditors* auf alliierter Ebene angemessen zu vertreten. An diesem Kurs hielt auch die *Labour*-Regierung prinzipiell fest. Allerdings neigten einige der *Labour-Party* nahestehende britische Besatzungsbeamte in Deutschland dazu, die Ansprüche der *pre-war creditors* herabzustufen. Die direkte Konfrontation mit den zum Teil chaotischen Zuständen vor Ort und die bekanntermaßen zwiespältige Haltung der Sozialisten gegenüber Kapitalanlegern begünstigte andere Prioritäten. Im *Treasury* wurde diese Entwicklung mit Skepsis zur Kenntnis genommen. Es gab dort Befürchtungen, daß die *Labour*-Regierung in der Schuldenfrage einen Kurswechsel vollführen könnte.[17] Gefahren für die Interessen der britischen Vorkriegsgläubiger drohten jedoch weniger von der *Labour*-Regierung als von den USA. Es erwies sich nämlich als zunehmend schwieriger, britische Positionen gegenüber den Amerikanern durchzusetzen. Dem britischen Vorschlag, das deutsche Auslandsvermögen zur Tilgung der Vorkriegsschulden statt für Reparationszahlungen in Anspruch zu nehmen, konnten die Amerikaner nicht viel Positives abgewinnen.[18] Als im Vorfeld der Potsdamer Konferenz in London noch einmal über die künftige Marschroute in der Schuldenfrage diskutiert wurde, plädierte Keynes für harte Verhandlungen mit den USA. Großbritannien sollte seine Interessen offensiv vertreten, nicht von vornherein das Feld räumen und versuchen, dem amerikanischen Druck solange wie möglich standzuhalten. Keynes hielt es für vernünftig, den Vorkriegsgläubigern eine Dividende aus dem Erlös des liquidierten deutschen Vermögens zu zahlen. Gegenüber den Kräften innerhalb der britischen Administration, die dies a priori für aussichtslos hielten, machte Keynes mit einiger Berechtigung geltend, daß die von den Amerikanern derzeit vertretene Position über den künftigen Umgang mit dem deutschen Auslandsvermögen nicht ihrem verfassungsmäßigen Selbstverständnis entspräche. Keynes hoffte, daß die amerikanische Regierung ihre privateigentumsfeindliche Haltung noch ändern würde. Die Amerikaner verlangten eine entschädigungslose Enteignung des deutschen Auslandsvermögens in allen Ländern der Welt, selbst wenn diese als neutrale Staaten nicht direkt am Krieg beteiligt gewesen waren.[19] Gegen

---

[17] Playfair to S.P. Chambers (Control Commission Berlin), 8. 10. 1945, PRO, T 236–122.
[18] Telegram from Moscow (U.K. Delegation) to Foreign Office (secret), 13. 7. 1945, PRO, T 236–122.
[19] Gemäß Kontrollratsgesetz Nr. 5 vom 30. 10. 1945 verloren alle deutschen Staatsbürger ihre

2. Die ersten Nachkriegsjahre

diese Forderung setzte sich vor allem die Schweiz entschieden zur Wehr. Die Schweiz verweigerte die Herausgabe der deutschen Vermögenswerte für Reparationszwecke, sie mußte sich aber letztlich dem massiven amerikanischen Druck beugen.[20] Obwohl sich die Vereinigten Staaten in ihrer Verfassung entschieden zur Unantastbarkeit privaten Eigentums bekannten, blieben sie in der Frage des deutschen Auslandsvermögens im Gegensatz zu ihrem Verhalten nach dem Ersten Weltkrieg unerbittlich.[21] Bis in die 60er Jahre hinein versuchte die Bundesregierung vergeblich, die amerikanische Haltung zu ändern.[22]

Im Gegensatz zu Keynes hielt es der künftige Premierminister Attlee nicht für angebracht, sich wegen der Vorkriegsschulden mit den Amerikanern anzulegen. Attlee befürchtete, daß die Amerikaner dann im Gegenzug die Frage der britischen Kriegsschulden aufrollen könnten. Schatzkanzler Sir Anderson argumentierte dagegen und bemühte sich, das Kriegsschuldenproblem unter Verweis auf die britischen Außenstände gegenüber Drittländern zu relativieren. Zweifellos fühlte sich Anderson den Vorkriegsgläubigern persönlich stärker verpflichtet als der Premierminister. Zu konkreten

---

Eigentumsrechte an Vermögenswerten im Ausland. Diese wurden auf eine Viermächtekommission für deutsche Auslandsvermögen übertragen. Siehe dazu BERNHARD WOLFF, Zur Frage der Abgeltung von Reparationsschäden unter besonderer Berücksichtigung der Entstehungsgeschichte des Sechsten Teils des Überleitungsvertrags: Rechtsgutachten, Bonn o. J. (1964), S. 29.

[20] Die Auseinandersetzungen zwischen Bern und Washington zogen sich über Monate hin. Die von der Schweiz gestellten Bedingungen für eine Herausgabe des deutschen Vermögens wurden von den Amerikanern größtenteils abgelehnt (abgesehen von einem prozentualen Anteil am Liquidationserlös). Die Amerikaner blockierten als Druckmittel die schweizerischen Vermögenswerte in den USA (mehr als 5 Mrd. Sfr.) bis zur Unterzeichnung des Washingtoner Abkommens Ende Mai 1946. Vgl. MARCO DURRER, Die schweizerisch-amerikanischen Finanzbeziehungen im Zweiten Weltkrieg. Von der Blockierung der schweizerischen Guthaben in den USA über die „Safehaven"-Politik zum Washingtoner Abkommen (1941–1946), Bern 1984, S. 184 ff.; vgl. DANIEL FREI, Das Washingtoner Abkommen von 1946. Ein Beitrag zur Geschichte der schweizerischen Außenpolitik zwischen dem Zweiten Weltkrieg und dem Kalten Krieg, in: Schweizerische Zeitschrift für Geschichte 19 (1969), S. 567–619, S. 571 ff.

[21] Im Jahr 1928 wurde ein großer Teil des in den USA beschlagnahmten deutschen Auslandsvermögens (Trading with the Enemy Act von 1917) zurückgegeben. Dagegen wurde im Juni 1948 vom US-Congress der War Claims Act verabschiedet. Danach sollte der Erlös aus dem liquidierten deutschen Vermögen für Kriegsentschädigungen an gefangene US-Soldaten verwandt werden. Vgl. HANS W. BAADE, Die Behandlung des deutschen Privatvermögens in den Vereinigten Staaten nach dem Ersten und Zweiten Weltkrieg, in: FRITZ KRÄNZLIN und HEINRICH E. A. MÜLLER (Hrsg.), Der Schutz des privaten Eigentums im Ausland. Festschrift für Hermann Janssen zum 60. Geburtstag, Heidelberg 1958, S. 14 ff.

[22] Vgl. HANS-DIETER KREIKAMP, Deutsches Vermögen in den Vereinigten Staaten. Die Auseinandersetzungen um seine Rückführung als Aspekt der deutsch-amerikanischen Beziehungen 1952–1962, Stuttgart 1979, S. 9 ff.

I. Die Schuldenfrage im Krieg und in den ersten Nachkriegsjahren

Zusagen an die Gläubiger war er aber nicht in der Lage. Versprechen konnte er den Gläubigern lediglich, daß sich die britische Regierung auf internationaler Ebene dafür einsetzen würde, die Schuldverhältnisse juristisch unangetastet bestehen zu lassen, so daß sie zu einem späteren Zeitpunkt geregelt werden konnten.[23] Vor der Pariser Reparationskonferenz im Dezember 1945 demonstrierten die USA noch einmal Härte. Auf einen nochmaligen Vorstoß der Briten in der Frage der *assets* antworteten sie mit der lapidaren Feststellung, daß Reparationen und Vorkriegsschulden klar voneinander zu trennen seien. Die Lösung der Schuldenfrage obliege einer künftigen deutschen Regierung, entweder durch den Abschluß eines Friedensvertrags oder durch spezielle Abkommen mit den betroffenen Ländern.[24] Genau dies wurde dann auch im Pariser Reparationsabkommen festgeschrieben. „Appropriate authorities" in Deutschland sollten zu einem späteren Zeitpunkt für die Erfüllung vertraglicher und sonstiger Verpflichtungen aus der Vorkriegszeit Sorge tragen. Mit dieser Formulierung wurde der Rechtsanspruch der Vorkriegsgläubiger grundsätzlich aufrechterhalten, ohne daß über Zeitpunkt, Art und Umfang einer künftigen Schuldenregelung nähere Angaben gemacht wurden.[25] Die britische Regierung hatte damit zumindest ihr wichtigstes Ziel, die prinzipielle Sicherung der Gläubigeransprüche, erreicht. Da im Pariser Reparationsabkommen zudem festgeschrieben wurde, daß jeder alliierte Staat frei über die deutschen Vermögenswerte in seinem Land verfügen konnte, bestand die Möglichkeit, den Vorkriegsgläubigern Entschädigungen aus dem Erlös der *assets* zu zahlen. Die Zahlungen waren auf die britische Reparationsquote anzurechnen.[26] Ein Teil der britischen Vorkriegsgläubiger erhielt in den nächsten Jahren sogenannte *ex-gra-*

---

[23] Memorandum Playfair to C. E. I. Jones, Sir Eady und Lord Keynes, 19. 7. 1945, PRO, T 236–122.
[24] J.W. Angell (U.S.A.) Paris: Pre-war claims against Germany, 8. 11. 1945, PRO, T 236–122.
[25] Vgl. FRIEDRICH JERCHOW, Deutschland in der Weltwirtschaft 1944–1947. Alliierte Deutschland- und Reparationspolitik und die Anfänge der westdeutschen Außenwirtschaft, Düsseldorf 1978, S. 179; vgl. dazu auch: FISCH, Reparationen nach dem Zweiten Weltkrieg, S. 105 ff. Fisch hält die im Pariser Reparationsabkommen getroffene Regelung zugunsten der privaten Vorkriegsschulden für moralisch fragwürdig: „Jetzt ging es um diejenigen, die als private und öffentliche Kreditgeber in Friedenszeiten aufgetreten waren: Anleger, Sparer und Spekulanten. Das mußte automatisch zu einem anderen Verteilungsschlüssel führen. Nun konnten vor allem kapitalkräftige anstelle von besonders stark vom Krieg in Mitleidenschaft gezogenen Staaten Ansprüche anmelden. Unter dem Gesichtspunkt der Gerechtigkeit war diese Regelung anfechtbar" (S. 111).
[26] Vgl. ULRICH SCHEUNER, Zur Auslegung des Interalliierten Reparationsabkommens vom 14. 1. 1946, in: FRITZ KRÄNZLIN und HEINRICH E. A. MÜLLER (Hrsg.), Der Schutz des privaten Eigentums im Ausland. Festschrift für Hermann Janssen zum 60. Geburtstag, Heidelberg 1958, S. 135–147 (S. 141 ff.).

2. Die ersten Nachkriegsjahre

tia-Zahlungen aus dem Verkauf der deutschen Vermögenswerte in Großbritannien. Im wesentlichen handelte es sich dabei um die Stillhaltegläubiger. Einen echten Beitrag zur Lösung des Schuldenproblems stellten diese Zahlungen aber nicht dar, weil nur ein geringer Prozentsatz der Schulden damit abgedeckt werden konnte.

Die relative Zufriedenheit der britischen Regierung mit den bisher in der Schuldenfrage getroffenen alliierten Vereinbarungen wurde von den Gläubigern nicht geteilt. Obwohl die britischen *standstill-creditors* am meisten von der Möglichkeit der *ex-gratia*-Zahlungen profitieren konnten, machten gerade sie keinen Hehl aus ihrer Unzufriedenheit mit dem Ergebnis der Pariser Reparationskonferenz. Sie kritisierten vor allem die fehlende Möglichkeit, ihre Forderungen direkt gegenüber dem deutschen Schuldner geltend machen zu können. Unter Berufung auf die besondere Inpflichtnahme der *City* durch die britische Regierung zu Beginn der 30er Jahre reklamierten sie deren besondere Unterstützung bei der Eintreibung ihrer Forderungen.[27] Die heftigen Klagen der Bankgläubiger waren nicht völlig unberechtigt, da grundsätzlich die Möglichkeit bestand, diese Schuldverhältnisse direkt zwischen den betroffenen deutschen und britischen Banken zu klären, sobald eine gewisse Normalisierung der Verhältnisse in Deutschland eingetreten war. Bereits im Juni 1945 war es in Hamburg zu ersten Gesprächskontakten mit dem Bankier Hermann Josef Abs über die Regelung der *standstill debts* gekommen, die in den folgenden Jahren noch intensiviert wurden.[28] Hermann J. Abs, seit 1938 Vorstandsmitglied der Deutschen Bank, hatte in den 30er Jahren selbst an der Aushandlung der Stillhalteabkommen (*standstill agreements*) mitgewirkt. Er war nach dem Ende des Krieges als Statthalter seiner Bank von Berlin nach Hamburg gekommen.[29] Auch die deutschen Bankiers hatten ein großes Interesse an einer Regelung der Stillhalteschulden und der damit verbundenen Wiederherstellung normaler Geschäftsbeziehungen zu den britischen Banken. Alliierte Gesetze

---

[27] Accepting Houses Committee (R. Olaf Hambro, Deputy Chairman) to Governor of the Bank of England, 7. 5. 1946, PRO, T 236–977.
[28] Vgl. THEO HORSTMANN, Die Alliierten und die deutschen Großbanken. Bankenpolitik nach dem Zweiten Weltkrieg in Westdeutschland, Bonn, S. 193 ff. Die deutsch-britischen Bankbeziehungen blieben unbeschadet der Kriegsereignisse traditionell gut: Aktenvermerke betr. Stillhalteabkommen vom 19.2. und 23. 4. 1948, HADB, NL Krebs, Der deutsche Ausschuß für Stillhaltung. Stillhaltekredite 1946–1950.
[29] Report of Conversation with Mr. Abs, Director of Deutsche Bank, Concerning Standstill Agreements. G. S. MacCulloch (Control Commission Hamburg) 10. 6. 1945, PRO, T 236–97. In diesem Gespräch machte Abs auch präzise Angaben zu den Konten der Verrechnungskasse (Clearing-Schulden); vgl. LOTHAR GALL und GERALD D. FELDMANN (Hrsg.), Die Deutsche Bank 1870–1995, München 1995, S. 425 ff.

und Verordnungen machten aber eine private Regelung von Schuldverhältnissen aus der Vorkriegszeit zwischen deutschen Schuldnern und ausländischen Gläubigern unmöglich. Mit diesem Verbot sollte die einseitige Bevorzugung bestimmter Schuldenkategorien oder Gläubigergruppen unterbunden werden.

Auch die amerikanischen *standstill creditors* meldeten sich nach dem Ende der Pariser Reparationskonferenz bei ihrer Regierung zu Wort. Ihnen ging es zwar im Vergleich zu den britischen Gläubigerbanken relativ gut, weil amerikanische Institute bereits während des Krieges Wertberichtigungen vornehmen und Verluste steuerlich abschreiben konnten. Trotz dieses Vorteils erhoben die amerikanischen Stillhaltegläubiger die Forderung, für unbeglichene Schulden deutscher Banken und Industrieunternehmen Eigentumsübertragungen zu ihren Gunsten vornehmen zu dürfen. Im *State Department* stieß diese Forderung auf Ablehnung.[30] Aus Sicht der Gläubiger machte diese indirekte Form der Schuldentilgung jedoch durchaus Sinn, weil kurz- und mittelfristig mit Transferleistungen in den Dollarraum nicht ernsthaft zu rechnen war. Erschwerend kam hinzu, daß die amerikanischen und britischen Hilfslieferungen für die deutsche Bevölkerung nach dem *first charge principle* vorrangig zu bezahlen waren, sobald Deutschland dazu wieder in der Lage sein würde. Es war absehbar, daß bei einer konsequenten Durchführung dieser Vereinbarung für die Vorkriegsgläubiger auf absehbare Zeit keine Devisen zur Verfügung stehen würden.

Im Gegensatz zu Großbritannien, das finanziell dringend auf die Bezahlung der Hilfslieferungen angewiesen war, setzten die Vereinigten Staaten das *first charge principle* in der Folgezeit vorrangig als Hebel zur Durchsetzung ihrer politischen Zielsetzungen ein. Die gleiche Funktion hatte auch die von den USA für Deutschland eingeführte Dollarklausel zu erfüllen, die alle Empfängerländer deutscher Exporte zur Bezahlung in US-Dollar verpflichtete. Damit wurde diesen Staaten jede Möglichkeit genommen, Reparationen oder die Rückzahlung von Schulden in Form von deutschen Warenlieferungen zu erhalten. Die Amerikaner hatten aus den Fehlern der Zwischenkriegszeit gelernt. Sie waren nicht noch einmal gewillt, deutsche Schulden oder Reparationen indirekt zu finanzieren. Negativ von dieser Regelung betroffen waren nicht zuletzt auch die Beneluxländer, denen auf diese Weise jede Möglichkeit genommen wurde, ihre enormen *Clearing-*

---

[30] Department of State, Memorandum of Conversation: Standstill claims against Germany (Andrew L. Gomory, John Laylin, Mr. Livesey, Mr. Luthringer, S.J. Rubin), 1. 2. 1946, NA, RG 59–6783.

Schulden über den Warenverkehr abzubauen.³¹ Zwar wirkten sich die alliierten Maßnahmen zum Schutz der deutschen Wirtschaftskraft für die Vorkriegsgläubiger langfristig eher vorteilhaft aus, kurzfristig hatten die Gläubiger jedoch keine Möglichkeit, an ihr Geld zu gelangen.³²

Auch die Anleihegläubiger teilten der amerikanischen Regierung ihre Unzufriedenheit mit dem Pariser Abkommen mit. Die Treuhänder der Dawes-Anleihe verlangten von der amerikanischen Regierung ein entschiedenes Eintreten für die Inhaber von Papieren aus der Dollar-Tranche.³³ Das *State Department* wies eine direkte Verantwortlichkeit für die Interessen der Anleihegläubiger jedoch entschieden zurück. Nach amerikanischem Verständnis war die Investition in Auslandsanleihen eine private Angelegenheit und ein persönliches Risiko. Im Fall eines *default* (Zahlungsverzugs) konnten die Gläubiger deshalb keine direkten Initiativen der amerikanischen Regierung erwarten. Mit einer gewissen Unterstützung der Regierung konnte die Interessenvertretung der amerikanischen Anleihegläubiger, der *Foreign Bondholders Protective Council*, jedoch bei der Wahrnehmung der Gläubigerinteressen auf internationaler Ebene rechnen. Versprechungen wurden den Gläubigern seitens der US-Administration aber nicht gemacht.³⁴ Die zuständigen Regierungsstellen behielten das Problem allerdings im Auge. Aufgrund eines Memorandums der amerikanischen Militärregierung in Deutschland war die amerikanische Regierung über die aktuelle Höhe der deutschen Auslandsverschuldung gut informiert. Die USA nahmen sowohl im öffentlichen als auch im privaten Sektor mit Abstand den Spitzenplatz unter allen Gläubigernationen ein.³⁵

Auch in Großbritannien wurde ernsthaft die Idee diskutiert, die ausstehenden Schulden durch einen direkten Zugriff auf Vermögenswerte insol-

---

31 Vgl. HELGE BERGER und ALBRECHT RITSCHL, Germany and the political economy of the Marshall Plan, 1947–1952: A re-revisionist view, in: BARRY EICHENGREEN (Hrsg.), Europe's post-war recovery, Cambridge 1995, S. 226f. und Tabelle 8.3, S. 223 (Die Clearingschuld gegenüber den Niederlanden belief sich Ende 1944 auf rund RM 6 Mrd., gegenüber Belgien auf rund RM 5 Mrd.).
32 Vgl. CHRISTOPH BUCHHEIM, Die Wiedereingliederung Westdeutschlands in die Weltwirtschaft 1945–1958, München 1990, S. 7ff.
33 Trustees of the German External Loan 1924 (Nelson Dean Jay und Charles Rist) to Secretary of State, 22. 11. 1946, NA, RG 59–6783.
34 James C. Corliss (Ass. Chief Division of Financial Affairs) to Jay, 3. 4. 1947; Corliss to J.L. Garner (Milwaukee/Wisconsin), 27. 11. 1946, NA, RG 59–6783. Es gab unzählige Anfragen von Gläubigern an US-Regierungsstellen, die alle ähnlich zurückhaltend beantwortet wurden.
35 Office of Military Government for Germany (U.S.): Appendixes to a plan for the liquidation of war and rehabilitation of Germany (Appendix L by Lloyd Metzler), 10. 6. 1946, NA, RG 59–6840.

venter deutscher Schuldner zu regeln. Ein leitender Mitarbeiter der *Bank of England* unterbreitete dem *Foreign Office* im Anschluß an einen Deutschlandbesuch den Vorschlag, „the British creditors should be encouraged to foreclose on the debtor's assets where these assets are represented by businesses and factories. [...] It would be possible for British industry to secure a footing in Germany which might in the coming years when Germany begins to recover be of a great importance and value to H.M.G. both politically and economically."[36]

Der *foreclosure*-Gedanke wurde in den zuständigen britischen Ministerien durchaus ernsthaft geprüft. Dabei wurden zwar einige gravierende Bedenken geltend gemacht, die grundsätzliche Akzeptanz derartiger Maßnahmen war aber in London weitaus freundlicher als in Washington.[37] Für die finanzschwachen Briten war es nach dem Krieg wesentlich schwieriger als für die kapitalstarken Amerikaner, in Deutschland wirtschaftlich Fuß zu fassen. Insofern waren der britischen Wirtschaft alle Investitionsmöglichkeiten willkommen, die nicht auf Neuinvestitionen, sondern auf der Reinvestition alten Kapitals basierten. Dies galt sowohl für die Möglichkeit, Schuldverhältnisse in Industriebeteiligungen umzuwandeln, als auch für die Nutzung eingefrorener Bankguthaben (*blocked Marks accounts*) zu Investitionszwecken in Deutschland. Die alliierte Gesetzgebung in Deutschland gestattete beide Möglichkeiten nicht.[38] Abgesehen von den gesetzlichen Möglichkeiten rieten die britischen Besatzungsbehörden dem *Foreign Office* dringend von solchen Investitionen ab, bevor die dafür nötigen Voraussetzungen in Deutschland geschaffen sein würden:

Our line so far has, therefore, been that we must agree the terms of financial reform, carry out the currency conversion part of it and get the price structure right before we consider allowing investments in Germany by the standstill creditors or by holders of pre-war blocked Marks balances.[39]

Der Einschätzung lag die Befürchtung zugrunde, daß Investitionsmaßnahmen der oben beschriebenen Art als pure Ausnutzung der deutschen Notlage mißverstanden werden könnten, und die daraus resultierende Klima-

---

36 Dean (Foreign Office) to Playfair (COGA), 4. 2. 1947, PRO, FO 371–64345.
37 Waley to Dean, 7. 2. 1947, PRO, T 236–977.
38 Vgl. OTTO BÖHMER, Grenzen der Auswirkung des besatzungsrechtlichen Beschlagnahmerechts in Deutschland auf das deutsche Auslandsvermögen, in: FRITZ KRÄNZLIN und HEINRICH E.A. MÜLLER (Hrsg.), Der Schutz des privaten Eigentums im Ausland. Festschrift für Hermann Janssen zum 60. Geburtstag, Heidelberg 1958, S. 41–55. Darin werden auch die Beschränkungen für Ausländer beschrieben.
39 Control Commission for Germany and Austria to Dean (Foreign Office), 13. 2. 1947, PRO, FO 371–64345.

vergiftung langfristig zum Nachteil der britischen Wirtschaftsinteressen gereichen würde. Die schwebende Sozialisierungsfrage und der Umgang mit den Ansprüchen anderer Auslandsgläubiger kamen erschwerend hinzu. Besonders die Stillhaltegläubiger übten beständigen Druck auf die britische Regierung aus, in Deutschland zu ihren Gunsten aktiv zu werden. Sie wandten sich vor allem an das *Treasury*, wo sie traditionell am ehesten auf Verständnis für ihre Belange hoffen konnten.[40] Kurzfristig waren die Aussichten jedoch eher schlecht, nicht zuletzt deshalb, weil sich die Amerikaner allen Formen der Reinvestition von Geldern in Deutschland widersetzten.[41]

Nach der Bildung der Bizone waren den Briten gegenüber den Amerikanern noch mehr die Hände gebunden als zuvor. Das amerikanische Interesse konzentrierte sich fast ausschließlich auf die Ermöglichung von Neuinvestitionen (*new investments*) zugunsten eines raschen Wiederaufbaus der deutschen Wirtschaft. Die britische Regierung verschloß sich keineswegs der Einsicht, daß die Zuführung von *fresh money* für eine schnelle Beseitigung der Kriegsfolgen und für die auch von Großbritannien dringend gewünschte Wiederherstellung normaler Handels- und Finanzbeziehungen mit Deutschland vorrangig war. Die britischen Stillhaltegläubiger wollten für dieses Ziel jedoch keinesfalls auf ihr Recht verzichten „to attach goods or proceeds thereof belonging to their German debtor", wenn die Regierung nicht willig war „to give the Standstill Creditors any assurance that their position will be safeguarded."[42] Für die britische Regierung wurde es in der Folgezeit zunehmend schwieriger, die britischen Stillhaltegläubiger ruhig zu halten. Ihre Interessenvertreter wollten sich durchaus nicht mit leeren Versprechungen hinhalten lassen, sondern forderten nachdrücklich eine schnelle Rückzahlung der Schulden.[43] Damit kollidierten sie zum einen mit den Intentionen der Amerikaner, die einen beschränkten Devisentransfer in Zukunft allenfalls im Rahmen von Neuinvestitionen zulassen wollten, zum anderen mit den Interessen der britischen *long-* und *medium-term creditors*. Diese erhielten Schützenhilfe von der *Bank of England*. Deren *Governor* Lord Catto wies in einem Schreiben an den *Chancellor of the Exchequer* vom Februar 1947 auf die besonderen, historisch begründeten Privilegien der beiden großen Reichsanleihen hin. Wegen ihrer vermeintlichen Sicherheit waren die Papiere in Großbritannien auch von Kleinanle-

---

[40] Waley to Dean (Foreign Office), 7. 2. 1947, PRO, T 236–977.
[41] Playfair (COGA): Comments on the report on the mission to Germany of the representatives of the Accepting Houses Committee, 9. 2. 1947 (Waley, Treasury), PRO, T 236–977.
[42] Accepting Houses Committee (Chairman Sir Edward Reid) to Waley, Treasury, 29. 4. 1947, PRO, T 236–977.
[43] Treasury to Playfair (Foreign Office), 12. 6. 1947, PRO, T 236–977.

gern gern gekauft worden. Entgegen einer weit verbreiteten Meinung waren deshalb keineswegs nur vermögende oder institutionelle Kapitalanleger vom Wertverfall der Papiere und der Einstellung des Zinsendienstes betroffen worden.[44] Lord Catto machte zusätzlich geltend, daß eine Wiederaufnahme des Zins- und Tilgungsdienstes für die britische Volkswirtschaft auch deshalb von Nutzen sein würde, weil die Einnahmen aus Anleihen als *invisible exports* für die britische Zahlungsbilanz wertvoll waren. Auf diesen Vorteil war von Finanzexperten bereits während des Krieges gelegentlich aufmerksam gemacht worden.[45]

In einem mit dem *Foreign Office* abgestimmten Entwurf eines Antwortschreibens stimmte der Schatzkanzler den Argumenten des *Governor* zwar grundsätzlich zu, hob aber wegen der enormen Belastung des britischen Steuerzahlers durch die Besatzungskosten gleichzeitig die Gültigkeit des *first charge principles* hervor: „Before Germany will be in a position to meet her pre-war external debt, we must first be repaid what we are now advancing, and so of course must the Americans."[46] Im Klartext bedeutete dies, daß die britischen Gläubiger sich keine großen Hoffnungen auf eine baldige Regelung ihrer Ansprüche zu machen brauchten. Nach wochenlangem Zögern entschied das *Treasury*, das Schreiben des *Governor* sowie ähnlich lautende Schreiben anderer Institutionen bis auf weiteres unbeantwortet zu lassen. Offenbar war man zu dem Schluß gekommen, daß Schweigen in diesem Fall die bessere Antwort war. In der britischen Administration herrschte eine gewisse Ratlosigkeit, wie man angesichts der deutschen Zahlungsunfähigkeit und der Priorität der Nachkriegsschulden mit dem Problem der deutschen Vorkriegsverschuldung umgehen sollte. Einerseits wollte man nicht einmal den Anschein erwecken, als würde die britische Regierung einer Wiederaufnahme des Anleihedienstes hinderlich im Wege stehen, andererseits mußte man eingestehen, daß diese Problematik von Regierungsseite bisher nicht ausreichend durchdacht worden war.[47]

Auf längere Sicht konnte man das Problem aber nicht vor sich her schieben, denn der Druck auf die britische Regierung hielt unvermindert an.[48]

---

44 Zur britischen Situation in den 30er Jahren vgl. WENDT, Economic Appeasement. Handel und Finanz, S. 130 ff.
45 Bank of England (Catto) to Chancellor of the Exchequer, 10. 2. 1947, PRO, FO 371–62441.
46 Draft Reply Chancellor of the Exchequer to the Governor of the Bank of England (o. Datum), PRO, FO 371–62441; Roger B. Stevens (Foreign Office, German Section) to R.B. Pitblado (Treasury), 22. 2. 1947, PRO, FO 371–62441.
47 Pitblado (Treasury) to Michael A.M. Robb, 30. 4. 1947, PRO, FO 371–65089.
48 Committee of British Industrial Interests in Germany to Dean (Foreign Office), 3. 7. 1947, PRO, FO 371–65030.

Die britischen Gläubiger verfügten über keine vergleichbaren steuerlichen Abschreibungsmöglichkeiten wie die Amerikaner und suchten deshalb intensiv nach alternativen Lösungsmöglichkeiten. Besonders die Stillhaltegläubiger verlangten immer wieder offizielle Zusicherungen von ihrer Regierung, daß ihre Forderungen gegenüber deutschen Banken und Industrieunternehmen weder durch Reparations- noch durch Sozialisierungs- oder Entflechtungsmaßnahmen gefährdet werden würden. Die britischen Ministerien reagierten auf Vorstöße dieser Art in der Regel mit der Standardformulierung, „that the legal rights and interests of the standstill creditors like other U.K. claims against Germany are very much in the minds of H.M. Government."[49] An der für alle Beteiligten unbefriedigenden Situation änderte sich aber vorläufig nichts. Das Jahr 1947 brachte eine von den Zeitgenossen als krisenhaft empfundene Zuspitzung der unmittelbaren Nachkriegsprobleme, markierte aber gleichzeitig den Beginn eines Umschwungs in eine Phase lang anhaltender politischer Stabilität und wirtschaftlichen Aufschwungs.[50]

Im Juni 1947 kündigte der amerikanische Außenminister Marshall die Auflegung eines umfassenden finanziellen Hilfsprogramms für Europa an, das eine Reihe politischer und wirtschaftlicher Ziele miteinander verband. Das *European Recovery Programme* (ERP) lief im April 1948 an, nachdem es mit einiger Mühe gelungen war, den beträchtlichen inneramerikanischen Widerstand gegen die erneute Vergabe größerer Auslandshilfen zu überwinden. Für die Billigung des Marshallplans war letztlich ausschlaggebend gewesen, daß dem *Congress* die durch die Mittelvergabe erhoffte wirtschaftliche und politische Stabilisierung Westeuropas als Maßnahme zur Abwehr kommunistischer Einflüsse vermittelt werden konnte.[51] Verbunden war damit die definitive Spaltung Europas in Ost und West, nachdem die Ostblockstaaten auf sowjetischen Druck hin eine Teilnahme am ERP abgelehnt

---

[49] Draft: Foreign Office to Niemeyer (Capital Issues Committee), September/October 1947, PRO, FO 371–65267.
[50] Vgl. ALAN S. MILWARD, The Reconstruction of Europe, London 1984, S. 6f. Zur Beurteilung der wirtschaftlichen Situation in Westdeutschland vgl. BERND KLEMM und GÜNTER J. TRITTEL, Vor dem „Wirtschaftswunder": Durchbruch zum Wachstum oder Lähmungskrise? Eine Auseinandersetzung mit Werner Abelshausers Interpretation der Wirtschaftsentwicklung 1945–1948, in: VfZ 35 (1987), S. 619ff.
[51] Zur Vorgeschichte des ERP-Programms vgl. GÜNTER BISCHOF, Der Marshall-Plan in Europa 1947–1952, in: Aus Politik und Zeitgeschichte B 22/23 (1997), S. 3–17; MANFRED KNAPP, Das Deutschlandproblem und die Ursprünge des Europäischen Wiederaufbauprogramms. Eine Auseinandersetzung mit John Gimbels Marshall-Plan-Thesen, in: HANS-JÜRGEN SCHRÖDER (Hrsg.), Marshall-Plan und westdeutscher Wiederaufstieg. Positionen – Kontroversen, Stuttgart 1990, S. 25ff.

hatten.⁵² Die Überwindung des europäischen Partikularismus und die Initiierung eines wirtschaftlichen und politischen Integrationsprozesses in Westeuropa war Ziel des Marshallplans. Die bisherigen bilateralen Wirtschafts- und Finanzstrukturen sollten umgewandelt und mit den multilateralen Zielsetzungen der USA in Einklang gebracht werden. Die wirtschaftliche und politische Festigung Westeuropas war dabei ebenso ein Ziel der US-Politik wie der Aufbau eines europäischen Sicherheitssystems. Dieses war nach Einschätzung der US-Regierung nur unter der Voraussetzung realisierbar, daß die unter westlichem Einfluß stehenden Teile Deutschlands in den europäischen Integrationsprozeß einbezogen werden würden.⁵³ Zumindest im Anfang bedurfte es des entschiedenen Drucks der Vereinigten Staaten, die westeuropäischen Staaten auf den neuen, integrativen und deutschfreundlichen Kurs zu zwingen.⁵⁴ Vor allem Frankreich und Großbritannien zeigten sich erst einmal widerborstig.

Während die ablehnende Haltung Frankreichs ganz wesentlich von sicherheitspolitischen Erwägungen geleitet wurde, fürchtete Großbritannien vorrangig um seine vermeintliche Weltmachtrolle.⁵⁵ Auf Grund ihrer wirtschaftlichen und politischen Dominanz waren die Vereinigten Staaten jedoch ohne weiteres in der Lage, den Europäern ihre Vorstellungen zu oktroyieren, denen praktisch nur modifizierende Einwirkungsmöglichkeiten verblieben. Die Einbeziehung der drei westlichen Besatzungszonen in das ERP-Programm erleichterte der ein Jahr später gegründeten Bundesrepublik die Rückkehr auf die internationale Bühne, allerdings blieb die politi-

---

⁵² Vgl. WALTER HEERING, Der Marshall-Plan und die ökonomische Spaltung Europas, in: Aus Politik und Zeitgeschichte B 22/23 (1997), S. 30–38.
⁵³ Vgl. HANS-JÜRGEN SCHRÖDER, Marshallplan, Amerikanische Deutschlandpolitik und europäische Integration 1947–1950, in: Aus Politik und Zeitgeschichte B 18 (1987), S. 9ff.; MANFRED KNAPP, Der Einfluß des Marshallplans auf die Entwicklung der westdeutschen Außenbeziehungen, in: HANS-JÜRGEN SCHRÖDER (Hrsg.), Marshall-Plan und westdeutscher Wiederaufstieg. Positionen – Kontroversen, Stuttgart 1990, S. 217ff.; MÖLLER, S. 354ff.
⁵⁴ Vgl. WERNER BÜHRER, Erzwungene oder freiwillige Liberalisierung? Die USA, die OEEC und die westdeutsche Außenhandelspolitik 1949–1952, in: LUDOLF HERBST und WERNER BÜHRER (Hrsg.), Vom Marshallplan zur EWG. Die Eingliederung der Bundesrepublik Deutschland in die westliche Welt, München 1990, S. 139–162.
⁵⁵ Vgl. MICHAEL J. HOGAN, Europäische Integration und deutsche Reintegration: Die Marshallplaner und die Suche nach Wiederaufbau und Sicherheit in Westeuropa, in: CHARLES MAIER und GÜNTER BISCHOF (Hrsg.), Deutschland und der Marshallplan, Baden-Baden 1992, S. 140–199; HEATHER J. YASAMEE, Großbritannien und die Westintegration der Bundesrepublik, in: LUDOLF HERBST und WERNER BÜHRER (Hrsg.), Vom Marshallplan zur EWG. Die Eingliederung der Bundesrepublik Deutschland in die westliche Welt, München 1990, S. 535–560.

2. Die ersten Nachkriegsjahre

sche Souveränität des westdeutschen Staates erheblich eingeschränkt.[56] Die neu gegründete Bundesrepublik unterlag noch offener als die übrigen europäischen Staaten dem amerikanischen Führungsanspruch. Angesichts ihrer miserablen Ausgangsposition als Paria-Nation waren die Deutschen aber erst einmal bereit, sich mit ihrer eingeschränkten politischen Handlungsfähigkeit zu arrangieren. Mit den Jahren wuchs aber auch in der Bundesrepublik der Wunsch nach einer größeren politischen und wirtschaftlichen Unabhängigkeit.[57]

Auch wenn die tatsächliche Bedeutung des Marshallplans für die wirtschaftliche Entwicklung der Bundesrepublik und der übrigen europäischen Volkswirtschaften in der Forschung unterschiedlich beurteilt wird: Von den Zeitgenossen wurde das ERP-Programm begrüßt.[58] Zumindest gilt das für die Situation in der Bundesrepublik. Die Vereinigten Staaten vergaben zwischen 1948 und 1952 knapp $ 14 Milliarden an Hilfsgeldern an die europäischen Staaten. Davon erhielt die Bundesrepublik einen Anteil von etwas mehr als 10%. Dies war kaum die Hälfte der Summen, die Frankreich und Großbritannien erhielten. Für die wirtschaftliche Entwicklung der Bundesrepublik wirkte sich die Marshallplan-Hilfe dennoch in vielfacher Weise segensreich aus.[59] Dies lag vor allem daran, daß die Bundesrepublik die Gel-

---

56 Vgl. WERNER BÜHRER, Auftakt in Paris. Der Marshallplan und die deutsche Rückkehr auf die internationale Bühne 1948/49, in: VfZ 36 (1988), S. 540ff.
57 Vgl. HANS-PETER SCHWARZ, Die Eingliederung der Bundesrepublik Deutschland in die westliche Welt, in: LUDOLF HERBST und WERNER BÜHRER (Hrsg.), Vom Marshallplan zur EWG. Die Eingliederung der Bundesrepublik Deutschland in die westliche Welt, München 1990, S. 600ff.; LUDOLF HERBST, Stil und Handlungsspielräume westdeutscher Integrationspolitik, in: LUDOLF HERBST und WERNER BÜHRER (Hrsg.), Vom Marshallplan zur EWG. Die Eingliederung der Bundesrepublik Deutschland in die westliche Welt, München 1990, S. 3–18; VOLKER BERGHAHN, Zur Amerikanisierung der westdeutschen Wirtschaft, in: LUDOLF HERBST und WERNER BÜHRER (Hrsg.), Vom Marshallplan zur EWG. Die Eingliederung der Bundesrepublik Deutschland in die westliche Welt, München 1990, S. 227–253.
58 Zur kritischen Einschätzung vgl. WERNER ABELSHAUSER, Wiederaufbau vor dem Marshall-Plan. Westeuropas Wachstumschancen und die Wirtschaftspolitik in der zweiten Hälfte der vierziger Jahre, in: VfZ 29 (1981), S. 545–578; DERS., Hilfe und Selbsthilfe. Zur Funktion des Marshallplans beim westdeutschen Wiederaufbau, in: VfZ 37 (1989), S. 85–113; dagegen vgl. KLEMM und TRITTEL, S. 578ff. Einen guten Überblick über den derzeitigen Forschungsstand zum Marshallplan bietet BERGER und RITSCHL, Germany and the political economy, S. 199ff.; vgl. BISCHOF, S. 11ff.; CHARLES MAIER und GÜNTER BISCHOF (Hrsg.), Deutschland und der Marshallplan, Baden-Baden 1992, S. 25ff (Einleitung von Charles S. Maier: „Es geht um die Zukunft Deutschlands und damit um die Zukunft Europas"); GERD HARDACH, Der Marshall-Plan. Auslandshilfe und Wiederaufbau in Westdeutschland 1948–1952, München 1994, S. 95ff.
59 Vgl. MANFRED KNAPP, Reconstruction and West-Integration: The Impact of the Marshall Plan on Germany, in: Zeitschrift für die gesamte Staatswissenschaft 137 (1981), S. 421ff.; KNUT BORCHARDT und CHRISTOPH BUCHHEIM, Die Wirkung der Marshallplan-Hilfe in

der nicht zur Haushaltssanierung verwendete wie andere Länder, sondern revolvierend zur Finanzierung von Investitionen. Die *counterpart funds*, Gegenwertmittel aus der ursprünglichen ERP-Hilfe, werden von der Kreditanstalt für Wiederaufbau (KfW) bis heute zu Investitionszwecken verliehen.[60]

Im Gegensatz zu allen übrigen am ERP-Programm beteiligten Staaten erhielt die Bundesrepublik die Hilfsgelder nicht als Zuschuß (*grants*), sondern als Darlehen. Vertraglich ließen sich die Vereinigten Staaten zusichern, daß die Rückzahlung der Marshallplan-Hilfe gegenüber allen anderen ausländischen Forderungen an die Bundesrepublik Deutschland vorrangig zu behandeln war. Obwohl diese Bestimmung bei der Unterzeichnung des *ECA*-Abkommens im Dezember 1949 von deutscher Seite als diskriminierend kritisiert wurde, erwies sie sich langfristig als vorteilhaft. Die Amerikaner verfolgten damit laut eigener Aussage nicht das Ziel, die Bundesrepublik gegenüber anderen europäischen Ländern schlechter zu stellen, sondern es ging ihnen im Gegenteil um den Schutz der deutschen Wirtschaftsinteressen. Die Vereinigten Staaten wollten sicherstellen, daß der deutsche Wiederaufbau durch finanzielle Forderungen von außen auf keinen Fall beeinträchtigt werden konnte. Mit dieser Klausel besaßen die USA aber auch den Schlüssel zur Lösung der gesamten deutschen Auslandsschuldenproblematik. Sämtliche finanziellen Ansprüche gegen die Bundesrepublik mußten solange zurückgestellt werden, bis die Vereinigten Staaten ihre Gelder aus der Marshallplan-Hilfe und gemäß dem *first charge principle* auch aus dem *GARIOA*-Programm[61] zurückerhalten hatten oder ausdrücklich auf deren Rückzahlung ganz oder teilweise verzichtet hatten.[62] Der Weltmacht USA ging es also um *bargaining power*, die sie direkt gegen die Regierungen anderer Gläubigerländer und indirekt gegen die privaten Gläubigerorganisationen einsetzen konnte. Solange die USA nicht zufriedengestellt waren,

---

Schlüsselbranchen der Deutschen Wirtschaft, in: VfZ 35 (1987), S. 317–347; WERNER ABELSHAUSER, Wirtschaftsgeschichte der Bundesrepublik Deutschland 1945–1980, Frankfurt a. M. 1983, S. 54 ff.

[60] Vgl. MANFRED POHL, Wiederaufbau. Kunst und Technik der Finanzierung 1947–1953. Die ersten Jahre der Kreditanstalt für Wiederaufbau, Frankfurt a. M. 1973, S. 27 ff.

[61] Abkürzung für Government Appropriations and Relief for Import in Occupied Areas. Dabei handelte es sich um die Lieferung von Nahrungsmitteln, Dünger, Saatgut und Brennstoffen zwischen Juli 1946 und März 1950.

[62] Vgl. HELGE BERGER und ALBRECHT RITSCHL, Die Rekonstruktion der Arbeitsteilung in Europa. Eine neue Sicht des Marshallplans in Deutschland 1947–1951, in: VfZ 43 (1995), S. 473–519, S. 499; THOMAS A. SCHWARTZ, Europäische Integration und „Special Relationship". Zur Durchführung des Marshall-Planes in der Bundesrepublik Deutschland 1948–1951, in: CHARLES MAIER und GÜNTER BISCHOF (Hrsg.), Deutschland und der Marshallplan, Baden-Baden 1992, S. 201–249, S. 221 ff.

gab es für die ausländischen Gläubiger keine Chance auf Schuldenrückzahlungen. Die gerade im Wiederaufbau begriffenen deutschen Wirtschafts- und Finanzressourcen konnten somit vor destruktiven Zugriffen aus dem Ausland geschützt werden.

Auf der anderen Seite war die Regelung der Vorkriegsschulden eine unabdingbare Voraussetzung, um das Vertrauen ausländischer Kapitalanleger in die Solidität der Bundesrepublik wiederherzustellen. Es sprach zumindest vieles für die Annahme, daß das dringend benötigte ausländische Kapital bis zur Regelung der Altschulden weitgehend ausbleiben würde. Funktionierende Handels- und Finanzbeziehungen basieren nun einmal auf gegenseitigem Vertrauen, und die Gläubiger von gestern sind die Kapitalgeber von morgen.

Mit der alliierten Wende zu einer konstruktiven Deutschlandpolitik verbesserten sich die Aussichten der Vorkriegsgläubiger grundsätzlich. Die im Juni 1948 von den Alliierten in den Westzonen durchgeführte Währungsreform war ein weiterer Schritt in diese Richtung. Der Abbau des monetären Überhangs aus der Kriegs- und Nachkriegszeit durch die Umstellung von der RM auf die DM war grundlegend für eine künftige Regelung der Auslandsschulden.[63]

Die finanziellen Handlungsmöglichkeiten von Ausländern blieben trotz Währungsreform weiter stark eingeschränkt, da die restriktive alliierte Gesetzgebung (Gesetz Nr. 52 und 53) auf Betreiben der Amerikaner ihre Gültigkeit behielt. Ausländer konnten über ihr in Deutschland befindliches Vermögen weiterhin nicht frei verfügen. Dies galt sowohl für die auf Sperrkonten eingefrorenen Gelder als auch für aus Industriebeteiligungen anfallende Erträge, die weder transferiert noch reinvestiert werden durften.[64] Briten und Franzosen konnten an dieser Situation nichts ändern, obwohl sie an partiellen Liberalisierungen durchaus interessiert waren. Die bestehenden Machtverhältnisse machten es ihnen unmöglich, sich in wichtigen Fragen mit abweichenden Meinungen gegenüber den Amerikanern durchzusetzen. Ein Beispiel bot dafür die nach der Währungsreform erneut einsetzende Diskussion über die wichtige Frage des *foreign investments*. Die Notwendigkeit einer Aufhebung der Investitionssperre war angesichts des dringenden Kapitalbedarfs der sich regenerierenden deutschen Volkswirtschaft zwischen den Alliierten im Grunde unstreitig. Unterschiedliche Auffassungen bestanden aber nach wie vor darüber, ob es sich bei den in

---

[63] Vgl. CHRISTOPH BUCHHEIM, Die Währungsreform 1948 in Westdeutschland, in: VfZ 36 (1988), S. 200 ff.
[64] Vgl. BUCHHEIM, Wiedereingliederung, S. 160 ff.

Deutschland zu investierenden Mitteln ausschließlich um Neuinvestitionen (*fresh money*) handeln mußte oder ob auch bereits in Deutschland befindliches Kapital reinvestiert werden durfte. Vor allem die Briten verlangten entschieden eine Gleichstellung von *new* und *old investment*, d. h. die Möglichkeit zur Reinvestition blockierter Bankguthaben, zurückgezahlter Stillhalte- und Handelsschulden sowie von Profiten aus Industriebeteiligungen in Deutschland. Gegen eine Aufhebung des Investitionsverbots in Deutschland einseitig zugunsten von Neuinvestitionen sträubten sich die Briten nach Kräften, weil eine solche Regelung den Vereinigten Staaten eine Sonderstellung eingeräumt hätte. Nur in den USA war investitionsfähiges Kapital größeren Umfangs vorhanden, während sich die europäischen Staaten ausnahmslos in einer schwierigen finanziellen Lage befanden. Eine nennenswerte britische Investitionstätigkeit in Deutschland war deshalb nur möglich, wenn „pre-war debts are mobilised and brought into play."[65]

Die Vorkriegsschulden – allerdings vorrangig die kurzfristigen – wurden mehr und mehr als ein Mittel angesehen, um dem wachsenden amerikanischen Einfluß auf die westdeutsche Volkswirtschaft Paroli zu bieten, „since the U.K. [...] must rely on its existing assets in, and claims against, Germany to balance new American investment."[66] Die ausschließlich auf das *new investment* fixierten Amerikaner weigerten sich jedoch beharrlich, das von britischer Seite gewünschte *old investment* gleichberechtigt zuzulassen. Dafür ließen sich durchaus gute Argumente ins Feld führen: Grundsätzlich war die Zufuhr frischen Kapitals, vor allem in Form von US-Dollars, für den Wiederaufbau der deutschen Wirtschaft wesentlich wichtiger und ganz anders nutzbar als die Reinvestition alten Kapitals. Die private amerikanische Investitionsbereitschaft war aber abhängig von einer angemessenen Verzinsung des Kapitals und von der Möglichkeit, die in Deutschland anfallenden Profite uneingeschränkt ins Ausland transferieren zu dürfen. Da die deutsche Devisenlage auf absehbare Zeit als sehr schwierig einzuschätzen war, würden nur in sehr begrenztem Umfang transferierbare Gelder zur Verfügung stehen. Bei einer Gleichbehandlung von Erträgen aus reinvestiertem und aus neuinvestiertem Kapital stand zu befürchten, daß nicht genügend Devisen vorhanden sein würden, um den uneingeschränkten Transfer von Profiten potentieller amerikanischer Investoren sicherzustellen. Unter solchen Umständen war mit einer größeren amerikanischen Investitionsbereitschaft in Deutschland nicht zu rechnen, und das so dringend

---

65 Playfair (Treasury Chambers) to Sir Jones, 6. 8. 1948, PRO, T 236–3411.
66 Telegram from Foreign Office (J.W. Nicholls) to Berlin (secret), 25. 8. 1948, PRO, FO 371–70771.

benötigte Dollar-Kapital würde für den deutschen Wiederaufbau nicht zur Verfügung stehen.

Seit der Auflegung des Marshallplans war das Interesse amerikanischer Kapitalgeber an Investitionen in Westdeutschland spürbar gestiegen, allerdings nur unter der Voraussetzung, daß die damit verbundenen Profitmöglichkeiten besser kalkulierbar sein würden. Der Transfer spielte in diesem Zusammenhang eine zentrale Rolle. Den britischen Regierungsstellen war die Problemlage durchaus vertraut, auf Reinvestitionsmöglichkeiten für die kurzfristigen britischen Stillhalte- und Handelsschulden wollten und konnten sie aber dennoch nicht verzichten. Es wurden deshalb Überlegungen angestellt, ob das Problem durch eine bevorzugte Behandlung von Neuinvestitionen beim Transfer zu entschärfen sein würde.[67] Ein Gedanke, der bei den britischen Gläubigern auf schroffe Ablehnung stieß. Sie forderten eine Gleichstellung von *old* und *new investment.*[68] Um den Amerikanern eine Zustimmung zu den britischen Vorstellungen zu entlocken, sollten die von den langfristigen Schulden bereits fällig und damit zu *cash claims* gewordenen Zins- und Tilgungszahlungen ausdrücklich von dieser Regelung ausgeschlossen werden. Mit dieser Maßnahme sollte verhindert werden, daß „the scheme would break down by the excess of claims available to be converted."[69]

In Londoner Regierungskreisen war man sich der Problematik einer unterschiedlichen Behandlung von *long-* und *short-term debts* durchaus bewußt, die bei den betroffenen Gläubigern natürlich auf wenig Verständnis stieß.[70] Angesichts der eigenen Finanzschwäche sah man jedoch keine Alternative zu dieser Politik der kleinen Schritte. Von der britischen Regierung wurde die Eröffnung von Reinvestitionsmöglichkeiten für den Bereich der kurzfristigen Schulden als ein erster Schritt auf dem Weg zur Lösung der Schuldenfrage angesehen. Eine einseitig auf die Förderung von Neuinvestitionen ausgerichtete Politik wurde von der britischen Regierung für

---

67 Nicholls to Strang, 20. 8. 1948, PRO, FO 371–70771 Das Schreiben gibt die Meinung der britischen Regierung zum Problem *foreign investment* wieder.
68 Bank of England (R.J. Cunnell) to Nasmyth (Treasury), 25. 3. 1949; Minute Sheet: Meeting with representatives of pre-war creditors (Stewart Crawford), 1. 4. 19949, und Minutes of meeting with pre-war creditors on 4th April, 1949, Foreign Office (German Section), PRO, FO 371–76918.
69 Playfair (Treasury Chambers) to Sir Jones, 6. 8. 1948 PRO, T 236–3411.
70 Minutes of meeting with pre-war creditors on 4th April 1949, Foreign Office (German Section), PRO, FO 371–76918.

gefährlich gehalten, weil sie sich nachhaltig zu Lasten der bestehenden gouvernementalen und privaten Verschuldung auswirken würde.[71]

Die Erinnerung an die unmittelbar nach dem Krieg drohende Gefahr, daß die Vorkriegsschulden den Reparationen geopfert werden würden, war noch frisch. Für Großbritannien bedeutete die Wahrung alter Rechte (*prewar debts*) gleichzeitig auch die Sicherung neuer Chancen (*investment*). Die Vereinigten Staaten bestanden dagegen prinzipiell auf einer sauberen Trennung von alten Schulden und neuen Investitionen. Eine Nutzung der Vorkriegsschulden zu Investitionszwecken lehnten sie kategorisch ab. Die Lösung der Schuldenfrage war für die Amerikaner ein internationales Problem, das in Zusammenarbeit mit der künftigen deutschen Regierung einer möglichst allen Schuldenkategorien gerecht werdenden Lösung zugeführt werden sollte. Im Kontext einer Gesamtregelung waren dann auch die Nachkriegsschulden, also die aus den alliierten Hilfslieferungen und aus dem ERP-Programm aufgelaufenen Schulden, zu berücksichtigen. Die konsequente oder auch starre amerikanische Haltung ausschließlich zugunsten des *new investment* entsprach der politischen und wirtschaftlichen Stärke der USA, deren Investitionspotential nicht von den Vorkriegsschulden abhängig war.

Die britische Haltung in dieser Frage war dagegen eine Folge der eigenen Schwäche. Im Verlauf des Jahres 1949 verlagerte sich das Tauziehen zwischen Briten und Amerikanern dann auf das sogenannte DM-*settlement*. Darunter ist die Möglichkeit zu verstehen, zwischen deutschen Schuldnern und ausländischen Gläubigern bestehende Fremdwährungsschulden statt in Devisen in DM regeln zu können. Die Briten waren an dieser Möglichkeit sehr interessiert. Das zurückerstattete Geld sollte nach britischen Vorstellungen in Deutschland reinvestiert werden und hätte somit die materielle Basis für das umstrittene *old investment* gebildet. Mit der Forderung nach einer Zulassung des DM-*settlement* stand Großbritannien nicht allein, sondern konnte sich breiter europäischer Unterstützung sicher sein. Eine von der Londoner Sechsmächtekonferenz eingesetzte Studiengruppe, die mit der Ausarbeitung von Vorschlägen zur Wahrung ausländischer Interessen in Deutschland nach der Gründung der Bundesrepublik beauftragt worden war, empfahl in ihrem Bericht unter der Rubrik *Foreign Currency Debts* nachdrücklich die Zulassung des DM-*settlement*.[72] Obwohl sich die US-

---

[71] Telegram from Foreign Office (Nicholls) to Berlin (secret), 25. 8. 1948, PRO, FO 371–70771.
[72] Report and recommendations of the Inter-Governmental Group on the safeguarding of foreign interests in Germany, Paris, 25th October to 10th November, 1948, PRO, FO

Regierung diesem Votum ausdrücklich nicht angeschlossen hatte, hofften die Briten, diesem Ziel mit der Zeit schrittweise näherzukommen.

Den amerikanischen Optimismus hinsichtlich der im Ausland vorhandenen Bereitschaft zu Neuinvestitionen in Deutschland hielten sie nicht nur für blauäugig, sondern sogar für schädlich, weil in Deutschland nur falsche Erwartungen geweckt würden.[73] Aus britischer Sicht war eine nennenswerte ausländische Investitionsbereitschaft abhängig vom Nachweis der wirtschaftlichen und politischen Stabilität des neuen deutschen Staates. Eine Befriedigung der Ansprüche der Vorkriegsgläubiger war dafür aus britischer Sicht eine unverzichtbare Voraussetzung:

> It is wrong in principle to encourage a debtor country which has reached no settlement with existing creditors to incur new foreign obligations to the detriment of such creditors.[74]

Das Festhalten an dem guten kaufmännischen Prinzip, daß alte Schulden erst bezahlt sein müssen, bevor neue gemacht werden können, war grundsätzlich richtig und wurde im allgemeinen auch von den Amerikanern befürwortet.[75] Washington hielt aber an der Auffassung fest, daß die deutschen Auslandsschulden aus der Vorkriegszeit aus Gründen der Gleichbehandlung en bloc geregelt werden sollten. Ein Nachgeben in der Frage des DM-*settlement* kam daher nicht in Frage.[76] Die Briten wollten ihrerseits nicht einsehen, warum die auf diese Weise mögliche Regelung privater deutscher Schulden gegenüber Ausländern auf freiwilliger Basis nicht erlaubt werden sollte. Auf Grund der in Deutschland gültigen alliierten Gesetze waren Ausländer in vielen Belangen immer noch schlechter gestellt als die Deutschen. Die britische Regierung war nicht gewillt, diesen Zustand dauerhaft hinnehmen.[77] Die britische Regierung war überzeugt, daß eine Reduzierung der Stillhalteschulden mit Hilfe des DM-*settlement*, die auch von

---

371-76685: „It is the view of the Group that in the future a foreign creditor will be free to take payment in Deutschmarks for a debt expressed in foreign currency if it is offered to him." (Recommendation No 19).

[73] Bank of England (C.F. Cobbold) to Sir Henry Wilson, 22. 4. 1949, PRO, FO 371-76918; Colonel Vigers to Colin MacFarlane, 28. 4. 1949, PRO, FO 371-76919.
[74] Foreign Office (Nicholls) to Washington, 17. 7. 1949, PRO, FO 371-76919.
[75] Jack E. Abbott (Treasury) to Nicholls (Foreign Office), 10. 6. 1949, PRO, FO 371-76919. In diesem Schreiben heißt es: „... remind the Americans that they themselves have subscribed to the principle that loans to a debtor country should not be encouraged until it has reached a settlement with the existing creditors."
[76] Inward Telegram from Washington to Foreign Office (German Section), 21. 7. 1949, PRO, FO 371-76920.
[77] Aide-Mémoire: Investment Policy, British Embassy, Washington D.C., 26. 8. 1949, NA, RG 59-5204.

deutscher Seite gewünscht wurde, für die dringend benötigte Wiederbelebung der deutschen Kreditbeziehungen zum Ausland sehr förderlich sein würde.[78]

Im August 1949 schien ein Kompromiß zwischen Amerikanern und Briten in greifbare Nähe zu rücken. Washington ließ die Bereitschaft erkennen, unter bestimmten Voraussetzungen ein DM-*settlement* zu gestatten, um damit die ausländische Investitionstätigkeit in Deutschland anzufachen. Die Amerikaner bestanden aber darauf, daß eine Vereinbarung zwischen Schuldner und Gläubiger ausschließlich auf freiwilliger Basis erfolgen durfte.[79] Mit ihrem Vorschlag, ein DM-*settlement* unter bestimmten Umständen allein vom Wunsch des ausländischen Gläubigers abhängig zu machen, konnten sich die Briten nicht durchsetzen.[80] Trotzdem gab es in London breite Zustimmung für eine Einigung mit den Amerikanern auf der Basis des obigen Vorschlags.[81] Wenn erst einmal der Anfang gemacht war, so hoffte man, würden sich sukzessive weitere Verbesserungen erzielen lassen.[82] Zum Ärger der Briten sperrte sich der amerikanische Hochkommissar John McCloy gegen die vorgesehene Regelung von Fremdwährungsschulden durch DM-Zahlung. Er hielt es für bedenklich, daß weder die Höhe noch die Verteilung der auf der Basis eines DM-*settlement* potentiell regelbaren Schulden genauer bekannt war. Für den Fall, daß zahllose ausländische Gläubiger das Recht auf DM-Zahlungen in Anspruch nehmen sollten, befürchtete McCloy einen unkontrollierten Run auf deutsche Investitionsobjekte mit schädlichen Auswirkungen auf die deutsche Volkswirtschaft. Außerdem hielt er es für ungerecht, daß z. B. die Anleihegläubiger nicht von dieser Regelung profitieren konnten. Proteste der Benachteiligten waren daher nicht auszuschließen.[83] Vom *Foreign Office* wurden die von amerikanischer Seite gegen die Zulassung eines DM-*settlement* vorgebrachten Bedenken verärgert als „unrealistic and largely irrelevant" zurückgewiesen.[84] London machte dem *State Department* unmißverständlich klar, daß

---

[78] Outward Telegram from Foreign Office (German Section) to Washington, 13. 8. 1949, PRO, FO 371–76920.
[79] Inward Telegram from Washington to Foreign Office (German Section), 16. 8. 1949; Outward Telegram from Foreign Office (German Section) to Washington, 23. 8. 1949, PRO, FO 371–76921.
[80] Telegram Foreign Office to CCG/BE (Berlin), 31. 8. 1949, PRO, FO 1046–579.
[81] Bank of England (J.B. Loynes) to Abbott (Treasury), 2. 9. 1949, PRO, FO 371–76922.
[82] Abbott (Treasury Chambers) to Nicholls, 5. 9. 1949, PRO, FO 371–76922.
[83] Telegram from Frankfurt to Foreign Office, 3. 9. 1949, PRO, FO 371–76922.
[84] (Draft) Nicholls to Abbott (Treasury), 2. 9. 1949, PRO, FO 371–76922: „From this it appears that Mr. McCloy's financial advisor has managed to persuade his master to throw over-

2. Die ersten Nachkriegsjahre

es seine Zustimmung zum *foreign investment* prinzipiell von einer Zulassung des *DM-settlement* abhängig machen würde. Der britische Hochkommissar Sir Brian H. Robertson wurde für seine Diskussionen mit den anderen Hochkommissaren entsprechend instruiert. Der amerikanische Hochkommissar McCloy hielt aber weiter an seiner bisherigen Meinung fest. Er lehnte eine Ungleichbehandlung der Gläubiger ab, weil dies angeblich gegen sein Gerechtigkeitsempfinden verstieß und weil er ärgerliche Reaktionen benachteiligter Gläubigergruppen vermeiden wollte. Dagegen versuchte Sir Robertson, seinen Kollegen die durch das *DM-settlement* möglich werdende Reduzierung der Gesamtschulden als einen im Interesse aller Gläubiger liegenden Vorteil zu verkaufen.[85] Ein ausgesprochen schwaches Argument, weil vor allem die britischen Anleihegläubiger stets auf Chancengleichheit beharrt hatten.[86] Sir Robertson vermochte es mit seiner Argumentation auch nicht, McCloy zu einer Meinungsänderung zu bewegen.[87] Daran vermochten auch weitere intensive Verhandlungen nichts zu ändern.[88] Trotzdem signalisierte das *State Department* im Dezember 1949 Kompromißbereitschaft.[89] Damit die Briten die dringend benötigten ausländischen Investitionen nicht länger blockieren konnten, stimmte Washington einem *DM-settlement* auf freiwiller Basis unter bestimmten Bedingungen zu.

Unterdessen wuchs der Druck der britischen Gläubigerorganisationen auf die Regierung, endlich mehr für die Interessen der Gläubiger zu tun. Den Amerikanern, allen voran Hochkommissar McCloy, wurde von den Gläubigern vorgeworfen, auf die legitimen Interessen der Auslandsgläubiger keinerlei Rücksicht zu nehmen.[90] Die britischen Gläubiger waren durch die Bank mit den bisherigen Verhandlungsergebnissen unzufrieden und immer weniger bereit, sich von ihrer Regierung hinhalten zu lassen. Auch die Anleihegläubiger machten mobil und forderten eine Zulassung von DM-

---

board the compromise solution reached as a result of our negotiations with the State Department."
[85] Outward Telegram from Foreign Office to Frankfurt (Robertson), 8. 9. 1949, PRO, FO 371–76922.
[86] Minutes of meeting with pre-war creditors on 4th April, 1949, Foreign Office (German Section), PRO, FO 371–76918.
[87] Inward Telegram from Frankfurt to Foreign Office, 17. 9. 1949, PRO, FO 371–76922.
[88] Outward Saving Telegram from Foreign Office to Wahnerheide, 17. 11. 1949, PRO, FO 371–76923; Telegram McCloy Frankfurt to Secretary of State, 29. 11. 1949, NA, RG 59–5204.
[89] Department of State (Acheson) to HICOG, Frankfurt, Mr. Buttenwieser, 6. 12. 1949, NA, RG 59–5204.
[90] Committee of British Industrial Interests in Germany (Cavendish-Bentinck) to Roger B. Stevens (Foreign Office, German Section), 2. 12. 1949, PRO, FO 371–76923.

Zahlungen für Anleiheschulden u.a.m.[91] Wie das genau funktionieren sollte, blieb unklar, auf jeden Fall war diese Forderung für die amerikanische Regierung ein rotes Tuch. Sie bestand auf einer aufwendigen Validitätsprüfung jedes einzelnen *bond*, bevor der Anleihedienst wiederaufgenommen werden durfte. Hintergrund war das Problem der *looted* oder *tainted bonds*. Die Russen hatten nach der Besetzung Berlins sämtliche Anleihedokumente aus den Tresoren der Reichsbank entwendet. Darunter befanden sich zahlreiche Papiere, die ihren rechtmäßigen Besitzern von den Nazis geraubt worden waren oder die im Auftrag der nationalsozialistischen Regierung vor ihrer Fälligkeit im Ausland zurückgekauft, aber noch nicht entwertet worden waren. Zwecks Devisenbeschaffung wurde nun von sowjetischer Seite der Versuch unternommen, diese Papiere über dubiose Kanäle wieder in den Wertpapierhandel einzuschleusen.

Der britischen Regierung bereitete es zunehmend Probleme, ihre Ohnmacht gegenüber den USA vor den britischen Gläubigern zu verschleiern. Die Uneinigkeit der Gläubiger untereinander rettete sie in einigen schwierigen Situationen vor der Notwendigkeit, ihre Hilflosigkeit offenbaren zu müssen.[92] Es kam den Briten nicht ganz ungelegen, daß das Jahr 1949 ohne eine Einigung über das *foreign investment* und allen damit im Zusammenhang stehenden Fragen endete. Die Briten hofften, von einer stärkeren Einbindung der Deutschen, die sowohl an einer Aufhebung des Moratoriums von Auslandsinvestitionen als auch an einer Lösung der Schuldenfrage größtes Interesse hatten, profitieren zu können. Die Gründung der Bundesrepublik Deutschland schuf dafür die Voraussetzung.

---

[91] Record of a meeting on 1st December 1949, Foreign Office (German Section), PRO, FO 371–76924.
[92] Telegram from Stevens (Foreign Office, German Section) to Wahnerheide, 6. 12. 1949, PRO, FO 371–76924.

II. VORBEREITUNGEN ZUR LÖSUNG DER SCHULDENFRAGE

1. Erste Orientierungen

Mit der Gründung der Bank deutscher Länder im März 1948 gab es auch auf deutscher Seite eine offizielle Stelle, die sich mit fachlicher Kompetenz der Schuldenfrage annehmen konnte.[1] Der Präsident der Bank deutscher Länder, Wilhelm Vocke, lud im November 1948 führende Vertreter der deutschen Banken und der Industrie zu einem Gespräch über das Problem der Auslandsverschuldung in die Bank deutscher Länder nach Frankfurt ein. Zentrales Thema der Sitzung waren die deutschen Stillhalteschulden, die nach Auffassung sämtlicher Teilnehmer zusammen mit den kurzfristigen Handelsschulden vordringlich zu regeln waren. In deutschen Finanzkreisen gab es ein großes Interesse, eine Regelung der privaten Auslandsverschuldung möglichst rasch auf den Weg zu bringen, da dies als eine unabdingbare Voraussetzung für die Wiederherstellung normaler Handels- und Finanzbeziehungen mit dem Ausland angesehen wurde. Auf Einladung des früheren Reichsbankdirektors von Schelling, der als Treuhänder britischer Banken in Deutschland fungierte, waren bereits im Juli 1947 Vertreter der dezentralisierten Frankfurter Großbanken im Haus der Rhein-Main-Bank zusammen gekommen, um über das Problem der Stillhaltung zu diskutieren.[2] Hermann J. Abs, der als Vorstandsmitglied der Deutschen Bank seit 1937 dem früheren Ausschuß für das deutsche Kreditabkommen angehört hatte, wurde mit der Neubildung eines Stillhalteausschuß beauftragt, da sich der alte Ausschuß bei Kriegsbeginn praktisch selbst aufgelöst hatte.[3]

---

[1] Vgl. THEO HORSTMANN, Die Entstehung der Bank deutscher Länder als geldpolitische Lenkungsinstanz in der Bundesrepublik Deutschland, in: HAJO RIESE und HEINZ-PETER SPAHN (Hrsg.), Geldpolitik und ökonomische Entwicklung. Ein Symposion, Regensburg 1990, S. 202–212; DERS., Kontinuität und Wandel im deutschen Notenbanksystem. Die Bank deutscher Länder als Ergebnis alliierter Besatzungspolitik nach dem Zweiten Weltkrieg, in: THEO PIRKER (Hrsg.), Autonomie und Kontrolle. Beiträge zur Soziologie des Finanz- und Steuerstaates, Berlin 1989, S. 135–153. Zur Rolle der Bank deutscher Länder für den Außenhandel vgl. JOHANNES TÜNGELER, Die ersten Stunden, in: Zeitschrift für das gesamte Kreditwesen 32 (1979), Sonderbeilage „Beiträge zur Bankgeschichte" zu Heft 17, S. 1–8.
[2] Protokoll über die Sitzung vom 18. 7. 1947 im Hause Rhein-Main-Bank, HADB, NL Krebs, Der deutsche Ausschuß für Stillhaltung, Stillhaltekredite 1946–50. Von Schelling war General Custodian für britische und amerikanische Stillhaltekredite.
[3] Vgl. LOTHAR GALL, A man for all seasons? Hermann Josef Abs im Dritten Reich, in: Zeitschrift für Unternehmensgeschichte 43 (1998), S. 13f.

Zusätzlich sollte bei der Bank deutscher Länder eine Stelle für Koordinationsaufgaben eingerichtet werden.[4] Die für Finanzfragen zuständige Alliierte Bankkommission war mit den von deutscher Seite geplanten Maßnahmen einverstanden.[5]

Im Januar 1949 trat der reorganisierte Stillhalteausschuß, der auf Wunsch der Alliierten Bankkommission künftig unter der sehr allgemeinen Bezeichnung Deutscher Ausschuß für internationale Finanzbeziehungen firmierte, unter Vorsitz von Hermann J. Abs in Frankfurt zu einer ersten Sitzung zusammen.[6] Im April 1949 fand eine weitere Sitzung statt, bei der zwei Themen im Vordergrund standen: Erstens ging es um die Ermittlung zuverlässiger Daten über die exakte Höhe und Verteilung der privaten deutschen Auslandschulden. Besonders wichtig waren dabei die Stillhalteschulden.[7] Das Zahlenmaterial sollte für künftige Verhandlungen aufbereitet werden, die zu führen der Ausschuß als seine wichtigste Aufgabe in der Zukunft betrachtete. Zweitens wurde die Möglichkeit diskutiert, die Stillhalteschulden unter Heranziehung des im Ausland beschlagnahmten deutschen Vermögens abzulösen. Abs schlug vor, ausländische Gläubigerbanken in geeigneten Fällen gezielt auf im Land befindliche Vermögenswerte ihrer deutschen Schuldner hinzuweisen, die mit den Außenständen verrechnet werden könnten.[8] Offenbar orientierte sich Abs mit seinem Vorschlag an aktuellen britischen Planungen, in bestimmten Fällen eine Verrechnung von deutschen Schulden und Vermögenswerten zu erlauben.[9] Auf deutscher Seite gab es jedenfalls Hoffnung, daß die noch nicht liquidierten Teile des beschlagnahmten deutschen Auslandsvermögens in eine künftige Regelung der deutschen Auslandsverschuldung einbezogen werden könnten, obwohl die Bestimmungen des Pariser Reparationsabkommens dem entgegenstanden.[10] Diese Hoffnungen sollten sich aber nur in einem sehr geringen Um-

---

4 Aktennotiz Treue betr. Stillhaltung vom 16. 11. 1948, HADBB, B 330–3809.
5 Bank deutscher Länder (Rechtsabteilung) an Präsident vom 24. 9. 1948, HADBB, B 330–2011.
6 Protokoll über die Sitzung vom 14. 1. 1949 in Angelegenheiten im Zusammenhang mit Stillhaltefragen, HADBB, B 330–3809. Vgl. ABS, Entscheidungen, S. 59f.
7 Statistische Übersicht über Stillhalteschulden, August 1949, HADBB, B 330–3376.
8 Protokoll über die am 7. 4. 1949 in den Räumen der Bank deutscher Länder stattgefundenen Sitzung des Deutschen Ausschusses für internationale Finanzbeziehungen, HADBB, B 330–3376.
9 Louis Wolff (Verwalter für britische und amerikanische Stillhalte-Interessen, vor 1945 bei der Konversionskasse tätig) an die Hessische Bank vom 29. 1. 1949; Norddeutsche Bank Hamburg (Führungsstab) an die Direktoren der Hessischen Bank vom 10. 2. 1949, HADB, NL Krebs, Der deutsche Ausschuß für Stillhaltung. Stillhalte-Kredite 1946–1950.
10 Schlussakte der Pariser Reparationskonferenz vom 14. 1. 1946 (Übersetzung), HADBB, B 330–4601; Inter-Allied Reparation Agency (The Delegate of His Majesty's Government) to

1. Erste Orientierungen

fang erfüllen. In Großbritannien wurden zwar sogenannte *ex-gratia*-Zahlungen aus dem konfiszierten deutschen Vermögen geleistet, die aber nur einen geringen Teil der deutschen Schulden abdecken konnten. Später traten dann nach dem Abschluß des Londoner Schuldenabkommens sogar einige Schwierigkeiten bezüglich der Anrechnung von *ex-gratia*-Zahlungen auf. Der *Administrator of German Enemy Property* sperrte sich gegen den ausdrücklichen Wunsch der britischen Banken, die Zahlungen aus dem deutschen Auslandsvermögen auf die Stillhalteschulden anzurechnen.[11]

Auf Einladung des *Übersee-Clubs* hielt Abs im September 1949 in Hamburg einen Vortrag. Darin beschäftigte er sich mit den Chancen der deutschen Wirtschaft, in absehbarer Zeit neue Kredite aus dem Ausland zu erhalten, die für den Wiederaufbau der deutschen Industrie so dringend benötigt wurden. Das zwischen Briten und Amerikanern seit langem umstrittene Verbot ausländischer Kapitalinvestitionen in Deutschland war immer noch in Kraft. Abs konnte in seinem Vortrag auf die anhaltende alliierte Diskussion über eine Aufhebung des Investitionsverbots verweisen, die zu vorsichtigem Optimismus Anlaß bot. Allerdings gab es nach wie vor gravierende Meinungsunterschiede zwischen Briten und Amerikanern. Britische Finanzkreise übten weiterhin massiven Druck auf ihre Regierung aus, die von den Amerikanern favorisierte einseitige Zulassung von Neuinvestitionen (*new investment*) solange zu blockieren, bis die Amerikaner ihren Widerstand gegen eine gleichberechtigte Zulassung von Reinvestitionen (*old investment*) aufgaben.[12] Die gegensätzlichen Standpunkte zögerten die ersehnte Lockerung des bestehenden Verbots von Auslandsinvestitionen noch Monate hinaus.[13] Die Aufhebung alliierter Verbote war eine notwen-

---

Abbott (Treasury), Bruxelles, 22. 11. 1949, PRO, T 236–2789. Von niederländischer Seite gab es Bedenken gegen eine Aufrechnung von Auslandsvermögen gegen Auslandsschulden.

[11] Abs an die Studiengesellschaft für privatrechtliche Auslandsinteressen e.V. vom 29. 3. 1954; Studiengesellschaft für privatrechtliche Auslandsinteressen e.V. an den Deutschen Ausschuß für Stillhalteschulden vom 22. 5. 1954; Studiengesellschaft für privatrechtliche Auslandsinteressen e.V. an Krebs, Süddeutsche Bank AG vom 24. 6. 1955, HADB, NL Krebs, Deutscher Ausschuß für Stillhalteschulden, Zahlungen aus anderen Quellen, ex-gratia-Zahlungen; Aktenvermerk betr. ex-gratia-Zahlungen vom 23. 12. 1954: Abs an Reid (Chairman of the British Banking Committee for German Affairs) vom 30. 12. 1954, HADB, NL Krebs, Stillhaltung (Beendigung).

[12] British Banking Committee for German Affairs (Reid) to Stevens (Foreign Office) 30. 1. 1950, PRO, FO 371–85607; Office of the High Commissioner for Germany: Memorandum on Conversation, 25. 2. 1950, NA, RG 59–4395. Abs verfügte aus der Vorkriegszeit über gute persönliche Beziehungen zu britischen Finanzkreisen u. a. zu Siegmund Warburg. Vgl. dazu RON CHERNOW, Die Warburgs. Odyssee einer Familie, Berlin 1994, S. 439 und 475.

[13] Kirkpatrick to Minister of State, 2. 2. 1950, PRO, FO 371–85607; Stewart Crawford: Comments on U.S. proposals on investment, March 1950, PRO, FO 371–85608.

dige, aber keineswegs hinreichende Voraussetzung, um den seit Beginn der 30er Jahre unterbrochenen Zufluß ausländischen Kapitals zu reaktivieren. Die Wiederherstellung der seit 1933 durch zahlreiche Machenschaften zerstörten deutschen Kreditwürdigkeit war nach Einschätzung von Abs nur möglich, wenn das Problem der deutschen Auslandsverschuldung einer Lösung zugeführt wurde. Abs machte seinen Zuhörern deutlich, daß die Methode „Schwamm drüber" in diesem Fall keine akzeptable Lösung darstellte. Sie taugte nicht, das völlig zerstörte Vertrauen ausländischer Kapitalgeber in den deutschen Kreditnehmer wiederaufzubauen. Die Wiederherstellung des völlig zerstörten Vertrauens bildete nach Meinung von Abs die alleinige Basis für den Wiederaufbau geordneter Finanzbeziehungen, „denn die Gläubiger von gestern sind die potentiellen Gläubiger von morgen."[14] Abs machte keinen Hehl aus seiner tiefen Überzeugung, daß im Bereich der privaten Verschuldung ein vollständiger oder sehr weitreichender Schuldenerlaß keine in die Zukunft weisende Maßnahme darstellte, sondern eher kontraproduktiv sein würde.

Seine Auffassung, daß der säumige Schuldner seine Läuterung und seinen guten Willen nur durch Taten unter Beweis stellen könne, fand bei der Industrie keinen ungeteilten Beifall.[15] Dies war insofern verständlich, als zahlreiche Schuldner aus Industrie und Handel zu diesem Zeitpunkt nicht über die finanziellen Möglichkeiten verfügten, das Geld zur Bezahlung ihrer Schulden aufzubringen. Mit einer tiefgreifenden Änderung dieses Zustands war nach Meinung vieler Experten kurzfristig auch nicht zu rechnen. Abs war dieses Faktum natürlich nicht unbekannt, als weltweit tätiger Bankier kannte er die Gesetze des internationalen Finanzmarkts jedoch nur allzu gut. Dort wurden Fakten und keine vagen Absichtserklärungen verlangt. Er vergaß in diesem Zusammenhang aber nicht, darauf hinzuweisen, daß die von den USA forcierten Entflechtungsmaßnahmen, z.B. im Bereich der Eisen- und Stahlindustrie, erheblich zur schlechten Finanzsituation der betroffenen Firmen beitrugen. Auch die Großbanken wurden durch Dezentralisierungsmaßnahmen in ihrer Geschäftstätigkeit beeinträchtigt. Teile der britischen Militärregierung begegneten den Umstrukturierungen mit erheblicher Skepsis, weil sie davon negative Auswirkungen für die Stillhalteschulden erwarteten.[16] Gerade dieser Schuldenkategorie räumte Abs eine Schlüsselfunktion für die rasche Wiederherstellung der deutschen Kreditwürdigkeit ein:

---

[14] ABS, Probleme der deutschen Auslandsverschuldung, S. 90.
[15] Vgl. ABS, Der Weg zum Londoner Schuldenabkommen, S. 81.
[16] Vgl. HORSTMANN, Die Alliierten und die deutschen Großbanken, S. 193 ff.

1. Erste Orientierungen

Wenn ich die Stillhaltung hier erwähne und noch an verschiedenen Stellen erwähnen muß, so nicht deshalb, weil sie zufällig ein Sektor aus dem Auslandskreditgebiete ist, mit dem ich mich zu befassen habe, sondern weil ich in der rechten Behandlung dieser Schulden insbesondere England gegenüber eine der wesentlichen Voraussetzungen sehe, um jene Gletschermoräne aus den eingefrorenen Krediten zu beseitigen, die beseitigt werden muß, um überhaupt das Feld für neue Kredite aus dem Ausland freizumachen.[17]

Als Bankier näherte sich Abs dem Problem der deutschen Auslandsverschuldung pragmatisch. Seiner Meinung nach mußten zuerst die Schulden abgebaut werden, die für die Wiederherstellung geordneter Wirtschafts- und Finanzbeziehungen am wichtigsten waren. Dies waren an erster Stelle die Stillhalte- und an zweiter Stelle die kurzfristigen Handelsschulden. Der riesige Berg privater und öffentlicher Anleiheschulden aus der Vorkriegszeit, die Schulden aus der alliierten Wirtschaftshilfe der Nachkriegszeit sowie unter Umständen noch die während des Krieges aufgelaufenen Clearingschulden waren angesichts der begrenzten deutschen Aufbringungs- und Transferfähigkeit nicht in kurzer Frist abzutragen.[18] Eine Schuldenregelung, die alle Schuldenkategorien in voller Höhe einschließlich Zinsen berücksichtigte, war völlig utopisch. Die gescheiterte Reparationsregelung des Ersten Weltkriegs und die daraus resultierenden politischen und ökonomischen Folgen mahnten zu einer maßvollen und realistischen Handhabung der Schuldenfrage. Abs hielt es für ein Gebot der Vernunft, zuerst einmal eine Reaktivierung der Stillhaltekredite und den Abbau der kurzfristigen Handelsverschuldung zu betreiben und die Regelung der übrigen Schulden solange hinauszuschieben, bis eine Festigung der deutschen Finanzposition dazu die Voraussetzung bot. Die Einschätzung, daß die Regelung der Stillhalteschulden das wichtigste Problem darstellte und an eine Regelung der anderen deutschen Auslandsschulden kurzfristig nicht zu denken war, traf in westdeutschen Finanzkreisen auf allgemeine Zustimmung.[19]

Rein ökonomisch betrachtet machte ein schrittweises Vorgehen Sinn, es implizierte aber eine Ungleichbehandlung der verschiedenen Gläubigergruppen, die politisch nicht unproblematisch war. Bisher hatten es die aus-

---

17 ABS, Probleme der deutschen Auslandsverschuldung, S. 81.
18 Bezugnehmend auf Zahlen der Bank for International Settlement von 1931 bezifferte Abs die Auslandsschulden ursprünglich auf ca. RM 24 Mrd. Durch Abwertung von Pfund und Dollar sowie Rückzahlungen war die Schuldenhöhe bei Kriegsausbruch auf RM 9,4 Mrd. gesunken. (Die Zahlen basieren auf einem Dollarkurs von RM 2,50). Die Clearingschulden aus dem Krieg schätzte Abs auf 25 Mrd. Hinzu kamen die Schulden aus der Nachkriegswirtschaftshilfe. Vgl. ABS, Probleme der deutschen Auslandsverschuldung, S. 80 ff.
19 Deutscher Ausschuß für internationale finanzielle Beziehungen, Protokoll vom 3. 5. 1950, HADBB, B 330–3376.

ländischen Anleihegläubiger wiederholt abgelehnt, zugunsten der Stillhaltegläubiger und der Handelsgläubiger zurückzustehen. Der *Council of Foreign Bondholders* hatte die ausländischen Gläubiger deutscher Anleiheschulden bereits im Herbst 1945 zu einer internationalen Konferenz nach London eingeladen, um das weitere Vorgehen miteinander abzustimmen.[20] Im Februar 1950 trafen sich die Interessenvertreter der *bondholders* erneut in London zu strategischen Beratungen.[21] Seit Jahren forderten die amerikanischen und britischen Anleihegläubiger von ihren Regierungen Unterstützung bei der Wahrung ihrer vertraglich garantierten Rechte. Vor allem galt dies für die auf Grund ihrer Genese mit besonderen Vorzugsrechten ausgestatteten Dawes- und Young-Anleihen.[22] Auch der deutsche Finanzminister Schäffer erhielt wenige Wochen nach seinem Amtsantritt ein Schreiben der Anleihetreuhänder, in dem er auf die bevorzugte Rechtsposition und die absolute Transferpriorität der beiden Staatsanleihen aus der Weimarer Zeit hingewiesen wurde.[23]

Die im September 1949 ins Amt gekommene Bundesregierung ließ schon sehr bald ihre Bereitschaft erkennen, sich der Auslandsschuldenfrage anzunehmen. Bereits Anfang November 1949 wurde das Bundeswirtschaftsministerium beauftragt, in Kooperation mit dem Finanzministerium und der Bank deutscher Länder eine Vorlage über die Höhe und die Zusammensetzung der deutschen Auslandsverschuldung zu erarbeiten. Gleichzeitig wurde das Justizministerium mit der Prüfung der Identitätsfrage beauftragt. Dabei mußte die Frage geprüft werden, inwieweit die Bundesrepublik völkerrechtlich als Rechtsnachfolger des Deutschen Reiches anzusehen war. Aus der Beantwortung dieser Frage ergaben sich direkte Konsequenzen hinsichtlich der Haftung der Bundesrepublik für die Auslandsschulden des Deutschen Reiches.[24] Damit erwiesen sich die von Gläubigerseite gehegten Befürchtungen als voreilig, die Deutschen wollten sich ihren Verpflichtun-

---

[20] E.H. Lever to Chancellor of the Exchequer, Sir Stafford Cripps, 2. 4. 1948, PRO, T 236–1987.
[21] Foreign Bondholders Protective Council to E. Palmer, Advisor Office of Financial and Development Policy (Department), 9. 3. 1950, NA, RG 59–5170.
[22] The Trustee for the German External Loan 1924 (Lord Kennet; N. D. Jay; Charles Rist) to The British High Commissioner, 20. 2. 1950; Bank for International Settlement, Trustee for the German Government International 5½% Loan 1930 to Robertson, 14. 2. 1950, PRO, FO 371–85608; Department of State: Memorandum of Conversation, The German Dollar Bond Problem, 22. 9. 1949, NA, RG 59–5204.
[23] J. P. Morgan an Fritz Schäffer vom 2. 12. 1949, BA: B 136–1123.
[24] Notiz über eine Ressort-Besprechung in Homburg (BFM) am 4. 11. 1949, Aktenvermerk vom 5. 11. 1949, HADB, NL Krebs, Der deutsche Ausschuß für Stillhalteschulden/Ausschuß für internationale Beziehungen, Protokolle 1949–1951.

1. Erste Orientierungen

gen als Schuldner grundsätzlich entziehen.[25] Der Wille zur Schuldentilgung war sowohl auf privater als auch auf öffentlicher Seite prinzipiell vorhanden, allerdings durften die Deutschen in dieser Angelegenheit nach wie vor nicht von sich aus aktiv werden.[26] Genau auf diesen Punkt zielte Bundeskanzler Adenauer, als er im Januar 1950 auf einer Pressekonferenz zum ersten Mal öffentlich zur Frage der deutschen Auslandsschulden Stellung nahm. Einleitend konstatierte der Kanzler, daß die Gewährung neuer Auslandskredite von der Lösung der Schuldenfrage abhängig sei, und schloß sich damit der Analyse an, die Abs in seinem Hamburger Vortrag ausführlich dargelegt hatte. Gleichzeitig machte er aber deutlich, daß den Deutschen durch das Besatzungsstatut politisch die Hände gebunden waren. Er forderte die Alliierten auf, das Problem der Auslandsverschuldung so schnell wie möglich einer Lösung zuzuführen.[27]

Die öffentlichen Äußerungen Adenauers zur Schuldenfrage sorgten im *Foreign Office* für Unruhe. London verlangte von den Besatzungsbehörden den genauen Wortlaut der Erklärung des Bundeskanzlers und Auskunft darüber, ob der Kanzler von offizieller Stelle zu seiner Stellungnahme veranlaßt worden sei.[28] Der britische Argwohn richtete sich gegen John McCloy, der vor seiner Tätigkeit als amerikanischer Hochkommissar Präsident der Weltbank gewesen war. Es war bekannt, daß McCloy den Bundeskanzler im Oktober 1949 in einer Unterredung über die umstrittene Zulassung ausländischer Kapitalinvestitionen nachdrücklich auf die Relevanz der Auslandsschulden hingewiesen und ihn damit implizit zum Handeln aufgefordert hatte. McCloy soll in diesem Gespräch die Möglichkeit angedeutet haben, eine Regelung der Schuldenfrage vorläufig auf die private deutsche Auslandsverschuldung zu beschränken. Adenauer hatte im Kabinett über seine Unterredung mit McCloy berichtet.[29] Daraufhin war das Wirtschaftsministerium mit der Konzipierung einer Note beauftragt worden, in der unter Berufung „auf Erwägungen des amerikanischen Hochkommissars" vorgeschlagen wurde, „die Erörterungen zunächst auf die Auslandsver-

---

25 Report to the American Trustees' Committee on German Dollar Bonds, 23. 11. 1949, HADBB, B 330-3376. Darin wird über die positiven Ergebnisse von Gesprächen amerikanischer Gläubigervertreter mit deutschen Stellen berichtet.
26 Die Kontrolle über „die ausländischen Interessen in Deutschland und die Ansprüche gegen Deutschland" war gemäß Art. 2 (b) des Besatzungsstatuts für die Bundesrepublik Deutschland vom 8. 4. 1949 ein alliiertes Vorbehaltsrecht. Die restriktive alliierte Gesetzgebung bestand fort (Gesetz Nr. 52 und 53). Vgl. BUCHHEIM, Wiedereingliederung, S. 159ff.
27 Wahnerheide to Foreign Office, 25. 1. 1950, PRO, FO 371-85607.
28 Foreign Office to Wahnerheide, 5. 1. 1950, PRO, FO 371-85607.
29 Verwaltung für Wirtschaft des Vereinigten Wirtschaftsgebiets (Wahrnehmung Geschäfte für BWM) an Bank deutscher Länder (Erbstößer) vom 4. 11. 1949, HADBB, B 330-2466.

schuldung der deutschen Privatwirtschaft zu beschränken."[30] Es blieb beim Entwurf einer Note. Allerdings hatten die Äußerungen Adenauers vor der Presse in die gleiche Richtung gezielt. Adenauer hatte öffentlich die Interdependenz von Auslandskredit und Auslandsschulden zum Thema gemacht. Das Vorpreschen des Bundeskanzlers wurde von den Briten mit Sorge betrachtet. Die Briten wollten das Gesetz des Handelns in der sensiblen Schuldenfrage nicht aus den Händen geben, und sie befürchteten, daß eine frühzeitige Einschaltung der Deutschen dieses Ziel gefährden könnte. Direkte Gespräche mit der Bundesregierung sollten nach britischer Auffassung zumindest solange hinausgeschoben werden, bis die drei alliierten Regierungen zu einer einheitlichen Auffassung darüber gelangt waren, wie sie das Auslandsschuldenproblem lösen wollten.

Grundlegende Fragen über Art und Umfang einer künftigen Schuldenregelung waren zu diesem Zeitpunkt zwischen den drei Alliierten noch ungeklärt, und es war schwer zu beurteilen, wie lange sich der alliierte Abstimmungsprozeß hinziehen würde. Nach britischer Einschätzung waren vor allem die Vereinigten Staaten, die sowohl im privaten als auch im öffentlichen Bereich über die höchsten Schuldenstände verfügten, mit ihren Vorbereitungen noch nicht sehr weit gediehen.[31] In einer Mitteilung an die britischen Stellen in Deutschland urteilte das *Foreign Office* pessimistisch, daß „the question of claims and debts are big subjects and if the United States Government has scarcely begun to do the preparatory work it will be a long time before we can talk with the Germans in accordance with the agreed Minute annexed to the Washington Agreement of 8th April, 1949."[32] Gemeint war hier der Annex E zu den Washingtoner Vereinbarungen der Außenminister, der sich auf die noch bestehenden ausländischen Forderungen gegenüber Deutschland bezog. Der Passus war während des Treffens der Außenminister ohne umfassende Vorberatungen den allgemeinen Vereinbarungen der drei Außenminister zur Regelung der künftigen Deutschlandpolitik zugefügt worden.[33]

---

[30] Entwurf einer Note des Herrn Bundeskanzlers an den amerikanischen Hohen Kommissar, November 1949, HADBB, B 330–4601; Vocke an Erhard vom 27. 10. 1949, HADBB, B 330–3376.
[31] J.H. Penson (British Embassy Washington) to Dean (Foreign Office, German Trade Department), 3. 5. 1949, PRO, T 236–3390.
[32] Telegram from Stevens (Foreign Office, German Section) to Wahnerheide, 15. 1. 1950, PRO, T 236–3390.
[33] Im britischen *Treasury* war man anfänglich schlecht informiert: „We could not discover how this Annex was brought to birth"; Minute Sheet Abbott to David R. Serpell, 24. 5. 1949, PRO, T 236–3390.

1. Erste Orientierungen

Der Passus verpflichtete die Regierungen der drei Alliierten in Abstimmung mit anderen Regierungen, darunter auch der deutschen, zur Ausarbeitung von Vorschlägen „for the settlement of financial claims against Germany, claims arising out of the war which remain unsettled, claims with respect to Allied property in Germany, and other questions of an economic or legal character."[34] Der Annex E beinhaltete eine Reihe sehr unterschiedlicher finanzieller und sonstiger Forderungen an Deutschland, die alle im Zusammenhang mit dem Krieg entstanden waren und die noch der Regelung bedurften. Soweit wie möglich sollte dies noch geschehen, bevor die Alliierten im Zuge einer Revision des Besatzungsstatuts weitere Kompetenzen auf die Bundesregierung übertrugen. Die Ende 1949 ins Amt gekommene Bundesregierung verfügte im Anfang nur über sehr eingeschränkte Souveränitätsrechte. Die Besatzungsmächte hatten sich im Besatzungsstatut eine Reihe zentraler Vorbehaltsrechte gesichert. Nach einer Phase der Bewährung sollten die Hoheitsrechte der Bundesrepublik dann schrittweise erweitert werden. Eine erste Revision des Besatzungsstatuts stand schon bald nach der Gründung der Bundesrepublik auf der politischen Agenda. Ihr würden zumindest einige der im Besatzungsstatut verankerten alliierten Vorbehaltsrechte zum Opfer fallen.[35] Deshalb machte man sich im Kreis der Alliierten Sorgen, inwieweit die oben benannten Ansprüche gegenüber Deutschland auch dann durchsetzbar sein würden, wenn die Besatzungsmächte einen Teil ihrer Rechte in Deutschland aufgegeben hatten. Ganz offensichtlich war das Mißtrauen gegenüber dem früheren Kriegsgegner nach wie vor beträchtlich. Um sich gegen unliebsame Entwicklungen in der Zukunft juristisch abzusichern, gab es Überlegungen, die Bundesregierung zur Abgabe einer „formal recognition of such claims" zu veranlassen.[36]

Im *Foreign Office* wurde an der unspezifischen Formulierung des Annex E, der auf Vorschlag der Amerikaner zustande gekommen war, heftige Kri-

---

34 Text of Annex E of the memorandum of Agreed Measures resulting from the Meeting of Ministers in Washington from 6th to 8th April 1949, FO: T 236–3390.
35 Die Besatzungsmächte verfügten über die Zuständigkeit, „die ausländischen Interessen in Deutschland und die Ansprüche gegen Deutschland sicherzustellen" (Art. 2b des Besatzungsstatuts für die Bundesrepublik Deutschland vom 8. 4. 19949), und sie hatten das Recht auf eine „Überwachung des Außenhandels und der Devisenwirtschaft" (Art. 2g), in: Amtsblatt der Alliierten Hohen Kommission in Deutschland Nr. 1 (1949), S. 13 ff.
36 Text of Annex E of the Memorandum of agreed measures resulting from the meeting of Ministers in Washington from 6th to 8th April 1949, PRO, T 236–3390. Dies entsprach auch einer Forderung der britischen Industrie, die bemängelte: „there is no mention of the debts and other obligations of the former Reich" im GG; Committee of British Industrial Interests in Germany (Cavendish-Bentinck) to Stevens (Foreign Office) 27. 5. 1949; Stevens to Cavendish-Bentinck, 23. 6. 1949, PRO, FO 371–76683.

tik geübt. Die Briten beklagten die Heterogenität der in diesem Passus aneinandergereihten *claims*, deren Erfüllung unterschiedslos eingefordert wurde. Die Briten hielten es für inopportun, in diesem Zusammenhang auch die Regelung von „claims arising out of the war" zu verlangen. Angesichts der politischen Entwicklung der letzten Jahre war der Zeitpunkt für eine solche Forderung denkbar ungünstig, weil deren Erfüllung im Grunde einer Friedenskonferenz vorbehalten war. Dafür gab es vorläufig keine Aussichten. Einige britische Beamte vermuteten hinter dieser Forderung sogar eine gezielte amerikanische Taktik, um Fortschritte in der Schuldenfrage zu unterbinden.[37] Das Verhältnis zwischen London und Washington war zu dieser Zeit von Argwohn und Mißtrauen nicht frei. Die Briten dachten im Gegensatz zu den Amerikanern sehr pragmatisch. Sie wollten sich auf die Bereiche konzentrieren, die ihnen unter den gegebenen Umständen regelbar schienen, nämlich die *pre-war debts* und die *post-war debts* in Verbindung mit dem Problem des *foreign investment*.

Da die Regierung Adenauer für die Bundesrepublik den Anspruch der alleinigen Rechtsnachfolge des Deutschen Reichs erhob, oblag ihr nach britischer Auffassung juristisch die Verantwortung für die gesamten Schulden des Deutschen Reichs. Welche konkreten Zahlungsmodalitäten später vereinbart werden würden, stand auf einem anderen Blatt. Auch nach dem Hamburger Vortrag von Abs und trotz der Presseerklärung des Bundeskanzlers gab es in der britischen Administration Befürchtungen, daß sich die Deutschen nicht freiwillig der Schuldenfrage annehmen würden, sondern „probably need a lot of prodding."[38] Die amerikanische Regierung betrachtete die Schuldenfrage dagegen eher gelassen aus einer globalen Perspektive. Die Frage von *debts* und *claims* war für sie mit anderen wichtigen deutschlandpolitischen Problemen verflochten. Die Amerikaner waren sich bewußt, daß die Bundesregierung an der Lösung dieser Probleme sehr interessiert war und auf die Hilfe der amerikanischen Regierung baute. Je länger diese Probleme in der Schwebe blieben, desto mehr *bargaining power* blieb in den Händen der Amerikaner.[39] Im Gegensatz zu den finanziell schwachen Briten waren die finanziell überaus potenten Vereinigten Staaten auf eine schnelle Rückzahlung der deutschen Schulden nicht angewiesen.

Aus der anfänglichen Verwirrung über das Zustandekommen des Annex E zogen die Briten die Lehre, die für sie wichtige Auslandsschuldenfrage für

---

[37] Dean (Foreign Office) to Penson (Washington), 28. 4. 1949, PRO, FO 371–76683.
[38] Stevens (Foreign Office) to Penson (Washington), 14. 2. 1950, PRO, T 236–3390.
[39] Telegram from Foreign Office (German Section), Stevens to Wahnerheide, 15. 1. 1950, PRO, T 236–3390.

1. Erste Orientierungen

künftige Außenministerkonferenzen besser und gründlicher aufzubereiten. Zu diesem Zweck bemühte sich das *Foreign Office*, in deutschen Bank- und Regierungskreisen ein Meinungsbild zur Schuldenfrage zu gewinnen. Besondere Aufmerksamkeit schenkten sie der Meinung von Hermann J. Abs, der sich in britischen Wirtschafts- und Finanzkreisen seit den zwanziger Jahren großer Wertschätzung als Geschäfts- und Verhandlungspartner erfreute.[40] Im Gegensatz dazu gab es in einflußreichen Kreisen aus Wirtschaft und Politik in den USA erhebliche politische und moralische Vorbehalte gegen den Bankier Abs, obwohl dieser während der Nazizeit nicht Mitglied der NSDAP gewesen war und vom Hamburger Entnazifizierungsausschuß in die Kategorie V (unbelastet) eingestuft worden war. Abs war seit 1937 Mitglied des Vorstands der Deutschen Bank und bis 1945 für das Auslandsgeschäft der Bank zuständig gewesen. In dieser Funktion hatte er zahlreiche wichtige Aufgaben inne, die eine enge Zusammenarbeit mit wichtigen Funktionsträgern des nationalsozialistischen Herrschaftssystems implizierten.[41] Auch eine schriftliche Mitteilung von Hochkommissar McCloy an den amerikanischen Außenminister, daß „extensive investigations have disclosed no factual evidence of a derogatory character" konnte wenig zum Abbau der in den USA verbreiteten Vorbehalte gegenüber Abs beitragen.[42] Des ungeachtet galt der Bankier Abs aber auch in den Vereinigten Staaten als eine der einflußreichsten Persönlichkeiten der deutschen Wirtschaft. Aus diesem Grund lud ihn das *Board of Governors* der *Federal Reserve Bank* gemeinsam mit dem Präsidenten der Bank deutscher Länder Vocke im

---

[40] Minute Crawford to German Political Department and German Commercial & Industry Department, 21. 3. 1950, FO 371–85607.
[41] Zur Rolle der Deutschen Bank im Dritten Reich vgl. HAROLD JAMES, Die Deutsche Bank und die Diktatur, in: LOTHAR GALL und GERALD D. FELDMAN (Hrsg.), Die Deutsche Bank 1870–1995, München 1995, S. 334 ff. Zur beruflichen Tätigkeit von Abs im Dritten Reich vgl. GALL, A man for all seasons?, S. 26 ff.; DERS., Hermann Josef Abs – politischer Bankier zwischen den Zeiten. Festvortrag anläßlich der Feierstunde zum 100. Geburtstag von Hermann Josef Abs am 15. Oktober 2001 in der Deutschen Bank, Frankfurt, in: Hermann J. Abs, 15. 10. 1901 – 5. 2. 1994, (Eigendruck Deutsche Bank) 2001, S. 18–30; vgl. TIM SCHANETZKY, Unternehmer: Profiteure des Unrechts, in: NORBERT FREI (Hrsg.), Karrieren im Zwielicht. Hitlers Eliten nach 1945, Frankfurt a.M. 2001, S. 80 ff.
[42] McCloy war anfänglich gegenüber Abs skeptisch eingestellt, gewann dann jedoch ein positiveres Bild. Telegram from McCloy (Frankfurt) to Secretary of State, 14. 11. 1949, NA, RG 59–5204. Vgl. dazu KAI BIRD, The Chairman. John J. McCloy. The Making of American Establishment, New York 1992, S. 329: „Both men [Abs und Pferdmenges] had collaborated with the Nazis, and though they were not prosecuted at Nuremberg, they were placed on the Allied war-criminal list. Abs knew Adenauer from the 1920s ... They were kindred spirits, men of culture and conservative judgement, and Adenauer came to rely on their advice regarding a wide range of issues. In later years, McCloy himself would count both bankers as personal friends."

Dezember 1949 zu einem Informationsbesuch in die USA ein. Abs hatte dort die Gelegenheit zum Meinungsaustausch mit einer Reihe einflußreicher Banker und Politiker. Er war bemüht, das ihm entgegengebrachte Mißtrauen abzubauen, hatte damit aber nur begrenzten Erfolg.[43] In einer Gesprächsnotiz des *State Department* findet sich die folgende Beurteilung der Person Abs:

> Mr. Abs gave the impression of being a very astute student of German financial and economic life. He also appeared to be trying to impress his hearers as a staunch advocate of free democratic principles, and a supporter of the common man. This attitude should be carefully evaluated against Mr. Abs' earlier career as a foremost financial personage during the Hitler regime.[44]

Die tiefe Skepsis war unverkennbar. Im Verlauf der nächsten Jahre gelang es Abs sukzessive, seine Reputation in den Vereinigten Staaten zu verbessern. Sein konstruktives Mitwirken an der Aushandlung und am Erfolg des Londoner Schuldenabkommens trug sicher nicht unerheblich dazu bei. Abs führte Anfang der 60er Jahre in Washington auch die Verhandlungen zur Freigabe des in den Vereinigten Staaten beschlagnahmten deutschen Vermögens, die jedoch wenig erfolgreich verliefen.[45] In manchen gesellschaftlich einflußreichen Zirkeln der USA überdauerten die Zweifel an der politischen und moralischen Integrität von Abs trotz seiner unbestreitbaren beruflichen Leistungen nach 1945 die Jahrzehnte bis zu seinem Tod im Jahr 1994.[46]

Nach dem Amtsantritt der Regierung Adenauer setzte Abs seine Bemühungen um eine baldige Regelung des Schuldenproblems verstärkt fort. Im Zentralbankrat äußerte er den Wunsch, zügig eine umfassende aktuelle Aufstellung der deutschen Auslandsverschuldung zu erarbeiten, die als Basis zur Aufnahme von Sondierungsgesprächen mit den Alliierten dienen konnte.[47] Unterstützung erhielt Abs von ERP-Minister Blücher, der einen

---

[43] Ein Engagement Abs bei der Bank for International Settlement kam ebenfalls nicht zustande. „About Abs Mr. McCloy had no personal objections, but told me that in some American quarters there is still some hesitation to accept him. So we came to the result to drop this proposal"; Vocke an Niemeyer (Bank of England) vom 25. 4. 1950, HADBB, B 330–2036.

[44] Department of State. Memorandum on Conversation: Economic matters relating to the internal affairs, 19. 12. 1949, NA, RG 59–6773; Vgl. HORSTMANN, Die Alliierten und die deutschen Großbanken, S. 201 f.

[45] Vgl. KREIKAMP, S. 246 ff.

[46] Vgl. BIRD, S. 329 und 366.

[47] Gemäß § 17 des Bank deutscher Länder-Gesetzes sollten die Landeszentralbanken Erhebungen im Bereich der privaten Verschuldung durchführen; Vermerk für Direktor Wilhelm (Bank deutscher Länder) vom 16. 12. 1949, HADBB, B 330–3805; Vermerk betr. Deutsche Auslandsschulden vom 15. 2. 1950, HADBB, B 330–2466 (Dabei handelt es sich im Prinzip

1. Erste Orientierungen

Ausschuß zur Vorbereitung direkter Verhandlungen mit den Alliierten ins Leben rufen wollte. Neben Abs sollten darin Vertreter der Bank deutscher Länder und Beamte verschiedener Bonner Ministerien vertreten sein. Das Vorhaben verlief jedoch im Sande. Möglicherweise wurde die Bedeutung der Auslandsverschuldung für die weitere wirtschaftliche Entwicklung der Bundesrepublik von vielen Entscheidungsträgern unterschätzt. Abs gehörte sicher nicht dazu. „Die zögernde Behandlung der Schuldenfrage auf deutscher Seite," schrieb er rückblickend, „führte dazu, daß die Initiative auf die Alliierten überging."[48] Dieses Urteil aus späteren Jahren ist nur halb richtig. Es läßt die engen Grenzen außer Acht, die dem (wirtschafts-)politischen Handeln der Deutschen damals gesetzt waren. Möglicherweise hätte ein aktiveres Vorgehen der staatlichen deutschen Stellen in der Schuldenfrage die Chance eröffnet, zu einem früheren Zeitpunkt einbezogen zu werden und damit einen direkten Einfluß auf die alliierte Schuldenpolitik zu gewinnen. Die britischen Akten lassen erkennen, daß man in London eine solche Entwicklung geradezu fürchtete.

Dagegen machte man sich in den Vereinigten Staaten eher Gedanken über die potentielle Gefahr einer rein europäischen Lösung des Schuldenproblems. Die amerikanischen Anleihegläubiger übermittelten dem *State Department* ihre Sorge, daß sich Briten und Franzosen vorzeitig zu Lasten der amerikanischen Gläubiger mit den Deutschen über die Regelung ihrer Schulden verständigen könnten.[49] Eine Neigung zum Abschluß von Schuldenregelungen unter Ausschluß des Dollars war in Europa durchaus vorhanden. Trotz der Marshallplanhilfe klaffte weiter eine erhebliche Dollarlücke. Die Befürchtungen der amerikanischen Gläubiger verstärkten sich durch die Bildung der Europäischen Zahlungsunion im Sommer 1950.[50] Um einer einseitigen Benachteiligung der amerikanischen Gläubiger vorzubeugen, sprach sich die amerikanische Regierung für die Abhaltung einer internationalen Schuldenkonferenz aus. Alle bilateralen Übereinkünfte lehnte sie dagegen strikt ab.

Die rigide Haltung der US-Regierung spiegelte sich nicht zuletzt in dem zähen Ringen um die Zulassung von ausländischen Investitionen in

---

um eine Fortschreibung von: Dr. Tomberg (Frankfurt am Main), Stand der deutschen Auslandsverschuldung vom 27. 10. 1949, BA, B 146–1175).
48 ABS, Der Weg zum Londoner Schuldenabkommen, S. 81 ff. (Zitat S. 83).
49 Memorandum of Conversation (Department of State): German Dollar Debt, 13. 4. 1950, NA, RG 59–5205.
50 Zu Gründung und Zielsetzung der Europäischen Zahlungsunion vgl. KAPLAN und SCHLEIMINGER, S. 7 ff.; ROBERT MARJOLIN, Europe and the United States in the World Economy, Durham, N.C. 1953, S. 60 ff.

Deutschland (*foreign investment*) wider. Nach jahrelangen Diskussionen konnte man sich im Juni 1950 endlich auf eine Teillösung einigen, die in bestimmten Fällen eine Schuldenregelung in deutscher Währung (DM-*settlement*) auf freiwilliger Basis erlaubte. Dies bedeutete, daß ein Schuldner von seinen ausländischen Gläubigern nicht zur Zahlung in DM gezwungen werden konnte, auch wenn er dazu in der Lage gewesen wäre. Die Gefahr zahlungsbedingter Konkurse und Zwangsvollstreckungen sollte durch diese Regelung, die auf Druck der Amerikaner gegen anderslautende britische Wünsche durchgesetzt wurde, minimiert werden.[51] Noch problematischer war jedoch eine zweite Einschränkung, die den zahlungswilligen Schuldner dazu verpflichtete, mindestens 60 Tage vor der Aufnahme der Zahlung an einen seiner Gläubiger seine sämtlichen anderen Gläubiger über die bevorstehende Zahlung zu unterrichten. Die Notifikationspflicht sollte die Gleichbehandlung aller Gläubiger eines Schuldners gewährleisten. Gab es Probleme, konnten die zuständigen alliierten Behörden die Genehmigung zum DM-*settlement* verweigern.[52] In der Praxis erwiesen sich diese Bedingungen als enorm hinderlich, so daß die neue Möglichkeit relativ wenig genutzt wurde. Vor allem im Bankbereich, wo dem einem Schuldner oft eine Unzahl von Gläubigern gegenüberstanden, erwies sich die neue Regelung als wenig hilfreich. Deshalb lehnten Stillhalteschuldner und Stillhaltegläubiger gemeinsam die von den Alliierten vereinbarte Regelung als impraktikabel entschieden ab.[53] Wegen der bekannten interalliierten Differenzen hatten die Proteste jedoch keinen Erfolg. Selbst kleinere Modifikationen an der nun geltenden Regelung ließen Jahre auf sich warten.[54] Die Lage hatte sich bis dahin grundlegend geändert, weil zu diesem Zeitpunkt eine allgemeine Schuldenkonferenz in Vorbereitung war.

Im Mai 1950 trafen sich die drei westlichen Außenminister zur Fortsetzung ihrer Diskussionen über die künftige Deutschlandpolitik in London.

---

[51] Auch Abs hielt es nicht für ausgeschlossen, daß die zwangsweise Eintreibung alter Schulden vor allem im Bereich der von Entflechtungsmaßnahmen betroffenen Industrien Konkurse u.ä. begünstigen könnte; Minute Crawford to German Political Department and German Commercial & Industry Department, 21. 3. 1950, PRO, FO 371-85607.

[52] Alliierte Hohe Kommission für Deutschland, Presseverlautbarung Nr. 152 vom 15. 6. 1950, Sonderbeilage zu Wirtschaftsberichte Nr. 6, HADB, NL Krebs, Der deutsche Ausschuß für Stillhalteschulden/Ausschuß für internationale Beziehungen, Protokolle 1949–51; Einzelheiten zu der Erklärung der Alliierten Hohen Kommission über ausländische Investitionen, HADB, NL Krebs, Der deutsche Ausschuß für Stillhaltung, Stillhaltekredite, Allgemeines.

[53] Protokoll der Sitzung des Deutschen Ausschusses für internationale finanzielle Beziehungen vom 2. 6. 1950, HADBB, B 330-3376; American Committee for standstill creditors of Germany to Secretary of State, 24. 1. 1970, und Memorandum of Conversation, 27. 10. 1950, NA, RG 43-162.

[54] Foreign Investment in Germany: Summary, 23. 5. 1950, PRO, FO 371-85609.

1. Erste Orientierungen

Bereits im Vorfeld der Konferenz war deutlich geworden, daß Briten und Amerikaner Akzentverschiebungen in ihrer Deutschlandpolitik vorgenommen hatten. Im Gegensatz zu ihrer bisherigen Praxis verfolgten die Amerikaner seit einigen Monaten einen restriktiveren Kurs, der nicht zuletzt auf Spannungen zwischen dem Bundeskanzler und dem US-Hochkommissar zurückzuführen war. McCloy zeigte sich über die von Adenauer auf dem Petersberg mit Nachdruck und Selbstbewußtsein vorgetragenen Forderungen nach größerer politischer Eigenständigkeit irritiert und erklärte es daher für falsch, den Deutschen „to give too much too quickly".[55] Größere politische Freiheiten sollten den Deutschen seiner Meinung nach erst nach einer angemessenen Bewährungsfrist zugebilligt werden. Der scheidende britische Hochkommissar Sir Brian Robertson äußerte sich in einem Schreiben an seinen Nachfolger Sir Ivone Kirkpatrick über den fundamentalen Umschwung in der amerikanischen Politik höchst kritisch:

The American tendency to swing from one extreme to another like a pendulum appears to be in evidence at the moment. Not long ago they wanted to make every conceivable concession to the Germans and generally to keep the pace as hot as possible. Today McCloy is saying that we shall never get a proper answer so long as Adenauer is Chancellor, no amendment to the Occupation Statute can be considered for the present, and it is time to show the Germans where they get off.[56]

Die Briten dachten ganz anders als die Amerikaner. Ihrer Auffassung nach sollte das Besatzungsstatut einer umfassenden Revision unterzogen und der Bundesrepublik in der Außenpolitik, dem Außenhandel und der Devisenwirtschaft größere Rechte zugestanden werden. Allerdings sollten die in Artikel 2(b) des Besatzungsstatuts verankerten Vorbehalterechte bezüglich „foreign interests in Germany and claims against Germany" solange aufrechterhalten werden, bis die Deutschen ersatzweise „specific undertakings" für sie abgegeben hatten.[57] Aus historischer Erfahrung hielten es die Briten für zweckmäßiger, ihre Forderungen an die Deutschen beizeiten durch vertragliche Vereinbarungen zu sichern, statt allzu lange an überlebten Formen der Besatzungsherrschaft festzuhalten, die zunehmend antiwestlichen Ressentiments in der deutschen Bevölkerung Vorschub leiste-

---

55 Kirkpatrick to Robertson (Wahnerheide), 5. 4. 1950, PRO, FO 371–85020.
56 Private Office of the High Commissioner (CCG/BE) Wahnerheide, Robertson to Kirkpatrick (Secret), 29. 4. 1950, PRO, FO 371–85021. McCloy war über Angriffe Adenauers auf seinen engen Vertrauten und Geschäftspartner Buttenwieser sehr erzürnt. Dazu Robertson: „I personally regard Buttenwieser as a clever man without a grain of political sense in his mind. McCloy no doubt takes a different view"; The Future of Germany: General Robertson's Conclusions. Robertson to Bevin (Top Secret and Personal), 4. 7. 1950, PRO, FO 371–85022.
57 Germany: Revision of the Occupation Statute (o. Datum), PRO, FO 371–85021.

ten.[58] Bundeskanzler Adenauer spielte in seinen Gesprächen mit den Hohen Kommissaren gern auf dieser Klaviatur. Die Außenminister beschlossen in London die Einsetzung einer *Intergovernmental Study Group on Germany*, die bis zur nächsten Außenministerkonferenz im September 1950 auf wichtigen Feldern der Deutschlandpolitik Beschlußvorlagen erarbeiten sollte. Dazu zählte auch die Ausarbeitung eines „plan for handling outstanding claims against Germany and Germans (including pre-war and post-war claims as well as those arising out of the war) and other economic and legal issues arising out of the war."[59] Da Amerikaner und Briten unterschiedliche Konzeptionen verfolgten, erwies sich der Auftrag zur Formulierung gemeinsamer Leitlinien als schwierig. Die Briten beklagten die amerikanische Taktik, Einzelfragen vor Grundsatzfragen regeln zu wollen, während sie selbst den umgekehrten Weg verfolgten.[60] Während der Diskussionen in der *Study Group* kam es auf amerikanischer Seite allerdings zu Kursschwankungen. Der Leiter der US-Delegation, Botschafter Lewis W. Douglas, näherte sich in seiner Lagebeurteilung dem britischen Standpunkt an. Er plädierte in Washington dafür, den Deutschen mehr Souveränitätsrechte einzuräumen, weil auf diese Weise langfristig ein größerer Einfluß auf die deutsche Politik ausgeübt werden könne. Durch ein maßvolles Eingehen auf die deutschen Forderungen würde den ständigen Attacken Adenauers gegen die alliierte Deutschlandpolitik der Boden entzogen. Dies würde auch für die Lösung der *claims*-Probleme von Vorteil sein. Douglas grenzte sich damit deutlich von Hochkommissar McCloy ab, der aus persönlicher Verärgerung weiter eine restriktive Deutschlandpolitik befürwortete.[61]

Die *Study Group* konnte Anfang Juli ihre eigentliche Arbeit beginnen, nachdem sich Briten und Amerikaner auf ein Procedere geeinigt hatten, das den Beratungen einen strukturellen Rahmen verlieh.[62] Für den Bereich *claims* und *debts* wurde ein *subcommittee* gebildet, dem strenge Vertraulichkeit auferlegt wurde. Die Amerikaner fürchteten negative Auswirkungen auf die Finanzmärkte, wenn vorzeitig Informationen aus dem *claims committee* nach außen drangen. Aus diesem Grund sprachen sie sich auch gegen

---

[58] Deputy U.K. High Commissioner (Wahnerheide) Christopher E. Steel to William Denis Allen (Foreign Office), 23. 6. 1950, PRO, FO 371–85022.
[59] Min/TRI/P/13, FRUS (1950), Bd. III, S. 1050f.
[60] Minute Allen, 26. 6. 1950, PRO, FO 371–85021; Acheson (Department of State) to HICOG (Frankfurt), 12. 6. 1950, NA, RG 59–1462; Allen (Foreign Office) to Steel (Wahnerheide), 21. 7. 1950, PRO, FO 371–85023.
[61] Douglas to Secretary of State, 13. 7. 1950, NA, RG 59–1462.
[62] Allen to Penson, British Embassy Washington, 3. 6. 1950, PRO, FO 371–85239.

1. Erste Orientierungen

eine Teilnahme der Gläubigerorganisationen an den Beratungen aus.[63] Abgelehnt wurde auch eine direkte Beteiligung der Beneluxstaaten an der *Study Group*. Die Amerikaner wollten eine Verkomplizierung der Verhandlungen durch die Erhöhung der Teilnehmerzahl vermeiden. Außerdem wollten sie vermeiden, durch die Aufnahme von drei weiteren europäischen Staaten in eine Minderheitenposition zu geraten, die sich in bestimmten Sachfragen negativ auf die Interessen der USA auswirken könnte.[64] Auch die Briten und die ebenfalls beteiligten Franzosen wünschten keine Umwandlung der *Intergovernmental Study Group* in eine *Six Power Conference*.[65] Man gab sich aber größte Mühe, den Anschein einer Ausgrenzung der in der *Claims*-Frage besonders engagierten Niederländer und Belgier zu vermeiden, wobei sich die Briten in ihrer Haut nicht ganz wohl fühlten. Das Problem einer Dominanz der Hauptalliierten über die kleineren alliierten Staaten war im *Foreign Office* schon in den Vorjahren kritisch reflektiert worden. Am Ende hatte aber stets das politische Eigeninteresse obsiegt. So verhielt es sich auch dieses Mal. Alle waren sich einig, die Beneluxstaaten nicht direkt an den Beratungen der *Study Group* zu beteiligen. Allerdings sollten sie über den Stand der Beratungen ausführlich informiert werden, und ihnen sollte rechtzeitig Gelegenheit zur Stellungnahme eingeräumt werden.[66] Auf jeden Fall noch vor den Deutschen![67]

Bevor man konkret an die Ausarbeitung eines Schuldenplans herangehen konnte, waren eine Reihe wichtiger Vorfragen zu klären. Dazu wurden die Finanzabteilungen der Hohen Kommission von ihren Regierungen um Mithilfe gebeten.[68] Zum einen sollten sie eine Kompilation des über den Stand der deutschen Auslandsverschuldung vorhandenen Zahlenmaterials erstellen, zum anderen einen Beitrag zur Klärung juristischer Probleme leisten, die sich aus dem Krieg und seinen Folgen für das Rechtsverhältnis zwischen Schuldner und Gläubiger ergaben.[69] Im Juni 1950 legte die *Allied*

---

63 Minute Allen, 15. 6. 1950, PRO, FO 371–85239.
64 Department of State (Acheson) to American Embassy London, 22. 6. 1950, NA, RG 59–1462.
65 Douglas (London) to Secretary of State, 25. 6. 1950, NA, RG 59–1462.
66 D.R. Ashe: The Association of the Benelux Powers with the Intergovernmental Study Group on Germany, 22. 6. 1950, PRO, FO 371–85239.
67 Allen (Foreign Office) to Steel, Deputy High Commissioner (Wahnerheide), 27. 6. 1950, PRO, FO 371–85022.
68 Vermerk Krebs vom 12. 12. 1949, HADB, NL Krebs, Der deutsche Ausschuß für Stillhalteschulden/Ausschuß für internationale Beziehungen, Protokolle 1949–51.
69 Acheson to HICOM, 2. 6. 1950, NA, RG 43–168; William C. Trimble (First Secretary of Embassy) London to Department of State, 9. 6. 1950, NA, RG 59–1462; Telegram from Foreign Office (Stevens) to Wahnerheide, 19. 5. 1950, PRO, FO 371–85139; Auszug aus Telegram Foreign Office an AHK vom 11. 7. 1950, HADBB, B 330–3805. Neben der Gold-

Bank Commission einen Bericht zum Stand der deutschen Auslandsverschuldung vor, den sie im Auftrag der Hohen Kommission angefertigt hatte. Der Bericht stützte sich auf Materialien der Bank deutscher Länder, Zahlenangaben der Reichschuldenverwaltung aus dem Jahr 1940 und auf neuere Studien der *International Bank for Reconstruction and Development*. Im Bereich der Vorkriegsschulden wurde eine Gesamtschuldenhöhe von DM 11,3 Mrd. ermittelt.[70] Zahlenangaben über die Höhe der Auslandsschulden unterlagen jedoch einer gewissen Schwankungsbreite, abhängig von der Umrechnung von Reichsmark in Deutsche Mark, der Berechnung der Zinsen, der Berücksichtigung der Goldklausel u.a. Faktoren. Zur Absicherung gegen inflationistische Tendenzen waren viele Schuldverträge der Vorkriegszeit mit einer Goldklausel ausgestattet worden, deren andauernde Gültigkeit jedoch fraglich war.[71]

Juristisch umstritten war auch die Rechtsstellung der Konversionskasse, die im Juni 1933 zur Abwicklung des Zahlungsverkehrs mit dem Ausland eingerichtet worden war. Durch das sogenannte Moratoriumsgesetz[72] wurde der deutsche Schuldner gezwungen, seinen finanziellen Verpflichtungen gegenüber seinen ausländischen Gläubigern durch RM-Zahlungen an die Konversionskasse nachzukommen, die für den Transfer dieser Gelder ins Ausland verantwortlich war.[73] Sobald der Schuldner seine RM-Zahlungen zu einem von der Reichsbank festgesetzten Kurs an die Konversionskasse entrichtet hatte, war er den deutschen gesetzlichen Bestimmungen gemäß von seiner Fremdwährungsschuld befreit, unabhängig davon, ob eine Überweisung der Gelder an den ausländischen Gläubiger tatsächlich erfolgt war. Seit 1940 waren ordnungsgemäße Transferleistungen in der Regel nicht

---

klausel und der Konversionskasse bestanden u.a. noch folgende juristische Probleme: Rechtliche Stellung der Forderungen gegenüber Reichsbank und Golddiskontbank, Reichsbahn und Reichspost, Ostschuldner, Verrechnungskasse; Crawford (Foreign Office, German Finance Department) to R. H. Parker, Office of Financial Advisor (BE) Wahnerheide, 18. 8. 1950, PRO, FO 1036–312.

[70] German External Debts: Pre-war Debts Report of the Working Party of the Allied Bank Commission Frankfurt [R.B. Stockreiser (Frankreich), H.C.F. Holgate (Großbritannien), H. K. Ladenburg (USA)], 16. 6. 1950, HADBB, B 330–3376. Der Bericht enthält eine Aufschlüsselung nach Schuldenkategorien.

[71] Tomberg (Ref. 87) vom 25. 1. 1950: Anteil Devisen- und goldgesicherter Schulden an der alten deutschen Auslandsverschuldung, HADBB, B330–2466.

[72] Gesetz über Zahlungsverbindlichkeiten gegenüber dem Ausland vom 9. 6. 1933, RGBl. I, S. 349.

[73] Vgl. JOACHIM HEINTZE, Wertpapiere der Konversionskasse, in: Zeitschrift für das gesamte Kreditwesen 8 (1955), S. 149f. Für nicht transferierte Beträge wurden von der Konversionskasse 1933/34 unverzinsliche Schuldscheine ausgegeben (Scrips), von 1935–1944 verzinsliche Schuldscheine.

1. Erste Orientierungen

mehr gewährleistet.[74] Daher hatten zahlreiche ausländische Gläubiger ihr Geld bei Kriegsende noch nicht erhalten, obwohl der deutsche Schuldner Zahlungen in Reichsmark an die Konversionskasse geleistet hatte.[75] Der juristische Streit ging nun dahin, ob diese Zahlungen rechtmäßig erfolgt waren und ihre schuldbefreiende Wirkung Bestand hatte. In einem im Auftrag der *Prudential Assurance Company* von Rudolph Dalberg verfaßten juristischen Gutachten wurde die schuldbefreiende Wirkung von Zahlungen an die Konversionskasse unter Bezugnahme auf eine Reihe ausländischer Gerichtsurteile vehement bestritten. Eine Entlastung des deutschen Schuldners sei erst dann gegeben, wenn der Gläubiger de facto sein Geld erhalten habe. Bis zu diesem Zeitpunkt hafte der deutsche Schuldner, der deshalb unter Umständen auch zu einer erneuten Zahlung verpflichtet sein würde.[76]

Dalberg war seit 1946 als juristischer Berater für die *Prudential* tätig, die sich speziell der Interessen der Konversionskassengläubiger annahm. Er galt als ausgewiesener Fachmann des deutschen Rechtssystems, dessen Expertisen auch im *Foreign Office* zur Meinungsbildung herangezogen wurden.[77] In einer von der Bank deutscher Länder angeforderten juristischen Stellungnahme wurde Dalberg vorgeworfen, zwei wichtige Dinge zu verwechseln: zum einen die fortbestehende Gültigkeit des Moratoriumsgesetzes von 1933 in Deutschland und zum anderen dessen fragliche Anerkennung im Ausland.[78] Mit Nachdruck wurde die von Dalberg vertretene Behauptung bestritten, daß eine schuldbefreiende Wirkung von Einzahlungen in die Konversionskasse schon deshalb nicht bestehen könne, weil viele deutsche Schuldner nicht im guten Glauben gehandelt und an die Rechtmäßigkeit ihres Tuns selbst nicht geglaubt hätten.[79] Dalberg gründete seine Argumentation auf den günstigen Umrechnungskurs der Reichsmark zum britischen Pfund, der Zahlungen an die Konversionskasse begünstigt habe. Zahlreiche Schuldner hätten die Gelegenheit genutzt, sich vor Ende des

---

[74] Verbot von Zahlungen der Konversionskasse ins Ausland gemäß der VO über die Behandlung feindlichen Vermögens vom 15. 1. 1940, RGBl. I, S. 191.
[75] Vgl. HEINTZE, S. 149f.
[76] Gutachten Dalberg vom 25. 4. 1949, HADBB, B 330–3809.
[77] Dr. Rudolph Dalberg stammte aus Deutschland. Gelegentlich publizierte er auch in der Bundesrepublik. Vgl. RUDOLPH DALBERG, Die deutschen Auslandsschulden, in: Zeitschrift für das gesamte Kreditwesen 3 (1950), S. 191–195.
[78] Das Gesetz wurde von der Militärregierung nicht aufgehoben. In einem Gutachten der Legal Division OMGUS vom 5. 2. 1948, veröffentlicht im Mitteilungsblatt des Landesamtes für Vermögenskontrolle und Wiedergutmachung in Hessen vom 15. 4. 1948, wurde die schuldbefreiende Wirkung bestätigt. Für Schuld bestellte Sicherheiten (z.B. Hypotheken) waren demnach frei.
[79] Vgl. WERNER WILMANNS, Das Konversionskassenproblem, in: Zeitschrift für das gesamte Kreditwesen 3 (1950), S. 440–443.

Krieges ihrer Schulden billig zu entledigen. Im deutschen Gegengutachten wurde kein Zweifel daran gelassen, daß die deutschen Schuldner gesetzmäßig gehandelt hätten.[80]

Wie man angesichts der Unvereinbarkeit der Standpunkte zu einer für beide Seiten akzeptablen Lösung kommen könnte, stand auf einem anderen Blatt. Wegen der schwierigen Kreditsituation in Deutschland plädierte Abs für einen pragmatischen Umgang mit dieser Problematik. Dazu tendierten auch die, die sich auf einer mittleren Linie bewegten. Sie wollten dem Gläubiger primär zu seinem Geld verhelfen, ohne dem Schuldner gravierend zu schaden. Die Briten verfolgten einen strikt legalistischen Kurs.[81] Abs ließ in einer Unterredung mit Dalberg aus taktischen Erwägungen ein gewisses Verständnis für den britischen Rechtsstandpunkt erkennen, obwohl er die deutsche Rechtsposition prinzipiell für richtig hielt.[82]

Der von Abs geleitete Ausschuß für internationale Finanzbeziehungen ließ von dem renommierten Rechtsgelehrten Dölle ebenfalls ein Gutachten anfertigen. Auch darin wurde die schuldbefreiende Wirkung von Zahlungen an die Konversionskasse festgestellt. Offene Ansprüche könnten daher nicht erneut an den Schuldner, sondern nur direkt an die Konversionskasse oder deren Rechtsnachfolger gerichtet werden. Unter Verweis auf die deutsch-englischen Transferabkommen von 1934 und 1938 widersprach Dölle zudem der von Dalberg wiederholt vertretenen Behauptung, das Moratoriumsgesetz verstoße in England gegen die guten Sitten. Davon könne keine Rede sein, weil die britische Regierung das Gesetz durch den Abschluß der Verträge indirekt anerkannt und ihm konkludent zugestimmt habe:

Das deutsche Gesetz über die Zahlungsverbindlichkeiten gegenüber dem Ausland vom 9. 6. 1933 verstößt nicht gegen den heute in England geltenden ordre public. Es ist ein Gesetz, das sich in nichts von den Devisengesetzen anderer ausländischer Staaten unterscheidet; es war zur Wiederherstellung der deutschen Finanzen dringend erforderlich. Die englische Regierung hat daher in verschiedenen Abkommen

---

[80] Memorandum betr. während des Krieges an die Konversionskasse für deutsche Auslandsschulden geleistete Zahlungen, Leverkühn (Hamburg), den 26. 1. 1950, und von Schelling (Frankfurt), den 8. 2. 1950, HADBB, B 330–3376. Es handelt sich um die vereinheitlichte Fassung zweier leicht differierender Einzelgutachten: Leverkühn vom 8. 12. 1949 und von Schelling vom 22. 9. 1949, HADBB, B 330–3809.
[81] Douglas (Ambassador London) to Secretary of State, 15. 5. 1950, NA, RG 59–1462; IGG (50)38 Economic & Finance Committee, 28. 7. 1950, NA, RG 43–159.
[82] Bei einem Deutschlandbesuch sprach Dalberg u.a. mit Abs, Vocke, von Schelling, Shephard Morgan (Financial Advisor US-High Commissioner) sowie mit MacDonald und Beerenson von der Allied Bank Commission (BE); Report on visit to Germany September/October 1949, PRO, FO 371–76924.

1. Erste Orientierungen

mit der deutschen Regierung dieses Gesetz auch anerkannt. Es handelt sich auch nicht um ein Gesetz mit anstößigem Inhalt.[83]

Dölles Argumentation zielte auf eine Relativierung der Sonderstellung der Konversionskasse, indem er sie in die in Europa vor Gründung der EZU allgemein übliche Praxis bilateraler Zahlungsabkommen einzuordnen versuchte.

Die erste Phase der Beratungen der *Intergovermental Study Group* diente der gegenseitigen Information und Abklärung der Standpunkte.[84] Briten, Franzosen und Amerikaner hatten teilweise sehr unterschiedliche Vorstellungen darüber, welche Schuldenkategorien in eine Schuldenregelung einbezogen, wie das Procedere einer Schuldenregelung konkret aussehen, wer und in welcher Form an den Verhandlungen teilnehmen sollte. Die Beantwortung dieser Fragen war mit dem Problem der künftigen rechtlichen Stellung der Bundesrepublik eng verflochten, deren Neubestimmung von wirtschaftlichen und politischen Zielsetzungen der Alliierten abhängig war.[85] Die Franzosen machten hierbei die größten Schwierigkeiten, weil sie sich weigerten, in naher Zukunft an den zwischen Deutschen und Alliierten bestehenden Rechtsverhältnissen Grundlegendes zu ändern.[86] Ihrer Auffassung nach sollte die Erstellung eines Plans zur Schuldenregelung im wesentlichen den drei alliierten Regierungen obliegen und die Partizipation anderer Regierungen und Gläubigerorganisationen auf ein Minimum beschränkt werden.

Die Briten vertraten eine völlig konträre Auffassung. Sie hielten von einer umfassenden staatlichen Einmischung sehr wenig und plädierten für weitgehende Direktverhandlungen zwischen Schuldnern (*debtors*) und Gläubigern (*creditors*).[87] Ihrer Auffassung nach sollten die drei alliierten Regierungen lediglich den Rahmen für eine Schuldenregelung vorgeben und für deren Durchführung Sorge tragen. Die dazu nötigen Vorbehaltsrechte des

---

[83] Prof. Dr. Dölle, Direktor des Kaiser-Wilhelm-Instituts für ausländisches und internationales Privatrecht, Rechtsgutachten vom 8. 9. 1950, HADBB, B 330–3810.
[84] American Embassy (London) to Washington, 16. 5. 1950, NA, RG 43–168. Auf Wunsch des Foreign Office hatte es bereits zuvor Vorgespräche mit den Amerikanern gegeben; vgl. HERMANN-JOSEF RUPIEPER, Der besetzte Verbündete. Die amerikanische Deutschlandpolitik 1949–1955, Opladen 1991, S. 71 ff.
[85] Vgl. SCHWARZ, Eingliederung der Bundesrepublik Deutschland, S. 597 ff.; vgl. HANRIEDER, Deutschland, Europa, Amerika, S. 261 ff.
[86] Sir W. I. Mallet to W. G. Hayter, 1. 8. 1950, PRO, FO 371–85330.
[87] IGG, Claims Sub-Committee: Note by U.K. Delegation: External Debt of the Reich, July 1950, NA, RG 43–159.

Besatzungsstatuts sollten nur noch solange bestehen bleiben „until programmes which render them necessary are completed."[88]

Die Amerikaner verhielten sich erst einmal abwartend und versuchten zu eruieren, welche Ziele die beiden anderen verfolgten. Als Supermacht und *principal creditor* in (fast) allen Schuldenkategorien verfügten sie über eine Schlüsselposition, die Entscheidungen gegen ihren Willen ausschloß.[89] In besonderem Maß galt dies für den Bereich der Nachkriegsschulden. Dies verdeutlicht ein Dokument, das die amerikanische Delegation der *Intergovernmental Study Group* vorlegte. Es enthielt einen zahlenmäßigen Überblick über die nach Kriegsende von den USA nach Deutschland transferierten Hilfsleistungen und nannte gleichzeitig eine Reihe von Abkommen, die diesen Nachkriegsschulden eine erstrangige Rückzahlung garantierten.[90] Ein Blick auf die Höhe der Zahlen machte jedem unmißverständlich klar, daß an eine Regelung der Vorkriegsschulden überhaupt nicht zu denken war, falls die USA auf ihrem Prioritätsrecht bestand. Ein Forderungsverzicht der USA bezüglich der Nachkriegsschulden war eine conditio sine qua non für jeden umfassenden Schuldenplan.

Allerdings fürchteten die Briten, daß die Amerikaner von ihnen ebenfalls einen Verzicht auf die Rückzahlung ihrer Nachkriegsschulden ganz oder teilweise verlangen würden.[91] Der Umfang der britischen Nachkriegshilfen für Deutschland war zwar wesentlich geringer, aus innenpolitischen Gründen hatte die britische Regierung jedoch ein sehr großes Interesse an einer Erstattung ihrer diesbezüglichen Ausgaben. Ein vollständiger Verzicht auf diese Schulden zugunsten der Vorkriegsschulden kam für sie schon deshalb nicht in Frage, weil das Zustandekommen der Vorkriegsschulden in weiten Kreisen immer noch als anrüchig galt: „They were derived largely from efforts made by financial interests in the inter-war years to rearm Germany and set Hitler on his feet," hieß es in einer Gesprächsnotiz des *Foreign Office* vom August 1950.[92] Eine Rückzahlung der Nachkriegsschulden kam

---

[88] Gainer: Germany:Revision of Occupation Statute. Questions for Secretary of State, 14. 8. 1950, PRO, FO 371–85025.
[89] Department of State (Acheson) to US Embassy London, 30. 6. 1950, NA, RG 59–1462.
[90] IGG (US Delegation): Economic & Finance Committee, 17. 7. 1950, NA, RG 43–159. Darin wurde u. a. verwiesen auf: Potsdam Agreement (II B 19), UK-US Agreement vom 2. 12. 1946, ECA vom 14. 7. 1948 zwischen Bizone und USA, ECA vom 15. 12. 1949 zwischen den USA und der Bundesrepublik.
[91] Crawford (German Finance Department) to Serpell (Treasury), 30. 6. 1950, PRO, T 236–4404. Zwischen Foreign Office und Treasury gab es Differenzen, inwieweit man den Wünschen der Amerikaner in dieser Frage gegebenenfalls entgegenkommen sollte. Das Treasury plädierte für eine härtere Haltung.
[92] Minute Stevens, 29. 8. 1950, PRO, FO 944–273.

1. Erste Orientierungen

dagegen dem maroden Staatshaushalt und damit indirekt der Allgemeinheit zugute. Die britische Regierung war bestrebt, ihre Ausgaben für die Nachkriegswirtschaftshilfe von der Bundesrepublik möglichst vollständig zurückerstattet zu bekommen. Gleichzeitig sollten aber die Vereinigten Staaten enorme Abstriche an ihren eigenen Nachkriegsforderungen machen. In London war man zu Recht skeptisch, ob die Amerikaner eine derartige Ungleichbehandlung hinnehmen würden.

Von den Franzosen war in diesem Punkt keine Unterstützung zu erwarten. Die Franzosen waren an dieser Schuldenkategorie sehr wenig interessiert, weil sie im Gegensatz zu den beiden anderen westlichen Besatzungsmächten nach dem Krieg keine Wirtschaftshilfe geleistet hatten und damit im Grunde keine Forderungen geltend machen konnten. Allein zur Gesichtswahrung nach außen wurde später ein geringfügiger Restsaldo aus dem Außenhandelsgeschäft auf Umwegen zur „französischen Nachkriegswirtschaftshilfe" umfunktioniert. Die Franzosen wünschten allerdings, daß einige während des Krieges entstandene spezielle Forderungen in eine Schuldenregelung mit einbezogen werden sollten.[93] Die USA sprachen sich dagegen für eine klare Abgrenzung von *claims* aus der Kriegs- und Vorkriegszeit aus.[94] Auch die Briten hielten dies prinzipiell für richtig, weil die Gefahr drohte, daß andere Länder dem französischen Beispiel folgend ebenfalls weitere Forderungen aus der Zeit des Krieges erheben könnten, die nicht eindeutig unter das Pariser Reparationsabkommen fielen. Neben der neutralen Schweiz hatte man hier vor allem die Niederlande im Blick, die wirtschaftlich schwer unter der deutschen Besatzung gelitten hatten.[95]

Von besonderer Relevanz waren in diesem Zusammenhang eine Reihe von Forderungen, die dem niederländischen Staat infolge der Aufhebung der deutsch-niederländischen Devisengrenze seit dem 1. April 1941 entstanden waren.[96] Speziell ging es um umfangreiche Rückkäufe deutscher Auslandsanleihen durch die Reichsbank, die nach dem 1. April 1941 getätigt worden waren. Außerdem waren die Stillhalteschulden in wertloser Reichsmark getilgt worden. Ohne jeden Zweifel war den Niederlanden durch die

---

93 IGG, Committee on Claims: Memorandum on claims which arose during the war against the Reich, Agencies of the German Government and private persons in Germany (French Delegation), 10. 7. 1950. Bei den französischen Forderungen handelte es sich um Ansprüche aus der Sozialversicherung sowie um die Möglichkeit zum Umtausch kleinerer RM-Bestände, die sich im Besitz ehemaliger Zwangsarbeiter befanden.
94 Acheson (Department of State) to US Embassy (London), 21. 7. 1950, NA, RG 59–1463.
95 Vgl. LADEMACHER, HORST, Zwei ungleiche Nachbarn. Wege und Wandlungen der deutsch-niederländischen Beziehungen im 19. und 20. Jahrhundert, Darmstadt 1990, S. 178 ff.
96 Vgl. HIRSCHFELD, S. 126 ff.

Machenschaften ein riesiger volkswirtschaftlicher Schaden entstanden.[97] Dieser Tatsache war sich auch der Bankier Hermann J. Abs, der an zahlreichen Finanztransaktionen des Dritten Reichs persönlich beteiligt gewesen war, sehr wohl bewußt.[98] Es war daher verständlich, daß die niederländische Regierung nach Wegen suchte, wenigstens einen Teil ihrer volkswirtschaftlichen Verluste auszugleichen. Zusammen mit den übrigen Beneluxländern hatte sie sich seit Jahren vergeblich bemüht, einen mitbestimmenden Einfluß auf die alliierte Deutschlandpolitik zu gewinnen. Versprechungen, daß man sie insbesondere bei der Lösung der *claims*-Frage stärker einbeziehen wollte, gab es reichlich, gehalten wurden sie aber selten.[99] Die Beneluxländer reagierten mit wachsendem Ärger und Mißtrauen.

Auf der Pariser Reparationskonferenz hatten die Niederlande den durch Entziehung privaten und öffentlichen Eigentums erlittenen Schaden auf 3,5 Mrd. Gulden beziffert. Davon entfielen allein 500 Mio. Gulden auf die Entziehung von Wertpapieren aus niederländischem Besitz. Nennenswerte Reparationszahlungen waren seitdem aber nicht erfolgt. Das Pariser Abkommen von 1946 hatte aus niederländischer Sicht seinen Grenznutzen längst erreicht, denn abgesehen von bescheidenen Erlösen aus dem deutschen Auslandsvermögen standen auf Grund des Friedensvertragsvorbehalts weitere Reparationen nicht in Aussicht. Außerdem standen die Chancen für eine umfassende Restitution der entzogenen Wertpapiere schlecht.[100] Die niederländische Regierung war daher bestrebt, zumindest einen Teil ihrer Forderungen in die geplante umfassende Schuldenregelung einzubringen. Dazu mußte sie den drei alliierten Regierungen plausibel machen, daß es sich bei diesen *claims* nicht um Forderungen handelte, die unter das Pariser Reparationsabkommen fielen. In ihrem Bemühen um eine terminologische Abgrenzung bezeichnete die niederländische Regierung die von der Reichsbank seit 1941 getätigten Rückkäufe deutscher Wertpapiere in einer Eingabe an die *Study Group* als „indirect looting", weil die Aufkäufe unter gezielter Ausnutzung der damaligen politischen Situation getätigt worden waren und deshalb nur formal als freiwillig bezeichnet werden

---

[97] Vgl. HÖPFNER, S. 133 ff.
[98] Aktennotiz Treue betr. Stillhaltung vom 16. 11. 1948, HADBB, B 330–3809; Netherlands Note to AHC (Bonn), 17. 8. 1950, NA, RG 43–160. Zur finanzpolitischen Tätigkeit von Abs während des Dritten Reichs vgl. GALL, A man for all seasons?, S. 26 ff.
[99] Allen to Mallet (Foreign Office), 12. 9. 1950, PRO, FO 371–85333.
[100] D. Havilend (Foreign Office, German Section) to J.M.A.H. Luns (Netherlands Embassy), 25. 12. 1949, PRO, FO 371–71005; Crawford to German Gen. Economic Department, 4. 8. 1950, PRO, FO 944–298; ISGG: Netherlands claims against Germany for looted securities, 23. 8. 1950, NA, RG 43–162; vgl. FRIESO WIELENGA, West-Duitsland: partner uit noodzaak. Nederland en de Bondsrepubliek 1949–1955, Utrecht 1989, S. 433 ff.

könnten.[101] Beim Aufkauf der Wertpapiere aus jüdischem Besitz wurde der Begriff „direct looting" benutzt, weil in diesen besonderen Fällen ein unmittelbarer Zwang zur Abgabe der Papiere ausgeübt worden war.[102] Daß die Veräußerung der Wertpapiere rassisch Verfolgter unter Zwang erfolgte, war weitgehend unstreitig. Nach allgemeiner Auffassung galt dies aber so nicht für die Verkäufe der übrigen Inhaber deutscher Wertpapiere.[103] Den Niederländern kam es in ihrer Argumentation darauf an, die individuelle Schädigung einzelner niederländischer Personen durch den Entzug materieller Werte aufzuzeigen und diese von globalen, kriegsbedingten Verlusten der niederländischen Volkswirtschaft abzugrenzen. Die etwas konstruiert wirkende Argumentation der niederländischen Regierung vermochte die Mitglieder der *Study Group* jedoch nicht zu überzeugen. Sie vertraten übereinstimmend die Auffassung, daß es sich ungeachtet aller besonderen Umstände um volkswirtschaftliche Verluste handelte, die aus dem Kriegszustand resultierten und damit als Reparationsforderung zu gelten hatten.[104] Ein Sonderstatus für die niederländischen Forderungen im Rahmen eines künftigen *claims-settlement* kam nicht in Frage. Jede Berücksichtigung derartiger Forderungen kam dem Öffnen der Büchse der Pandora gleich, weil die Gefahr bestand, daß viele andere Länder mit ähnlichen Forderungen aufwarten könnten. Entsprechend reserviert war daher die Reaktion auf die niederländischen Forderungen. Moralische Kategorien spielten bei der Beurteilung der Situation keine Rolle.[105]

So einig man sich bei der Abwehr der niederländischen Forderungen war, so unterschiedlich waren die Ziele in anderen Bereichen. Im August legte die *Study Group* eine dreiwöchige Sommerpause ein, die den Beteiligten zur Überprüfung ihrer Standpunkte und Festlegung ihrer Verhandlungsziele diente. US-Delegationsleiter Douglas verfaßte für das *State Department* und die *US-High Commission* einen umfassenden Bericht, in dem er die bis-

---

[101] ISGG: Communications from the Netherlands Government, 19. 7. 1950, NA, RG 43–159; IGG: Netherlands Claims documents, 20. 9. 1950, NA, RG 43–226.

[102] ISGG, Economic & Finance Committee: Notes of meeting with Benelux representatives on 31. 7. 1950, Note 8. 8. 1950, NA, RG 43–159. Die Bundesregierung beharrte, abgesehen von Fällen jüdischer Betroffener, auf der Freiwilligkeit der Wertpapierverkäufe; Vizekanzler Blücher an Vors. AHK McCloy vom 4. 8. 1950, BA, B 126–12434; vgl. B. KARLSBERG, German Federal Compensation- and Restitution-Laws and Jewish Victims in the Netherlands, in: Studia Rosenthaliana 2 (1968), S. 194–244.

[103] Secretary of State (Acheson) to HICOG (Frankfurt), 6. 9. 1950, NA, RG 43–159; Die Amerikaner vertraten den Standpunkt, daß die Ausübung von Zwang (duress) beim Verkauf der Wertpapiere konkret nachzuweisen war.

[104] German Finance Department: Securities looted from Netherlands, 23. 9. 1950, PRO, FO 944–298.

[105] Vgl. FISCH, Reparationen nach dem Zweiten Weltkrieg, S. 111 ff.

her von den Amerikanern verfolgte Strategie des Zuwartens in Frage stellte. Er empfahl ein aktiveres Vorgehen, weil zu diesem Zeitpunkt noch Einfluß auf die Meinungsbildung von Briten und Franzosen zu nehmen war, die sich in vielen Punkten noch nicht explizit festgelegt hatten.[106] Douglas hielt es prinzipiell für wichtig, „that US attitude on claims-debt question reflect overall political approach envisaged by US Government."[107] Eine völlig losgelöste Behandlung der Schuldenfrage hielt Douglas für unrealistisch, weil sie mit einer Reihe anderer politischer Probleme interdependent verflochten war. Eine Lösung des Schuldenproblems und der damit verbundenen Rechtsfragen war eine wichtige Voraussetzung zur Wiederherstellung geordneter Wirtschafts- und Finanzbeziehungen zwischen der Bundesrepublik und den westlichen Ländern. Dies war wiederum eine Basis dafür, daß die Bundesrepublik voll in die westliche Welt re-integriert werden konnte, woran die USA aus strategischen Gründen ein erhebliches Interesse hatten.[108] Douglas war in Übereinstimmung mit den Briten davon überzeugt, daß die Regelung des Auslandsschuldenproblems dringend angegangen werden mußte, weil ein weiteres Hinausschieben von Entscheidungen zu einem Verlust von *bargaining power* führen mußte. In Zukunft war mit einer fortschreitenden Reduktion der alliierten Kontrollrechte in der Bundesrepublik zu rechnen. Die Forderungen der Bundesregierung nach mehr Souveränitätsrechten wurden nachdrücklicher, weil der Korea-Krieg die Relevanz der Bundesrepublik für das westliche Verteidigungsbündnis weiter steigerte.[109] Je länger man zuwartete, desto geringer wurden die Möglichkeiten der Besatzungsmächte, ihre eigenen Vorstellungen zur Regelung der Schuldenfrage gegen etwaige deutsche Widerstände durchzusetzen. Offenbar ging man immer noch von dem Szenarium aus, daß es wegen der Regelung der Auslandsschulden zu Schwierigkeiten mit den Deutschen kommen könnte.

Andererseits übersah Douglas weder das deutsche Zahlungsbilanzdefizit noch das Problem der Dollarlücke, die ein finanzielles Engagement der USA in Deutschland auf unbestimmte Zeit erforderlich machten.[110] Die

---

[106] Douglas (London) to HICOG (Frankfurt), 14. 7. 1950, NA, RG 43–168.
[107] US Embassy (Douglas) to Secretary, Washington, 30. 7. 1950, NA, RG 59–1462; RG 43–221; RG 43–168.
[108] HICOG (Frankfurt) McCloy to Secretary of State, 15. 7. 1950, NA, RG 43–167. Zur britischen Position vgl. YASAMEE, S. 540 ff.
[109] Vgl. HERBST, S. 4ff.
[110] Vgl. CHRISTOPH BUCHHEIM, Die Bundesrepublik und die Überwindung der Dollar-Lücke, in: LUDOLF HERBST und WERNER BÜHRER (Hrsg.), Vom Marshallplan zur EWG. Die Eingliederung der Bundesrepublik Deutschland in die westliche Welt, München 1990, S. 81–98.

1. Erste Orientierungen

damit verbundene Gefahr, daß amerikanische Finanzhilfen statt zur Förderung der deutschen Wirtschaft zur Tilgung von Auslandsschulden mißbraucht werden könnten, war aus amerikanischer Sicht wegen der Erfahrungen der Zwischenkriegszeit ein sehr heikler Punkt. Die Bereitschaft des *US-Congress* zur Bewilligung weiterer Auslandshilfen, die von der Bundesrepublik dringend benötigt wurden, war äußerst gering.

Auf britischer Seite war man sich sehr wohl darüber im klaren, daß die „Dollar-Macht" USA letztlich allein den Schlüssel zur Lösung des Schuldenproblems in der Hand hielt.[111] Ohne ein finanzielles Entgegenkommen der USA würde es keine Lösung des Schuldenproblems geben können.[112] Die finanzschwachen Briten konnten der amerikanischen Regierung nichts weiter als Argumente dafür liefern, ihre berechtigten finanziellen Bedenken hinter politischen und wirtschaftlichen Aspekten hintanzustellen.[113]

In Abwägung aller Umstände empfahl Douglas dem *State Department* ein schrittweises Vorgehen. An dessen Ausgangspunkt sollte genau definiert werden, in welchem Umfang die Bundesrepublik die Verantwortung für die Auslandsschulden des Deutschen Reichs zu übernehmen haben würde. Wenn dies auf der Basis der sogenannten *theory of succession* erfolgen sollte, dann mußte die Bundesrepublik juristisch die Haftung für die gesamten Auslandsschulden des Deutschen Reichs übernehmen. Das Problem der Rechtsnachfolge des Deutschen Reichs und der völkerrechtlichen Legitimation der Bundesrepublik war zu diesem Zeitpunkt noch nicht eindeutig geklärt, weil die Standpunkte der Alliierten in dieser diffizilen politischen Frage erheblich divergierten. Eine Klärung dieser Frage war aber eine unabdingbare Voraussetzung, um die Regelung der deutschen Auslandsschulden in Angriff nehmen zu können.[114] Erst nach der Klärung der juristischen Verantwortlichkeit konnte in einem weiteren Schritt der genaue Umfang der tatsächlich zu leistenden Zahlungen bestimmt werden. Es war prinzipiell unstreitig, daß die deutsche Zahlungsfähigkeit eingeschränkt war. In welchem Umfang, war aber strittig.[115] Kein Zweifel bestand jedoch, daß

---

111 Claims against Germany: Note by Minister of State for Economic Affairs, 9. 8. 1950, PRO, T 236–3393. Die US-Regierung „must have a decisive say in any plan for the repayment of indebtness."
112 Stevens (Foreign Office, German Section) to Playfair, 14. 8. 1950, PRO, T 236–3393.
113 Gregory (Board of Trade) to Stevens (Foreign Office), 16. 8. 1950, PRO, FO 1036–964.
114 Gainer to Secretary of State: Inter Governmental Study Group on German problems, 10. 8. 1950, PRO, FO 371–85025; Incoming Message U.S. High Commissioner to London, 1. 8. 1950, NA, RG 466-Box 17.
115 Innerhalb der britischen Administration gab es über die Einschätzung der deutschen *capacity to pay* anfänglich erhebliche Divergenzen. Die von den Beamten der AHK vertretene skeptische Sichtweise traf anfänglich im *Foreign Office* und *Treasury* auf Widerspruch. Die

Zahlungen auf die Vorkriegsschulden nur möglich sein würden, wenn Abstriche bei den Nachkriegsschulden gemacht wurden, die überwiegend zu Lasten der USA gehen würden. Eine grundsätzliche Verzichtbereitschaft der USA wurde von Frankreich und Großbritannien stillschweigend vorausgesetzt.[116] Douglas ging ohnehin davon aus, daß – wenn überhaupt – in absehbarer Zukunft für den Schuldendienst nur DM-Zahlungen erwartet werden konnten. Weitere Kontroversen zwischen Briten und Amerikanern zum Thema *foreign investment* und *DM-settlement* waren daher voraussehbar, denn die Amerikaner sperrten sich nach wie vor gegen eine Erweiterung der bestehenden Möglichkeiten.[117]

Auch bezüglich der Festlegung eines konkreten Procederes zur Aushandlung und Durchführung eines Schuldenabkommen gingen die Meinungen in der *Study Group* erheblich auseinander. Die Franzosen vertraten die Meinung, daß die drei Besatzungsmächte Art und Umfang von Schuldzahlungen in eigener Regie festlegen sollten. Sie dachten weder an eine Beteiligung der privaten Gläubiger, noch an eine Einbeziehung der deutschen Schuldner. Die Briten wollten dagegen nur die Rahmenbedingungen gouvernemental regeln und die eigentlichen Verhandlungen weitgehend den *creditors* und *debtors* überlassen. Die USA verfolgten eine mittlere Position. Sie gaben zu Bedenken, daß die Regelung der deutschen Auslandsschulden außer den drei Besatzungsmächten auch viele andere Länder betreffe, die in irgendeiner Form in die Verhandlungen einbezogen werden müßten.[118]

Nach der Sommerpause blieben der *Study Group* nur noch wenige Wochen Zeit, um für die New Yorker Außenministerkonferenz eine Vorlage fertigzustellen. Die Unterbrechung war von den Beteiligten zur Standortüberprüfung genutzt worden. An den Beratungen im *State Department* hatte auch der Vertreter der amerikanischen Anleihegläubiger, James G. Ro-

---

sich seit dem Korea-Krieg erheblich verschlechternde deutsche Zahlungsbilanz stärkte jedoch die Position der Skeptiker; Parker to Financial Adviser, 27. 6. 1950, PRO, FO 1036–312; Parker to Financial Adviser, 31. 8. 1950, PRO, FO 1036–317; vgl. VOLKER HENTSCHEL, Die europäische Zahlungsunion und die deutschen Devisenkrisen 1950/51, in: VfZ 37 (1989), S. 715–739.

[116] Minute Stevens, 26. 7. 1950, PRO, FO 944–273; Jasper Rootham (Bank of England) to Serpell, 15. 5. 1950, PRO, T 236–3390.

[117] Von einem erweiterten DM-*settlement* profitierten vor allem die (überwiegend britischen) *standstill creditors*. Von US-Seite wurde daher befürchtet, daß „we will in effect be permitting the standstill creditors and other commercial claimants to get the jump on holders of bonded debts." Die *bonded-debts* befanden sich überwiegend in amerikanischen Händen; Jean Cattier (HICOG) to Department of State, 18. 8. 1950, NA, RG 59-5205.

[118] IGG on Germany: Economic & Finance Committee, record of 24th meeting, 22. 8. 1950, PRO, FO 944–273; Douglas to Secretary of State, 23. 8. 1950, NA, RG 43–221.

gers, teilgenommen.[119] Rogers hatte sich in einem vom *State Department* gelobten Memorandum für ein „early, comprehensive and definitive adjustment of the German Foreign debt" ausgesprochen.[120] Die Stellungnahmen von Douglas und Rogers bewogen das *State Department* aller Bedenken zum Trotz, nun offiziell grünes Licht für eine umfassende Regelung der deutschen Auslandsschulden zu erteilen, falls folgende Grundvoraussetzungen dabei erfüllt würden: keine zusätzliche Belastung des US-Haushalts, keine Gefährdung der ökonomischen Erholung der Bundesrepublik und – last not least – keine Schlechterstellung der amerikanischen Gläubiger gegenüber den europäischen. Letzteres war angesichts der Dollarlücke nicht leicht zu bewerkstelligen.[121]

Anfang September legte die *Study Group* einen *Report on Claims* vor, der erkennen ließ, daß es zwischen Amerikanern, Briten und Franzosen in vielen Punkten noch immer erhebliche Auffassungsunterschiede gab. Wirklich einig war man sich eigentlich nur darüber, daß in absehbarer Zeit ein „orderly debt settlements on a basis to be agreed by the three governments" vereinbart werden sollte, das weder der wirtschaftlichen Erholung der Bundesrepublik im allgemeinen noch den deutschen Währungsreserven im besonderen abträglich sein durfte und das außerdem den Besatzungsmächten keine zusätzlichen Belastungen auferlegen durfte. Letzteres verlangten vor allem die USA, die den Sinn einer Schuldenregelung vorrangig darin sahen, alle Hindernisse aus dem Weg zu räumen, die der Wiederherstellung normaler Wirtschafts- und Finanzbeziehungen zwischen der Bundesrepublik und anderen westlichen Staaten im Weg standen.[122] Um dieses Ziel zu erreichen, konnte man sich im Grunde auf die Regelung der Vorkriegsschulden beschränken. Die Nachkriegsschulden standen damit in keinem direkten Zusammenhang. Aus diesem Grund war die Regierung der Vereinigten Staaten auch grundsätzlich bereit, sich vorläufig auf eine Regelung der *pre-war external public and private debts* zu beschränken. Die USA hatten von der Bundesregierung zwar vertraglich die Priorität der Schulden aus der alliier-

---

[119] ISGG: Memorandum of Conversation (James G. Rogers; ISGG Delegate R. Eisenberg, Richard D. Kearney GEA), 18. 8. 1950, NA, RG 43–162.
[120] Rogers: Notes on certain points of procedure involved in the postwar settlement of the German Foreign Debt, 22. 8. 1950, NA, RG 59–5205; George W. Baker (Department of State) to Rogers, 13. 9. 1950, NA, RG 59–5205.
[121] ISGG: Interim-Settlement of pre-war claims against Germany (Draft Margolies cleared with Department of State and Treasury), 23. 8. 1950, NA, RG 43–162; Jacques J. Reinstein to Ambassador Douglas: Plan for Limited Orderly Settlement of claims against Germany, 30. 8. 1950, NA, RG 43–221.
[122] ISGG: A Plan for handling outstanding claims against Germany and Germans, 4. 9. 1950, PRO, FO 371–85331, und NA, RG 43–165.

ten Nachkriegswirtschaftshilfe anerkennen lassen, deren konkrete Rückzahlung aber von der deutschen „ability to pay and other relevant factors" abhängig gemacht. Mit „relevant factors" waren die Aufwendungen gemeint, die auf die Bundesrepublik im Rahmen der westlichen Verteidigungsanstrengungen zukommen würden.[123] Es ging den Amerikanern also primär nicht um die tatsächliche Rückzahlung der Nachkriegsschulden, sondern um deren Nutzung als politisches Machtmittel.

Dagegen lag den Briten die Rückzahlung der Nachkriegsschulden aus innenpolitischen Gründen sehr am Herzen. Ihnen schwebte vor, daß die Vor- und Nachkriegsschulden im Rahmen einer künftigen Schuldenregelung gleichzeitig zurückbezahlt werden sollten. Den Briten war dabei allerdings bewußt, daß sie ihre Vorstellungen gegen den Willen der USA nicht durchsetzen konnten.[124] Sie bemühten sich deshalb sehr um ein gutes Auskommen mit den Amerikanern, soweit es ihre innenpolitischen Implikationen erlaubten.[125] Die Mitglieder der *Study Group* hielten es für unrealistisch, daß sich die Außenminister in New York auf eine ausschließliche Regelung der Vorkriegsschulden einigen würden, weil dies in Großbritannien politisch nicht durchsetzbar sein würde.[126] Da sich die wirtschaftliche und politische Lage der Bundesrepublik zunehmend stabilisierte, plädierten die amerikanischen Mitglieder der *Study Group* für den Abschluß einer dauerhaften Schuldenregelung, die bis zu einem Friedensvertrag gültig bleiben sollte.[127]

In den Beratungen der *Study Group* konnten mangels Entscheidungskompetenz ihrer Mitglieder viele Fragen nicht gelöst werden. Vor allem die Vertreter der USA waren eng an Direktiven aus Washington gebunden. Den Außenministern wurde als Arbeitsgrundlage für ihre Konferenz in New York eine Synopsis der unterschiedlichen Positionen in den offenen Problemfeldern an die Hand gegeben. Im Grunde war man sich bisher nur einig, daß es einen Plan zur Regelung der deutschen Auslandsschulden geben sollte. Offen war aber die Frage, welche Schuldenkategorien in einem sol-

---

[123] Seit dem Ausbruch des Korea-Kriegs gewannen auch die finanziellen Aspekte der westlichen Verteidigungsstrategie für die USA an Relevanz. Vgl. POLLARD, ROBERT A., Economic Security and the Origins of the Cold War: Bretton Woods, The Marshall Plan, and American Rearmament, 1944–50, in: Diplomatic History 9 (1985), S. 287ff.
[124] Stevens: Claims on Germany, 29. 8. 1950, PRO, FO 944–273; Douglas (London) to Secretary of State, 24. 8. 1950, NA, RG 59–1463.
[125] US Embassy London (Holmes) to Department, 4. 9. 1950, NA, RG 43–168; Holmes to Secretary of State, 4. 9. 1950, NA, RG 43–221.
[126] Holmes (London) to Secretary of State, 7. 9. 1950, NA, RG 59–1463.
[127] Reinstein (London) to Henry A. Byroade (Department), 5. 9. 1950, NA, RG 43–168.

chen Plan behandelt werden sollten und welche nicht.[128] In New York mußten nun von den Außenministern die Grundsatzentscheidungen getroffen werden, damit eine Regelung der deutschen Auslandsschulden konkret auf den Weg gebracht werden konnte.

---

[128] IGG on Germany: Report on claims, IGG (50) 113 Final, 3. 9. 1950, PRO, FO 944–273, und NA, RG 43–165.

2. Die Auseinandersetzungen um die Schuldenerklärung

Mitte September 1950 trafen sich die Außenminister Frankreichs, Großbritanniens und der USA zu Gesprächen über den künftigen Kurs der alliierten Deutschlandpolitik in New York. Im Gegensatz zu den ausführlichen Diskussionen über einen deutschen Beitrag zum westlichen Verteidigungsbündnis spielte die Frage der deutschen Auslandsverschuldung in den Gesprächen der Minister nur eine Nebenrolle.[1] Der Relevanz der Schuldenfrage wurde dies zwar in keiner Hinsicht gerecht, abgesehen von Grundsatzentscheidungen überließen die Minister den Bereich *claims* und *debts* jedoch fast ausschließlich ihren Beamten und Fachleuten. Manchen Ministern fehlte einfach die Bereitschaft, sich gründlich in die juristisch und finanztechnisch komplizierte Materie einzuarbeiten. In New York traf dies vor allem auf den amerikanischen Außenminister Acheson zu, der zum Ärger der Briten über die Vorlagen der *Intergovernmental Study Group* nur unzureichend im Bilde war. Acheson interessierte sich eigentlich nur für Fragen der künftigen westlichen Verteidigungspolitik.

Die unterschiedliche Vorbereitung und die voneinander abweichenden Zielvorstellungen der Teilnehmer erschwerten den Ablauf der Konferenz beträchtlich.[2] Die Schuldenfrage war zwar ein sehr spezielles Problem, sie stand jedoch in enger Verbindung sowohl zur geplanten Revision des Besatzungsstatuts als auch zur Aufnahme der Bundesrepublik in das westliche Verteidigungsbündnis. Im ersten Fall ging es um die Aufrechterhaltung alliierter Vorbehaltsrechte zur Durchsetzung der Schuldansprüche, im zweiten um die erheblichen finanziellen Konsequenzen, die aus dem Wiederaufbau einer deutschen Armee resultierten. Fest stand, daß die Verteidigungsausgaben den Bundeshaushalt in Zukunft erheblich belasten würden. Deshalb mußten bei den Staatsausgaben Prioritäten gesetzt werden, die auf politischen Grundsatzentscheidungen basierten. Die einer Regelung der deutschen Auslandsschulden zugrundeliegende Definition der deutschen Zahlungsfähigkeit (*capacity to pay*) war daher stets von relativen Faktoren abhängig. Ein führendes Mitglied der *Bank of England* veranlaßte dies zu der Bemerkung, man könne anhand von Zahlen und Statistiken belegen, daß „Germany could pay very substantial amounts, or nothing at all."[3]

---

[1] Tripartite Meeting Foreign Ministers of France, United Kingdom and United States. New York, September 1950 (Top Secret), PRO, FO 371–85028.
[2] Penson (U.K. Embassy Washington) to Sir Donald Gainer, 23. 9. 1950, PRO, FO 944–287.
[3] Bank of England (Rootham) to Serpell (Treasury), 14. 9. 1950, PRO, T 236–3394.

2. Auseinandersetzungen um die Schuldenerklärung

Im Gegensatz zu seinem amerikanischen Kollegen war der britische Außenminister Bevin bestens präpariert und mit klaren, je nach Verhandlungsverlauf aber auch modifizierbaren Zielen per Schiff nach New York gereist.[4] Der niederländische Außenminister Stikker war ebenfalls an Bord und nutzte die Überfahrt, um sich bei seinem britischen Kollegen über die schlechte Behandlung der Beneluxländer zu beschweren.[5] Die wiederholt geforderte gleichberechtigte Teilnahme dieser Länder an den deutschlandpolitischen Beratungen der drei Alliierten konnte aber auch in New York nicht durchgesetzt werden.[6] Die Konferenz der alliierten Außenminister verlief insgesamt in keiner guten Atmosphäre. Unterschiedliche Auffassungen zu so wichtigen Themen wie der Revision des Besatzungsstatuts konnten nur mit Mühe überbrückt werden.[7] Die von britischer Seite sehr erwünschte umfassende Diskussion der Schuldenfrage auf Ministerebene war unter diesen Umständen in New York nicht zu realisieren. Deshalb waren die Briten schon damit zufrieden, im Bereich *claims* und *debts* ihre wichtigsten Ziele erreichen zu können. Nach heftigem Ringen konnten sie sich in der noch offenen Frage des *scope of settlement*, also der Festlegung der in eine Schuldenregelung einzubeziehenden Schuldenarten, mit ihrem Wunsch durchsetzen, die Nachkriegsschulden in eine Schuldenregelung einzubeziehen.[8] Die Briten konnten aber nicht durchsetzen, daß die Nachkriegsschul-

---

4 Dies betraf vor allem die Einbeziehung der *post-war debts* in eine Schuldenregelung. Dafür war Bevin fast zu jedem Entgegenkommen bereit; Secretary of State (Bevin) to Sir Oliver Franks (British Embassy, Washington), 6. 9. 1950, PRO, FO 371–85027; Claims on Germany: Memorandum by the Secretary of State (Bevin) for Cabinet, C.P. (50)198, 4. 9. 1950, PRO, T 236–3394.
5 Allen (U.K. Delegation N.Y.) to Mallet, 12. 9. 1950, PRO, FO 371–85333.
6 United States Delegation Minutes: Meeting of the American, British and French Foreign Ministers with Belgian, Netherlands and Luxembourg Foreign Ministers, New York, 19. 1. 1950, FRUS, 1950, Bd. III, S. 1242 ff.
7 Im Gegensatz zu Amerikanern und Franzosen plädierten die Briten für eine umfassende Revision des Besatzungsstatuts: „... we must treat her as an equal, make it economically advantageous for her and show that we intend to defend her"; Mallet, Note for Cabinet: Policy towards Germany, 25. 9. 1950, PRO, FO 371–85027. – Ähnliche Meinungsäußerungen gab es von den britischen Behörden in der Bundesrepublik, die von der Unpopularität der Wiederbewaffnung in der deutschen Bevölkerung nach London berichteten. Die überwiegend positive Beurteilung eines militärischen Engagements der Bundesrepublik in politischen Kreisen beruhe auf der Annahme „that it involves a return to equality of rights and German sovereignty. If experience showed that this was not the case any enthusiasm for the project would be largely dissipate"; Report of the High Commission to the Foreign Office (ohne Datum), PRO, FO 371–85028. Auch auf amerikanischer Seite gab es Stimmen, die von der Notwendigkeit einer grundlegenden Revision des Besatzungsstatuts überzeugt waren; James K. Pollock to McCloy, Report to the High Commissioner, 12. 9. 1950, NA, RG 466-Box 19.
8 „We had a tremendous battle before Reinstein would agree to bringing the post-war debts into the settlement plan at all. Having done this, he would yield no further and I could not get

den auf jeden Fall in Devisen bezahlt werden sollten. Die USA sperrten sich gegen alle Verpflichtungen, die sich potentiell zu Lasten der amerikanischen Interessen auswirken konnten. In diesem Punkt zeigten sich die Briten aber sehr flexibel. Vorrangig war für sie, daß die Nachkriegsschulden prinzipiell nicht schlechter gestellt wurden als die Vorkriegsschulden. DM-Zahlungen konnten sinnvoll für den Unterhalt der britischen Truppen in Deutschland verwandt werden.[9]

Trotz mancher Widrigkeiten war die New Yorker Konferenz ein wichtiger Schritt zur Lösung des Schuldenproblems. Die deutschlandpolitische Entwicklung geriet in einen merklichen Beschleunigungsprozeß, von dem die Frage der Auslandsschulden nicht weiter abzukoppeln war. Sie erhielt in dieser Phase einen eminent politischen Charakter, weil die Besatzungsmächte die von deutscher Seite dringlich geforderte Revision des Besatzungsstatuts von der Abgabe einer Schuldenerklärung durch die Bundesregierung abhängig machten.[10] Durch dieses Junktim sollte sichergestellt werden, daß die Bundesregierung auch nach der Ausweitung ihrer Hoheitsrechte ein vitales Interesse an der Regelung der Auslandsschulden behielt. Über die inhaltliche Ausgestaltung der Schuldenerklärung kam es gegen Ende der New Yorker Konferenz noch zu einer Meinungsverschiedenheit zwischen Bevin und Acheson, weil der britische Außenminister sich abweichend vom bisherigen Stand der Diskussion nicht mit einer allgemeinen Anerkennung der deutschen Schuldverpflichtung (*recognition of the obligation*) durch die Bundesregierung zufrieden geben wollte, sondern in die Formulierung der Schuldenerklärung eine explizite Anerkennung der aus den Schulden resultierenden Zahlungsverpflichtungen (*obligation to repay*) aufgenommen haben wollte. Bevin begründete seinen Sinneswandel mit neuerlichen Forderungen des britischen Unterhauses. Angeblich wuchs dort die Sorge, daß der Bundesrepublik wegen der Verteidigungsausgaben gewisse Zahlungsverpflichtungen erlassen werden könnten. Zumindest im Bereich der öffentlichen Schulden (*public debts*) war die Bereitschaft der USA zu solchen Schritten denkbar. Allerdings bot auch die präziseste juristische Formulierung immer nur einen relativen Schutz. Entscheidend war letztlich die deutsche Zahlungsfähigkeit, die von mehreren Faktoren ab-

---

an undertaking in the text that there would be repayment in foreign currency. At the last stage, it was a matter whether the claims report could be saved at all"; Penson (U.K. Embassy Washington) to Gainer, 23. 9. 1950, PRO, FO 944–287.
[9] Gainer: Claims on Germany. Brief for the Foreign Secretary, C.P.198, 5. 9. 1950, PRO, FO 944–273.
[10] Telegram from UK Delegation N.Y. to Foreign Office, 17. und 19. 9. 1950, PRO, FO 371–85027.

2. Auseinandersetzungen um die Schuldenerklärung

hing. Auf Anregung des französischen Außenministers Schuman einigte man sich schließlich auf die Formulierung „acknowledge the debt".[11] Durch die Verwendung des englischen Begriffs *debt* wurde unmißverständlich deutlich gemacht, daß es sich um finanzielle Schulden handelte, deren offizielle Anerkennung durch die Bundesregierung eine Verpflichtung zur Rückzahlung konnotativ implizierte. Seit der New Yorker Konferenz fand der Begriff *debt* in britischen und amerikanischen Akten zunehmend Verwendung und ersetzte den in seiner Bedeutung umfassenderen Begriff *claim*. Damit wurden die deutschen Auslandsschulden stärker von anderen noch ungeregelten Forderungen gegen die Bundesrepublik abgetrennt. Dies entsprach der von den Alliierten nunmehr verfolgten Strategie, sich auf die Regelung der Vorkriegsschulden und auf die Forderungen aus der Nachkriegswirtschaftshilfe zu beschränken. Andere aus der Kriegszeit stammende Entschädigungsansprüche wurden auf den Friedensvertrag vertagt.[12] Die Niederländer und die Belgier waren mit dieser Entscheidung nicht einverstanden.[13]

In den nächsten Monaten wurden die Bemühungen um eine Lösung des Schuldenproblems auf zwei Ebenen fortgesetzt. Auf Veranlassung der drei Außenminister trat in London wieder die *Study Group* mit dem Auftrag zusammen, „to formulate the settlement plan and work out the procedures and controls to govern it."[14] In Bonn oblag der Hohen Kommission die Aufgabe, von der Bundesregierung eine offizielle Erklärung zur Übernahme der deutschen Auslandsschulden einzuholen. In New York war dazu ein Textentwurf konzipiert worden, der den Verhandlungen mit der Bundesregierung zugrunde gelegt werden sollte. Den Hohen Kommissaren verblieb zwar ein gewisser Verhandlungsspielraum, der sich jedoch primär auf formale Aspekte beschränkte. Grundlegende inhaltliche Änderungen am Text waren nicht vorgesehen.[15]

Über die Ergebnisse der New Yorker Konferenz wurde der Bundeskanzler am 23. September 1950 von den Hohen Kommissaren offiziell ins Bild

---

[11] Meetings of the Foreign Ministers, New York, 18. 9. 1950, FRUS, 1950, Bd. III, S. 1241.
[12] Ausnahme waren die auf Wunsch der Franzosen einbezogenen speziellen Schulden aus der Kriegszeit im Bereich individueller, sozialversicherungsrechtlicher Ansprüche sowie der Umtausch alter RM-Bestände aus dem Besitz ehemaliger französischer Kriegsgefangener. Meetings of Foreign Ministers at New York, Document 37 (Final), 19. 9. 1950, ebd., S. 1286 ff.
[13] Meeting of the American, British, and French Foreign Ministers with the Belgian, Netherlands, and Luxembourg Foreign Ministers, New York, 19. 9. 1950, ebd., S. 1243 f.
[14] Document No. 37 (Final), New York 19. 9. 1950, Principles relating to claims, ebd., S. 1294.
[15] Telegram from Washington (Sir Franks) to Foreign Office, 23. 9. 1950, PRO, T 236–2137.

gesetzt.16 Hochkommissar François-Poncet erläuterte die in New York beschlossenen Erleichterungen des Besatzungsstatuts, deren Inkrafttreten an die Abgabe von zwei Verpflichtungserklärungen gekoppelt war.17 Die Bundesregierung sollte mit der Billigung des deutschen Bundestags ihre Bereitschaft erklären, die Haftung für die deutschen Auslandsschulden aus der Vorkriegszeit sowie die aus der wirtschaftlichen Hilfe der Nachkriegszeit resultierenden Schulden zu übernehmen. Außerdem sollte sie sich bereit erklären, bei der Ausarbeitung eines tragfähigen Schuldenplans konstruktiv mitzuarbeiten. Mit gewundenen Formulierungen wurde sogleich dem Einwand vorgebaut, die Bundesrepublik würde durch die Abgabe der Schuldenerklärung zur Zahlung gigantischer Summen verpflichtet. Die Übernahme der Haftung für die gesamten Auslandsschulden des Deutschen Reichs durch die in New York de facto als Nachfolgestaat anerkannte Bundesrepublik Deutschland entspreche den normalen Regeln des Völkerrechts und impliziere keine Zahlungsverpflichtung. Vielmehr würde bei der Ausarbeitung des Schuldenplans auf die aktuellen Gegebenheiten und künftigen Möglichkeiten der Bundesrepublik Rücksicht genommen.18 Weitere Details sollten den Verhandlungen der Finanzsachverständigen überlassen werden.19 François-Poncet wies den Kanzler darauf hin, daß alle alliierten Vorbehaltsrechte, die für die Ausarbeitung und Durchführung einer Schuldenregelung wichtig waren, vorerst bestehen bleiben würden. Somit bestand auch im Finanzbereich eine latente Interventionsdrohung der Alliierten weiter fort, die in der Bundesrepublik zunehmend auf Unbehagen stieß.20 Trotzdem nahm Adenauer die Erklärung von François-Poncet erst einmal positiv auf, vermied es aber, zum Thema Auslandsschulden unmittelbar Stellung zu beziehen.21 Der britische Hochkommissar Kirkpatrick nahm

---

16 London (Webb) to HICOM, 23. 9. 1950, NA, RG 466-Box 19. Über den Inhalt des Deutschland-Kommuniqués der New Yorker Konferenz war der Kanzler bereits grob orientiert. Vgl. Sondersitzung der Bundesregierung vom 20. 9. 1955, in: Die Kabinettsprotokolle der Bundesregierung, Bd. 2 (1950), hrsg. vom Bundesarchiv, Boppard 1984, S. 707.
17 Neben der Schuldenerklärung ging es um die Distribution wichtiger Rohstoffe.
18 Hochkommissar François-Poncet an Bundeskanzler Adenauer, Verbalnote vom 23. 9. 1950 (geheim), BA, B 126–12303.
19 Minute of the 41st Meeting of the Council of the AHC, 23. 9. 1950, NA, RG 466-Box 19.
20 Pollock to McCloy, 12. 9. 1950, NA, RG 466-Box 19. Innerhalb der Hohen Kommission existierten unterschiedliche Auffassungen darüber, inwieweit sich die demokratischen Strukturen der Bundesrepublik bereits verfestigt hatten und eine grundlegende Liberalisierung der Besatzungsrechte angebracht sei. Das geistige Klima im Lande lieferte durchaus Argumente für eine restriktive Handhabung. Vgl. dazu FREI, NORBERT, Vergangenheitspolitik. Die Anfänge der Bundesrepublik und die NS-Vergangenheit, München 1996, S. 7ff.
21 Nr. 17, Wortprotokoll der Sitzung vom 23. 9. 1950, in: AAPBD, Adenauer und die Hohen

2. Auseinandersetzungen um die Schuldenerklärung

dies zum Anlaß, Staatssekretär Blankenhorn im Anschluß an das Treffen noch einmal nachdrücklich auf die besondere Relevanz der deutschen Schuldenerklärung aufmerksam zu machen. Adenauer ließ Kirkpatrick daraufhin mitteilen, daß „the Secretary of State could rely on him to play his part during the forthcoming stage."[22] Die Bedeutung dieser Aussage sollte sich in den nächsten Monaten noch erweisen. Der amerikanische Hochkommissar McCloy wies den Kanzler in einer Unterredung am folgenden Tag ebenfalls auf die Dringlichkeit der Schuldenerklärung hin.[23]

Die Bundesregierung rief sogleich einen interministeriellen Ausschuß ins Leben, der die geforderte Schuldenerklärung vorbereiten sollte.[24] Der Auswärtige Ausschuß des Bundestags wurde vom Bundeskanzler Anfang Oktober erstmals über die alliierte Forderung zur Abgabe einer Schuldenerklärung ins Bild gesetzt.[25] Auf die genaue Formulierung dieser Erklärung wurde von Beginn an ein besonderes Augenmerk gerichtet, weil sie in einem engen Zusammenhang zur Frage der völkerrechtlichen Identität von Bundesrepublik und Deutschem Reich stand. Im übrigen keimte auf Grund einer Bemerkung des französischen Hochkommissars wieder Hoffnung auf, daß die Frage des beschlagnahmten deutschen Auslandsvermögens in die Beratungen einbezogen werden könnte.[26] Hier war jedoch mehr der Wunsch der Vater des Gedankens, denn alle bisherigen Vorstöße bei den zuständigen alliierten Stellen waren negativ beschieden worden.[27] Unmittelbar nach seiner Regierungsübernahme hatte Bundeskanzler Adenauer beim amerikanischen Hochkommissar Ansprüche auf das Auslandsvermögen erhoben, die aber unter Verweis auf internationale Vereinbarungen zurückgewiesen wurden.[28] An dieser Linie hielten die Alliierten auch weiter fest.[29]

Kommissare, Bd. 1: 1949–1951, bearb. von FRANK-LOTHAR KROLL und MANFRED NEBELIN, München 1989, S. 243; vgl. RUPIEPER, S. 77ff.

[22] Kirkpatrick (Wahnerheide) to Foreign Office, 23. 9. 1950, PRO, FO 371–85028.
[23] Nr. 48, Besprechung des Bundeskanzlers mit dem amerikanischen Hohen Kommissar McCloy in Rhöndorf vom 24. 9. 1950, in: AAPBD, Adenauer und die Hohen Kommissare, Bd. 1: 1949–1951, S. 154.
[24] Im Ausschuß waren vertreten: Das Bundeskanzleramt, das Auswärtige Amt (Dienststelle BKA), das Bundesfinanzministerium, das Bundesministerium für den Marshallplan, das Bundesjustizministerium und teilweise auch das Bundeswirtschaftsministerium.
[25] 28. Sitzung des Auswärtigen Ausschusses vom 6. 10. 1950, in: Der Auswärtige Ausschuß des Deutschen Bundestages, Bd. 1: Sitzungsprotokolle 1949–1953, bearb. von WOLFGANG HÖLSCHER, Düsseldorf 1998, S. 135f.
[26] Vermerk H.U. Granow (BFM) an Minister, 25. 9. 1950, BA, B 126–48362.
[27] Protokoll: Besprechung zur „Beendigung des Kriegszustands" (Vorsitz Kaufmann), 29. 9. 1950, BA, B 146–1175.
[28] Bundeskanzler Adenauer an McCloy, 26. 10. 1949; McCloy an Adenauer, 17. 2. 1950, NA, RG 43-Box 219.
[29] Aufzeichnung Vogel vom 30. 10. 1950, BA, B 146–1175.

Anfang Oktober trat der interministerielle Ausschuß zu ersten Beratungen zusammen. Die Verbalnote des französischen Hochkommissars diente als Diskussionsgrundlage. Wegen ihrer teilweise schwammigen Formulierung bot sie reichlich Raum für Interpretationen. So war man sich unsicher, ob die Alliierten eine Übernahme der Vorkriegsschulden oder der Vorkapitulationsschulden verlangten.[30] Letztere beliefen sich nach den Berechnungen des Bundesfinanzministeriums auf DM 33,37 Milliarden, wovon allein RM 17,5 Milliarden auf die im Ostsektor Berlins liegende Deutsche Verrechnungskasse entfielen.[31] Bei einer Beschränkung auf die Vorkriegsschulden blieben die Schulden aus dem Zahlungsverkehr (*clearing debts*) sowie weitere während des Krieges angefallene Schulden außen vor. Außerdem war noch nicht genau definiert, inwieweit die Bundesrepublik für Länder- und Kommunalschulden haftbar gemacht werden sollte. Ein großer Teil des von den Alliierten aufgelösten Landes Preußen gehörte ja überhaupt nicht mehr zum Territorium der Bundesrepublik.[32] Generell ging man aber von deutscher Seite davon aus, daß die Bundesrepublik ungeachtet aller juristischen Erklärungen faktisch nur für einen Teil der Auslandsschulden des Deutschen Reiches haften konnte. In einem Memorandum des Bundesfinanzministeriums wurde die wirtschaftliche Leistungskraft der Bundesrepublik im Verhältnis zum früheren Deutschen Reichs mit 57% beziffert, abzüglich weiterer 9,12%, weil die Fähigkeit zur Kapitalbildung bzw. Schuldenrückzahlung nicht proportional zur Schrumpfung der Leistungskraft, sondern progressiv sinke. Daraus ergab sich eine „kombinierte Kürzungsziffer" von 47,88%, die den Verhandlungen über eine Regelung der deutschen Auslandsschulden zugrunde gelegt werden sollte.[33] Der Hohen Kommission wurde die baldige Übergabe von Zahlenmaterial über die

---

[30] Granow (BFM) an Minister, 5. 10. 1950, BA, B 126–48362.
[31] Granow (BFM): Memorandum über Umfang und Gliederung der Auslandsschulden des Deutschen Reiches aus der Zeit der Kapitulation (8. 5. 1945) vom 1. 10. 1950, BA, B 126–48362; Angaben teils in DM, teils in RM.
[32] BFM: Memorandum über Umfang und Gliederung der Vorkriegs-Auslandsschulden des Deutschen Reiches (Stichtag 1. 9. 1939) vom 10. 11. 1950, HADBB, B 330–2466. Darin enthaltene Schuldenkategorien: I. Anleihen (Dawes, Young, Kreuger), II. Kredite (Lee-Higginson, Compania Argentinia), III. Haftungen (Verrechnungskasse, Konversionskasse, BIZ, Reichsbahn, Reichspost [Haftungspflicht z.T. umstritten]), IV. Sonstiges (Österreichische Auslandsanleihen mit Fälligkeit zwischen 1938–1945, RM-Beträge von Kriegsgefangenen u.ä., Sozialversicherungsleistungen gegenüber dem Ausland, Schulden des Landes Preußen, Inlandsanleihen in Händen von Ausländern u.ä. [Haftungspflicht z.T. umstritten]).
[33] Protokoll zur Besprechung über die deutschen Auslandsschulden vom 4. 10. 1950, BA, B 146–1175; Feststellung des von der Bundesrepublik zu übernehmenden Anteils an den Auslandsschulden des Deutschen Reichs vom 16. 10. 1950, BA, B 126–48362.

Höhe der Vorkriegsschulden zugesagt.³⁴ Für die Nachkriegsschulden wurde im Bundesministerium für den Marshallplan ebenfalls eine Aufstellung angefertigt, die sämtliche aus deutscher Sicht möglichen alliierten Forderungen mit DM 9,22 Milliarden bezifferte.³⁵ Bei der Berechnung der deutschen Zahlungsverpflichtungen vertrat das Bundesministerium für den Marshallplan prinzipiell den Standpunkt, daß die Leistungen der Jahre 1945/46 nicht als Wirtschaftshilfe zu qualifizieren und daher von der Rückzahlungspflicht auszunehmen seien, weil die Alliierten zu dieser Zeit die volle höchste Regierungsgewalt ausgeübt und einseitig den deutschen Wirtschafts- und Zahlungsverkehr mit dem Ausland geregelt hätten. Sämtliche Hilfsleistungen gegen Hunger und Seuchen resultierten somit aus der Erfüllung echter eigener Regierungsverpflichtungen der Alliierten als den damaligen alleinigen Souveränitätsträgern in Deutschland.³⁶ Dieser Auffassung wurde von amerikanischer Seite sogleich widersprochen.³⁷

Seit der New Yorker Konferenz der alliierten Außenminister waren die Deutschen erstmals offiziell an den Bemühungen zur Lösung des Schuldenproblems beteiligt. Zuvor hatte es lediglich vereinzelte Kontakte auf privater Ebene mit ausländischen Gläubigergruppen gegeben, die zur Lösung der privaten, kurzfristigen Vorkriegsverschuldung beitragen sollten. Im Mittelpunkt standen dabei die Stillhalteschulden, für deren vorrangige Regelung sich der Bankier Abs und andere führende Männer der Wirtschaft stets eingesetzt hatten. Nun rückten die öffentlichen Vorkriegsschulden, die zum größten Teil aus mittel- und langfristigen Anleiheschulden bestanden, stärker ins Zentrum des Interesses. Die Bundesregierung zeigte sich in der Annahme, nicht länger nur Vollzugsorgan, sondern von nun an gleichberech-

---

34 AHC: Meeting of the Deputy Commissioners with Federal Coordinating Representatives on implementation of decisions arising from the Foreign Minister's meeting in New York, 11. 10. 1950, PRO, FO 371–85355.
35 Der Bundesminister für den Marshallplan: Aufstellung über Umfang und Gliederung der Schulden der Bundesrepublik Deutschland aus wirtschaftlichen Hilfsleistungen seit der Kapitulation (8. Mai 1945) vom 7. 10. 1950, BA, B 126–48362. Erwähnt wurden betr. USA die GARIOA-Hilfen (Government appropriation and relief for import in occupied areas, die im ECA-Abkommen vom 15. 12. 1949 eine erste vertragliche Basis fanden), die ERP-Hilfe und die StEG-Lieferungen (Übernahme von US-Heeresbeständen durch die Staatliche Erfassungsgesellschaft) und betr. Großbritannien die U.K.-Contributions. Keine französischen Hilfslieferungen.
36 Vermerk Vogel (Bundesministerium für den Marshallplan) vom 5. 10. 1950, BA, B 146–1175.
37 Aufzeichnung Vogel vom 30. 10. 1950, BA, B 146–1175. Von deutscher Seite nahmen an den Verhandlungen mit der AHK teil: Prof. Kaufmann (BKA), Prof. Ophüls und Frl. von Puttkamer (BJM), Wolff und Dr. Kremer (BFM), Dr. Vogel (ERP), Dr. Weiz (BKA: Dienststelle des Auswärtigen Amts); Blankenhorn an Generalsekretär AHK vom 16. 10. 1950, BA, B 126–48362.

tiger Verhandlungspartner zu sein, zu engagierter Mitarbeit bei der Lösung des Schuldenproblems ohne Umschweife bereit. Dies entsprach jedoch nicht den Intentionen der Alliierten, die das Gesetz des Handelns auch weiterhin bestimmen wollten. Vor allem die Amerikaner beanspruchten in ihrer Doppelfunktion als Siegermacht und Hauptgläubiger „the right of final decision in respect of the claims settlement plan."[38] Über die genaue Form einer deutschen Beteiligung war man sich auf alliierter Seite noch nicht abschließend im klaren. Eine Benachteiligung der übrigen Gläubigerländer gegenüber der Bundesrepublik sollte auf jeden Fall vermieden werden.

Die Hoffnungen der Bundesregierung auf einen fundamentalen Wandel der alliierten Deutschlandpolitik zerstoben rasch. Auch in der Schuldenfrage wich die anfängliche Zufriedenheit schon bald der Enttäuschung, weil die Alliierten entgegen den deutschen Erwartungen nur geringe Bereitschaft zeigten, die Bundesrepublik als künftigen Verbündeten und nicht mehr als Kriegsverlierer zu behandeln.[39] Gerade die Amerikaner betrachteten das seit dem Ausbruch des Korea-Kriegs gesteigerte deutsche Selbstbewußtsein mit Argwohn. Hochkommissar McCloy ärgerte sich über die Strategie des Kanzlers, den erwünschten deutschen Militärbeitrag offensiv als Verhandlungsinstrument zu nutzen.[40] Das nach außen geschlossene Auftreten der Hohen Kommission gegenüber dem Kanzler zeigte innerlich jedoch Risse, weil insbesondere die Briten es für politisch klüger hielten, den deutschen Wünschen entgegenzukommen und das Besatzungsrecht durch bilaterale Verträge zu ersetzen, solange dies noch als Akt des Vertrauens und als Geste des guten Willens politisch gewinnbringend verkauft werden konnte. Diese Meinung war im Kreis der Besatzungsmächte aber noch nicht mehrheitsfähig, obwohl sich auch in den USA die Stimmen mehrten, die für einen wirklichen Neuansatz in der alliierten Deutschlandpolitik plädierten.[41] In den

---

[38] Memorandum to General George P. Hays: Agreement on certain pre-war and post-war external debts, 19. 10. 1950, NA, RG 466-Box 20.
[39] Vgl. HERBST, S. 9ff.
[40] Vgl. THOMAS A. SCHWARTZ, America's Germany. John McCloy and the Federal Republik of Germany, Cambridge 1991, S. 149f.
[41] Office Memorandum: Reinstein to Prud'Homme, Margolies, 23. 9. 1950, NA, RG 59-1463; Report to the High Commissioner: Pollock to McCloy, 12. 9. 1950, NA, RG 466-Box 19. Pollock plädierte ebenfalls für eine Modifikation der Besatzungspolitik: „There is a growing disrespect among the Germans for our ability to handle the job of occupation. If we could concentrate our controls in a much narrower field, we could undoubtedly do a better job. [...] It would seem logical that as Germany is expected to contribute more to Western European defense, both economically and military, that she be freed from a good many of the present inhibiting controls."

2. Auseinandersetzungen um die Schuldenerklärung 121

Auseinandersetzungen über die Schuldenerklärung trafen die unterschiedlichen Erwartungshaltungen aufeinander.

Nach einem intensiven inneralliierten Abstimmungsprozeß[42] erhielt der Bundeskanzler am 23. Oktober 1950 das offizielle Schreiben der Hohen Kommission, in dem die Bundesregierung – vorbehaltlich einer Wiedervereinigung – als einzig legitime deutsche Regierung unter Bezugnahme auf das Kommuniqué der New Yorker Außenministerkonferenz aufgefordert wurde, formell die Haftung für die Auslandsschulden des früheren Deutschen Reichs und für die von den Besatzungsmächten seit Kriegsende geleisteten wirtschaftlichen Hilfen zu übernehmen. Bei der Festlegung der Zahlungsverpflichtungen würde auf die allgemeine Lage der Bundesrepublik, vor allem auf deren territoriale Beschränkung, Rücksicht genommen. Die *Intergovernmental Study Group* in London sei beauftragt, einen realistischen Schuldenplan und Vorschläge für eine zweckdienliche Beteiligung von Schuldnern und Gläubigern der Bundesrepublik und anderer interessierter Regierungen auszuarbeiten. Über die Ergebnisse der Londoner Beratungen würde die Bundesregierung zu gegebener Zeit in Kenntnis gesetzt werden. Der auszuarbeitende Zahlungsplan sollte ausdrücklich im Dienst einer Normalisierung der Wirtschaft- und Finanzbeziehungen der Bundesrepublik zum Ausland stehen. Die von den Alliierten vereinbarte und vertraglich abgesicherte erstrangige Behandlung der Nachkriegsschulden sollte zu gegebener Zeit modifiziert werden, soweit wie dies zur Erfüllung eines von allen Seiten akzeptierten Schuldenplans erforderlich sein würde. Von der Bundesregierung wurde eine formelle Zusage zur Übernahme der Vorkriegsschulden und der Nachkriegsschulden in Form eines Notenwechsels mit der Hohen Kommission verlangt, die vom Bundestag zu billigen war.

Das von Hochkommissar Kirkpatrick unterzeichnete Schreiben enthielt als Anlage den Entwurf einer Schuldenerklärung der Bundesrepublik Deutschland.[43] Die Alliierten äußerten den dringenden Wunsch nach einer raschen Abgabe der Erklärung.[44] Änderungen am Wortlaut waren nicht er-

---

[42] Department of State: Memorandum of Conversation: Undertaking by Federal Republic re pre-war debts and claims in respect of post-war assistance: Penson (British Embassy) and Kearney, 18. 10. 1950, NA, RG 59–5207.
[43] Letter to Federal Chancellor on agreement on certain pre-war and post-war external debts. Kirkpatrick to Adenauer, 23. 10. 1950, PRO, FO 311–85032; Deutsche Übersetzung in: Deutsche Auslandsschulden. Dokumente zu den internationalen Verhandlungen Oktober 1950 bis Juli 1951, hrsg. vom Auswärtigen Amt, dem Bundesministerium der Finanzen, dem Bundesministerium für Wirtschaft und dem Bundesministerium für den Marshallplan, 1951, S. 7ff. Der Bundeskanzler war bereits vorab informiert worden; Minute about Meeting AHC with Adenauer, 19. 10. 1950, NA, RG 466-Box 20.
[44] Aufzeichnung Blankenhorn vom 25. 10. 1950, BA, NL Blankenhorn Nr. 6.

wünscht, weil der Text als Ergebnis langer, schwieriger Verhandlungen zwischen den drei Regierungen zustande gekommen war.[45] Diese schienen aber kaum vermeidbar, weil schon bei der ersten Auswertung des Textes auf deutscher Seite erhebliche Einwände gegen dessen Inhalt geltend gemacht wurden. Die Vertreter sämtlicher mit der Schuldenfrage befaßten Bundesministerien sowie der Bank deutscher Länder waren sich einig, daß die Schuldenerklärung so nicht akzeptabel war, sondern zuvor einige Kritikpunkte ausgeräumt werden mußten. Der juristische Berater des Bundeskanzlers, Professor Erich Kaufmann, kritisierte nach einer eingehenden juristischen Prüfung des Textes der von den Besatzungsmächten vorgeschlagenen Erklärung nachdrücklich, daß die Festlegung, in welcher Hinsicht und in welchem Umfang die Haftung der Bundesrepublik für die Auslandsschulden eingeschränkt werden könnte, einseitig dem Ermessen der Alliierten obliegen sollte. Kaufmann forderte statt dessen, die Kriterien für eine Haftungsbeschränkung der Bundesrepublik zum „unmittelbaren Bestandteil der Anerkennungserklärung zu machen."[46] Auch der Vertreter der Bank deutscher Länder von Schelling plädierte dafür, die Aufbringung und den Transfer von Schuldzahlungen in einen eindeutig definierten Zusammenhang zur finanziellen Leistungsfähigkeit der Bundesrepublik zu stellen.[47] Ministerialrat Georg Vogel vom Bundesministerium für den Marshallplan hielt es seinerseits für inopportun, die Verpflichtungen aus den Hilfsleistungen der Jahre 1945/46 ohne weiteres anzuerkennen, weil diese Frage schon 1949 beim Abschluß des ECA-Abkommens diskutiert und dann zurückgestellt worden war.[48] Im Auftrag von Marshallplanminister Blücher verlangte Vogel außerdem, im Text der Schuldenerklärung zu erwähnen, daß die durch die Alliierten herbeigeführte Zersplitterung Deutschlands wesentlich zur finanziellen Schwächung des Landes beigetragen habe.[49] Dem Bundesfinanzministerium, vertreten durch Ministerialrat Granow, bereitete ebenso wie der Bank deutscher Länder vor allem der Umfang der Schuldforderungen Sorge. Von den Alliierten wurden präzise

---

[45] Aufzeichnung Blankenhorn für den Bundeskanzler vom 27. 10. 1950, ebd.
[46] Notizen über die interministerielle Besprechung auf der Grundlage der alliierten Note vom 23. 10. 1950 (AGSEC (50) 2339) vom 24. 10. 1950, BA, B 146–1175.
[47] Referat Marshallplan (6a): Bericht (K. Erbstößer) über die Sitzung im Bundeskanzleramt am 24. 10. 1950 über die mit der Regelung der Vorkriegs- und Nachkriegsschulden im Zusammenhang stehenden Fragen unter Vorsitz von Prof. Dr. Erich Kaufmann vom 25. 10. 1950, HADBB, B 330–2466. Zur äußerst kritischen finanziellen Situation der Bundesrepublik 1950/51 vgl. HENTSCHEL, S. 733 ff.; BUCHHEIM, Die Bundesrepublik und die Überwindung der Dollar-Lücke, S. 92 f.
[48] Vermerk Vogel vom 24. 10. 1950 (geheim), BA, B 146–1175.
[49] Vogel an Kaufmann vom 25. 10. 1950, BA, B 146–1223.

2. Auseinandersetzungen um die Schuldenerklärung

Angaben über deren voraussichtliche Höhe verlangt.[50] Das Problem des konfiszierten deutschen Auslandsvermögens spielte ebenfalls eine wichtige Rolle und blieb ungeachtet aller alliierten Verlautbarungen, die Angelegenheit sei definitiv erledigt, weiter virulent.[51]

Am 30. Oktober trafen sich die deutschen Fachbeamten mit den Finanzsachverständigen der Alliierten Hohen Kommission zu ersten Beratungen über die Schuldenerklärung auf dem Petersberg.[52] Es zeigte sich, daß die von den Alliierten erhoffte schnelle Einigung nicht möglich war, weil die Vorstellungen beider Seiten erheblich divergierten. Neben rein sachlichen spielten dabei auch psychologische Gründe eine Rolle. Die Deutschen reagierten äußerst sensibel, wenn sie sich von den Alliierten zweitrangig behandelt fühlten, und genau diesen Eindruck erweckte die vorliegende Schuldenerklärung. Professor Kaufmann forderte eine Änderung des Textes unter Einbeziehung einer verbindlichen Haftungsklausel. Es gehe nicht an, daß von der Bundesregierung eine völkerrechtlich verbindliche Zusage verlangt werde, die Haftung für die gesamten Auslandsschulden des Deutschen Reichs zu übernehmen, während die Alliierten lediglich ihre Absicht erklärten, später aus freiem Ermessen Nachlässe gewähren zu wollen. Kaufmann verwahrte sich gegen den Vorwurf, seine Kritik als juristische Spitzfindigkeit mißzuverstehen. Im Gegenteil, gerade ein loyaler Schuldner könne keinen Blankoscheck ausstellen.[53] Die Einwände Kaufmanns wurden ebenso zurückgewiesen wie die Bemühungen Vogels, einen Teil der alliierten Wirtschaftshilfe den Besatzungskosten zuzuschlagen.[54] Der britische Finanzberater Melville äußerte zwar ein gewisses Verständnis für die Sorge der Deutschen, die „Katze im Sack" zu kaufen, lehnte eine Änderung des Textes der Schuldenerklärung jedoch mit der Begründung ab, daß die Einfügung eines expliziten Haftungsvorbehalts in den Text das Prinzip der Identität und Kontinuität der Bundesrepublik zum Deutschen Reich in Frage stellen

---

[50] Notizen vom 24. 10. 1950 über die interministerielle Besprechung über die Schuldenfrage auf der Grundlage der alliierten Note vom 23. 10. 1950, BA, B 126–48362.
[51] Telegram McCloy to Secretary, 4. 9. 1951, NA, RG 466-Box 30. Die drei Alliierten zeigten sich in dieser Frage auch deshalb hart, weil sie erneute Diskussionen mit den kleinen Alliierten (z. B. Holland) über das Thema Reparationen vermeiden wollten; Minute: Reparation on Germany, 3. 9. 1951, PRO, FO 371–93455; BFM Schäffer an Staatssekretär des Inneren im BKA vom 22. 1. 1951, BA, B 126–12303.
[52] Alliierte Teilnehmer: Melville, Cattier, Leroy-Beaulieu (sämtliche Finanzsachverständige); deutsche Teilnehmer: Prof. Dr. Kaufmann (BKA), Dr. Weiz (Auswärtiges Amt), Dr. Vogel (ERP), von Schelling und Erbstößer (Bank deutscher Länder), Granow und Gurski (BFM), Ophüls und von Puttkammer (BJM).
[53] Bericht (Gurski) über die Besprechung betr. Anerkennung der deutschen Vorkriegsschulden auf dem Petersberg vom 30. 10. 1950, BA, B 146–1175.
[54] Zu Entstehung der Schuldenerklärung vgl. GEORG VOGEL, S. 179 ff.

würde. Zudem würde jede Änderung am Text der Note zeitraubende Verhandlungen auf Regierungsebene notwendig machen.[55] Melville warb um Vertrauen in die lauteren Absichten der Alliierten. Gerade dies wurde den Deutschen aber nicht gerade leicht gemacht, weil ihnen im gleichen Atemzug unmißverständlich erklärt wurde, daß sich die Alliierten als (Noch-)Inhaber der außenpolitischen Souveränität der Bundesrepublik in der Schuldenfrage das letzte Wort vorbehielten. Ebenso wurde die Mitwirkung deutscher Sachverständiger an den in London bereits laufenden Beratungen der *Intergovernmental Study Group* über die konkrete Ausgestaltung eines Schuldenplans abgelehnt.[56] Von wirklicher Gleichberechtigung konnte demnach keine Rede sein. Entsprechend unzufrieden verließ die deutsche Delegation den Petersberg.[57]

Professor Kaufmann faßte seine Kritik am Text der Schuldenerklärung für die nachfolgenden Beratungen im Kabinett noch einmal detailliert zusammen. Als Rechtsberater für völkerrechtliche Angelegenheiten fühlte er sich verpflichtet, die mit der Formulierung der Schuldenerklärung verbundenen juristischen Implikationen präzise darzulegen. Für ihn stand fest, daß der Text der Note in der vorliegenden Form nicht akzeptabel war.[58] Es zeigte sich jedoch, daß die von ihm verfolgte harte Linie in der Frage der Haftungsklausel vom Bundeskanzler so nicht geteilt wurde.[59] Adenauer näherte sich der Argumentation der Alliierten insofern an, als er die Beschränkung der Haftung in einem direkten Zusammenhang zur Abspaltung der Ostzone sah und dies als potentiell schädlich für die uneingeschränkte in-

---

[55] Granow an Minister Schäffer vom 30. 10. 1950, BA, B 126–48362.
[56] Niederschrift (Erbstößer) über die Verhandlung am 30. 10. 1950 zwischen Vertretern der Alliierten Hochkommissare und der Bundesregierung über die Anerkennung der finanziellen Verpflichtungen der Bundesregierung vom 31. 10. 1950, HADBB, B 330–2466.
[57] Bank deutscher Länder (von Schelling) an BFM (Ministerialdirektor Wolff) vom 30. 10. 1950 (streng vertraulich), BA, B 126–48362.
[58] Kaufmann bestand darauf, daß die Bundesrepublik nur für ihr Territorium die Haftung übernehmen konnte. Auf Absichtserklärungen wollte er sich aus juristischen Gründen nicht einlassen. Außerdem verlangte er eine eindeutige Regelung der Goldklauselfrage und eine definitive Zusicherung, daß keine Ansprüche aus dem Haager Abkommen mehr bestünden. Es hatte beunruhigende Äußerungen der BIS gegeben. Das Haager Abkommen war nie offiziell aufgehoben und das Lausanner Abkommen von 1932 war nie ratifiziert worden; Prof. Kaufmann (Rechtsberater für völkerrechtliche Angelegenheiten im BKA): Aufzeichnung über die äußeren Vorkriegsschulden des Reiches vom 3. 11. 1950 (geheim), BA, B 146–1175; Sondersitzung des Kabinetts vom 2. 11. 1950, in: Die Kabinettsprotokolle der Bundesregierung, Bd. 2 (1950), S. 792f.
[59] Kaufmann hatte seine Auffassung dem Kabinett bereits zuvor ausführlich dargelegt; Prof. Kaufmann: Aufzeichnung zur Schuldenfrage vom 31. 10. 1950 (geheime Kabinettssache), BA, B 146–1175 und B 126–48362 (mit Randbemerkung Vogel vom 2. 11. 1950); vgl. ABS, Der Weg zum Londoner Schuldenabkommen, S. 83 f.

2. Auseinandersetzungen um die Schuldenerklärung

ternationale Anerkennung der Rechtsnachfolge der Bundesrepublik erachtete. Er zeigte sich überzeugt, daß man mit den Gläubigerstaaten ein Arrangement erzielen könne, das der finanziellen Leistungsfähigkeit der Bundesrepublik gerecht würde.[60] Der Kanzler entschied sich damit klar für eine Kooperation mit den Alliierten. Indirekte Schützenhilfe erhielt er von Finanzminister Schäffer, der darauf hinwies, daß es ohne eine formelle Anerkennung der Auslandsschulden keine internationalen Kredite für die Bundesrepublik geben würde, die für den wirtschaftlichen Wiederaufbau dringend benötigt wurden.[61] Marshallplanminister Blücher hielt mit dem Bemerken dagegen, daß der Bundesrepublik ein Teil der Nachkriegsschulden allein durch „die politischen Irrtümer der Alliierten" entstanden sei.[62] Blüchers Sorge, die Regierung könne durch ein allzu kooperatives Verhalten leicht in den Geruch der „Erfüllungspolitik" geraten, wurde von einigen seiner Kabinettskollegen durchaus geteilt. Justizminister Dehler warnte vor einem Wiederaufleben alter Verpflichtungen aus dem Versailler Vertrag.[63] Zu einer einheitlichen Meinung gelangte das Kabinett aber nicht. Es wurde daher beschlossen, die Hohe Kommission um weitere Erläuterungen zu bitten und den Auswärtigen Ausschuß des Bundestags zur Sache zu hören.[64] Bundeskanzler Adenauer verlautbarte im Kabinett, daß die Bundesregierung ohne parlamentarische Rückendeckung in dieser Frage keine Erklärung abgeben könne. Dabei ging er allerdings davon aus, daß der Bundestag trotz gewisser Bedenken seine Zustimmung zur Schuldenerklärung nicht verweigern würde. Mit einer kompromißlosen Haltung rechnete er wegen der Relevanz der Schuldenerklärung für die Gewährung weiterer Souveränitätsrechte zu diesem Zeitpunkt nicht.

Adenauer selbst war sehr um eine rasche Einigung bemüht, da er der Lockerung des Besatzungsstatuts oberste Priorität einräumte. Er benötigte

---

[60] Adenauer hielt eine komplette Rückzahlung der Vorkriegsschulden für unmöglich; RUDOLF MORSEY und HANS-PETER SCHWARZ (Hrsg.), Adenauer, Teegespräche 1950–1954, Berlin 1984, S. 19.
[61] Zur zeitgenössischen Einschätzung der wirtschaftlichen Situation der Bundesrepublik vgl. WILHELM RÖPKE, Das Deutsche Wirtschaftsexperiment. Beispiel und Lehre, in: ALBERT HUNOLD (Hrsg.), Vollbeschäftigung, Inflation und Planwirtschaft. Aufsätze, Zürich 1951, S. 308.
[62] Auch vom Bundeswirtschaftsministerium wurden die Nachkriegsschulden kritisch unter die Lupe genommen. Forderungen aus counterpart-funds könnten nur insoweit berücksichtigt werden, als sie de facto für Wirtschaftshilfen verwandt wurden und nicht für Verwaltungskosten der Besatzungsmächte; BWM (Graf) an den Bundesminister für den Marshallplan vom 8. 11. 1950, BA, B 146–1213.
[63] Die Bank für internationale Zusammenarbeit in Basel hatte auf noch bestehende Forderungen hingewiesen.
[64] Kabinettssitzung vom 7. 11. 1950, in: Die Kabinettsprotokolle der Bundesregierung, Bd. 2 (1950), S. 810 f.

dringend vorzeigbare politische Erfolge, weil seine Reputation in der Öffentlichkeit auf einen Tiefpunkt gesunken war. In Kenntnis dieser Situation waren die Hohen Kommissare durchaus bemüht, den Kritikern des Kanzlers nicht weitere Munition frei Haus zu liefern. Sie waren in ihrem Handeln aber an Weisungen gebunden, die ihnen in der Schuldenfrage kaum Spielraum ließen.[65] Adenauer signalisierte den Hohen Kommissaren persönliche Kompromißbereitschaft, wofern die innenpolitische Situation dies zuließ.[66] Dem amerikanischen Hochkommissar McCloy stimmte er mit einem Seitenhieb auf Professor Kaufmann in dessen Einschätzung zu, daß die Deutschen gelegentlich zur „juristischen Haarspalterei" neigten.[67] Der Gescholtene verteidigte im Kabinett jedoch unbeirrt seine Forderung nach einer Haftungsbeschränkung *pro rata territorii*, obwohl der Bundeskanzler, unterstützt von Finanzminister Schäffer, klar gegenteiliger Meinung war.[68] Adenauer wollte einen monatelangen Streit um die Formulierung der Note unbedingt vermeiden, stimmte aber zu, daß man sich in Gesprächen mit den alliierten Finanzsachverständigen um eine Verbesserung des Textes unter der Bedingung bemühte, daß dazu keine Genehmigung der alliierten Regierungen erforderlich sein würde. Ersatzweise hielt er es, einem Vorschlag von Finanzminister Schäffer folgend, für akzeptabel, den deutschen Standpunkt in einem Begleitschreiben (Mantelnote) niederzulegen. Auf diesen Vorschlag, der die Grundlage für weitere Gespräche mit den Finanzsachverständigen bildete, konnte sich das Kabinett dann einigen.[69] Am 27. November wurden die Gespräche auf dem Petersberg fortgesetzt. Den Deutschen wurde die Gelegenheit geboten, ihre Bedenken noch einmal in aller Ausführlichkeit darzulegen.[70] Die von deutscher Seite dabei unterbreiteten Vorschläge zur Modifikation des Textes wurden von den Vertretern der Alliierten kommentarlos zur Kenntnis genommen. Am Ende der Sitzung erhielten die deutschen Vertreter dann die Erlaubnis, ihre Vorschläge der Hohen

---

[65] Crawford (Foreign Office, German Section) to Eugene Melville (Office of the Financial Adviser, Wahnerheide), 9. 11. 1950, PRO, FO 1036–959.
[66] Referat Marshallplan (6a), Vermerk Erbstößer vom 15. 11. 1950 betr. Stand der Verhandlungen über die Anerkennung der deutschen Auslandsschulden, HADBB, B 330–2466.
[67] Wahnerheide (Kirkpatrick) to Foreign Office, 17. 11. 1950, PRO, FO 1036–959.
[68] Vorlage Kaufmanns für Bundeskanzler vom 15. 11. 1950, BA, B 126–48362. Darin berief er sich auch auf Hermann J. Abs.
[69] Kabinettssitzung vom 21. 11. 1950, in: Die Kabinettsprotokolle der Bundesregierung, Bd. 2 (1950), S. 833 ff.
[70] Als klärungsbedürftige Punkte wurden angesehen: Territorialfaktor der Haftung, Transferproblem, Übernahme der Schulden von Reichsorganisationen, Forderungen der BIS (Reparationen des Ersten Weltkriegs), Goldklausel, Schulden Österreichs, Nachkriegsschulden aus den Jahren 1945/46; Bericht Erbstößer über Besprechung betr. Anerkennung der deutschen Auslandsschulden am 27. 11. 1950 auf dem Petersberg, HADBB, B 330–2466.

2. Auseinandersetzungen um die Schuldenerklärung

Kommission schriftlich vorzulegen.[71] Dies wurde von Professor Kaufmann prompt erledigt, der in seinem Schreiben werbend darauf hinwies, daß man den vorgegebenen Text der Note *cum grano salis* nur um einige Sätze aus dem alliierten Schreiben vom 23. Oktober ergänzt habe.[72] Bei seinem nächsten Treffen mit den Hohen Kommissaren Anfang Dezember mußte sich der Bundeskanzler erst einmal einer Standpauke McCloys unterziehen, der die negative Aufnahme der Schuldenerklärung in Deutschland heftig kritisierte, statt diese als Chance zur Normalisierung der Wirtschaftsbeziehungen zum westlichen Ausland zu verstehen. In seiner Replik stellte Adenauer besänftigend fest, daß er persönlich keine schwerwiegenden Einwände gegen die vorliegende Schuldenerklärung habe. Unter Verweis auf die schwierige Haltung des Bundestags schlug Adenauer die Abfassung eines Begleitschreibens zur vorliegenden Schuldenerklärung vor. Auf diese Weise könnte eine Änderung des Wortlauts der Erklärung vermieden werden. Adenauer gab sich zuversichtlich, daß in der nächsten Sitzung des Auswärtigen Ausschuß des Bundestags entscheidende Fortschritte gemacht werden könnten.[73]

Auf dem Petersberg wuchs mittlerweile die Einsicht, daß ein kompromißloses Festhalten an der bisher verfolgten harten Linie keinen Erfolg bringen würde.[74] Der Bundeskanzler selbst war zwar nach wie vor willig, die Sache schnell vom Tisch zu bekommen, mußte aber innenpolitische Rücksichten nehmen. Im Bundestag gab es selbst in den Reihen der CDU Widerstände gegen die Annahme der Schuldenerklärung in ihrer bisherigen Form. Adenauer verglich seine damalige politische Situation mit derjenigen von Reichskanzler Brüning im Jahr 1932 und verlangte von den Hohen Kommissaren mehr Entgegenkommen.[75]

---

[71] Vermerk Vogel vom 27. 11. 1950, BA, B 146–1175; Report of a meeting between Finance Advisers and Federal Representatives, 27. 11. 1950, PRO, FO 1036–959; Allied High Commission for Germany, Finance Commission, 27. 11. 1950, PRO, T 236–2137.
[72] Schreiben Kaufmann an Cattier (U.S. Financial Adviser HICOG) nebst Anlagen vom 28. 11. 1950 [Es handelte sich um den Vorschlag für den Text der Schuldenerklärung sowie den Vorschlag für eine Begleitnote nebst Alternativen], BA, B 146–1175.
[73] Nr. 20, Wortprotokoll der Sitzung vom 1. 12. 1950, in: AAPBD, Adenauer und die Hohen Kommissare, Bd. 1: 1949–1951, S. 286 ff.; McCloy to London, 1. 12. 1950, NA, RG 43-Box 158; McCloy to Department, 1. 12. 1950, NA, RG 466-Box 22; Kirkpatrick (Wahnerheide) to FO (Gainer; Mallet), 1. 12. 1950, PRO, FO 944–287; Minute Melville, 1. 12. 1950, PRO, FO 1036–959.
[74] Melville to Crawford, 29. 11. 1950, PRO, FO 1036–959; Kirkpatrick (Wahnerheide) to Foreign Office, 29. 11. 1950, PRO, FO 371–85032; McCloy to London (Info), 30. 11. 1950, NA, RG 43-Box 158.
[75] In der Hohen Kommission war zu diesem Zeitpunkt noch strittig, welchen Einfluß der

Anfang Dezember 1950 sah es tatsächlich so aus, als wäre das Thema Schuldenerklärung bald vom Tisch. Nach Rücksprache mit ihren Regierungen und der *Intergovernmental Study Group* in London nahm die Alliierte Hohe Kommission eine Kurskorrektur vor. Das *Foreign Office* schickte Hochkommissar Kirkpatrick eine ausführliche Stellungnahme zur Eingabe von Professor Kaufmann, die neue Leitlinien für Gespräche mit der Bundesregierung enthielt.[76] Mit Befriedigung stellten die deutschen Unterhändler fest, daß ihnen die Alliierten nunmehr in fast allen wichtigen Punkten entgegenkamen. An erster Stelle war hier zu nennen, daß die Festlegung von Art und Umfang künftiger Reduktionsfaktoren nicht mehr dem alleinigen Ermessen der Alliierten obliegen, sondern in „consultation" mit der Bundesregierung erfolgen sollte. Die von den Deutschen vorgeschlagene Formulierung „jointly" war zwar abgelehnt worden, mit dem Vorschlag der Alliierten ließ sich aber ebenfalls gut leben, zumal auch die Verpflichtung, auf die deutsche Zahlungsfähigkeit Rücksicht nehmen zu müssen, präzisiert worden war. Keine Annahme fand dagegen die Forderung des Marshallplanministeriums, die Rückzahlungsansprüche für die alliierten Hilfslieferungen der Jahre 1945/6 prinzipiell zu streichen.[77] Angesichts des sonstigen Entgegenkommens wurde dies als nicht so gravierend bewertet. Bei späterer Gelegenheit sollte dieser Punkt erneut thematisiert werden. Mit dem Verhandlungsergebnis zeigte man sich in Regierungskreisen insgesamt zufrieden. „Das wünschenswerte Ziel ist zwar nicht erreicht worden, die in dem alliierten Entwurf enthaltenen Unklarheiten und Gefahren der verlangten Schuldenanerkennung sind aber durch die gegenwärtige Fassung, in Verbindung mit der in dem Begleitschreiben zu treffenden Vereinbarung, weitgehend ausgeräumt worden."[78] Das Bundeskabinett war bereit, auf dieser Basis seine Zustimmung zu erteilen.[79]

Es gab aber auch kritische Stimmen. In der Bank deutscher Länder trauerte man der vermeintlichen Chance nach, ein noch besseres Verhandlungsergebnis erzielt haben zu können, wenn mit Nachdruck weitere Forderun-

---

deutsche Verteidigungsbeitrag auf die Änderung des Besatzungsstatuts haben sollte; Wahnerheide (Kirkpatrick) to Foreign Office, 2. 12. 1950, PRO, FO 371–85032.
[76] Foreign Office to Wahnerheide, 3. 12. 1950, PRO, FO 1036–959; es entsprach ganz besonders den britischen Interessen, in puncto *post-war debts* keine Zugeständnisse zu machen (weder zeitlich noch in der Höhe). Zu den Einzelfragen: 1. Betr. Goldklausel gebe es noch keine einheitliche alliierte Meinung, 2. Die Schulden aus den Dawes- und Young Loans sollten Teil des *debt settlement* sein, nicht aber die sogenannten Annuitäten.
[77] Draft text of German assurance on debts. Text of telegram received from Wahnerheide, Monday evening December 4th, 1950, PRO, FO 371–85032.
[78] Vermerk Granow an Minister vom 8. 12. 1950, BA, B 126–48362.
[79] Wahnerheide to Foreign Office, 6. 12. 1950, PRO, FO 1036–959.

2. Auseinandersetzungen um die Schuldenerklärung

gen erhoben worden wären.[80] Die vordergründig gegen die deutsche Verhandlungsführung gerichtete Kritik zielte im Grunde gegen den Kanzler selbst, dem eine zu nachgiebige und den deutschen politischen Interessen abträgliche Politik gegenüber den Hohen Kommissaren angelastet wurde. Im Fall der Schuldenerklärung war die Kritik tatsächlich nicht ganz unberechtigt, weil das alliierte Interesse an der Abgabe einer Schuldenerklärung dem deutschen nicht nachstand.[81]

Die Hoffnungen, daß der Notenaustausch in Kürze erfolgen könnte, zerstoben jedoch rasch. Zwar gelang es dem Bundeskanzler, die Spitzen der Koalitionsparteien auf eine Zustimmung festzulegen, sein Glaube, damit auch die Hürde Bundestag so gut wie überwunden zu haben, erwies sich jedoch als voreilig. Durch ein ungeschicktes Verhalten des Bundeskanzlers provoziert, ließ sich der Auswärtige Ausschuß des Bundestags keineswegs auf ein schnelles Ja ein, sondern beschloß mit deutlicher Mehrheit, die Angelegenheit erst einmal durch einen Unterausschuß sorgfältig prüfen zu lassen.[82] Erst auf der Basis des Prüfungsberichts sollte die Sache dann definitiv vom Parlament entschieden werden. Kritische Stimmen zur Schuldenerklärung gab es quer durch alle Parteien. Dabei spielte auch die Frage des deutschen Auslandsvermögens eine nicht unerhebliche Rolle. Zahlreiche Abgeordnete verlangten nämlich, die Schuldenerklärung in einen direkten Zusammenhang zum beschlagnahmten deutschen Auslandsvermögen zu stellen. Das in den Gläubigerländern noch vorhandene deutsche Auslandsvermögen sollte mit den deutschen Auslandsschulden verrechnet werden.[83] Das heikle Thema bot der Opposition reichlich Gelegenheit, die Regierung unter Druck zu setzen. Den Hohen Kommissaren war die Problematik natürlich bekannt. Von deutscher Seite wurde immer wieder versucht, eine Änderung der geltenden Bestimmungen zum deutschen Auslandsvermögen zu erreichen. Dabei richteten sich die Hoffnungen vor allem auf die Ameri-

---

[80] Vermerk von Schelling an Präsident vom 6. 12. 1950, HADBB, B 330–2466 Darin hieß es: „Möglicherweise hätten noch mehr Vorbehalte ins Feld geführt werden können als diejenigen, die jetzt wohl für die Bundesregierung überraschend von alliierter Seite anerkannt worden sind, überraschend insofern, als man auf Seiten der Bundesregierung geglaubt hatte, gar keine Einwendungen erheben zu dürfen, weil diese doch nicht berücksichtigt werden und nur das Inkrafttreten des Besatzungsstatuts verzögern würden."

[81] McCloy to Secretary, 7. 12. 1950, NA, RG 466-Box 22. Die HICOM sollte sich so um die Schuldenerklärung bemühen „... that no impression ‚running after the Germans' should be given."

[82] 33. Sitzung des Auswärtigen Ausschusses vom 5. 12. 1950, in: Der Auswärtige Ausschuß des Deutschen Bundestages, Bd. 1: Sitzungsprotokolle 1949–1953, S. 165 ff.; McCloy to US Embassy London, 7. und 9. 12. 1950, NA, RG 43-Box 158; vgl. GEORG VOGEL, S. 181.

[83] McCloy to Secretary, 5. und 7. 12. 1950, NA, RG 59–5170. Zur Behandlung der Schuldenerklärung im Parlament vgl. ABS, Entscheidungen, S. 74 ff.

kaner.[84] Vergeblich! Die Alliierten zeigten sie sich in dieser Frage völlig unzugänglich. Alle im Zusammenhang mit der Schuldenerklärung unternommenen Vorstöße wurden von der Hohen Kommission harsch zurückgewiesen: Die Frage des deutschen Auslandsvermögens sei durch die Abkommen von Washington und Paris definitiv erledigt.[85]

Auf mehr Gehör traf dagegen eine andere deutsche Forderung, die aus Wirtschafts- und Finanzkreisen an die Bundesregierung herangetragen wurde.[86] Dort gab es seit einiger Zeit Befürchtungen, daß „die deutsche Seite in die Gefahr gerät, von der Entwicklung überspielt zu werden."[87] Gemeint waren hierbei die privaten deutschen Schuldnerinteressen. Seit die Auslandsschuldenfrage von der New Yorker Außenministerkonferenz auf die politische Tagesordnung gesetzt worden war, wuchs die Gefahr, daß die Interessen der Wirtschaft gegenüber denen der Politik ins Hintertreffen gerieten. Die Rede von den deutschen Auslandsschulden verdeckte die Tatsache, daß es sich dabei um ein Konglomerat heterogener Schuldenarten des öffentlichen und privaten Sektors aus der Vor- und der Nachkriegszeit handelte. Eine umfassende Schuldenregelung hatte die höchst diffizile Aufgabe zu bewältigen, eine Balance zwischen den vielen unterschiedlichen Kategorien herzustellen. Angesichts der immensen öffentlichen Verschuldung bestand durchaus die Gefahr, daß der private Bereich zu kurz kommen könnte. Die seit Jahren diskutierten Möglichkeiten des sogenannten *DM-settlement* und des *new investment* in der Bundesrepublik waren trotz aller Initiativen internationaler Wirtschafts- und Finanzkreise immer noch sehr eingeschränkt. Diese unbefriedigende Situation war auch Thema eines informellen Treffens von Vertretern des Deutschen Ausschusses für internationale finanzielle Beziehungen mit Mitgliedern des britischen, amerikanischen und schweizerischen Stillhalte-Komitees, das Mitte November 1950 in London abgehalten wurde. Die deutsche Delegation wurde von Hermann J. Abs angeführt.[88] Im Mittelpunkt der Gespräche standen die deutschen Stillhalte-

---

[84] Department of State: Memorandum of Conversation with Dr. Fritz Baade (SPD), Geoffrey W. Lewis, Daniel F. Margolies, 3. 11. 1950, NA, RG 59–5170.
[85] Melville (Financial Adviser to the U.K. High Commissioner) to Crawford, 6. 12. 1950, PRO, FO 944–287; McCloy to London, 5. 12. 1950, NA, RG 43-Box 158.
[86] Robert Pferdmenges an Bundeskanzler Adenauer vom 2. 12. 1950, BKAH, Schriftlicher Nachlaß Adenauer Nr. 10.11. Die Bundesregierung leitete die Forderung an die AHK weiter: McCloy to London, NA, RG 43-Box 158.
[87] Vermerk für Herrn Abs betr. Verhandlungen zwischen deutschen Schuldner- und ausländischen Gläubigerausschüssen in Fragen der Stillhaltung und der Anleiheschulden vom 7. 9. 1950, HADB, NL Krebs, Der deutsche Ausschuß für Stillhalteschulden. Ausschuß für internationale Beziehungen.
[88] Vertreter der Bundesrepublik: Abs, Leverkühn, von Schelling, Wolff; Vertreter der USA:

2. Auseinandersetzungen um die Schuldenerklärung 131

schulden.[89] Alle Beteiligten waren sich einig, daß eine schnelle Regelung dieser Schuldenkategorie nicht nur im Interesse der Gläubiger lag, sondern für eine positive wirtschaftliche Entwicklung der Bundesrepublik dringend erforderlich war, weil die Wiederherstellung normaler Bank- und Kreditbeziehungen zum Ausland ganz wesentlich vom Funktionieren internationaler Bankkontakte abhing. Nach Einschätzung von Abs waren die deutschen Bank- und Industrieschuldner willens und mit wenigen Ausnahmen auch dazu fähig, ihre Schulden aus der Stillhaltung abzutragen.[90] Allein die geltende Rechtslage stand dem nach wie vor entgegen. Über neue Kredite wurde zwar nicht direkt gesprochen, allen Beteiligten war aber klar, daß dies das Ziel der Deutschen war.[91] Nach Einschätzung von Abs verliefen die Verhandlungen „in derselben angenehmen Atmosphäre, welche auch in früheren Zeiten die Besprechungen zwischen den Ausschüssen ausgezeichnet hatte."[92] Zum positiven Klima hatte sicher auch beigetragen, daß Sir Edward Reid im Namen der britischen Banken eine Anrechnung der zwischenzeitlich erfolgten Ausschüttungen aus dem liquidierten deutschen Auslandsvermögen auf die Stillhalteschulden versprach.[93] Die Teilnehmer des privaten Treffens kamen überein, ihre Forderungen nach einer schnellen Regelung der kurzfristigen privaten Verschuldung und nach einer Beseitigung von Restriktionen und Hindernissen beim DM-*settlement* und bei einer Investitionstätigkeit in der Bundesrepublik in einer Denkschrift zusammenzufassen, die Anfang Dezember den Regierungen, der Alliierten Hohen Kommission und den Zentralbanken zugestellt wurde.[94]

Gomory; Vertreter Großbritanniens: Sir Reid, Mr. Olaf Hambro, Leonard Ingrams, Jarvis, Macartney-Filgate, Kleinwort, Sir Rendel; Vertreter der Schweiz: Renz sowie einige britische Anwälte. Protokoll über die Londoner informellen Besprechungen zwischen dem Deutschen Ausschuß für internationale finanzielle Beziehungen und den britischen, amerikanischen und schweizerischen Stillhalte-Komitees am 16. 11. 1950, HADB, NL Krebs, Der deutsche Ausschuß für Stillhalteschulden/Ausschuß für internationale Beziehungen 1948–1951.

89 Minute: Informel conference on German short-term debts, 16. und 17. 11. 1950, PRO, FO 371–93853; Protokoll über die Londoner informellen Besprechungen zwischen dem Deutschen Ausschuß für finanzielle Beziehungen und den britischen, amerikanischen und schweizerischen Stillhalte-Komitees vom 16. und 17. 11. 1950, HADBB, B 330–3376, und HADB, NL Krebs, Der Ausschuß für Stillhalteschulden/Ausschuß für internationale Beziehungen 1948–1951.

90 Für die Ostschuldner forderte Abs aber Sonderregelungen.

91 Abs an Vocke vom 5. 12. 1950, HADBB, B 330–3376; Vermerk (Bad Homburg) betr. Deutsche Auslandsverschuldung vom 15. 2. 1950, HADBB, B 330–2466.

92 Protokoll der Sitzung vom 17. 11. 1950 (nachmittags), HADB, NL Krebs, Stillhalteschulden, Studiengesellschaft.

93 ABS, Der Weg zum Londoner Schuldenabkommen, S. 85.

94 Memorandum British Banking Committee for German Affairs (Sir Edward Reid), American

Im *Foreign Office* traf die Forderung nach einer Verbesserung der Investitionsmöglichkeiten in Deutschland auf Unterstützung, sofern diese nicht den Gläubigern der Stillhalteschulden allein zugute kamen.[95] Änderungen an den geltenden gesetzlichen Regelungen ließen aber trotzdem auf sich warten.[96] Die Banker ließen ihre guten Verbindungen zur Politik nicht ungenutzt. Um ihren Wünschen Nachdruck zu verleihen, wandten sich Vertreter der New Yorker Banken direkt an Hochkommissar McCloy:[97] Abs nutze seine Kontakte in Bonn.[98] In seinem Bemühen um die privaten Auslandsschulden wurde Abs von der Studiengesellschaft für privatwirtschaftliche Auslandsinteressen e.V. unterstützt. Dabei handelte es sich um eine von der deutschen Wirtschaft finanziell geförderte Institution mit Sitz in Bremen, die sich vehement für die Freigabe des beschlagnahmten deutschen Auslandsvermögens und dessen Verrechnung mit den privaten Auslandsschulden einsetzte. In einem Memorandum der Studiengesellschaft wurde der Bundesregierung die Legitimation abgesprochen, „für die privaten deutschen Vorkriegsschuldner mit rechtlich bindender Kraft ein Anerkenntnis auszusprechen." Die kurzfristigen privaten Schulden sollten nach Meinung der Studiengesellschaft wegen ihrer Relevanz für die Wiederherstellung der deutschen Kreditfähigkeit rasch geregelt werden, allerdings nur in Verrechnung mit dem im Ausland beschlagnahmten deutschen Vermögen. Das den Deutschen entschädigungslos geraubte Auslandsvermögen stellte nach Auffassung der Studiengesellschaft den natürlichen Gegenwert für die kurzfristigen deutschen Schulden dar. Die generelle Anerkennung der öffentlichen Schulden wurde von der Studiengesellschaft dagegen als verfrüht abgelehnt. Bei den alten Reichsschulden handelte es sich nach ihrer Meinung überwiegend um teilweise zweifelhafte politische Schulden. Bei der Dawes- und der Young-Anleihe war sogar von „Kriegsschulden aus dem Ersten Weltkrieg" die Rede. Deren Bezahlung würde die Rückzahlung

---

Committee for Standstill Creditors of Germany (Andrew L. Gomory), Swiss Banking Committee for the German Credit Agreement (G. Renz) and German Advisory Committee for International Financial Relations (Abs) to AHC (Kopien an Regierungen und Zentralbanken), 4. 12. 1950, PRO, FO 371–93853. Speziell wurde die Aufhebung der 60-Tage Notifikationspflicht gefordert und die Möglichkeit verlangt, Erlöse aus dem DM-settlement unter Ausländern zu Investitionszwecken zu veräußern.

[95] Foreign Office to Wahnerheide, 20. 12. 1950, und AHC (L. Handley-Derry) to British Banking Committee for German Affairs, 11. 1. 1951, PRO, FO 371–93853.

[96] Protokoll über die Sitzung des Deutschen Ausschusses für internationale Beziehungen vom 16. 2. 1951, HADBB, B 330–3810; Rundschreiben Abs (Deutscher Ausschuß für internationale finanzielle Beziehungen vom 15. 5. 1951, HADBB, B 330–3376.

[97] McCloy (Frankfurt) to London, 2. 12. 1950, NA, RG 43-Box 158.

[98] Abs an Vizekanzler Blücher vom 5. 12. 1950, BA, B 146–1175.

2. Auseinandersetzungen um die Schuldenerklärung

der privaten deutschen Schulden und damit die wirtschaftliche Entwicklung der Bundesrepublik als Ganzes gefährden.[99] Abs unterhielt gute Kontakte zur Bremer Studiengesellschaft. Er unterstützte deren Ziele im Grundsatz, hielt aber manche öffentliche Darstellung für überzogen und realitätsfern. Dies hinderte ihn jedoch nicht, die Gesellschaft im Bedarfsfall für seine Zwecke einzuspannen.

Nachdem Adenauer mit seinem Vorhaben gescheitert war, die Schuldenerklärung noch vor der Weihnachtspause vom Auswärtigen Ausschuß des Bundestags absegnen zu lassen, glaubte er, den Alliierten die grundsätzliche Bereitschaft der Bundesregierung zur Übernahme der deutschen Auslandsschulden auf andere Weise erklären zu müssen.[100] Die wiederholten Mahnungen der Hohen Kommissare, die Angelegenheit im eigenen politischen Interesse nicht auf die lange Bank zu schieben, hatten den Kanzler sichtlich beeindruckt. Er hielt es für dringend geboten, noch vor dem Beginn der Außenministerkonferenz in Brüssel ein Zeichen des guten Willens zu setzen, obwohl ihn der Auswärtige Ausschuß des Bundestags ausdrücklich gebeten hatte, die Sache bis zum voraussichtlichen Abschluß der Prüfungen im Januar 1951 ruhen zu lassen. Adenauer ließ sich von Professor Kaufmann in Abstimmung mit anderen Ressorts ein Schreiben konzipieren, das die Bereitschaft der Bundesrepublik zur Übernahme der Vor- und Nachkriegsschulden zum Ausdruck brachte.[101] Adenauer war fest entschlossen, auch ohne den Segen des Bundestags initiativ zu werden, obwohl ihm führende Mitglieder der Koalitionsparteien von einem solchen Schritt abrieten. Auch in der Alliierten Hohen Kommission herrschte Unsicherheit darüber, wie man auf einen Alleingang des Kanzlers reagieren und dessen verfassungsrechtliche und politische Implikationen bewerten sollte.

Über die Gründe, die den Bundestagsausschuß zu einer ablehnenden Haltung bewogen hatten, war die Hohe Kommission aus erster Hand von dessen Vorsitzendem Carlo Schmid (SPD) informiert worden. Schmid hatte keinen Hehl aus der Tatsache gemacht, daß neben einer Reihe sachlicher Erwägungen, wie der Frage nach dem weiteren Schicksal des deutschen Auslandsvermögens oder dem Fehlen eines konkreten Schuldenplans, die Person des Bundeskanzlers für das negative Votum des Ausschusses entscheidend gewesen war. Nicht nur die Opposition, sondern auch einige Abge-

---

[99] Memorandum Studiengesellschaft für privatrechtliche Auslandsinteressen e.V., Bremen (Hermann Janssen) an BFM vom Dezember 1950, BA, B 146–1175.
[100] Vermerk Erbstößer betr. Stand der Verhandlungen über die Abgabe der deutschen Auslandsschuldenerklärung vom 22. 12. 1950, HADBB, B 330–2466.
[101] Adenauer an AHK vom 18. 12. 1950, PRO, FO 371–93445; Entwurf Kaufmann vom 14. 12. 1950 nebst Korrekturvorschlägen vom 15. 12. 1950, BA, B 146–1175.

ordnete der Koalition hätten die Gelegenheit ergriffen, „to chastise him by letting him ‚stew in his own juice'." Schmid bat die Alliierten, die Entscheidung des Ausschusses nicht mißzuverstehen. Es gehe nicht darum, sich aus der Verantwortung für die Auslandsschulden stehlen zu wollen, sondern es gehe um die Person des Kanzlers. Adenauer müsse seine Lektion lernen und in Zukunft „pay more attention to parliamentary view in his undertakings with Allies."[102]

Die Besorgnis der Hohen Kommissare über die innere Lage in Deutschland nahm zu. McCloy und Kirkpatrick berichteten ihren Regierungen übereinstimmend von der wachsenden antialliierten Stimmung in der Bevölkerung und dem Ansehensverlust des Kanzlers. Die Annahme einer drohenden innenpolitischen Krise galt als realistisches Szenario.[103] In dieser Situation wuchs bei den Alliierten die Unsicherheit darüber, wie man mit den seit dem Ausbruch des Korea-Kriegs stark verunsicherten Deutschen umgehen sollte. Das Scheitern der Schuldenerklärung im Auswärtigen Ausschuß des Bundestags wurde beim Außenministertreffen in Brüssel als klares Zeichen einer zunehmenden deutschen Obstination gewertet, der mit Entschiedenheit begegnet werden sollte. Jede Änderung am Besatzungsstatut vor der offiziellen Abgabe der Schuldenerklärung wurde kategorisch ausgeschlossen. Gleichzeitig sollte den Forderungen des Kanzlers nach einer Umwandlung des Besatzungsstatuts in eine vertragliche Vereinbarung mit einer freundlichen Absichtserklärung begegnet werden, die viel verhieß und nichts versprach. Mit dieser Taktik glaubte man, den neutralistischen Stimmungen in der deutschen Bevölkerung den Nährboden entziehen zu können. Wie man es nun konkret mit der Schuldenerklärung halten wollte, wurde nicht definitiv festgelegt. Man konnte sich aber darauf einigen, nicht unbedingt buchstabengetreu an der New Yorker Vereinbarung festhalten zu wollen.[104]

Am 18. Dezember wurde dem amtierenden Vorsitzenden der Alliierten Hohen Kommission François-Poncet ein als informeller Entwurf deklariertes Schreiben des Bundeskanzlers übergeben, in dem sich die Bundesregierung nach einleitenden Erläuterungen zur Haltung des Bundestags bereit erklärte „to meet its obligations in accordance with its economic and financial capacity and to co-operate in the working-out of a general plan of payment."[105] Angefügt war die Bitte, das Schreiben des Kanzlers zumindest

---

[102] McCloy to US Embassy (London), 16. 12. 1950, NA, RG 43–229 und RG 466–23.
[103] Ebd.; Kirkpatrick to Foreign Office, 16. 12. 1950, PRO, FO 944–287.
[104] From Brussels (Sir J. Le Rougetel) to Foreign Office, 21. 12. 1950, PRO, FO 944–287.
[105] Unofficial letter of the Chancellor with respect to the debt assurance, December 1950, NA, RG 466–23.

2. Auseinandersetzungen um die Schuldenerklärung

vorläufig als ausreichend im Sinne des alliierten Schreibens vom 23. Oktober zu akzeptieren. Die Reaktion auf den informellen Vorschlag fiel eher verhalten aus. Die in dem Schreiben Adenauers gewählten Formulierungen zur Anerkennung der deutschen Schuldverpflichtung waren zwar formal korrekt, sie wiesen aus amerikanischer Sicht jedoch eine semantische Differenz zur New Yorker Erklärung auf, die als Aufwertung der deutschen Position interpretiert werden konnte.[106] Das eigentliche Problem bestand darin, daß eine wirkliche Bereitschaft zu einer gleichberechtigten Mitwirkung der Deutschen, wie sie von Bonn gefordert wurde, zu diesem Zeitpunkt auf alliierter Seite nicht wirklich vorhanden war, auch wenn man nach außen genau diesen Eindruck zu erwecken versuchte. Das Vertrauen in die Deutschen war immer noch sehr gering, und jeder noch so kleine Positionsgewinn der Deutschen wurde mit Argwohn betrachtet. Die Besatzungsmächte waren entschlossen, das Heft des Handelns fest in den eigenen Händen zu behalten. Falls nötig wollten sie auch dazu in der Lage sein, ihre Position gegenüber den deutschen Schuldnern und gegenüber den privaten Gläubigern zwangsweise durchzusetzen. Dazu standen ihnen zwei Mittel zur Verfügung: zum einen die Rechte aus dem Besatzungsstatut und zum anderen der *priority-status* bei den Nachkriegsschulden. Letzterer würde an taktischer Bedeutung gewinnen, wenn es noch vor dem Zustandekommen einer Gesamtschuldenregelung zu einer umfassenden Revision oder sogar zu einer Aufhebung des Besatzungsstatuts kommen sollte.[107] Die Bundesregierung drängte massiv auf eine grundlegende Änderung des geltenden Besatzungsstatuts.[108]

Der Versuch des Bundeskanzlers, die Verpflichtungserklärung der Bundesrepublik zur Übernahme der deutschen Auslandsschulden quasi hinter dem Rücken des Auswärtigen Ausschusses des Bundestages abzugeben, schlug fehl. Das am 18. Dezember inoffiziell unterbreitete Angebot des Kanzlers wurde von den Hohen Kommissaren schon wenige Tage später zurückgewiesen. François-Poncet begründete diesen Schritt mit der kritischen Stimmung des Bundestagsausschusses gegen die Abgabe der Schuldenerklärung. Adenauer fühlte sich durch das Scheitern seiner guten Absichten düpiert.[109] Er hatte sein Prestige aufs Spiel gesetzt, um den Wün-

---

[106] Department of State to HICOG, Frankfurt, 20. 12. 1950, NA, RG 59–5207.
[107] Telegram from Foreign Office to Brussels, 18. 12. 1950, PRO, FO 371–93905.
[108] McCloy to Secretary of State, 16. 1. 1951, in: FRUS, 1951, Bd. III, S. 1452f.
[109] Nr. 22, Wortprotokoll der Sitzung vom 21. 12. 1950, in: AAPBD, Adenauer und die Hohen Kommissare, Bd. 1: 1949–1951, S. 324ff.; Telegram McCloy to Secretary, 22. 12. 1950, NA, RG 466–23; 118. Kabinettssitzung vom 21. 12. 1950, in: Die Kabinettsprotokolle der Bundesregierung, Bd. 2 (1950), S. 911.

schen der Besatzungsmächte entgegen zu kommen, und diese hatten es ihm mit schroffer Zurückweisung vergolten. Zumindest die Briten wurden sich im Nachhinein der Tatsache bewußt, daß die harsche Ablehnung des Angebots ein Fehler gewesen war, denn es lag durchaus nicht im Interesse der Besatzungsmächte, den innenpolitisch geschwächten Kanzler weiteren Attacken seiner politischen Gegner auszuliefern. Der britische Hochkommissar Kirkpatrick sprach sich nach seiner Rückkehr aus dem Weihnachtsurlaub dafür aus, im Notfall doch eine alleinige Schuldenerklärung der Bundesregierung zu akzeptieren, falls der Bundestag weiter Schwierigkeiten bereiten sollte.[110] Im Kern näherte man sich damit der Idee des Bundeskanzlers an. Die Briten hielten es nun offenbar für einen Fehler, das inoffizielle Angebot des Bundeskanzlers vom 18. Dezember nicht wenigstens ernsthaft diskutiert zu haben, denn in der Sache war man mittlerweile keinen Schritt vorwärts gekommen.[111]

Adenauer überwand seinen Ärger über das Verhalten der Alliierten und ging rasch zur politischen Tagesordnung über. Im Januar 1951 gab er sich gegenüber den Hohen Kommissaren wieder zuversichtlich, den Bundestag in absehbarer Frist zur Annahme einer Schuldenerklärung bewegen zu können, falls die Alliierten den Forderungen des Auswärtigen Ausschusses ein Stück weit entgegenkämen. Der Kanzler hatte mit den Fraktionsführern der wichtigsten im Bundestag vertretenen Parteien zwischenzeitlich Gespräche geführt, die ihn in der Annahme bestärkt hatten, daß es unter gewissen Umständen durchaus Chancen für eine Zustimmung des Parlaments zur Schuldenerklärung geben würde.[112] Adenauer nannte dem britischen Hochkommissar Kirkpatrick in einem Gespräch vier Punkte, in denen sich die Besatzungsmächte seiner Meinung nach beweglich zeigen müßten, um die Abgeordneten des Bundestages positiv zu beeinflussen. Adenauer forderte: erstens eine aktive Beteiligung der deutschen Seite an der Aushandlung eines Schuldenplans für die Vorkriegsschulden, zweitens gleichberechtigte Verhandlungen mit den drei alliierten Regierungen über die Höhe der Nachkriegsschulden und drittens sollte wegen der völkerrechtlichen Identität der

---

[110] Kirkpatrick (Private Office of the AHC, CCG/BE) to Gainer, 8. 1. 1951, PRO, FO 371–93905.
[111] Minute Stevens, 24. 1. 1951, PRO, FO 371–93905. Darin heißt es: „It was the general view of the meeting that the Action after Brussels Conference, presumably under American inspiration, of refusing even to discuss the Chancellor's general assurance was misguided."
[112] Bundeskanzler Adenauer bemühte sich in Gesprächen mit den Fraktionsführern um die Lösung der Schuldenfrage; KLAUS GOTTO et al. (Hrsg.), Im Zentrum der Macht. Das Tagebuch von Staatssekretär Lenz 1951–1953, Düsseldorf 1989, Eintrag von Donnerstag, den 18. 1. 1951.

2. Auseinandersetzungen um die Schuldenerklärung

Bundesrepublik mit dem Deutschem Reich in der Schuldenerklärung nicht von einer Übernahme der Schulden (*assume debts*) durch die Bundesrepublik, sondern lediglich von deren Bestätigung (*confirm debts*) die Rede sein. Kirkpatrick hielt diese drei Forderungen prinzipiell für verhandelbar, nicht aber die vierte und wichtigste Forderung. Kirkpatrick lehnte die Forderung nach einer Verrechnung der deutschen Auslandsschulden mit dem deutschen Auslandsvermögen kategorisch ab.[113]

Am 24. Januar wurde der Bericht des Unterausschusses für Auslandsschulden in Anwesenheit von Bundeskanzler Adenauer vom Abgeordneten Pfleiderer (FDP) offiziell im Auswärtigen Ausschuß des Bundestages vorgestellt. Der Bericht sprach sich gegen eine Annahme der Schuldenerklärung in der vorliegenden Fassung aus. Ebenso wurde ein Junktim zwischen der Revision des Besatzungsstatus und der Abgabe der Schuldenerklärung entschieden abgelehnt. Die Abgeordneten hielten dies für eine unzulässige Verquickung wirtschaftlicher und politischer Fragen. Nach Meinung der Mitglieder des Auswärtigen Ausschusses war eine Revision des Besatzungsstatuts ohnehin überfällig. Adenauer hielt die Haltung der Abgeordneten für politisch riskant. Er warnte eindringlich davor, die im Bericht des Unterausschusses aufgelisteten Vorbehalte – zum Beispiel das deutsche Auslandsvermögen betreffend – zum Anlaß zu nehmen, die Abgabe der von den Besatzungsmächten geforderten Schuldenerklärung hinauszuzögern. Adenauer warnte: „Man müsse mit allen Mitteln verhindern, daß in der westlichen Welt, vor allem in den USA, die Meinung aufkomme, daß Deutschland ein unsicherer Faktor sei. Solche Schlüsse würde man aber in Washington ziehen, wenn die Bundesrepublik in der Schuldenfrage keine positive Antwort erteile."[114] Obwohl der Kanzler alle Register zog, vermochte er die Abgeordneten nicht von der Notwendigkeit zu überzeugen, die vorliegende Schuldenerklärung zu akzeptieren und die Kritikpunkte des Berichts später mit den Hohen Kommissaren separat zu verhandeln. Seine Warnung vor einem „politischen Sitzstreik", der Deutschland isolieren und die Ame-

---

[113] US High Commissioner McCloy to the Secretary of State, 21. 1. 1951, in: FRUS, 1951, Bd. III., S. 1411 f. Ungeachtet der nach außen gezeigten Unnachgiebigkeit gab es interne Überlegungen, die Frage des Auslandsvermögens doch in den Diskussionsprozeß einzubeziehen: „The question of German external assets can most profitably be discussed together with the waiver of claims against Germany arising out of the war"; HICOG Working Paper: Claims against Germany (Ladenburg), March 1951, NA, RG 43–137.

[114] Bericht des FDP-Abgeordneten Pfleiderer (Vorsitzender des Unterausschusses für Auslandsschulden) in der Sitzung des Auswärtigen Ausschusses vom 24. 1. 1951, in: Der Auswärtige Ausschuß des Deutschen Bundestages, Bd. 1: Sitzungsprotokolle 1949–1953, S. 251 ff. (Zitat S. 252).

rikaner zu einer „Verteidigung hinter den Pyrenäen" ermuntern könnte, verhallten ungehört.[115]

Daß Adenauers Sorgen nicht jeder Berechtigung entbehren, zeigte eine Äußerung von Nato-Oberbefehlshabers General Eisenhower, die Anlaß zu besorgten Kommentaren gab. Eisenhauer hatte die Meinung vertreten, daß ein deutscher Verteidigungsbeitrag für den Aufbau des westlichen Verteidigungssystems weder konstitutiv noch eilig sein würde. Möglicherweise war seine Bemerkung eine gezielte Provokation gewesen. In der Presse fand die Äußerung von Eisenhower jedenfalls beträchtliche Resonanz. Darin spiegelte sich die Angst der Deutschen wider, im Poker um den deutschen Verteidigungsbeitrag möglicherweise überreizt zu haben. Das *State Department* bezeichnete dies als „most healthy development".[116] Das neue Selbstbewußtsein der Deutschen fand in den USA keinen ungeteilten Beifall und stärkte zeitweilig die Kräfte innerhalb der amerikanischen Administration, die für eine weniger nachgiebige Haltung gegenüber der Bundesregierung eintraten. Im Gegensatz zum Bundeskanzler zeigte sich der Auswärtige Ausschuß davon völlig unbeeindruckt und blieb bei seiner Forderung an den Kanzler, auf der Basis des Ausschußberichts die Verhandlungen über den Inhalt der Schuldenerklärung mit der Hohen Kommission wieder aufzunehmen.[117] Der Vorsitzende des Auswärtigen Ausschusses, Professor Carlo Schmid (SPD), richtete ein offizielles Schreiben an den Bundeskanzler, in dem er die konkreten Änderungswünsche des Bundestagsausschusses benannte. An zentraler Stelle stand dabei auch die Forderung, das deutsche Auslandsvermögen in eine Schuldenregelung einzubeziehen.[118] Hochkommissar Kirkpatrick wurde vom Kanzler umgehend über den Stand der Dinge unterrichtet. Adenauer kündigte an, daß die Bundesregierung der Hohen Kommission einen neuen Entwurf einer Schuldenerklärung vorlegen würde, der sich an den Forderungen der Abgeordneten orientierte, die diffizile Problematik des deutschen Auslandsvermögens jedoch bewußt ausklammerte.[119] Nach seiner Unterredung mit Kirkpatrick war dem Bundeskanzler klar, daß eine Einbeziehung der Vermögensfrage in die Schul-

---

[115] Vermerk Erbstößer an Präsident vom 25. 1. 1951, HADBB, B 330–2466; McCloy (Bonn) to ISGG London, 18. 1. 1951, NA, RG 43–158.
[116] Secretary of State to US High Commissioner McCloy, 7. 2. 1951, FRUS, 1951, Bd. III, S. 1412f.
[117] Sitzung des Auswärtige Ausschusses vom 24. 1. 1951, in: Der Auswärtige Ausschuß des Deutschen Bundestages, Bd. 1: Sitzungsprotokolle 1949–1953, S. 252f.
[118] Schreiben des Vorsitzenden des Auswärtige Ausschusses Carlo Schmid an Bundeskanzler Adenauer vom 25. 1. 1951, Dokument Nr. 18, in: AAPBD, 1951, bearb. von MATTHIAS JAROCH, München 1999, S. 73ff.
[119] Kirkpatrick to Foreign Office, 26. 1. 1951, PRO, FO 371–93905 und FO 1036–959.

2. Auseinandersetzungen um die Schuldenerklärung

denerklärung chancenlos sein würde. Er hoffte aber, daß der Auswärtige Ausschuß dem neuen Entwurf der Bundesregierung trotzdem zustimmen würde, wenn man sich mit den Besatzungsmächten auf eine separate Behandlung der Vermögensfrage einigen konnte. Alle anderen Lösungsvorschläge waren unrealistisch, weil das Auslandsvermögen juristisch unter die Reparationsregelung fiel.[120]

Nachdem sich die Angelegenheit monatelang hingezogen hatte, ging dann plötzlich alles sehr schnell. Am 8. Februar 1951 übergaben Staatssekretär Blankenhorn und Dr. Dittmann vom Bundeskanzleramt den alliierten Finanzberatern zwei Briefe, die jeweils den Entwurf einer Antwort der Bundesregierung auf das alliierte Schreiben vom 23. Oktober 1950 beinhalteten. Den Brief Nr. 1 hatte das Bundeskanzleramt konzipiert, der Brief Nr. 2 war vom Bundestagsausschuß formuliert worden. Die Finanzsachverständigen erklärten den vom Bundeskanzleramt angefertigten Briefentwurf für akzeptabel, weil darin im Gegensatz zum zweiten Entwurf auf eine Erwähnung der Vermögensfrage verzichtet worden war, während der Ausschuß in seiner Fassung darauf bestanden hatte, die Frage des Auslandsvermögens in die Regelung der Schuldenfrage einzubeziehen.[121] Die Bundesregierung wurde gebeten, den Auswärtigen Ausschuß um eine Rücknahme seines Vorschlags zu ersuchen.[122] Der Auswärtige Ausschuß entsprach dieser Bitte in seiner Sitzung vom 16. Februar 1951 und stimmte dem Entwurf des Bundeskanzleramts zu. Gleichzeitig faßte der Ausschuß den Beschluß, der Hohen Kommission zum Thema Auslandsvermögen einen gesonderten Brief zu schreiben. Auf Ersuchen der Besatzungsmächte erklärte sich der Auswärtige Ausschuß aber bereit, mit dem Schreiben solange zu warten, bis die kleine Revision des Besatzungsstatuts vollzogen war. Die Zustimmung dazu war den Abgeordneten durch das Angebot des britischen Finanzberaters Melville erleichtert worden, dem Ausschuß zu einer Diskussion über das Problem des beschlagnahmten deutschen Auslandsvermögens zur Verfügung zu stehen.[123] Im Bundeskabinett wurde die Schuldenerklärung

---

[120] Parker to Financial Adviser, 9. 2. 1951, PRO, FO 1036–959.
[121] Vermerk von Schelling betr. Auslandsschuldenanerkennung vom 8. 2. 1951 nebst Anlage (Entwurf eines Schreibens Adenauers an McCloy (AHK), HADBB, B 330–2466.
[122] Outgoing Message McCloy to Secretary, 10. 2. 1951 (nebst Anlage: Engl. Text des Kanzlerschreibens), NA, RG 466-Box 25.
[123] Sitzung des Auswärtigen Ausschusses vom 16. 2. 1951, in: Der Auswärtige Ausschuß des Deutschen Bundestages, Bd. 1: Sitzungsprotokolle 1949–1953, S. 274 f. Melville hatte sich bereits zuvor für einen psychologisch geschickten Umgang mit den Deutschen ausgesprochen; Melville (Financial Adviser to the U.K. High Commissioner) to Crawford (German Finance Department Foreign Office), 5. 2. 1951, FO 371–93905.

ebenfalls am 16. Februar 1951 noch einmal beraten.[124] Zu Recht konnten die Abgeordneten des Bundestags nunmehr für sich in Anspruch nehmen, durch ihre entschiedene Haltung zu einer deutlichen Verbesserung der deutschen Position beigetragen zu haben, auch wenn dafür der Preis einer zeitlichen Verzögerung gezahlt werden mußte. Es war nun sichergestellt, daß die Deutschen an der Ausarbeitung einer Schuldenregelung mitwirken würden und ihnen nicht einfach ein Schuldenplan aufgezwungen werden konnte.[125] Die Stellung der Bundesrepublik hatte sich in den vergangenen Monaten spürbar gefestigt. Der *Manchester Guardian* schrieb in einem Artikel zur bevorstehenden Abgabe der deutschen Schuldenerklärung, daß „the era of ‚allied dictates‘ was over and had been succeeded by one of keen bargainings."[126]

Der von Bundesregierung und Auswärtigem Ausschuß abgesegnete Text wurde den Hohen Kommissaren umgehend zugestellt, die ihn an die *Intergovernmental Study Group* in London und ihre Regierungen weiterleiteten.[127] Hochkommissar Kirkpatrick riet dem *Foreign Office* dringend zur Annahme der Schuldenerklärung in der jetzt vereinbarten Fassung, vor allem deshalb, weil der Kanzler den Auswärtigen Ausschuß des Bundestags in der Vermögensfrage auf Kurs gebracht hatte: „There is no prospect in my view of improving on this formula."[128] Im Gegenteil: Weitere alliierte Einwände würden die Sache nur verzögern und wahrscheinlich zu einem schlechteren Ergebnis führen.[129] Grundsätzlich wurde diese Einschätzung von der *Study Group* in London geteilt, einige Punkte blieben aber noch zu klären. So wollten die einer legalistischen Denktradition verhafteten Briten juristische Sicherheit darüber haben, daß der zwischen der Bundesregierung und der Alliierten Hohen Kommission vereinbarte Notentausch ein völkerrechtlich bindender Vertrag (*Intergovernmental Agreement*) sein würde.[130] Die Bedenken der Amerikaner waren dagegen inhaltlicher Natur und erforderten einige Änderungen des Textes.[131] Im Zentrum der amerikanischen

---

[124] 129. Kabinettssitzung am 16. 2. 1951, in: Die Kabinettsprotokolle der Bundesregierung, Bd. 4 (1951), S. 161 f.; Vermerk Wolff (Abt. VI) an Minister vom 12. und 22. 2. 1951, BA, B 126–48362.
[125] Vermerk Vogel vom 16. 2. 1951 (Handakte), BA, B 146–1175; vgl. GEORG VOGEL, S. 180 ff.
[126] „German Debts. Draft Agreement approved. Step to a Treaty", in: MANCHESTER GUARDIAN, 17. 2. 1951.
[127] McCloy to Secretary of State, 17. 2. 1951, in: FRUS, 1951, Bd. III., S. 1418 ff.
[128] From Wahnerheide to Foreign Office, 19. 2. 1951, PRO, FO 371–93905.
[129] Kirkpatrick to Foreign Office, 18. 2. 1951, PRO, FO 371–93905.
[130] Telegram from Foreign Office to Wahnerheide, 23. 2. 1951, PRO, FO 371–93905; Office of the Legal Adviser (M.E. Bathurst) to Financial Adviser, 3. 3. 1951, PRO, FO 1036–959.
[131] Die Forderung der Franzosen, die Frage der Rechtsnachfolge von Bundesrepublik und

2. Auseinandersetzungen um die Schuldenerklärung

Kritik stand die im dritten Abschnitt des Textes vorgesehene Möglichkeit zur sofortigen Regelung der privaten kommerziellen Schulden. Die Amerikaner lehnten Sonderregelungen für einzelne Schuldenkategorien kategorisch ab, um eine gleiche und faire Behandlung aller Gläubiger sicherzustellen. Sie bestanden auf einer umfassenden und gleichzeitigen Gesamtregelung für alle Schulden (*overall settlement*).[132] Den Deutschen sollte keine Gelegenheit gegeben werden, „to resume pre-war practice discriminating against long-term creditors in favor commercial creditors." Mit dieser Begründung verlangte das State Department die Streichung dieses Passus.[133] Der umstrittene Satz war auf Wunsch der Bankiers Abs, Pferdmenges und Vocke in den Text aufgenommen worden, die zur Begründung dieser Besonderheit darauf verwiesen hatten, daß die Regelung der kurzfristigen deutschen Auslandsschulden für die Wiederherstellung normaler Wirtschafts- und Finanzbeziehungen der Bundesrepublik zum westlichen Ausland vorrangig sein würde.[134] Die Gewährung neuer Auslandskredite hing entscheidend von der Rückführung der Stillhalteschulden ab. Die britischen Banken als Hauptgläubiger hatten daran ein ebenso großes Interesse wie die deutschen Schuldner. Die Bemühungen der britischen Regierung, den kritisierten Passus im Interesse der City zu retten, scheiterten aber an der unnachgiebigen Haltung der Amerikaner.[135] Es oblag nun der Alliierten Hohen Kommission, die deutsche Seite von einer harschen Gegenreaktion abzuhalten, zumal die privaten Auslandsschulden nur in einem mittelbaren Zusammenhang zur Schuldenerklärung standen. Die eigentliche Haftungserklärung der Bundesregierung bezog sich auf die Vorkriegsschulden des Reichs und dessen Körperschaften.[136] Allerdings war dem Text der Schuldenerklärung eindeutig zu entnehmen, daß sich die Schuldenregelung auf die öffentlichen und auf die privaten Schulden deutscher Staatsangehöriger erstrecken sollte. Die alliierten Finanzberater bemühten sich in persönli-

---

Deutschem Reich dezidiert von der Schuldenerklärung zu trennen, wurde abgelehnt; Kirkpatrick to Foreign Office, 1. 3. 1951, PRO, FO 371–93906.
132 Gifford (London) to Secretary, 18. 2. 1951, NA, RG 43–229; dazu Bericht Schlange-Schöningen an BKA (Dienststelle für Auswärtige Angelegenheiten) vom 5. 2. 1951, HADBB, B 330–2466.
133 From Department (Acheson) to London, 21. 2. 1951.
134 Bank deutscher Länder an BKA (z.H. Blankenhorn), o. Datum, HADBB, B 330–3765.
135 ISGG (US Delegation) to the Secretary of State (3 Telegramme), 22. 2. 1951, in: FRUS, 1951, Bd. III, S. 1423f., 1424ff. und 1428f.
136 Auf diesen Sachverhalt legte Abs besonderen Wert: „Es ist sehr oft falsch verstanden worden, daß in diese Erklärung auch die privaten Verpflichtungen gegenüber dem Ausland einbezogen seien. Das ist nicht der Fall, denn hier hätte es keiner besonderen Bestätigung der Bundesregierung bedurft." Vortrag von Hermann J. Abs, am 28. Januar 1952 in der Universität Bonn, PA/AA: Abt. II, Nr. 1555 (LSA 48).

chen Gesprächen, Pferdmenges, Abs und Vocke zu einem Verzicht auf ihre Forderung zu bewegen.[137] Kein leichtes Unterfangen, weil sich die deutschen Bankiers der Unterstützung ihrer ausländischen Kollegen sicher sein konnten und die Regelung der privaten deutschen Auslandsverschuldung größtenteils längst erfolgt wäre, wenn die alliierten Gesetze und Verordnungen dem nicht im Wege gestanden hätten.[138] Der Präsident der Bank deutscher Länder stand der geplanten Regelung der öffentlichen Auslandsschulden wegen der angespannten deutschen Haushaltslage ohnehin mit großer Skepsis gegenüber. Vocke intervenierte zugunsten der kommerziellen Schulden direkt bei Hochkommissar McCloy, hatte damit aber keinen Erfolg.[139] Auch seiner Empfehlung an die Bundesregierung, mit der Übergabe der Note so lange zu warten, bis McCloy auf sein Schreiben geantwortet hatte, wurde nicht entsprochen.[140] Ein Scheitern auf der Ziellinie lag nicht im deutschen Interesse.

Am 26. Februar wurde die Bundesregierung von der Hohen Kommission offiziell über die alliierten Beschlüsse in Kenntnis gesetzt. Der Bundeskanzler wurde dringlich gebeten, seine Experten von weiteren Einwänden abzuhalten: „The Western Governments had approached the problem in a generous and broadminded spirit and it would be a disaster if the Germans now reverted to haggling pedantry."[141] Zwei Tage später fand die letzte Beratung im Auswärtigen Ausschuß statt. Dr. Dittmann stellte den Abgeordneten den endgültigen Entwurf der Schuldenerklärung vor. Mit Ausnahme der Vermögensfrage waren alle wesentlichen Forderungen des Ausschusses von den Alliierten berücksichtigt worden. Die Abgeordneten erklärten sich mit den vorliegenden Texten der Schuldenerklärung nach kurzer Diskussion einverstanden.[142] Der Notentausch wurde dann auf den 6. März 1951 fest-

---

[137] McCloy to Embassy (London), 27. 2. 1951, NA, RG 43–158 und 229; McCloy to Secretary of State, 27. 2. 1951, in: FRUS, 1951, Bd. III, S. 1430.
[138] Vermerk von Schelling an Präsidenten vom 1. 3. 1951, HADBB, B 330–2466.
[139] Präsident Vocke an McCloy vom 27. 2. 1951, HADBB, B 330–3809 und 2034; US High Commissioner for Germany McCloy to Vocke, 12. 3. 1951, HADBB, B 330–3809.
[140] Bundesbankpräsident Vocke an BKA (z.H. Dittmann) vom 28. 2. 1951, HADBB, B 330–2466. Darin heißt es: „Es wird mir vielleicht entgegengehalten werden, daß es sich bei der ganzen Angelegenheit in erster Linie um politische Belange handele, denen gegenüber die Interessen der Wirtschaft zurückzutreten hätten. Ich maße mir selbstverständlich über die politische Seite der Angelegenheit kein Urteil an, glaube aber, daß man, wenn man die wirtschaftlichen Interessen zurücksetzt, letzten Endes auch der Politik keinen Dienst erweist"; Vermerk von Schelling an Präsident vom 28. 2. 1951, HADBB, B 330–3765.
[141] From Wahnerheide (Kirkpatrick) to Foreign Office, 26. 2. 1951, PRO, FO 371–93376.
[142] Sitzung des Auswärtige Ausschusses vom 28. 2. 1951, in: Der Auswärtige Ausschuß des Deutschen Bundestages, Bd. 1: Sitzungsprotokolle 1949–1953, S. 289f.; Vermerk Vogel vom 28. 2. 1951, BA, B 146–1175.

2. Auseinandersetzungen um die Schuldenerklärung

gelegt.[143] Dieser umfaßte ein Schreiben des Bundeskanzlers an die Hohe Kommission und ein kurzes, von den drei Hochkommissaren unterzeichnetes Bestätigungsschreiben an den Bundeskanzler, die beide auf den 6. März 1951 datiert waren.[144]

Fünf Monate hatte es gedauert, die Schuldenfrage in eine „acceptable formula" zu kleiden.[145] Am Ende konnte sich das Ergebnis sehen lassen. Die deutsche Seite hatte ihre wichtigsten Forderungen durchsetzen können. Dazu zählte die Anerkennung der völkerrechtlichen Identität der Bundesrepublik Deutschland mit dem früheren Deutschen Reich, die angemessene Berücksichtigung der durch Gebietsverluste und andere Faktoren eingeschränkten deutschen Zahlungsfähigkeit sowie die Regelung der Verpflichtungen aus der Nachkriegswirtschaftshilfe durch bilaterale Verträge. Außerdem war das Recht der Bundesregierung, die künftige Schuldenregelung aktiv mitzugestalten, ausdrücklich anerkannt worden. Auf eine Ratifizierung der Schuldenerklärung durch das Parlament wurde vorerst verzichtet. Dieser Akt sollte zu gegebener Zeit nachgeholt werden. Die Alliierten ließen sich die grundsätzliche Zahlungsbereitschaft der Bundesrepublik zusichern, und sie erklärten ausdrücklich, daß die Ergebnisse der Schuldenverhandlungen aller Kategorien in einem multilateralen Rahmenvertrag zusammengefaßt werden würden. Dies sollte sowohl für die öffentlichen und privaten Schulden der Vorkriegszeit als auch für die in bilateralen Vereinbarungen zu regelnden Nachkriegsschulden aus der alliierten Wirtschaftshilfe gelten.[146]

---

[143] Kirkpatrick to Foreign Office, 1. 3. 1951, PRO, FO 371–93906.
[144] Schreiben der AHK vom 23. 10. 1950 (AGSEC (50) 2339) und die beiden Schreiben vom 6. März 1951 (deutsche Übersetzung), in: Deutsche Auslandsschulden. Dokumente zu den internationalen Verhandlungen Oktober 1950 bis Juli 1951, S. 7ff.
[145] Oral Statement to the Cabinet by the Secretary of State, 7. 3. 1951, PRO, FO 371–93378.
[146] The Chancellor of the Federal Republic of Germany (Adenauer) to The Chairman of the Allied High Commission for Germany (François-Poncet), 6. 3. 1951, in: FRUS, 1951, Bd. III, S. 1435ff.; Assurance by the Federal Chancellor on Debts, 6. 3. 1951, PRO, FO 371–9337; Reply by the High Commissioners on behalf the three Governments to the Federal Chancellor's assurance on debts, 6. 3. 1951, PRO, FO 371–93377.

3. Grundlegende Prinzipien

Während die Hohe Kommission mit der Bundesregierung in Bonn über die Abgabe einer Schuldenerklärung verhandelte, oblag der *Intergovernmental Study Group* die Ausarbeitung eines Plans, wie die Regelung der deutschen Auslandsschulden konkret erfolgen sollte. Die drei alliierten Außenminister hatten bei ihrer New Yorker Konferenz die Weisung erteilt, leitende Prinzipien und einen Fahrplan für die Verhandlungen über die deutschen Auslandsschulden zu erarbeiten. Bevor die *Study Group* Ende Oktober 1950 ihre Arbeit in London wieder aufnahm, steckten die Regierungen intern ihre Linien ab. Die USA, Hauptgläubiger in allen Schuldenkategorien mit Ausnahme der Stillhalteschulden, waren sich ihrer Stärke bewußt. Das *first charge principle* bei den Nachkriegsschulden erlaubte ihnen nach eigener Einschätzung „to dictate the terms of settlement of Germany's obligations."[1] Die Amerikaner, die aus politischen Gründen nicht sehr ernsthaft an einer umfassenden Rückzahlung der Schulden aus der Nachkriegswirtschaftshilfe interessiert waren, verfügten mit ihren immensen Nachkriegsforderungen über einen Hebel, die Schuldenfrage insgesamt einer ihnen genehmen Lösung zuzuführen. Die Briten waren sich des ungleichen Kräfteverhältnisses bewußt, und sie bemühten sich mit Geschick und Geschmeidigkeit, ihren speziellen Interessen Geltung zu verschaffen. Washington beurteilte die Frage der deutschen Auslandsschulden primär funktional im Kontext ihrer übergeordneten wirtschafts- und verteidigungspolitischen Ziele. Eine Schuldenregelung durfte weder zu einer politisch unerwünschten finanziellen Schwächung der Bundesrepublik noch zu einer zusätzlichen Belastung des amerikanischen Steuerzahlers führen. Unter diesen Prämissen achtete Washington allerdings sehr genau darauf, daß die amerikanischen Gläubiger gegenüber den Gläubigern anderer Länder nicht benachteiligt wurden.[2] Da die deutsche Zahlungsfähigkeit für die nähere Zukunft allseits pessimistisch beurteilt wurde, war mit der Wiederaufnahme eines nennenswerten Schuldendienstes in den kommenden Jahren nicht zu rechnen. In erster Linie galt diese Feststellung für Transferleistungen in ausländischer Währung, vor allem in Dollar, in zweiter Linie aber auch für DM-Zahlungen. Letzteres tangierte speziell die Interessen der britischen Regierung, die im Gegensatz zu den Amerikanern politisch und finanziell auf deutsche Zahlungen für die geleistete Nachkriegswirtschaftshilfe angewie-

---

[1] Palmer: German pre-war debts: Notes on settlement, 4. 10. 1950, NA, RG 43–228.
[2] Department of State to US Embassy (London), 26. 1. 1951, NA, RG 59–1464.

3. Grundlegende Prinzipien

sen war.³ Um nicht völlig leer auszugehen, hielt es die britische Regierung nach eingehenden internen Beratungen für aussichtsreicher, sich auf DM-Zahlungen zu fokussieren, die für die in Deutschland stationierten Truppen verwendet werden konnten. Angesichts der amerikanischen Übermacht galt die Devise: Der Spatz in der Hand ist besser als die Taube auf dem Dach.⁴

Ökonomisch war die Skepsis der USA, einen größeren Teil der deutschen Auslandsschulden in DM zu regeln, durchaus berechtigt. Gerade im Bereich der Vorkriegsschulden war ein zu starkes Anwachsen von DM-Konten in ausländischer Hand zu unterbinden, weil dies zum Entstehen eines zweiten Marktes minderer DM beitragen konnte. Die negativen Erfahrungen der Ära Schacht sollten sich nicht wiederholen. Daher sperrten sich die Amerikaner gegen alle Versuche, die Möglichkeit zum DM-*settlement* weiter auszubauen. Ihnen war bereits die derzeitige, nach langem Tauziehen zwischen den Alliierten zustande gekommene Regelung ein Dorn im Auge, die nahezu ausschließlich den *short-term creditors,* insbesondere den britischen *standstill creditors,* zugute kam. Die große Zahl amerikanischer Anleihegläubiger konnte nicht davon profitieren. Da die britische Regierung die Bemühungen der City um eine weitere Erleichterung des DM-*settlement* unterstützte, befand sie sich in dieser Frage in einem andauernden Gegensatz zur US-Regierung, die nachdrücklich für eine baldige Abschaffung oder zumindest Einschränkung dieser Möglichkeit eintrat.⁵ Das britische Argument, das DM-*settlement* würde schon vor dem Beginn der eigentlichen Verhandlungen über die Vorkriegsschulden zu deren Abbau und damit indirekt zum Gelingen der Konferenz beitragen, verfing bei den Amerikanern überhaupt nicht.⁶ Wegen des ökonomischen Ungleichgewichts zwischen den USA, Europa und der Bundesrepublik bestand ohnehin die Gefahr einer Benachteiligung der Dollarschuldner.⁷ Auch deshalb legten die

---

3 Holgate: Germany's „capacity to pay" part I: The problem analysed, 28. 11. 1950, PRO, FO 371-93911 und FO 1036-317.
4 Crawford to Serpell (Treasury), 10. 10. 1950; Minute Serpell to O.L. Williams, 16. 11. 1950; Minute Milner-Barry to Serpell, 16. 11. 1950; Crawford to Serpell, 5. 12. 1950, PRO, T 236-4404.
5 Department of State: Memorandum of Conversation re German claims settlement, 10.10. 1950, NA, RG 59-5207; Crawford to Abbott, 23. 10. 1950, PRO, T 236-3394; Foreign investment policy in Germany: Relaxation of restrictions on debt settlements, 27. 2. 1951, und Crawford to F.R. Barratt (Treasury), 12. 3. 1951, PRO, FO 371-93854.
6 Draft report on principles relating to claims, 12. 3. 1951, und A. O. Pierrot to J. J. Reinstein: Comments on controversial items in Claims Committee Paper on Principles, 14. 2. 1951, NA, RG 43-161.
7 Vgl. BUCHHEIM, Wiedereingliederung, S. 99 ff.; vgl. KAPLAN und SCHLEIMINGER, S. 89 ff.

Amerikaner großen Wert darauf, die deutschen Auslandsschulden in einem umfassenden und für alle Beteiligten verbindlichen Abkommen zu regeln, das eine faire und gerechte Behandlung aller Gläubiger gewährleistete.

Im Zentrum des amerikanischen Interesses stand eindeutig die Regelung der Vorkriegsschulden. Gänzlich aus den Verhandlungen ausgeklammert werden sollten alle Forderungen, die in einem Zusammenhang mit den Reparationen der beiden Weltkriege standen oder einen sonstigen Bezug zur Kriegszeit aufwiesen. Briten und Franzosen stimmten mit dieser Sichtweise nicht völlig überein.[8] Was die Nachkriegsschulden anbelangt, lag den Amerikanern eigentlich nur die Regelung neu angefallener Geschäftsschulden wirklich am Herzen.[9] Prinzipiell waren sich natürlich alle in der Zielsetzung einig, das vielschichtige Problem der deutschen Auslandsverschuldung einer tragfähigen Gesamtlösung zuzuführen, über den richtigen Weg dorthin wurden im *Claims Committee* allerdings sehr unterschiedliche Positionen vertreten.[10] Als schwieriges Problem erwies sich die Definition der Rolle, welche die drei Regierungen in der Phase der konkreten Verhandlungen über die deutschen Vorkriegsschulden spielen sollten. Amerikaner und Briten verfolgten in dieser Frage fundamental unterschiedliche Ansätze. Während die Briten die drei Regierungen in der Verhandlungsphase auf die Funktion des beobachtenden Mediators beschränken und die eigentlichen Verhandlungen den Gläubigern und Schuldnern, letztere vertreten durch die Bundesregierung, weitgehend in eigener Regie überlassen wollten, gedachten die Amerikaner die Verhandlungen am straffen Zügel zu führen. Sie plädierten für die Ausübung eines bestimmenden gouvernementalen Einflusses auf die gesamten Verhandlungen.[11] Wenn man den Vertretern der Gläubiger zu freie Hand ließe, so ihre Befürchtung, könnten am Ende des Verhandlungsprozesses unerwünschte Ergebnisse stehen, die dann nur noch mit größten Schwierigkeiten verhindert werden könnten. Es sei daher

---

[8] Office memorandum: US Government from M. M. Black to H. M. Byington, 2. 3. 1951, NA, RG 43–161.
[9] Acheson (Department of State) to US Embassy (London), 8. 2. 1951, NA, RG 59–1465. Ausgewählte Dokumente zur Arbeit der ISGG sind abgedruckt in: FRUS, 1951, Bd. III, S. 1352ff.
[10] ISGG: Claims against Germany: Questions for consideration in the Intergovernmental Study Group, 4. 11. 1950, PRO, FO 371–85143.
[11] Nach britischer Auffassung sollten die Besatzungsmächte „retain a loose control over these negotiations and [...] that the details of the individual settlements should be worked out on a coordinated basis between creditors' organisations and the debtors (centralised by the Federal Government) without day to day interference by Governments, though Occupying Powers must clearly have the last word." Die USA wollten dagegen „hold on a tight rein"; Foreign Office to Wahnerheide, 7. 11. 1950, PRO, FO 371–85334.

3. Grundlegende Prinzipien

besser, den Unterhändlern einen festen Rahmen klarer Leitlinien und Prioritäten vorzugeben, die als Basis von Verhandlungen dienen konnten.[12] Die Amerikaner hegten starke Zweifel, ob die Gläubiger angesichts der Komplexität und Unterschiedlichkeit ihrer Interessen ohne klare Vorgaben zu fairen und gerechten Lösungen gelangen könnten.[13] Vor der Weihnachtspause kam man einer Lösung auch nicht ansatzweise näher, zumal sich die Franzosen schrittweise der britischen Position annäherten.[14] Das Problem blieb noch geraume Zeit in der Schwebe, weil Briten und Amerikaner zäh an ihrer unterschiedlichen Auffassung festhielten.[15] Ein mißlicher Umstand, weil davon auch die Beantwortung der Frage abhing, in welcher Form die Bundesregierung in die weiteren Beratungen eingebunden werden sollte.[16] Auch in anderen strittigen Punkten fehlte es noch an einer einheitlichen Linie.[17] Da der interne Klärungsprozeß noch nicht abgeschlossen war, gelangten nur spärliche Informationen nach außen. Die stets mißtrauischen Beneluxländer reagierten wieder einmal entsprechend beunruhigt.[18]

Die Weihnachtspause diente den Regierungen zur internen Abstimmung, bevor die *Intergovernmental Study Group* zu ihrer letzten Sitzungsrunde zusammentrat.[19] Die bisherigen Aufgaben des *Claims Committee* sollten

---

12 Umstritten war, ob die drei Regierungen den creditors auch klare Vorgaben für eine Minderung der Schuldsummen (scaling down) geben sollten. Großbritannien und Frankreich betrachten dies als unzulässigen Eingriff in bestehende Vertragsrechte; Report to Steering Committee by the Claims Committee, 12. 3. 1951, PRO, FO 371–93922, und NA, RG 43–161.
13 Douglas (London) to Secretary of State, 5. 11. 1950, NA, RG 59–1464 und RG 43–169.
14 Gainer to Secretary of State, 19. 12. 1950, PRO, FO 371–85334.
15 Crawford (German Finance Department) to Serpell (Treasury), 22. 12. 1950, PRO, FO 371–93901; Gifford (London) to Secretary of State, 12. 2. 1951, NA, RG 59–1465; Gifford (London) to Department, 5. 3. 1951. NA, RG 43–170; Interdepartmental Committee on the German debt settlement: Open issues in connection with procedure for settlement of German pre-war debts, 30. 3. 1951, NA, RG 43–195.
16 ISGG: Procedure for settlement pre-war claims. Working paper, 8. 2. 1951, PRO, FO 371–93863.
17 Holmes (London) to Secretary of State, 9. 12. 1950, und Office memorandum: US Government, 8. 1. 1951, NA, RG 59–1464.
18 Royal Netherlands Embassy (London) to Gainer, 15. 2. 1951, PRO, FO 371–93353.
19 In London stand die Austarierung eigener Staats- und Gläubigerinteressen sowie die Analyse potentieller deutscher Interessen und Strategien im Vordergrund. Nach den Entscheidungen von Brüssel (NATO) spielte dabei auch das Verhältnis von Auslandsschulden und Verteidigungsausgaben der Bundesrepublik eine wichtige Rolle. Serpell (Treasury) to Crawford (Foreign Office), 4. 1. 1951, PRO, FO 371–93901; Crawford to Serpell (Treasury), 8. 1. 1951, PRO, FO 371–93857; Draft brief for meeting with creditors about the procedure for the settlement of German indebtedness, 12. 1. 1951, PRO, T 236–3134; Notes on meeting with creditors on friday, 19. 1. 1951 to discuss the procedure for dealing with Germany's

danach in modifizierter Form auf ein neu zu bildendes Gremium übertragen werden, dessen Zusammensetzung und Funktion im einzelnen noch zu klären war.[20] Das *State Department* drückte aufs Tempo.[21] In Bonn zeichnete sich nach langer Stagnation eine Einigung über die Schuldenerklärung ab, so daß der Aufnahme von Konsultationen und Vorverhandlungen, die nach dem aktuellen Stand der Planungen zur Vorbereitung der Hauptkonferenz über den Sommer abgeschlossen werden sollten, nichts mehr im Weg stehen würde.[22] Die bisherigen Arbeitsergebnisse des *Claims Committee* mußten noch einmal auf den Prüfstand, da die von den Außenministern kurz vor Weihnachten in Brüssel getroffene Entscheidung, die deutsch-alliierten Beziehungen sukzessive auf eine vertragliche Basis umzustellen, eine veränderte Lage geschaffen hatte. Eine weitaus schnellere Erosion der alliierten Vorbehaltsrechte als noch in New York angenommen, war nun zu erwarten. Die möglichen Konsequenzen für die Aushandlung und Durchführung bzw. Durchsetzung einer Schuldenregelung mußten analysiert und in die Planungen einbezogen werden.[23] In Zukunft konnten sich die Besatzungsmächte nicht mehr darauf verlassen, im Zweifel ihren Standpunkt mittels Besatzungsrecht durchsetzen zu können.[24] Sie mußten nach Wegen suchen, die Deutschen kontrolliert einzubinden.[25] Briten und Franzosen, deren relative Stärke in hohem Maß von ihrer Funktion als Besatzungsmacht abhing, waren von der neuen Entwicklung weit mehr betroffen als die Amerikaner, deren Nachkriegsforderungen ein ausreichendes Druck-

---

foreign indebtedness, PRO, FO 371–93902; Bevin to Kirkpatrick: German defence contribution. Assessment of financial problems, 12. 1. 1951, PRO, FO 371–94147.

[20] Memorandum of Conversation, 15. 12. 1950, NA, RG 43–162; Minute Crawford to Stevens, 9. 1. 1951, und Stevens to E.R. Copleston (Treasury), 24. 1. 1951, PRO, FO 371–93910.

[21] Department (Acheson) to US Embassy (London), 26. 1. 1951, NA, RG 59–1464 und RG 43–137.

[22] Outline of tentative proposals for procedure for the settlement of Germany's pre-war foreign indebtedness (o. Datum), PRO, FO 371–93901; Foreign Office to Wahnerheide, 24. 2. 1951, PRO, FO 371–93353.

[23] IGG Claims Committee: British record of the 54th meeting, 21. 1. 1951, PRO, FO 371–93919.

[24] IGG: Report by Claims Committee to the Steering Committee: Claims against German effect on settlement procedure of Foreign Ministers' decisions in Brussels, 8. 2. 1951, NA, RG 43–160.

[25] „Our conclusion is, therefore, that all we have to do [...] is to give the Germans a larger role than is now envisaged but that we do not have to give up the basic idea of the plan, namely, the idea that the three powers would prepare and organize the negotiations, stipulate the principles upon which they have to proceed, and have some power of review over the final Arrangements." ISGG (US Delegation): German Debt settlement procedure, 25. 1. 1951; ISGG (US Delegation): Report of Sub-Committee No. 1 on placing reserved powers in the claim field on contractual basis, 1. 2. 1951, NA, RG 43–162.

mittel darstellten „for influencing the settlement not only of German governmental debts but the debts of private German debtors."[26]

Die Behandlung der Nachkriegsschulden war eines der zentralen Themen der Ende Januar in London wiederaufgenommenen Beratungen des *Claims Committee*. Die Gespräche verliefen unbefriedigend, weil die amerikanischen Unterhändler angewiesen worden waren, in diesem Punkt auf Zeit zu spielen und die Diskussion in der Schwebe zu halten. Washington wollte eine klare Entscheidung über den Umgang mit den Nachkriegsschulden solange hinausschieben, bis intern entschieden war, ob diese Schulden im Zusammenhang mit der Festlegung des deutschen Verteidigungsbeitrags und der Regelung der Besatzungskosten als Hebel zur Durchsetzung amerikanischer Interessen genutzt werden sollten.[27] Da die Briten nicht gewillt waren, sich in dieser wichtigen Frage hinhalten zu lassen, war die Stimmung im *Claims Committee* angespannt.[28] Es wuchs die Gefahr, daß die Briten aus Verärgerung über das Taktieren der Amerikaner in anderen strittigen Punkten hinter bereits erreichte Positionen zurückfallen und den Fortgang der Beratungen zusätzlich erschweren könnten.[29] Entsprechende Hinweise der US-Delegation an das *State Department*, verbunden mit wiederholten Bitten um klare Weisungen, blieben vorerst ohne Resonanz.[30] Lange konnte die Entscheidung aber nicht mehr hinausgezögert werden, denn auch die Bundesregierung benötigte Klarheit über den voraussichtlichen Umfang von Zahlungen für die erhaltene Nachkriegswirtschaftshilfe. Allein auf dieser Basis konnte sie seriöse Angebote zur Regelung der Reichsschulden vorlegen.

Was die Behandlung der Nachkriegsschulden anbelangt, gab es zwischen Briten und Amerikanern deutliche Auffassungsunterschiede. Beide waren sich einig, daß eine Rückzahlung der Schulden aus der Nachkriegswirtschaftshilfe in ihrer Gesamtheit die ökonomischen Kräfte der Bundesrepublik überspannen würde. Gleichzeitig vertraten die Briten aber die Position, daß die Bundesrepublik die britischen, in Relation zu den amerikanischen überschaubaren Nachkriegsschulden in voller Höhe bedienen sollte. Bei Einräumung längerer Zahlungsfristen sei die Bundesrepublik dazu in der Lage. In den Anfangsjahren sollten allerdings nur DM-Zahlungen erfolgen,

---

26 J.P. Furman (HICOG Frankfurt) to John M. Raymond (Assistant Legal Advisor for German Affairs/Office of the Legal Advisor Department of State), 3. 2. 1951, NA, RG 43–171.
27 Acheson to US Embassy, 13. 3. 1951, NA, RG 59–1465.
28 Acheson to US Embassy (London), 9. 2. 1951, NA, RG 59–1465.
29 London to Secretary, 12. 2. 1951, NA, RG 43–170; IGG Record of meeting Steering Committee 9th February: Record by Claims Committee, 10. 2. 1951, PRO, FO 371–93353.
30 London to Department, 21. 2. 1951, NA, RG 43–170.

die für britische Aufgaben in Deutschland verwandt werden konnten. Auf diese Weise hoffte London, den zu erwartenden amerikanischen Widerstand entkräften zu können.[31] Wenn die Bundesrepublik in einigen Jahren wirtschaftlich konsolidiert und amerikanische Hilfszahlungen obsolet waren, sollten Zahlungen für die britischen *post-war debts* auch in Devisen erfolgen. Abstriche an ihren Maximalforderungen kalkulierten die Briten natürlich ein, sie hielten es aber für recht und billig, daß die finanziell potenten Vereinigten Staaten deutlich größere Opfer brachten.[32] Der Mythos vom aufopferungsvollen Kampf Englands gegen Nazi-Deutschland spielte dabei psychologisch eine große Rolle. Grundsätzlich waren die Amerikaner auch bereit, die Hauptlast zu tragen, sie verlangten aber einen adäquaten Forderungsverzicht der Briten.[33] Washington dachte an eine radikale Reduktion der Nachkriegsschulden – aber nicht nur der eigenen! Theoretisch erwogen wurde sogar ein genereller Verzicht auf die Rückzahlung der Nachkriegsschulden. Der Gedanke wurde dann aber rasch verworfen, weil ein britisches Nein zu diesem Vorschlag sicher war.[34] Außerdem barg ein Generalverzicht die Gefahr, daß andere, ebenfalls bei den USA verschuldete Länder ihrerseits Nachlässe fordern könnten.[35] An potentielle Schwierigkeiten mit dem *US-Congress* war ebenfalls zu denken.[36]

Nachhaltige Unterstützung für einen radikalen Verzichts auf die Nachkriegsforderungen erfuhr das *State Department* vom amerikanischen Hochkommissar John McCloy. Dieser sprach sich dafür aus, der Bundesregierung schon frühzeitig die Bereitschaft zu einem umfassenden Forderungsverzicht zu signalisieren, um fruchtlose Diskussionen über die deutsche Zahlungsfähigkeit im Keim zu ersticken.[37] Von der US-Delegation in London wurde die Bitte an Washington gerichtet, von dem Gedanken, die Nachkriegsforderungen als Druckmittel gegenüber Bonn einzusetzen, definitiv Abstand zu nehmen. Dort werde ohnehin nicht damit gerechnet, mehr

---

[31] IGG Claims Committee: British record of the 63rd meeting, 19. 2. 1951, PRO, FO 371–93919.
[32] Gifford (London) to Secretary of State, 18. 3. 1951, NA, RG 59–1465.
[33] John W. Gunter: Notes on settlement on post-war debts (for discussion by US Delegation), 29. 5. 1951, NA, RG 43–229.
[34] Eisenberg to Pierrot: Settlement of post-war claims for economic assistance, 1. 3. 1951, NA, RG 43–229.
[35] Gifford (London) to Department, 22. 3. 1951, NA, RG 43–170.
[36] Interdepartmental Committee on the German debt settlement: Proposed US-position on post-war claims, 30. 3. 1951, NA, RG 43–229; Department of State Legal Advisor to Lewis, 1. 5. 1951, NA, RG 59–1513.
[37] McCloy (AHC) to Embassy London, 28. 3. 1951, NA, RG 43–170. Im Gegenzug sollten die Deutschen grundsätzlich auf Forderungen verzichten, die sie aus der Besatzungszeit gegenüber den Besatzungsmächten geltend machen konnten.

3. Grundlegende Prinzipien

als einen kleinen Teil de facto zurückzahlen zu müssen. Der wahre Wert der Nachkriegsschulden liege in ihrer Verwendbarkeit als *bargaining power* gegenüber den Gläubigern.[38] Gegen eine diskrete Vorinformation der Bundesregierung über die beabsichtigte Reduktion der Nachkriegsschulden hatte Washington grundsätzlich nichts einzuwenden.[39] Fingerspitzengefühl war dabei aber von Nöten, damit die deutsche Seite aus den Informationen keine ungewollten Vorteile für ihre Verhandlungsstrategie ableiten konnte.[40]

Die Beratungen der *Study Group* verliefen stockend, solange die Amerikaner ihre Karten nicht aufdeckten und nur global über die prinzipielle Notwendigkeit deutlicher finanzieller Abstriche (*scaling down*) redeten.[41] Daß eine solche Notwendigkeit bestand, bestritt keiner. Cum grano salis galt das auch für die privaten Vorkriegsschulden.[42] Umstritten war aber dort, ob den Gläubigern dazu konkrete Vorgaben gemacht werden sollten.[43] Vor allem die Briten verwahrten sich aus Prinzip gegen staatliche Eingriffe in bestehende privatrechtliche Vertragsverhältnisse.[44] Die Regierung ihrer Majestät verstand sich traditionell als Sachwalter auch der privaten britischen Finanzinteressen gegenüber dem Ausland. Sie pflegte einen vergleichsweise engen Kontakt zu den Vertretern der britischen Gläubiger und war bemüht, deren Forderungen – soweit es die eigenen staatlichen Interessen und die internationalen Gegebenheiten erlaubten – zu unterstützen.[45] Die Ablehnung eines *scaling down* im Bereich der Vorkriegsschulden durch die britischen Gläubiger konnte von der britischen Regierung allerdings nur insoweit goutiert werden, als sie sich gegen die deutschen Schuldner und deren – möglicherweise fehlende – Bereitschaft zu ernstlichen Opfern richtete,

---

[38] The United States Delegation at the Intergovernmental Study Group on Germany to the Secretary of State, 22. 3. 1951, in: FRUS, 1951, Bd. III, S. 1391 ff.

[39] Department (Acheson) to London, 29. 4. 1951, NA, RG 43–170; ISGG (US Delegation) (51) 82th steering meeting, 30. 4. 1951, NA, RG 43–165.

[40] ISGG (US Delegation) (51) 88th steering meeting, 7. 5. 1951, NA, RG 43–165.

[41] Crawford (German Department) to Abbott (Treasury), 17. 3. 1951, PRO, FO 371–93914/T 236–4405.

[42] Minute Crawford, 18. 3. 1951, PRO, FO 371–93939; Department (Acheson) to London, 27. 4. 1951, NA, RG 43–179 Die offizielle Sprachregelung lautete: „substantial part".

[43] Draft report on principles relating to claims, 12. 3. 1951, NA, RG 43–161; Stevens to Copleston (Treasury), PRO, T 236–3398.

[44] IGG Claims Committee: British record of the 67th meeting, 26. 2. 1951, PRO, FO 371–93920. – Die legalistische Einstellung der Briten zeigte sich auch beim Thema Konversionskasse; Progress report on the problems listed in Annex 3 to IGG (50) 167: Uncompleted payments into the Konversionskasse (extract), 29. 3. 1951, PRO, FO 371–93929.

[45] Brief for meeting with creditors on 4th April about the principles to govern the settlement of German indebtedness (confidential), PRO, FO 371–93922.

nicht aber, wenn dadurch das Gelingen eines Schuldenabkommens insgesamt gefährdet wurde.[46] Die britische Regierung mußte aber erstaunt zur Kenntnis nehmen, daß die britischen Finanzkreise die gouvernementale Kooperationsbereitschaft nicht honorierten und mit größter Härte und Unnachgiebigkeit ausschließlich eigene Interessen verfolgten. Sie sah sich daher zu der Klarstellung veranlaßt, daß die britische Regierung kein Handlanger der City sei und in erster Linie staatliche Interessen wahrzunehmen habe.[47] Die Probleme der britischen Regierung mit den britischen Gläubigerorganisationen wurden von amerikanischer Seite aufmerksam registriert. Das offensichtliche Bestreben der Gläubiger, sich ohne administrative Vorgaben möglichst direkt mit den deutschen Schuldnern zu einigen, wurde mit Sorge betrachtet und bestärkte die Amerikaner in ihrem Wunsch, die Verhandlungen über die deutschen Auslandsschulden am straffen Zügel zu führen.[48] Trotz dieser negativen Erfahrung wurde die mangelhafte Abstimmung zwischen der US-Regierung und den amerikanischen Gläubigerorganisationen sowie deren erheblich schlechterer Organisationsgrad sowohl von den Mitgliedern der US-Delegation in London als auch von den US-Vertretern in Deutschland als nachteilig kritisiert.[49]

Die Beratungen der *Study Group* traten im April 1951 in ihre abschließende Phase. Ab Mai sollten sämtliche mit der Regelung der deutschen Auslandsschulden im Zusammenhang stehenden Aufgaben auf die *Tripartite Commission on German Debts*[50] übertragen werden, die im Auftrag der drei alliierten Regierungen für die Vorbereitung und Aushandlung des Schuldenabkommens verantwortlich zeichnete.[51] Das am 15. Mai offiziell ernannte Gremium trat am 31. Mai zu seiner ersten Sitzung zusammen, um

---

[46] Notes of a meeting hold in room 197, King Charles Street at 3.0 p.m. on Wednesday, 4th April 1951, to discuss the principles to govern the settlement of Germany's foreign indebtedness (confidential), PRO, FO 371-93923; Rootham (Bank of England) to Copleston, 24. 4. 1951, PRO, T 236-3398.

[47] Bank of England (Sir George Bolton) to Sir Roger Makins, 18. 4. 1951, und Sir Makins to Sir George Bolton, 24. 4. 1951, PRO, FO 371-93933.

[48] London (Gifford) to Department, 11. 4. 1951, NA, RG 43-170; ISGG (US Delegation) (51) 69th steering meeting, 17. 4. 1951, NA, RG 43-165.

[49] Reinstein (London) to Department of State, 14. 2. 1951, NA, RG 59-1465; Frankfurt (Bruce) to Embassy London, 19. 4. 1951, NA, RG 43-158; Department of State (Acheson) to Embassy London (Info HICOG), 27. 4. 1951, NA, RG 59-1513; Department of State to HICOG (Frankfurt), 10. 5. 1951, NA, RG 59-4395.

[50] US Del: IGG (51) 87th steering meeting, 5. 5. 1951, NA, RG 43-165. Die Amerikaner hatten sich anfänglich gegen diese Bezeichnung gesträubt. Die offizielle deutsche Übersetzung lautet: Dreimächte-Kommission für deutsche Auslandsschulden.

[51] The United States Delegation at the International Study Group on Germany to the Secretary of State, 30. 4. 1951, in: FRUS, 1951, Bd. III, S. 1408.

3. Grundlegende Prinzipien

die mit der Bundesregierung für den Juni vereinbarten Konsultationsgespräche vorzubereiten.[52] Das Amt des Vorsitzenden der TCGD sollte zwischen den drei Mächten alternieren. Die britische Regierung ernannte im April den Diplomaten Sir George Rendel zum Leiter der britischen Delegation. Rendel, der seit 1913 im diplomatischen Dienst, zuletzt als Botschafter in Belgien, tätig gewesen und im Juni 1950 in den Ruhestand getreten war, wurde für diese Aufgabe eigens reaktiviert. Rendel hatte als Student einige Jahre in Bonn und Heidelberg zugebracht und später auch Berlin kennengelernt.[53] Als Stellvertreter wurde ihm Sir David Waley zur Seite gestellt, der im Gegensatz zu Rendel ein ausgewiesener Finanzexperte war. Waley, ein hoher Beamter des *Treasury*, hatte wie Rendel bereits das Rentenalter erreicht. Beide kannten sich aus gemeinsam am renommierten Balliol College in Oxford verbrachten Studientagen.[54] Offenbar setzten die Briten bei der Besetzung der TCGD auf Erfahrung.[55] Die amerikanische Regierung tat sich dagegen weitaus schwerer, geeignete Führungspersönlichkeiten für die TCGD zu gewinnen, die über Kompetenz und Durchsetzungsfähigkeit verfügten.[56] Über Wochen wurden Namen wie McCloy oder Marshall gehandelt, ohne daß es zu einer Entscheidung kam.[57] Auf Vermittlung von US-Außenminister Acheson gelang es schließlich, Warren Lee Pierson für diese Aufgabe zu gewinnen. Pierson war *Chairman of the Board* der großen amerikanischen Fluggesellschaft TWA. Als Berater der Konferenz von Bretton Woods und als Direktor des *Foreign Trade Council* verfügte er über einschlägige Erfahrung und war für den Job bestens vorbereitet.[58] Da Pierson im Gegensatz zu Rendel noch im aktiven Berufsleben stand, sollte er nur in entscheidenden Verhandlungsphasen persönlich am Konferenzort London anwesend sein und die übrige Zeit von seinem Stellvertreter John W. Gunter vertreten werden. Die Amerikaner gingen davon aus, daß sich die Verhandlungen insgesamt über einen Zeitraum von 12 bis 18 Monaten erstrecken würden. Gunter, der vom *Treasury* für diese Aufgabe abgestellt wurde, erhielt den Titel eines *U.S. Alternate Representative on TCGD* und war vom

---

[52] London (Gifford) to Secretary of State, 31. 5. 1951, NA, RG 59–1513; TCGD: Record of first meeting 30th May 1951, NA, RG 43–184.
[53] RENDEL, S. 1ff.
[54] Copleston to Stevens, 19. 5. 1951, PRO, FO 371–93910.
[55] Weitere britische Delegationsmitglieder: R. S. Crawford, M. Branch, J. L. Simpson, J. E. Abbott, F. R. Barratt, R. B. Stevens.
[56] Reinstein (London) to Byroade and Lewis, 14. 4. 1951, NA, RG 59–1465.
[57] Department of State Memorandum of Conversation: Chief of U.S. Delegation to German Debt and Claims Conference in London, 20. 4. 1951, NA, RG 59–1513.
[58] State Department: Department of German Affairs (Byroade) to The Secretary, 15. 5. 1951, NA, RG 59–1513.

Status einem Minister gleichgestellt.[59] Pierson wurde in den Rang eines Botschafters erhoben. Die TCGD operierte in London als selbständige Einheit und war nicht der Botschaft angeschlossen.[60] Die Leiter der amerikanischen Delegation waren deutlich jünger als ihre britischen Kollegen. Die Franzosen ernannten François-Didier Gregh, im Hauptberuf Direktor beim *Crédit Lyonnais*, zum Chef ihrer Delegation. Ihm zur Seite stand René Sergent vom Finanzministerium. Vor seinem Wechsel in die Wirtschaft war auch Gregh als leitender Beamter im französischen Finanzministerium tätig gewesen.[61]

Nachdem durch die Abgabe der deutschen Schuldenerklärung ein großer Stein aus dem Weg geräumt worden war, kam es in London darauf an, die monatelangen Beratungen in konkrete Ergebnisse zu transformieren.[62] Am 8. Mai legte die *Study Group* zum Abschluß ihrer Beratungen zwei Dokumente vor, die als Leitlinien für die Arbeit der TCGD dienen sollten. Sie basierten auf den New Yorker und den Brüsseler Entscheidungen der drei Außenminister. Das Paper „Procedure for the settlement of German pre-war external debts" enthielt einen Überblick über die bis zur definitiven Lösung des Auslandsschuldenproblems geplanten Einzelschritte.[63] Es war vorgesehen, im Juni-Juli 1951 in London eine Vorkonferenz abzuhalten, die aus Gründen der Praktikabilität auf einen überschaubaren Teilnehmerkreis begrenzt werden sollte.[64] Dazu zählten Vertreter der alliierten Regierungen, wichtige Gläubigervertreter aus diesen drei Ländern und – zu einem etwas späteren Zeitpunkt – Vertreter der Bundesregierung und der deutschen Schuldner. Die Beneluxländer, die Schweiz und Schweden sollten durch Beobachter vertreten sein, alle übrigen an der Auslandsschuldenfrage interessierten Länder sollten über die Ergebnisse der Londoner Gespräche nur informiert werden.[65]

Vor dem offiziellen Beginn der Vorkonferenz mußte die Bundesregierung über den aktuellen Sachstand ausreichend informiert und damit zu einer

---

59 Department of State to Embassy (London), 7. und 11. 5. 1951, NA, RG 59–1513.
60 Department of State to Embassy (London), 22. 5. 1951, NA, RG 59–1513. Weitere US-Mitglieder der TCGD: R. Eisenberg, F. W. Fetter, J. Jerolaman, R. D. Kearney, H. K. Ladenburg, A. Madden, L. M. Pumphrey, S. L. Sherman.
61 ABS, Entscheidungen, S. 83 f.
62 IGG: Record of a meeting of the Steering Committee, 24. 4. 1951; Minute Stevens: German Debt Settlement (Sir Gainer, Sir Strang, Lord Henderson), 9. 5. 1951, PRO, FO 371–93903.
63 IGG/P (51) 98 Final: Procedure for the settlement of German pre-war external debts, 8. 5. 1951, NA, RG 43–166; PRO, FO 371–93902.
64 Gifford (London) to Secretary of State, 11. 4. 1951; Acheson (Department of State) to Embassy, 12. 4. 1951, NA, RG 59–1465.
65 Foreign Office to Copenhagen, 25. 5. 1951, PRO, FO 371–93904.

3. Grundlegende Prinzipien

konstruktiven Mitarbeit überhaupt erst befähigt werden. Bis dahin war sie über die Londoner Beratungen nur spärlich informiert worden. Ebenso mußten die Gläubiger informiert werden. Dies oblag den Regierungen.[66] Die Vorkonferenz sollte einen rein informellen Charakter tragen und der grundlegenden Information der Beteiligten, dem Austausch von Meinungen und der Möglichkeit zur Kritik an den bisherigen Planungen dienen. Den Regierungen verblieben danach einige Wochen Zeit zur Auswertung und Nutzbarmachung der im Juni-Juli gesammelten Erkenntnisse. Im September sollten dann die abschließenden Gespräche zur Vorbereitung der Hauptkonferenz abgehalten werden. Die sogenannte Hauptkonferenz bildete das Kernstück der gesamten Schuldenverhandlungen. Sie diente der Aushandlung eines umfassenden Abkommens zur Regelung der Vorkriegsschulden zwischen den ausländischen Gläubigern und den deutschen Schuldnern unter Aufsicht und Mitwirkung der TCGD. Es war geplant, Ende September in London mit der Hauptkonferenz zu beginnen. Die dort erzielten Verhandlungsergebnisse sollten zusammen mit den Vereinbarungen über die Nachkriegsschulden in einem letzten Schritt in ein Regierungsabkommen eingebunden werden, das die juristische Verbindlichkeit und die Durchsetzung des Schuldenabkommens insgesamt garantierte. Die Einhaltung des Terminplans war aber nur unter der Voraussetzung möglich, daß die noch bestehenden Schwierigkeiten zügig aus dem Weg geräumt werden würden.

Das zweite Paper mit dem Titel „Statement of principles relating to the settlement of German external debts" beinhaltete die für das Zustandekommen eines Schuldenabkommens relevanten Basiskriterien, deren Einhaltung die TCGD vor Ort zu überwachen hatte.[67] Als Leitsatz stand über allem, daß sich die Fehler der zwanziger und dreißiger Jahre nicht wiederholen durften. Die langfristige Zahlungs- und Kreditfähigkeit der Bundesrepublik sowie deren Befähigung, ihren sicherheitspolitischen Aufgaben in Zukunft gerecht werden zu können, mußte sichergestellt werden. Andererseits war

---

[66] London (Gifford) to Secretary of State, 30. 4. 1951; NA, RG 59–1513. Auch die amerikanischen standstill creditors plädierten wie Briten und Deutsche für eine Abtrennung dieser Schuldenkategorie von den allgemeinen Verhandlungen. Ebenso plädierten sie für ein begrenztes DM-settlement; Department of State: Memorandum of Conversation. Representation of Standstill Creditors Committee in London re settlement of German debts, 9. 5. 1951, ebd. Von seiten der US commercial creditors war das Interesse im allgemeinen eher gering, weil der größte Teil der Altschulden steuerlich bereits abgeschrieben war; Department of State: Memorandum of Conversation. Problems re German debt settlement from standpoint of US Commercial Creditors of Germany, 12. 6. 1951, ebd.

[67] IGG/P(51)101: Statement of principles relating to the settlement of German external debts, 8. 5. 1951, NA, RG 43–166.

eine angemessene deutsche Opferbereitschaft die Voraussetzung. Alle stimmten überein, allzu hohe Erwartungen der Gläubiger von vornherein zu dämpfen. Richtschnur war die deutsche Zahlungsfähigkeit (*capacity to pay*), die in puncto Devisen kurzfristig als schlecht, langfristig aber als besserungsfähig beurteilt wurde. In diesem Zusammenhang divergierten nach wie vor die Meinungen darüber, in welchem Umfang ein DM-*settlement* in Zukunft noch erlaubt sein sollte. Die Briten blieben entschiedene Befürworter dieses Verfahrens und priesen nach Kräften die Vorzüge des dadurch möglichen vorzeitigen Schuldenabbaus und die erhöhten Chancen für langfristige Investitionen in Deutschland. Amerikaner und Franzosen zeigten sich weitaus skeptischer. Zwar hatte Washington zwischenzeitlich von seiner ursprünglichen Absicht, diese Regelungsmöglichkeit wieder völlig abzuschaffen, Abstand genommen, bestand aber weiter auf einer restriktiven Handhabung des Verfahrens.[68] Auch hier blieben die Argumente die alten: die Gefahr eines unkontrollierten, der deutschen Währungs- und Finanzsituation abträglichen Anwachsens ausländischer DM-Konten und die einseitige Bevorzugung der Stillhaltegläubiger.[69] Neu war aber die von den Amerikanern nunmehr ins Feld geführte Bedingung, die Weiterführung des DM-*settlement* generell von einem der Sachlage angemessenen Forderungsverzicht (*scaling down*) der Gläubiger abhängig zu machen. Als Hebel zur Durchsetzung dieser schwammigen Forderung dienten die bevorrechtigten Nachkriegsschulden und die noch andauernden amerikanischen Wirtschaftshilfen. Die Amerikaner waren gewillt, von diesem Instrument rigoros Gebrauch zu machen, wobei nach wie vor unklar war, in welcher Form den Gläubigern vor dem Beginn der Verhandlungen konkrete Vorgaben gemacht werden sollten. Man war sich aber einig, daß das Schuldenabkommen dauerhafte Regelungen bieten sollte.[70] Offen blieb nur, ob und in welcher Form im Fall einer Wiedervereinigung Modifikationen zulässig sein sollten.

Ungelöst war ebenfalls das für den Fortgang der Verhandlungen grundlegende Problem, in welchem Umfang Reduktionen (*scaling down*) bei den Schulden aus der alliierten Nachkriegswirtschaftshilfe vorgenommen werden sollten. Solange die Klärung dieser Frage ausstand, konnte die Hauptkonferenz nicht beginnen. Als die Amerikaner nach langem Zögern konkrete Zahlen auf den Tisch legten, wurden die völlig konträren britischen

---

[68] Department of State to Embassy (London), 3. 5. 1951, NA, RG 59–1513; Department of State (Acheson) to Embassy London, 25. 5. 1951, NA, RG 59–1513.
[69] Gifford (Embassy London) to HICOG (Frankfurt), 15. 5. 1951, NA, RG 43–158; Vermerk Erbstößer betr. Anfrage Ladenburg (AHK) vom 19. 5. 1951, HADBB: B 330–2466.
[70] Foreign Office to Wahnerheide: Text of Statement on points of principle, 16. 5. 1951, PRO, FO 371–93924.

3. Grundlegende Prinzipien

Vorstellungen deutlich.[71] Die Franzosen, die lediglich pro forma über geringfügige Nachkriegsforderungen verfügten, waren an dieser Thematik weniger interessiert. Prinzipiell kam ihnen aber eine umfassende Reduktion der Nachkriegsschulden entgegen, weil dadurch die Chancen auf eine größere Verteilungsmasse für die übrigen Schuldenkategorien stiegen. Anfang Mai trafen die britische und die amerikanische Delegation zu einem bilateralen Meinungsaustausch zusammen. Die von den Amerikanern vorgeschlagene generelle Reduktion der Nachkriegsschulden *auf* 10% der ursprünglichen Summe stieß bei den Briten auf Ablehnung, woran auch das von den Amerikanern angeführte Argument nichts änderte, den Sowjets solle jede Chance genommen werden, „to portray us as Shylocks and the Germans as stooges."[72] Die Briten hielten mit dem Vorschlag dagegen, ein differenziertes Verfahren zu wählen und die britischen Forderungen nicht *auf*, sondern *um* 10% zu reduzieren. Zur Begründung führten Sie an, daß in der enormen Schuldensumme der USA auch die Marshallplanhilfen enthalten seien, die einen Sonderfall darstellten, weil Deutschland das einzige Land sei, das vertraglich – aus politischen Gründen – zur vollen Rückzahlung der Hilfen verpflichtet worden war. Im übrigen verwiesen die Briten darauf, daß sie für einen erheblichen Teil ihrer Hilfslieferungen selbst Dollars hatten aufbringen müssen, und zwar zu einer Zeit, „when the proceeds of the American loan were being drawn up heavily, which the British were obligated to repay."[73]

Seit dem Ende des Krieges ließ die Generosität der USA gegenüber dem wirtschaftlich am Boden liegenden England sehr zu wünschen übrig, ein steter Stachel im britischen Fleisch, da man nicht so recht einsehen wollte, warum das besiegte Deutschland vergleichsweise entgegenkommender behandelt wurde. Die Briten verfolgten insgesamt eine reaktive Strategie und ließen sich nicht präzise auf den Umfang einer Reduktion der Nachkriegsforderungen festlegen. In der Hoffnung auf eine spätere Stabilisierung der deutschen Devisensituation wollten sie sich in den nächsten drei bis fünf Jahren auf den Erhalt von DM-Zahlungen beschränken, die für Besatzungszwecke in Deutschland verwandt werden konnten.[74] Ob diese Strategie ge-

---

[71] Ende April erhielt die Delegation endlich eine offizielle Weisung für die Gespräche mit den Briten. Die Verhandlungen sollten weiterhin tendenziell ergebnisoffen geführt werden, so daß Washington genügend politischer Spielraum verblieb; Department of State to Embassy (London), 27. 4. 1951, NA, RG 59–1513.
[72] Informal US-UK Discussions (UK: Stevens, Rendel, Copleston, Crawford, Abbott; US: Reinstein, Eisenberg, Robinson, Louchheim, Black) 2. 5. 1951, NA, RG 43–167.
[73] Gifford (London) to Department, 8. 5. 1951, NA, RG 43–170.
[74] Crawford (German Finance Department) to Abbott (Treasury), 9. 4. 1951, PRO, T 236–

genüber den Amerikanern durchsetzbar war, schien ungewiß. Sie barg zudem die Gefahr, daß man sich am Ende in einer schlechteren Position wiederfinden könnte als zuvor. Es stand zu befürchten, daß die Amerikaner jedes Interesse an den Nachkriegsschulden verlieren könnten, wenn diese erst einmal ihre Funktion als „lever" gegenüber den Gläubigern eingebüßt hatten.[75] Es sprach also einiges dafür, den Sack zuzubinden.

4405; Minute: Settlement of governmental post-war claims, 24. 4. 1951, PRO, FO 371–93914.
[75] Copleston to Stevens (Foreign Office), 28. 4. 1951, PRO, FO 371–93914.

III. AUF DEM WEG ZUR HAUPTKONFERENZ

1. Die Einbeziehung der Deutschen und das deutsche Auslandsvermögen

Anfang Mai 1951 wurde die Bundesregierung vom Finanzberater des amerikanischen Hochkommissars mündlich zu einer für Ende Juni in London anberaumten Vorkonferenz eingeladen. Sie sollte die für den Herbst geplante Hauptkonferenz vorbereiten und diente allein dem Informations- und Meinungsaustausch. Echte Verhandlungen und Entscheidungen standen dort ausdrücklich nicht auf der Tagesordnung.[1] Die schriftliche Einladung zur Londoner Vorkonferenz erfolgte zwei Wochen später durch die Alliierte Hohe Kommission. Die Vorkonferenz sollte am 28. Juni mit einem Treffen der TCGD und der Repräsentanten der wichtigsten Gläubigerorganisationen beginnen. Die deutsche Delegation würde dann am 5. Juli hinzukommen. Das Schreiben enthielt zusätzlich einige Anlagen mit Informationen über die grundlegenden Verfahrensregeln und Leitlinien für die Schuldenverhandlungen.[2] Die Bundesregierung nahm die Einladung nach London vorbehaltlich einer späteren Genehmigung durch den Bundestag an.[3] Dem ersten Zusammentreffen von Schuldnern und Gläubigern sollten auf Vorschlag der Besatzungsmächte informative Vorgespräche zwischen Vertretern der alliierten Regierungen, Mitgliedern der Dreimächtekommission (TCGD) und Vertretern der deutschen Seite vorausgehen, die auf Anfang Juni in Bonn terminiert wurden. Diese waren sinnvoll, weil die Bundesregierung bis zum Empfang der offiziellen Einladung keine authentischen Informationen über den Stand der alliierten Beratungen in London erhalten hatte, sondern ihr spärliches Wissen auf private Quellen und die internationale Presse stützen mußte. Vielfach war man auf reine Mutmaßungen dar-

---
[1] Mündliche inoffizielle Mitteilung: Finanzabteilung der AHK an Bundesregierung betr. Beratungen über die deutschen Auslandsschulden vom 8. 5. 1951, BA, B 126–48363.
[2] J. E. Slater (AHK) an Blankenhorn (BKA) nebst Anlagen vom 23. 5. 1951, BA, B 126–48363. Die Anlagen bezogen sich auf Informationen über 1. die vorgesehenen Verhandlungsstadien, 2. grundsätzliche Fragen (z.B. die prinzipielle Gleichrangigkeit aller Schuldenkategorien, Rücksicht auf die allgemeine deutsche Finanzlage und Devisensituation, die Möglichkeit von Neuverhandlungen), 3. Technische Fragen (z.B. die Definition von Auslandsschulden, Konversionskasse, Goldklausel), 4. Aufgaben der TCGD (z.B. Koordination, Möglichkeit aktiven Eingreifens, Vertretung der Besatzungsmächte bei Verhandlungen über Regierungsabkommen.
[3] BFM Schäffer an Staatssekretär im BKA (Kabinettssache) vom 23. 5. 1951, BA, B 146–1175.

über angewiesen, welche Fragen und Probleme auf der Schuldenkonferenz behandelt werden sollten. Entsprechend vage und unsicher blieben die bis dato auf deutscher Seite für die Schuldenkonferenz unternommenen sachlichen und strategischen Vorarbeiten. In einer im Mai angefertigten Stellungnahme des Direktors der Bank deutscher Länder von Schelling zur bevorstehenden „Schuldenregelungskonferenz" wird für den Bereich der öffentlichen Verschuldung ein düsteres Bild der Möglichkeiten der Bundesrepublik gezeichnet, ihren Verpflichtungen aus der Schuldenerklärung nachzukommen. Von Schelling nutzte die Gelegenheit zu einer Kritik am Verhalten von Bundesfinanzminister Schäffer, der sich trotz der schlechten deutschen Devisenbilanz und trotz der angespannten Haushaltslage der Abgabe der Schuldenerklärung nicht in den Weg gestellt hatte: „Nachdem er [Schäffer] so gar keine Bedenken getragen hat, das Schuldanerkenntnis abzugeben, muß er jetzt sehen, wie er mit den Konsequenzen dieses Schuldanerkenntnisses für die Bundesfinanzen fertig wird."[4] Die Bank deutscher Länder hatte dafür plädiert, die Abgabe der Schuldenerklärung wegen der prekären Finanzsituation zu verschieben, konnte sich mit ihrer Meinung aber nicht durchsetzen, weil die Bundesregierung bei ihrer Entscheidung neben wirtschaftlichen auch politische Gesichtspunkte berücksichtigen mußte. Die Frankfurter Staatsbanker, allen voran ihr Präsident Wilhelm Vocke, traten während der Schuldenverhandlungen noch verschiedentlich als Bedenkenträger hervor. Das Verhältnis zwischen Vocke und Delegationsleiter Abs war angespannt. Abs verfügte aber über die Rückendeckung von Bundeskanzler Adenauer.[5]

Bis zum Beginn der Vorkonferenz waren in Bonn noch einige wichtige Entscheidungen zu fällen. Nach der Festlegung, welche Ministerien und Organisationen bei den Verhandlungen vertreten sein sollten,[6] mußte entschieden werden, welches Ministerium die Federführung und welche Persönlichkeit die Leitung der deutschen Delegation übernehmen sollte. Das Finanzministerium beanspruchte wie selbstverständlich die Übernahme der

---

[4] Vermerk von Schelling (Frankfurt) betr. Schuldenkonferenz vom 22. 5. 1951, HADBB, B 330–2466. Zur wirtschaftlichen Lage vgl. BUCHHEIM, Die Bundesrepublik und die Überwindung der Dollar-Lücke, S. 92 ff.; JÜRGEN BELLERS, Außenwirtschaftspolitik der Bundesrepublik Deutschland 1949–1989, Münster 1990, S. 47 ff.
[5] Vgl. ABS, Deutschlands wirtschaftlicher und finanzieller Aufbau, S. 355 f. Die (dauerhafte) gegenseitige Abneigung spiegelt sich auch in den Memoiren von Vocke wider, in denen das Londoner Schuldenabkommen überhaupt nicht und Abs nur einmal ganz am Rande erwähnt wird. Vgl. WILHELM VOCKE, Memoiren, Stuttgart 1973.
[6] Deutscher Industrie und Handelstag an BFM (Ministerialdirigent Kremer) vom 23. 5. 1951, BA, B 126–48376.

1. Einbeziehung der Deutschen und deutsches Auslandsvermögen 161

Federführung für sich.[7] Dagegen widersetzte sich das Wirtschaftsministerium unter Verweis auf die starken privatwirtschaftlichen Interessen an der Regelung der Auslandsschulden.[8] Auf Vorschlag von Vizekanzler Franz Blücher, der als Minister für den Marshallplan im Gerangel zwischen Finanz- und Wirtschaftsministerien nicht hintanstehen wollte, wurde die Federführung dem Auswärtigen Amt übertragen.[9] Vergeblich versuchte das Finanzministerium, diese Entscheidung des Kabinetts noch umzubiegen, vermochte mit seinen Argumenten jedoch nicht zu überzeugen.[10] Ebenso scheiterte der Bundesfinanzminister mit seinem Wunsch, den Präsidenten der nordrhein-westfälischen Landeszentralbank Kriege mit der Leitung der deutschen Verhandlungsdelegation zu betrauen. Der Bundeskanzler entschied sich für den Bankier Hermann Josef Abs, der wegen seiner langjährigen Erfahrung in internationalen Finanzverhandlungen und seiner ausgezeichneten Sprachkenntnisse für die schwierige Aufgabe beste Voraussetzungen mitbrachte.[11] Abs stand in regelmäßigem Kontakt zu Bundeskanzler Adenauer und gehörte zu seinen engsten wirtschaftspolitischen Beratern.[12] Kriege wurde als Stellvertreter installiert.[13]

---

[7] Abt. VI und V (Wolff und Kremer) an Minister über Staatssekretär vom 11. 5. 1851, BA, B 126–48363; BFM Schäffer an Staatssekretär im BKA vom 23. 5. 1951 (Kabinettssache), BA, B 146–1175.

[8] Der Bundesminister für Wirtschaft an Staatssekretär im BKA vom 28. 5. 1951 zur Kabinettsvorlage des BFM vom 23. 5. 1951, BA, B 126–48363 und B 146–1175.

[9] Kabinettssitzung vom 29. 5. 1951, in: Die Kabinettsprotokolle der Bundesregierung, Bd. 4 (1951), S. 389f.

[10] Als Argumente wurden vom BFM angeführt: 1. Ein Vergleich mit den hochpolitischen Verhandlungen von Lausanne sei irreführend. 2. Es handle sich nicht um Reparations-, sondern um reine Schuldenverhandlungen. 3. Deshalb stehe die Federführung dem BFM oder gegebenenfalls dem ERP-Ministerium(!) zu. 4. Es gebe keine Regel, daß der Auswärtige Ausschuß bei Auslandsverhandlungen prinzipiell die Federführung haben müsse; Granow (BFM) an Minister betr. Deutsche Verhandlungsführung auf der Internationalen Konferenz für die deutschen Auslandsschulden vom 30. 5. 1951, BA, B 126–48363.

[11] BK Adenauer an BFM Schäffer (persönlich) vom 4. 6. 1951, Stiftung BKAH, Korrespondenz Adenauer-Schäffer III 21(1). Die genauen Umstände seiner Ernennung lassen sich leider nicht präzise rekonstruieren. Abs selbst hat sich dazu nur sehr allgemein geäußert. Im Gespräch soll auch der frühere Reichskanzler und Reichsbankpräsident Hans Luther gewesen sein, den Abs laut eigener Aussage gegenüber dem Bundeskanzler dazu für unfähig erklärte. Vgl. HANS-PETER SCHWARZ (Hrsg.), Die Wiederherstellung des deutschen Kredits, S. 14; vgl. dazu ebenfalls ABS, Entscheidungen, S. 84; DERS., Der Weg zum Londoner Schuldenabkommen, S. 85f.; GEORG VOGEL, S. 214f.

[12] BKAH, Terminkalender Bundeskanzler Adenauer betr. Abs; vgl. SCHWARZ, Geschichte der Bundesrepublik 1949–1957: Die Ära Adenauer, S. 181 ff. Durch seine finanzpolitischen Aktivitäten in London und später in Washington erwarb sich Abs laut Schwarz „seinen Ruf als größter Bankier der bürgerlichen Republik" (Zitat S. 183).

[13] Dr. Walter Kriege verstarb Ende 1952.

Vom 5. bis zum 7. Juni trafen Vertreter der TCGD und der Bundesregierung in Bonn zu vorbereitenden Gesprächen zusammen.[14] Der Vorsitzende der Alliierten Hohen Kommission, die an den Londoner Verhandlungen nicht direkt beteiligt war, im Bedarfsfall aber beratend tätig werden konnte, hielt eine kurze Begrüßungsansprache. Darin erklärte er die Unterrichtung der Bundesregierung über das weitere Procedere und über die Organisation der Schuldenkonferenz zum alleinigen Zweck des auf drei Tage anberaumten Treffens. Inhaltliche Fragen zur Schuldenregelung waren ausdrücklich unerwünscht und sollten erst bei der Juli-Konferenz „einer ersten Überprüfung [...] unterzogen werden"[15] können. Sie kamen den Besatzungsmächten ungelegen, weil sie in einigen grundlegenden Fragen (z. B. *scaling down*) noch immer nicht über eine gemeinsame Linie verfügten.[16] Fragen zur Organisation waren gestattet.[17] Befürchtungen, die Deutschen könnten ihren Verhandlungsspielraum durch eine gezielte Nutzung des Auskunftsrechts testen wollen, erwiesen sich als unbegründet. In einer Ausarbeitung des *Foreign Office* waren im Vorfeld einige kritische Punkte, sogenannte „red herrings", aufgelistet worden, die von deutscher Seite in die Verhandlungen eingebracht werden könnten. Dazu zählten die Lasten der Bundesrepublik für Verteidigungs- und Besatzungskosten, die Festlegung von Kriterien zur Beurteilung der deutschen Zahlungsfähigkeit und *last but not least* die Frage nach dem deutschen Auslandsvermögen.[18]

Im Bemühen um eine gute Atmosphäre verhielten sich die Deutschen bei dieser ersten Kontaktaufnahme jedoch sehr vorsichtig. Der deutsche Delegationsleiter Hermann J. Abs machte eine gute Figur. Die Briten konzedierten ihm einen „agreeable humour and a lightness of touch". Trotz mancher

---

[14] Es nahmen teil: 1. Deutsche Delegation: Abs und Dr. Kriege (Leitung); Dr. Weiz (Auswärtiges Amt); Wolff, Dr. Kremer, Dr. Dr. von Spindler, Dr. Granow und Gurski (BFM); Dr. Vogel und Dr. Sachs (ERP); Dr. Henckel (BWM); Dr. Dieben (Bundesschuldenverwaltung); Dr. von Schelling (BdL), 2. Französische Delegation: Gregh und Sergent (TCGD); Rodocanachi (Außenministerium); Turpin und Létondot (Finanzministerium), 3. Britische Delegation: Sir Rendel und Sir Waley (TCGD); Abott (Treasury); Cridland (Foreign Office), 4. US-Delegation: Gunter (TCGD); Eisenberg (Financial Adviser).

[15] Ausführungen des französischen Vorsitzenden der Alliierten Hohen Kommission anläßlich der ersten in Bonn stattfindenden Sitzung zwischen der Dreimächte-Kommission für deutsche Schulden und den Vertretern der deutschen Regierung, in: Deutsche Auslandsschulden. Dokumente zu den internationalen Verhandlungen Oktober 1950 bis Juli 1951, S. 26 f.

[16] TCGD: Record of first meeting (Financial Advisers), 30. 5. 1951, PRO, FO 371–93953.

[17] Vermerk (Nöller) betr. Internationale Konferenz über deutsche Auslandsschulden vom 1. 6. 1951, BA, B 146–1175; Vermerk Weiz (Auswärtiges Amt) an BFM vom 29. 5. 1951, BA, B 126–48363; Aktenvermerk Abteilung VI über die Besprechung am 31. 5. 1951 vom 4. 6. 1951, BA, B 126–48363.

[18] Minute Stevens: Points for discussion with Germans on the Debt Settlement, 22. 5. 1951, PRO, FO 371–93948.

1. Einbeziehung der Deutschen und deutsches Auslandsvermögen 163

Schwierigkeiten verfestigte sich der positive Eindruck der Briten im Verlauf der Verhandlungen.[19] Sir George Rendel, der britische Chefunterhändler, bezeichnete Abs in seinen Memoiren als „remarkable personality", die persönlich viel zum Erfolg der Schuldenkonferenz beigetragen habe.[20] Diese Einschätzung wurde auch von den amerikanischen Unterhändlern geteilt. In den Vereinigten Staaten gab es aber immer wieder Stimmen, die sich kritisch mit dem Bankier Abs auseinandersetzten und ihn wegen seiner beruflichen Tätigkeit unter dem Nationalsozialismus kritisierten.[21] Diese Stimmen fanden in Washington durchaus Gehör, änderten aber nichts an der Wertschätzung von Abs als Verhandlungsführer.[22]

Nach dem offiziellen Empfang auf dem Petersberg begann im Godesberger Hotel Dreesen, dem Sitz der französischen Besatzungsmacht, das erste Arbeitstreffen. In seiner einleitenden Ansprache legte das französische Mitglied der TCGD anhand der Note vom 6. März 1951 noch einmal die Grundsätze für eine Regelung der deutschen Auslandsschulden dar und umriß die dabei zu lösenden grundsätzlichen und technischen Probleme.[23] Ihm antwortete Bundesfinanzminister Schäffer im Namen Adenauers, der sich als Bundeskanzler selbst die Gesamtleitung auf deutscher Seite vorbehielt.[24] Schäffer betonte in seiner ebenfalls auf die Schuldenerklärung Bezug

---

[19] Kirkpatrick (Wahnerheide) to Foreign Office, 6. 6. 1951, PRO, FO 371–93948 (Zitat); McCloy (Bonn) to Secretary of State, 6. 6. 1951, NA, RG 59–1513.

[20] Vgl. RENDEL (S. 327) über Abs: „Large and tall [?], with a rosy face, fair hair and moustache and rather pale steely blue eyes, he gave one at first an impression of slightly boyish bonhomie, until one saw the touch of ruthlessness in his manner and the decisiveness with which he stated his view or kept his delegation in order. He was a capable negotiator, ready – and strong enough – to concede a point rapidly and generously, which few of the other members of his delegation could do, but rigid in maintaining his essential position. I found him pleasant and satisfactory to deal with, and he contributed greatly to the success of the conference."

[21] Society for the Prevention on World War III Inc. (Albert Sinard/Isidore Lipschutz) to Dean Acheson, Secretary of State, 24. 7. 1951, NA, RG 59–1514. In dem Schreiben wird Abs Mithilfe bei Enteignungen und Nazitransaktionen in den besetzten Gebieten sowie persönliche Bereicherung vorgeworfen. Vgl. dazu GALL, A man for all seasons? S. 33 ff.

[22] Lewis (for Secretary of State) to Sinard, 12. 9. 1951, NA, RG 59–1514.

[23] Vortrag von Herrn Gregh, in: Die deutschen Auslandsschulden. Dokumente zu den internationalen Verhandlungen Oktober 1950 bis Juli 1951, S. 27 f. Zu den „grundsätzlichen Problemen" zählten: die Festlegung des Betrags der Auslandsschuld; die Definition der deutschen Aufbringungs- und Transferfähigkeit; die Möglichkeit zum DM-*settlement*; Kriterien für eine Elastizität des Schuldenplans. Zu den „technischen Problemen" zählten: der Umgang mit Verpflichtungen der Konversionskasse; die Behandlung der Goldklausel.

[24] BK Adenauer bildete die letzte Entscheidungsinstanz direkt über Abs, der die de facto Leitung ausübte. Von amerikanischer Seite wurde diese klare Regelung als nützlich angesehen: „Believe Abs satisfactory since able to cut interministerial rivalry, has direct access to Chancellor, thus increasing Ger del's ability to negotiate"; McCloy (Bonn) to Secretary of State, 6. 6. 1951, NA, RG 59–1513.

nehmenden, kurzen Rede den festen Willen der Bundesregierung, zur Wiederherstellung der tatsächlichen und der moralischen deutschen Kreditfähigkeit den Verpflichtungen aus der Vergangenheit im Geist des „ehrlichen Kaufmanns" nachkommen zu wollen. Mit dieser Formulierung zielte er auf die Notwendigkeit, die in London auszuhandelnden Regelungen den Erfordernissen der deutschen Wirtschaftskraft und der Zahlungsbilanz anzupassen.[25]

Am Nachmittag erhielt die nun von Abs geleitete Deutsche Delegation die Gelegenheit, Fragen zur Organisation und zum weiteren Procedere zu stellen. Abs erbat u. a. Auskünfte über die Organisation der Gläubigergruppen und über den Inhalt des am Ende der Verhandlungen vorgesehenen Regierungsabkommens. Letzteres beantworteten die Vertreter der TCGD nur sehr vage oder ausweichend, ein klares Indiz für die noch bestehenden Unsicherheiten auf Seiten der Besatzungsmächte.[26]

Die Sitzungen des zweiten Tags fanden im Bonner Museum König statt. Auf der Tagesordnung stand die Bestimmung der genauen Schuldenhöhe. Für die heterogene Gruppe der Vorkriegsschulden war dies ein schwieriges Unterfangen. Um Zeit zu sparen, wurde auf Vorschlag des Franzosen Gregh ein Unterausschuß eingesetzt, der sich speziell mit diesem Thema beschäftigen sollte. Die Bank deutscher Länder und das Bundesfinanzministerium hatten sich schon seit geraumer Zeit um die Zusammenstellung einschlägigen Zahlenmaterials bemüht, allerdings je nach Schuldenkategorie mit unterschiedlichem Erfolg. Während sowohl über die Höhe der Reichs- als auch über die Höhe der Stillhalteschulden recht präzise Aussagen gemacht werden konnten, waren die im Bereich der privaten kommerziellen Verschuldung vorliegenden Zahlen eher vage. Eine von der Bank deutscher Länder bei den deutschen Privatschuldnern durchgeführte Fragebogenaktion hatte nur bedingt Erfolg gehabt, weil viele der Angesprochenen entweder keine Aussagen machen konnten oder wollten. Im Bereich der privaten Verschuldung war man auf Schätzungen angewiesen. Auf deutscher Seite konnte man es als Erfolg verbuchen, daß sich der Unterausschuß darauf einigte, die deutsche Systematik zur Ermittlung der öffentlichen und privaten Vorkriegsschulden zur Basis der weiteren Untersuchungen zu machen.[27]

---

25 Statement by Schäffer (BFM), Bad Godesberg, 5. 6. 1951, PA/AA, Abt. II, Bd. 1521 (LSA 16); Vermerk Vogel vom 6. 6. 1951 (streng vertraulich), BA, B 146–1175.
26 Vermerk vom 6. 6. 1951, BA, B 126–48363.
27 Aufzeichnung (Granow) betr. Ergebnis der Besprechung des Unterausschusses der Viermächteschuldenkonferenz in Bonn vom 7. 6. 1951, BA, B 126–48363. Die Alliierten verlangten in Ergänzung des bisherigen Verfahrens eine genaue Aufstellung des nominellen An-

1. Einbeziehung der Deutschen und deutsches Auslandsvermögen 165

Über die Höhe der Nachkriegsschulden wurde die deutsche Delegation von der TCGD anschließend im Überblick informiert. Die Herren Rendel (Großbritannien), Gunter (USA) und Gregh (Frankreich) gaben zu ihrem Land jeweils ein kurzes Statement über den aktuellen Stand der Verschuldung ab. Demnach beliefen sich die britischen Forderungen auf £ 122 Millionen ($ 342 Mio.), die amerikanischen auf $ 3,2 Milliarden und die französischen auf Ffr. 5,5 Milliarden ($ 15 Mio.).[28] Die Nachkriegsschulden sollten noch vor dem Beginn der Hauptkonferenz auf der Basis allgemeiner Richtlinien in bilateralen Verträgen geregelt werden. Nach dem Abschluß der Londoner Verhandlungen sollten sie dann in das Regierungsabkommen einbezogen werden. Von alliierter Seite war vorgesehen, die Rückzahlung der Nachkriegsschulden auf mehrere Jahre zu verteilen. Sie sollte in Devisen erfolgen. In gewundenen Formulierungen wurde dabei angedeutet, daß die Besatzungsmächte unter bestimmten Bedingungen zu einer Änderung der Prioritäten bereit sein würden. Im Klartext hieß dies: Amerikaner und Briten[29] waren gewillt, im Interesse einer Gesamtschuldenregelung auf ihre Vorrechte zu verzichten und Abstriche sowohl bei der Festsetzung der Schuldenhöhe als auch bei den Modalitäten für die Rückzahlung hinzunehmen, falls sich Schuldner und Gläubiger bei der Hauptkonferenz auf ein akzeptables Ergebnis bei den Vorkriegsschulden einigten.[30] War dies nicht der Fall, hielten die Regierungen an ihren Prioritätsrechten fest und die Vorkriegsgläubiger hatten keine Chance, an ihr Geld zu kommen. Die Schlüsselposition hatten die Amerikaner inne. Für Gläubiger und Schuldner bestand also die Notwendigkeit, sich auf vernünftige Konditionen zu einigen.

Der dritte und letzte Tag der Vorgespräche diente im wesentlichen der Zusammenstellung der Ergebnisse und der Redigierung der Protokolle. Auf Vorschlag von Abs wurden der Brite Cridland und der Franzose Létondot zu Generalsekretären der Schuldenkonferenz ernannt und mit der Leitung

---

fangsbetrags, des davon noch offenen Betrags sowie der Zinsrückstände und eine präzise Aufgliederung der Schulden in vor, im oder nach dem Krieg entstandene Schulden.

28 Die Zahlen setzen sich grob aus folgenden Komponenten zusammen:
1. Großbritannien: Civil Supplies verfügt durch Combined Civil Affairs Office; Appropriations UK for Relief in Western Germany abzüglich Einnahmen aus britischen Exporten bis 31. 12. 1946; Kapitalbeteiligung JEIA.
2. USA: US Expenditures of Combined Civil Affairs Office bis 30. 6. 1946; GARIOA 1947–1949; US Kapitalbeteiligung JEIA; Hilfe aus ECA-Abkommen vom 15. 12. 1949 (unberücksichtigt noch Surplus Güter).
3. Frankreich: Kapitalbeteiligung JEIA.

29 Die Franzosen können wegen ihrer minimalen und zweifelhaften Forderungen vernachlässigt werden.

30 Vermerk Vogel vom 7. 6. 1951, BA, B 146–1175; Vermerk vom 7. 6. 1951, BA, B 126–48363.

des in London einzurichtenden Tagungsbüros betraut.[31] Zum Abschluß wurde eine Pressemitteilung herausgegeben, die auf die bevorstehende Londoner Vorkonferenz verwies.[32]

Während der drei Tage hatten sich die Deutschen mustergültig an die alliierten Vorgaben gehalten und sich weitgehend auf eine zuhörende Rolle beschränkt. Unangenehme Themen blieben außen vor. Am Rande einer Cocktailparty ließ Delegationsleiter Abs jedoch gegenüber den Mitgliedern der TCGD verlauten, daß sich dies in London ändern würde. Dort werde man nicht umhin können, grundsätzlich über die realistische Einschätzung der deutschen Leistungsfähigkeit und auch über das Thema Auslandsvermögen zu reden.[33]

Abs war ein Mann von Augenmaß und Realitätssinn, der vor überzogenen Erwartungen in dieser emotionsgeladenen Frage von Beginn an warnte. Wirtschaft und Politik schossen beim Thema Auslandsvermögen gelegentlich über ein realistisches Ziel hinaus.[34] Angesichts der Vielschichtigkeit des Problems warnte Abs vor unzulässigen Vereinfachungen und unheilvollen Verquickungen.[35] Alle Bemühungen zur Rettung des deutschen Auslandsvermögens wurden von Abs nur solange gutgeheißen, wie sie das übergeordnete Ziel der Wiederherstellung des deutschen Auslandskredits nicht gefährdeten. In dieser Einschätzung stimmte er völlig mit dem Bundeskanzler überein, der seiner Partei dringend ans Herz legte, die Vermögensfrage „kühler" zu betrachten.[36] Seit Gründung der Bundesrepublik wurde das Thema Auslandsvermögen in Deutschland weniger als ein spezieller Teil der Reparationsfrage gesehen, sondern in einen direkten Zusammenhang zur Schuldenfrage gestellt. In einer Analyse des Deutschen Büros für Frie-

---

31 Vermerk Vogel vom 8. 6. 1951 (vertraulich), BA, B 146–1175.
32 Presseverlautbarung vom 7. 6. 1951, in: Die deutschen Auslandsschulden. Dokumente zu den internationalen Verhandlungen Oktober 1950 bis Juli 1951, S. 32.
33 Vermerk Erbstößer (Frankfurt am Main) vom 8. 6. 1951, HADBB, B 330–2466. Abs hatte eine Einbeziehung des Themas Auslandsvermögen in die Vorgespräche zuvor erwogen, Aktenvermerk Abt. VI über Besprechung am 28. 5. 1951 betr. Internationale Konferenz über deutsche Auslandsschulden vom 29. 5. 1951, BA, B 126–48363.
34 Dies galt auch für die Aktivitäten der von der Wirtschaft finanzierten Bremer Studiengesellschaft für privatwirtschaftliche Auslandsinteressen, denen Abs gleichermaßen wohlwollend wie kritisch gegenüberstand.
35 Vgl. HERMANN J. ABS, Probleme der europäischen Kreditwirtschaft. Vortrag vor den Industrie- und Handelskammern Koblenz und Trier, in: Wege zu einer europäischen Wirtschaft, Koblenz 1951, S. 27 f.; vgl. auch ABS, Entscheidungen, S. 88; GUSTAV WILHELM HARMSEN, Reparationen, Sozialprodukt, Lebensstandard. Versuch einer Wirtschaftsbilanz, Bremen 1948, Heft 1, S. 68 ff., Heft 2, S. 7 f., und Heft 4, S. 42 ff.
36 Nr. 4 vom 6. 12. 1951, in: GÜNTER BUCHSTAB (Hrsg.), Adenauer: „Es mußte alles neu gemacht werden." Die Protokolle des CDU-Bundesvorstandes 1950–1953, Stuttgart 1986, S. 58.

1. Einbeziehung der Deutschen und deutsches Auslandsvermögen 167

densfragen vom November 1949 wurde eine Verquickung der Problemkreise Auslandsschulden und Auslandsvermögen sogar ausdrücklich empfohlen, weil isolierte Aktionen zur Freigabe der beschlagnahmten Vermögenswerte wenig aussichtsreich erschienen.[37] Das Kontrollratsgesetz Nr. 5 vom Oktober 1945 hatte den deutschen Eigentümern das Verfügungsrecht über ihr Auslandsvermögen entzogen. Im Pariser Reparationsabkommen war im Januar 1946 festgelegt worden, das beschlagnahmte deutsche Auslandsvermögen zu Reparationszwecken zu verwenden.[38] Unter Berufung auf das Pariser Abkommen waren alle deutschen Versuche, zumindest eine partielle Freigabe des Auslandsvermögens zu erreichen, von den Besatzungsmächten abgeblockt worden. Es nutzte nichts, daß die Deutschen wiederholt auf die abweichende Praxis nach dem Ersten Weltkrieg verwiesen. Zwar war das sogenannte Feindvermögen auch während des Ersten Weltkriegs in Großbritannien und den Vereinigten Staaten sequestriert worden, laut Versailler Vertrag konnte es jedoch zur Tilgung von Auslandsschulden herangezogen worden. Teilweise war das verbliebene Vermögen sogar nach einigen Jahren an die früheren Eigentümer zurückgegeben worden. Davon konnte nun keine Rede sein. Die Erlöse aus dem liquidierten deutschen Eigentum speisten in den USA einen *War Claims Fund* zur Entschädigung kriegsgefangener amerikanischer Soldaten.[39] Kenner der Materie beurteilten die Chancen auf eine Änderung der amerikanischen Politik in dieser Frage äußerst skeptisch.[40] Diese Einschätzung war in Deutschland natürlich nicht unbekannt, trotzdem fehlte in Wirtschaft und Politik weitgehend die Bereitschaft, sich mit dem Verlust des deutschen Auslandsvermögens definitiv abzufinden. Man hoffte, wenigstens Teile davon retten und für die Tilgung der privaten deutschen Auslandsschulden verwenden zu können.[41]

Im Januar 1951 hatte Bundesfinanzminister Schäffer dem Kabinett den Entwurf einer Note an die Alliierte Hohe Kommission unterbreitet, in der

---

[37] Deutsches Büro für Friedensfragen (Stuttgart): Das Deutsche Auslandsvermögen. Übersicht über den Stand Oktober 1949 und Anregungen für die weitere Behandlung (20. November 1949), BA, B 141–1431.
[38] Vgl. SCHEUNER, S. 135f.
[39] Vgl. KREIKAMP, S. 9ff.; vgl. BAADE, S. 13ff.
[40] MARTIN DOMKE, Deutsche Auslandswerte in den Vereinigten Staaten von Amerika 1945–1950, in: Zeitschrift für ausländisches öffentliches Recht 13 (1950/51), Nr. 3 (Sonderdruck).
[41] Deutscher Bundestag 1. WP: Anfrage Nr. 120 der Fraktionen der FDP, CDU/CSU und DP betr. Deutsches privates Auslandsvermögen und deutsche private Auslandsverschuldung vom 7. Oktober 1950 (Drucksache Nr. 1427); Antwort des Bundesfinanzministers vom 27. 10. 1950 (Drucksache Nr. 1553).

ein Ende der Sequestrierung des deutschen Vermögens im Ausland und ein sofortiger Liquidationsstop gefordert wurden. Seit Monaten hatte sich ein interministerieller Ausschuß mit dem Thema Auslandsvermögen beschäftigt und dringend zu weiteren Aktivitäten geraten, weil die Interalliierte Reparationsagentur den Signatarstaaten des Pariser Abkommens im Verlauf des Jahres 1951 eine Schlußrechnung zu präsentieren hatte und insofern die Gefahr bestand, daß einige Länder quasi in letzter Minute doch noch bisher unterbliebene Maßnahmen gegen das deutschen Auslandsvermögen ergreifen könnten. Zu einer Zeit, wo die Integration der Bundesrepublik in das westliche Bündnis voranschritt, wurde die anhaltende Liquidierung deutscher Vermögenswerte im Ausland als Anachronismus empfunden. Die alliierte Gesetzeslage bestand aber unverändert fort und machte der Bundesregierung bilaterale Verhandlungen mit anderen Ländern zur Rettung der deutschen Vermögenswerte unmöglich.[42] Unter Berufung auf die fundamentale Veränderung der politischen Lage wandte sich der Bundeskanzler am 10. April mit einer Note an die Alliierte Hohe Kommission, in der er erstens die Aufhebung des Kontrollratsgesetzes Nr. 5, zweitens die Genehmigung bilateraler Verhandlungen und drittens eine sofortige Einstellung jeglicher Liquidationsmaßnahmen forderte. Adenauer fügte an, daß es für die Regelung der Auslandsschulden am sinnvollsten sei, wenn „die Auslandswerte, die im Geschäftsverkehr üblicherweise der Bezahlung ausländischer Forderungen dienen, mit herangezogen werden könnten."[43] Damit stellte der Kanzler einen direkten Zusammenhang zwischen der Regelung der Auslandsschulden und der Vermögensfrage her. Genau das paßte den Besatzungsmächten überhaupt nicht. In ihrer Antwortnote vom 28. April erteilten sie daher jeder Verquickung von Auslandsschulden und Auslandsvermögen eine klare Absage. Letztere könnten wegen ihres Reparationscharakters nicht mit den deutschen Auslandsschulden verrechnet werden. Ebenso komme ein Beschlagnahme- und Liquidationsstop nicht in Betracht, weil das deutsche Vermögen zur Wiedergutmachung von Kriegsschäden eingesetzt würde. Die Note enthielt weder eine Erlaubnis zu bilateralen Verhandlungen, noch wurde eine Aufhebung des Kontrollratsgesetzes Nr. 5 auch nur in Aussicht gestellt. Statt dessen wurden weitere Rechtsvorschriften avisiert.[44]

---

[42] BFM Schäffer an Staatssekretär des Inneren im BKA betr. Schritt der Bundesregierung zur Wahrung des deutschen Vermögens im Ausland vom 22. 1. 1951 (nebst Anlage: Entwurf einer Note des Herrn Bundeskanzlers an den Geschäftsführenden Vorsitzenden der Alliierten Hohem Kommission), BA, B 136–2285; PA/AA, Abt. II Nr. 1505 (LSA Nr. 2).
[43] BK Adenauer an Kirkpatrick (AHK) vom 10. 4. 1951, ebd.
[44] Kirkpatrick (AHK) an BK Adenauer vom 28. 4. 1951, ebd.

1. Einbeziehung der Deutschen und deutsches Auslandsvermögen 169

Mit dieser harschen Reaktion hatte man in Bonn offenbar nicht gerechnet. Finanzminister Schäffer konterte verärgert mit dem Vorschlag, bei den Beratungen über den Abschluß von Handelsabkommen die Vermögensfrage gezielt zu thematisieren und darüber hinaus jede Gelegenheit zur Agitation im Ausland zu nutzen.[45] Abs lehnte eine „generalisierende" Vorgehensweise im Kabinett entschieden ab und schlug statt dessen vor, das Thema in London vorzubringen.[46] Innenpolitisch war die Angelegenheit äußerst brisant, weil die noch ausstehende Ratifikation der Schuldenerklärung durch den Deutschen Bundestag wesentlich von einem Fortschritt in der Vermögensfrage abhing.[47] Abs hielt es verhandlungstaktisch für sinnvoll, die Schuldenerklärung möglichst vor dem Beginn der Vorkonferenz vom Bundestag absegnen zu lassen. Bundeskanzler Adenauer sah das nicht so. Er verfügte über einen sicheren politischen Instinkt und wollte deshalb lieber abwarten, bis die aufgeregten Diskussionen über das deutsche Auslandsvermögen abgeflacht und eine Mehrheit für die Schuldenerklärung im Parlament sicher war.[48]

Der Auswärtige Ausschuß hatte der Schuldenerklärung vom 6. März nur unter der Bedingung zugestimmt, daß die Vermögensfrage bald gesondert diskutiert würde.[49] Dessen Vorsitzender Carlo Schmid (SPD) bezeichnete deshalb „den Ton der alliierten Note als völlig antiquiert" und forderte ein Ende der Verhandlungen über die deutschen Schulden, „wenn nicht die Masse des im Augenblick vorhandenen deutschen Auslandsvermögens erhalten bliebe." Der Abgeordnete von Campe (DP) sprach von einem nicht formellen, doch sachlichem Junktim zwischen Auslandsschulden und Auslandsvermögen.[50] Ende Juni – in London hatte die Vorkonferenz gerade

---

45 BFM Schäffer an Staatssekretär des BKA vom 30. 4. 1951 betr. Deutsches Vermögen im Ausland und Verhandlungen mit ausländischen Regierungen, BA, B 136–2285.
46 155. Kabinettssitzung am 26. 6. 1951, in: Die Kabinettsprotokolle der Bundesregierung, Bd. 4 (1951), S. 469f.; vgl. ABS, Entscheidungen, S. 87ff.
47 BFM Schäffer an BK Adenauer vom 11. 6. 1951 und Blankenhorn an BFM Schäffer vom 29. 6. 1951, BA, B 136–1123; Sitzung des Auswärtige Ausschusses vom 5. 7. 1951, in: Der Auswärtige Ausschuß des Deutschen Bundestags, Bd. 1: Sitzungsprotokolle 1949–1953, S. 355f.; Parker (Office of the Financial Adviser CCG/BE) to H.A. Cridland (Foreign Office, German Finance Department), PRO, FO 371–93907. In den folgenden Monaten gewann die Auffassung an Boden, daß die Ratifikation der Schuldenerklärung durch den Deutschen Bundestag für das Zustandekommen eines Schuldenabkommens im Grunde unerheblich sei. Auf der anderen Seite blieben die Bestimmungen des Grundgesetzes zu beachten.
48 Aufzeichnung Blankenhorn vom 7. 6. 1951, BA, B 126–48363; Blankenhorn an BFM Schäffer vom 29. 6. 1915, PA/AA, Abt. II Nr. 1506 (LSA 3).
49 129. Kabinettssitzung am 16. 2. 1951, in: Die Kabinettsprotokolle der Bundesregierung, Bd. 4 (1951), S. 161.
50 Sitzung des Auswärtige Ausschusses vom 20. 6. 1951, in: Der Auswärtige Ausschuß des

begonnen – übermittelte die Bundesregierung der Alliierten Hohen Kommission eine ausführliche Antwort auf die Note vom 28. April, die inhaltlich sowohl mit dem Auswärtigen Ausschuß des Bundestags als auch mit dem Leiter der deutschen Schuldendelegation Hermann J. Abs abgestimmt worden war.[51] Darin stellte die Bundesregierung fest, daß die Finanzberater der Alliierten Hohen Kommission bei der Aushandlung der Schuldenerklärung nur darum gebeten hätten, die Thematisierung der Vermögensfrage einige Wochen zurückzustellen. Von einem grundsätzlichen Verbot, das Thema aufzurollen, könne deshalb keine Rede sein: „Die Finanzberater haben ausdrücklich hinzugefügt, daß es der Bundesregierung selbstverständlich unbenommen sei, die Frage des Auslandsvermögens zu einem späteren Zeitpunkt, spätestens auf der geplanten internationalen Schuldenkonferenz, anzuschneiden." Auf diese Klarstellung müsse besonderer Wert gelegt werden, „weil sie in unmittelbarem Zusammenhang mit der Genehmigung des Notenwechsels über die Anerkennung der deutschen Auslandsschulden durch den Bundestag steht."[52] Adenauer verwies auf das Schreiben Carlo Schmids vom 25. Januar, das der Alliierten Hohen Kommission zur Kenntnisnahme zugeleitet worden war.[53] Der Bundeskanzler lehnte es infolgedessen ab, den Inhalt der Note vom 28. April als endgültig anzusehen.

Die nachdrückliche Haltung des Bundeskanzlers war durchaus berechtigt, denn die alliierten Finanzberater hatten in der Tat nur von einer zeitlichen Verschiebung, nicht aber von einer Ausklammerung der Vermögensfrage gesprochen und damit eine vage Perspektive eröffnet.[54] Dieser Lichtstreif am Horizont war eine unabdingbare Voraussetzung gewesen, um die Abgabe der Schuldenerklärung am 6. März innenpolitisch zu sichern. Es

---

    Deutschen Bundestags, Bd. 1: Sitzungsprotokolle 1949–1953, S. 347f. (Zitat S. 347). – Die DP hielt an ihrer kompromißlosen Haltung in der Vermögensfrage weiter fest; Vorsitzender der Deutschen Partei an BK Adenauer vom 24. 8. 1951, BA, NL Blankenhorn Nr. 7a.

51 Bericht des Abgeordneten Pfleiderer über die Sitzung des Unterausschusses für die Frage der Auslandsschulden und des Auslandsvermögens vom 20.6. in der Sitzung des Auswärtige Ausschusses vom 5. 7. 1951, in: Der Auswärtige Ausschuß des Deutschen Bundestags, Bd. 1: Sitzungsprotokolle 1949–1953, S. 355ff.

52 Bundeskanzler Adenauer an den Geschäftsführenden Vorsitzenden der Alliierten Hohen Kommission (François-Poncet) vom 28. 6. 1951, Dokument Nr. 114, in: AAPBD 1951, S. 356ff. (Zitate S. 357).

53 Abgeordneter Schmid an Bundeskanzler Adenauer vom 25. 1. 1951, Dokument Nr. 18, in: ebd., S. 73ff.

54 McCloy (Frankfurt) to Secretary of State, 14. 7. 1951, NA, RG 59–1514. Unrealistische Erwartungen der deutschen Seite wurden in diesem Zusammenhang offenbar kurzfristig in Kauf genommen, im Nachhinein aber stark relativiert.

1. Einbeziehung der Deutschen und deutsches Auslandsvermögen

zeigte sich aber schon bald, daß die Erwartungen hinsichtlich der künftigen Behandlung des deutschen Auslandsvermögens höchst unterschiedlich waren. Während in der Bundesrepublik mehr und mehr von einer gewandelten politischen Lage die Rede war und von den Alliierten ein Entgegenkommen in der Vermögensfrage erwartet wurde, stand für die Besatzungsmächte eine fundamentale Abkehr von ihrer bisherigen Haltung in dieser Frage nie zur Debatte. Gerade die Amerikaner, die aus politischen und wirtschaftlichen Gründen sehr pragmatisch für eine schnelle Integration der Bundesrepublik in das westliche Bündnis eintraten, demonstrierten anhand der Vermögensfrage, daß das moralische Versagen der Deutschen nicht einfach vergeben und vergessen war.[55] Inneramerikanische Rücksichtnahmen spielten hierbei sicher eine Rolle. Prinzipiell wurde im Ausland aber mit Besorgnis registriert, daß sich in der Bundesrepublik ein Klima des Vergessens ausbreitete.[56] Der Krieg war im Bewußtsein vieler Deutscher schon Vergangenheit. Die im Zuge des Ost-West-Konflikts notwendige schnelle Integration der Bundesrepublik in das westliche Bündnis leistete einer solchen Mentalität Vorschub.

Am 10. Mai 1951 waren die Verhandlungen zur Ablösung des Besatzungsstatuts aufgenommen worden, deren Ziel laut Adenauer in der „Normalisierung der Beziehungen der Bundesrepublik zu den drei Mächten" bestand.[57] Die Zeit einseitiger alliierter Maßnahmen und Rechte ging ihrem Ende entgegen, die schrittweise durch bilaterale Vereinbarungen ersetzt werden sollten.[58] Aus deutscher Sicht mußte dies *cum grano salis* künftig auch für das alliierte Reparationsabkommen gelten, das als *res inter alios gesta*, d. h. als einseitige Maßnahme anderer Länder gegen Deutschland, verstanden wurde.[59] Für den weiteren Umgang mit dem deutschen Auslandsvermögen wurde daher geschäftliche Normalität gefordert.[60] Die von der Industrie finanzierte Studiengesellschaft für privatwirtschaftliche Auslandsinteressen, deren Aktivitäten im Ausland aufmerksam beobachtet wurden, war ganz in diesem Sinn unermüdlich damit beschäftigt, die vielfäl-

---

[55] Vgl. KREIKAMP, S. 44 ff.
[56] Vgl. BAADE, S. 15 ff.; FREI, Vergangenheitspolitik, S. 17 ff. (Einleitung).
[57] Sitzung des Auswärtige Ausschusses vom 5. 7. 1951, in: Der Auswärtige Ausschuß des Deutschen Bundestags, Bd. 1: Sitzungsprotokolle 1949–1953, S. 349 ff.
[58] McCloy (Frankfurt) to Secretary of State, 19. 9. 1951; Secretary of State (Acheson) to HICOG (Frankfurt), 23. 7. 1951, NA, RG 59–1514.
[59] Sitzung des Auswärtige Ausschusses vom 5. 7. 1951 (Bericht des Abgeordneten Pfleiderer), in: Der Auswärtige Ausschuß des Deutschen Bundestags, Bd. 1: Sitzungsprotokolle 1949–1953, S. 358.
[60] EHRENFRIED SCHÜTTE, Die Auslandsschulden als Friedensproblem. Zur Beendigung des finanziellen Kriegszustandes (Sonderdruck o. Datum), BA, B 184–515.

tigen deutschen Vermögenswerte im Ausland zu retten. Sie übte permanenten Druck auf die Bundesregierung aus.[61] Auch in der deutschen Presse wurde im Vorfeld der Londoner Konferenz die Ansicht vertreten, daß Schulden und Vermögen zusammengehörten.[62]

Die Dreimächtekommission (TCGD) in London richtete sich darauf ein, daß Abs das Thema Auslandsvermögen bei der Vorkonferenz zur Sprache bringen würde.[63] Für Aufregung sorgte eine Meldung, die unmittelbar vor dem Beginn der offiziellen Gespräche in der *Financial Times* erschien. Es hieß dort, der Bundeskanzler habe die alliierte Weigerung, die Vermögensfrage auf einer internationalen Konferenz zu behandeln, für nicht akzeptabel erklärt und deshalb die Anerkennung der deutschen Schuldverpflichtungen in Frage gestellt.[64] Delegationsleiter Abs wurde am Vormittag des 5. Juli zu einer kurzfristig anberaumten Sitzung mit den alliierten Chefdelegierten Rendel, Pierson und Gregh gebeten. Auf Nachfrage gab er an, die Meldung der *Financial Times* nicht zu kennen und tat sie als vermutliche „Ente" ab. Der Brite Rendel machte daraufhin einige Ausführungen zu den strikten Vorgaben, welche die Kommission von den Regierungen in der Vermögensfrage erhalten hatte, die in die Frage mündeten, ob Abs dieses Thema am Nachmittag in seiner offiziellen Eröffnungsansprache direkt anzusprechen beabsichtige. Abs bejahte dies unter Hinweis auf seine Absprache mit dem Auswärtigen Ausschuß des Bundestags und dessen Unterausschuß für Auslandsschulden und Auslandsvermögen (!) und bat um Verständnis für seine Situation.[65] Dies wurde ihm zwar nicht prinzipiell abgesprochen, Rendel ersuchte Abs jedoch nachdrücklich, das Thema Auslandsvermögen unerwähnt zu lassen, weil die TCGD anderenfalls zu einer entschieden ablehnenden Antwort, „une déclaration cassante", gezwungen sei. Wegen der hohen Publizität der Eröffnungsansprache könnten die Fol-

---

[61] Aufzeichnung über die Lage der privaten deutschen Vermögen in den wichtigsten Ländern vom 16. 7. 1953, BA, B 184–436. Zum Deutschen Vermögen im Ausland zählten neben Kapitalien u. a. Warenzeichen, Patente, Erbansprüche, Immobilien, Niederlassungen. Parker to Economic Adviser, 15. 7. 1952, PRO, FO 1036–960: „This group [Studiengesellschaft] is composed of international lawyers, financial and economic experts, and large losers of assets without distinction of party, and it has been the mainspring of all subsequent action, and we may safely assume that it will continue to inspire action when that is necessary whatever party in the Bundestag forms government."
[62] „Vor der großen Schuldenreglung", in: FRANKFURTER ALLGEMEINE ZEITUNG, 28. 6. 1951, sowie Presseschau, BA, B 146–1177.
[63] US Delegation: 14th Plenary Meeting, 2. 7. 1951, NA, RG 43-Box 189.
[64] Abschrift einer Meldung der FINANCIAL TIMES vom 4. 7. 1951, BA, B 126–48419.
[65] Sitzung des Auswärtige Ausschusses vom 5. 7. 1951, in: Der Auswärtige Ausschuß des Deutschen Bundestags, Bd. 1: Sitzungsprotokolle 1949–1953, S. 357 f.

1. Einbeziehung der Deutschen und deutsches Auslandsvermögen

gen für die weiteren Verhandlungen unabsehbar sein.[66] Taktisch geschickt reagierte Abs mit grundsätzlichen Ausführungen über den Zusammenhang von Auslandsvermögen und deutscher Zahlungsfähigkeit.[67] Er zeigte sich aber entgegenkommend und bot an, das Thema Auslandsvermögen in seiner Eröffnungsansprache nur indirekt anzusprechen. Im Gegenzug wurde ihm dafür eine gesonderte Behandlung der Vermögensfrage zugesagt.[68] Es folgte ein heftiges Ringen um die genaue Formulierung der Passage in der Eröffnungsansprache von Abs.[69] Schließlich konnte man sich auf die Formel von der „Minderung der wirtschaftlichen Substanz" der Bundesrepublik einigen, auf die bei der „Erörterung bestimmter materieller Fragen" im Rahmen der Konferenz eingegangen werde.[70] In den nächsten Tagen erhielt die deutsche Delegation dann Gelegenheit, der TCGD ihren Standpunkt zur Vermögensfrage ausführlich darzulegen.[71] Abs hatte mehrfach Gelegenheit, sich mit den alliierten Delegationsleitern in vertraulichen Gesprächen über das schwierige Problem zu unterhalten, wobei auf schriftliche Fixierungen weitgehend verzichtet wurde.[72] Die deutschen Argumente wurden aufmerksam gehört, ohne offiziell eine Kursänderung bewirken zu können.[73] Die Mitglieder der Dreimächtekommission waren an konkrete Weisungen ihrer Regierungen gebunden, die ihnen wenig Spielraum einräumten. Washington gab die klare Weisung: „We adhere to position that external assets are earmarked for satisfaction reparation claims and cannot be dealt with working out debt settlement plan."[74] Angefügt war allerdings

---

66 Aufzeichnung Abs vom 5. 7. 1951, BA, B 126–48419; London (Gifford) to Secretary of State, 5. 7. 1915, NA, RG 59–1514.
67 London (Gifford) to Secretary of State, 5. 7. 1951, NA, RG 59–1514; Telegramm Abs an Auswärtiges Amt (geheim) vom 7. 7. 1951, PA/AA, Abt. II Nr. 1504 (LSA 1).
68 Vogel (London) an Blücher vom 10. 7. 1951, BA, B 146–1177.
69 Rendel: German external assets: Note for record, annex A, 6. 7. 1951, und Rendel: Note of informal meeting with Herr Abs, 6. 7. 1951, Annex B, PRO, FO 371–93964; Aufzeichnung Vogel (London) vom 6. 7. 1951, BA, B 126–48419.
70 Deutsche Delegation für Auslandsschulden (Abs) an Auswärtiges Amt vom 7. 7. 1951, PA/AA, Abteilung II Nr. 1504 (LSA 1); Protokoll der ersten Sitzung der Dreimächtekommission für deutsche Auslandsschulden mit der deutschen Delegation für Schulden und Vertretern von Gläubigern deutscher Schuldner aus Frankreich, den USA und Großbritannien (Eröffnungsansprache von Abs) vom 5. 7. 1951, PA/AA, Abteilung II Nr. 1524 (LSA 19).
71 Deutsche Delegation für Auslandsschulden (Abs) an Auswärtiges Amt (Bonn) vom 11. 7. 1951, PA/AA, Abt. II, Nr. 1504 (LSA 1); Telegramm Abs an Auswärtiges Amt vom 12. 7. 1951, PA/AA, Abt. II, Nr. 1525 (LSA 20); Blücher vom 12. 7. 1951, BA, B 146–1177.
72 Vermerk Weiz (Auswärtiges Amt) an Blankenhorn vom 28. 7. 1951, PA/AA, Abt. II, Nr. 1504 (LSA 1).
73 Abs an Vizekanzler Blücher, BFM Schäffer, BWM Erhard und Präsident Vocke vom 18. 7. 1951, PA/AA, Abt. II, Nr. 1504 (LSA 1).
74 State Department (Acheson) to Embassy London (HICOG Frankfurt), 9. 7. 1951, NA, RG

der Zusatz, daß die negativen Folgen des Vermögensverlusts für die deutsche Zahlungsfähigkeit prinzipiell anerkannt würden. Die Deutschen mußten ihre Verhandlungsstrategie darauf abstellen, daß die Vermögensfrage zwar nicht direkt thematisiert wurde, indirekt aber als leistungsmindernder Faktor berücksichtigt werden würde.[75] Nur auf dieser Basis war eine realistische Lösung erzielbar.

Abs hatte damit kein Problem, weil er die Lage kühl zu analysieren verstand und sich pragmatisch auf das Machbare konzentrierte. Für ihn stand die Vermögensfrage in einem funktionalen Zusammenhang mit der Schuldenfrage, die oberste Priorität hatte. In seiner Außendarstellung mußte er allerdings Rücksicht auf die innenpolitische Situation nehmen und seinen unermüdlichen Einsatz für das deutsche Auslandsvermögen hervorkehren.[76] Trotz aller Rückschläge war die Bereitschaft im Land nach wie vor gering, sich mit dem Verlust des Auslandsvermögens abzufinden. Die Note vom 28. Juni, die Adenauer nicht zuletzt unter dem Druck der innenpolitischen Verhältnisse an die Hohe Kommission geschickt hatte, war „auf dem Petersberg wie eine Bombe eingeschlagen und sehr unfreundlich kommentiert" worden.[77] Die Erschütterungen reichten bis nach London und veranlaßten Abs zu einem besorgten Telegramm an das Auswärtige Amt.[78]

Alle Hoffnungen auf eine positive Beantwortung der deutschen Note vom 28. Juni erfüllten sich nicht. In den nächsten Wochen zeichnete sich vielmehr ab, daß die Besatzungsmächte einen Schlußstrich unter das Thema Auslandsvermögen ziehen wollten.[79] Hochkommissar McCloy erhielt vom amerikanischen Außenminister klare Vorgaben für eine „firm reply" an den Bundeskanzler. Acheson vertrat die Auffassung, daß die in Adenauers

---

59–1514; McCloy (Frankfurt) to Secretary of State, 6. 7. 2952, NA, RG 59–1514; Gifford (London) to Secretary of State, 9. 7. 1951, NA, RG 59–1514.

[75] Minute of the second meeting of the Steering Committee held at Lancaster House, 9. 7. 1951 (GD/III/Steer/Min. 2 Final), 19. 7. 1951, PRO, FO 371–93964.

[76] Vermerk Vogel (Godesberg) vom 23. 7. 1951 betr. Schuldenberatungen vom 5.–17. 7.1951, BA, B 146–1177; US Delegation: 19th Plenary Meeting, 10. 7. 1951, NA, RG 43-Box 189. In London war die prekäre Situation von Abs in der Vermögensfrage bekannt und man war bemüht, ihn in seiner Außendarstellung zu unterstützen.

[77] Dittmann (Auswärtiges Amt) an Weiz (Deutsche Delegation für Auslandsschulden) vom 7. 7. 1951, PA/AA, Abt. II, Nr. 1504 (LSA 1).

[78] Telegramm Abs (London) an Auswärtiges Amt vom 7. 7. 1951 (geheim), PA/AA, Abt. II, Nr. 1504 (LSA 1).

[79] Dittmann (Auswärtiges Amt) an Weiz (London) vom 7. 7. 1951, PA/AA, Abt. II Nr. 1519 (LSA 14); Telegram from Foreign Office to Wahnerheide, 30. 7. 1951, PRO, FO 371–93387; Auswärtiges Amt (Hallstein) an Vors. AHK vom 11. 8. 1951 und Aufzeichnung Weiz betr. Änderung des Kontrollratsgesetzes Nr. 5: Deutsches Auslandsvermögen vom 18. 8. 1951, BA, B 126–12439.

1. Einbeziehung der Deutschen und deutsches Auslandsvermögen

Schreiben angeführten Zusagen der alliierten Finanzberater, das Thema Auslandsvermögen bei der Schuldenkonferenz thematisieren zu dürfen, inzwischen bereits eingelöst worden seien, weil Abs in London die Gelegenheit zur Darstellung des deutschen Standpunkts erhalten hatte. Die USA lehnten es ab „to suspend liquidation still in progress or to return seized assets or to offset seized assets against debts."[80] Nur in begrenztem Umfang sollte der Bundesregierung künftig die Möglichkeit bilateraler Verhandlungen über die Rückgabe deutscher Vermögenswerte, die von den betreffenden Ländern noch nicht liquidiert worden waren, eingeräumt werden.

Gemessen an den deutschen Erwartungen war das sehr wenig. Das am 31. August von den Alliierten erlassene Gesetz Nr. 63 traf daher auf ein überwiegend negatives Echo. Es ersetzte für das Gebiet der Bundesrepublik das Kontrollratsgesetz Nr. 5 und sanktionierte alle bisher gegen deutsche Vermögenswerte durchgeführten Maßnahmen. Die einzige Verbesserung für den deutschen Eigentümer bestand darin, daß er bei einer bloßen Beschlagnahme seines Vermögens im Ausland zumindest die theoretische Chance auf eine Rückgewinnung seines Eigentums besaß.[81] Berechtigte Hoffnungen gab es für die Schweiz, die die beschlagnahmten deutschen Vermögenswerte noch nicht liquidiert hatte und im Zuge einer Gesamtregelung ihrer Ansprüche zu deren Herausgabe grundsätzlich bereit war.[82] Im August 1952 wurde mit der Schweiz ein Finanzabkommen vereinbart, das eine Rückgabe der in der Schweiz beschlagnahmten Vermögenswerte ermöglichte.[83] Die Handlungsmöglichkeiten der Bundesregierung blieben aber weiterhin sehr eingeschränkt. Die deutschen Besitzer von Vermögenswerten im Ausland verfügten nicht über die Erlaubnis, persönlich aktiv zu

---

[80] Department of State (Acheson) to HICOG Frankfurt, 13. 7. 1951, NA, RG 59–1514.
[81] Vgl. GÜNTHER VON BERENBERG-GOSSLER, Um das deutsche Auslandsvermögen: Was soll heute noch das Gesetz Nr. 63, in: Wirtschaftsdienst. Zeitschrift für Wirtschaftspolitik 31 (1951), Nr. 9, S. 3–7; vgl. EHRENFRIED SCHÜTTE, Die deutschen Auslandsvermögen unter dem Gesetz 63, in: Der Betriebs-Berater 6 (1951), S. 705–707.
[82] Den Schweizern ging es vorrangig um eine Regelung der Clearing Schulden; HICOG (Frankfurt) to Secretary of State, 15. 9. 1951; McCloy to Secretary of State, 28. 9. 1951, NA, RG 59–1514; Niederschrift über die 13. Besprechung des Interministeriellen Ausschusses für deutsches Auslandsvermögen am 19. 12. 1951, PA/AA, Abt. II, Nr. 1505 (LSA Nr. 2). Vgl. KARL EUGEN THOMÄ, Die Freigabe des deutschen Vermögens in der Schweiz im Licht des deutschen Verfassungsrechts, in: FRITZ KRÄNZLIN und HEINRICH E. A. MÜLLER (Hrsg.), Der Schutz des privaten Eigentums im Ausland. Festschrift für Hermann Janssen zum 60. Geburtstag, Heidelberg 1958, S. 203 f.
[83] Die Vermögensfrage wurde im Zusammenhang mit den Clearing-Schulden geregelt. Vgl. ABS, Entscheidungen. S. 224 ff. Vgl. auch Vortrag LR Roedel vor Colloquien des Auswärtiges Amts am 5. 10. 1954, BA, B 184–436; der Vortrag gibt einen retrospektiven Gesamtüberblick über die Verhandlungen mit der Schweiz.

werden.⁸⁴ In den allermeisten Fällen bestanden im Grunde nur theoretische Chancen auf eine Freigabe der beschlagnahmten Vermögen.

Der Bundeskanzler hatte in einer langen Unterredung mit Hochkommissar McCloy Ende August vergeblich versucht, den Erlaß des Gesetzes Nr. 63 in letzter Minute abzuwenden. Seine politischen und juristischen Argumente verfingen aber nicht. Die von McCloy in dem Gespräch zugesagte Prüfung der deutschen Argumente durch amerikanische Experten war nicht mehr als eine Beruhigungspille. Es änderte sich nichts. Der Kanzler war in Begleitung von Hermann J. Abs beim amerikanischen Hochkommissar erschienen, der sich auf Fragen zu technischen und juristischen Details beschränkte. Aus deutscher Perspektive verlief die Unterredung unbefriedigend, zumal McCloy die Schlußfrage des Kanzlers, ob denn von nun an wenigstens die Reparationen als definitiv abgeschlossen angesehen werden könnten, ausweichend beantwortete. Eine klare Zusage gab McCloy auf jeden Fall nicht.⁸⁵ Zu Recht wurde dieses Verhalten von deutscher Seite mit Argwohn zur Kenntnis genommen.⁸⁶ Die Reparationsfrage blieb eine offene Flanke.⁸⁷

Abs lehnte trotz dieser negativen Erfahrung auch weiterhin alle Maßnahmen ab, die das Zustandekommen einer Schuldenregelung im Kern gefährdeten. Dies galt z. B. für die Überlegung, die Entsendung einer deutschen Delegation nach London von der Behandlung der Vermögensfrage abhängig zu machen.⁸⁸ Für Abs hatte die von einer Regelung des Schuldenproblems abhängige Wiederherstellung der deutschen Kreditfähigkeit absoluten Vorrang. Mit einem „taktischen Junktim" zwischen Schulden und Vermögen während der Verhandlungen war er zwar einverstanden, dies galt

---

84 Bundesministerium für den Marshallplan: Aufzeichnung betr. Revisionsverhandlungen über das Besatzungsstatut vom 26. 7. 1951, BA, B 126–12304. Darin heißt es, bei den Verhandlungen mit den Besatzungsmächten werde eine Tendenz deutlich, „die nicht auf Ablösung des Besatzungsrechts, sondern auf dessen Konservierung gerichtet ist." Dies gilt nicht zuletzt für sämtliche alliierten Vorbehaltsrechte, die in einem Zusammenhang mit der Schuldenregelung stehen oder stehen könnten. Siehe dazu: Report of the Allied High Commission concerning a new relationship to be established between the Allied Powers and Germany, 9. 8. 1951, PRO, FO 371–93389; Department of State (Acheson) to HICOG (Frankfurt), 25. 7. 1951, NA, RG 59–1514.
85 Frankfurt (Hays) to Secretary of State, 28. 8. 1951, NA, RG 59–1514.
86 Vermerk Ehrenfried Schütte (Studiengesellschaft für privatwirtschaftliche Auslandsinteressen) betr. Rücksprache Bundeskanzler-McCloy-Abs vom 27. 8. 1951, BA, B 184–435.
87 Paul Leverkühn (Hamburg): Memorandum zur Frage des Umfangs und der Auswirkungen des Entzugs des deutschen Auslandsvermögens vom 27. 9. 1951, BA, B 126–48369; Aktennotiz Weiz vom 10. 10. 1951, PA/AA, Abt. II, Nr. 1505 (LSA 2).
88 Vermerk Weiz betr. Behandlung von Auslandsschulden und Auslandsvermögen im Bundestag vom 16. 11. 1951, PA/AA, Abt. II, Nr. 1505 (LSA 2).

1. Einbeziehung der Deutschen und deutsches Auslandsvermögen 177

aber nur solange, wie dadurch der Abschluß eines Schuldenabkommens nicht grundsätzlich in Frage gestellt wurde.[89] Im Zweifel hielt Abs es für vertretbar, die Vermögen der Vergangenheit der Sicherung der wirtschaftlichen Zukunft der Bundesrepublik zu opfern. Offen äußern konnte er diese Meinung jedoch nicht.[90] Durch das Gesetz Nr. 63 hatte sich die innenpolitische Brisanz des Themas Auslandsvermögen, das eng mit der Schulden- und der Reparationsfrage verflochten war, weiter erhöht. Interessierte Kreise aus Wirtschaft und Politik bedrängten die Bundesregierung, sich offensiv für eine Freigabe der Auslandsvermögen einzusetzen.[91] Der Auswärtige Ausschuß des Bundestags und sein Unterausschuß nahmen sich wiederholt der Thematik an und richteten Forderungen an den Bundeskanzler.[92] Von Zeit zu Zeit mußte auch Abs dem Parlament Rede und Antwort stehen. Dabei versuchte er, die Abgeordneten von Beschlüssen abzuhalten, die negative Auswirkungen auf die Schuldenverhandlungen haben würden. Keine leichte Aufgabe, denn die Stimmung war gereizt.[93] Die Abgeordneten fühlten sich auch deshalb hintergangen, weil die Schuldenerklärung auf Wunsch der Alliierten nun plötzlich nicht mehr separat im Bundestag behandelt werden sollte, sondern im Zusammenhang mit dem Generalvertrag ratifiziert werden sollte. Die vollständige Verknüpfung der Schuldenfrage mit der Ablösung des Besatzungsstatuts erhöhte den Druck auf die Abgeordneten. Es gab ernstzunehmende Stimmen im Bundestag, die unter diesen Umständen einen Rückzug von den Londoner Schuldenverhandlungen forderten, falls die Verflechtung von Auslandsvermögen, Auslandsschulden und Reparationen von den Alliierten nicht endlich anerkannt

---

[89] Vermerk Schütte über Rücksprache mit Herrn Abs, Wellhausen und Pfleiderer in Bonn: Deutsche Parlamentarische Gesellschaft am 29. 8. 1951 über das neue Alliierte Gesetz gegen die deutschen Auslandsvermögen, BA, B 184–435.
[90] Abs bemühte sich weiter um die Ratifikation der Schuldenerklärung vom 6. 3. 1951 noch vor dem Beginn der Hauptkonferenz: Vermerk Weiz an Staatssekretär Hallstein über Blankenhorn vom 9. 10. 1951; Weiz (Auswärtiges Amt) an Abs (Frankfurt) vom 16. 10. 1951, PA/AA, Abt. II, Nr. 1505 (LSA 2).
[91] Bundesverband der Deutschen Industrie (Stein/Gässler) an BFM vom 7. 8. 1951; BFM Schäffer an BDI betr. Erhebung über die deutschen Auslandsvermögensverluste vom 28. 8. 1951, BA, B 136–2285; Studiengesellschaft für privatwirtschaftliche Auslandsinteressen e.V. (Janssen) betr. Feststellung der Auslandsverluste im November 1951, PA/AA, Abt. II, Nr. 1505 (LSA 2); Denkschrift des Bundesfinanzministers über die Lage des deutschen Vermögens im Ausland und die Schritte der Bundesregierung zu seiner Erhaltung vom 8. 10. 1951 (vertraulich), PA/AA, Abt. II, Nr. 1505 (LSA 2).
[92] Schmid (Vizepräsident des Deutschen Bundestags) an BK Adenauer vom 20. 11. 1951; Staatssekretär Hallstein an Schmid vom 15. 1. 1952 (!); Bericht des Abgeordneten Pfleiderer (Obmann des Unterausschusses „Deutsche Auslandsschulden und Auslandsvermögen" vom 10. 1. 1952, PA/AA, Abt. II, Nr. 1556 (LSA 49).
[93] Vermerk Wolff an Minister vom 21. 1. 1952, BA, B 126–48362.

würde.⁹⁴ Die Bundesregierung befand sich in der unkomfortablen Situation, dem Druck von zwei Seiten ausgesetzt zu sein.⁹⁵ Während im Inland Aktivitäten zur Rettung des Auslandsvermögens von der Bundesregierung verlangt wurden, erklärten die Alliierten ihrerseits die Auslandsvermögensfrage für prinzipiell erledigt. Falls die Deutschen das Thema bei der Schuldenkonferenz nicht endlich ruhen ließen, drohten die Amerikaner sogar die Reparationsfrage mit „disastrous consequences" für Deutschland wiederaufzurollen. Sie stellten lakonisch fest, daß die bisher für Reparationen aus dem Auslandsvermögen oder sonstigen Quellen aufgebrachten Beträge nur „a drop in the bucket when compared with the losses which had been sustained during the war" waren. Die Amerikaner wunderten sich offen über die enorme Ignoranz, die „well informed Germans" beim Thema Auslandsvermögen walten ließen. Zur Erklärung dieses Phänomens zogen sie sogar die Möglichkeit einer kommunistischen Infiltration in Betracht:

As the Department is aware, the original public attacks upon the seizure of external assets came from East German and Communist sources and were not taken up in West Germany until considerable later. It is possible that through reluctance to discuss a disagreeable subject we may have lost a propaganda battle.⁹⁶

Während der Verhandlungen über den Generalvertrag blieb die Vermögensfrage weiter auf der Tagesordnung. Zwischen Bundesregierung und Besatzungsmächten kam es bei der Aushandlung des Vertrags zur Regelung aus Krieg und Besatzung entstandener Fragen (Überleitungsvertrag) zu gravierenden Differenzen über die Ausgestaltung des Abschnitts VI, der die Reparations- und Auslandsvermögensfrage beinhaltete. Die Vorschläge der Alliierten zur Formulierung dieser Passage wurden mit insgesamt drei deutschen Gegenentwürfen beantwortet, die ihrerseits auf Ablehnung stießen.⁹⁷

---

⁹⁴ Aufzeichnung Weiz über die Sitzung des Bundestagsausschusses für Auswärtige Angelegenheiten vom 16. 1. 1952; Vermerk Weiz vom 1. 2. 1952 betr. Behandlung der Fragen der Auslandsschulden, des Auslandsvermögens und der Reparationen im Bundestagsausschuß für Auswärtige Angelegenheiten; Vermerk Weiz vom 11. 2. 1952 betr. Bundestagsausschuß für Auswärtige Angelegenheiten, PA/AA, Abt. II, Nr. 1506 (LSA 3); Vertrauliche Aufzeichnung Vogel vom 17. 1. 1952, BA, B 146–1230.
⁹⁵ BFM: Denkschrift über die Lage des deutschen Vermögens im Ausland und die Schritte der Bundesregierung zu seiner Erhaltung vom 8. 10. 1951 (vertraulich), BA, B 146–1228.
⁹⁶ US Delegation: TCGD (Kearney, London) to Department of State, 4. 9. 1951, NA, RG 59–1514.
⁹⁷ Vermerk BJM betr. Notwendigkeit der Aufrechterhaltung des Kontrollratsgesetzes Nr. 5 und des AHK-Gesetzes Nr. 63 in den Bestimmungen über Reparationen des Abkommens über Maßnahmen und Einzelinteressen der drei Mächte und der Übertragung bestimmter Befugnisse auf die Bundesrepublik vom 10. 12. 1951; Kaufmann: Deutscher Gegenentwurf zur Reparationsfrage vom 11. 12. 1951; Bundeskanzleramt (Der Rechtsberater für Völker-

1. Einbeziehung der Deutschen und deutsches Auslandsvermögen 179

Es dauerte ein halbes Jahr, bis sich die Unterhändler auf einen gemeinsamen Entwurf einigen konnten.[98] Das Ergebnis war für die deutsche Seite auch dieses Mal enttäuschend. Die Bundesregierung scheiterte mit ihrer Forderung, auf der Basis der bisherigen Entnahmen aus dem deutschen Eigentum, ein definitives Ende der Reparationen herbeizuführen und auf dieser Basis dann in puncto Auslandsvermögen völlige Handlungsfreiheit zu erhalten.[99] Obwohl der Überleitungsvertrag der Ablösung des Besatzungsstatuts diente, hielten die Besatzungsmächte an wichtigen Vorbehaltsrechten weiter fest. Von einem Abkommen unter Gleichen konnte nicht die Rede sein. Übergeordnete politische Erwägungen gaben auch diesmal den Ausschlag für die Annahme eines Vertragswerks, das unbefriedigend und angreifbar war. Die Bundesregierung verteidigte das Abkommen, mußte sich aber im Inland harscher Kritik erwehren.[100] Die Studiengesellschaft für privatrechtliche Auslandsinteressen geißelte den Vertrag als „erneute bedingungslose Kapitulation in Angelegenheiten des In- und Auslandsvermögens".[101] Diesen Vorwurf wies die Bundesregierung in einer offiziellen Pressemitteilung als unbegründet zurück.[102] Die polemische Formulierung der Studiengesellschaft wurde von vielen im Kern aber dennoch für richtig befunden.[103] Auch die Spitzenverbände der deutschen Wirtschaft brachten ihren Protest

---

rechtliche Angelegenheiten) vom 19. 12. 1951: Zweiter Gegenentwurf Reparationen; Bundeskanzleramt: Dritter deutscher Gegenentwurf Teil VI vom 7. 1. 1952, BA, B 141–9096.

[98] Endgültiger deutsch-alliierter Berichterstatterentwurf vom 1. 5. 1952, BA, B 141–9096.

[99] Bundeskanzleramt (Der Rechtsberater für Völkerrechtliche Angelegenheiten, Prof. Dr. Kaufmann): Aufzeichnung betr. Verhandlungen über Teil VI (Reparationen) vom 20. 12. 1951, BA, B 141–9096; vgl. WOLFF, S. 95 ff.; vgl. EICHHORN, S. 140 f.

[100] Kaufmann: Die Regelung der Reparationsfrage im Überleitungsvertrag, o. Datum; Aufzeichnung Kaufmann über die offenen Fragen des Reparationsteils vom 9. 4. 1952; Zusammenfassender Bericht zum Überleitungsvertrag Sechster Teil vom 7. 5. 1952, BA, B 141–9096.

[101] Gutachten der Arbeitsgruppe „Allgemeine Rechtsfragen" der Studiengesellschaft für privatrechtliche Auslandsinteressen e.V. Bremen: Auslandsvermögen und Reparationen im Generalvertrag vom 11. 8. 1952 (Janssen/Duden), BA, B 126–12496.

[102] Bulletin des Presse- und Informationsamtes der Bundesregierung: Reparationen und deutsches Auslandsvermögen (Prof. Dr. Kaufmann) vom 19. 9. 1952, BA, B 126–12496.

[103] Vgl. EHRENFRIED SCHÜTTE, Das Reparationsrecht im Bonner Vertragswerk zur Ablösung des Besatzungsstatuts, in: Der Betriebs-Berater 7 (1952), S. 448 ff. (BA, B 184–515); Vermerk Veith vom 4. 9. 1952 betr. Reparationen (VI. Teil des Überleitungsvertrags zum Generalvertrag), BA, B 184–435. Darin heißt es: „Bei genauer Nachprüfung der Reparationsbestimmungen wird das taktische Ungeschick und die Schwächlichkeit der Bundesregierung in dieser Frage bei den Verhandlungen mit den drei Mächten klar." Stellungnahme zum Aufsatz von Erich Kaufmann „Reparationen und deutsches Auslandsvermögen (zu Teil VI des Vertrages zur Regelung aus Krieg und Besatzung entstandener Fragen)" im Bulletin des Presse- und Informationsdienstes der Bundesregierung vom 19. 9. 1952 (Janssen/Duden), BA, B 184–435.

der Bundesregierung gegenüber zum Ausdruck.[104] Selbst innerhalb der Bundesregierung gab es Vorbehalte.[105] Für die Opposition eine günstige Gelegenheit, einen Frontalangriff auf die Regierung zu starten. Die SPD äußerte grundsätzliche Zweifel an der Verfassungsmäßigkeit des Generalvertrags, weil die Annahme des Krontrollratsgesetzes Nr. 5 und des AHK-Gesetzes Nr. 63 völkerrechtswidrig sei.[106] Die Bundesregierung zog sich den Schuh nicht an und verteidigte sich mit dem Argument, sie habe nur zugestanden, in Zukunft auf Proteste gegen bereits vollzogene Eingriffe gegen das deutsche Vermögen verzichten zu wollen.[107] Ein schwaches Argument, zumal die Entschädigung der deutschen Eigentümer laut Vertrag der Bundesrepublik oblag. Der Bundestag war quer durch alle Parteien auch weiterhin nicht bereit, die Vermögensfrage auf sich beruhen zu lassen.[108] Im Juni 1952 billigten alle Parteien mit Ausnahme der Kommunisten den Antrag des Auswärtigen Ausschusses, eine Prüfung des Zusammenhangs von Auslandsvermögen und Transferfähigkeit zu verlangen. Von dieser Strategie erhoffte man sich indirekte Hilfe seitens der in London verhandelnden Gläubiger, die angesichts der unbestreitbaren Interdependenz von Auslandsvermögen und deutscher Transfer- und Aufbringungsfähigkeit zum Druck auf ihre Regierungen veranlaßt werden sollten.

Die Verhandlungen in London gingen im Sommer 1952 in ihre entscheidende Phase. Die Abgeordneten des Bundestags forderten nun die Einsetzung eines internationalen Ausschusses zur Neuregelung der Vermögensfrage.[109] Die Bundesregierung übermittelte den Besatzungsmächten die Forderung des Parlaments.[110] Alle deutschen Aktivitäten zur Rettung des Auslandsvermögens wurden von den Alliierten aufmerksam beobachtet.

---

[104] BDI (Beutler/Fröhlich) an BK Adenauer vom 2. 12. 1952, BA, B 136–2285; DIHT (Beyer/Frentzel) an BFM vom 15. 11. 1952, BA, B 126–12496; Auswärtiges Amt (Hallstein) an den Vorstand des DIHT vom 24. 12. 1952, B 126–12441.
[105] Vermerk Schütte über Gespräch mit Vizekanzler Blücher vom 28. 4. 1952, BA, B 184–435.
[106] Auszug aus der verfassungsrechtlichen Stellungnahme der SPD zum Generalvertrag, BA, B 126–12496.
[107] BK Adenauer an BFM vom 13. 11. 1952, BA, B 126–12469. Darin wurde die Sprachregelung gegenüber Parlament und Öffentlichkeit vorgegeben.
[108] Antrag der Fraktionen der CDU/CSU, SPD, FDP, DP u. a. betr. Untersuchung über deutsches Auslandsvermögen vom 25. 4. 1952, Deutscher Bundestag, 1. WP Drucksache Nr. 3327.
[109] Deutscher Bundestag 1. Wahlperiode: Schriftlicher Bericht des Ausschusses für das Besatzungsstatut und auswärtige Angelegenheiten. (Drucksache Nr. 3327), Bericht des Abgeordneten Pfleiderer vom 16. 5. 1952; vgl. EHRENFRIED SCHÜTTE, Schuldenregelung und Auslandsvermögen. Ein Beitrag der Gläubiger zur Lösung der Transferfrage, in: Weltwirtschafts-Archiv 32 (1952), Juli-Heft, BA, B 184–515.
[110] BK Adenauer an AHK (Kirkpatrick) vom 24. 7. 1952, PA/AA, Abt. 2, Nr. 1556 (LSA 49).

1. Einbeziehung der Deutschen und deutsches Auslandsvermögen   181

Die von den Alliierten vorgenommenen Eingriffe in das deutsche Privateigentum waren völkerrechtlich zweifelhaft und viele deutsche Argumente gegen die alliierte Praxis waren deshalb berechtigt.[111] Intern wurde dies auf alliierter Seite auch eingestanden.[112] Dieses Faktum änderte aber nichts an der Tatsache, daß die Besatzungsmächte bei ihrer Haltung blieben und in der Vermögensfrage bestenfalls zu marginalen Zugeständnissen bereit waren. Oft waren dafür innenpolitische Gründe ausschlaggebend.[113] Ihr Maximalziel, das Thema Auslandsvermögen gänzlich von der Londoner Konferenz auszuklammern, erreichten die Alliierten nicht. Die Vermögensfrage spielte zumindest indirekt immer wieder in die Schuldenverhandlungen hinein und verlangte Delegationschef Abs zuweilen eine Gratwanderung ab.

---

[111] Abgeordneter Wellhausen, Vorsitzender des Sonderausschusses des Bundestage für das Londoner Schuldenabkommen: Zur Wahrung der deutschen Vermögensinteressen im Ausland vom 1. 6. 1953, BA, B 184–450.
[112] Minute Sheet Parker to Economic Adviser, 15. 7. 1952, PRO, FO 1036–960.
[113] Minute Sheet dictated by High Commissioner, 28. 10. 1953, PRO, FO 1036–964.

2. Die Londoner Vorkonferenz

Am 25. Juni 1951 fand in London ein erstes offizielles Treffen der Dreimächtekommission für deutsche Schulden mit Vertretern der amerikanischen, britischen und französischen Gläubigerorganisationen sowie Beobachtern der Regierungen Belgiens, Hollands, Schwedens und der Schweiz statt. Das Treffen diente der Vorbereitung der Vorkonferenz, die unter Hinzutritt der deutschen Delegation am 5. Juli offiziell beginnen sollte. Vorbereitende Gespräche mit den Deutschen hatten separat in Bad Godesberg stattgefunden. Es kam nun darauf an, die Gläubiger auf die Prinzipien und Regularien für eine Schuldenregelung einzuschwören, auf die sich die drei Mächte zuvor geeinigt hatten. Die Zahl der Teilnehmer an der Vorkonferenz war von den einladenden Regierungen bewußt begrenzt worden. Neben den Gläubigervertretern Großbritanniens, Amerikas und Frankreichs waren lediglich einige wichtigen Gläubigerstaaten durch Beobachter vertreten. Trotz dieser restriktiven Maßnahme belief sich die Teilnehmerzahl auf über hundert Delegierte.[1] Um Protesten nicht eingeladener Staaten vorzubeugen, war die Bedeutung der Vorkonferenz nach außen heruntergespielt worden. De facto war sie aber mehr als eine unverbindliche Informationsveranstaltung. Direkte Verhandlungen gab es zwar nicht, sie diente aber der Vorstrukturierung der für den Herbst angesetzten Hauptkonferenz.

Zu Beginn des Treffens mit den Gläubigervertretern erläuterte Sir George Rendel im Namen der Dreimächtekommission den Anwesenden noch einmal die auf Regierungsebene vereinbarten Leitlinien für eine künftige Schuldenregelung.[2] Er begann mit dem Endziel: Am Ende aller Schuldenverhandlungen werde ein internationales Regierungsabkommen stehen, in dem sämtliche Einzelabkommen zu den Vor- und Nachkriegsschulden gebündelt und die darin enthaltenen Richtlinien rechtsverbindlich verankert werden sollten. Auf dieser Basis konnten Gläubiger und Schuldner dann an die Einzelfallregelung herangehen. Rendel ging auf die Ausgestaltung des Regierungsabkommens nicht näher ein, weil die Alliierten sich darüber noch nicht en Detail hatten verständigen können. Die Aushandlung von Vereinbarungen im Bereich der Vorkriegsschulden war Sache der Gläubiger

---

[1] Vorbesprechung über deutsche Auslandsschulden. London Juli 1951: Delegiertenliste und Sekretariat, in: Deutsche Auslandsschulden. Dokumente zu den internationalen Verhandlungen Oktober 1950 bis Juli 1951, S. 37 ff.
[2] Introductory Statement by Chairman on behalf TCGD (Rendel) at the preliminary meeting with creditor representatives, 25. 6. 1951, PRO, FO 371–93952.

2. Die Londoner Vorkonferenz

im Rahmen der Hauptkonferenz, allerdings unterstanden die gesamten Verhandlungen der Führung und Oberaufsicht der Dreimächtekommission, die ihr Mandat direkt von den Regierungen Großbritanniens, Frankreichs und der Vereinigten Staaten erhalten hatte. Auf diese Vorgehensweise hatte man sich nach anfänglichen Divergenzen innerhalb der *Intergovernmental Study Group* einigen können. Angesichts der Heterogenität der Vorkriegsschulden, der divergierenden Interessen der Gläubiger und der Vielzahl der an den Verhandlungen beteiligten Nationen bedurfte es einer autoritativen Instanz, die vermittelnd eingreifen und für die Einhaltung von Fairneß und Gerechtigkeit sorgen konnte. Rendel hob diesen Aspekt zu Recht hervor, denn bereits im Vorfeld der Konferenz hatten einzelne Gläubigergruppen wiederholt versucht, sich auf Kosten anderer vorteilhaft zu positionieren. Besonders hervorgetan hatten sich dabei die britischen Stillhaltegläubiger, die gegen eine große Schuldenkonferenz agitierten und aus durchsichtigen Gründen für separate Verhandlungen der einzelnen Schuldenkategorien eintraten.[3] In ihren Bemühungen waren sie sowohl von den Stillhaltegläubigern anderer Länder als auch von den deutschen Stillhalteschuldnern unterstützten worden.[4] Die Amerikaner waren aber von Beginn an gegen eine separate Behandlung einzelner Schuldenkategorien eingetreten. Zumindest auf deutscher Seite waren deshalb die Hoffnungen mittlerweile gering, daß die Amerikaner doch noch von ihrer Forderung nach einem *overall settlement* abrücken könnten.[5] Die unnachgiebige Haltung der Amerikaner war natürlich auch den britischen Stillhaltegläubigern bekannt, sie verfolgten aber dennoch beharrlich ihre Sonderinteressen. Die britische Regierung, die schon genug Schwierigkeiten hatte, sich intern gegenüber den Amerikanern zu behaupten, war über die permanenten Störmanöver der Stillhaltegläubiger sehr verärgert und wies die Forderung nach separaten Verhandlungen kategorisch zurück.[6]

---

3 British Banking Committee for German Affairs (Reid) to Stevens (Foreign Office, German Section), 7. 6. 1951, PRO, FO 371–93947. Reid vertritt darin die Meinung, daß „series of simultaneous but separate meetings between the various creditor groups and their German opposite numbers would be far more likely to produce concrete results than any round table Conference of the type that seems to be envisaged."
4 Deutscher Ausschuß für Internationale Finanzielle Beziehungen: Niederschrift über Besprechung der Stillhaltebanken in Frankfurt vom 20. 6. 1951, HADBB, B 330–6043.
5 Ergänzung zum Vermerk von Schelling wegen Auskünften von Ladenburg vom 25. 5. 1951, HADBB, B 330–2466.
6 Administration of the Enemy Property Department (Michael Branch) to Crawford (Foreign Office), 15. 6. 1915; Stevens to Reid (British Banking Committee), 18. 6. 1951, PRO, FO 371–93947.

Die dominante Position, welche die drei Regierungen für die Schuldenverhandlungen beanspruchten, gründete sich primär auf deren Status als Besatzungsmacht und den damit verbundenen Vorbehaltsrechten gegenüber Deutschland. Die Ablösung des Besatzungsstatuts stand zwar auf der politischen Tagesordnung, sie setzte aber eine tragfähige Regelung der deutschen Auslandsverschuldung voraus. Rendel wies darauf hin, daß dies nicht nur für die Vorkriegsschulden, sondern auch für die Nachkriegsschulden zu gelten hatte. Letztere umfaßten die umfangreiche Wirtschaftshilfe, die Deutschland nach dem Krieg von den USA und in geringerem Umfang von Großbritannien erhalten hatte. Die Marshallplanhilfe hatte maßgeblich zur wirtschaftlichen Erholung der Bundesrepublik beigetragen und damit entscheidend geholfen, die Voraussetzung für eine Schuldenregelung zu schaffen. Die von den Besatzungsmächten gewährte Wirtschaftshilfe war ganz überwiegend als Darlehen vergeben worden. Für die Rückzahlung dieser Hilfen hatten sich die alliierten Regierungen Priorität vor allen anderen finanziellen Verpflichtungen der Bundesrepublik einräumen lassen. Die Position der Besatzungsmächte wurde dadurch beträchtlich gestärkt, vor allem die der USA als der mit Abstand größten Gläubigermacht. Als Vorzugsgläubiger konnten die Besatzungsmächte in der Schuldenfrage eine zentrale Position für sich beanspruchen und Rahmenrichtlinien für die Verhandlungen zwischen Schuldnern und Gläubigern vorgeben. Ganz oben rangierte dabei die Forderung, daß die Vereinbarungen zur Regelung der Auslandsschulden auf keinen Fall den wirtschaftlichen Erholungsprozeß der Bundesrepublik gefährden durften. In der Schuldenerklärung vom 6. März 1951 waren die während des Kriegs entstandenen Schulden von vornherein ausgeklammert worden. Dies richtete sich vor allem gegen die Clearing-Schulden, die dem Reich aus dem Verrechnungsverkehr mit dem Ausland entstanden waren. Deren Berücksichtigung hätte die Schuldensumme in astronomische Höhen getrieben und damit eine Regelung der Vor- und Nachkriegsschulden grundsätzlich in Frage gestellt.[7] Niederländische Proteste gegen die Ausklammerung der Clearing-Schulden waren erfolglos.

Rendel wies in seiner Ansprache an die Gläubiger noch einmal ausdrücklich darauf hin, daß die Schuldenregelung zu keinen zusätzlichen finanziellen Belastungen für die drei alliierten Regierungen führen dürfte. Großbritannien war dazu wirtschaftlich zu schwach, und in den USA waren weitere Auslandshilfen innenpolitisch nicht durchsetzbar, zumal der Marshallplan noch nicht ausgelaufen war. Als Rechtsnachfolger des Deutschen Reichs

---

[7] Vgl. Das Londoner Schuldenabkommen. Vortrag von Hermann J. Abs vor Gästen der Süddeutsche Bank AG, gehalten am 29. Oktober 1952 in Bad Homburg, HADBB, B 330–2474.

hatte sich die Bundesrepublik gegenüber den Besatzungsmächten grundsätzlich zur Übernahme der alten Schulden verpflichtet, der Bundesregierung war aber die Zusage gemacht worden, daß bei der Festlegung der Rückzahlungsmodalitäten auf die wirtschaftliche Situation der Bundesrepublik Rücksicht genommen und leistungsmindernde Faktoren ins Kalkül gezogen würden. In diesem Zusammenhang blieb das deutsche Auslandsvermögen ein ständiger Streitpunkt. Eine Überstrapazierung der deutschen Zahlungsbilanz, die in der Vergangenheit zu diskriminierenden und restriktiven Maßnahmen in der Handels- und Devisenpolitik geführt hatte, sollte unbedingt vermieden werden. Vor allem die USA setzten im Rahmen ihrer wirtschaftspolitischen Globalstrategie auf eine weitere Liberalisierung der deutschen Wirtschafts- und Handelspolitik.[8] Die auch von der Bundesregierung bevorzugte Liberalisierungspolitik konnte aber nur zum Erfolg geführt werden, wenn die aus einem Schuldenabkommen resultierenden finanziellen Belastungen mit der deutschen Aufbringungs- und Transferkapazität kompatibel waren. Die Zahlungsbilanzsituation der Bundesrepublik war nach der gerade erst überstandenen Krise noch instabil. Rendel schätze die Entwicklung der deutschen *capacity to pay* für die nächsten Jahre jedoch optimistisch ein.[9] Daß sich diese Einschätzung als durchaus richtig erweisen sollte, war zum Zeitpunkt der Vorkonferenz eher zu hoffen als vorauszusehen. Verbunden war damit aber die grundsätzliche Frage, ob die in den nächsten Monaten auszuhandelnde Schuldenregelung definitiv oder mit Blick auf die Zukunft reversibel sein sollte. Die britische Regierung und die meisten britischen Gläubiger tendierten zu einer nur vorläufigen Regelung mit einer Laufzeit von drei bis fünf Jahren, die nach dieser Frist überprüft und der gegebenen Finanzsituation angepaßt werden sollte. Großbritannien setzte auf den Faktor Zeit in der Hoffnung, die Reduktion der britischen Forderungen minimieren zu können.

Die Amerikaner, die um großzügige Nachlässe bei den Nachkriegsschulden ohnehin nicht herumkamen, setzten andere Akzente.[10] Die deutschen Schulden galten ihnen als politische Manövriermasse und als Mittel zum Zweck. Der Blick der USA war primär auf die Durchsetzung ihrer strategi-

---

[8] Vgl. BÜHRER, Erzwungene oder freiwillige Liberalisierung?, S. 141 ff.
[9] In der britischen Administration herrschte die Meinung vor, daß es letztlich weniger um Deutschlands „capacity to pay", sondern um dessen „willingness to pay" gehe; Minute Crawford (German Finance Department), 28. 6. 1951, PRO, FO 371–93911.
[10] Die amerikanischen Delegierten wünschten wie die deutschen eine definitive Lösung des Schuldenproblems; Niederschrift über eine inoffizielle Unterhaltung mit Vertretern der amerikanischen Delegation und der amerikanischen Gläubiger (Pierson, Gunter, Rogers, Hensel, Gomory/Abs, Kriege, Schwede, Stedtfeld) vom 6. 7. 1951, BA, B 146–1177.

schen Ziele in Europa gerichtet, bei denen die Bundesrepublik nicht nur als Wirtschaftsmacht, sondern auch als Teil der westlichen Verteidigungsallianz eine wichtige Rolle spielte. Die damit einhergehende Wiederaufrüstung der Bundesrepublik würde für die Zukunft erhebliche Haushaltsmittel binden. Insofern waren die Auslandsschulden nur eine von mehreren finanziellen Belastungen, die von der Bundesrepublik in den nächsten Jahren zu tragen waren.[11] Deshalb mußten sich die Gläubiger darauf einstellen, daß – wie bei geschäftlichen Vergleichen üblich – gewisse Abstriche an ihren Forderungen unvermeidbar sein würden. Die Besatzungsmächte hatten bereits ihre grundsätzliche Bereitschaft erklärt, auf einen Teil der Nachkriegsforderungen zu verzichten, um dadurch eine Regelung der Vorkriegsschulden überhaupt zu ermöglichen. Rendel forderte die Gläubiger auf, sich nach Kräften um gerechte und akzeptable Vereinbarungen zu bemühen. Sie sollten „in dem gleichen Geist in die Schuldenverhandlungen eintreten" wie die Nachkriegsgläubiger.[12] Rendel ließ in diesem Zusammenhang unerwähnt, daß sich Briten und Amerikaner immer noch nicht über den genauen Umfang der Reduzierung ihrer jeweiligen Nachkriegsforderungen hatten einigen können.

Die von Rendel angemahnte Verzichtbereitschaft stieß bei den Gläubigern auf einhellige Ablehnung. Weder einen Kapitalverzicht noch eine dauerhafte Senkung der Zinsen wollten sie in Betracht ziehen. Das gegenwärtige Transferproblem wurde von ihnen als vorübergehende Erscheinung bewertet, und ersatzweise stand für sie immer noch die Möglichkeit von DM-Zahlungen zur Diskussion.[13] Obwohl sich das sogenannte DM-*settlement* in seiner bisherigen Form in der Praxis kaum bewährt hatte, traten vor allem die Stillhaltegläubiger für eine Beibehaltung dieser Möglichkeit in modifizierter Form ein.[14] Andere Gläubigergruppen, die von dieser Regelung weitaus weniger profitieren konnten, zeigten sich da eher ablehnend. In dieser Frage verlief die Frontlinie supranational zwischen den kurz- und den langfristigen Gläubigern, in anderen Fällen, z.B. bei der Goldklausel, war die Nationalität der Gläubiger das entscheidende Kriterium. Ungeach-

---

[11] Bundesminister des Auswärtigen (i.V. Hallstein) an den Vorsitzenden der AHK François-Poncet vom 15. 6. 1951 mit Anlage: Memorandum über den deutschen Verteidigungsbeitrag, BA, B 126–48369.
[12] Einführende Erklärung des Vorsitzenden Sir George Rendel im Namen der Dreimächtekommission für die deutschen Schulden auf der vorläufigen Besprechung mit den Gläubigervertretern am 25. 6. 1951 (Übersetzung), in: Deutsche Auslandsschulden. Dokumente zu den internationalen Verhandlungen Oktober 1950 bis Juli 1951, S. 36.
[13] Committee of British Long-Term and Medium-Term Creditors of Germany, 1. 6. 1951, PRO, FO 371–93855.
[14] Crawford to Rendel, 20. 6. 1951, PRO, FO 371–93855.

2. Die Londoner Vorkonferenz

tet bestehender Differenzen zeigten sich alle Gläubiger in der Überzeugung einig, daß die deutschen Schuldner in einem angemessenen Zeitrahmen voll zahlungsfähig sein würden. James G. Rogers, der einflußreiche Vertreter des amerikanischen *Foreign Bondholders Protective Council*,[15] erklärte im Namen aller Gläubiger, daß „in the long range there is no difficulty whatsoever in Germany paying her present obligations in their contract terms."[16] Rogers verband diese Einschätzung allerdings mit der Forderung an die drei Regierungen, der Regelung der Vorkriegsschulden oberste Priorität einzuräumen. Die Dreimächtekommission wies dieses Ansinnen zurück und stellte klar, daß am Ende ein Abkommen stehen müsse, welches „will be satisfactory to both creditors and debtors" und gleichzeitig „acceptable to the three Governments."[17]

Schon in dieser frühen Phase zeigte sich aber, daß die Nachkriegsschulden trotz ihres *priority status* nur eingeschränkt als Druckmittel gegenüber den Vorkriegsgläubigern tauglich waren. Die Gläubiger wollten sich einfach nicht unter Druck setzen lassen. Bis zum offiziellen Beginn der Vorkonferenz und dem Hinzukommen der deutschen Delegation standen den Gläubigern noch knapp zehn Tage zu vorbereitenden Gesprächen zur Verfügung. Als Gesprächsgrundlage dienten eine Reihe von Papieren, die von der Dreimächtekommission zu strittigen Aspekten der künftigen Schuldenregelung ausgearbeitet und an die Teilnehmer der Vorkonferenz verteilt worden waren. Dazu zählten u. a. der Umgang mit der Goldklausel, die Anerkennung von Zahlungen an die Konversionskasse und die Möglichkeit von DM-Zahlungen.[18] In den Diskussionen zeigte sich, daß die Gläubiger oft zu extremen Positionen neigten. In der Dreimächtekommission ging man aber davon aus, daß dafür vor allem taktische Gründe maßgeblich waren und die Gläubiger im Zuge der Verhandlungen mit den Schuldnern von ihren Maximalforderungen abrücken würden.[19]

Unmittelbar im Anschluß an die Godesberger Vorgespräche hatten auf deutscher Seite die Vorbereitungen für die Londoner Vorkonferenz begon-

---

15 Minute Crawford, 28. 6. 1951, PRO, FO 371–93904.
16 Third meeting TCGD with creditors, 28. 6. 1951, NA, RG 43 Council of Foreign Ministers Lot file M 88 CFM, Box 185.
17 Fourth meeting TCGD with creditors, 29. 6. 1951, NA, RG 43 Council of Foreign Ministers Lot file M 88 CFM, Box 185.
18 Tripartite Commission on German Debts 25th June, 1951: The problem of adjustment for changes in the economic situation of Germany; Settlement of foreign currency claims in Deutschmarks; The problem of the Konversionskasse; The Gold clause problem etc., PRO, FO 371–93855; deutsche Übersetzung in: PA/AA, Abt. II Nr. 1520 (LSA 15).
19 London (Gifford) to Secretary of State, 30. 6. 1951, NA, RG 59–1513; Gifford to Secretary of State, 3. 7. 1951 (Part I) und 4. 7. 1951 (Part II), NA, RG 59–1514.

nen. Am 11. Juni trafen sich die Mitglieder der Deutschen Delegation zu einer Strategiesitzung im Auswärtigen Amt. In Vertretung des erkrankten Abs übte Präsident Kriege den Vorsitz aus. Abgesehen von Abs und Kriege gehörten der Delegation fast ausschließlich Ministerialbeamte an. Die größte Gruppe bildeten Beamte des Finanzministeriums und der Bundesschuldenverwaltung.[20] Bei ihnen lag der Schwerpunkt der Aufgaben für den Bereich der Vorkriegsschulden. Für die Nachkriegsschulden, die bei der Vorkonferenz nicht auf der Tagesordnung standen, trug das Bundesministerium für den Marshallplan die Hauptverantwortung.[21] Das Wirtschaftsministerium nahm sich primär der Transferfrage an.[22] Das mit der Federführung beauftragte Auswärtige Amt richtete ein Sekretariat ein und nahm koordinierende Aufgaben wahr.[23] Die Bank deutscher Länder war für die Zusammenstellung und Aufbereitung des umfangreichen Zahlenmaterials verantwortlich.[24]

Strategisch kam es den Deutschen darauf an, bei der ersten offiziellen Begegnung mit den Schuldnern nicht in die Defensive zu geraten, sondern einen aktiven Einfluß auf die Verhandlungen zu sichern. Es wurden zentrale Themenkomplexe abgesteckt, die für die Verhandlungen aufbereitet werden sollten. Dazu zählten: die Katalogisierung und Qualifizierung der deutschen äußeren Vorkriegsschulden, die Feststellung der Schulden der Höhe und dem Grunde nach, die Anpassung der Schuldenhöhe an die tatsächliche Lage, dieser Punkt war innenpolitisch von größter Relevanz,[25] und die Gestaltung der Rückzahlungsmodalitäten unter Berücksichtigung des Transferproblems. Im Gegensatz zu dem von Rendel demonstrierten Optimismus waren die Prognosen deutscher Experten zu diesem Zeitpunkt weitgehend skeptisch. Es wurde allgemein erwartet, daß die Bundesrepublik auf Sicht nicht zu einem umfassenden „devisenmäßigen Schuldendienst" in der

---

[20] Beamte des BFM: Ministerialdirektor Dr. Wolff (Leiter), Ministerialdirigent Dr. Kremer, Ministerialrat Dr. Granow, Oberregierungsrat Gurski und die Wissenschaftliche Hilfsarbeiterin Dr. Herbst, dazu von der Bundesschuldenverwaltung Präsident Dr. Dieben und Staatsfinanzrat Dr. Ernst.
[21] Ministerialrat Vogel nahm für das Marshallplanministerium an der Vorkonferenz teil.
[22] Delegierte des BWM waren Regierungsdirektor Dr. Henckel und Oberregierungsrat Dr. Stedtfeld.
[23] Das Auswärtige Amt stellte für die Schuldenverhandlungen Dr. Weiz ab.
[24] Delegierte der Bank deutscher Länder waren die Bankdirektoren von Schelling und Erbstößer.
[25] Der Auswärtige Ausschuß des Bundestags setzte für die Londoner Verhandlungen einen eigenen Unterausschuß ein, der vor allem der wechselseitigen Information diente. Abs erstattete von Zeit zu Zeit dort Bericht. Vermerk BFM Abt. VI vom 20. 6. 1951, BA, B 126–48364; Bundesrat: Ausschuß für Auswärtige Angelegenheiten betr. Sonderausschuß Schuldenregelung des Bundesrats vom 23. 6. 1951, BA, B 126- 48408.

2. Die Londoner Vorkonferenz

Lage sein würde.[26] Deshalb mußte in diesem Zusammenhang grundsätzlich auch die Möglichkeit von DM-Zahlungen erwogen werden. Bundesbankdirektor von Schelling sprach sich in der Sitzung jedoch entschieden gegen diese Möglichkeit aus, weil sie lediglich eine zeitliche Verschiebung des Problems bewirke.[27] Unter der Leitung von Abs fand eine Woche später in Frankfurt eine weitere vorbereitende Sitzung statt, an der diesmal auch Vertreter der Privatschuldner teilnahmen. Abs ernannte bei dieser Gelegenheit einige Sachverständige aus der Wirtschaft, die beratend an den Londoner Verhandlungen teilnehmen sollten.[28] Vor seiner Abreise nach London traf Abs noch einmal separat mit den Stillhalteschuldnern zusammen. Die Regelung dieser kurzfristigen Schuldenkategorie lag ihm wegen ihrer besonderen Relevanz für die Wiederherstellung der deutschen Kreditfähigkeit sehr am Herzen. In Übereinstimmung mit den britischen Stillhaltegläubigern hielt auch Abs eine bevorzugte Behandlung dieser Schulden im Prinzip für sinnvoll, die aus bekannten Gründen aber kaum realisierbar war.[29]

Als Basis für die Verhandlungen legte das Finanzministerium knapp zwei Wochen später eine streng vertrauliche „Gliederung der Aufgaben und Probleme auf den kommenden internationalen Konferenzen für deutsche Auslandsschulden" vor, die ausschließlich für den internen Gebrauch bestimmt war. Es handelte sich um eine detaillierte Chequeliste von Fragen, Problemen und Vorschlägen, die erwartungsgemäß in London mit den Gläubigern und der Dreimächtekommission zu diskutieren sein würden. Das Paper bestand aus fünf größeren Abschnitten: Der umfangreiche Abschnitt A war in zwei Unterabschnitte untergliedert. Der erste beinhaltete eine *Klassifizierung* aller deutschen Auslandsschulden.[30] Diese orientierte sich an einem

---

26 II Vwgr.: Vermerk betr. Transfer und Schuldenregelung vom 5. 6. 1951, BA, B 126–48371.
27 Sitzung der Deutschen Delegation am 11. 6. 1951 im Auswärtigen Amt: Protokoll Erbstößer (Frankfurt) vom 12. 6. 1951, HADBB, B 330–2466; Vermerk Vogel (vertraulich) vom 13. 6. 1951, BA, B 146–1175.
28 Niederschrift über die Sitzung des Deutschen Ausschusses für internationale finanzielle Beziehungen in Frankfurt am 19. 6. 1951 (streng vertraulich), BA, B 126–48363. Bei den Sachverständigen handelte es sich um Richard Merton und C. Goetz (Stillhalteschulden), Walter Schwede (Industrielle Anleiheschuldner) und Dr. Paul Leverkühn (kommerzielle Schulden); Vermerk Granow Abt. VI vom 23. 6. 1951, BA, B 126–48364.
29 Niederschrift über Besprechung der Stillhalte-Banken vom 20. 6. 1951, HADBB, B 330–3810.
30 Gruppe A: Öffentliche Schulden: (a) 1. Anleihen: Dawes, Kreuger, Young, 2. Kredite: Lee Higginson, BIZ, Compania Argentinia, 3. Haftungen: Verrechnungskasse, Konversionskasse, Reichsbahn und Reichspost, 4. Sonstiges: RM-Noten repatriierter Kriegsgefangener, rückständige Sozialversicherungsleistungen, Inlandsanleihen, Schatzanweisungen im Besitz von Ausländern; (b) 1. Schulden von Preußen: Anleihen, frühere Gebietskörperschaften usw., 2. Schulden abgeleitet von Österreich, 3. Schulden von Ländern. Gruppe B: Private Schulden: 1. Banken (Stillhalteschulden), 2. Industrie (Anleihen u.a.), 3. Privatpersonen, 4. Juristische Personen. Gruppe C: Nachkriegswirtschaftshilfe.

Katalogschema, das mit der Gläubigerseite bei den Vorgesprächen in Bad Godesberg in groben Zügen abgestimmt worden war. Im zweiten Unterabschnitt ging es um die *Qualifizierung* der Schulden. In diesem Zusammenhang waren eine Reihe zentraler Begriffe zu definieren. Beim Begriff Auslandsschuld war die Maßgeblichkeit der Währung des Schuldbetrags sowie des Wohnsitzes und der Staatsangehörigkeit des Auslandsgläubigers zu bestimmen. Bei der Definition der Vorkriegsschuld war die Abgrenzung zu während des Krieges entstandenen Schulden wichtig, die Nachkriegsschulden mußten gegenüber Restitutions- und Wiedergutmachungsansprüchen abgegrenzt werden.

Im Abschnitt B ging es um die *Feststellung der Schuld dem Grunde und der Höhe* nach. Der Umfang der Auslandsschulden bildete keine fixe Größe, sondern war abhängig von der Klärung einer Reihe juristischer Fragen. Dazu zählten u. a. die Berechtigung von Zinsansprüchen während der Kriegszeit, die schuldbefreiende Wirkung an die Konversionskasse geleisteter Zahlungen, die Anwendung der Goldklausel, die Verrechnung von Liquidationserlösen aus dem Auslandsvermögen, die in Großbritannien, Schweden und Spanien zur Schuldentilgung verwandt worden waren.

Abschnitt C war mit dem Wort *Anpassung* betitelt. Hinter dieser schlichten Bezeichnung verbarg sich das für die deutsche Seite zentrale Problem der Festlegung von Kürzungsfaktoren, die bei der Festlegung der tatsächlich zu leistenden Zahlungen mindernd berücksichtigt werden sollten. Die drei Besatzungsmächte hatten der Bundesregierung ausdrücklich zugesagt, daß bei der Vereinbarung der deutschen Zahlungsverpflichtungen „die allgemeine Lage der Bundesrepublik, und zwar unter besonderer Berücksichtigung der Wirkung der Beschränkung der territorialen Regierungsgewalt, in Rechnung gezogen werden muß."[31]

Die in Abschnitt C aufgelisteten Kürzungsfaktoren bezogen sich auf folgende Bereiche: 1. die Auswirkungen der Gebietsverluste im Hinblick auf das deutsche Volksvermögen, 2. die Neubelastung durch Kriegsfolgen wie z. B. Flüchtlinge, Besatzungskosten, Wiederaufbaukosten, Soziallasten, 3. die Minderung der wirtschaftlichen Leistungsfähigkeit durch Demontagen, Restitutionen, Industriebeschränkungen und durch den Verlust des Auslandsvermögens. Es war das Ziel der deutschen Unterhändler, die abstrakten Kürzungsfaktoren in konkrete Kürzungsprozentsätze umzuwandeln. Im Bundesfinanzministerium waren bereits vor langer Zeit einschlä-

---

[31] Schreiben der Alliierten Hohen Kommission an Bundeskanzler Adenauer vom 23. 10. 1951 (deutsche Übersetzung), in: Deutsche Auslandsschulden. Dokumente zu den internationalen Verhandlungen Oktober 1950 bis Juli 1951, S. 7.

2. Die Londoner Vorkonferenz 191

gige Berechnungen durchgeführt worden. Zu diskutieren waren auch die im Hinblick auf eine zukünftig verbesserte Wirtschaftslage mögliche Einführung einer Gleitklausel und die Verabredung spezieller Regelungen für den Fall der Wiedervereinigung.

Abschnitt D war mit dem Begriff *Erfüllung* überschrieben und behandelte den Komplex Rückzahlung. Zu besprechen waren hier mögliche Rangverhältnisse zwischen den öffentlichen und den privaten bzw. den kurz- und längerfristigen Schuldenkategorien. Hinzu kam das Thema DM-Zahlungen und die wichtige Transferproblematik.

Der letzte Abschnitt E thematisierte Fragen zum weiteren *Verfahren*. Hier ging es im wesentlichen um die Bedeutung des am Ende aller Verhandlungen stehenden multilateralen Regierungsabkommens.[32]

Am 5. Juli wurde in London die Vorkonferenz offiziell eröffnet. Sir George Rendel hob in seiner kurzen Begrüßungsansprache hervor, daß es sich um das erste Treffen einer deutschen Regierungsdelegation mit Vertretern der drei Mächte auf britischem Boden nach dem Krieg handelte. Er wertete dies als einen in die Zukunft weisenden Schritt, „um in Vertrauen, gegenseitigem Verständnis und freier Zusammenarbeit die Beziehungen zwischen unseren beiden großen Nationen wieder aufzunehmen, die so wichtig sind für den zukünftigen Frieden und Wohlstand der Welt."[33] Die betont höfliche Begrüßung wurde von der deutschen Delegation dankbar aufgenommen. Sie trug zur Auflockerung der Atmosphäre bei und bereitete den Boden für konstruktive Gespräche. Im Anschluß an Rendel hielt der amerikanische Chefdelegierte Warren Lee Pierson eine kurze Ansprache. Er betonte die wichtige Funktion, die der Vorkonferenz trotz ihres informellen Charakters zur Vorbereitung der Hauptkonferenz im Herbst zukomme. Der Sinn der Zusammenkunft bestehe vor allem darin, allen Beteiligten die Gelegenheit zu geben, die Standpunkte und Meinungen aller Interessengruppen kennenzulernen und daraus im Hinblick auf die Hauptverhandlung gegenseitiges Verständnis und Kompromißbereitschaft zu entwickeln. In diesem Zusammenhang erinnerte Pierson an die Existenz der Nach-

---

[32] Der Bundesminister der Finanzen: Gliederung der Aufgaben und Probleme auf den kommenden internationalen Konferenzen für deutsche Auslandsschulden (Berichterstatter Granow) vom 23. 6. 1951, HADBB, B 330–2466.
[33] Protokoll der ersten Sitzung der Dreimächte-Kommission für deutsche Auslandschulden mit Vertretern der deutschen Delegation für Schulden und Vertretern von Gläubigern deutscher Schuldner aus Frankreich, den Vereinigten Staaten und Großbritannien (Lancaster House), 5. 7. 1951, in: Deutsche Auslandsschulden. Dokumente zu den internationalen Verhandlungen Oktober 1950 bis Juli 1951, S. 42 ff. (Zitat S. 42).

kriegsschulden und an den Inhalt der zwischen der Bundesrepublik und den Besatzungsmächten vereinbarten Note vom 6. März 1951.

Nachdem auch der französische Chefunterhändler Gregh Gelegenheit zur Begrüßung der Anwesenden erhalten hatte, hielt der deutsche Delegationschef Abs seine offizielle Eröffnungsansprache, deren Inhalt mit der Dreimächtekommission zuvor abgestimmt worden war. Die teilweise etwas geschraubten Formulierungen lassen den programmatischen Charakter des Textes klar erkennen. Abs kam er darauf an, die aus deutscher Sicht zentralen Verhandlungspunkte darzulegen. Seine Ausführungen richteten sich nicht nur an die Zuhörer vor Ort, sondern waren auch für seine aufmerksamen und kritischen Beobachter in der Heimat bestimmt. Nach einer grundsätzlichen Erklärung des guten Willens der Deutschen, zur Lösung des Auslandsschuldenproblems beizutragen, konzentrierte sich Abs auf die Benennung konditionierender Faktoren. Zuerst erwähnte er „den Beitrag, den man von Deutschland für die Verteidigung des Westens und in Verbindung mit der Verstärkung der alliierten Streitkräfte im Bundesgebiet erwartet."[34] Die Belastung durch den deutschen Verteidigungsbeitrag war zwar ein globaler und materiell nicht genau bezifferbarer Faktor, die erhebliche Relevanz für den Bundeshaushalt war jedoch unstreitig. Abs wandte sich dann der schwierigen Transferfrage zu. Den Gläubigern räumte er das Recht ein, hohe Erwartungen in die Bemühungen der Bundesrepublik zu setzen, als Schuldnerland die Transferfähigkeit zu steigern. Gleichzeitig appellierte er aber an die Gläubigerländer, mit der Ausrichtung ihrer eigenen Wirtschaftspolitik unterstützend dazu beizutragen. Seinem anschließenden Dank für die großzügige alliierte Nachkriegswirtschaftshilfe fügte Abs die Frage an, „inwieweit die Kenntnis der Höhe unserer Verpflichtungen aus der Nachkriegshilfe das Ergebnis oder die Voraussetzung unserer Konferenz ist."[35] Damit zielte er auf die wichtige, auf Grund der interalliierten Unstimmigkeiten aber immer noch offene Frage, in welchem Umfang die Bundesrepublik ihren Verpflichtungen aus der Nachkriegszeit de facto nachzukommen haben würde. Es war im deutschen Interesse, von den drei Mächten möglichst bald präzise Informationen darüber zu erhalten, um auf dieser Basis die Planungen für die Hauptkonferenz angehen zu können. Wie

---

[34] Deutsche Delegation für Auslandsschulden, Ansprache Abs vom 5. 7. 1951, PA/AA, Abt. II, Nr. 1504 (LSA 1). Zu den anhaltenden Differenzen zwischen der Bundesrepublik und Großbritannien über den Zusammenhang von Ökonomie und Militärausgaben vgl. HUBERT ZIMMERMANN, The Sour Fruits of Victory: Sterling and Security in Anglo-German Relations during the 1950s and 1960s, in: Contemporary European History 9 (2000), S. 225–243.

[35] Deutsche Delegation für Auslandsschulden, Ansprache Abs vom 5. 7. 1951, PA/AA, Abt. II, Nr. 1504 (LSA 1).

2. Die Londoner Vorkonferenz

verabredet erwähnte Abs den Verlust des deutschen Auslandsvermögens und die Schwächung der wirtschaftlichen Substanz der Bundesrepublik in seiner Ansprache nur indirekt.[36]

Nach Abs sprach der Amerikaner J. C. Rogers vom *Foreign Bondholders Protective Council*. Als Vertreter der amerikanischen Anleihegläubiger kam Rogers bei den Verhandlungen eine wichtige Funktion zu. Die amerikanische Haltung war von zentraler Bedeutung, weil sich der weitaus größte Teil der öffentlichen deutschen Anleiheschulden in amerikanischer Hand befanden.[37] Rogers erklärte die deutsche Zahlungswilligkeit zu einer moralischen Angelegenheit. Die deutschen Schulden seien „ein kleiner aber wesentlicher Teil der deutschen Rehabilitierung. Die Völker der Welt, wenigstens das amerikanische, verstünden wenig von den [...] Problemen, die sich auf Deutschland bezögen, aber sie verstünden das Zahlen oder Nichtzahlen von Schulden."[38] Sir Otto Niemeyer schloß sich als Vertreter der britischen *long- and medium-term creditors* den Ausführungen seines Vorredners vollinhaltlich an. Er betonte die Wichtigkeit einer Regelung der Vorkriegsschulden für Schuldner *und* Gläubiger und appellierte an die drei Mächte, die Bundesrepublik dazu instand zu setzten. Dies war eine verklausulierte Aufforderung an die drei Mächte, auf die Rückzahlung der Nachkriegsschulden zugunsten der privaten Gläubiger zu verzichten. Damit hatten alle Verhandlungsparteien ihre *claims* abgesteckt und die eigentliche Arbeit konnte aufgenommen werden.

Zur besseren Koordination wurde von der Vollversammlung die Einsetzung eines Arbeits- und Organisationsausschusses (*Steering Committee*) beschlossen, dem jeweils zwei Vertreter aller beteiligten Organisationen angehören sollten. Die deutsche Delegation wurde dort von Abs und Kriege vertreten. In der Sitzung des folgenden Tages wurden zusätzlich drei Fachausschüsse gebildet. Es handelte sich (a) um den Statistischen Ausschuß, (b) um den Ausschuß für grundsätzliche Fragen und (c) um den Ausschuß für technische Fragen.[39] Für die Beratungen in den Fachausschüssen standen

---

[36] Siehe Kapitel III. 1.

[37] Die amerikanischen „Holders of Corporate Bonds" wurden von K. M. Spang, D. B. Bonsal, H. S. Hensel vertreten. Für die amerikanischen Industriegläubiger waren die Schuldenverhandlungen von geringerer Relevanz, weil sie den größten Teil der Schulden während des Krieges bereits steuerlich abgeschrieben hatten.

[38] Protokoll der ersten Sitzung der Dreimächte-Kommission für deutsche Auslandsschulden mit Vertretern der deutschen Delegation für Schulden und Vertretern von Gläubigern deutscher Schuldner aus Frankreich, den Vereinigten Staaten und Großbritannien (Lancaster House), 5. 7. 1951, in: Deutsche Auslandsschulden. Dokumente zu den internationalen Verhandlungen Oktober 1950 bis Juli 1951, S. 46.

[39] Deutsche Mitglieder der Fachausschüsse: (a) Ernst und Erbstößer, (b) Kremer und Henckel;

den Teilnehmern zehn Tage zur Verfügung. Die Dreimächtekommission hatte als Diskussionsbasis zu wichtigen Fragen und Problemen Dokumente vorbereitet und an die Konferenzteilnehmer verteilt.[40] Die Beratungen des Statistischen Ausschusses, der sich mit der Ermittlung des genauen Schuldenumfangs zu befassen hatte, basierten im wesentlichen auf deutschen Materialien und Tabellen. Bereits im Vorfeld war deutlich geworden, daß nur das Schuldnerland Deutschland über umfassendes Zahlenmaterial verfügte. Die Bank deutscher Länder und das Bundesfinanzministeriums waren intensiv damit beschäftigt, den Schuldenstand in den verschiedenen Schuldenkategorien möglichst präzise zu ermitteln. Schwierigkeiten gab es besonders im Bereich der privaten Auslandsverschuldung, da dieser Sektor behördlich nicht genau erfaßt war. Dem Aufruf der Bank deutscher Länder an die Privatschuldner, ihren Schuldenstand offiziell anzumelden, war nur bedingt Folge geleistet worden. Viele Schuldner rechtfertigten ihre Haltung mit Vermögensverlusten im Osten oder im Ausland. So war man auf mehr oder minder genaue Schätzungen angewiesen.[41] Das im Statistischen Ausschuß behandelte umfangreiche deutsche Zahlenmaterial wurde von den Gläubigern als „verläßliche Grundlage für die allgemeine Beurteilung der Probleme" akzeptiert.[42] Nur in wenigen Punkten waren Korrekturen nötig.[43]

Im Ausschuß für technische Fragen standen zehn juristische Probleme auf der Tagesordnung, die zur Vorbereitung der Hauptkonferenz ausführlich diskutiert und aus den unterschiedlichen Perspektiven der Schuldner, Gläubiger und der Dreimächtekommission analysiert wurden. Es war ausdrücklich nicht Aufgabe des Gremiums, definitive Beschlüsse zu fassen. Dies blieb der Hauptkonferenz vorbehalten. Lediglich für die Schulden der Stadt Berlin wurde bereits eine Vorentscheidung getroffen. Sie sollten

---

(c) Goetz und Leverkühn. Bedarfsweise nahm Abs persönlich teil. Als Gläubigervertreter waren in diesem Ausschuß u. a. Sir Niemeyer, Sir Reid, Rogers, Gomory vertreten, (c) Kriege und Wolff; von Schelling und Schwede. Eine Auflistung sämtlicher Ausschußmitglieder in: Deutsche Auslandsschulden. Dokumente zu den internationalen Verhandlungen Oktober 1950 bis Juli 1951, S. 55f.

[40] Dokumente und Materialien zur Londoner Vorkonferenz, in: PA/AA, Abt. II, Nr. 1504–1525 (LSA 1–20). Wichtige Dokumente, in: Deutsche Auslandsschulden. Dokumente zu den internationalen Verhandlungen Oktober 1950 bis Juli 1951, S. 57 ff.

[41] Vermerk Erbstößer betr. Vorbericht über Stand der Auslandsverschuldung vom 11. 4. 1951, HADBB, B 330–3765.

[42] Vermerk Erbstößer betr. Vorbesprechungen über deutsche Schulden vom 5. 7.–17. 7. 1951 in London, HADBB, B 330–2466.

[43] Vorbesprechungen über deutsche Auslandsschulden: Bericht des Statistischen Ausschusses vom 13. 7. 1951 nebst Tabellen, in: Deutsche Auslandsschulden. Dokumente zu den internationalen Verhandlungen Oktober 1950 bis Juli 1951, S. 70–166.

2. Die Londoner Vorkonferenz

wegen des besonderen völkerrechtlichen Status der Stadt von der Schuldenregelung ausgenommen werden. Bei allen übrigen Punkten gab es noch mehr oder weniger deutliche Auffassungsunterschiede der beteiligten Interessengruppen. Was die Haftung für Schulden der Republik Österreich anbelangt, hatte sich die Bundesregierung bereits mit der Schuldenerklärung vom 6. März 1951 verpflichtet, die zwischen dem 12. März 1938 und dem 8. Mai 1945 fällig gewordenen Zinsen aus Obligationen der Republik Österreich zu tragen. Darüber hinausgehende Forderungen von Gläubigern anderer österreichischer Anleihen lehnte die Bundesregierung dagegen ebenso ab wie jede Haftung für private österreichische Schulden.[44] Ähnlich verhielt es sich mit den Schulden des von den Alliierten nach dem Krieg aufgelösten Landes Preußen. Im wesentlichen ging es um zwei Anleihen aus den Jahren 1926 und 1927 im Umfang von $ 20 Millionen bzw. $ 30 Millionen. Da ein erheblicher Teil des früheren preußischen Staatsgebiets im sowjetischen Einflußbereich lag, war festzulegen, erstens in welcher prozentualen Höhe die Bundesrepublik für die preußischen Schulden haften und zweitens welcher Anteil davon auf die im Westen neu entstandenen Länder entfallen sollte.[45] Ein weiterer wichtiger Punkt war die Positionierung der Dawes- und Young-Anleihen im Rahmen der Schuldenregelung. Unter Berufung auf deren Entstehungsgeschichte verlangten die britischen und französischen Gläubiger eine Vorzugsstellung für diese Anleihen.[46] Auch für die Kreuger-Anleihe wurden ähnliche Forderungen erhoben.[47]

In der Schuldenerklärung vom 6. März 1951 hatte die Bundesregierung ihre grundsätzliche Bereitschaft erklärt, für die Schulden sogenannter Körperschaften mit Reichshaftung aufzukommen. Aus deutscher Sicht handelte es sich dabei um die Reichsbahn und die Reichspost sowie die Konversionskasse und die Verrechnungskasse, nicht aber, wie von Gläubigerseite verlangt, auch um die Reichsbank und die Golddiskontbank. Da die amerikanische Regierung diese Ansicht teilte, standen die deutschen Chancen in

---

[44] Vorbesprechung für deutsche Schulden, Bericht des technischen Ausschusses: Österreichische Schulden vom 21. 7. 1951, in: Deutsche Auslandsschulden. Dokumente zu den internationalen Verhandlungen Oktober 1950 bis Juli 1951, S. 167 f. Alle Berichte des Technischen Ausschusses auch im PA/AA, Abteilung II, Nr. 1521 (LSA 16).
[45] Vorbesprechung über deutsche Schulden, Bericht des Technischen Ausschusses: Preußische Schulden vom 21. 7. 1951, in: Deutsche Auslandsschulden. Dokumente zu den internationalen Verhandlungen Oktober 1950 bis Juli 1951, S. 171 f.
[46] Vorbesprechungen über deutsche Schulden, Bericht des Technischen Ausschusses: Dawes- und Young-Anleihen vom 21. 7. 1951, ebd., S. 172 f.
[47] Vorbesprechungen über deutsche Schulden, Die schwedische Match-Anleihe (Kreuger-Anleihe). Memorandum vom 9. 7. 1951 von dem schwedischen Beobachter im Namen der die Anleihe besitzenden Aktionäre(!), ebd., S. 173 ff.

dieser Frage gut.[48] Aussichtslos war dagegen von vornherein die von einigen Gläubigern erhobene Forderung, auch Industriekonglomerate, wie z. B. die Hermann-Göring Werke, als Körperschaften mit Reichshaftung zu definieren.[49]

Abgesehen von der Klärung der generellen Haftungszuständigkeit war der Umgang mit den Zahlungsverpflichtungen der Konversionskasse ein wichtiges Diskussionsthema. Britische Gläubiger- und Regierungsvertreter hatten seit langem die Rechtmäßigkeit dieser Institution in Frage gestellt,[50] während deutsche Staatsrechtler sie stets gegen alle Angriffe verteidigt hatten.[51] Die deutschen Juristen konnten sich dabei auf ein OMGUS-Gutachten von 1948 stützen, in dem die Rechtmäßigkeit von Zahlungen an die Konversionskasse und deren schuldbefreiende Wirkung anerkannt worden waren.[52] In der Tat hatte die amerikanische Regierung anfänglich eine positive Haltung zur Konversionskassenregelung eingenommen, sich später davon aber unter dem Druck der Briten und der amerikanischen Gläubiger abgekehrt.[53] Allerdings waren die Amerikaner – im Gegensatz zu den Briten – grundsätzlich weniger an Rechtsfragen als an pragmatischen Lösungen interessiert. Von den Gläubigern wurde die Konversionskassenregelung als juristisch fragwürdig verurteilt, weil es sich um den einseitigen Eingriff eines Landes in internationale Verträge und damit um eine prinzipielle Gefährdung der internationalen Rechtssicherheit handele.[54] Die Bundesregierung sah das anders. In einem vom Bundesjustizministerium in Auftrag gegebenen Rechtsgutachten wurden nach wie vor „gute Gründe" gesehen, daß „der deutsche Devisengesetzgeber die Macht [hatte], auch in

---

48 Department of State (Acheson) to London, 20. 4. 1951, NA, RG 43–170.
49 Vorbesprechungen über deutsche Schulden, Bericht des Technischen Ausschusses: Körperschaften mit Reichshaftung, in: Deutsche Auslandsschulden. Dokumente zu den internationalen Verhandlungen Oktober 1950 bis Juli 1951, S. 177 f.
50 Rudolph Dalberg (London, z. Zt. Frankfurter Hof) an BWM Erhard vom 6. 3. 1951, BA, B 102–6968, H. 2.
51 Rechtsgutachten Oberregierungsrat Kohlbrügge (BJM) vom 19. 3. 1951, BA, B 141–8593. Darin werden die zu diesem Thema bereits vorgelegten Gutachten von Dalberg und von deutschen Staatsrechtlern zusammengefaßt (siehe Kapitel II. 1).
52 Caspers (BJM): Vermerk betr. Ansprüche gegen die Konversionskasse vom 20. 7. 1950, BA, B 141–8593.
53 Office Memorandum by US-Government from Palmer to Stinebower: Treatment of German Foreign Currency Debt-Service Payments made to the „Konversionskasse", 4. 7. 1950, NA, RG 43–224; Leggett (The Prudential Assurance Company) to Crawford, 14. 3. 1951, PRO, FO 371–93854.
54 Vorbesprechungen über deutsche Schulden, Bericht des Technischen Ausschusses: Konversionskasse, in: Deutsche Auslandsschulden. Dokumente zu den internationalen Verhandlungen Oktober 1950 bis Juli 1951, S. 178 f.

2. Die Londoner Vorkonferenz

Schuldverhältnisse einzugreifen, die dem deutschen Recht nicht unterstehen, wenn nur der Erfüllungsort in Deutschland liegt."[55]

Eine Annäherung der Rechtsstandpunkte war wenig wahrscheinlich. Der amerikanische Gläubigervertreter Rogers fügte der juristischen Argumentation noch einen moralischen Aspekt hinzu, indem er die Konversionskasse zu einem (indirekten) Mittel der kriegerischen Auseinandersetzung erklärte. Die Zahlungen in die Konversionskasse seien von einer geradezu verheerenden Wirkung gewesen, weil sie die Reichsregierung zum Treuhänder großer Fonds gemacht habe, die von ihr „für Kriegszwecke verwendet wurden." Außerdem kritisierte Rogers, daß in den dreißiger und vierziger Jahren im Auftrag der Golddiskontbank auf dem US-Markt eine erhebliche Anzahl deutscher Wertpapiere zu „Konkurspreisen", die Deutschland durch den hausgemachten „default" selbst verursacht hatte, zurückgekauft worden waren. Darunter befanden sich auch zahlreiche Schuldverschreibungen der Konversionskasse, die anstelle von Transferleistungen an die Gläubiger ausgegeben worden waren.[56] „Durch diese Handlungsweise verstieß eine der großen Nationen der Welt gegen einen der moralischen Grundbegriffe, auf denen die internationale Finanzwelt basierte."[57] Rogers kritisierte, daß die Bundesregierung ungeachtet gegenteiliger Gerichtsurteile im Ausland weiter an der Rechtmäßigkeit der Konversionskasse festhielt, obwohl nicht einmal die deutschen Schuldner mehrheitlich diese Auffassung teilten. Die Gläubiger standen prinzipiell auf dem Standpunkt, daß der deutsche Schuldner auf jeden Fall verpflichtet wäre, dem ausländischen Gläubiger sein Geld zurückzuzahlen. Zahlungen an die Konversionskasse, die nicht an die Gläubiger transferiert worden waren, wurden nicht als schuldbefreiend anerkannt. Der Schuldner mußte in diesem Fall zweimal zahlen. Ob die Bundesregierung die Schuldner für Doppelzahlungen entschädigte, wurde von den Gläubigern als rein innerdeutsche Angelegenheit

---

55 Gutachten Hans Dölle vom 18. 9. 1951 und Ergänzung des Gutachtens vom 1. 10. 1951, BA, B 141–8593.
56 Die Konversionskasse hatte 1933/34 statt transferierter Beträge unverzinsliche Schuldscheine (Scrips) an die Gläubiger ausgegeben, die auf RM lauteten. Von 1935–1944 wurden mit 3% oder 4% verzinsliche Schuldscheine (Fundierungsbonds) ausgegeben, die überwiegend auf ausländische Währung lauteten. Diese Wertpapiere wurden zu 50% bis 67% ihres Wertes in Devisen zurückgekauft. Vgl. WERNER VEITH, Die Konversionskassenregelung nach dem Abkommen über deutsche Auslandsschulden, in: Der Betriebs-Berater 8 (1953), S. 432f.; vgl. HEINTZE, S. 149f.
57 Dem Dreimächte-Ausschuß abgegebener Bericht von Mr. Rogers, Wortführer für die Gläubigervertreter, über das Problem der Konversionskasse vom 21. 7. 1971, in: Deutsche Auslandsschulden. Dokumente zu den internationalen Verhandlungen Oktober 1950 bis Juli 1951, S. 179f. (Zitat S. 180).

betrachtet. Da sich die Bundesregierung beim Thema Konversionskasse noch nicht definitiv festgelegt hatte, vermied die deutsche Delegation in London eine Stellungnahme und verwies lediglich auf die allgemeinen Schwierigkeiten, weil sämtliche Unterlagen der Konversionskasse in Berlin den Russen in die Hände gefallen waren. Darunter befanden sich auch die in den Tresoren der Reichsbank lagernden, aus dem Ausland zurückgekauften Schuldverschreibungen. Es bestand die Gefahr, daß die noch nicht entwerteten Papiere von den Sowjets wieder in den Handel geschleust wurden. Aus diesem Grund mußten sämtliche Wertpapiere mittels eines Wertpapierbereinigungsverfahren auf ihre Herkunft überprüft werden.[58] Vergleichbare Schwierigkeiten gab es auch bei der Verrechnungskasse. Da der größte Teil der Schulden der Verrechnungskasse während der Kriegszeit entstanden und damit nicht Gegenstand der Schuldenverhandlungen waren, hatte das Problem eine geringere Bedeutung. Wichtig war hier die Abgrenzung zu den Vorkriegsschulden.[59]

Die Definition des Begriffs Vorkriegsauslandsschulden stand im Technischen Ausschuß ebenfalls auf der Tagesordnung. Der Begriff umfaßte zwei Teildefinitionen. Als Kriterium zur Definition des Begriffs Auslandsschuld schlug die deutsche Delegation den Wohnsitz und nicht die Staatsangehörigkeit des Gläubigers oder die Währung der Schuldforderung vor. Diese Regelung bot zwei Vorteile, die auch von den Gläubigern anerkannt wurden und die deshalb eine gewisse Bereitschaft signalisierten, diese Begriffsdefinition den Verhandlungen zugrunde zu legen. Einerseits fielen Fremdwährungsschulden von Inländern dann nicht unter die Regelung, andererseits spielte die Staatsangehörigkeit keine entscheidende Rolle. Wichtig war nur, daß der Gläubiger nachweisen konnte, seit längerer Zeit im Ausland ansässig zu sein. Darauf legte die deutsche Seite besonderen Wert, um einen Mißbrauch der Regelung durch eine kurzfristige Verlegung des Wohnsitzes zu unterbinden.[60] Mit der Definition des Begriffs Vorkriegsschulden mußte eine Abgrenzung zu den Kriegsschulden getroffen werden. Dabei bestand die Wahl zwischen einem für alle gültigen Stichtag oder dem Datum des

---

58 Über die Ausgestaltung des Wertpapierbereinigungsgesetzes gab es Differenzen zwischen den USA und Großbritannien (Frankreich): Note Sylvia M. Masel: Meeting E.F.M. Butler (Committee of British Long-Term and Medium-Term Creditors) with Stevens, Crawford, Masel, 19. 4. 1951, PRO, FO 371–93500.
59 Vorbesprechungen über deutsche Schulden, Bericht des Technischen Ausschusses: Verrechnungskasse, in: Deutsche Auslandsschulden. Dokumente zu den internationalen Verhandlungen Oktober 1950 bis Juli 1951, S. 181.
60 Memorandum der deutschen Delegation: Abgrenzung der Schulden, die unter den Schuldenregelungsplan fallen, ebd., S. 184; vgl. VEITH, Der Begriff der Auslandsschuld, S. 814ff.

jeweiligen Kriegseintritts eines Landes. Aus Gründen der Zweckmäßigkeit wurde die Festlegung des 1. Septembers 1939 als Stichtag befürwortet. Die neutralen Staaten waren ein Sonderproblem.[61]

Ein weiterer Punkt der Tagesordnung waren die Währungsprobleme. Schwierig war vor allem das Problem der Goldklausel, die Bestandteil einiger Verträge aus den zwanziger Jahren war. Des weiteren ging es um die Umwandlung von Goldmark- und Reichsmarkverbindlichkeiten. Bei der Goldklausel war juristisch umstritten, ob ihre Anwendung rechtlich überhaupt noch zulässig war. In den USA war das z. B. nicht mehr der Fall.[62] Angesichts des enormen Wertverfalls einiger Anleihetranchen, die nicht auf Dollar oder Schweizer Franken lauteten, wollten die davon betroffenen Gläubiger grundsätzlich an der Goldklausel festhalten. Zumindest mußte die wertsichernde Funktion der Goldklausel adäquat ersetzt werden. Darüber divergierten die Meinungen, abhängig von der jeweiligen nationalen Zugehörigkeit des Betrachters, erheblich. Als eine mögliche Lösung des Problems brachte die deutsche Delegation die Ersetzung der Goldklausel durch eine Dollarklausel in Vorschlag. Die schwierige Frage mußte auf der Hauptkonferenz weiter beraten und entschieden werden. Grundsätzlich wurde beschlossen, vom „Standpunkt der praktischen Durchführbarkeit und Billigkeit" an eine Lösung des Problems heranzugehen. Für die Umstellung von Goldmark- und Reichsmarkverpflichtungen forderte die deutsche Delegation eine Gleichbehandlung von In- und Ausländern gemäß den Bestimmungen der Währungsreform. Genau dies wollten die Gläubiger nicht. Sie verlangten eine Besserstellung ihrer Ansprüche.[63]

Abschließend wurde der Umgang mit den Schulden von Unternehmen beraten, die ihren Firmensitz bis 1945 im Osten und dort Vermögenswerte verloren hatten.[64]

Zentraler Diskussionspunkt im Ausschuß für „Grundsätzliche Fragen" war die Frage der deutschen Zahlungsfähigkeit. Sie war eine *conditio sine qua non* jeder Schuldenregelung. Die deutsche Delegation erhielt deshalb die Gelegenheit, ihre Einschätzung der deutschen Zahlungsfähigkeit aus-

---

61 Vorbesprechungen über deutsche Schulden, Bericht des Technischen Ausschusses: Begriff der Vorkriegs-Auslandsschulden vom 21. 7. 1951, in: Deutsche Auslandsschulden. Dokumente zu den internationalen Verhandlungen Oktober 1950 bis Juli 1951, S. 182f.
62 State Department (Acheson) to London, 20. 4. 1951, NA, RG 43–170.
63 Vorbesprechungen über deutsche Schulden, Bericht des Technischen Ausschusses: Währungsprobleme vom 21. 7. 1951, in: Deutsche Auslandsschulden. Dokumente zu den internationalen Verhandlungen Oktober 1950 bis Juli 1951, S. 187ff. (Zitat S. 187).
64 Vorbesprechungen über deutsche Schulden, Bericht des Technischen Ausschusses: Ost-West-Probleme vom 21. 7. 1951, ebd., S. 190f.

führlich darzulegen. Delegationsleiter Abs unterschied dabei zwischen der deutschen Aufbringungs- und der deutschen Transferfähigkeit, die zwar miteinander verbunden, jedoch nach unterschiedlichen Kriterien zu beurteilen waren. Prinzipiell war die Fähigkeit aller Schuldner, ihre Zahlungen in DM aufzubringen, von der Leistungsfähigkeit der deutschen Wirtschaft abhängig, die zu diesem Zeitpunkt eher skeptisch beurteilt wurde. Abs benannte drei Faktoren, die nach Meinung deutscher Experten noch längerfristig einen negativen Einfluß auf die wirtschaftliche Entwicklung der Bundesrepublik ausüben würden. Es handelte sich erstens um Substanzverluste wie Gebietsabtretungen, Kriegszerstörungen, den Verlust der Frontgeneration, Demontagen und die Enteignung des Auslandsvermögens. Zweitens um Belastungen durch hohe Sozialausgaben, Berlinförderung, Besatzungs- und Verteidigungskosten und drittens um Engpässe bei der Rohstoffversorgung und bei den für den Aufbau der Grundstoffindustrien zur Verfügung stehenden Investitionen.

Für den Bereich der öffentlichen Schulden verwies Abs darauf, daß die Bundesrepublik Deutschland (ohne Berlin) über nur noch 52% des ehemaligen Reichsgebiet und etwa 57% des früheren deutschen Volkseinkommens (Stand 1936) verfügen würde. Erschwerend komme hinzu, daß die Bevölkerungszahl im schon immer dicht besiedelten Westen Deutschlands durch das Einströmen mitteloser Flüchtlinge und Vertriebener um 20% gestiegen sei. Da rund 40% der Zuwanderer als erwerbsunfähig eingestuft wurden, wurde eine enorme Belastung des Staatshaushalts durch Sozialausgaben erwartet. Hinzu kamen noch Aufwendungen für Besatzungs- und Verteidigungskosten sowie Zahlungen für die Nachkriegswirtschaftshilfe und eventuell für Kriegsschulden in noch unbekannter Höhe. Steuererhöhungen zur Steigerung der staatlichen Einnahmen kämen kaum in Frage, weil die steuerliche Belastung der Bundesbürger im europäischen Vergleich bereits im Spitzenbereich lag.

Die Bewertung der Zuwanderung aus dem Osten als volkswirtschaftliche Belastung war aus der Perspektive des Jahres 1951 nicht unberechtigt. Die Integrationsprobleme konnten jedoch in relativ kurzer Zeit bewältigt werden. Mittel- und langfristig erwies sich die zugeführte *manpower* und *brainpower* aus dem Osten als volkswirtschaftlicher Gewinn.[65]

Die Aufbringungsfähigkeit der privaten Schuldner war sehr unterschiedlich. Schwierig war die Lage im montanindustriellen Sektor, der hohe Sub-

---

[65] Vgl. UWE KLEINERT, Flüchtlinge und Wirtschaft in Nordrhein-Westfalen 1945–1961, Düsseldorf 1988, S. 17 ff.

stanzverluste zu verzeichnen hatte. Abgesehen von der Liquidität des Einzelschuldners mußte die Summierung aller Einzelschulden in ihrer Auswirkung auf die Volkswirtschaft geprüft werden.

Ein anderes Problem war der Transfer der innerhalb der Bundesrepublik aufgebrachten Gelder ins Ausland. Eine zuverlässige Prognose der Entwicklung der deutschen Zahlungsbilanzsituation konnte zum Zeitpunkt der Vorkonferenz nicht erstellt werden. Die Deutsche Delegation machte deshalb den Vorschlag, ein Konvolut von Materialien vorzulegen, das als Basis zur Analyse der gegenwärtigen und zur Einschätzung der künftigen Situation herangezogen werden konnte. Die Gläubiger und die Dreimächtekommission wurden ausdrücklich aufgefordert, ihrerseits sachdienliches Material zur Beurteilung der Transferfrage zur Verfügung zu stellen. Insgesamt waren die Erwartungen skeptisch. Mit einem nennenswerten Devisenüberschuß wurde in absehbarer Zeit allgemein nicht gerechnet. Abs benannte einige Faktoren, welche die deutsche Transferfähigkeit nachhaltig beeinträchtigten. Dazu zählte erstens der durch die Abtrennung der Agrargebiete im Osten gestiegene Importbedarf von Lebensmitteln. Zweitens der Verlust traditioneller Absatzmärkte, die wegen der bestehenden Handelsbarrieren nur schwer durch neue ersetzt werden konnten. Abs appellierte an die Gläubigerstaaten, ihre Märkte im eigenen Interesse stärker für deutsche Waren zu öffnen. Als wichtigen dritten Faktor führte er die Enteignung des deutschen Auslandsvermögens, den Verlust von Patenten und Warenzeichen sowie sonstiger Devisenquellen im Handels- und Dienstleistungsbereich an. Er räumte allerdings ein, daß die Transfersituation gegenüber dem Dollarraum weitaus schwieriger war als die Situation gegenüber dem EZU-Raum.[66] Die Möglichkeit einer kurzfristigen Schließung der Dollarlücke wurde allgemein für äußerst unrealistisch gehalten. Die Gläubiger stimmten mit der skeptischen Lagebeurteilung durch Abs in vielen Punkte überein, äußerten aber gleichzeitig die feste Überzeugung, daß die Bundesrepublik sich wieder auf dem Weg zur großen Industrienation befinde und deshalb auf lange Sicht zur vollständigen Rückzahlung ihrer Auslandsschulden in der Lage sein würde, sofern der Wille und eine gewisse Opferbereitschaft dazu vorhanden waren. Beides wurde von den Gläubigern entschieden eingefordert.[67]

---

[66] Schriftliche Darstellung der Ausführungen der deutschen Delegation für Auslandsschulden vor dem Ausschuß für grundsätzliche Fragen am 9. 7. 1951, in: Deutsche Auslandsschulden. Dokumente zu den internationalen Verhandlungen Oktober 1950 bis Juli 1951, S. 209 ff.
[67] Vorbesprechungen über deutsche Schulden, Bericht des Ausschusses für „grundsätzliche Fragen": Die Frage der deutschen Zahlungsfähigkeit, ebd., S. 193 f.

Da in den nächsten Jahren eine deutliche Diskrepanz zwischen der deutschen Aufbringungs- und Transferfähigkeit erwartet wurde, rückte die Frage, in welchem Umfang und zu welchem Zweck DM-Zahlungen erlaubt sein sollten, wieder stärker in den Mittelpunkt. Seit Jahren gab es darüber Meinungsverschiedenheiten zwischen Briten und Amerikanern.[68] Die bestehende Regelung, die ein DM-*settlement* unter bestimmten Umständen erlaubte, wurde von den Stillhaltegläubigern seit langem heftig kritisiert, weil sie prohibitiv und in der Praxis kaum anwendbar war. Auch die Stillhalteschuldner waren mehrheitlich an einem zügigen Abbau der Altschulden interessiert.[69] Hermann J. Abs bewertete die Regelung der Inter-Bankenschulden als den zentralen Punkt für die baldige Wiederherstellung der deutschen Kreditfähigkeit. Bereits kurz nach dem Krieg war der Kontakt zwischen deutschen und ausländischen Bankern wieder aufgenommen worden, an denen Abs persönlich beteiligt war. Man hatte nach Möglichkeiten gesucht, die Verzugslage bei den Stillhalteschulden zu beenden. Chancen dazu waren auf der Basis der alten Kreditabkommen durchaus vorhanden, und nur die politischen Umstände hatten bisher eine separate Lösung des Problems vereitelt.[70] Im Ausschuß wurde allgemein anerkannt, daß sich die Stillhalteschulden von allen übrigen Schuldenkategorien unterschieden. Ihre Regelung sollte aber dennoch im Rahmen der Schuldenkonferenz erfolgen.[71] Ungeachtet aller Übereinstimmung bei den Stillhalteschulden differierten die Meinungen der Gläubiger und der deutschen Delegation über den Wert des DM-*settlement*. Aus deutscher Sicht sollte die Möglichkeit zur Umwandlung von Valuta- in DM-Forderungen im wesentlichen auf die Stillhalteschulden begrenzt werden, um das Entstehen umfangreicher DM-Wartezimmer zu vermeiden, die zu einer Schwächung der deutschen Währung beitragen konnten. Die Gläubiger hatten teilweise weitergehende Vorstellungen. Potentiellen Gefahren für die deutsche Volkswirtschaft wurden

---

[68] Stevens to Copleston (Treasury): Settlement of Foreign Currency debts in Deutschmarks, 14. 8. 1951, PRO, FO 371–93855.
[69] In Deutschland gab es einige Industrie-Stillhalteschuldner, die auf Zeit spielten und Regelungsangebote englischer Banken in der Hoffnung ablehnten, im Rahmen eines Schuldenabkommens günstiger wegzukommen. Sie waren aber Außenseiter; Aktennotiz vom 28. 7. 1951 betr. Stillhalteschulden, HADB, NL Krebs: Deutscher Ausschuß für Stillhalteschulden. Stillhalte-Kredite. Allgemeines.
[70] Vorbesprechungen über deutsche Schulden, Von Vertretern der Stillhalte-Gläubiger und -schuldner unterbreitetes Memorandum vom 11. 7. 1951, in: Deutsche Auslandsschulden. Dokumente zu den internationalen Verhandlungen Oktober 1950 bis Juli 1951, S. 201 ff.
[71] Vorbesprechungen über deutsche Schulden, Bericht des Ausschusses für „Grundsätzliche Fragen": Vertragliche Vereinbarungen, um Deutschlands Verzugslage ein Ende zu bereiten, ebd., S. 194 f.

zwar nicht gänzlich verkannt, sie wurden aber für beherrschbar gehalten.[72] Die Befürworter des DM-*settlement* sahen darin eine Möglichkeit zur Herabsetzung der deutschen Verschuldung und eine Möglichkeit, Investitionskapital zu gewinnen. Von seiten der Gläubiger wurde der Vorschlag gemacht, die aus dem DM-*settlement* anfallenden Gelder in einen zentral verwalteten DM-Investitionsfond einzubringen. Eine echte Lösung des Transferproblems bot dieser Vorschlag jedoch nicht, sondern lediglich eine zeitliche Verschiebung. Später anfallende Zinsen und Amortisationen aus solchen Investitionen vergrößerten das Problem zusätzlich.[73] Delegationsleiter Abs betonte in seiner Schlußansprache noch einmal ausdrücklich, „daß die deutsche Seite ihr Bestes tun wird, um die Schuldfrage einer für alle Teile befriedigenden Lösung zuzuführen und die Aufbringung der Schuldbeträge in Deutscher Mark und deren Transfer nach Maßgabe der deutschen Leistungsfähigkeit zu ermöglichen."[74]

Mit dem Verlauf der Vorkonferenz zeigte sich die deutsche Delegation sehr zufrieden. Die Beratungen verliefen in ruhiger und sachlicher Atmosphäre, und die Gläubiger hatten in persönlichen Gesprächen durchaus Verständnis für die schwierige deutsche Wirtschaftslage gezeigt, die „Gretchenfrage" blieb aber das deutsche Auslandsvermögen.[75] Andererseits hatten die Gläubiger nachdrücklich ihre Entschlossenheit zu harten Verhandlungen demonstriert. Vor allem die Briten vertraten zum Teil sehr unnachgiebige Standpunkte. In einem Artikel der *Financial Times* wurden die Gläubiger ausdrücklich zu einer festen Haltung gegenüber der Bundesrepublik aufgefordert, weil diese ihre wirtschaftlichen Schwierigkeiten seit Kriegsende brutal als Mittel zur Schuldenreduktion instrumentalisiere. Die *Financial Times* hielt weitere Nachlässe für ungerechtfertigt und verwies auf die britischen Schulden gegenüber den USA. Sie wagte die Prognose, daß sich die deutsche Devisensituation weiter spürbar bessern werde, zumal sich eine Wende zum Besseren bereits abzeichne.[76]

Diese Einschätzung war nicht unberechtigt und barg aus deutscher Sicht Gefahren für die weiteren Verhandlungen. Zum Glück konnten sich die

---

[72] Vorbesprechungen über deutsche Schulden, Bericht des Ausschusses für „Grundsätzliche Fragen": Probleme, die sich aus der Diskrepanz zwischen der Zahlungsfähigkeit der Schuldner in D-Mark und der deutschen Transferfähigkeit ergeben, vom 17. 7. 1951, ebd., S. 197f.
[73] Vorbesprechungen über deutsche Schulden, Memorandum der Deutschen Delegation betr. Die Frage der Regelung von Devisenforderungen in D-Mark, ebd., S. 203ff.
[74] Schlußansprache des Deutschen Delegationsführers Abs auf der Vorbereitenden Schuldenkonferenz London vom 17. 7. 1951, PA/AA, Abt. II Nr. 1519 (LSA 14).
[75] Protokoll der letzten internen Besprechung der deutschen Delegation (London) am 18. 7. 1951, PA/AA, Abt. II, Nr. 1528 (LSA 23).
[76] Presseschau: Artikel der FINANCIAL TIMES vom 23. 7. 1951, BA, B 146–1177.

Briten mit ihrem Wunsch nicht durchsetzen, die Schuldenregelung im Hinblick auf die vermutlich positive deutsche Wirtschaftsentwicklung flexibel zu halten. Allgemein wurde eine definitive Lösung präferiert, die auch Abs entschieden befürwortete.[77] Im Gegensatz zur Zufriedenheit der Deutschen gab es von einigen Gläubigervertretern auch kritische Anmerkungen zur Vorkonferenz.[78] Der Amerikaner Rogers verurteilte die kleinliche Paragraphenreiterei der Deutschen, die angeblich dazu neigten „to quibble over every detail and argue over every comma."[79] Die Mitglieder der Dreimächtekommission widersprachen diesem Urteil, das möglicherweise taktisch motiviert war.[80] Abgesehen von der Vermögensfrage sei das deutsche Verhalten weder obstruktiv noch schwierig gewesen. Sie nahmen vor allem Delegationsleiter Abs gegen Attacken von Gläubigerseite in Schutz. Vor allem die Briten schätzten Abs, dessen Verhandlungsführung im eigenen Lager nicht immer unumstritten war, als fähigen Verhandlungspartner.[81]

Am 8. August berichtete Abs dem Bundeskabinett über die Londoner Verhandlungen. Er zeigte sich mit dem Verlauf der Konferenz, die im wesentlichen dem Meinungsaustausch und der Erstellung von Unterlagen gedient hatte, zufrieden. Mit dem Beginn der Hauptkonferenz rechnete Abs nicht vor Ende Oktober 1951. Abs erwartete, daß im Herbst im Geist der Schuldenerklärung vom 6. März eine Regelung gefunden werden könnte, die sowohl den Möglichkeiten der öffentlichen und privaten deutschen Schuldner als auch der Leistungsfähigkeit der deutschen Wirtschaft angemessen sei. Dabei ging er von einem Entgegenkommen der Gläubiger nicht bei der Kapitalsschuld, sondern im Zinsbereich aus. Auch bei der Goldklausel hielt Abs einen Kompromiß für möglich. Er war zuversichtlich, daß es entgegen den britischen Wünschen zu einem definitiven Schuldenabkommen kommen werde. Abs betonte, daß die aus deutscher Sicht zentrale Frage des Auslandsvermögens in London zwar wiederholt zur Sprache gekommen sei, eine substantielle Änderung der alliierten Haltung in dieser Frage aber unrealistisch sei.[82] Abs kündigte in der Sitzung die baldige Vor-

---

[77] Vermerk Vogel vom 24. 7. 1951 betr. Allgemeiner Verlauf der Londoner Schuldenberatungen, BA, B 146–1177; Schwede an Granow vom 27. 7. 1951, BA, B 126–48367.
[78] Bericht des Generalkonsulats der BRD, London (Schlange-Schöningen) vom 20. 7. 1051; PA/AA, Abt. II, Nr. 1504 (LSA 1).
[79] Minute Stevens to Rendel, 18. 7. 1951, PRO, FO 371–93934.
[80] Gifford (London) to Secretary of State, 18. 7. 1951, NA, RG 59–1514.
[81] Rendel to Waley, 23. 7. 1951, PRO, FO 371–93934.
[82] Bericht von Herrn Abs über die Londoner Schuldenkonferenz in der Kabinettssitzung vom 20. 7. 1091, in: Die Kabinettsprotokolle der Bundesregierung, Bd. 4 (1951), S. 555 ff.

2. Die Londoner Vorkonferenz

lage eines ausführlichen schriftlichen Berichts über die Vorkonferenz an.[83] Auch bei anderen Gelegenheiten äußerte sich Abs über die Chancen einer Schuldenregelung verhalten optimistisch, warnte aber eindringlich vor überzogenen Erwartungen.[84]

---

[83] Bericht der Deutschen Delegation für Auslandsschulden über die Vorbereitende Londoner Schuldenkonferenz vom 5.–17. Juli 1951, PA/AA, Abt. II Nr. 1504 (LSA 1).
[84] Niederschrift über die Sitzung des Deutschen Ausschusses für internationale finanzielle Beziehungen am 8. 8. 1951 (Frankfurt), PA/AA, Abt. II Nr. 1525 (LSA 20).

3. Die vorläufige Regelung der Nachkriegsschulden

Eine unverzichtbare Voraussetzung für den Beginn der Hauptkonferenz war die Beantwortung der Frage, in welchem Umfang die Besatzungsmächte zu einem Verzicht auf die Rückzahlung der Nachkriegswirtschaftshilfen bereit waren. Die Notwendigkeit einer umfassenden Reduzierung der Nachkriegsschulden zugunsten einer Regelung der Vorkriegsschulden war unstreitig. Die Besatzungsmächte waren sich jedoch uneins, in welchem Umfang jedes einzelne Land seine Nachkriegsschulden reduzieren mußte. Die Amerikaner hatten bereits signalisiert, daß sie zu erheblichen Abstrichen an ihren Forderungen bereit waren, die einem Totalverzicht recht nahe kamen. Die Reduzierung der amerikanischen Nachkriegsforderungen war wegen ihres immensen Umfangs von $ 3,2 Milliarden der eigentliche Schlüssel zur Ermöglichung einer Regelung für die Vorkriegsschulden. Aus innenpolitischen Gründen verlangten die Amerikaner aber von Briten und Franzosen, daß sie ihre jeweiligen Forderungen in einem prozentual gleichen Umfang herabstufen sollten. Für die Franzosen war dies kein grundsätzliches Problem. Die Frage der Nachkriegsschulden war für sie von nachrangiger Bedeutung, da sich die französischen Forderungen auf bescheidene $ 15 Millionen beliefen. Zudem handelte es sich um eine politische Größe von fragwürdiger Herkunft. Im Zentrum des französischen Interesses standen die Vorkriegsschulden, deren Regelung von einer deutlichen Reduzierung der Nachkriegsschulden nur profitieren konnte.

Für die Briten sah die Sache anders aus. Natürlich waren sie – speziell die britischen Gläubiger – grundsätzlich an einer Regelung der deutschen Vorkriegsschulden interessiert, wegen der angespannten Finanzsituation des Landes war die britische Regierung aber gleichermaßen auf eine Rückerstattung der Ausgaben für die deutsche Nachkriegswirtschaftshilfe bedacht.[1] Die britische Regierung war nur bereit, auf einen geringen Prozentsatz ihrer Nachkriegsforderungen zu verzichten.[2] Der von den Amerikanern angeregte Verzicht auf einen größeren Teil der Forderungen kam für sie nicht ernsthaft in Frage. Gleichwohl waren sie der Meinung, daß die wirtschaftlich potenten Amerikaner zugunsten der Vorkriegsschulden auf einen erheblichen Teil ihrer Forderungen aus der Nachkriegswirtschaftshilfe ver-

---

[1] Minute Stevens/Crawford to Sir Herbert Brittain: German post-war debts, 5. 6. 1951, PRO, T 236–4406.
[2] Copleston (Treasury) to Stevens (Foreign Office, German Section), 22. 6. 1951, PRO, FO 371–93915; Abbott to Copleston: Claims against German: U.K. Claims in respect of post-war economic assistance, 18. 6. 1951, PRO, T 236–4406.

3. Die vorläufige Regelung der Nachkriegsschulden 207

zichten sollten, ohne von ihren veramten Vettern ein vergleichbares Opfer zu verlangen. Angesichts der verhärteten Standpunkte hatten die bisherigen Verhandlungen zu keinem greifbaren Ergebnis geführt. Die Amerikaner wichen kein Jota von ihrer Forderung nach einem prozentual gleichen *scaling down* der Forderungen aller Besatzungsmächte ab.

Eine Lösung des Problems mußte aber bald gefunden werden, wenn der Zeitplan für die weiteren Verhandlungen in etwa eingehalten werden sollte. Rendel hielt es für das beste, den Amerikanern entgegenzuhalten, daß ein großer Teil der britischen Verschuldung gegenüber den USA aus der Finanzierung der Wirtschaftshilfe für das besiegte Deutschland resultierte. Großbritannien habe borgen müssen, um helfen zu können. Wenn die amerikanische Regierung nun von den Briten einen weitgehenden Verzicht auf die Forderungen aus der Nachkriegswirtschaftshilfe verlange, dann müßte sie ihrerseits zu einem Entgegenkommen bei der Rückzahlung der britischen Anleihe bereit sein.[3] Die Schmach der Amerika-Anleihe von 1946 saß immer noch tief im britischen Bewußtsein. In Sondierungsgesprächen mit Warren Lee Pierson und John W. Gunter wurde aber keine Bereitschaft der Amerikaner erkennbar, die Anleihe zu berücksichtigen.[4] Wie Rendel vertrat auch der britische Schatzkanzler die Meinung, daß vor diesem Hintergrund bei den Nachkriegsschulden, denen er ausdrücklich „a considerably stronger basis on moral grounds" zubilligte als den privaten Vorkriegsschulden, nur marginale Nachlässe vertretbar seien: „We must *not* let the pre-war creditors get away with it while we, the Government get nothing."[5] Die Äußerungen von Schatzkanzler Gaitskell rührten an altbekannte Vorurteile gegen die Vorkriegsgläubiger, die sachlich unberechtigt waren.

In internen Beratungen gelangten *Treasury* und *Foreign Office* zu der Auffassung, daß das delikate Problem *scaling down* am besten in direkten Verhandlungen zwischen der britischen und der amerikanischen Regierung zu lösen sein würde. Im Hinblick darauf wurden die britischen Nachkriegsforderungen noch einmal einer gründlichen Revision unterzogen.[6] Alles in allem wurde eine Reduzierung der Ansprüche um 10% für vertretbar gehalten als faktische Vorwegnahme von Reduktionsforderungen, die von deutscher Seite vermutlich gestellt und wie folgt begründet werden würden:

---

[3] Rendel: German post-war debts, 30. 6. 1951, PRO, FO 371–93916.
[4] Stevens to Franks (Washington), 12. 7. 1951, PRO, FO 371–93916.
[5] Minute Stevens to Secretary of State, 26. 6. 1951, PRO, FO 371–93915.
[6] Foreign Office, German Finance Department: United Kingdom Claims on Germany for Economic Assistance in the Post-war Period, 10. 8. 1951, PRO, FO 371–93915. Darin enthalten sind detaillierte Einzelaufstellungen. Die Ausgaben werden insgesamt mit £ 206,4 Mio. beziffert, davon £ 121,4 Mio. und $ 342,6 Mio.

1. Lieferung von Gütern ohne zwingende Notwendigkeit, 2. überhöhte Preise für Warenlieferungen, 3. Qualitätsmängel an den gelieferten Waren und 4. Fehlen zuverlässiger Liefernachweise.[7] Der britischen Regierung war sehr an einer schnellen Lösung des Problems gelegen. Die Gespräche mit der Bundesregierung über die Nachkriegsschulden waren für den Herbst terminiert, und bis dahin mußte eine interne Einigung erfolgt sein. Außerdem gab es Befürchtungen, daß sich Schuldner und Gläubiger schon vorab informell über wichtige Verhandlungsziele verständigen könnten, die nur zu Lasten der Nachkriegsschulden gehen konnten. Die Briten wollten dies unbedingt verhindern.[8]

Latent bestand durchaus die Gefahr einer Isolation der Briten und die Möglichkeit der Bildung antibritischer Koalitionen, denn nur die britische Regierung hatte ein wirkliches Interesse an den Nachkriegsschulden. Mit dieser Haltung stand sie den Interessen der übrigen Beteiligten zumindest partiell im Wege. Es zeugt von wachsender Nervosität der britischen Regierung, daß sie auf Veröffentlichungen in der deutschen Presse, in denen die britische Haltung zur Schuldenfrage weitaus kritischer beurteilt wurde als die amerikanische, verärgert reagierte. Die britischen Behörden in der Bundesrepublik wurden vom *Foreign Office* eigens angewiesen, in der öffentlichen Wahrnehmung aktiv dem Eindruck Vorschub zu leisten, daß die drei Besatzungsmächte „are completely united in their attitude towards a debt settlement and make clear that nothing can be gained by playing off one element against another."[9] Daß dies nicht den Tatsachen entsprach, war auch den Deutschen nicht völlig verborgen geblieben. In Washington war man im Sommer 1951 jedenfalls nicht allzu gut auf die Briten zu sprechen, die man für die Schwierigkeiten allein verantwortlich machte. Der britische Botschafter Sir Oliver Franks bekam die Verärgerung der amerikanischen Regierung bei einem Gespräch mit Reinstein und Margolies im *State Department* deutlich zu spüren. Reinstein warf Franks eine Verhärtung der britischen Position in der Frage der Nachkriegsschulden vor. Nachdem früher bereits eine Reduktionsbereitschaft von 20% im Raum gestanden habe, sei jetzt nur von 10 bis 15% die Rede. Dieses Verhalten vertiefe die Gräben zwischen Großbritannien und den Vereinigten Staaten.[10]

---

[7] Foreign Office, German Finance Department: Possible Reduction of U. K. Claims on Germany, July 1951, PRO, FO 371–93915.
[8] Minute to Brittain (Treasury), 27. 6. 1951, PRO, T 236–4406.
[9] Crawford (German Finance Department) to Melville (Office of the Financial Adviser to the U.K. High Commissioner, 7. 8. 1951, PRO, FO 371–93967.
[10] Department of State: Memorandum of Conversation: U.K. position relating to settlement of

3. Die vorläufige Regelung der Nachkriegsschulden

Franks war von seiner Regierung beauftragt worden, mit der US-Administration über die Nachkriegsschulden zu verhandeln. Er sollte dabei auf den enormen Größenunterschied zwischen den britischen und den amerikanischen Nachkriegsforderungen verweisen, die zu einem erheblichen Teil aus der Marshallplanhilfe resultierten, die der Bundesrepublik im Gegensatz zu den anderen europäischen Empfängerländern ganz überwiegend als *loan* und nicht als *grant* gewährt worden war. Dafür waren seinerzeit politische Gründe geltend gemacht worden, so daß die britischen Hoffnungen auf ein Entgegenkommen der USA in dieser Frage nicht unberechtigt waren. Hinzu kamen die unverhältnismäßig hohe Prosperität der USA, die relativ schlechten Erlöse Großbritanniens aus der IARA und – last not least – die Rückzahlungsverpflichtungen aus der Anleihe von 1946. Das Argument, die amerikanische Regierung befürchte bei einem Abrücken vom Gleichheitsprinzip Schwierigkeiten mit dem *US-Congress,* sollte Franks mit einem Verweis auf den britischen Steuerzahler parieren.[11] Trotz der bisher negativen Erfahrungen hoffte die britische Regierung, die Amerikaner, deren interne Diskussion noch nicht abgeschlossen war, in ihrem Sinn beeinflussen zu können. Franks sollte eine Erstattung der britischen Nachkriegsschulden in Höhe von £ 175 Millionen einfordern, was einem Abschlag von gut 10% entsprach. Als Schmerzgrenze für die weiteren Verhandlungen wurden vertraulich £ 150 Millionen benannt, zahlbar in zwanzig Jahresraten ohne Zinsen *pari passu* mit den Vorkriegsschulden.

Eine Schlechterstellung der Nachkriegsschulden kam für die britische Regierung nicht in Frage. Da die fortwährenden Hilfszahlungen der USA an die Bundesrepublik ein gewichtiges Argument zugunsten der Amerikaner waren, wollten sich die Briten nötigenfalls auf eine sogenannte „convalescence period", d. h. ein Transfermoratorium, einlassen. Allerdings sollten die USA im Gegenzug ihre Vorbehalte gegen DM-Zahlungen aufgeben, die zur Finanzierung der britischen Rhein-Armee verwandt werden konnten.[12] Die Aufwendungen für den Unterhalt der britischen Truppen in Deutschland waren in den fünfziger und sechziger Jahren ein ständiger Streitpunkt

---

claims against Germany arising out of post-war economic assistance, 30. 8. 1951, NA, RG 59–1514.

11 Memorandum Saul L. Sherman to Kearney, 12. 9. 1951, NA, RG 43–299. Im Gegenzug untersuchten die Amerikaner, ob die britische Regierung in puncto Nachkriegsschulden an Parlamentsbeschlüsse gebunden waren. Das Ergebnis war negativ.

12 Telegram from Foreign Office to Washington: Settlement of German debts for expenditure of France, United Kingdom and United States on Post-war economic assistance, 8. 8. 1951, PRO, T 236–4407; Draft Telegram to US Government: German Post-war debts (undatiert), PRO, FO 371–93915.

zwischen Bonn und London. Die britische Regierung warf der Bundesregierung vor, ihre finanziellen Aufwendungen für das westliche Verteidigungsbündnis in ungebührlicher Weise zu instrumentalisieren, um sich andere finanzielle Verpflichtungen vom Halse zu schaffen.[13] Es schmerzte die Briten besonders, daß die Deutschen dabei noch Schützenhilfe von den USA erhielten. Reinstein ließ gegenüber Franks keinerlei Zweifel aufkommen, daß das Thema *defense* in den deutsch-amerikanischen Beziehungen eine Sonderrolle spielte. Eine Überstrapazierung des Bundeshaushaltes für Schuldenzahlungen kam für die Amerikaner nicht in Frage. *Western defense* hatte auf jeden Fall Priorität.[14]

Aus Sicht von Franks verlief die Unterredung im *State Department* ergebnislos, da die Amerikaner in keiner Weise ein Abrücken von ihrer bisherigen Position erkennen ließen.[15] Ganz so schlimm war es nicht, denn Franks Bericht über die sich in Folge der Iran-Krise dramatisch verschlechternde britische Zahlungsbilanzsituation hatte auf seine amerikanischen Gesprächspartner doch einen gewissen Eindruck gemacht, zumal der Besuch des britischen Schatzkanzlers Gaitskell in Washington vor der Tür stand.[16] Für die Amerikaner war es an der Zeit, ihre Marschroute für die weiteren Verhandlungen endlich festzulegen. Grundsätzlich stand fest, daß die Nachkriegsschulden primär als *bargaining power* dienen sollten und daß Nachlässe gewährt werden würden. Der *National Advisory Council* hatte aber in einem *Statement* vom 26. April 1951 verfügt, daß ein Forderungsverzicht der USA „in conjunction with a corresponding waiver of similar claims by the British and the French" erfolgen müsse. Wie diese Formulierung konkret auszulegen war und welcher Spielraum für eine unterschiedliche Behandlung der drei Länder noch verblieb, war innerhalb der amerikanischen Administration umstritten.[17] Den mit den konkreten Verhandlungen befaßten Personen schwante bereits seit längerem, daß sich Zugeständnisse der USA an die Briten nicht vermeiden lassen würden.[18] Die prekäre britische Zahlungsbilanzsituation trug dazu bei, daß diese Einsicht in Washington sukzessive an Boden gewann. Anderenfalls drohte die

---

13 Vgl. ZIMMERMANN, S. 225 ff.
14 Frank W. Fetter to Mr. Jones re German external debt and the German budget, 29. 8. 1951, NA, RG 59–1514.
15 Telegram from Washington (Franks) to Foreign Office, 31. 8. 1951, PRO, T 236–4407.
16 Department of State (Acheson) to UN United States Mission, New York, 30. 8. 1951, NA, RG 59–1514.
17 Settlement with Germany on account of post-war economic assistance, 7. 8. 1951, NA, RG 43–229.
18 Memorandum of Conversation: Reinstein, Pierson, Margolies, 24. 7. 1951, NA, RG 59–5170.

3. Die vorläufige Regelung der Nachkriegsschulden 211

Gefahr, daß Großbritannien die Stationierung seiner Truppen in der Bundesrepublik nicht länger finanzieren konnte und dadurch die amerikanische Globalstrategie gefährdete. Entsprechende Appelle wurden auch von Hochkommissar McCloy an das *State Department* gerichtet.[19]
Den Weisungen des *Foreign Office* folgend verfochten Botschafter Franks und seine Mitstreiter bei ihren Verhandlungen mit dem *State Department* eine konsequente Linie. Angesichts der prekären ökonomischen Lage ihres Landes gingen die Briten im Grunde davon aus, daß die Amerikaner früher oder später ein „unequal scaling down" und die Aufrechterhaltung der britischen Nachkriegsforderungen „substantially(!) in full" akzeptieren würden.[20] Letzteres war das primäre britische Verhandlungsziel. Die von den Briten gewählte Formulierung ließ aber dennoch eine gewisse Kompromißbereitschaft erkennen. Ein Kompromiß war möglich, wenn beide Seiten von ihren Maximalpositionen abrückten. Botschafter Pierson wurde vom *State Department* beauftragt, seine Europareise zu Sondierungsgesprächen mit der Regierung in London zu nutzen.[21] Mitte September traf er dort in Begleitung von Gunter mit Rendel, Waley und Stevens zu vertraulichen Gesprächen zusammen. Obwohl beide Seiten um eine Verständigung bemüht waren, kam man einer Lösung nicht näher. Die Standpunkte lagen noch zu weit auseinander. Ein als private Meinungsäußerung deklarierter Testballon Piersons, die britischen Forderungen um 40%-50% und die amerikanischen parallel um 80% zu senken, fand keine wohlwollende Aufnahme. Die britische Regierung beurteilte die deutsche Zahlungsfähigkeit perspektivisch wesentlich günstiger als die USA und lehnte deshalb umfassende Konzessionen bei ihren (!) Nachkriegsschulden ab. Die hohen Aufwendungen für die britischen Truppen in Deutschland wurden ebenfalls geltend gemacht. Rendel teilte Pierson vertraulich mit, daß Schatzkanzler Gaitskell eine besonders harte Linie verfocht und bisher keinerlei Bereitschaft gezeigt hatte, davon abzuweichen.[22] Im Unterschied zu den Hardlinern im *Treasury* gab es im *Foreign Office* aber durchaus Stimmen, die Konzessionen befürworteten. Grund war die nicht unberechtigte Sorge, daß die Ame-

---

19 Department of State, Memorandum of Conversation: C.D. Glendenning (Office of International Finance, Treasury), 5. 9. 1951, NA, RG 59–1514.
20 Department of State, Memorandum of Conversation: Sir Sidney Cains/Allan Christelow (U.K. Treasury) and Stinebower/Margolies, 13. 9. 1951; Christelow (U.K. Treasury) to Stinebower (Department of State), 14. 9. 1951, NA, RG 59–15114.
21 Acheson to Pierson (US Embassy London), 17. 9. 1951, NA, RG 59–1514.
22 Pierson (London) to Secretary of State, 19. 9. 1951, NA, RG 59–1514; German post-war debts: Note on a private conversation between Sir George Rendel, Mr. Roger Stevens, Sir David Waley, Mr. Warren Lee Pierson and Mr. Gunter on the morning of 18. 9. 1951, PRO, FO 317–93917.

rikaner aus Verärgerung über die britische Sturheit plötzlich mit einem Totalverzicht auf ihre Nachkriegsschulden vorpreschen und damit Fakten schaffen könnten. Die britische Regierung würde dann allein einer Front aus Gläubigern, Deutschen und Amerikanern gegenüberstehen.[23]

Nach seinen Gesprächen in London reiste Pierson für einige Tage nach Deutschland. Dort traf er sowohl mit Mitgliedern der amerikanischen Besatzungsbehörden als auch mit Vertretern der Bundesregierung zusammen. Versteckte Hinweise Piersons auf eine bevorstehende Verschiebung der Herbstkonferenz wurden von seinen deutschen Gesprächspartnern wenig begeistert aufgenommen. Eine kurze Verzögerung aus technischen Gründen sei hinnehmbar, im Interesse einer zügigen Wiederherstellung normaler Finanzbeziehungen mit dem Ausland wurde Pierson jedoch zu baldigen Verhandlungen gedrängt.[24] Über die Verschiebung der Konferenz und ihre Hintergründe waren die Deutschen informell allerdings längst im Bilde.[25] Mit ihrem Wunsch, unnötigen Zeitverlust zu vermeiden, rannten die Deutschen offene Türen ein, denn die Amerikaner lehnten eine Verzögerung von mehr als zwei Wochen ab. Die Briten dachten eher an zwei bis drei Monate. Außer ihnen war jedoch niemand an einer Verschiebung der Hauptkonferenz interessiert.[26] In seinen Gesprächen mit Abs, Adenauer und Schäffer gewann Pierson den Eindruck, daß die britischen Erwartungen bezüglich einer umfassenden Rückzahlung der britischen Nachkriegsschulden den deutschen Vorstellungen völlig zuwider liefen. McCloy machte darauf aufmerksam, daß sich eine verzögerte Regelung der Nachkriegsschulden negativ auf die Verhandlungen über den deutschen Verteidigungsbeitrag auswirken würde. Er appellierte an Außenminister Acheson, den Briten klar zu machen, daß die Aushandlung eines für die Deutschen akzeptablen Vertrags von größter Wichtigkeit für die westlichen Verteidigungsanstrengungen war.[27]

Auf seiner Rückreise in die USA legte Pierson einen Zwischenstopp in Heathrow ein. In einem Besprechungszimmer des Flughafens fand ein neuerlicher Meinungsaustausch statt, an dem auch die Franzosen teilnahmen. Unter dem frischen Eindruck seines Deutschlandbesuchs brachte Pierson

---

[23] Rendel to Stevens: German post-war debts, 10. 9. 1951, PRO, FO 371–93917.
[24] Aufzeichnung Seeliger vom 5. 10. 1951, PA/AA, Abt. II, Nr. 1529 (LSA 24).
[25] David Ginsburg (Washington) to Abs, 2. 10. 1951, BA, B 126–48367; die Frau der Leiters der Deutschlandabteilung im State Department (Byroade) arbeitete in der Kanzlei Ginsburg & Brown: Aktenvermerk BdL vom 5. 10. 1951, HADBB, B 330–2667.
[26] Crawford: Programme for future Stages of debt settlement, 20. 9. 1951, PRO, FO 371–933977.
[27] McCloy (Frankfurt) to Secretary of State, 25. 9. 1951, NA, RG 59–1514.

3. Die vorläufige Regelung der Nachkriegsschulden

eher noch weniger Verständnis für die britische Position auf als zuvor. Das forcierte Bemühen der britischen Regierung, die Themenkomplexe Nachkriegsschulden und Besatzungskosten miteinander zu verflechten, stieß auf deutliche Ablehnung.[28] Die Briten klagten ihrerseits über das geringe Verständnis der Amerikaner für die schwierige Situation ihres Landes. Für die Franzosen war nun deutlich sichtbar, daß es „a basic disagreement between the United States and the United Kingdom Governments over the question of the post-war debt" gab.[29] Bisher hatte man sich bemüht, die Schwierigkeiten unter der Decke zu halten. Wenn die Enttäuschung über das Ergebnis der Besprechung auch groß war, so gab es doch ein Positivum zu vermerken: Botschafter Pierson hatte erstmals die grundsätzliche Bereitschaft der USA zu einem *unequal scaling down* zu erkennen gegeben.[30] Allerdings verbunden mit der Einschränkung, daß der *US-Congress* einem marginalen *scaling down* der britischen Nachkriegsforderungen nicht zustimmen würde. Ein *scaling down* von 40% oder mehr kam aber laut Rendel für die britische Regierung nicht in Frage.[31] Für die Briten stand fest, daß die Hauptkonferenz solange nicht beginnen konnte, bis bei den Nachkriegsschulden eine „clear, definite and agreed policy" vereinbart worden war.[32] Auch wenn die Verschiebung der Hauptkonferenz bei den Gläubigern und einigen Drittländern für Verärgerung sorgte, sah sich die britische Regierung zu einer substantiellen Reduzierung ihrer Forderungen erst in der Lage – wohl wissend, daß dies den Amerikanern sehr mißfiel –, wenn die Frage der Stationierungskosten einer Lösung zumindest nahe war: „We might find ourselves landed with an unsatisfactory settlement on debts and a little later with an inadequate arrangement on financial support for the allied forces."[33] Die Sitzungen der TCGD wurden bis zum 15. Oktober unterbrochen.

Die Briten konnten nun zwar davon ausgehen, daß ihnen die Amerikaner – notgedrungen – ein Stück entgegenkommen würden, sie empfanden ihre

---

[28] Pierson (London) to Secretary of State, 26. 9. 1951, NA, RG 59–1514.
[29] Note by Sir George Rendel of meeting with Mr. Pierson on the morning of the 25th September (very confidential), 26. 9. 1951, PRO, FO 371–93917 (Teilnehmer waren: Pierson, Gunter, Eisenberg, Kearney (USA); Gregh, Sergent, Rodocanachi (F); Rendel, Waley, Stevens (FO), Symons (Treasury) (UK).
[30] R.S. Symons to Sir Lesley Rowan, 26. 9. 1951, PRO, T 236–4407.
[31] Telegram from Foreign Office to Washington, German Economic distribution, 2. 10. 1951, PRO, FO 371–93917.
[32] Note by Sir Rendel of meeting with Mr. Pierson on morning of the 25th September, PRO, FO 371–93917.
[33] Telegram from Foreign Office to Washington (secret), German economic distribution, 19. 9. 1951, PRO, FO 371–93917.

Lage aber als äußerst unbehaglich, weil Großbritannien auf die Großzügigkeit der USA unbedingt angewiesen war. Die totale Abhängigkeit verletzte das sensible britische Ehrgefühl, zumal die britische Regierung im Zusammenhang mit der Schuldenregelung allen Seiten immer Opferbereitschaft gepredigt hatte, nun selbst dazu aber kaum in der Lage war. Hinzu kam die latente Unsicherheit über die eigentlichen Pläne und Ziele der amerikanischen Regierung. Botschafter Franks wurde beauftragt, in Washington mehr über die amerikanischen Absichten in Erfahrung zu bringen. Bisher bewegte man sich auf dem Boden mehr oder weniger begründeter Spekulationen. London rechnete damit, daß die US-Regierung prinzipiell zu einem drastischen *scaling down* ihrer Forderungen entschlossen war, offizielle Zusagen lagen aber nicht vor. Informell war zu einem früheren Zeitpunkt von minus 90% die Rede gewesen. Die Vermutung Rendels, daß sich die Amerikaner in der Sache noch immer nicht ganz schlüssig waren und deshalb eine undurchsichtige Informationspolitik betrieben, war richtig.[34] Die in der US-Administration seit geraumer Zeit bestehenden Meinungsunterschiede darüber, wie hoch das eigene *scaling down* sein mußte und wie niedrig das britische *scaling down* sein durfte, mußten endlich entschieden werden.[35] Am Ende obsiegten die Kräfte (*Treasury, Federal Reserve, ECA-Administration*), die gegen einen sehr hohen oder gar vollständigen Verzicht auf die amerikanischen Nachkriegsforderungen eingestellt waren, über diejenigen (*State Department, HICOG*), die mit Blick auf den deutschen Wehrbeitrag mehr Entgegenkommen zeigen wollten. Für den internen amerikanischen Meinungsbildungsprozeß war letztlich ausschlaggebend, daß Finanzexperten der Bundesrepublik eine brillante finanzielle Zukunft prognostizierten und damit die britische Argumentation stützten.[36]

Am 19. Oktober wurde Vertretern der britischen Botschaft im *State Department* offiziell mitgeteilt, daß die USA zu einem *unequal scaling down* bereit waren.[37] Damit war die wichtigste Hürde zur Lösung des Problems genommen. In London atmete man auf.[38] Die weiteren Schritte erfolgten dann relativ rasch, weil alle Seiten nach der langen Durststrecke um eine

---

34 Rendel to Franks, Washington (Personal and very confidential), 6. 10. 1951, PRO, FO 371–93917.
35 Settlement with Germany on account of post-war economic assistance, 7. 8. 1951, NA, RG 43–229. Darin findet sich eine Analyse der unterschiedlichen Ansätze innerhalb der US-Administration.
36 Margolies (Director of German Economic Affairs) to Byroade (US Embassy Paris), 8. 11. 1951, NA, RG 59–5206; vgl. KAPLAN und SCHLEIMINGER, S. 97 ff.
37 Department of State: Memorandum of Conversation, 19. 10. 1951, NA, RG 59–5206.
38 Telegram from Foreign Office to Washington (secret), 23. 10. 1951, PRO, FO 371–93917.

3. Die vorläufige Regelung der Nachkriegsschulden 215

schnelle Einigung bemüht waren. Am 29. Oktober unterbreitete Pierson den Mitgliedern der TCGD in einer informellen Sitzung einen Vorschlag zur Regelung der Nachkriegsschulden, der folgende Kernpunkte enthielt: 1. England (Frankreich) und die Vereinigten Staaten reduzieren ihre Nachkriegsforderungen jeweils um 25%. Mit diesem Abschlag sollten deutsche Gegenforderungen von vornherein unterbunden werden. 2. Die USA reduzieren ihre Forderungen um weitere 25% zugunsten der Vorkriegsschulden. 3. Zum Ausgleich verzichten England und Frankreich auf einen Teil der Zinszahlungen oder machen anderweitige Zugeständnisse 4. Die Rückzahlung erfolgt in 35 Jahresraten zu 2½% Zinsen. Sämtliche Zugeständnisse standen unter dem Vorbehalt, daß eine zufriedenstellende Regelung der Vorkriegsschulden zustande kam.[39]

Bereits eine Woche später konnten sich Briten und Amerikaner bei einem Treffen in der Londoner US-Botschaft nach eingehender Diskussion von drei Varianten des ursprünglichen Vorschlags von Pierson auf eine gemeinsame Formel verständigen. Diese sah folgende Regelung vor: 1. Großbritannien reduziert seine Nachkriegsforderungen um 25%, zahlbar in 20 Jahresraten ohne Zinsen (Frankreich dito). 2. Die USA reduzieren ihre Nachkriegsforderungen auf $ 1,2 Milliarden, zahlbar in 35 Annuitäten zu 2½% Zinsen. Unter Einbeziehung des Zinsverzichts wurde für Großbritannien das *scaling down* auf insgesamt 40% hochgerechnet, der Abschlag der USA belief sich auf 62½%.[40] Rendel hatte grünes Licht erhalten, der vorgeschlagenen Reduktion um 25% plus Zinsverzicht zuzustimmen, wenn Pierson auf eine Reduzierung der Laufzeit von 35 auf 20 Jahre einging. Im *Treasury* war man der Meinung, daß der Zinsverlust durch die kürzere Laufzeit ausgeglichen würde.[41] Die Franzosen äußerten ihrerseits Bedenken gegen die Vereinbarung. Sie hielten die von der Bundesrepublik jährlich für die Nachkriegsschulden aufzubringenden Transferleistungen für zu hoch im Hinblick auf die Vorkriegsschulden.[42] Das britische *Treasury* hielt diese Einschätzung, die auch von wichtigen Beamten des *State Department* geteilt wurde, für falsch.[43]

---

[39] Rendel: TCGD: Question on post-war debts, November 1951, PRO, FO 371–93917.
[40] Pierson (London) to Secretary of State (Lewis), 6. 11. 1951, NA, RG 59–1515.
[41] Note by Sir Rendel of Developments on Monday 5th November 1951, 6. 11. 1951, PRO, T 236–4408.
[42] Note by Sir Rendel of Conversation with Mr. Gregh on 6th November 1951, PRO, FO 371–93918.
[43] Margolies (Director of Office of German Economic Affairs) to Byroade (US Embassy Paris), 8. 11. 1951, NA, RG 59–5206.

In einer Analyse wurde die auf ca. $ 73 Millionen veranschlagte Transferrate pro Jahr für tragbar gehalten. Nach Berechnungen des *Treasury* mußten für die Bedienung der Vorkriegsschulden bei einer angenommenen Laufzeit von 25 Jahren pro Jahr $ 250–300 Millionen aufgewendet werden. Durch ein Moratorium von 4 bis 5 Jahren würde die jährliche Transferrate auf $ 200 Millionen abgesenkt werden können. Diese Summe wurde im Hinblick auf die deutsche *capacity to pay* für realistisch gehalten. Zwar hatte Abs in einer öffentlichen Äußerung mal von $ 120 Millionen als Obergrenze gesprochen, in der Analyse ging man aber davon aus, daß es sich dabei um ein taktisch motiviertes und verhandelbares Angebot handeln dürfte. Natürlich wurde einkalkuliert, daß die Gläubiger in der Hoffnung auf mehr jedes deutsche Angebot erst einmal als zu gering ablehnen würden. Auf jeden Fall mußte aber gelten, daß „there is no reason why the taxpayers' interest should be completely subordinated to the private creditors' interest." Unter den obwaltenden Umständen wurde der mit Pierson vereinbarte Kompromiß von den Beamten des *Treasury* als ein „very satisfactory outcome" angesehen.[44] Daß sich die USA nicht wie erhofft zu einem radikalen *scaling down* bereit gefunden hatten, war bedauerlich, aber nicht zu ändern.[45] Das Foreign Office schloß sich dieser Meinung grundsätzlich an und beurteilte die Regelung als „relativly favourable to H.M.G." Der Regierung wurde die Vereinbarung zur Annahme empfohlen.[46] Auch die amerikanische Regierung erteilte ihre Zustimmung. Die Unterschiede beim *scaling down* waren nicht gravierend, so daß innenpolitische Schwierigkeiten nicht befürchtet werden mußten. Pierson wurde ermächtigt, in den Verhandlungen mit den Deutschen notfalls noch geringfügig nachbessern zu dürfen.[47] Abschließend mußten die widerstrebenden Franzosen auf Kurs gebracht werden.[48] Dies gelang nur *cum grano salis*, denn Frankreich hielt seine Bedenken gegen die hohe Transferbelastung weiter aufrecht.[49] Dennoch waren nun die Voraussetzungen geschaffen, um mit der deutschen Delegation Gespräche über die Nachkriegsschulden zu beginnen.

---

[44] Treasury: Settlement of Government Claims on Germany for Postwar Economic Assistance, 9. 11. 1951, PRO, FO 371–93918.
[45] Gifford (London) to Secretary of State, 16. 11. 1951, NA, RG 59–1515.
[46] Minute by Stevens: German debt settlement, 10. 11. 1951, PRO, FO 371–93918.
[47] Meeting to discuss proposed settlement of the U. S. post-war claims against Germany on November 8th, 1951, 13. 11. 1951; Department of State (Margolies) to US Embassy London, 9. 11. 1951, NA, RG 59–1515.
[48] Gunter (US Embassy London) to Judson C. Jones (Department of State), 20. 11. 1951, NA, RG 59–1515.
[49] TCGD: Minute of the 49th meeting on 21st of November 1951 in Lancaster House, 17. 1. 1952, PRO, FO 371–100098.

3. Die vorläufige Regelung der Nachkriegsschulden 217

Die offizielle Einladung an die Bundesregierung erging sehr kurzfristig am 17. November.[50] Diesmal handelte es sich nicht um eine größere Konferenz, sondern um Beratungen zwischen dem Dreimächteausschuß und der Deutschen Delegation zur konkreten Vorbereitung der Hauptkonferenz.[51] Dabei ging es erst einmal um die Nachkriegsschulden, deren Regelung eine wichtige Voraussetzung für die Verhandlungen über die Vorkriegsschulden war.

Die November-Konferenz begann am 26. November in London. Sir George Rendel und Hermann J. Abs nutzen ihre Begrüßungsansprachen zu grundsätzlichen Darlegungen. Die wohl vorbereiteten Ausführungen Rendels standen unter dem Motto: Wir müssen in die Zukunft schauen und nicht in die Vergangenheit! Rendel erklärte es für verfehlt, die alliierte Besatzungspolitik unter Anlegung aktueller Maßstäbe zu beurteilen. Die Besatzungsmächte hätten unter den damals obwaltenden Umständen ihr Möglichstes getan, um dem am Boden liegenden Deutschland wirtschaftlich wieder auf die Füße zu helfen. Ein Nachkarten sei unerwünscht, weil sich die Besatzungsmächte bereits aus freien Stücken dazu entschlossen hätten, unter bestimmten Bedingungen auf einen Teil ihrer Rückzahlungsansprüche zu verzichten.[52] Rendel hatte offensichtlich die Absicht, einen Schlußstrich unter mögliche Fehler der Vergangenheit zu ziehen. Genau die gegenteilige Strategie verfolgte die deutsche Seite. Abs ging in seiner Erwiderung ausführlich auf die chaotischen Verhältnisse der ersten Nachkriegsjahre ein. Er dankte für die von den Alliierten geleistete Hilfe, verband damit aber ausdrücklich die Erwartung, daß in den Verhandlungen über die Nachkriegsforderungen alle Probleme rechtlicher und rechnerischer Natur angesprochen werden würden.[53] Die Rede von Abs war ebenfalls sehr sorgfältig vorbereitet worden und enthielt alle Vorbehalte, die von deutscher Seite in die Verhandlungen über die Nachkriegsschulden eingebracht werden sollten.[54] In den nächsten Tagen schlossen sich Beratungen im Technischen Ausschuß an, die nur sehr schleppend vorankamen.[55] Die deutschen Vertre-

---

50 Slater to Blankenhorn, 17. 11. 1951, PRO, FO 371–93918.
51 Zur deutschen Delegation gehörten Ministerialrat Dr. Vogel, Regierungsdirektor Dr. Sachs, Regierungsrat Dr. Bauer (alle ERP-Ministerium). In einem späteren Stadium kamen vom BFM Ministerialdirigent Kremer und Dr. Granow hinzu.
52 Eröffnungsansprache Rendel (vertraulich) vom 26. 11. 1951, PA/AA, Abt. II Nr. 1549 (LSA 41); TCGD: Minute of the 50th meeting on Tuesday 22nd November 1951, 1. 1. 1952, PRO, FO 371–100110.
53 Antwort des Herrn Hermann J. Abs auf die Eröffnungsansprache von Sir George Rendel vom 26. 11. 1951, PA/AA, Abt. II Nr. 1505 (LSA 2).
54 Vogel (London) an Minister Blücher vom 29. 11. 1951, BA, B 146–1200.
55 Sachs (London) an von Schweinitz (BWM) vom 3. 12. 1951, BA, B 146–1181.

ter waren mit den von alliierter Seite vorgelegten Unterlagen über die alliierten Nachkriegsforderungen äußerst unzufrieden und verlangten zusätzliche Materialien, die als Grundlage einer eingehenden Prüfung dienen konnten.[56] Nur die Besatzungsmächte verfügten im Bereich der Nachkriegsschulden über originäres Material.[57] Die Atmosphäre war angespannt, weil der deutschen Bitte nach weiteren Unterlagen nur zögerlich entsprochen wurde.[58] Im Grunde handelte es sich um ein grobes Mißverständnis: Während der Dreimächteausschuß an einer detaillierten Prüfung der Ansprüche nicht wirklich interessiert war, wollten die Delegierten Bauer und Vogel jede Einzelforderung mit der Gründlichkeit deutscher Juristen unter die Lupe nehmen.[59] Den Besatzungsmächten war aber schon vorher bewußt, was nachher im Bericht der deutschen Delegation zu lesen war: Ein Teil der Forderungen hätte „einer genauen rechtlichen und sachlichen Prüfung nicht standgehalten."[60]

Am 5. Dezember legte der Technische Ausschuß seinen Abschlußbericht vor. Nach einigem Mühen war es schließlich gelungen, sich auf die ziffernmäßige Höhe der Nachkriegsschulden zu verständigen. Offen blieb die Frage, inwieweit das JEIA-Kapital, soweit es aus deutschen Exporterlösen stammte, als Wirtschaftshilfe im Sinne der Schuldenerklärung gelten konnte. Die Besatzungsmächte bestanden darauf, weil auf dieser Basis der politisch gewollte französische Anteil konstruiert worden war.[61] Am selben Tag fand eine vertrauliche Unterredung von Vertretern der Deutschen Delegation mit den Spitzen der TCGD statt, an deren Ende Sir Rendel die

---

[56] Bericht über die zweiseitigen Besprechungen der Delegation der Vereinigten Staaten und der deutschen Delegation über die Ansprüche der Vereinigten Staaten gegen Deutschland aus der Nachkriegs-Wirtschaftshilfe vom 6. 12. 1951, PA/AA, Abt. II Nr. 1552 (LSA 45); es gab Gespräche am 27., 28., 30. 11. und 3., 4., 5. 12. 1951.

[57] Bundesminister für den Marshall-Plan: Memorandum über die Nachkriegs-Auslandschulden vom 20. 9. 1951, PA/AA, Abt. II Nr. 1518 (LSA 13).

[58] Niederschrift über die JEIA-Besprechung mit den Sachverständigen der Gläubigerstaaten am 30 November vom 1. 12. 1951, BA, B 146–1181; Vogel (London) an Blücher vom 6. 12. 1951, PA/AA, Abt. II Nr. 1501 (LSA 2).

[59] Vgl. ABS, Entscheidungen, S. 106 ff.; vgl. ABS, Der Weg zum Londoner Schuldenabkommen, S. 86. Es habe sich um „eine reine Scheinverhandlung" gehandelt.

[60] Bericht der Deutschen Delegation für Auslandsschulden über die Besprechungen zur Regelung der Nachkriegsschulden in London vom 26. November bis 10. Dezember 1951 (Abs) vom 13. 12. 1951, PA/AA, Abt. II Nr. 1550 (LSA 42); abgedruckt in: AAPBD, 1951, S. 696 ff.

[61] Bericht des Technischen Ausschusses über die Prüfung der Forderungen der Regierungen der Vereinigten Staaten, des Vereinigten Königreichs und Frankreichs in Bezug auf Nachkriegswirtschaftshilfe an Deutschland vom 5. 12. 1951, PA/AA, Abt. II Nr. 1552 (LSA 45). Danach bestanden folgende Ansprüche: USA $ 3,213 416.542 Mrd.; Großbritannien £ 201,8 Mio.; Frankreich $ 15,789 936.

3. Die vorläufige Regelung der Nachkriegsschulden 219

Abgabe einer Erklärung der drei alliierten Regierungen zur Regelung der Nachkriegsschulden für den folgenden Tag ankündigte. Abs hatte zuvor noch vergeblich versucht, den Mitgliedern der TCGD einige Gesichtspunkte näher zu bringen, die in der innerdeutschen Diskussion eine große Rolle spielten. Er hatte darauf aufmerksam gemacht, daß die chaotische Lage der Jahre 1945/46 auch auf Maßnahmen zurückzuführen war, die von den Alliierten während oder unmittelbar nach dem Krieg veranlaßt worden waren. Zumindest ein Teil der alliierten Hilfslieferungen sei erst in Folge dieser Maßnahmen nötig geworden, denn die Abtrennung der Ostgebiete habe erstens zum Verlust einer wichtigen Ernährungsbasis des früheren Deutschen Reichs und zweitens zum Zustrom von Millionen von Flüchtlingen in die durch Bomben zerstörten Westgebiete geführt. Die daraus zu ziehenden Schlußfolgerungen lagen auf der Hand, Rendel wies die Argumentation von Abs jedoch entschieden zurück.[62]

Am 6. Dezember 1951 erfolgte der Durchbruch. Zu Beginn der Sitzung ging Abs noch einmal auf die deutschen Vorbehalte ein und machte Ausführungen zur angespannten deutschen Zahlungsbilanzsituation.[63] Im Anschluß an die Ausführungen von Abs gaben Pierson, Rendel und Gregh Erklärungen im Namen ihrer Regierungen ab, in denen sie die Bereitschaft zur Reduktion der Nachkriegsforderungen darlegten.[64] Von herausragender Bedeutung war die Reduzierung der amerikanischen Nachkriegsforderungen um $ 2 Milliarden auf $ 1,2 Milliarden. Pierson verband die Ankündigung mit der bestimmten Erwartung, daß fruchtlose Diskussionen über Einzelposten damit in Zukunft obsolet sein würden.[65] Daraus wurde aber nichts, denn bei der späteren Aushandlung der bilateralen Abkommen zwischen der Bundesrepublik und den drei Besatzungsmächten lebte die Diskussion wieder auf. In den zuständigen Bonner Fachministerien wurde die Prüfung der Einzelforderungen ungeachtet der Aufforderung von Pierson weitergeführt. Die von der Staatlichen Erfassungsgesellschaft (StEG) im Auftrag der Bundesregierung durchgeführten Ankäufe amerikanischer Heeresbestände war z.B. sehr umstritten.[66]

---

[62] Vogel (London) an Blücher vom 6. 12. 1951, BA, B 146–1213; Weiz an Auswärtiges Amt vom 6. 12. 1951 (vertraulich), PA/AA, Abt. II Nr. 1549 (LSA 41), abgedruckt in: AAPBD, 1951, S. 653 ff.
[63] Bemerkungen des Leiters der Deutschen Delegation für Auslandsschulden zur Regelung der Nachkriegsschulden vom 6. 12. 1951, PA/AA, Abt. II Nr. 1549 (LSA 41).
[64] Statement made by Sir George Rendel at the meeting of the TCGD, 6. 12. 1951; Déclaration de M. Didier Gregh, 6. 12. 1951, PA/AA, Abt. II Nr. 1549 (LSA 41).
[65] Statement by Pierson, 6. 12. 1951, PA/AA, Abs. II Nr. 1549 (LSA 41).
[66] BMW: Sonderbeauftragter für StEG: Memorandum über die Art und das finanzielle Ergebnis des sogenannten „Amerika-Geschäfts", das die StEG im Auftrag des Bundes abgewickelt

In einer spontanen Erwiderung lobte Abs die Großzügigkeit „of the victor to the vanquished" als beispiellos in der Geschichte der Menschheit.[67] Aus einem im Anschluß an die Sitzung geführten privaten Gespräch mit Abs nahm der amerikanische Delegationschef Pierson den Eindruck mit, daß die Deutschen mit den angebotenen Nachlässen äußerst zufrieden waren.[68]

So generell stimmte das nicht. Abs zeigte sich zufrieden, weil er als pragmatisch denkender Bankier das Ziel einer schnellen Wiederherstellung der deutschen Kreditwürdigkeit fest im Blick hatte und die angekündigte Reduzierung der Nachkriegsschulden baldige Verhandlungen über die Vorkriegsschulden ermöglichte. Die Freude der übrigen Delegationsmitglieder fiel deutlich gedämpfter aus. In einem Bericht von Ministerialrat Vogel an Minister Blücher war eine gewisse Distanz zu den Ausführungen von Abs erkennbar. Er bezeichnete sie als „eine angemessene erste Antwort" mit der Einschränkung, daß man „vielleicht über die eine oder andere Nuance abweichender Meinung sein konnte."[69] Die latente Enttäuschung innerhalb der deutschen Delegation hatte folgende Gründe: Es widersprach der deutschen Mentalität, daß der Dreimächteausschuß berechtigte juristische Einwände der Deutschen mit dem Hinweis auf die eigene Großzügigkeit vom Tisch wischte. Der Umfang der von den Besatzungsmächten gewährten Nachlässe wurde zwar als akzeptabel angesehen, von den USA war jedoch bezüglich der Marshallplan-Hilfe ein noch größeres Entgegenkommen erhofft worden. Im Vergleich zu den Rückzahlungsverpflichtungen anderer europäischer Länder waren die deutschen Konditionen nicht übermäßig günstig. Sie bewegten sich vielmehr im oberen Normalbereich.[70]

Hinzu kam, daß die angebotene Regelung nicht nur unter dem Vorbehalt eines tragfähigen Abkommens über die Vorkriegsschulden stand, sondern der Bundesregierung wurde außerdem abverlangt, auf Gegenforderungen für während der Besatzungszeit erlittene Schäden generell zu verzichten.

---

hat (Stand September 1951) vom 9. 11. 1951, PA/AA, Abt. II Nr. 1538 (LSA 30); Weiz (Auswärtiges Amt) an Diplomatische Vertretung der Bundesrepublik (Washington) vom 5. 1. 1952, PA/AA, Abt. II Nr. 1518 (LSA 13). Vgl. KURT MAGNUS, Eine Million Tonnen Kriegsmaterial für den Frieden. Die Geschichte der StEG, München 1954, S. 12 ff.

67 Antwort von Abs auf die Erklärung der Chefdelegierten in der Sitzung vom 6. 12. 1951, PA/AA, Abt. II Nr. 1549 (LSA 41).
68 Gifford (London) to Secretary of State, 6. 12. 1951, NA, RG 59–1515.
69 Deutsche Delegation (Vogel) an Blücher vom 12. 12. 1951, BA, B 146–1181.
70 Vogel an Ministerialrat Süßkind (Deutsche Vertretung OEEC, Paris) vom 23. 7. 1951, BA, B 146–1179; Vergleich der bilateralen Abkommen vom 14. Juli 1948 und vom 15. Dezember 1949 mit den ERP-Abkommen, die zwischen der US-Regierung, Großbritannien, Italien und Frankreich abgeschlossen wurden (Thiessen) vom 6. 9. 1951, BA, B 146–1213.

3. Die vorläufige Regelung der Nachkriegsschulden

Diese Forderung war aber bereits Gegenstand der laufenden Verhandlungen über die Ablösung des Besatzungsstatuts.[71] Abs versprach dennoch, sich für die Annahme dieser Forderung innenpolitisch zu verwenden. Ungeachtet aller berechtigten Einwände beurteilte Abs die von den Besatzungsmächten vorgeschlagene Regelung der Nachkriegsschulden als insgesamt positiv, weil sie eine Basis für die baldige Aufnahme von Verhandlungen über die Vorkriegsschulden bot. Daß die für die Nachkriegsschulden angebotene Regelung noch etwas günstiger hätte ausfallen können, verhehlte Abs in einem späteren Gespräch mit Gunter nicht. Grundsätzlich war er aber optimistisch, daß es zu einer tragfähigen Gesamtlösung kommen würde.[72] Diese Meinung teilte auch der Bundeskanzler.[73]

Es gab aber auch kritische Stimmen. Die Bank deutscher Länder hielt eine Transferbelastung von etwa $ 75 Millionen pro Jahr allein für die Nachkriegsschulden für viel zu hoch.[74] Präsident Vocke plädierte deshalb für eine Verschiebung der Hauptkonferenz, bis über die Verteidigungslasten und über die Finanzierung der in Deutschland stationierten US-Truppen Klarheit herrschte.[75] Genau dies wollte Abs unter allen Umständen vermeiden, weil er dann mit einer Verzögerung der Wiederherstellung der deutschen Kreditwürdigkeit auf unbestimmte Zeit rechnete.[76] Auch im Auswärtigen Ausschuß des Bundestags wurde die vereinbarte vorläufige Regelung der Nachkriegsschulden kritisch kommentiert. Abs versuchte, den berechtigten rechtlichen Einwänden der Abgeordneten mit Hinweisen auf die von der Kreditanstalt für Wiederaufbau verwalteten Gegenwertmittel zu begegnen.[77] Vizekanzler Blücher setzte sich jedoch gegen Überlegungen, das ERP-Sondervermögen statt für Investitionen zur Tilgung der Nachkriegsschulden zu verwenden, zur Wehr.[78] Blücher plädierte für den Erhalt der

---

[71] Auswärtiges Amt an Weiz (London) vom 27. 2. 1952, PA/AA, Abt. II Nr. 1549 (LSA 41).
[72] TCGD: Minute of the 64th meeting held on 12th February 1952 in Lancaster House, 8. 4. 1952, PRO, FO 371–100100.
[73] Vgl. KLAUS GOTTO et al. (Hrsg.), Im Zentrum der Macht. Das Tagebuch von Staatssekretär Lenz 1951–1953, Düsseldorf 1989, S. 192 (Eintragung vom 9. 12. 1951).
[74] Präsident Vocke an BFM Schäffer vom 23. 12. 1951, BA, B 126–48371.
[75] Präsident des Direktoriums der Bank deutscher Länder (Vocke) an Schäffer (Abschrift an andere Minister sowie an Abs) vom 23. 12. 1951, BA, B 126–48371.
[76] Aufzeichnung Weiz (geheim) vom 5. 1. 1952, PA/AA, Abt. II Nr. 1532 (LSA 27).
[77] Sitzung des Auswärtigen Ausschusses vom 21. 2. 1952, in: Der Auswärtige Ausschuß des Deutschen Bundestages, Bd. 1: Sitzungsprotokolle 1949–1953, S. 566ff.; Vermerk Vogel vom 22. 2. 1952, BA, B 146–1230.
[78] Blücher an BFM und BWM vom 22. 1. 1952; ERP-Minister Blücher an BFM betr. Tilgung der deutschen Nachkriegsschulden vom 17. 3. 1951, BA, B 146–1213.

Gegenwertmittel als dem einzigen Instrument der Bundesregierung, „um direkt konjunkturpolitisch wirksam werden zu können."[79]

Mit seiner pragmatischen, zweckorientierten Einstellung sollte Abs Recht behalten. Alle Versuche, die Amerikaner mit juristischen Argumenten zu weiteren Reduzierungen der Nachkriegsschulden zu bewegen, schlugen fehl. Funktionale Konzessionen, z.B. bei der Fixierung von Zahlungszielen, waren im Bedarfsfall aussichtsreicher.[80]

---

[79] Entwurf Schreiben Blücher an BFM vom 11.2.1952, BA, B 146–1213.
[80] Paul Leverkühn: Beobachtungen im Hinblick auf die Schuldenkonferenz während meines Besuchs in Washington und New York im Januar 1952 (streng vertraulich) vom 27.1.1952, BA, B 126–48378.

4. Die Vorbereitung der Hauptkonferenz

Bevor die internationalen Verhandlungen über die Vorkriegsschulden beginnen konnten, waren – außer der Regelung der Nachkriegsschulden als *conditio sine qua non* – noch eine Reihe von Fragen inhaltlicher und technischer Natur definitiv zu klären. Der Klärungsprozeß nahm mehrere Monate in Anspruch. Er begann unmittelbar im Anschluß an die Vorkonferenz vom Juli 1951 und zog sich bis zur Eröffnung der Hauptkonferenz Ende Februar 1952 hin. Die Vorbereitungen liefen auf drei Ebenen: Die drei Regierungen mußten unter Einbeziehung der nationalen Gläubigervertreter ihre eigenen Positionen bestimmen, bevor in einem zweiten Schritt die Abstimmung innerhalb der TCGD erfolgen konnte. In zeitlicher Nähe zur Hauptkonferenz konnten dann vorbereitende Gespräche mit der Deutschen Delegation aufgenommen werden, die ihre Verhandlungspositionen und strategischen Ziele bis dahin ebenfalls abgesteckt haben mußte.

Im Anschluß an die Vorkonferenz wurden in London und Washington erst einmal Bestandsanalysen gemacht. Die informellen Beratungen mit der deutschen Delegation und den Gläubigerorganisationen hatten nützliche Erkenntnisse geliefert, die ausgewertet und für die Hauptkonferenz in konkrete Leitlinien transformiert werden mußten. In einigen wichtigen Punkten existierten nach wie vor erhebliche Auffassungsunterschiede zwischen Briten und Amerikanern.[1] Ein aus amerikanischer Sicht zentraler Punkt war die Sicherstellung der Gleichbehandlung aller Schuldenkategorien. In diesem Zusammenhang spielte die seit Jahren diskutierte Frage des DM-*settlement* weiterhin eine wichtige Rolle. Die Amerikaner verfolgten eine sehr restriktive Linie in dieser Frage, und es gefiel ihnen nicht besonders, daß im Schlußbericht der Vorkonferenz ausdrücklich von der Möglichkeit zum DM-*settlement* für Investitionszwecke die Rede war. Ihre Bedenken richteten sich nicht gegen die innere Logik der Regelung, sondern gegen die damit verbundene Bevorzugung der kurzfristigen Schulden. Im Gesamtzusammenhang der Schuldenregelung war nicht nur die Solvenz der einzelnen Schuldner relevant, die im Bereich der Stillhalteschulden zu fast 100% gegeben war, sondern es mußten übergeordnete Kriterien berücksichtigt werden. Die amerikanische Regierung befürchtete, daß das DM-*settlement* nicht auf die Stillhalteschulden beschränkt blieb, sondern auf alle kurzfristigen Schulden ausgedehnt werden könnte. Die Anleiheschuldner waren

---

[1] Summary of present status of various issues before TCGD, 28. 7. 1951, NA, RG 43–195.

dann die Dummen und würden an nachgeordneter Stelle rangieren.² Dies war nicht im amerikanischen Interesse. Auch die Deutschen waren gegen umfangreiche DM-Zahlungen. Untersuchungen der Bank deutscher Länder hatten ergeben, daß bisher nur ein sehr geringer Investitionseffekt aus den Sperrmark-Konten nachweisbar war.³

In Großbritannien waren die Stillhaltegläubiger auf Grund des *Enemy Property Act 1949* in den Genuß von *ex-gratia*-Zahlungen aus dem liquidierten deutschen Auslandsvermögen gekommen, die den deutschen Schuldner nach englischem Recht jedoch nicht entlasteten.⁴ Aus bekannten Gründen unterstütze die britische Regierung die Interessen der Stillhaltegläubiger sehr stark, die sich nicht nur für eine Beibehaltung der bestehenden, sondern für eine Ausweitung des DM-*settlement* einsetzten. Im Grunde handelte es sich um ein britisches Sonderinteresse.⁵ Von britischer Seite wurde wiederholt das Argument angeführt, die Wiederherstellung der internationalen Kreditwürdigkeit deutscher Banken hänge unmittelbar von der Regelung der Stillhalteschulden ab. Die Amerikaner hielten dies für eine taktische Übertreibung, denn „certain new credits have been granted in the recent past."⁶ Tatsächlich waren die amerikanische Banken wegen der positiven deutschen Wirtschaftsentwicklung zunehmend bereit, Kredite in die Bundesrepublik zu vergeben. Trotz aller Bedenken wollte die amerikanische Regierung aber wegen der Frage des DM-*settlement* keinen ernsthaften Konflikt mit den Briten herbeiführen. Kompromißlos hart blieb sie nur in einem Punkt: Sonderverhandlungen über die Stillhalteschulden außerhalb der Londoner Schuldenkonferenz kamen nicht in Frage! Die Amerikaner waren bereit, im begrenzten Umfang DM-Zahlungen hinzunehmen, falls die deutsche *capacity to pay* dadurch insgesamt nicht in Frage gestellt würde. Ihr eigentliches Ziel war aber die Rückzahlung der Stillhalteschul-

---

² Office Memorandum US-Government: From Fetter to Jones, 26. 7. 1951; Office Memorandum US-Government: From Jones to Fetter, 31. 7. 1951, NA, RG 59–1514.
³ Notizen über Delegationsbesprechung unter Vorsitz von Herrn Präsident Abs am 9. 10. 1951 (Erbstößer) vom 11. 9. 1951, HADBB, B 330–2467.
⁴ TCGD, US Delegation: Department of State, 26. 11. 1951, NA, RG 59–1515. Die USA hatten keine grundsätzlichen Einwände gegen die deutsche Rechtsauffassung, die eine Anrechnung der Zahlungen verlangte. Zur Konfliktvermeidung zogen sich die USA aber auf den Standpunkt zurück, daß der Umgang mit dem Auslandsvermögen Sache der Länder sei.
⁵ Reid to Waley (Abschrift), 22. 8. 1951, NA, RG 59–1514; unter Rekommerzialisierung wurde die Übertragung alter Kreditlinien auf neue Schuldner verstanden, d.h. rückbezahlte Kredite werden sofort neu ausgegeben. Keine Erhöhung der Gesamtschulden.
⁶ TCGD, US Delgation: Standstill claims (US Delegation background papers), 28. 8. 1951, NA, RG 43–189.

den in Devisen, auch wenn dafür ein Zahlungsmoratorium in Kauf genommen werden mußte.[7]

Mit der Akzeptanz eines Transfermoratoriums taten sich die Briten grundsätzlich schwer, bei den Bankschulden besonders.[8] Nach britischer Auffassung machte ein Aufschub von Zahlungen nur für den Dollarraum Sinn, weil die Transferschwäche der Bundesrepublik vorrangig aus der schlechten Dollarbilanz resultierte. Die Transfersituation gegenüber dem EZU-Raum stellte sich dagegen wesentlich günstiger dar.[9] Die britische Regierung war aber mit Grund skeptisch, sich in diesem Punkt gegen die Amerikaner durchsetzen zu können, die auf ein allgemeines Transfermoratorium von drei bis fünf Jahren eingerichtet waren.[10] Die anhaltende Belastungen der US-Steuerzahler durch die Marshallplan-Hilfe diente als Begründung für eine solche Maßnahme. Um allen Diskussionen über die deutsche Leistungsfähigkeit gewachsen zu sein, hatte das *State Department* beim *International Monetary Fund* eine Studie über die internationale ökonomische Position der Bundesrepublik in Auftrag gegeben.[11] Außerdem behielt die US-Regierung die deutsche Haushaltslage ständig im Blick, da ihr mehr noch als die Auslandsschulden die Finanzierung des deutschen Verteidigungsbeitrags am Herzen lag.[12] Die Briten gaben aber die Hoffnung auf ein Entgegenkommen der Amerikaner bei den kurzfristigen Schulden nicht völlig auf. Die britischen Stillstandsgläubiger hielten das DM-*settlement* nach wie vor für ein probates Mittel zur Regelung dieser Schuldenkategorie. Sir Edward Reid vom *British Banking Committee* schätze die dafür nötigen Mittel auf DM 25 Millionen, eine seiner Meinung nach verkraftbare Größenordnung.[13] Allerdings erhob Sir Otto Niemeyer vom *committee of long- and medium-term creditors* für seine Gläubiger ebenfalls die Forderung, von dieser Möglichkeit profitieren zu können. Von den Anleihegläubigern wurde an die Bildung eines DM-Fonds gedacht, aus dem Investitio-

---

[7] Ebd.
[8] Copleston (Treasury) to Stevens (Foreign Office), 23. 8. 1951, PRO, FO 371–93911.
[9] Vgl. KAPLAN und SCHLEIMINGER, S. 97 ff.; vgl. BUCHHEIM, Die Bundesrepublik und die Überwindung der Dollar-Lücke, S. 92 ff.
[10] Office Memorandum US-Government: From Fetter to Jones, 26. 7. 1951, NA, RG 59–1514; Foreign Office: Patterns of settlement in the German debt settlement plan. Questions to be considered, 16. 8. 1951, PRO, FO 371–93857.
[11] Office Memorandum US-Government: From Jones to Fetter, 25. 7. 1951, NA, RG 59–1514.
[12] Fetter to Jones re German external debt and re German budget, 29. 8. 1951, NA, RG 59–1514.
[13] Note of a meeting on Friday 7th September, 1951. Treasury to discuss with the representatives of the United Kingdom creditors of Germany questions on which decisions will have to be taken at the Conference to be held in London in November on German debt settlement, PRO, FO 371–93857.

nen in die deutsche Wirtschaft finanziert werden sollten. Auch über diese Variante war auf der Londoner Vorkonferenz kurz geredet worden. Während das *Treasury* die Idee zumindest überlegenswert fand, war das *Foreign Office* mit Blick auf die USA von Beginn an zurückhaltend.[14] Rückenstärkung erhielten die Stillhaltegläubiger vom Finanzberater der britischen Besatzungsbehörde in Deutschland, der sein Unverständnis über die amerikanische Haltung zum Ausdruck brachte. Seiner Meinung nach behinderte die starre amerikanische Haltung in dieser Frage unnötigerweise eine greifbare Einigung zwischen den Bankschuldnern und ihren Gläubigern. Melville hielt das Pochen der Amerikaner auf dem Gleichheitsgrundsatz für ein vorgeschobenes Argument.[15] Ohne Zweifel wäre das Problem der Stillhalteschulden längst gelöst worden, wenn die prohibitive alliierte Gesetzgebung dem nicht entgegengestanden hätte.

Ein weiteres schwieriges Thema war die Gültigkeit der Goldklausel, mit der in den zwanziger Jahren viele Verträge ausgestattet worden waren, um sie gegen Währungsverluste zu schützen. Das wertbeständige Gold galt in Währungsangelegenheiten als Bollwerk gegen das Chaos der Zeit.[16] Nach amerikanischem Recht war die Anwendung dieser Klausel seit 1933 gesetzlich verboten, so daß sie in US-Tranchen deutscher Auslandsanleihen nicht mehr angewendet werden konnte. Einer Ungleichbehandlung der verschiedenen Tranchen einer Anleihe stimmten die USA aber aus prinzipiellen Erwägungen nicht zu, obwohl alle Tranchen, die nicht in Dollar oder Schweizer Franken notiert waren, erheblich an Wert eingebüßt hatten. Die legalistisch denkenden Briten betrachteten es als ein schwieriges juristisches Problem, ordnungsgemäß geschlossene Verträge *ex post* in Teilen für ungültig zu erklären. Gerade die Goldklausel war ein wichtiges Vertragselement, das dem Gläubiger Sicherheit geben und vor den Unwägbarkeiten des Währungssystems schützen sollte.[17]

Beim Abschluß der Verträge war aber nicht absehbar gewesen, in welchem Umfang das internationale Währungsgefüge in den 30er und 40er Jahren aus den Fugen geraten sollte. Um dem Geist der Verträge dennoch Genüge zu tun und unbillige Ungleichheiten auszuschließen, wurde schon

---

14 Copleston (Treasury) to Stevens (Foreign Office), 23. 8. 1951, PRO, FO 371–93911; Notes of a meeting to discuss pre-war and post-war claims against Germany held in Copleston's room on Friday 24th August 1951, PRO, FO 371–93857.
15 Office of the Financial Adviser CCG/BE to Crawford (Foreign Office, German Finance Department), 3. 9. 1951, PRO, FO 371–93857.
16 Vgl. BARRY EICHENGREEN und PETER TERMIN, The Gold Standard and the Great Depression, in: Contemporary History 9 (2000), S. 186 ff.
17 Abbott (Treasury) to Crawford, 23. 10. 1951, PRO, FO 371–93872.

4. Die Vorbereitung der Hauptkonferenz

früh die Ersetzung der Gold- durch eine Währungsklausel erwogen. Ein kompromißloses Beharren auf der Goldklausel war wenig sinnvoll, weil es am Widerstand der USA scheitern würde.[18] Im übrigen war eine unterschiedliche Behandlung der verschiedenen Tranchen juristisch problematisch. Die Frage war nur, ob man die Goldklausel durch eine Dollar- oder eine Schweizer Franken Klausel ersetzen sollte. Über diese Frage gab es in der TCGD lange Diskussionen.[19] Schließlich einigte man sich intern auf die Ersetzung der Gold- durch eine Dollarklausel in stark vom Währungsverlust betroffenen Tranchen. Die Absprache wurde aber vertraulich behandelt, da die Lösung des Problems und dessen genaue Ausgestaltung offiziell erst auf der Hauptkonferenz – am Musterfall der Young-Anleihe – erfolgen sollte.[20] Für die Haltung der USA war letztlich entscheidend, daß am Ende eine „equitable and practical solution" stand.[21]

Ein anderes Problem war die Konversionskasse, die im Juni 1933 zur Lenkung des deutschen Auslandszahlungsverkehrs gegründet worden war. Die deutschen Schuldner waren gesetzlich verpflichtet, sämtliche für Auslandsgläubiger bestimmte Zahlungen in Reichsmark an die Konversionskasse zu richten, die allein für Umfang und Zeitpunkt des Transfers ins Ausland verantwortlich war. Mit der Einzahlung in die Konversionskasse war der deutsche Schuldner nach deutschem Recht entlastet. Seit 1934 wurde der Transfer ins Ausland mit wenigen Ausnahmen nur reduziert fortgeführt oder gänzlich eingestellt. Ersatzweise wurden an die Gläubiger Schuldscheine ausgegeben. Die seit Jahren diskutierte juristische Frage, ob eine Einrichtung wie die Konversionskasse rechtlich überhaupt zulässig war, wurde vom *General Counsel* des *State Department* grundsätzlich bejaht. Zur Begründung wurde darauf verwiesen, daß es seinerzeit weder von amerikanischen noch von britischen staatlichen Stellen Einwände gegen diese Regelung gegeben hatte. Zwischen Deutschland und Großbritannien waren sogar in den Jahren 1934 und 1938 spezielle Zahlungsabkommen geschlossen worden. Bilaterale Verträge dieser Art waren in den protektionistischen 30er Jahren an der Tagesordnung.[22] Die entscheidende Frage war nun die

---

[18] Note of a meeting on Friday 7th September 1951 (Treasury) to discuss with the representatives of the United Kingdom creditors of Germany questions on which decision will have to be taken at the Conference to be held in London on November on German debt settlement, PRO, FO 371–93857.
[19] TCGD: Minute of the 27th meeting at Lancaster House, 23. 7. 1951, PRO, FO 371–93953.
[20] Gifford (London) to Secretary of State, 20. 12. 1951, NA, RG 59–1515.
[21] Jones (Department of State) to US Embassy London, 21. 11. 1951, NA, RG 59–1515.
[22] Robert R. Bowie (General Counsel) to Department of State, 12. 5. 1951, PRO, FO 371–100117.

Haftung für Zahlungen, die den Gläubiger im Ausland nicht erreicht hatten, obwohl der Schuldner in die Konversionskasse eingezahlt hatte. Die Gläubiger wollten sich in jedem Fall an den Schuldner halten, auch wenn dieser nach deutschem Recht entlastet war.[23] Als anrüchig galten vor allem Zahlungen, die von deutschen Schuldnern noch kurz vor Kriegsende in stark entwerteter Reichsmark in die Konversionskasse eingezahlt worden waren. Von Gläubigerseite wurde – in vielen Fällen sicher zu Recht – gemutmaßt, daß dafür nicht immer lautere Motive verantwortlich waren. Nach einer anfänglich eher diffusen Diskussion neigten die drei Regierungen dazu, die Verantwortung für die Schulden der Konversionskasse global der Bundesregierung aufzuerlegen. Eine rückwirkende, juristisch umstrittene Aufhebung der Konversionskassen-Gesetzgebung wurde damit vermieden. In der britischen Administration gab es aber nach wie vor Stimmen, die für eine rückwirkende Aufhebung votierten.[24] Der Dreimächteausschuß setzte eine Arbeitsgruppe ein, die praktikable Lösungsvorschläge ausarbeiten sollte. Juristisch oder gar moralisch war das diffizile Problem kaum zu lösen. Aus diesem Grund war sich der Dreimächteausschuß noch unsicher, ob die Schulden der Konversionskasse überhaupt auf der Hauptkonferenz verhandelt werden sollten.[25]

Die Frage, ob der Dawes- und der Young-Anleihe[26] im Rahmen einer Schuldenregelung Vorzugsrechte zugestanden werden sollten, mußte ebenfalls noch vor dem Beginn der Hauptkonferenz im Grundsatz geklärt werden. Die beiden Äußeren Reichsanleihen von 1924 und 1930 standen in einem mittelbaren Zusammenhang zur Reparationsregelung nach dem Ersten Weltkrieg, da sie als eine Art Anschubfinanzierung für Reparationszahlungen gedient hatten. Die Anleihen – besonders die Dawes-Anleihe – verfügten über eine gute rechtliche Position. Sie waren mit Prioritätsrechten (z.B. dem Zugriff auf bestimmte Steuereinnahmen) ausgestattet, die ihre vorrangige Bedienung auf jeden Fall sicherstellen sollten.[27] Seit Ende 1934 waren die Tranchen beider Anleihen schrittweise notleidend geworden.

---

[23] TCGD, US Delegation: Kearney (General Counsel) to Department of State (Washington), 31. 8. 1951, NA, RG 59–1514.
[24] Minute: Konversionskasse, 27. 8. 1951, PRO, FO 371–93929.
[25] TCGD: Minute of the 48th meeting held on Tuesday, 20th November 1951, PRO, FO 371–192333.
[26] Mit Sonderrechten war auch die Kreuger-Anleihe von 1930 ausgestattet.
[27] Vgl. die Beiträge von HUGO J. HAHN und WILFRIED BRAUN, Einleitung, in: PETER BEHRENS (Hrsg.), Die Wertsicherung der Young-Anleihe. Das Urteil des Schiedsgerichtshofs für das Abkommen über deutsche Auslandsschulden vom 16. Mai 1980. Text und Kommentare, Tübingen 1984, S. 1ff., und NORBERT HORN, Die Young-Anleihe als Parallelanleihe, in: ebd., S. 112ff.

4. Die Vorbereitung der Hauptkonferenz 229

Auf Grund spezieller Zahlungsabkommen hatten die britischen Gläubiger bis zum Ausbruch des Krieges Zahlungen zu abgesenkten Konditionen erhalten. Die amerikanischen Gläubiger hatten bis zum Jahr 1941 spezielle Rückkaufangebote erhalten. Nur der neutrale Besitz wurde noch während des Krieges weiter bedient.[28] Schon bald nach dem Krieg hatten sich die Treuhänder beider Anleihen unter Berufung auf die besondere Ausstattung der Anleihen an die Regierungen der Ausgabeländer und später auch an die Bundesregierung[29] mit der Forderung gewandt, den vertragsgemäßen Zins- und Tilgungsdienst so bald wie möglich wiederaufzunehmen. Die amerikanische Regierung erklärte sich, anders als die britische,[30] gegenüber solchen Anfragen für unzuständig, weil sie die amerikanischen Wirtschafts- und Finanzinteressen zwar global, nicht aber die Spezialinteressen der Inhaber deutscher Reichsanleihen zu vertreten habe. Die US-Regierung betonte, daß sie an der Plazierung der Anleihen auf dem US-Markt nicht unmittelbar beteiligt gewesen war.

Von ihrer offiziellen Linie, sich nicht in private Wirtschaftsinteressen einzumischen, wollte die US-Regierung nicht abgehen.[31] Die Abgrenzung allgemeiner und privater amerikanischer Wirtschaftsinteressen war natürlich eine Frage der Definition, und es hatte primär politische Gründe, daß die US-Regierung sich hier so verhielt. Sie war an einem Wiederaufleben der „collateral securities" dieser Anleihen nicht interessiert, die sie im Rückblick sogar als „chimerical" bezeichnete.[32] Ein Wiederaufleben der Transferprioritätsrechte für diese Anleihen stand in einem mittelbaren Zusammenhang zur Frage der Reichsnachfolge, die nicht Thema der Schuldenkonferenz sein konnte.[33] Darüber hinaus sollten die Verhandlungen über die Ablösung des Besatzungsstatuts und über den deutschen Verteidigungsbeitrag atmosphärisch nicht weiter gestört werden.[34] Die Bundesregierung

---

28 Bundesschuldenverwaltung (Dieben): Vorbereitung der Herbstkonferenz über deutsche Auslandsschulden: Dawes- und Young-Anleihe. Darstellung der Rechtsstellung unter Einschluß der Kreuger-Anleihe vom 12. 9. 1951, BA, B 146–1179.
29 Maurice Frères (Vorsitzender des Verwaltungsrats der BIZ) an BFM vom 14. 2. 1950, BA, B 126–48399.
30 Minute Cridland: Dawes and Young-Loan, 4. 9. 1951, PRO, FO 371–93957. Cridland hielt zumindest die Dawes-Anleihe für „tantamount to an international agreement".
31 Office Memorandum US-Government: Non-implication for Dawes and Young Loan bonds or German Standstill debts, 17. 8. 1951, NA, RG 43–224.
32 U.S. Position Paper: Collateral security for the Young and Dawes Loan, 8. 11. 1951, NA, RG 43–224
33 Department of State to US Embassy London, 27. 2. 1952, NA, RG 59–1516.
34 Department of State: Problems for consideration in the tripartite discussions on German financial problems, 25. 9. 1951, NA, RG 43–279 (Reinstein files). Darin heißt es: „The new

reagierte auf jeden vermeintlichen Eingriff in ihre inneren Angelegenheiten äußerst empfindlich. Es sollte den Verhandlungen der Hauptkonferenz überlassen bleiben, inwieweit den Gläubigern der Reichsanleihen von den anderen Vorkriegsgläubigern Zugeständnisse gemacht würden.[35] Aus Gründen der Billigkeit waren sowohl die britische als auch die amerikanische Regierung mit einer gewissen Bevorzugung der Anleihen prinzipiell einverstanden.[36]

Die von den Treuhändern erhobene Forderung, der Bedienung der Reichsanleihen müsse vertragsgemäß auch Priorität vor den Nachkriegsschulden geräumt werden, lehnten die Regierungen aber einhellig ab. Sie verglichen das Deutschland von 1945 mit einem sinkenden Schiff. Die Weiterexistenz des Landes sei allein der Nachkriegswirtschaftshilfe zu verdanken, die damit als unabdingbare Basis für alle weiteren Geschäfte angesehen werden müsse.[37] In diesem Sinn sei der *priority status* der Nachkriegswirtschaftshilfe berechtigt. Vor allem die Treuhänder der Dawes-Anleihe gaben sich mit dieser Begründung nicht zufrieden und blieben weiter hartnäckig.[38] Ihre Forderung, direkt an der Hauptverhandlung beteiligt zu werden, wurde aber abgelehnt.[39]

Insgesamt verlief der Abstimmungsprozeß in der TCGD schleppend.[40] Zahlreiche Probleme blieben praktisch bis zum Beginn der Hauptkonferenz in der Schwebe.[41] Die Briten empfanden großes Unbehagen über die Dominanz der Amerikaner, die ihren eigenen Standpunkt bei Bedarf ohne große Umschweife gegenüber dem schwächeren Partner durchsetzten. Im Gegensatz zu den Amerikanern waren die Briten zum Beispiel nicht wirklich davon überzeugt, daß das Schuldenabkommen auf jeden Fall definitiv sein sollte. Strittig war auch noch die Frage, in welchem Umfang den Gläubigern auf der Hauptkonferenz Verhandlungsfreiheit zugestanden werden sollte.[42]

---

political relations with Germany are, to put it crudely, the price which the Allies are willing to pay for obtaining German military participation in Western Defence."
[35] TCGD, US Delegation: Dawes and Young Loan (U.S. Delegation background papers), 27. 9. 1951, NA, RG 43–189.
[36] Abbott (Treasury) to Rootham (Bank of England), September 1951, PRO, FO 371–93957; Holmes (London) to Secretary of State, 21. 1. 1952, NA, RG 59–1515; Jones/H. Robinson: Special Position of Dawes and Young Loan, 5. 2. 1952, NA, RG 43–243.
[37] Minute: Priority of the Dawes Loan, 26. 11. 1951, PRO, FO 371–93957.
[38] The Trustees of German External Loan 1924 (Jay, Lord Kennet of Dene, Rist) to Rendel (TCGD), 2. 1. 1952, PRO, FO 371–100127.
[39] Record of a meeting held in Lancaster House on 6. 2. 1951, PRO, FO 371–100127.
[40] U.S. Short paper on issues on which agreement should be reached prior to the conference, 29 10 1951, PRO, FO 371–93955.
[41] Gifford (London) to Secretary of State, 30. 1. 1952, NA, RG 59–1515.
[42] Copleston (Treasury) to Stevens (Foreign Office), 23. 8. 1951, PRO, FO 371–93911.

4. Die Vorbereitung der Hauptkonferenz

Trotz aller noch bestehenden Unsicherheiten legte der Dreimächteausschuß im Dezember 1951 ein Dokument zur Vorbereitung der Hauptkonferenz vor, das den Teilnehmern eine Orientierungshilfe an die Hand geben sollte. Es war in drei Abschnitte untergliedert und dem Stand der internen Diskussion entsprechend teilweise vage gehalten.[43] Wichtig war der mit *Scope of the debt settlement* betitelte Abschnitt II des Dokuments.[44] Darin ging es um die zentrale Frage, welche *claims against Germany* bei der Hauptkonferenz verhandelt und welche dort ausgeklammert bleiben sollten. Letzteres war ein besonders schwieriges Thema, weil es viele auch moralisch gut begründete Forderungen gegenüber Deutschland gab, die in London außen vor bleiben sollten.[45] Per definitionem sollten neben den noch aus dem Ersten Weltkrieg herrührenden Ansprüchen alle „claims arising out of World War II by countries which were at war with or occupied by Germany" und alle „claims arising during World War II by countries which were not at war or occupied by Germany" ausgeklammert bleiben.[46] Letzteres war gegen die Ansprüche neutraler Staaten gerichtet, und es wurde in diesem Kontext eigens auf die Nichtberücksichtigung von *clearing*-Schulden hingewiesen.[47] Bei der Ausarbeitung der Definitionen war man sich durchaus bewußt gewesen, daß eine scharfe begriffliche Trennung zwischen den „claims arising *during* the war" und denen „*out* of war" sehr schwierig sein würde und daß Einzelfallentscheidungen nicht gänzlich vermeidbar sein würden.[48] Von der TCGD wurde ein sogenannter Definitionsausschuß eingesetzt, der sich speziell mit der Frage zu beschäftigen hatte, welche Gläubiger anspruchsberechtigt sein würden, wie der Begriff Auslandsschuld definiert und die Vorkriegsschulden von den kriegs-

---

[43] Conference on German External Debts: Memorandum prepared by the Tripartite Commission on German Debts, 10. 12. 1951, BA, B 146–1183: I. Introduction, II. Scope of the debt settlement, III. Problems of the debt settlement: a) Capacity to pay, b) general character of the debt settlement, c) debts payable in foreign exchange, d) debts payable in DM, e) other problems (Konversionskasse, Reichsanleihen, Körperschaften mit Reichshaftung, Preußische und österreichische Schulden); Konferenz über deutsche Auslandsschulden: Memorandum des Dreimächteausschusses für deutsche Schulden (Dezember 1951), PA/AA, Abt. II Nr. 1555 (LSA 51).
[44] Gifford (London) to Secretary of State, 24. 11. 1951, NA, RG 59–1515.
[45] Vgl. FISCH, Reparationen nach dem Zweiten Weltkrieg, S. 11 ff.
[46] Conference on German External Debts: Memorandum prepared by the Tripartite Commission on German Debts, 10. 12. 1951, BA, B 146–1183.
[47] Die Formulierung war allerdings so gestaltet worden, daß eine Regelung der Schweizer Ansprüche außerhalb der Schuldenkonferenz möglich blieb.
[48] U.S. Delegation TCGD: Kearney (General Counsel) London to Department of State, 17. 8. 1951, NA, RG 59–1514.

bedingten Schulden abgegrenzt werden könnten.[49] Mitglieder der Deutschen Delegation nahmen im Dezember an den Sitzungen des Definitionsausschusses zwar teil, Abs wies aber den Wunsch der TCGD zurück, offiziell in die Beratungen eingebunden zu werden. Er befürchtete negative Auswirkungen auf die Verhandlungen mit den Gläubigern, wenn der Eindruck entstünde, die Deutschen steckten mit dem Dreimächteausschuß unter einer Decke.[50]

Ein für den Erfolg der Hauptkonferenz ganz entscheidender Punkt war die Frage, wie die deutsche Zahlungsfähigkeit (*capacity to pay*) einzuschätzen war. Bei einer Diskussion im britischen *Treasury* waren sich alle Beteiligten einig, daß dies eine schwierige Aufgabe sein würde, denn die Veränderungen der deutschen Zahlungsbilanz vom Oktober 1950 bis zum Oktober 1951 hatten gezeigt, „how futile it is to think you are going to produce any kind of mathematical calculation. You cannot do it."[51] Dieser Feststellung war zuzustimmen, denn aus der Rückschau markierte das Jahr 1951 für die Bundesrepublik tatsächlich den Wendepunkt vom Defizit- zum Überschußland. Im vorhinein sprach aber viel für die Annahme, daß es sich bei der positiven Entwicklung der deutschen Zahlungsbilanz lediglich um eine kurzfristige Erholungsphase handeln würde.[52] Die auf dem Datenmaterial vergangener Jahre basierenden aktuellen Prognosen lieferten eher pessimistische Szenarien für die finanzielle Zukunft der Bundesrepublik. Da alle Aussagen aber letztlich auf mehr oder minder begründeter Spekulation beruhten, war die Einschätzung der Entwicklung der deutschen *capacity to pay* wesentlich vom Standpunkt des jeweiligen Betrachters abhängig.

Die Gläubiger hatten bereits auf der Vorkonferenz die Meinung vertreten, daß die Bundesrepublik zur Zahlung der gesamten Vorkriegsschulden fähig sein würde, wenn man ihr dafür einen ausreichenden Zeitrahmen

---

[49] Dreimächteausschuß für Deutsche Schulden: Umfang der Schuldenregelung vom 21. 11. 1951 (scope document); Fragen zu scope document des Dreimächte-Ausschusses vom 21. 11. 1951 PA/AA, Abt. II Nr. 1548 (LSA 44).
[50] Niederschrift Weiz über erste Sitzung des Definitionsausschusses am 10. 12. 1951 vom 11. 12. 1951; Niederschrift Weiz über zweite Sitzung des Definitionsausschusses am 11. 12. 1951 vom 12. 12. 1951, PA/AA, Abt. II Nr. 1548 (LSA 44); Aufzeichnungen des Leiters der Delegation für Auslandsschulden, Abs (vertraulich), Abschnitt C. Konsultativbesprechungen vom 19. 12. 1951, in: AAPBD, 1951, S. 702 ff.
[51] H. M. Treasury: Note taken by Treasury Reporter, 17. 9. 1951, PRO, T 236–3136.
[52] Vgl. OTMAR EMMINGER, Deutsche Geld- und Währungspolitik zwischen innerem und äußerem Gleichgewicht (1948–1975), in: Deutsche Bundesbank (Hrsg.), Währung und Wirtschaft in Deutschland 1876–1975, Frankfurt a.M. 1976, S. 485–554.

4. Die Vorbereitung der Hauptkonferenz

gewährte und Zurückhaltung bei den Nachkriegsschulden geübt wurde.[53] Als Repräsentant der britischen *long- and medium-term creditors* vertrat Sir Niemeyer gegenüber seiner Regierung den Standpunkt, daß es sich weniger um eine Frage der *capacity*, sondern mehr der *willingness to pay* handelte. Ein den Nachkriegsschulden auch nur annähernd vergleichbares *scaling down* bei den Vorkriegsschulden hielt er für völlig unnötig. Als einziges Zugeständnis bot Niemeyer eine zeitliche Streckung der Rückzahlung an. Die deutsche Forderung nach Abstrichen bei den Reichsanleihen wegen der Gebietsverluste im Osten wies Niemeyer mit der lapidaren Begründung zurück, der deutsche Osten sei in der Vergangenheit immer nur eine volkswirtschaftliche Belastung für das Reich gewesen.[54]

In Deutschland wurde das gänzlich anders gesehen. Das Bundesfinanzministerium hatte sich seit Jahren mit den Folgen der Gebietsverluste im Osten und der Abtrennung der sowjetischen Besatzungszone für die deutsche Zahlungsfähigkeit beschäftigt und dazu Gutachten eingeholt.[55] Die negativen Auswirkungen, welche die Gebietsverluste auf die Abwicklung der Auslandsschulden haben sollten, wurden von der Bundesregierung gegenüber den Besatzungsbehörden stets hervorgekehrt.[56] Im übrigen war der Bundesregierung im Notenwechsel vom März 1951 ein gewisses Entgegenkommen in dieser Frage zugestanden worden. In Bonn ging man fest davon aus, daß der sogenannte Territorialfaktor gebührend in Rechnung gestellt werden würde. Im Anhang des für die Teilnehmer der Hauptkonferenz erstellten Memorandums der TCGD war der Notenwechsel zwischen der Bundesregierung und den drei Regierungen zur Information für alle vollständig abgedruckt.[57]

Auch in der Bundesrepublik wurden die Vorbereitungen für die Verhandlungen über die Vorkriegsschulden gleich nach der Vorkonferenz aufgenommen. Die Deutsche Delegation hatte bei der Vorkonferenz die Bereit-

---

[53] Die amerikanischen Gläubiger vertraten grundsätzlich die gleiche Ansicht, insbesondere im privaten Bereich: National Foreign Trade Council (Michler) to Lewis (State Department, Bureau of German Affairs), 21. 9. 1951, NA, RG 59–1514.
[54] Record of a meeting on Monday 17th September, 1951, H.M. Treasury, to discuss problems relating to a German debts settlement, PRO, FO 371–93857.
[55] Granow (BFM) an Deutsches Institut für Wirtschaftsforschung Berlin (Friedensburg) vom 15. 8. 1951; Granow an Ausschuß für zonenmäßig getrennte Betriebe vom 15. 8. 1951, BA, B 126–48392; Deutsches Institut für Wirtschaftsforschung: Zur Frage der Belastung der westdeutschen Wirtschaft aus der Trennung der Ost-Westgebiete Deutschlands vom 5. 9. 1951, BA, B 126–48369.
[56] Bericht über die Sitzung auf dem Petersberg am 18. 9. 1951 betr. Einfluß der Ost-Westzonentrennung auf die Abwicklung der Auslandsschulden vom 20. 9. 1951, BA, B 126–48392.
[57] Conference on German External Debts: Memorandum prepared by the Tripartite Commission on German Debts, Appendix 1, BA, B 146–1183.

stellung weiterer Unterlagen und die Vorlage von Analysen zur deutschen Aufbringungs- und Transferfähigkeit zugesagt. Nur die Zusammenschau beider Teilbereiche ermöglichte eine Gesamteinschätzung der deutschen Zahlungsfähigkeit (*capacity to pay*). Das Bundesfinanzministerium und die Bank deutscher Länder legten im Juli weitere Tabellen und Statistiken vor, die nach Gläubigerländern, Schuldenarten, Schuldnergruppen, Währungen usw. aufgeschlüsselt waren. Zusammen mit anderen Unterlagen[58] dienten sie als Arbeitsgrundlage für die Erstellung von Memoranden über die deutsche Aufbringungs- und die Transferfähigkeit.[59] Anfang August wurden die Aufgaben auf Referentenebene verteilt.[60] Die Federführung übernahmen das Wirtschaftsministerium (Transfer) und das Finanzministerium (Aufbringung).[61] Die Bank deutscher Länder und andere Ministerien arbeiteten zu. In einer Delegationsbesprechung wurde vereinbart, die Entwürfe spätestens im September vorzulegen. Auf Wunsch von Abs wurden Arbeitskreise gebildet, die wichtige Themenfelder für die Verhandlungen argumentativ aufbereiten sollten. In dieser Besprechung, die am 9. August im Bonner Finanzministerium stattfand, wurden die Wiedergutmachungsansprüche des Staates Israel erstmals kurz thematisiert. Es wurde festgestellt, daß Forderungen in Milliardenhöhe eine potentielle Gefährdung des Schuldenabkommens darstellen würden. Zu diesem Zeitpunkt ging man aber noch von einer eher theoretischen als tatsächlichen Gefahr aus, da eine breite öffentliche Unterstützung Israels durch die Besatzungsmächte nicht sichtbar geworden war.[62] Über genaue Informationen verfügten aber weder Abs noch die Mitglieder seiner Delegation, und es erwies sich schon bald, daß diese Einschätzung voreilig gewesen war.

---

58 Dazu zählten Statistiken betr. Volkseinkommen, Vermögenswerten, Steuerbelastung, Handelsbilanzen, volkswirtschaftliche Prognosen usw.: Vermerk Frau Dr. Herbst betr. Vorbereitung der Herbstkonferenz über deutsche Auslandsschulden – Vorschlag für die Vorarbeiten des Ausschusses für grundsätzliche Fragen vom 26. 7. 1951, BA, B 126–48419.
59 Bank deutscher Länder: Zahlen zur Transferfrage vom 30. 7. 1951, HADBB, B 330–2466; Zusammenfassung der Auslandsverbindlichkeiten des Bundesgebietes und von Berlin auf Grund der Bank deutscher Länder-Tabellen und der Memoranden I-IV des Bundesfinanzministeriums vom 30. 7. 1951, BA, B 126–48367. Die Reichsschulden werden insgesamt auf DM 4058 Mio. beziffert (DM 3197 Mio. bei Ersetzung der Gold- durch eine Dollarklausel).
60 Vermerk Herbst betr. Sitzung am 3. 8. 1951 über grundsätzliche Vorarbeiten für die Hauptkonferenz über deutsche Auslandsschulden vom 7. 8. 1951, BA, B 126–48367.
61 Zuständig waren Stedtfeldt (BWM) und von Spindler (BFM): Hauptabteilung Volkswirtschaft und Statistik: Vermerk über die Besprechung im BWM am 15. 8. 1951 betr. Memorandum über die Fähigkeit Westdeutschlands zu einer Bedienung der Auslandsschulden vom 15. 8. 1951, HADBB, B 330–2466.
62 Protokoll der Besprechung der dt. Delegation für Auslandsschulden im BFM am 9. 8. 1951, PA/AA, Abt. II Nr. 1528 (LSA 23).

4. Die Vorbereitung der Hauptkonferenz

Die israelische Regierung hatte sich im Januar und März 1951 in inhaltlich gleichlautenden Noten an die Besatzungsmächte gewandt und darin Reparationsforderungen in Höhe von $ 1,5 Milliarden gegen Deutschland geltend gemacht. Begründet wurde der Anspruch mit den Kosten für die Eingliederung von 500 000 Immigranten in Israel.[63] Der Begriff Reparation war in diesem Zusammenhang allerdings problematisch, weil der Staat Israel erst nach dem Ende des Zweiten Weltkriegs gegründet worden war. Ein Kriegszustand mit Deutschland hatte im völkerrechtlichen Sinne somit nicht bestanden. Er wurde deshalb durch den Begriff Wiedergutmachung (Shilumin) ersetzt.[64] Im übrigen wurde die Regelung von Reparationsansprüchen prinzipiell einem künftigen Friedensvertrag überlassen.

Andererseits wurde den Juden wegen des in der Nazizeit zugefügten schweren Unrechts nicht das Recht abgesprochen, materielle Wiedergutmachungsansprüche an Deutschland zu stellen.[65] Sie sollten sich aber nach Auffassung der Alliierten in einem der schwierigen wirtschaftlichen Situation der Bundesrepublik angemessenen Rahmen bewegen.[66] Soweit es sich nicht um die konkrete Rückgabe entzogener Güter,[67] sondern um finanzielle Entschädigungsansprüche handelte, standen die israelischen Forderungen in Konkurrenz zu anderen finanziellen Ansprüchen, die zur gleichen Zeit an die in ihren Aufbringungs- und Transfermöglichkeiten erheblich eingeschränkte Bundesrepublik gerichtet wurden. Die moralische Berechtigung israelischer Wiedergutmachungsansprüche stand zwar grundsätzlich außer Frage, der Zeitpunkt ihrer Geltendmachung war aber angesichts der bevorstehenden Schuldenkonferenz und der Verhandlungen über den deutschen Verteidigungsbeitrag recht ungünstig. Deshalb wurde nach eingehenden Diskussionen in der *Intergovernmental Study Group* beschlossen, die israelischen Noten in getrennten Schreiben der alliierten

---

63 Note of Israeli Government to Secretary of State, 16. 1. 1951, PRO, FO 371–93514; Note of Israeli Government to Secretary of State, 12. 3. 19551, PRO, FO 371–93515.
64 Reinstein to Trimble: Israeli Reparation Claims Against Germany, 17. 3. 1951, NA, RG 43–279; vgl. YESHAYAHU A. JELINEK, Israel und die Anfänge der Shilumin, in: LUDOLF HERBST und CONSTANTIN GOSCHLER (Hrsg.), Wiedergutmachung in der Bundesrepublik Deutschland, Berlin 1989, S. 119 ff.
65 Minute Allen, 10. 3. 1951, PRO, FO 371–93515; United Kingdom Draft Reply to Israeli Note, 17. 3. 1951; PRO, FO 371–93514.
66 Note Wilson, 18. 4. 1951, PRO, FO 371–93515.
67 Vgl. WALTER SCHWARZ, Rückerstattung und Entschädigung. Eine Abgrenzung der Wiedergutmachungsformen, München-Berlin 1982, S. 1ff.; vgl. DERS., Die Wiedergutmachung nationalsozialistischen Unrechts durch die Bundesrepublik Deutschland. Ein Überblick, in: LUDOLF HERBST und CONSTANTIN GOSCHLER (Hrsg.), Wiedergutmachung in der Bundesrepublik Deutschland, München 1989, S. 39f.

Regierungen zwar verständnisvoll zu beantworten, die Sache aber faktisch hinauszuzögern.[68]

Die verhaltene Aufnahme der israelischen Ansprüche durch die Besatzungsmächte wurde in Tel Aviv durchaus zur Kenntnis genommen. Deshalb wurden im Mai 1951 unter strengster Geheimhaltung erste Fühler zu Bundeskanzler Adenauer ausgestreckt. Adenauer gab dabei zu erkennen, daß er zu Entschädigungsleistungen an Israel bereit war.[69] Am 27. September 1951 gab Adenauer im Namen der Bundesregierung vor dem Bundestag eine offizielle Erklärung ab, in der er die Bereitschaft der Bundesrepublik zu Wiedergutmachungsleistungen an Israel erklärte. Von der großen moralischen Schuld der Deutschen und der Notwendigkeit von Sühneleistungen war Adenauer persönlich zutiefst überzeugt.[70] Seine Äußerungen trafen aber auf ein zwiespältiges Echo. Im Ausland wurde die moralische Geste des Kanzlers, der damit nicht zuletzt die amerikanischen Juden im Blick hatte, allseits begrüßt. Gleichzeitig wurden die damit verbundenen finanziellen Implikationen nicht verkannt.[71] Der Dreimächteausschuß hatte die Teilnahme israelischer Beobachter an der Londoner Vorkonferenz abgelehnt.[72] Wegen der gesteigerten öffentlichen Aufmerksamkeit konnte sich die israelische Regierung aber mit ihren Wunsch durchsetzen, eine israelische Delegation zur Hauptkonferenz zu entsenden, die die Interessen ehemaliger jüdischer Reichsbürger vertreten sollte.[73] Der Sinneswandel der TCGD war auf amerikanischen Druck hin erfolgt.[74]

Da die finanzielle Leistungsfähigkeit der Bundesrepublik begrenzt war, gleichzeitig aber viele unterschiedliche Anforderungen an sie existierten,

---

[68] The United States Delegation at the Intergovernmental Study Group on Germany to the Secretary of State, London April 30th 1951, in: FRUS, 1951, Bd. III, S. 1409; London (Gifford) to Secretary of State, 13. 5. 1951, NA, RG 59–1513; Note to Israel Government, 5. 7. 1951, PRO, FO 371–93516.
[69] Vgl. JELINEK, Israel und die Anfänge der Shilumin, S. 129 ff.
[70] Vgl. GÜNTHER GILLESSEN, Konrad Adenauer und der Israel-Vertrag, in: HANS MAYER et al. (Hrsg.), Politik, Philosophie, Praxis. Festschrift für Wilhelm Hennis zum 65. Geburtstag, Stuttgart 1988, S. 556–568, S. 558 ff.
[71] Vgl. NORBERT FREI, Die deutsche Wiedergutmachungspolitik gegenüber Israel im Urteil der öffentlichen Meinung der USA, in: LUDOLF HERBST und CONSTANTIN GOSCHLER (Hrsg.), Wiedergutmachung in der Bundesrepublik Deutschland, München 1989, S. 230, vgl. auch NANA SAGI, Die Rolle der jüdischen Organisationen in den USA und die Claims Conference, in: ebd., S. 108 ff.
[72] Legation of Israel to Principal Secretary of State for Foreign Office, 20. 6. 1951; Foreign Office to Legation of Israel, 27. 6. 1951, PRO, FO 371–93947.
[73] State Department (Jones) to US Embassy London, 7. 11. 1951; Acheson to US Embassy (London), 18. 12. 1951, NA, RG 59–1515.
[74] Memorandum of Conversation: Israel Ambassador Abba Eban, Ester Herlitz, Mr. Byroade, Mr. Baker, 30. 10. 1951, NA, RG 59–15114.

4. Die Vorbereitung der Hauptkonferenz 237

sprach viel für die These von Abs, daß die Vereinigten Staaten und Großbritannien die Festigung der finanziellen Basis der Bundesrepublik als wichtigstes Ziel betrachten würden. Wenn dem so war, konnten die israelischen Wiedergutmachungsansprüche erst nach einem erfolgreichen Abschluß der Londoner Schuldenkonferenz behandelt werden. Hier ging es auch ums Prinzip, denn die Niederlande versuchten beharrlich, ihre speziellen Forderungen in die Konferenz einzubringen, obwohl sie nach alliierter Auffassung eindeutig Reparationscharakter aufwiesen und damit in London nicht verhandelbar waren.[75] Forderungen dieser Art bildeten nach Art, Umfang und Höhe ein potentielles Störpotential für den Erfolg der Hauptkonferenz.[76]

Im Bereich der privaten Auslandsschulden gestalteten sich die Vorbereitungen für die Hauptkonferenz schwieriger als im öffentlichen Sektor. Zum einen war die Ermittlung und Auswertung konferenzrelevanter Daten für die weit gestreuten privaten Schulden nicht leicht zu bewerkstelligen.[77] Zum anderen war in Teilen der Wirtschaft eine generelle Reserve gegen die Schuldenverhandlungen spürbar, weil man sich unzureichend beteiligt fühlte.[78] Die Privatwirtschaft drängte mit Erfolg darauf, einige Interessenvertreter der Wirtschaft in die Deutsche Delegation aufzunehmen.[79] Die leidige Frage des deutschen Auslandsvermögens sorgte nach wie vor für eine gedämpfte Stimmung. Die Bereitschaft, den Verlust des Vermögens als Fakt zu akzeptieren und zukunftsorientiert damit umzugehen, war nur bei einer Minderheit der Vertreter von Industrie und Handel vorhanden. Die Studiengesellschaft berechnete den durch den Vermögensentzug bedingten jährlichen Devisenausfall auf DM 300–400 Millionen.[80] Trotz seiner persön-

---

75 Gifford (London) to Secretary of State, 24. 6. 1952, NA, RG 59–1517; Allied High Commission, Finance and Foreign Interests Sub-Committee: Securities etc. bought in Netherlands by Germans for Reichsmarks during the war, 14. 8. 1951, and Annex B: Statement by the Netherlands Observer (Baron van Lynden). Regarding claims by the Netherlands preliminary consultations on German debts (London), PRO, FO 371–93953.
76 Crawford to Serpell (Treasury): Countries which have substantial interests in the settlement of pre-war debts, 8. 1. 1951, PRO, FO 371–93857.
77 Vermerk Herbst über die fernmündliche Rücksprache Schwede/Herbst vom 30. 8. 1951; BFM: II Volkswirtschaftliche Gruppe betr. Sechs Jahre Reparationspolitik vom 15. 10. 1951, BA, B 126–48369.
78 Gemeinschaftsausschuß der deutschen gewerblichen Wirtschaft (Dr. Paul Beyer) an Bundeskanzler Adenauer vom 2.10,1951, BA, B 126–48367.
79 Vermerk Schütte betr. Sitzung des Bundesverbandes der deutschen Industrie vom 28. 1. 1952 in Hamburg über die Londoner Schuldenkonferenz vom 1. 2. 1952, BA, B 184–449. Zur Zusammensetzung der deutschen Delegation vgl. ABS, Entscheidungen, S. 110ff.
80 Studiengesellschaft für privatrechtliche Auslandsinteressen e.V. (Bremen), E. Schütte an Reichel (BWM) vom 7. 9. 1951, BA, B 126–48371.

lichen Nähe zur Studiengesellschaft reagierte Abs auf deren Wunsch, in der deutschen Delegation vertreten zu sein, ablehnend.[81] Abs befürchtete zu Recht, daß sich der dezidierte Lobbyismus der Studiengesellschaft negativ auf die Verhandlungen auswirken würde.[82] Als Drohpotential von außen konnte sie eher von Nutzen sein.[83]

Mitte Oktober fand eine Sitzung des interministeriellen Ausschusses zur Erörterung der im Entwurf fertiggestellten Memoranden über die deutsche Aufbringungs- und Transferfähigkeit statt. Im Zentrum der Diskussion stand die Frage, ob dem Transfermemorandum in seiner Endfassung eine eher pessimistische oder eher optimistische Tendenz verliehen werden sollte. Abs hielt es aus verhandlungsstrategischen Gründen für besser, die deutsche Transferfähigkeit nicht zu pessimistisch darzustellen und die Diskrepanz zwischen der Aufbringungs- und der Transferfähigkeit möglichst gering zu halten. Er befürchtete, daß eine zu negative Darstellung der deutschen Transferfähigkeit die Forderung nach DM-Zahlungen auf Sperrkonten anheizen würde. Dies lag nicht im deutschen Interesse. Abs schlug vor, in den Verhandlungen weniger auf Abstriche an den Forderungen als primär auf eine Streckung der Zahlungsziele hinzuarbeiten. Die anwesenden Ministerialbeamten hielten diese Strategie für fragwürdig, weil sie die für den Schuldendienst zur Verfügung stehenden Mittel langfristig pessimistisch einschätzten.

Die Diskrepanz zur Auffassung von Abs basiert im Grunde nicht auf einer unterschiedlichen Interpretation des Datenmaterials, sondern war die Folge einer anderen Akzentsetzung. Für Abs war das Zustandebringen einer Schuldenregelung das übergeordnete Ziel, das weder durch den Verteidigungsbeitrag noch durch die Forderungen Israels oder andere Ansprüche im Kern gefährdet werden durfte.[84] Er war felsenfest davon überzeugt, daß die weitere wirtschaftliche Entwicklung der Bundesrepublik entscheidend vom Erfolg der Londoner Schuldenkonferenz abhing. Wenn die finanzielle Basis gefestigt wurde, dann war auch Geld für andere Ausgaben vorhanden. Es mußte nur die zeitliche Reihenfolge eingehalten werden. Aus diesem Grund war er bestrebt, einen kontrollierenden Einfluß auf alle Ver-

---

[81] Vermerk Schütte (Studiengesellschaft) betr. Rücksprache mit Abs am 6. 9. 1951, BA, B 184–435.
[82] Vermerk Burchhard an Weiz vom 25. 1. 1952, PA/AA, Abt. II Nr. 1506 (LSA 3).
[83] Vermerk Schütte (Studiengesellschaft) vom 7. 1. 1952, BA, B 184–449. Schütte sah in Übereinstimmung mit Abs in der Studiengesellschaft in erster Linie einen „Trommler"(!).
[84] Sitzung des Interministeriellen Wirtschaftspolitischen Ausschusses am 18. 10. 1951 betr. Erörterung der Memoranden über die Aufbringung und den Transfer der Leistungen für die Tilgung der deutschen Auslandsschulden (Erbstößer) vom 19. 10. 1951, HADBB, B 330–2467.

4. Die Vorbereitung der Hauptkonferenz

handlungen zu gewinnen, die in einem interdependenten Verhältnis zu den Londoner Verhandlungen standen. In diesem Kontext müssen wohl auch die fehlgeschlagenen Bemühungen von Abs gesehen werden, von der Bundesregierung ein Mandat zu erhalten, um noch vor dem Beginn der Hauptkonferenz mit den Hohen Kommissaren die Höhe des deutschen Verteidigungsbeitrags auszuhandeln.[85] Der Bankier Abs verfügte ohne Zweifel über ein hohes Maß an politischem Verständnis, die Maximen seines Denkens und Handelns basierten aber auf seiner Verankerung in der privaten Wirtschaft und seinem Selbstverständnis als Bankier. Die daraus resultierende Fokussierung der Perspektive führte zu gelegentlichen Meinungsdifferenzen mit Bundeskanzler Adenauer, der im Gegensatz zu Abs durch und durch Politiker war.

Ende November wurde die Endfassung der beiden Memoranden zur Beurteilung der deutschen Zahlungsfähigkeit vorgelegt. Sie enthielten ausführliche Darlegungen von Kriterien zur Beurteilung der deutschen Aufbringungs- und Transferfähigkeit. Angefügt waren einige allgemeine Schlußfolgerungen. Eine ziffernmäßige Einschätzung der deutschen *capacity to pay*, die in London und Washington erwartet wurde, lieferten die Memoranden zur Enttäuschung der Gläubigerseite nicht.[86] Ein amerikanisches *background paper* brachte es auf den Punkt: „Neither of the memoranda gives effective *measures* of capacity. Rather, they offer analyses of the *factors bearing upon* the capacity to pay and the capacity to transfer."[87] Die Memoranden wurden von den Amerikanern einer kritischen Analyse unterzogen. Sie ärgerten sich über die dabei extrahierte deutsche Taktik, die da lautete: Wir wollen zahlen, können es aber nicht auf Grund von Faktoren, die außerhalb unseres Einflußbereichs liegen! Die Amerikaner hielten die einseitig negative Beurteilung der deutschen *capacity to pay* auch deshalb für wenig überzeugend, weil die „shifts in international purchasing power" in den Memoranden kaum Beachtung gefunden hatten.[88]

Die britische Kritik am Inhalt der Memoranden fiel ebenfalls sehr deutlich aus.[89] Den Verfassern wurde vorgeworfen, die Lage der Bundesrepu-

---

[85] Bundeskanzler Adenauer an Abs vom 10. 12. 1951, BA, B 102–7017.
[86] Memorandum über die deutsche Aufbringungsfähigkeit vom 20. 11. 1951; Memorandum über die deutsche Transferfähigkeit vom 20. 11. 1951, PA/AA, Abt. II Nr. 1530 (LSA 25).
[87] U.S. Delegation Background Paper: Memorandum on German capacity to pay in Deutschmarks and the Memorandum of the German capacity to transfer, 17. 1. 1952 (by William Breswick), NA, RG 43–189.
[88] Fetter (Professor of Economics) to Margolies (Director Office of German Economic Affairs), 4. 2. 1952, NA, RG 59–1516.
[89] Symons (Treasury) to Crawford (Foreign Office, German Section), 18. 1. 1952, PRO, FO 371–100077.

blik ungebührlich negativ darzustellen, Probleme zu übertreiben und Positives zu verschweigen. Von Beamten des *Treasury* wurden die Memoranden einer akribischen Detailanalyse unterzogen. Dabei kam das Aufbringungsmemorandum noch schlechter weg als das Transfermemorandum. Das Aufbringungsmemorandum sei ein völlig unbefriedigendes Dokument, das in weiten Teilen auf irrelevanten Faktoren der Vergangenheit basiere.[90] Dieses Urteil der britischen Beamten war etwas überzogen. De facto räumte das Memorandum aber der Darlegung negativer Faktoren wie den kriegsbedingten Gebietsverlusten und deren negativen Auswirkungen auf die deutsche Volkswirtschaft, den Kriegs- und Kriegsfolgeschäden (Demontagen, Auslandsvermögen, Patente u.a.), den außerordentlichen Aufwendungen für Flüchtlinge und Vertriebene, den Besatzungskosten und – last not least – den in ihrer Höhe noch ungewissen Verteidigungslasten sehr breiten Raum ein. Eine Besserung der Lage wurde nur sehr bedingt in Aussicht gestellt. Die Zahlungsfähigkeit der privaten Schuldner wurde unterschiedlich beurteilt, ausdrücklich wurde aber darauf hingewiesen, daß die Liquidität der Unternehmen durch die Währungsreform und durch andere Kriegsfolgelasten erheblich eingeschränkt sei, vor allem in der Grundstoffindustrie.[91] Die pauschale Übertragung von leistungsmindernden Faktoren des öffentlichen auf den privaten Sektor wurde im *Treasury* mit großem Mißfallen registriert.[92] Nicht zu Unrecht, denn die Zahlungsfähigkeit der meisten privaten Schuldner war eigentlich gar nicht so schlecht.[93]

Bei der Analyse des Transfermemorandum unterzog sich das *Treasury* der Mühe, jedem Argument ein Gegenargument gegenüberzustellen.[94] Deren Überzeugungskraft war unterschiedlich. Die Auflistung der Contra-Argumente war auch nur für den internen Gebrauch bestimmt.[95]

Die britische Kritik am deutschen Transfermemorandum hatte aber eine Achillesferse: Sie stützte sich ganz wesentlich auf die Annahme einer positi-

---

[90] TCGD: German Memorandum on Germany's capacity to pay in DM, 6. 2. 1952, PRO, FO 371–100077.
[91] Memorandum über die deutsche Aufbringungsfähigkeit vom 20. 11. 1952, PA/AA, Abt. II Nr. 1530 (LSA 25).
[92] TCGD: German Memorandum on Germany's capacity to pay in DM, 6. 2. 1952, PRO, FO 371–100077.
[93] Allgemeine Bemerkungen zur Zahlungsfähigkeit der privaten deutschen Schuldner (Schwede) vom 5. 10. 1951, BA, B 126–48376. Laut Leverkühn war davon auszugehen, daß „die überwiegende Mehrheit der privaten Schuldner ihre Schulden bezahlen könne"; Aufzeichnung Veith betr. Deutsche private Auslandsschulden vom 29. 1. 1952, BA, B 126–48392.
[94] Symons (Treasury) to Crawford (Foreign Office); German Memorandum on capacity to transfer, 27. 2. 1952, PRO, FO 371–100077.
[95] Summary of arguments raised by the German memorandum on capacity to transfer and the U. K. comments, PRO, FO 371–100077.

4. Die Vorbereitung der Hauptkonferenz 241

ven Entwicklung der deutschen Handelsbilanz. In Europa bestanden aber trotz EZU und OEEC immer noch zahlreiche protektionistische Hindernisse, die einer Steigerung des deutschen Exports und der damit verbundenen Möglichkeit zur Verbesserung der deutschen Transferfähigkeit im Weg standen. Die Bundesregierung forderte seit langem den Abbau dieser Handelsbarrieren.[96] Die Forderung nach einer Liberalisierung des Warenverkehrs und einer Wiederherstellung der freien Konvertierbarkeit der Währungen war deshalb ein wichtiger Bestandteil des deutschen Transfermemorandums. Auf diesem Weg wurde der Schwarze Peter im Transferbereich zumindest teilweise an die europäischen Gläubigerländer weitergereicht.[97] Das *Board of Trade* gab in seiner Stellungnahme zu bedenken, daß eine Ausweitung des deutschen Exports und ein Wettbewerb um ausländische Absatzmärkte den britischen Wirtschaftsinteressen zuwider laufe. Ungeachtet aller Zahlungsansprüche an Deutschland sollte bei der Schuldenregelung unbedingt darauf geachtet werden, daß die Bundesrepublik nicht als Exportkonkurrent, sondern als Absatzmarkt für britische Waren gestärkt würde.[98]

Die negative Reaktion auf die deutschen Memoranden vom November 1951 schien die Auffassung von Abs zu stützen, daß eine weniger pessimistische Darlegung der deutschen Zahlungsfähigkeit besser gewesen wäre. Seine Vorwärtsstrategie stieß aber auf Gegenwind. In einem Schreiben an Bundesfinanzminister Schäffer bezeichnete Präsident Vocke von der Bank deutscher Länder die Devisenlage der Bundesrepublik als so besorgniserregend, daß unter gewissen Umständen „eine Transfermöglichkeit für die Vor- und Nachkriegsschulden illusorisch zu werden droht."[99] Die negative Lagebeurteilung durch Vocke bezog sich schwerpunktmäßig auf den Dollarraum, denn die Entwicklung im EZU-Bereich hatte sich seit dem Frühjahr 1951 vergleichsweise günstig gestaltet. Es blieb aber abzuwarten, ob sich die positive Entwicklung dauerhaft stabilisieren ließe. Die Bank deutscher Länder neigte hier zu sehr verhaltenen Prognosen.[100] Wider-

---

[96] Vgl. REINHARD NEEBE, Technologietransfer und Außenhandel in den Anfangsjahren der Bundesrepublik Deutschland, in: Vierteljahrschrift für Sozial- und Wirtschaftsgeschichte 76 (1989), S. 53 ff.
[97] Memorandum über die deutsche Transferfähigkeit vom 20. 11. 1951, PA/AA, Abt. II Nr. 1530 (LSA 25).
[98] Board of Trade (Macmahun) to Crawford (Foreign Office), 27. 2. 1952, PRO, FO 371–100077.
[99] Präsident des Direktoriums der Bank deutscher Länder (Vocke) an BFM Schäffer vom 23. 12. 1951, BA, B 126–48371.
[100] Bank deutscher Länder (Hauptabteilung Volkswirtschaft und Statistik): Die deutsche Transferfähigkeit (vertraulich) vom 2. 2. 1952, HADBB, B 330–2467; streng vertraulicher Ver-

spruch erfuhr Vocke vom Bundesministerium für den Marshallplan. Ein zeitweises Absinken der Devisenbestände wurde dort nicht als Problem gesehen, sofern die wirtschaftliche Lage der Bundesrepublik insgesamt stabil blieb. Die Interpretation der deutschen Devisensituation durch Vocke wurde als zu einseitig eingestuft.[101] In einem Schreiben an den Bundeskanzler wies Marshallplanminister Blücher darauf hin, daß sich im Rahmen der „internationalen Verteidigungsanstrengungen gewisse Rückwirkungen auf unsere Zahlungsbilanz" ergeben könnten, „die uns unter Umständen den Transfer erleichtern."[102]

Die deutsche Zahlungsbilanzsituation wurde verschiedentlich in den dafür zuständigen Gremien diskutiert.[103] Dabei standen die Meinungen von Vocke und Abs gegeneinander. Während Vocke grundsätzliche Zweifel an der Möglichkeit einer Dollar-Annuität hegte und den Zeitpunkt der Schuldenverhandlungen für verfrüht erachtete, hielt Abs eine schlechte Dollarbilanz unter Umständen sogar für eine gute Verhandlungsposition. Nach wie vor trat Abs für eine Kleinschreibung der allseits bekannten deutschen Transferschwierigkeiten ein, um allen Zweifeln an der deutschen Kreditwürdigkeit vorzubeugen.[104] Abs war entschieden gegen ein Hinausschieben der Verhandlungen. Seiner Auffassung nach konnten sich die Bedingungen für die Bundesrepublik nur verschlechtern. Er schlug vor, die widerstreitenden Interessen der privaten Vorkriegsgläubiger und der politischen Nachkriegsgläubiger sowie die unterschiedlichen Handelsinteressen der beteilig-

---

merk Tüngeler (Frankfurt) betr. Schätzung der freien Dollar-Verfügbarkeiten für das Jahr 1952, HADBB, B 330–3773; vgl. MONIKA DICKHAUS, Die Bundesbank im westeuropäischen Wiederaufbau. Die internationale Währungspolitik der Bundesrepublik Deutschland, München 1996, S. 138ff.

[101] Vermerk betr. Brief des Präsidenten des Direktoriums der Bank deutscher Länder vom 23. 12. 1951 über die Devisenlage und die Übernahme der Transferverpflichtungen im Rahmen der Schuldenregelung vom 2. 1. 1952; Persönlicher Referent des Ministers: Rohentwurf einer Stellungnahme des Herrn Ministers zu dem Schreiben des Herrn Präsidenten der Bank deutscher Länder vom 23. 12. 1951 vom 4. 1. 1952, BA, B 146–1225.

[102] Entwurf eines Schreibens Bundesminister für den Marshallplan an Bundeskanzler Adenauer vom Februar 1952, BA, B 146–1225.

[103] Niederschrift (von Spindler) über die Besprechung des Arbeitskreises für Grundsatzfragen der Deutschen Delegation für Auslandsschulden am Freitag, den 11. 1. 1952, im BFM vom 18. 1. 1952, BA, B 146–1183.

[104] Sitzung des Interministeriellen Wirtschaftspolitischen Ausschusses am 10. 1. 1952 in Bank deutscher Länder betr. Behandlung des Transferproblems in der Londoner Schuldenkonferenz (Erbstößer) vom 11. 1. 1952; Sitzung des Interministeriellen Wirtschaftspolitischen Ausschusses am 4. 2. 1952 in Bank deutscher Länder betr. Transferproblem vom 6. 2. 1952, HADBB, B 330–2467; Vertraulicher Vermerk Emminger betr. Sitzung am 4. Februar in der Bank deutscher Länder. Behandlung des Transferproblems in der Londoner Schuldenkonferenz vom 6. 2. 1952, HADBB, B 330–3773.

ten Staaten in den Verhandlungen zum Vorteil der deutschen Verhandlungsposition zu nutzen.[105]

Sorgen bereiteten vielmehr die wegen der positiven Entwicklung der deutschen Zahlungsbilanz im Jahr 1951 erheblich gesteigerten Erwartungen des Auslands.[106] Das für die britische Meinungsbildung sehr wichtige Magazin *Economist* schätzte die jährliche deutsche Transferfähigkeit auf mindestens $ 200 Millionen.[107] Deutsche Offerten, die deutlich unter dieser Marge rangierten, wurden als pure Verhandlungstaktik abqualifiziert. Der *Economist* beurteilte die deutsche Zahlungsbilanzperspektive ausgesprochen günstig.[108] Andere britische Zeitungen wie die *Financial Times* schlossen sich dieser Einschätzung an und machten Stimmung für eine harte Haltung der Gläubiger in den kommenden Verhandlungen.[109] In der Bundesrepublik – aber auch von der TCGD – wurde diese Entwicklung mit großer Sorge betrachtet. Bekanntlich hielt Präsident Vocke die für die Nachkriegsschulden vorgesehene Transferrate von $ 73–75 Millionen bereits für entschieden zu hoch, eine Transfer-Annuität von insgesamt $ 150 Millionen für geradezu utopisch. Nach Berechnungen der Bank deutscher Länder war im Höchstfall eine jährliche Transferrate von $ 100 Millionen verkraftbar. Da die vorgesehene Annuität für die Nachkriegsschulden davon bereits 75% in Anspruch nehmen würde, wurde eine Zurückstellung dieser Schuldenkategorie zugunsten der Vorkriegsschulden empfohlen.[110] Vocke riet zu einem Moratorium im Bereich der Nachkriegsschulden von mindestens 10 Jahren, weil die Regelung der Vorkriegsschulden aus wirtschaftlichen Gründen Priorität haben müßte. Abs stimmte dem zu, gab aber zu bedenken, daß sich der Dollar-Anteil der jährlichen Transferrate für die Nachkriegsschulden nur auf $ 52 Millionen belief und der Rest in Sterling und Franc zu begleichen sein würde. Wegen der hohen Abstriche an den Nachkriegsschulden hielt Abs es für geboten, mit den Zinszahlungen für die Nachkriegsschulden auf jeden Fall sofort zu beginnen und nur die Tilgung nötigenfalls zurückzustellen.[111] Abs blickte grundsätzlich optimi-

---

[105] Vermerk betr. Sitzung bei Geheimrat Vocke über Transfermöglichkeiten im Rahmen der ausländischen Schuldenregelung vom 5. 2. 1952, BA, B 146–1225; vgl. OTMAR EMMINGER, D-Mark, Dollar, Währungskrisen, Stuttgart 1986, S. 59 ff.
[106] Vogel an Präsident Kriege (Landeszentralbank Düsseldorf) vom 3. 11. 1951, BA, B 146–1179.
[107] „German debt question", in: THE ECONOMIST vom 19. 1. 1952, BA, B 126–48378.
[108] US Delegation (Gunter) to Department of State, 14. 2. 1952, NA, RG 59–1516.
[109] „Plea for concessions in coming talks", in: FINANCIAL TIMES vom 12. 2. 1952, PRO, FO 371–100083; Gifford (London) to Secretary of State, 13. 2. 1951, NA, RG 59–1516.
[110] BFM von Spindler (Abt. V) an Minister (streng vertraulich) vom 13. 2. 1952, BA, B 126–48378.
[111] Der einflußreiche Senator Gilette protestierte bei der US-Regierung gegen das wegen der

stisch in die Zukunft. Diese Haltung gefiel vor allem den Amerikanern, die über die innenpolitischen Schwierigkeiten orientiert waren, die Abs bei der Durchsetzung seiner Zielvorstellungen für London entgegenstanden.[112]

Im Bundestag gab es wegen der harten alliierten Haltung in der Vermögensfrage immer noch Widerstände gegen eine deutsche Teilnahme an der Londoner Schuldenkonferenz.[113] Im Unterschied zu Abs waren Vocke und viele andere mit der Schuldenfrage befaßte Personen eher pessimistisch eingestellt. Sie hielten die Abzahlung der Auslandsschulden für eine Aufgabe von Jahrzehnten. Mit der Überwindung oder Minderung der Dollarlücke rechneten sie in absehbarer Zeit nicht.[114] Abs war sich sicher, daß die Einschätzung der deutschen Zahlungsfähigkeit mit der besonderen Berücksichtigung der Transferfähigkeit das zentrale Thema der Hauptverhandlungen sein würde.[115]

Zu den übrigen Punkten,[116] die Gegenstand der Verhandlungen sein würden, gab es folgende deutsche Positionen: Bei der Goldklausel war auch die deutsche Seite der Meinung, daß eine juristische Behandlung des Problems unbedingt vermieden werden sollte.[117] Ein von einem führenden deutschen Rechtsgelehrten erstelltes Gutachten über die Gültigkeit der Goldklausel kam zu dem Urteil, daß die Goldklausel „überwiegend als rechtsungültig" angesehen werden müßte. Eine Ungleichbehandlung der verschiedenen Tranchen der Young-Anleihe stehe aber im Widerspruch zum *General Bond* dieser Anleihe.[118] Bereits auf der Vorkonferenz war die Ersetzung der

---

Belastung der amerikanischen Steuerzahler zu hohe *scaling down:* Department of State to US Embassy London, NA, RG 59–1516.
[112] Holmes (London) to Secretary of State, 25. 1. 1952, NA, RG 59–1515; McCloy (Bonn) to Secretary of State, 4. 2. 1951, NA, RG 59–1516.
[113] Sitzung des Auswärtigen Ausschusses vom 16. 1. 1952, in: Der Auswärtige Ausschuß des Deutschen Bundestags, Bd. 1: Sitzungsprotokolle 1949–1953, S. 541 ff.; Kabinettssitzung vom 5. 2. 1952, in: Die Kabinettsprotokolle der Bundesregierung, Bd. 5 (1952), S. 97. Die US-Administration war für eine Diskussion der Auslandsschuldenfrage bei der Hauptkonferenz gut präpariert; Byroade (Bureau of German Affairs) to Harold L. Bynton (Office of Alien Property, Department of Justice), 5. 2. 1952, NA, RG 59–1516.
[114] Vermerk Hauptabteilungsleiter Albrecht betr. Vorbereitung der Londoner Schuldenkonferenz (streng vertraulich) vom 19. 2. 1952, BA, B 146–1225; vgl. BUCHHEIM, Die Bundesrepublik und die Überwindung der Dollar-Lücke, S. 92 ff.
[115] McCloy (Bonn) to Secretary of State, 6. 2. 1952, NA, RG 59–1516.
[116] Vermerk betr. Londoner Schuldenkonferenz. Technischer Ausschuß: Zusammenstellung der Probleme vom 20. 1. 1952, BA, B 126–48395.
[117] Bank deutscher Länder (Vocke/Könneker) an Herman J. Abs vom 31. 12. 1951, BA, B 126–48393.
[118] Vermerk betr. Londoner Schuldenverhandlungen, hier: Frage der Behandlung der Goldklausel in Anleiheverträgen vom 23. 1. 1952, BA, B 141–88580.

4. Die Vorbereitung der Hauptkonferenz

Gold- durch eine Dollarklausel diskutiert worden.[119] Die Gläubiger forderten eine gerechte und billige Lösung des Problems, wobei unklar blieb, was darunter genau zu verstehen war. Auf jeden Fall mußte ein einheitlicher Umstellungsschlüssel gefunden werden.[120]

Die deutsche Strategie zielte darauf ab, die Goldklausel – unter Vermeidung einer juristischen Diskussion über deren andauernde Gültigkeit – durch die Dollarklausel zu ersetzen.[121] Alle Seiten waren sich einig, daß eine vernünftige Lösung gefunden werden müßte. Bezüglich der Behandlung von Goldmarkverbindlichkeiten strebten die Deutschen eine Gleichstellung von In- und Ausländern an.[122] Gleiches galt für die Umstellung von Reichsmarkverbindlichkeiten in ausländischer Hand.[123] Washington unterstützte diese Position.[124] Eine staatliche Haftung für juristisch selbständige Körperschaften, an denen das Reich ganz oder teilweise beteiligt war, wurde abgelehnt.[125]

Die deutsche Position zum vieldiskutierten DM-*settlement* stand der amerikanischen näher als der britischen. Das Verfahren sollte aus deutscher Sicht nur in einem sehr begrenzten Umfang angewendet werden, um eine starke Vermehrung von Sperrmark-Guthaben, die potentiell eine Gefährdung der DM-Stabilität darstellten, zu vermeiden. DM-Wartezimmer kamen auf keinen Fall in Frage, weil sie als Bedrohung der deutschen Investitions- und Geldmarktpolitik und indirekt sogar als Gefährdung der deutschen Souveränität (!) angesehen wurden.[126]

Etwas komplizierter lagen die Dinge bei der Konversionskasse, die auf der Vorkonferenz als „Schlag gegen die Grundlagen des internationalen Kreditsystems" schwer kritisiert worden war. Die Gläubiger hatten die rückwirkende Aufhebung dieser ihrer Ansicht nach anrüchigen Einrichtung gefordert und die schuldbefreiende Wirkung von Zahlungen in dieselbe bestritten. Der Vorwurf, die deutsche Devisengesetzgebung der 30er Jahre habe

---

[119] Theoretisch möglich war auch die Anwendung einer Schweizer Franken-Klausel.
[120] Aufzeichnung Granow über den deutschen Standpunkt zur Frage der Goldklausel und der Goldmarkklausel vom 2. 1. 1952, BA, B 126–48393.
[121] Deutsche Delegation für Auslandsschulden: Aufzeichnung über Währungsprobleme: A. Goldklausel bei Fremdwährungsschulden vom 31. 2. 1952, BA, B 126–48393.
[122] Deutsche Delegation für Auslandsschulden: Aufzeichnung über Währungsprobleme: B. Goldmarkklausel vom 31. 2. 1952, BA, B 126–48393.
[123] Deutsche Delegation für Auslandsschulden: Aufzeichnung über Währungsprobleme: C. Umstellung von Reichsmarkverpflichtungen vom 31. 2. 1952, BA, B 126–48393.
[124] Department of State to US Embassy London, 21. 2. 1952, NA, RG 59–1516.
[125] Deutsche Delegation für Auslandsschulden: Aufzeichnung über Körperschaften mit Reichshaftung (streng vertraulich) vom 31. 2. 1952, BA, B 126–48394.
[126] Deutsche Delegation für Auslandsschulden: I. Erfüllung von Valuta-Verbindlichkeiten durch DM-Zahlungen, II. Das DM-Wartezimmer vom 10. 2. 1952, PA/AA, Abt. II Nr. 1555 (LSA 48).

gegen die guten Sitten verstoßen, wurde mit Verweis auf die damals übliche Praxis energisch zurückgewiesen.[127] Juristisch war das Problem vielschichtig. Die Gläubiger kümmerte das wenig. Sie waren interessiert, die Verantwortlichkeit der deutschen Schuldner und deren Haftungsverpflichtung aufrechtzuerhalten.[128] Die Schuldner wehrten sich ihrerseits gegen Doppelzahlungen. Da es sich um zahllose Einzelschuldverhältnisse handelte, bot sich eine länderweise Globalregelung nicht an.[129] Eigentlich war klar, daß die Bundesrepublik letztlich die Gesamthaftung übernehmen mußte, wenn sie einem erbitterten Konflikt mit den Gläubigern und negative Auswirkungen auf den Erfolg der gesamten Konferenz vermeiden wollte. Allerdings bestand nach deutscher Rechtsauffassung eine unbestrittene Haftung der Bundesrepublik nur für die von der Konversionskasse ausgegebenen Schuldverschreibungen und Schuldscheine.[130] Die deutschen Juristen hielten Zahlungen in die Konversionskasse, die während des Krieges geleistet worden waren, nach wie vor für schuldbefreiend. Diese Rechtsposition war aber in London kaum durchsetzbar. Aller Voraussicht nach waren Doppelzahlungen nicht zu vermeiden. Es oblag dann dem Staat, die betroffenen Schuldner zu entschädigen. Allerdings ging man davon aus, daß es auch bei den Verbindlichkeiten der Konversionskasse Abstriche geben würde.[131]

Mitte Januar 1952 kam die offizielle Einladung zur Hauptkonferenz, die am 28. Februar in London beginnen sollte.[132] Beigefügt war die überarbeitete Endfassung des Memorandums der TCGD, das die Rahmenbedingungen für die Hauptkonferenz enthielt.[133] Die Bundesregierung wurde aufgefordert, ihre Delegation für die Hauptverhandlungen zu benennen. Neben den Sachverständigen und den Vertretern der privaten Wirtschaft bestand die Delegation aus Beamten des Bundesfinanzministeriums, der Bundes-

---

[127] Bank deutscher Länder (von Schelling) an das Auswärtige Amt vom 2. 1. 1952 nebst Vermerk der Rechts- und Währungsabteilung (Bank deutscher Länder) vom 21. 12. 1951, PA/AA, Abt. II Nr. 1532 (LSA 27).
[128] Aufzeichnung Granow (BFM) über den deutschen Standpunkt in der Frage der befreienden Wirkung der während des Krieges an die Konversionskasse für deutsche Auslandsschulden geleistete Zahlungen vom 2. 1. 1952, BA, B 126–4839.
[129] Vermerk BMJ (Weitnauer) vom 30. 1. 1952, BA, B 141–8580.
[130] Die Auslandsverbindlichkeiten der Konversionskasse, Stand 21. 4. 1945: 1. Verzinsliche Fundierungsbonds (Schuldverschreibungen) DM bzw. Fremdwährung 2174,3 Mio. und RM 56,3 Mio., 2. unverzinsliche Scrips (Schuldscheine) RM 5,7 Mio., 3. Sonstige Verbindlichkeiten: RM 433,8 Mio.
[131] Deutsche Delegation für Auslandsschulden: Aufzeichnung über die Konversionskasse für deutsche Auslandsschulden (streng vertraulich) vom 31. 1. 1952, BA, B 126–48395.
[132] AHK (Generalsekretär Neate) an Blankenhorn (BKA) vom 12. 1. 1952, PA/AA, Abt. II Nr. 1506 (LSA 3).
[133] Vermerk Bank deutscher Länder (von Schelling) vom 22. 1. 1952, HADBB, B 330–2467.

schuldenverwaltung, des Marshallplanministeriums, des Wirtschaftsministeriums, des Auswärtigen Amts und der Bank deutscher Länder.[134] Der private Sektor war dieses Mal zwar deutlich stärker vertreten als zuvor, die überwiegende Mehrheit der Delegationsmitglieder kam aber aus der Ministerialbürokratie. Die Leitung der Delegation für die Hauptkonferenz oblag wieder dem Bankier Hermann J. Abs.

Die Organisation der Konferenzarbeit sollte sich am bisher praktizierten Verfahren orientieren. Wie schon bei der Vorkonferenz waren drei Verhandlungsebenen vorgesehen: Das *plenary meeting* als Gesamtorgan, das zahlenmäßig überschaubare *steering committee* zur Vorbereitung wichtiger Entscheidungen und darunter spezielle Fachgruppen für die einzelnen Schuldenkategorien. Daneben das *creditors committee* als Gesamtvertretung aller Gläubiger, die TCGD als oberstes Lenkungsorgan, die Deutsche Delegation für die Schuldnerseite und die Vertreter der an der Konferenz teilnehmenden sonstigen Gläubigerstaaten.[135] Offizieller Gastgeber war die britische Regierung, die auf Grund der leeren Staatskasse alle Mühe hatte, der Konferenz einen stilvollen Rahmen zu verleihen.[136] Bis zum Schluß gab es in der TCGD interne Abstimmungsprobleme. Die amerikanische Delegation wurde vom *State Department* an der kurzen Leine geführt. Washington nahm für sich in Anspruch, bei Bedarf auch neben der TCGD einen direkten Einfluß auf die Londoner Verhandlungen auszuüben.[137] Über zwei Punkte war das *State Department* beunruhigt: Zum einen fühlte sich Washington über die deutschen Verhandlungsziele und Strategien nur unzureichend informiert.[138] Die amerikanischen Stellen in der Bundesrepublik wurden angewiesen, alle verfügbaren Informationen über Aktivitäten und Verlautbarungen der Bundesregierung, des Bundestags, der privaten Wirtschaft und der Studiengesellschaft nach Washington zu übermitteln, die Aufschluß darüber vermitteln konnten.[139] Zum zweiten erwiesen sich alle Gerüchte als falsch, daß die deutsche Seite im Begriff sei, ein konkretes Zahlungsangebot auszuarbeiten.[140] Vergeblich hatten die drei Regierungen gehofft, daß die vorläufige Regelung der Nachkriegsschulden den Deutschen genug Pla-

---

[134] List of Delegates, 25. 5. 1952, PA/AA, Abt. II Nr. 1510 (LSA 7).
[135] TCGD: Organization of work at the Debt Conference, 15. 1. 1952, PRO, FO 371–100080.
[136] Cridland to Crawford, 13. 2. 1952, PRO, FO 371–100109.
[137] Acheson (Department of State) to US Embassy London, 26. 1. 1952, NA, RG 59–1515.
[138] Department of State: Memorandum of Conversation (Gunter/Reinstein), 16. 1. 1952, NA, RG 43–222.
[139] Acheson to HICOG (Bonn), 24. 1. 1952, NA, RG 59–1515; McCloy (Bonn) to Secretary, 4. 2. 1952, NA, RG 43–243.
[140] McCloy (Bonn) to Secretary of State, 30. 1. 1952, NA, RG 59–1515.

nungssicherheit bieten würde, um gleich zu Beginn der Hauptverhandlungen ein konkretes Angebot vorzulegen, das als Diskussionsbasis für die Verhandlungen mit den internationalen Gläubigern dienen konnte.[141]

Die deutsche Strategie zielte aber genau auf das Gegenteil. Die Deutschen wollten sich nicht vorzeitig auf Zahlen festlegen, sondern sich erst einmal vorsichtig an die Beurteilung der deutschen Zahlungsfähigkeit herantasten. Die beiden Memoranden zur Aufbringungs- und Transferfähigkeit hatten diese Richtung bereits erkennen lassen. Sir Niemeyer, der prominente Vertreter der britischen Anleiheschuldner, hielt es schon vor dem Beginn der Hauptverhandlungen für einen taktischen Fehler, den Deutschen dazu Gelegenheit zu geben.[142]

Ungeachtet aller Strategien und taktischen Erwägungen war Abs zutiefst davon überzeugt, daß die Bundesrepublik für die Wiederherstellung der deutschen Kreditfähigkeit erkennbare Opfer bringen mußte. Harte Verhandlungen für ein gutes Ergebnis standen dazu nicht im Widerspruch.[143] Er war der Meinung, daß zuerst die öffentlichen Schulden von Reich, Ländern und Kommunen und dann die privaten Schulden verhandelt werden sollten.[144] Für seine Zielsetzungen mußte Abs immer wieder werben. Kurz vor seiner Abreise nach London stand er noch einmal dem Auswärtigen Ausschuß des Bundestags ausführlich Rede und Antwort. Auch Bundeskanzler Adenauer und Staatssekretär Hallstein nahmen an der Sitzung teil.[145] Die Vorbehalte gegen die Schuldenverhandlungen waren in diesem Gremium aus den bekannten Gründen nach wie vor groß. Trotz aller Kritik hatte das Bundeskabinett am 12. Februar 1952 die Entsendung einer deutschen Delegation nach London zur Teilnahme an den Verhandlungen über die Vorkriegsschulden beschlossen.[146]

---

[141] Matters to be discussed with Herr Abs, 5. 2. 1952, NA, RG 43–241; Gifford (London) to Department of State, 14. 2. 1952, NA, RG 59–1516.

[142] Record of an informal meeting held in Foreign Office, 18. 1. 1952, PRO, FO 371–100080. Abs hatte sich im Dezember 1951 zu Gesprächen mit Niemeyer in Basel getroffen; Abs an Vocke vom 29. 11. 1951, HADBB, B 330–2011.

[143] Vortrag Abs vom 28. Januar 1952 in der Universität Bonn, PA/AA, Abt. II Nr. 1555 (LSA 48).

[144] Notizen über die Sitzung der Delegation für deutsche Auslandsschulden am 19. 2. 1952 (Erbstößer) vom 22. 2. 1952, HADBB, B 330–2467; Vermerk Herbst betr. Vertretung der privaten Auslandsschuldner bei der Londoner Schuldenkonferenz vom 20. 2. 1952, BA, B 126–48378.

[145] Sitzung des Auswärtige Ausschusses vom 21. 2. 1952, in: Der Auswärtige Ausschuß des Deutschen Bundestages, S. 566ff.

[146] Kabinettsvorlage der Bundesregierung betr. Beginn der internationalen Konferenz über deutsche Auslandsschulden am 28. 2.1952 vom 4. 2. 1952, PA/AA, Abt. II Nr. 1506 (LSA 3); Kabinettssitzung vom 12. 2. 1952, in: Die Kabinettsprotokolle der Bundesregierung, Bd. 5 (1952), S. 101.

IV. DIE HAUPTVERHANDLUNGEN

1. Die erste Phase

Die Eröffnungssitzung der Londoner Schuldenkonferenz fand 28. Februar 1952 mit über 300 Teilnehmern im Lancaster House statt. In diesem Gebäude war bereits die Vorkonferenz abgehalten worden, da es eines der wenigen Gebäude in London war, das für eine Konferenz dieser Größenordnung genug Raum bot. Beobachter und Delegierte aus annähernd 30 Staaten nahmen an der Hauptkonferenz teil, darunter Exoten wie Kuba oder die Dominikanische Republik.[1] Neben den USA, Großbritannien und Frankreich waren die Schweiz, Belgien, die Niederlande und Schweden die wichtigsten Gläubigerländer. Von politischer Relevanz waren daneben noch Israel, Österreich und Dänemark. Die bedeutendsten und den Verlauf der Konferenz entscheidend mitbestimmenden Repräsentanten der Gläubiger waren der Brite Sir Otto Niemeyer und der Amerikaner James Grafton Rogers. Sie vertraten die Interessen der britischen und amerikanischen Gläubiger der großen Reichsanleihen.[2] In dieser wichtigen Kategorie hielten die in den USA lebenden Gläubiger den mit Abstand größte Anteil.[3]

Die programmatische Eröffnungsansprache hielt Sir George Rendel als amtierender Vorsitzender der TCGD. Rendel führte den anwesenden Gläubigervertretern noch einmal deutlich vor Augen, daß die Bundesrepublik allein aufgrund der alliierten Nachkriegswirtschaftshilfe nun wieder in der Lage sei, die Regelung der Vorkriegsschulden in Angriff nehmen zu können. Er hob noch einmal hervor, daß die Rückzahlung der aus dieser Hilfe resultierenden Nachkriegsschulden absolute Priorität habe, fügte aber an, daß die drei Regierungen zu Modifikationen der Zahlungsmodalitäten bereit sein würden, falls eine „befriedigende und gerechte Regelung der Vorkriegsschulden erzielt wird."[4] Rendel nannte an dieser Stelle die im Dezember 1951 mit der Bundesrepublik getroffenen vorläufigen Vereinbarungen über die Nachkriegsschulden, deren Realisierung entscheidend vom Ausgang der Hauptverhandlungen abhängen würde. Als entscheidendes Krite-

---
1 Conference on German External Debts. List of Delegates, Lancaster House (London), 25th June 1952, PA/AA, Abt. II Nr. 1557 (LSA 50).
2 Palliser: Conference on German external debts, 17. 3. 1952, PRO, FO 371–100083.
3 Aufschlüsselung der German Pre-war External Debt nach Länderanteilen (Stand 30. Juni 1950), NA, RG 43–244.
4 Anlage I zum Protokoll der ersten Plenarsitzung: Eröffnungsansprache von Sir George Rendel vom 28. 2. 1952, PA/AA, Abt. II Nr. 1560 (LSA 53).

rium für einen Erfolg der beginnenden Konferenz nannte Rendel die gleichrangige und gerechte Behandlung aller Schuldenkategorien. Er verwies in diesem Zusammenhang auf die von der Vorkonferenz geleisteten Vorarbeiten und auf das als Leitfaden dienende Memorandum der TCGD. Am Ende seiner Ausführungen gab Rendel einen Ausblick auf das weitere Procedere. Die von der Hauptkonferenz vereinbarten Regelungsbedingungen sollten in einer „Schlußakte" zusammengefaßt werden, die dann im Anschluß an die Konferenz in ein Regierungsabkommen eingehen würde. Rendel stellte abschließend fest, daß Zahlungen an die Gläubiger ausschließlich im Rahmen dieses Abkommens getätigt werden würden.[5] Damit waren die Rahmenrichtlinien noch einmal unmißverständlich dargelegt worden.

Es folgte die nicht minder programmatische und sorgfältig vorbereitete Eröffnungsansprache des Leiters der Deutschen Delegation Hermann J. Abs.[6] Sie begann mit der Erklärung, daß die Bundesrepublik die Londoner Schuldenkonferenz als einen wichtigen Schritt auf dem Weg zur Wiederaufnahme in die Gemeinschaft der freien Welt betrachten würde. Allerdings müßten die Gläubiger dabei zur Kenntnis nehmen, daß neben den Vorkriegsschulden „auch die Gesamtheit aller übrigen gegen Deutschland erhobenen Forderungen" in die Verhandlungen einbezogen werden müßten. Alle Ansprüche zusammen stellten eine erhebliche Beanspruchung der deutschen Transferfähigkeit dar. Abs fügte an, daß die Bundesrepublik zwar alle Anstrengungen zur Steigerung ihrer Transferfähigkeit unternehmen wolle, dabei aber auf die Mithilfe der Gläubigerländer angewiesen sei. Diese müßten die Bereitschaft zeigen, günstige Voraussetzungen dafür zu schaffen. Im Klartext hieß das, daß die Gläubigerländer durch eine Liberalisierung ihrer Handelspolitik mit dazu beitragen sollten, die Voraussetzungen für einen ausreichenden Transfer zu schaffen. Dieser sollte nur aus echten Handelsüberschüssen erfolgen können. Eine weitere Konditionierung der deutschen Zahlungsbereitschaft folgte, indem Abs auf die territoriale Begrenzung der Bundesrepublik, die von ihr zu tragenden großen Lasten für Kriegsfolgen, die Unterstützung Berlins, für künftige Verteidigungsleistungen und auf die erheblichen Verluste an wirtschaftlicher Substanz hinwies. Alle diese Faktoren müßten in den Verhandlungen angemessen in Rechnung gestellt werden.[7]

---
5 Ebd.
6 Niederschrift über Delegationsbesprechung am 26. 2. 1952 vom Tage, BA, B 146–1194.
7 Anlage II zum Protokoll der ersten Plenarsitzung: Eröffnungsansprache des Leiters der Deutschen Delegation vom 28. 2. 1952, PA/AA, Abt. II Nr. 1560 (LSA 53).

1. Die erste Phase

Zu einer längeren Aussprache über die beiden Statements kam es in dieser Plenarsitzung nicht mehr, obwohl die Ausführungen von Abs bei den Gläubigern einigen Widerspruch erregten. Für eine konstruktive Diskussionsarbeit war das Gremium wegen seiner Größe ungeeignet. Deshalb wurde für zentrale Organisations- und Arbeitsaufgaben wieder ein *Steering Committee* eingerichtet. Zur internen Abstimmung unter den Gläubigern wurde ein *Creditors Committee* eingerichtet.[8] Zum Vorsitzenden dieses Gremiums wurde der Amerikaner Rogers gewählt.[9] Das Plenum selbst trat in der Folgezeit nur selten zusammen.

Nach eingehender Diskussion wurden in der ersten Sitzung des *Steering Committee* vier Fachausschüsse für die eigentlichen Verhandlungen zwischen Schuldnern und Gläubigern eingesetzt, die aus Effizienzgründen auf fünf bis sieben Mitglieder beschränkt bleiben sollten. Der Ausschuß „A" war für „Reichsschulden und Schulden anderer öffentlich-rechtlicher Körperschaften" zuständig, der Ausschuß „B" für „Industrieanleihen", der Ausschuß „C" für „Stillhalteschulden" und der Ausschuß „D" für „Handelsschulden und sonstige Verbindlichkeiten". Daneben gab es wie bei der Vorkonferenz einen Statistischen Ausschuß.[10]

Während die Konferenz noch mit ihrer Konstituierung beschäftigt war, drohte bereits die Gefahr einer ersten Krise.[11] Auslöser dafür war eine Erklärung des israelischen Delegationsleiters Keren in der zweiten Plenumsitzung. Sie diente dem Zweck, die Aufmerksamkeit der internationalen Gläubiger auf die Wiedergutmachungsansprüche Israels an die Bundesrepublik zu richten. Dies geschah, obwohl oder gerade weil sie, wie Keren ausdrücklich betonte, nicht(!) Teil der Londoner Verhandlungen waren. Bemühungen Israels oder jüdischer Organisationen, israelische Ansprüche in London auf die Tagesordnung zu setzen, waren bereits im Vorfeld abschlägig beschieden worden. Nachdem Keren Art und Umfang der israelischen Forderungen dargelegt hatte, verwies er auf die Erklärung, die Bundeskanzler Adenauer am 29. September 1951 vor dem Deutschen Bundestag abgegeben hatte. In dieser Erklärung hatte der Bundeskanzler die moralische Pflicht der Deutschen zur materiellen Entschädigung Israels anerkannt. Keren fügte an, daß Adenauer den Inhalt seiner Erklärung bei einem Treffen mit dem Präsidenten des Jüdischen Weltkongresses Goldmann am 6. Dezember

---

[8] Protokoll der ersten Plenarsitzung am Donnerstag, den 28. 2. 1952, im Lancaster House, PA/AA, Abt. II Nr. 1560 (LSA 53).
[9] Gifford (London) to Secretary of State, 3. 3. 1952, NA, RG 59–1516.
[10] Protokoll der ersten Sitzung des Arbeits- und Organisations-Ausschusses am 29. 2. 1952, PA/AA, Abt. II Nr. 1565 (LSA 57).
[11] Vogel (London) an Vizekanzler Blücher (streng vertraulich) vom 1. 3. 1952, BA, B 146–1200.

1951 noch einmal schriftlich bestätigt und dabei festgestellt habe, daß „die Bundesregierung als Verhandlungsbasis die von der israelischen Regierung in ihrer Note vom 12. März 1951 geltend gemachten Forderungen annehme."[12] Zusammen mit den separat erhobenen Forderungen der *Jewish Claims Conference* handelte es sich um eine Summe von $ 1,5 Milliarden. Keren kündigte die unmittelbar bevorstehende Aufnahme von Verhandlungen über diese Forderung an, die von Großbritannien und den USA mit „wohlwollendem Interesse" verfolgt würden.[13] Er bat die Konferenz zur Kenntnis zu nehmen, daß „keine Gesamtregelung der deutschen Auslandsverpflichtungen gerecht oder realistisch wäre, die diese Ansprüche nicht berücksichtigen würde."[14]

Die Erklärung von Keren verursachte in der Deutschen Delegation einigen Wirbel, denn die schriftliche Zusage des Kanzlers, die israelische Note vom März 1951 zur „Grundlage von Verhandlungen" zu machen, war in London bis dato unbekannt.[15] Anfänglich bestanden sogar ernste Zweifel am Wahrheitsgehalt der Ausführungen Kerens.[16] Abs hatte nie einen Hehl daraus gemacht, daß er die immensen israelischen Wiedergutmachungsforderungen als eine ernsthafte Gefährdung der Londoner Schuldenkonferenz ansah.[17] Wenige Tage vor dem Beginn der Schuldenkonferenz hatte Abs den Bundeskanzler in einem bewegenden Schreiben noch einmal eindringlich davor gewarnt, die Verhandlungen mit Israel zum jetzigen Zeitpunkt aufzunehmen, weil eine Übernahme von Ansprüchen dieser Größenordnung angesichts der deutschen Devisenlage den möglichen Erfolg der Schuldenkonferenz a priori in Frage stellten würde. Abs, der pikiert war, wichtige Informationen der Presse entnehmen zu müssen, erklärte klipp und klar, unter solchen Bedingungen zur Erfüllung seiner Mission außerstande zu sein.[18]

Die berechtigten Einwände von Abs vermochten den Kanzler jedoch nicht umzustimmen. Er stand bei Nahum Goldmann im Wort.[19] Trotz mas-

---

[12] Ausführungen des Leiters der israelischen Delegation (M. Keren) auf der Londoner Schuldenkonferenz in der zweiten Plenumsitzung vom 29. 2. 1952, PA/AA, Abt. II Nr. 1559 (LSA 52).
[13] Bei einem Besuch des israelischen Ministers im Foreign Office war von „Sympathie" für die Verhandlungen gesprochen worden: Minute Frank Roberts, 10. 1. 1952, PRO, FO 371–97946.
[14] Ebd.
[15] BK Adenauer an Goldmann (Conference on Jewish Claims against Germany) vom 6. 12. 1951, BKAH, NL Adenauer Nr. 10.06.
[16] Vogel an Blücher vom 1. 3. 1952, BA, B 146–1200.
[17] Aufzeichnung betr. Besprechung im Bundeswirtschaftsministerium über Wiedergutmachung und Brüsseler Verhandlungen am 21. 2. 1952, BA, NL Blankenhorn Nr. 17.
[18] Abs (Frankfurt) an BK Adenauer vom 22. 2. 1952, HADBB, B 330–2011.
[19] Vgl. GOLDMANN, S. 317 ff.

1. Die erste Phase

siver Widerstände selbst in seiner eigenen Regierung – Finanzminister Schäffer sprach sich entschieden gegen die Aufnahme von Verhandlungen mit dem Staat Israel aus[20] – setzte Adenauer durch, daß das Bundeskabinett in seiner Sitzung vom 26. Februar 1952 die Aufnahme von Verhandlungen mit Israel für den Monat März beschloß. Auf Vorschlag von Staatssekretär Hallstein wurde der Frankfurter Jurist Professor Franz Böhm mit der Leitung der Verhandlungsdelegation beauftragt.[21] Gegen die Berufung Professor Böhms gab es im Bundesfinanzministerium erhebliche Bedenken. Auch Abs teilte diese Bedenken weitgehend, weil Professor Böhm seiner Ansicht nach nicht über die nötigen finanztechnischen Kenntnisse verfügte, um die Interdependenz zwischen den Haager und den Londoner Verhandlungen hinsichtlich der Aufbringungs- und Transferproblematik richtig einzuschätzen.[22]

In richtiger Einschätzung der Schwierigkeiten, die sich aus der Parallelität multilateraler Schuldenverhandlungen in London und bilateraler Wiedergutmachungsverhandlungen in Brüssel bzw. Den Haag ergeben würden, bemühte sich Abs, die baldige Aufnahme deutsch-israelischer Verhandlungen zu torpedieren. Dabei ging es ihm nicht um die Verhandlungen als solche, Abs hat die prinzipielle Berechtigung von Entschädigungsleistungen an Israel in seinen Äußerungen nie bestritten, sondern um die Wahl des geeigneten Zeitpunkts.[23] In einer Unterredung unterbreitete Abs dem amerikanischen Chefdelegierten Pierson den Vorschlag, die Verhandlungen mit Israel entweder bis nach dem Ende der Schuldenkonferenz zu verschieben oder sie parallel in London durchzuführen. Pierson hielt sich jedoch gegenüber Abs völlig bedeckt.[24] Dieses Verhalten wurde vom *State Department* ausdrücklich gelobt, weil Washington für den Fall einer Verschiebung der Verhandlungen wegen der vorhersehbaren Reaktion in Israel unliebsame politische Konsequenzen befürchtete. Ebensowenig kam eine mittelbare Einbeziehung der Wiedergutmachungsverhandlungen in die Schuldenkonferenz in Frage. Pierson wurde angewiesen, Abs informell den Rat zu ge-

---

20 Vgl. MICHAEL WOLFSOHN, Globalentschädigung für Israel und die Juden? Adenauer und die Opposition in der Bundesregierung, in: LUDOLF HERBST und CONSTANTIN GOSCHLER (Hrsg.), Wiedergutmachung in der Bundesrepublik Deutschland, München 1989, S. 163 ff.; vgl. DEUTSCHKRON, S. 50 ff.
21 204. Kabinettsitzung am 26. 2. 1952, in: Die Kabinettsprotokolle der Bundesregierung, Bd. 5 (1952), S. 132 f.; vgl. BÖHM, S. 448 ff.
22 Vgl. ABS, Entscheidungen, S. 129 f.
23 Vgl. ebd., S. 197 ff.; ABS, Der Weg zum Londoner Schuldenabkommen, S. 85 ff.; siehe dagegen LIORA KATZENSTEIN, From Reparation to Rehabilitation, Thèse No. 368 Université de Genève, Genf 1983, S. 233 ff.
24 Gifford (London) to Secretary of State, 3. 3. 1952, NA, RG 59–1516.

ben, in den Verhandlung mit Israel den Spielraum zwischen Verhandlungsbeginn und konkreter Einigung zu nutzen.[25] Im Klartext sollte das wohl heißen: Verhandlungen wie geplant beginnen und dann unverbindlich in der Schwebe halten, bis man in London zu Ergebnissen gelangt war. Abs schwenkte auf diese Linie ein, weil er zur Kenntnis nehmen mußte, daß eine Absage oder Verschiebung der deutsch-israelischen Verhandlungen unrealistisch war.

Am 8. März fand im Palais Schaumburg in Bonn eine Ressortbesprechung zur Vorbereitung der Wiedergutmachungsverhandlungen mit Israel statt. Abs vertrat dabei den Standpunkt, man müsse sich in den Verhandlungen mit Israel darauf beschränken, die israelischen Forderungen entgegenzunehmen. Bevor diese, in welcher Form auch immer, von der Bundesregierung anerkannt werden könnten, müßten sie mit der TCGD in London abgestimmt werden. Professor Böhm teilte die Meinung von Abs insoweit, als auch er eine Anerkennung von Forderungen Israels zum jetzigen Zeitpunkt für verfrüht erachtete. Er verlangte aber, den israelischen Ansprüchen grundsätzlich eine gewisse Priorität zuzubilligen. Mit diesem Ansinnen stieß Böhm jedoch auf die entschiedene Ablehnung von Abs, der jede Art von Festlegung für eine Gefährdung der Schuldenverhandlungen hielt. Die anwesenden Vertreter des Bundesfinanzministeriums unterstützten diese Haltung und fügten hinzu, daß für Wiedergutmachungszwecke momentan ohnehin keinerlei Mittel zur Verfügung stünden. In diesem Zusammenhang wies Abs ausdrücklich darauf hin, daß auch die Lieferung von Waren eine echte Transferleistung darstellte und als Problemlösung nicht in Frage kommen könne. Abs konnte sich in dieser Sitzung mit seiner Meinung weitgehend durchsetzen. Als Strategie für Den Haag wurde beschlossen: 1. die israelischen Forderungen nur entgegenzunehmen und jedwede Stellungnahme oder Zusage zu vermeiden, 2. Sofortlieferungen von Waren abzulehnen.[26] Besonders glücklich war Professor Böhm mit diesen Beschlüssen nicht. Er befürchtete, daß seine Verhandlungspartner mehr erwarteten und auf Grund der bisherigen Äußerungen des Bundeskanzlers auch mehr erwarten durften. Adenauer selbst neigte wie so oft erst einmal zum Lavieren und wartete ab, wie sich die Dinge in London und Den Haag entwickelten. In den nächsten Wochen stützte er mal mehr die Position von Abs, mal mehr die von Böhm.[27] Böhm gab Staatssekretär Hallstein den Rat, in Den

---

25 Acheson (Department) to US Embassy (London), 7. 3. 1952, NA, RG 59–1516.
26 Aufzeichnung Frowein über die Ressortbesprechung im Haus Schaumburg unter Vorsitz von Staatssekretär Hallstein am 8. 3. 1952, BA, B 146–1244; vgl. HANSEN, S. 164ff.
27 Böhm an Hallstein vom 8. 3. 1952, BA, NL Blankenhorn Nr. 17.

1. Die erste Phase

Haag mit offenen Karten zu spielen und die Israelis vorab über den „modifizierten Standpunkt" zu informieren.[28]

Nachhaltigen Erfolg hatte er mit seinem Vorschlag aber nicht. Solange die deutsch-israelischen Gespräche ohne gravierende Probleme liefen, war die von Abs befürwortete Linie maßgeblich, die im Prinzip die Verhandlungen mit Israel vorläufig zu einer Art Vorkonferenz zwecks Meinungsaustausch herabstufen wollte. Dies war aber nur kurzzeitig möglich, weil schon die Eröffnungserklärung von Professor Böhm in Den Haag mit Enttäuschung aufgenommen wurde.[29]

Abs ließ auch in den nächsten Wochen nichts unversucht, um die Verhandlungen mit Israel in seinem Sinne zu beeinflussen.[30] Er traute dem Frieden nicht, obwohl der Bundeskanzler ihn mehrfach zu beschwichtigen versuchte. Adenauer verleugnete aber nicht, daß ihm die Wiedergutmachungsverhandlungen sehr am Herzen lagen.[31] Abs wiederholte ständig seine Warnung, daß jede voreilige Zusage an Israel ein Scheitern der Londoner Schuldenkonferenz bedeuten könnte.[32] Er unternahm sogar persönlich den Versuch, den Israelis seine Sicht der Dinge verständlich zu machen. Zu diesem Zweck führte er in London ein Gespräch mit Nahum Goldmann, dessen Ergebnis allerdings mager war, weil seinen sachlichen und pragmatischen Argumenten der „unique character of the Jewish claim" entgegengehalten wurde.[33]

Als Leiter der deutschen Schuldendelegation machte sich Abs ernstliche Sorgen über den Fortgang der Verhandlungen. Pierson erstattete er laufend über deren Entwicklung Bericht.[34] Den Berichten aus Den Haag war zu entnehmen, daß die dortigen Verhandlungen schon nach wenigen Wochen in ein deutlich konkreteres Stadium einzutreten drohten, als es Abs für vertretbar hielt. Eine Summe von DM 3 Milliarden stand im Raum, und Professor Böhm drängte den Kanzler, diese als gerechtfertigt anzuerken-

---

[28] Ebd.
[29] Aufzeichnung Böhm vom 7. 4. 1952, ebd.
[30] Nach langem Hin und Her wurde für Böhm eine Eröffnungserklärung konzipiert, die der Gleichzeitigkeit der Londoner und Haager Verhandlungen Rechnung trug; Vogel (London) an Vizekanzler Blücher vom 15. 3. 1952, PA/AA, Abt. II Nr. 1557 (LSA 50).
[31] Telegramm Adenauer an Abs vom 11. 3. 1952, PA/AA, Abt. II Nr. 1540 (LSA 34).
[32] Telegramm Abs an Auswärtiges Amt für BK Adenauer vom 13. 3. 1952, BA, NL Blakenhorn Nr. 17.
[33] Report of a conversation with H. Abs on Sunday, 16th March, 1952, BA, NL Blankenhorn Nr. 16; Abs an BK Adenauer vom 16. 3. 1952, ebd., Nr. 17.
[34] Gifford (London) to Secretary of State, 13. 3. 1952, NA, RG 43-244; From London (Gifford) to Secretary of State, 26. 3. 1952 und Gifford (London) to Secretary of State, 1. 4. 1952, NA, RG 59-1516.

nen.³⁵ In einem Telegramm aus London warnte Abs den Bundeskanzler eindringlich vor Zusagen an die Israelis, weil damit wahrscheinlich ein Abbruch der Schuldenverhandlungen verbunden sein würde. Statt dessen sollte die Osterpause genutzt werden, um koordinierte Entscheidungen sowohl für London als auch für Den Haag zu treffen.³⁶ Abs hielt es grundsätzlich für falsch, in Den Haag mit konkreten Ziffern zu hantieren, weil mit jeder Zahl, die genannt würde, immer eine Vorfestlegung verbunden sei. Vizekanzler Blücher stimmte diesem Standpunkt ausdrücklich zu.³⁷ Auch Hochkommissar McCloy, ein Freund Israels, hielt es für grundsätzlich falsch, Erwartungen zu wecken, die später vielleicht nicht eingehalten werden konnten.³⁸

Abs fühlte sich in seiner Haltung bestärkt, weil er inzwischen Kenntnis vom Inhalt der alliierten Antwortnote auf die Note Israels vom 12. März 1951 erlangt hatte. Ein französisches Mitglied der TCGD hatte dem deutschen Delegationsmitglied Wolff³⁹ vertraulich Einblick in die Antwortnote seiner Regierung gewährt. Damit war ohne Zweifel die Absicht verbunden, Abs innenpolitisch den Rücken zu stärken, denn entgegen den bisherigen Bonner Erwartungen und entgegen dem Eindruck, den die Israelis nach außen zu erwecken versuchten, standen die Alliierten trotz aller Sympathiebekundungen keineswegs vorbehaltlos hinter den israelischen Forderungen.⁴⁰ Auch hielten die Alliierten zumindest den Zeitpunkt für falsch, wagten aber nicht, ihre reservierte Haltung offen zu erkennen zu geben. Das Telegramm von Abs verfehlte zusammen mit den neuen Informationen seine Wirkung nicht. Eine Festlegung in Den Haag konnte mit Rücksicht auf die Schuldenverhandlungen vorläufig verhindert werden.⁴¹ Die Folgen für London wären in der Tat schwierig gewesen, denn auch dort drohten die Verhandlungen in eine Sackgasse zu geraten.

---

35 Bericht der deutschen Delegation im Haag (Böhm/Küster) vom 27. 3. 1952, BA, B 102–7019.
36 Telegramm Abs an BK Adenauer vom 31. 3. 1952, PA/AA, Abt. II Nr. 1540 (LSA34).
37 Aufzeichnung Minister Blücher (streng vertraulich) vom 2. 4. 1952, BA, B 146–1244.
38 ABS, Konrad Adenauer und die Wirtschaftspolitik der fünfziger Jahre, S. 241 f.
39 Aufzeichnung (Wolff) über den bisherigen Verlauf der zwischen der Bundesrepublik Deutschland einerseits und dem Staat Israel sowie der Conference on Jewish Material Claims against Germany andererseits im Haag geführten Verhandlungen vom 29. 3. 1952, BA, B 146–1200; Ministerialdirektor Wolff (BFM) fungierte als Verbindungsmann zu den Verhandlungen in Den Haag.
40 Vermerk Wolff (streng vertraulich) vom 28. 3. 1952, BA, B 146–1200; vgl. ROLF VOGEL (Hrsg.), Wiedergutmachung und Londoner Schuldenkonferenz, in: DERS., Deutschlands Weg nach Israel. Dokumentation, 2., erg. Aufl., Stuttgart 1967, S. 43; PEASE, S. 456ff; JELINEK, Die Krise der Shilumin, S. 116ff.; HANSEN, S. 172ff.
41 Vermerk Vogel vom 2. 4. 1952, BA, B 146–1200.

1. Die erste Phase

Diese Gefahr zeichnete sich schon kurz nach dem Ende der Organisationsphase ab, die Mitte März abgeschlossen war. Die anfänglichen Hoffnungen der Gläubiger auf verhandelbare deutsche Offerten schwanden dahin. Rogers äußerte schon am 13. März gegenüber Pierson, mit dem er eng kooperierte, erhebliche Zweifel am Willen der Deutschen, in absehbarer Zeit mit präzisen Vorschlägen aufwarten.[42] Die ständige Bezugnahme der deutschen Delegierten auf die Totalität aller gegen die Bundesrepublik gerichteten Zahlungsansprüche wertete er dafür als Indiz.[43] Mit dieser Einschätzung lag Rogers richtig, denn die Deutsche Delegation hatte nicht die Absicht, schon im Anfangsstadium der Verhandlungen konkrete Zahlen auf den Tisch zu legen. Diese waren nicht einmal vorhanden, weil sich die internen deutschen Vorbereitungen bisher ganz überwiegend auf die Definition der allgemeinen deutschen Aufbringungs- und Transferfähigkeit konzentriert hatten. Wegen der divergierenden Erwartungshaltungen kamen die Verhandlungen nur schleppend in Gang.[44]

Schon in den ersten Verhandlungstagen wurde deutlich, daß die Gläubiger nicht bereit waren, von vornherein Abstriche an ihren Forderungen zu akzeptieren. Die von Ministerialrat von Spindler in der Eröffnungssitzung des Ausschusses „A" abgegebene Erklärung, daß die Bundesregierung nur für etwa 50% der Reichskapitalschulden die Haftung übernehmen könne, wurde von den Gläubigern energisch zurückgewiesen. Der Amerikaner Rogers zweifelte an, ob unter diesen Umständen eine Reintegration der Bundesrepublik in den internationalen Kapitalmarkt überhaupt möglich wäre. Auch Niemeyer sah keinen Grund für einen Verzicht, nicht einmal bei den Zinsen. Der deutschen These, daß für die Kriegszeit keine Zinsen gezahlt werden müßten, wurde heftig widersprochen.[45] Niemeyer verlangte sogar die vertraglich vereinbarte Anwendung der Goldklausel, zumindest für alle nicht-amerikanischen Tranchen der Reichsanleihen. Gegen diese Forderung wandte sich wiederum Rogers, der eine Diskriminierung der amerikanischen Gläubiger befürchtete und aus diesem Grund eine „Gleich-

---

[42] Die amerikanischen Mitglieder der TCGD sowie die amerikanischen Gläubigervertreter waren mit insgesamt gutem Erfolg um die Herstellung einer „united U.S. front" bemüht; Memorandum for the files: Meeting of Warren Lee Pierson with representatives of U.S. creditors in New York on February 14th, 18. 2. 1952, NA, RG 59–1516.
[43] Gifford (London) to Secretary of State, 13 3 1952, NA, RG 43–243.
[44] Ministerialrat Sachs an von Mangoldt (Vertreter der Bundesrepublik bei OEEC) vom 12. 3. 1952, BA, B 146–1225.
[45] Gifford (London) to Secretary of State, 14. 3. 1952, NA, RG 43–243. Nach einem US-Gutachten waren Zinsen bei Vorkriegsfälligkeit auf jeden Fall zu zahlen. Dies galt z. B. für Anleihen. Die Rechtssituation in den USA war aber nicht eindeutig; Memorandum from Sherman to Kearney, 8. 4. 1952, NA, RG 43–241.

behandlung aller Tranchen" forderte. Niemeyer sprach dagegen von einer „gleichmäßigen Behandlung der Gläubiger."[46] Hier wurden Verhandlungspositionen aufgebaut, denn von einer unangepaßten Anwendung der Goldklausel konnte niemand ernsthaft ausgehen. Die sprachlichen Nuancen deuteten aber auf ein Konfliktpotential zwischen Briten und Amerikanern.[47] Rogers gab in der dritten Plenarsitzung der Konferenz eine offizielle Erklärung ab, in der er die vertragliche Gleichberechtigung aller Tranchen der Dawes- und der Young-Anleihe ausdrücklich hervorhob.[48] Die Treuhänder beider Anleihen, die beobachtend vertreten waren, gaben in der gleichen Sitzung ebenfalls Erklärungen zu den besonderen Prioritätsrechten der beiden Reichsanleihen ab.[49] In diesem Punkt hielten sich die Deutschen taktisch klug zurück. Die Gläubiger sollten das unter sich ausmachen.[50] Ansonsten liefen die deutschen Bemühungen, die harte Haltung der Gläubiger in den nächsten Sitzungen etwas aufzuweichen, ins Leere. Weder die Berufung auf den Inhalt der Schuldenerklärung noch die Erläuterungen zur verminderten Leistungsfähigkeit der Bundesrepublik zeigten Wirkung.[51]

Im Ausschuß „B" liefen die Dinge keineswegs besser. Die Gläubiger der deutschen Industrieanleihen machten schon in der ersten Sitzung klar, daß sich ihre Forderungen streng an den damals vereinbarten Kontrakten orientierten.[52] Verlangt wurde die Anerkennung der vollen Schuld aus Kapital und Zinsen unter Anwendung der Goldklausel, soweit sie Bestandteil der Verträge war. Deutsche Vorbehalte gegen den Weiterbestand der Goldklausel wurden vom Briten Leggett mit dem massiven Vorwurf beantwortet, die

---

[46] Niederschrift (Baur) über die Eröffnungssitzung des Verhandlungsausschusses für Reichsschulden und andere Schulden der öffentlichen Hand (Ausschuß „A") vom 11. 3. 1952, PA/AA Abt. II Nr. 1568 (LSA 60).
[47] Gifford (London) to Secretary of State, 31. 3. 1952, NA, RG 59–1516.
[48] Erklärung Rogers zur Dawes- und Young-Anleihe vom 14. 3. 1952, PA/AA, Abt. II Nr. 1559 (LSA 52).
[49] International Conference on German External Debts: Verbatim Report of the 3rd Plenary Meeting on Friday, 14th March, 1952, PRO, FO 371–100136; Erklärung H. Guisan, Rechtsberater der BIZ Basel für die Young-Anleihe, vom 14. 3. 1952 (Dritte Plenarsitzung), PA/AA, Abt. II Nr. 1558 (LSA 52); dazu Memorandum der Treuhänder (Kennet/Rist) der deutschen Auslands-Anleihe vom Jahr 1924 (Dawes-Anleihe) vom 12. 3. 1952 und Memorandum der Bank für Internationalen Zahlungsausgleich: Die Internationale 5½% Anleihe des Deutschen Reichs 1930 (Young-Anleihe) vom 13. 3. 1952, PA/AA, Abt. II Nr. 1559 (LSA 52).
[50] Ausführungen Kriege vom 27. 3. 1952, PA/AA, Abt. II Nr. 1557 (LSA 50).
[51] Ausführungen Dieben betr. Feststellung des Umfangs der deutschen Staatsschulden im Ausschuß „A" vom 12. 3. 1952; Ausführungen Ministerialrat von Spindler im Verhandlungsausschuß „A" am 13. 3. 1952, PA/AA, Abt. II Nr. 1568 (LSA 60).
[52] Mündliche Erklärung Boynton (USA) im Ausschuß „B" vom 17. 3. 1952, PA/AA, Abt. II Nr. 1570 (LSA 62).

1. Die erste Phase

Deutschen wollten sich nicht mehr an die vor zwanzig Jahren geschlossenen Verträge halten.[53] Die Stimmung war sehr aufgeladen, weil die Gläubigerseite kompromißlos auf ihren Standpunkten beharrte und praktisch alle deutschen Argumente negierte. Diskutabel war für sie allenfalls eine zeitliche Streckung der Fälligkeiten, und nur in Einzelfällen sollten wirkliche Zugeständnisse in Betracht kommen. Um die Gefahr einer Eskalation zu verringern, nahm Abs persönlich an der nächsten Sitzung vom Ausschuß „B" teil. Es gelang ihm, die Atmosphäre wieder zu versachlichen, obwohl er weder gegenüber den Gläubigern direkt noch gegenüber der TCGD einen Hehl daraus machte, daß eine Konzessionsbereitschaft auch der Gläubiger von Industrieanleihen unabdingbar sein würde.[54] Mit einer Verlängerung der Rückzahlungsfristen allein sei es nicht getan, weil Laufzeiten von mehr als 30 Jahren wegen der negativen Erfahrungen der Vorkriegszeit nicht mehr in Frage kommen könnten.

Natürlich wurden die Industrieschulden von Abs grundsätzlich anerkannt, aus rechtlichen und praktischen Gründen allerdings unter Vorbehalt. Abs versuchte dem Eindruck entgegenzuwirken, es gehe der deutschen Wirtschaft wieder blendend. Für die Grundstoffindustrien, auf die der überwiegende Teil der Anleihen entfiel, galt das nicht, und auch die übrige Wirtschaft war laut Abs durch den Kapitalschnitt der Währungsreform und durch die hohe Abgaben u. a. für das Investitionshilfegesetz stark beansprucht. Im übrigen wandte er sich entschieden gegen die Taktik der Gläubiger, die Aufbringung der Gelder von der Transferproblematik zu trennen. Zahlungen auf Sperrmarkkonten, die von den Gläubigern wiederholt verlangt wurden, kamen für Abs nicht in Frage. Um die weiteren Verhandlungen zu erleichtern, schlug er vor, das schwierige Problem der Goldklausel im Ausschuß „B" zurückzustellen, bis es am Beispiel der Young-Anleihe im Ausschuß „A" grundsätzlich geklärt worden war. Ähnlich sollte mit dem Problem der Konversionskasse verfahren werden. Auch dieses Thema betraf den Ausschuß „A".[55] Lediglich im Ausschuß „C" machten die Verhandlungen gute Fortschritte. Bei den Stillhalteschulden konnte praktisch

---

[53] Erwiderung auf das deutsche Memorandum über deutsche Industrie-Anleiheschulden (Ausschuß B) vom 18. 3. 1952; Protokoll (Baur) über die Verhandlungen im Komitee „B" am 18. 3. 1952, PA/AA, Abt. II Nr. 1570 (LSA 62).
[54] Aufzeichnung Weiz vom 25. 3. 1952, PA/AA, Abt. II Nr. 1557 (LSA 50).
[55] Vermerk: Unterlage für Sitzung vom 25. 3. 1852 Verhandlungsausschuß „B" – Private Anleiheschulden (von Herrn Abs verwendet), BA, B 146-1196; Niederschrift über die Sitzung des Ausschusses „B" am 25. 3. 1952, PA/AA, Abt. II. Nr. 1570 (LSA 62); London (Gifford) to Secretary of State, 26. 3. 1952, NA, RG 43-224.

sofort mit der Ausarbeitung von Vertragsentwürfen begonnen werden.[56] Die Verhandlungen im Ausschuß „D" wurden wegen der Heterogenität der kommerziellen Schuldverhältnisse auf einen späteren Zeitpunkt verschoben.

Von Tag zu Tag wurde aber deutlicher, daß es in den Ausschüssen „A" und „B" ohne konkrete deutsche Offerten keine echten Fortschritte geben würde. Die deutsche Strategie, erst einmal alle Forderungen zu bündeln, um dann *in cumolo* darüber zu verhandeln, stieß an ihre Grenze. Rogers äußerte sich in einer Unterredung mit Pierson besorgt über den bisherigen Konferenzverlauf. Als eine wichtige Ursache für die unbefriedigende Situation beklagte Rogers die „weak personal position" von Abs, der seiner Auffassung nach die notwendige Konkretisierung der Verhandlungen im eigenen Lager einfach nicht durchsetzen konnte.[57] Aus der Luft gegriffen war diese Einschätzung nicht, denn über die richtige Verhandlungsführung gab es in der Delegation durchaus unterschiedliche Auffassungen. Abgesehen von den aus der Wirtschaft stammenden Sachverständigen waren fast alle Mitglieder der Deutschen Delegation Ministerialbeamte unterschiedlicher Provenienz, die über einen völlig anderen Erfahrungshorizont verfügten als der international erfahrene Bankier Abs. Der als Sachverständiger der Delegation angehörende Paul Leverkühn empfahl Abs, seinen engen Vertrauten Paul Krebs zum „Oberkoordinator" zu ernennen, um die Delegation besser führen zu können: „Sie ist wie eine umfangreiche Behörde und kann einer gewissen behördenmäßigen Organisation nicht entbehren."[58] Leverkühn war mit den Verhältnissen vor Ort unzufrieden, insbesondere mit der Vertretung der Interessen der Privatschuldner. Er wollte deshalb sein Mandat in der Osterpause niederlegen.[59] Von anderer Seite wurde kritisiert, daß Abs „grundsätzlich alle Fäden in der Hand zu behalten versuche" und die Delegationsmitglieder zumeist „nicht genau im Bilde" waren.[60] Abs verstand sich uneingeschränkt als Chef und Verhandlungsführer, der seine Auffassung durchzusetzen pflegt, wenn auch manchmal mit Mühen und unnötigen Reibungsverlusten. Abs war sich sehr darüber im klaren, daß man die Abgabe eines deutschen Angebots nicht mehr lange hinausschieben konnte. Die bevorstehende Osterpause bot dazu eine letzte Frist. In einer Besprechung der deutschen Delegationsleitung mit den führenden Mitgliedern der

---

56 London (Gifford) to Secretary of State, 21. 3. 1952, NA, RG 59–1516.
57 Pierson (London) to Secretary of State, 20. 3. 1952, ebd.
58 Leverkühn an Abs vom 9. 4. 1952, HADB, Bestand Krebs: Auslandsschulden – Allgemeine Korrespondenz.
59 Vermerk (Schütte) betr. Schuldenkonferenz vom 24. 4. 1952, BA, B 184–449.
60 Besprechung Schütte, Veith u. a. vom 1. 4. 1952, ebd.

1. Die erste Phase

TCGD kündigte Abs daher an, nach der Osterpause ein deutsches Angebot vorlegen zu wollen, das zuerst der TCGD zur Stellungnahme vorgelegt und erst danach den Gläubigern präsentiert werden sollte. Konkrete deutsche Vorschläge noch vor Ostern schloß er gleichzeitig aus. Bis zum Zeitpunkt des deutschen Angebots sollte sich die Konferenz nach Meinung von Abs auf der Basis der in Kürze vorliegenden deutschen Memoranden mit der Diskussion von Grundsatzproblemen beschäftigen. Die TCGD nahm die Erklärung von Abs zur Kenntnis, vermied aber eine eigene Stellungnahme.[61] In dieser ersten Phase der Schuldenkonferenz hielt sich die TCGD mit direkten Eingriffen in die Verhandlungen zwischen Schuldnern und Gläubigern sehr zurück[62]

Bevor sich die Konferenz Anfang April 1951 in die Osterpause verabschiedete, fanden noch zwei Sitzungen des *Steering Committee* statt, um das weitere Vorgehen zu besprechen. Im Namen aller Gläubiger forderte Rogers die Deutsche Delegation mit aller Entschiedenheit auf, endlich konkrete Verhandlungsvorschläge auf den Tisch zu legen, weil es zum normalen Geschäftsgebaren gehöre, daß sich der Schuldner am Beginn von Verhandlungen äußert, zu welchen Leistungen er willens und fähig ist. Die bisherige Diskussion von Einzelfaktoren habe ihren Grenznutzen erreicht, und es sei an der Zeit für etwas Handfestes. Abs konterte mit dem Argument, daß vernünftigerweise erst einmal die Grundlage für Verhandlungen gelegt werden müsse. Dazu verwies er auf die deutschen Ergänzungsmemoranden zur Aufbringungs- und Transferfähigkeit, zum Sperrmarkproblem und zu anderen wichtigen Themen, die als Grundlage für sachliche Diskussionen sehr bald zur Verfügung stehen würden.[63] Er beklagte die anhaltende Unsicherheit durch immer neue ausländische Forderungen, versprach aber, die Osterpause zur Entwicklung konkreter Vorschläge zu nutzen[64]

Der Hinweis von Abs auf die Ausdehnung der gegen die Bundesrepublik gerichteten finanziellen Ansprüche war berechtigt. Seit der Vorkonferenz

---

61 London (Gifford) to Secretary of State, 26. 3. 1952, NA, RG 59–1516.
62 Bericht der Deutschen Delegation für Auslandsschulden (Abs) über den Verlauf des ersten Teils der Internationalen Konferenz für deutsche Auslandsschulden in der Zeit vom 28. Februar bis 4. April 1952 vom 5. 4. 1952, PA/AA, Abt. II Nr. 1577 (LSA 65).
63 Ergänzungsmemorandum über die deutsche Aufbringungsfähigkeit vom 1. 4. 1952; Ergänzungsmemorandum über die deutsche Transferfähigkeit vom 1. 4. 1952; Memorandum der Deutschen Delegation: Bemerkungen zur Sperrmarkfrage vom 1. 4. 1952, PA/AA, Abt. II Nr. 1560 (LSA 53).
64 Verbatim Report of the 4th meeting of the Steering Committee, 31st March 1952, PA/AA, Abt. II Nr. 1560 (LSA 53); Verbatim Transcript of the 4th meeting of the Steering Committee 31st March 1952, NA, RG 43–186; Niederschrift (Vogel) über die Sitzung des Steering Committee am 31. 3. 1952 (Vorsitz Pierson); BA, B 146–1194.

und den Novemberverhandlungen waren eine Reihe von Forderungen auf die Bundesrepublik zugekommen, die parallel zur Londoner Schuldenkonferenz verhandelt wurden. Neben den im Haag laufenden Wiedergutmachungsverhandlungen gab es noch Forderungen von Dänemark und der Schweiz. Das Königreich Dänemark hatte im Januar 1952 Forderungen für die Unterbringung deutscher Flüchtlinge in Dänemark am Ende des Krieges und in der frühen Nachkriegszeit in Höhe von 429 Millionen Dänenkronen in London geltend gemacht.[65] Obwohl Forderungen dieser Art nicht zu den in London zu behandelnden Schulden gehörten, ließ die TCGD bilaterale Verhandlungen zwischen der Bundesrepublik und Dänemark zu, weil die dänische Forderung eine große strukturelle Ähnlichkeit zu den britischen Nachkriegsforderungen aufwies.[66] Der Einspruch von Abs, daß diese Forderungen nicht Teil der Novemberkonferenz gewesen waren und im Fall ihrer Zulassung möglicherweise auch andere Ländern ähnliche Ansprüche stellen könnten, wurde abgewiesen.[67] Die deutsch-dänischen Verhandlungen wurden in London geführt. Sie begannen am 4. März und konnten bereits am 31. März durch einen Briefaustausch beendet werden. Man einigte sich auf eine Gesamtzahlung von 160 Millionen Dänenkronen zahlbar in 20 Annuitäten à 8 Millionen Kronen ohne Zinsen.[68] Die TCGD hatte während der Verhandlungen Druck auf die dänischen Unterhändler ausgeübt, um ohne Feilscherei zu einem „reasonable settlement" zu gelangen. Die Dänen erwiesen sich als sehr kompromißfähige Verhandlungspartner, und so konnte die deutsche Seite einige Abzüge und die Anerkennung einer Teilerstattung durch das Pariser Reparationsabkommen zur Minderung der ursprünglichen Forderung durchsetzen.[69] Die Verhandlungen mit Dänemark verliefen kurz und schmerzlos und führten zu einem allseits akzeptablen Ergebnis.[70]

Ganz anders lag der Fall Schweiz. Nachdem man sich nach monatelangen deutsch-schweizerischen Verhandlungen im Februar 1952 mit Billigung der

---

[65] Minute Crawford, 7. 1. 1952; Royal Danish Embassy to Sir Anthony Eden (Secretary of State of Foreign Affairs), 15. 1. 1852, PRO, FO 371–100107.
[66] Telegram from Foreign Office to Wahnerheide, 18. 2. 1952, ebd.
[67] German Foreign Debt Delegation (Abs) to the Chairman of Tripartite Commission on German Debts, 11. 1. 1952. ebd.
[68] Palliser: The Danish claims against Germany in respect of expenditure incurred on the maintenance in Denmark of German refugees, 8. 4. 1952, PRO, FO 371–100108.
[69] Palliser: The Danish claims against Germany in respect of expenditure incurred on the maintenance in Denmark of German refugees to Mr. Roberts, 13. 3. 1952, ebd.
[70] Bericht der Deutschen Delegation für Auslandsschulden über die in London im März 1952 geführten Besprechungen zur Regelung der dänischen Forderungen auf Ersatz von Aufwendungen für deutsche Flüchtlinge vom 9. 4. 1952, PA/AA, Abt. II Nr. 1574 (LSA 65).

1. Die erste Phase 263

Alliierten Hohen Kommission auf ein Abkommen zur Freigabe der nicht liquidierten deutschen Vermögenswerte in der Schweiz hatte einigen könne, konnte der schweizerische Delegationsleiter Stucki in London auch die damit in einem gewissen Kontext stehende Aufnahme von Verhandlungen über das Guthaben der Schweiz gegenüber der Deutschen Verrechnungskasse in Höhe von Sfr. 1 Milliarde durchsetzen, obwohl die Behandlung von *Clearing*-Schulden, die während des Krieges entstanden waren, in London eigentlich ausgeschlossen war. Die TCGD sah sich zum Nachgeben in dieser Frage praktisch gezwungen, weil die Schweiz anderenfalls mit dem Verlassen der Konferenz drohte. Auf die Teilnahme der Schweiz als einem der Hauptgläubigerländer konnte aber nicht verzichtet werden, wenn man dem erklärten Anspruch eines „overall settlement" gerecht werden wollte.[71] Jedenfalls wurde die Ausnahme, die für die neutrale Schweiz gemacht wurde, so begründet. Für andere Länder wurde bekanntlich keine Ausnahme gemacht. Die Verhandlungen mit der Schweiz wurden von Mitte April an bilateral in Bern geführt. Bereits im Mai 1952 konnten sich die deutschen und schweizerischen Unterhändler auf eine Gesamtzahlung der Bundesrepublik von Sfr. 650 Millionen einigen. Zu einer offiziellen Unterzeichnung des paraphierten Abkommens kam es aber wegen einer unerwarteten Intervention der USA vorerst nicht. Diese erfolgte erst nach dem Ende der Londoner Schuldenkonferenz im August 1952.[72]

Im Gegensatz zur Schweiz, Dänemark und dem Sonderfall Israel erlitten die Niederlande mit ihren seit langem geltend gemachten Forderungen in London Schiffbruch. Im Februar hatten die Niederlande der TCGD ein offizielles Memorandum zu ihren Forderungen vorgelegt. Es handelte sich im wesentlichen um bereits bekannte Entschädigungsansprüche für niederländische Vorkriegsschulden, die während der deutschen Besatzungszeit in entwerteter Reichsmark getilgt worden waren.[73] In der TCGD war man sich einig, daß die niederländischen Forderungen als Reparationsanspruch zu behandeln waren.[74] An dieser Haltung konnten auch die ausführlichen Explikationen des niederländischen Professors Bregstein vor der TCGD nichts ändern. Eher im Gegenteil, weil Bregsteins dahin argumentierte, daß

---

71 Bericht der Deutschen Delegation für Auslandsschulden (Abs) über den Verlauf des ersten Teils der Internationalen Konferenz für deutsche Auslandsschulden in der Zeit vom 28. Februar bis 4. April 1952 vom 5. 4. 1952, PA/AA, Abt. II Nr. 1577 (LSA 65).
72 Zu den deutsch-schweizerischen Verhandlungen über die Clearing-Milliarde vgl. ABS, Entscheidungen; S. 224 ff.
73 J.A. Deknatel to TCGD, 5. 2. 1952, PRO, FO 371–100120.
74 Department of State (Acheson) to US Embassy (London), 26. 3. 1952, NA, RG 59–1516; Minute Palliser (German General Department), 27. 3. 1952, PRO, FO 371–100120.

nicht den individuellen Gläubigern, sondern der gesamten niederländischen Volkswirtschaft ein Globalschaden entstanden war.[75] Damit stützte es unfreiwillig die Argumentation der Gegenseite. Anfang Juni wurde den Niederlanden die Ablehnung ihrer Forderungen offiziell mitgeteilt, weil es sich eindeutig um „a reparation claim arising out of the war" handele, die unter den Artikel 2 des Pariser Reparationsabkommens falle und im Rahmen eines künftigen Friedensvertrags zu behandeln sein würde.[76] Die niederländische Regierung wies diese Entscheidung ausdrücklich zurück und hielt an ihrem Standpunkt fest.[77] Die finanziellen Ansprüche der Niederlande wurden zu einem späteren Zeitpunkt zwischen der Bundesrepublik und der Niederlande ebenfalls bilateral geregelt.[78]

Angesichts des massiven Drucks der Gläubiger entschloß sich Abs, in der letzten Sitzung des *Steering Committee* vor der Osterpause im Namen seiner Delegation ein offizielles Statement abzugeben. Eingangs verwahrte er sich gegen den mehr oder minder offen ausgesprochenen Vorwurf der Gläubiger, die deutsche Seite habe das Nichtzustandekommen greifbarer Ergebnisse zu verantworten. Die Standpunkte von Schuldnern und Gläubigern lagen sicher noch weit auseinander, Abs kritisierte aber zu Recht, daß jede Gläubigergruppe ohne Blick auf andere ihre eigene Interessenpolitik betreiben würde. Hier lag in Zukunft eine wichtige Aufgabe für das *Creditors Committee*. Das sah man auch in der TCGD so, die sich mit Interventionen bis dahin bewußt zurückgehalten hatte, weil man sie in diesem Stadium als zwecklos ansah.[79] Abs betonte den festen Willen der Bundesrepublik, mit den Gläubigern zu einem Abkommen zu gelangen. Gleichzeitig verlangte er aber von den Gläubigern, Rücksicht auf die wirtschaftliche Lage und die eingeschränkte Zahlungsfähigkeit der Bundesrepublik zu nehmen. Dazu wies er auf die einschlägigen deutschen Memoranden hin.

Im übrigen gelte folgende Regel: Je mehr das deutsche Außenhandelsvolumen anwachse, desto besser sei die deutsche Zahlungsfähigkeit. Mit dieser Bemerkung richtete Abs einen Appell an die Gläubigerländer, mit ihrer Wirtschaftspolitik zu einem Erfolg der Londoner Konferenz beizutra-

---

[75] TCGD: Note of a meeting held on 2nd of April 1952 between TCGD and Mr. Deknatel and Professor Bregstein of the Netherlands Delegation to the Conference on German External Debts, 7. 4. 1952; Crawford to Sir Neville Butler, The Hague, 18. 4. 1952, ebd.
[76] TCGD (Rendel) to Netherlands Government, 6. 6. 1952, NA, RG 59–1517.
[77] Deknatel to Chairman of TCGD, 1. 8. 1952, PRO, FO 371–100120.
[78] Vgl. URSULA ROMBECK-JASCHINSKI, Schuld oder Schulden? Die niederländischen Entschädigungsansprüche an die Bundesrepublik Deutschland 1950–1960, in: VOLKER ACKERMANN et al. (Hrsg.), Anknüpfungen. Gedenkschrift für Peter Hüttenberger, Essen 1995, S. 347–362.
[79] Rendel (TCGD) to Roberts (Foreign Office), 9. 4. 1952, 9. 4. 1952, PRO, FO 371–100083.

1. Die erste Phase

gen. DM-Zahlungen als Alternative für Devisenzahlungen lehnte Abs entschieden ab. Am Ende seiner Ausführungen stand die wichtigste Aussage: Abs versprach, nach der Osterpause als Basis für die weiteren Verhandlungen konkrete Vorschläge im Gepäck zu haben:

> Das Ausmaß der erforderlichen Reduktionen könne indessen mit Nutzen nur erörtert werden, wenn bekannt sei, was Deutschland glaube leisten zu können. Die deutsche Delegation werde diese Frage mit der Bundesregierung in der Osterpause erörtern und das Ergebnis bei Wiederbeginn mitteilen. Es werde alsdann möglich sein, zu einer Einigung über die Ausschaltung gewisser Gruppen von Forderungen zu gelangen und im übrigen gewisse Reduktionen vorzusehen.[80]

Etwas verklausuliert aber von allen verstanden, kündigte Abs die baldige Vorlage eines deutschen Angebots an. Zur Dämpfung der Erwartungen der Gläubiger hatte Abs noch einmal alle Register gezogen.[81] Rogers und Niemeyer fühlten sich aus verhandlungstaktischen Gründen sogleich veranlaßt, die wirtschaftliche Lage der Bundesrepublik in helleren Farben zu zeichnen, als Abs es zuvor getan hatte. Man gehe nach wie vor davon aus, hieß es, daß Deutschland auf lange Sicht alle Schulden begleichen könne. Eine eingehende Diskussion der Erklärung des deutschen Delegationsleiters erfolgte nicht. Die Stimmung war verhalten optimistisch, denn die Gläubiger gingen nun davon aus, direkt nach der Osterpause auf der Basis eines konkreten deutschen Vorschlags, den auch Pierson und Rendel zum Ende der Sitzung noch einmal explizit einforderten, die Verhandlungen fortführen zu können.[82]

Zum Abschluß der ersten Konferenzphase fand am 4. April 1952 eine Plenumsitzung statt. Rogers referierte für alle Teilnehmer der Konferenz die wichtigen Ergebnisse der letzen Sitzung des *Steering Committee*. Rendel berichtet über den Abschluß eines Abkommens mit Dänemark. Abs wiederholte vor dem Plenum seine Ankündigung, daß „the German delegation will endeavour to establish with the competent German authorities what the Federal Republic believes it is able to pay in settlement of its foreign obligations." Damit hoffe er, eine Grundlage zu schaffen für „a universal satisfactory settlement for various kinds of debts and thus of the debt

---

[80] Erklärung Hermann J. Abs, Leiter der Deutschen Delegation vor dem Arbeits- und Organisationsausschuß am 2. 4. 1952, PA/AA, Abt. II Nr. 1560 (LSA 53).
[81] Vogel (London) an Vizekanzler Blücher vom 4. 4. 1952, PA/AA, Abt. II Nr. 1557 (LSA 50); Interne Niederschrift über die Sitzung des Steering Committee am 2. 4. 1952, BA, B 146–1194.
[82] Verbatim Report of the 5th meeting of the Steering Committee, 2nd April 1952, PA/AA, Abt. II Nr. 1560 (LSA 53).

problem as a whole."83 Auch in diesem Gremium wurde mit vorsichtigem Optimismus in die Zukunft geschaut. Pierson dankte Abs für seine Zusage, beim Wiederbeginn der Konferenz am 19. Mai 1952 einen deutschen Vorschlag vorzulegen und schloß beinahe beschwörend: „We have the opportunity here ... to make a real contribution towards greater stability in international commerce and finance."84

Im Anschluß an die Sitzung verfertigte Sir Rendel einen ausführlichen Bericht über den Verlauf der ersten Phase der Schuldenkonferenz.85 Unterm Strich bewertete er sie als Vorbereitungszeit, denn es lagen weder konkrete Vorschläge noch Verhandlungsergebnisse vor. Die einzige Ausnahme bildeten die Verhandlungen über die Stillhalteschulden im Ausschuß „C", die bereits sehr weit fortgeschritten waren. Da die deutschen Stillhalteschuldner zahlungswillig und -fähig waren, verlangten ihre Gläubiger ein schnelles Inkrafttreten der schon in Kürze unterschriftsreifen Regelung. Zahlungen sollten möglichst sofort entweder in Devisen oder in DM erfolgen. Diese Forderung lag ganz auf der bisherigen Linie der Stillhaltegläubiger, die immer eine Sonderbehandlung für ihre Schulden gefordert hatten, damit aber immer am Widerstand der USA gescheitert waren. Von den übrigen Ausschüssen gab es nicht viel Positives zu berichten. Die Gläubiger zeigten noch keine Bereitschaft zum Kompromiß.

Das Kalkül der drei Regierungen, das *scaling down* der Nachkriegsschulden könnte als wirksames Druckmittel eingesetzt werden, um die Verzichtbereitschaft der Gläubiger zu stärken, war bisher nicht aufgegangen. Offenbar hatten die Gläubiger keine ernsthaften Zweifel, daß es zu der im November ausgehandelten Reduzierung der Nachkriegsschulden auf jeden Fall kommen würde. Von der TCGD wurde es durchaus kritisch gesehen, daß die Deutschen es bis dahin verstanden hatten, „to avoid any concrete or constructive proposals."86 Statt dessen hatten die Deutschen wieder *Statements* und *Papers* zur deutschen Aufbringungs- und Transferfähigkeit verteilt, deren Inhalt nach Meinung der TCGD zum größten Teil als „irrelevant and illusory" zu bewerten war. Eine positive Entwicklung der deutschen Leistungsfähigkeit war nach Auffassung der TCGD überhaupt nicht auszuschließen, und deshalb mußte die Frage erlaubt sein: Sind die Deut-

---

83 Statement Abs in International Conference on German External Debts: Verbatim Report of the 3rd Plenary Meeting on Friday, 4th April, 1952, PRO, FO 371–100136.
84 Statement Pierson, ebd.
85 Rendel (TCGD) to Roberts (Foreign Office), 9. 4. 1952, PRO, FO 371–100083.
86 Ebd.

schen zu wirklichen Opfern für die Wiederherstellung ihrer internationalen Kreditfähigkeit bereit?

Rendel gestand aber zu, daß die Vielzahl der an die Bundesrepublik gerichteten finanziellen Forderungen, u. a. für Verteidigungszwecke, die Sache erheblich verkomplizierten. Die im Haag geführten Verhandlungen mit Israel bedeuteten nach Meinung von Rendel eine große Verunsicherung der Deutschen Delegation, auch wenn dies nicht offen gesagt wurde. Rendel hielt es für richtig, die sehr hohen israelischen Forderungen mit den in London verhandelten Schuldforderungen abzustimmen.

In Londoner Regierungskreisen machte man sich erhebliche Sorgen, daß sich die Wiedergutmachungsverhandlungen mit Israel negativ auf die Interessen der Gläubiger auswirken könnten. Die zunehmenden Schwierigkeiten von Abs, seine Position in Bonn durchzusetzen, blieben der TCGD nicht verborgen. Auf der anderen Seite war man sich in London unsicher, ob die USA bereit sein würden, die jüdischen Interessen zu Lasten der Gläubigerinteressen zu unterstützen.[87] Rendel zeigte sich insgesamt erleichtert, daß die Dinge sich zwischenzeitlich so weit zugespitzt hatten, daß die deutsche Delegation nach der Osterpause mit Vorschlägen aufwarten mußte. Wie konkret diese sein würden, blieb nach den kunstvollen Formulierungen von Abs abzuwarten. Den Mitgliedern der TCGD war klar, daß Abs in den nächsten Wochen in Bonn eine schwere Aufgabe bevorstand. Sorgen machte sich Rendel aber nicht nur über das weitere Verhalten der Deutschen, sondern auch über die Strategie der von Rogers vertretenen amerikanischen Anleihegläubiger. Wegen der künftigen Handhabung der Goldklausel sah Rendel erhebliche Schwierigkeiten auf die Schuldenkonferenz zukommen. Den Gläubigern war nicht bekannt, daß man sich innerhalb der TCGD bereits auf deren Ersetzung durch eine Dollarklausel verständigt hatte. Es blieb abzuwarten, inwieweit diese Übereinkunft unter massivem äußeren Druck Bestand haben würde.[88]

Die Deutsche Delegation legte Anfang Mai ebenfalls einen Bericht über den Stand der Verhandlungen aus ihrer Sicht vor. Detailliert wurde darin über den Inhalt der Gespräche in den Verhandlungsausschüssen und über den allgemeinen Verlauf der Verhandlungen berichtet.[89] Viel Positives gab es aus deutscher Perspektive nicht zu berichten. Die Gläubiger beharrten

---

[87] Rootham (Bank of England) to Symons (Treasury), 3. 4. 1952; Symons to Rootham, 10. 4. 1952, PRO, FO 371–100142.
[88] Rendel to Roberts, 9. 4. 1952, PRO, FO 371–100083.
[89] Bericht der Deutschen Delegation für Auslandsschulden über den Verlauf des ersten Teils der Internationalen Konferenz für deutsche Auslandsschulden in der Zeit vom 28. Februar bis 4. April 1952 vom 2. 5. 1952, PA/AA, Abt. II Nr. 1577 (LSA 5).

weitgehend auf ihren Maximalforderungen. Der Sachverständige Direktor Schwede legte ergänzend einen Kurzbericht über die Verhandlungen im Ausschuß „B" vor. Die Gläubiger der deutschen Industrieanleihen hatten sich als besonders unnachgiebig erwiesen.[90] Sämtliche Berichte, die von Mitgliedern der Deutschen Delegation über den bisherigen Konferenzverlauf verfaßt wurden, gipfelten in der dringlichen Forderung an die Bundesregierung, umgehend die Vorbereitungen für ein deutschen Angebot in Angriff zu nehmen. Die Hoffnungen auf frühe Zugeständnisse der Gläubiger hatten sich zerschlagen, und das ständige Armutsgerede der deutschen Delegationsmitglieder drohte kontraproduktiv zu wirken. Auch die den Gläubigern vorgelegten Ergänzungsmemoranden enthielten im Kern nichts Neues. In einem Situationsbericht für Vizekanzler Blücher war zu lesen, daß in London der Eindruck Raum greife, daß die deutsche Seite „nur in sehr eingeschränktem Grade bereit sei, sich zu ihren Schulden zu bekennen und einen wirklichen Zahlungswillen zu bekunden." Selbst in prodeutschen Gläubigerkreisen seien „gelegentlich Zweifel an der Ernsthaftigkeit des deutschen Zahlungswillens aufgekommen."[91] Abs war sich mit sämtlichen Mitgliedern der Deutschen Delegation darüber einig, daß diesem für Deutschland schädlichen Trend nur entgegengewirkt werden konnte, wenn 1. nach der Osterunterbrechung ein ernsthaftes, ziffernmäßig belegtes deutsches Angebot vorgelegt wurde und wenn 2. „jede einen allgemeinen Schuldenregelungsplan sprengende Sonderregelung mit einem einzigen Gläubigerland oder einer einzigen Gläubigervertretung unter allen Umständen vermieden" wurde.[92] Im Klartext hieß das: bis auf weiteres keine Wiedergutmachungsleistungen für Israel oder die *Jewish Claims Conference*.

---

[90] Kurzbericht (Schwede) über die privaten Anleiheschuldenverhandlungen in der Londoner Schuldenkonferenz vom 28. 2. bis 4. 4. 1952 vom 15. 4. 1952, PA/AA, Abt. II Nr. 1507 (LSA 4).
[91] Bericht Vogel (London) an Vizekanzler Blücher vom 8. 4. 1952, PA/AA, Abt. II Nr. 1574 (LSA 65).
[92] Vogel (London) an Vizekanzler Blücher vom 4. 4. 1952, BA, B 146–1194.

2. Die Ausarbeitung des deutschen Angebots und die Verhandlungen mit Israel

Unter Leitung von Bundeskanzler Adenauer fand am 5. April 1952 im Palais Schaumburg eine Sitzung zur Koordination der Londoner und Haager Verhandlungen statt. An der streng vertraulichen Zusammenkunft nahmen die Bundesminister Blücher und Erhard, die Staatssekretäre Hallstein und Hartmann, die Ministerialdirektoren Blankenhorn und Wolff, die Verhandlungsführer Böhm, Küster und Abs teil. Adenauer leitete die Sitzung mit der Bemerkung ein, Hochkommissar McCloy habe ihm von Außenminister Acheson ausgerichtet, daß die Verhandlungen in Den Haag nicht scheitern dürften. Abs erkannte sofort, daß für die Verhandlungen in London Gefahr im Verzug war und reagierte abwehrend. Wer Adenauer kannte wußte, daß ihn ein Appell der amerikanischen Regierung nicht unbeeindruckt ließ. Vor allem dann nicht, wenn dessen Inhalt mit seiner inneren Überzeugung korrespondierte. Aus rationalen und pragmatischen Gründen hatte sich der Kanzler bisher um eine Äquidistanz zu beiden Verhandlungen bemüht. Er hatte aber nie einen Hehl daraus gemacht, daß ihm die Aussöhnung mit dem Judentum am Herzen lag. Entschädigungszahlungen an Israel hielt er für einen wichtigen Schritt auf dem Weg dorthin.[1] Dabei überschätze er allerdings den Einfluß der in Amerika lebenden Juden auf die Politik der amerikanischen Regierung, die keineswegs uneingeschränkt hinter den israelischen Wiedergutmachungsansprüchen stand. Grundsätzlich war die amerikanische Politik zwar proisraelisch, in diesem konkreten Fall sollte aber unbedingt auf die deutsche Zahlungsfähigkeit Rücksicht genommen werden.[2]

Die Schuldenverhandlungen in London durften durch die Verhandlungen mit Israel und der *Jewish Claims Conference* ebensowenig gefährdet werden wie die Fähigkeit der Bundesrepublik, einen substantiellen Beitrag zu den Verteidigungsanstrengungen des Westens zu leisten. Im Grunde unterstützten die USA die Taktik von Abs, die Verhandlungen in Den Haag solange hinauszuzögern, bis man in London zu handfesten Ergebnissen gelangt war. Entsprechende Hinweise waren Abs auch informell übermittelt worden. Dies galt aber nur solange, wie die Verhandlungen in Den Haag einen kontinuierlichen Verlauf nahmen. Ein Scheitern der deutsch-israelischen Verhandlungen wollten die Amerikaner aus politischen Gründen

---
[1] Zur Haltung Adenauers vgl. GILLESSEN, S. 556 ff.; vgl. KÖHLER, S. 702 ff.
[2] Vgl. JELLINEK, Israel und die Anfänge der Shilumin, S. 129 ff.

unbedingt vermeiden.³ Obwohl sie von den Israelis mehrfach darum gebeten wurden, lehnten die Vereinigten Staaten ein direktes Eingreifen in die Verhandlungen jedoch ab.⁴

Gegen den Vorstoß von Adenauer verteidigte Abs entschieden seine Position, in Den Haag vorläufig keine Zugeständnisse zu machen, sondern weiter auf Zeit zu spielen. Professor Böhm wandte sich strikt gegen eine solche Verfahrensweise, weil sie seiner Meinung nach zu einem Abbruch der Verhandlungen führen würde. Böhm forderte, eine eindeutige Haltung einzunehmen. Ein klares Nein zu Entschädigungszahlungen an Israel bei gleichzeitiger Beschränkung auf individuelle Entschädigungsformen war nach Meinung von Böhm besser als jede Hinhaltetaktik. Die deutsche Taktik, die Haager Verhandlungen möglichst in die Länge zu ziehen, war den israelischen Delegierten nicht verborgen geblieben. Sie bemühten sich nach Kräften, diese zu unterlaufen, indem sie immer wieder auf die exzeptionelle moralische Berechtigung ihrer Forderungen hinwiesen. Damit zielten sie darauf ab, die Wiedergutmachungsleistungen jeder Vergleichbarkeit mit anderen Schuldenkategorien zu entziehen. Abs hielt die israelische Forderung von $ 1 Milliarde zahlbar innerhalb von fünf Jahren für völlig indiskutabel. Dies entspräche einer Annuität von $ 200 Millionen, ohne die zusätzliche Forderung der *Claims Conference* dabei zu berücksichtigen. Äußerstenfalls kam für Abs eine Annuität von $ 10 bis $ 15 Millionen in Betracht. Er machte die Anwesenden darauf aufmerksam, daß die Deutsche Delegation bei den Schuldenverhandlungen selbst verbriefte Forderungen der Gläubiger zurückweisen mußte. In einer solchen Situation habe allein die Aufnahme von Verhandlungen mit Israel der deutschen Position in London genug Schaden zugefügt. Wenn zum jetzigen Zeitpunkt auch noch Zugeständnisse an die Israelis gemacht werden sollten, würde es fast unmöglich, die Gläubiger in London zu Abstrichen an ihren Forderungen zu bewegen. Abs forderte die Anwesenden auf, doch erst mal den Inhalt der alliierten Antwortnoten an Israel zur Kenntnis zu nehmen, bevor man sich zu irgend etwas verpflichtete. In Kenntnis ihres ambivalenten Inhalts fühlte er sich in seiner kompromißlosen Position bestärkt. Abs lehnte auch den Vorschlag von Wirtschaftsminister Erhard ab, Israel als Geste des guten Willens eine Sofortlieferungen von Waren im Wert von DM 100 Millionen zukommen zu lassen. Auch Warenlieferungen würden den Verhandlungen mit den Gläubigern enorm abträglich sein. Erhard sah das nicht so.

---

3 Vgl. MICHAEL WOLFSOHN, Das deutsch-israelische Wiedergutmachungsabkommen von 1952 im internationalen Zusammenhang, in: VfZ 36 (1988), S. 700 ff.
4 Acheson to Embassy London, 18. 5. 1952, NA, RG 59–1516.

2. Ausarbeitung des deutschen Angebots/Verhandlungen mit Israel

Wie Abs schon zu Anfang der Sitzung befürchtet hatte, geriet er im weiteren Verlauf der Beratungen mit seiner kompromißlosen Strategie zunehmend an den Rand. Fast alle Anwesenden waren schließlich der Meinung, daß man den Israelis ein wenig entgegen kommen müßte. Auch Bundeskanzler Adenauer schlug sich – wie immer vorsichtig lavierend – auf die Seite von Professor Böhm.[5] Gegen den erbitterten Widerstand von Abs gab er am Ende der Sitzung seine Zustimmung, noch vor Ostern in Den Haag eine vorsichtig formulierte Erklärung über mögliche Wiedergutmachungszahlungen abzugeben. Er rechtfertigte diesen Schritt mit seiner Hoffnung auf die Hilfe der Amerikaner, die er in die Pflicht zu nehmen gedachte. Wenn sie, wie er glaubte, ein starkes Interesse an einem Abkommen mit Israel hatten, dann mußten sie der Bundesrepublik helfen, die dazu nötigen finanziellen Mittel aufzubringen. Abs übernahm die Aufgabe, mit Hochkommissar McCloy über potentielle Finanzierungsmodalitäten zu beraten.[6]

Bereits am nächsten Tag traf Abs mit McCloy zusammen. Er unterbreitete ihm drei alternative Vorschläge, wie dem finanziellen Dilemma begegnet werden könnte. Abs schlug vor: 1. das in den USA noch vorhandene deutsche Auslandsvermögen für Israel zu verwenden oder 2. ein Moratorium für die deutschen Nachkriegsschulden gegenüber den USA zu erlassen oder 3. in den USA eine deutsche Anleihe zugunsten Israels aufzulegen. Entgegen der Hoffnung von Abs erhielt keiner der drei Vorschläge eine positive Resonanz aus Washington.[7] Damit blieben alle denkbaren externen Finanzierungsmöglichkeiten für die Wiedergutmachung an Israel versperrt.

Unterdessen gerieten die Wiedergutmachungsverhandlungen in Den Haag in eine schwere Krise. Wie in Bonn vereinbart, hatte Verhandlungsführer Böhm den Israelis am 7. April 1952 unverbindlich in Aussicht gestellt, eine Summe von DM 3 Milliarden als Grundlage zu akzeptieren, allerdings unter dem Vorbehalt einer Abstimmung mit der Londoner Konferenz und ohne jede Nennung von Fristen und Zahlungsmodalitäten. Die israelische Ausgangsforderungen belief sich auf DM 4,2 Milliarden DM ($ 1 Mrd.). Hinzu kam noch die Forderung der *Jewish Claims Conference* in Höhe von $ 500 Millionen. Die israelische Seite reagierte empört, weil das Angebot wenig konkret und an für sie inakzeptable Bedingungen geknüpft

---

[5] Zur Haltung Adenauers vgl. THEIS, Wiedergutmachung zwischen Moral und Interesse, S. 165 ff.; HANSEN, S. 178 ff.
[6] Protokoll (Frowein) über die Sitzung im Palais Schaumburg am 5. April 1952 (streng geheim) vom 6. 4. 1952, BA, NL Blankenhorn Nr. 17; vgl. HANSEN, S. 182 f.
[7] Abs an BK Adenauer vom 7. 4. 1952; Adenauer an Abs vom 8. 4. 1952, BKAH, NL Adenauer Nr. 10.20/1; U.K. Commission in Germany, Office of the Economic Adviser (Parker) to Palliser (Foreign Office), 9. 4. 1952, PRO, FO 371–100083.

war. Es wurde als schwere Beleidigung angesehen, daß die Aufwendungen für die Eingliederung von Opfern des Holocausts hinter kommerziellen Forderungen zurückstehen sollten. Das Junktim mit London wurde sogar als Hebel gedeutet, um unter Umständen Zahlungen an Israel überhaupt abzublocken. Falls nicht in Kürze verbindliche Zusagen von deutscher Seite vorliegen sollten, wurde mit einem endgültigen Abbruch der deutsch-israelischen Verhandlungen gedroht.

Dabei gingen die Israelis offenbar davon aus, daß die internationalen Gläubiger in London ein konkretes deutsches Angebot an Israel schon schlucken und die Schuldenkonferenz entgegen der deutschen Darstellung daran nicht scheitern würde.[8] Davon war aber nicht auszugehen, weil die Gläubiger nicht zum Verzicht auf eigene Ansprüche zugunsten Israels bereit waren. Nicht nur in Bonn, sondern auch in London wurde die krisenhafte Entwicklung in Den Haag mit Sorge beobachtet.[9] Aus politischen Gründen war ein Scheitern der Haager Verhandlungen unerwünscht. Trotzdem wurde dem israelischen Vertreter in London auf Nachfrage mitgeteilt, daß Israel in der gegenwärtigen Situation keinen Druck auf die Bundesrepublik erwarten dürfte, „to give priority to the Israel Claim."[10] Alle Regierungen standen vor dem Dilemma, die Interessen ihrer Gläubiger gegen die speziellen Interessen Israels abzuwägen. Auch die TCGD lehnte jede Form von Zahlungen an Israel oder jüdische Organisationen auf Kosten der Vorkriegsgläubiger ab.[11] In Washington gab der einflußreiche Gläubigervertreter Rogers im *State Department* deutlich zu verstehen, daß er eine Verquickung von London und Den Haag ablehnte.[12] Unter den gegebenen Umständen schien ein paralleler Erfolg der Verhandlungen von London und Den Haag einer Quadratur des Kreises nahe zu kommen. Beide Delegationsleiter standen erheblich unter Druck.

Am 18. April 1952 fand im Privathaus von Bundeskanzler Adenauer in Rhöndorf eine weitere Gesprächsrunde statt, die Möglichkeiten zur Vereinbarkeit beider Verhandlungskomplexe diskutieren sollte. Abs berichtete den Teilnehmern ausführlich über den Stand der Londoner Schuldenverhandlungen, die nach einer mehrwöchigen Unterbrechung am 19. Mai 1952

---

[8] Vertraulicher Bericht vom 16. 4. 1952, BA, NL Blankenhorn Nr. 16; vgl. HANSEN, S. 185 ff.
[9] Commercial Department (British Embassy) The Hague to Foreign Office (Central Department), 17. 4. 1952, PRO, FO 371–100142.
[10] German General Department (Roberts) to Minister of Trade (Lord Reading), 7. 5. 1952, PRO, FO 371–100120.
[11] Waley: Israel Claims against Germany, 19. 5. 1952, PRO, FO 371–100142.
[12] State Department: Memorandum of Conversation re German Debt Settlement, 25. 4. 1952, NA, RG 43–222.

2. Ausarbeitung des deutschen Angebots/Verhandlungen mit Israel 273

fortgesetzt werden sollen. Er wies darauf hin, daß sowohl die Gläubiger als auch die TCGD nach der Osterpause fest mit der Vorlage einer konkreten deutschen Offerte rechneten. Wenn man dieser Erwartung nicht nachkomme, sei die Schuldenkonferenz praktisch am Ende. Abs warb um Verständnis, daß Zugeständnisse an Israel zum gegenwärtigen Zeitpunkt völlig ausgeschlossen seien.[13] Als Leiter der deutschen Schuldendelegation hatte Abs praktisch keine andere Wahl, als strikt auf dieser Linie zu beharren, denn nach dem bisherigen Verlauf der Konferenz schien es zwecklos, die Gläubiger unter Berufung auf die Wiedergutmachungsforderungen zu Zugeständnissen bewegen zu wollen. Die Erfüllung der von vielen Gläubigern als moralisch berechtigt anerkannten Ansprüche Israels und der *Jewish Claims Conference* betrachteten sie als eine rein deutsche Angelegenheit. Abstriche an ihren eigenen Ansprüchen wollten sie dafür nicht hinnehmen.

Bei aller Kompromißlosigkeit kann man Abs nicht unterstellen, er habe grundsätzliche Vorbehalte gegen Wiedergutmachungsleistungen an Israel gehabt.[14] Im Gegensatz zu Bundesfinanzminister Schäffer, den Abs in der Rückschau als „hardliner" bezeichnete, hat er sich zumindest öffentlich nie in diesem Sinn geäußert.[15] Darüber zu urteilen, betrachtete er auch sicher nicht als seine Angelegenheit. Seine Aufgabe bestand darin, einen Erfolg der Londoner Schuldenkonferenz herbeizuführen, und aus dieser Perspektive betrachtet war sein Handeln praktisch alternativlos. Abs war zutiefst überzeugt, daß ein Schuldenabkommen die unabdingbare Voraussetzung war, um die erheblichen Mittel für Wiedergutmachungszwecke aufbringen zu können. Es ging ihm primär um die zeitliche Reihenfolge. Für seine These, daß die israelischen Forderungen erst nach dem Abschluß eines Schuldenabkommens erfüllbar sein würden, ließen sich durchaus gute Argumente anführen. So war z.B. die Emission einer Auslandsanleihe zugunsten von Israel, die Abs McCloy ohne Erfolg vorgeschlagen hatte, nach einem erfolgreichen Abschluß der Schuldenkonferenz wesentlich leichter zu realisieren.

Die Hoffnung von Abs, mit seinen rationalen Argumenten auch seine Opponenten überzeugen zu können, erwies sich als Fehlkalkulation, weil die Argumentationsketten beider Seiten auf völlig unterschiedlichen Fundamenten ruhten. Deshalb blieb auch eine Unterredung, die Abs am 19. April mit Goldmann und anderen Repräsentanten des Weltjudentums führte, ohne Ergebnis. Seine jüdischen Gesprächspartner beharrten kompromißlos

---

[13] Aufzeichnung über Aussprache über den gesamten Schuldenkomplex in Rhöndorf am 18. 4. 1952, BA, NL Blankenhorn Nr. 11.
[14] Vgl. dagegen das kritische Urteil von THEIS, S. 165 ff.
[15] Vgl. ABS, Entscheidungen, S. 130.

auf der Meinung, ihre Forderungen seien einzigartig und moralisch unanfechtbar, und sie müßten deshalb in jedem Fall vor den kommerziellen Londoner Ansprüchen rangieren.[16] Goldmann hatte zuvor ein Gespräch mit dem Bundeskanzler geführt, den er mit einem diskreten Hinweis auf die Rolle der Juden in Amerika wirkungsvoll unter Druck zu setzten verstand.[17] Für die innerdeutschen Auseinandersetzungen über die weitere Verhandlungsstrategie in Den Haag standen die Karten von Abs nicht sonderlich gut. Professor Böhm richtete nach dem Gespräch zwischen Abs und Goldmann ein Schreiben an den Bundeskanzler, in dem er noch einmal entschieden für ein Entgegenkommen gegenüber Israel warb. Böhm begründete dies mit dem Holocaust, der ein so ungeheuer schwerer Schlag für das deutsche Ansehen gewesen sei. Der auf einem „selbständigen, rein deutschen Willensakt" basierenden Wiedergutmachung kam deshalb nach Einschätzung von Professor Böhm ein erhebliches politisches und moralisches Gewicht zu:

Wenn es nicht gelingt, in Den Haag zu Abschlüssen zu gelangen, die von den Verhandlungspartnern und von der seriösen Weltmeinung als Beweis gewertet werden, daß Deutschland bis an die Grenzen seiner Leistungsfähigkeit gegangen ist und außerdem alle ihm zu Gebote stehenden Verhandlungsmöglichkeiten in London ausgeschöpft hat, um die übrigen Gläubiger von der Notwendigkeit und Berechtigung der Wiedergutmachungsforderungen zu überzeugen, dann wird der politische, moralische und wirtschaftliche Wert dieser Abschlüsse fragwürdig sein.[18]

Böhm beharrte darauf, daß es sich zuvörderst um eine „politische Entscheidung" handle und daß die deutsche Leistungsfähigkeit keine exakt fixierbare Größe darstelle. Böhm machte sich zumindest implizit die auch von den Israelis vertretene These zu eigen, daß ein Abkommen mit Israel in Den Haag den Gläubigern in London schon irgendwie vermittelbar sein würde.

Wirtschaftsminister Erhard kam in einem Schreiben an den Bundeskanzler auch noch einmal auf seinen Vorschlag zurück, dem Staat Israel statt finanzieller Hilfe doch Warenlieferungen zukommen zu lassen. Er vertrat die Auffassung, daß eine Größenordnung von DM 100 bis 200 Millionen p.a. selbst dann verkraftbar sein würde, wenn Israel einen Teil der Waren weiter veräußerte. Erhard plädierte aus moralischen Gründen dafür, den Verpflichtungen gegenüber Israel und den Juden auch unter erschwerten Bedingungen nachzukommen. Gleichzeitig setzte er aber sein volles Ver-

---

[16] Vermerk (Abs) über eine Besprechung in Bonn zwischen Abs, Böhm, Goldmann, Shinnar, Barou und Krebs am 19. 4. 11952, HADBB, B 330–2011.
[17] Besprechung betr. Wiedergutmachung zwischen Bundeskanzler und Goldmann vom 19. 4. 1952, BA, NL Blankenhorn Nr. 11.
[18] Böhm an BK Adenauer vom 23. 4. 1952, BA, NL Blankenhorn Nr. 16.

2. Ausarbeitung des deutschen Angebots/Verhandlungen mit Israel

trauen in eine weiterhin günstige Entwicklung der deutschen Wirtschaft im allgemeinen und des deutschen Außenhandels im besonderen. Die Einwände von Abs und Finanzminister Schäffer voraussehend bekannte er seine persönliche Bereitschaft, „die Verantwortung auch für eine etwas mutigere Lösung mit zu tragen."[19] Im übrigen hoffte er, die internationalen Gläubiger, vor allem die amerikanischen, doch noch zu größerer Zurückhaltung veranlassen zu können. Er glaubte ernsthaft, daß es ihnen mehr um eine grundsätzlich Anerkennung ihrer Forderungen als um deren tatsächliche Erfüllung gehe. Erhard empfahl, in London lieber auf einen Kapitalschnitt als auf eine Streichung der Zinsen hinzuarbeiten, weil dies eine längerfristige Perspektive böte.[20]

Adenauer leitete das Schreiben des Wirtschaftsministers an Abs zur Stellungnahme weiter, der erwartungsgemäß in fast allen Punkten eine Gegenposition vertrat. Er zieh Erhard der Blauäugigkeit, weil dessen Einschätzung des Gläubigerverhaltens „völlig an den Tatsachen und an der bisherigen Entwicklung" vorbeigehe. Erhards Auffassung, daß sich ein Kapitalschnitt für die Bundesrepublik günstiger auswirken würde als ein Zinsverzicht, hielt Abs für schlichtweg falsch, zumal es dafür im privaten Sektor keinerlei Realisierungschancen gab. Im übrigen bewertete Abs Erhards Prognosen zur Entwicklung des deutschen Außenhandels als allzu optimistisch, denn die wirtschaftlichen Daten der letzten Jahre boten wenig Anlaß für großen Optimismus. Abs bekräftigte seine mehrfach geäußerte Meinung, daß es unmöglich sein würde, den Komplex Israel gesondert zu behandeln. Auch Warenlieferungen berührten nach seiner Überzeugung die deutsche Transferfähigkeit, zumal von Israel vor allem die Lieferung von Industriegütern gewünscht wurde. Bei einer Ausfuhr sogenannter weicher Güter, die zum direkten Verbrauch bestimmt waren wie Lebensmittel oder sonstige Konsumgüter, stellte sich die Situation etwas günstiger dar. Abs warnte aber eindringlich vor der irrigen Auffassung, daß gewisse Leistungen an Israel ohne „besondere Schwierigkeiten" erfolgen könnten. Leistungen an Israel – auch Warenlieferungen jeder Art – präjudizierten nach Meinung von Abs in jedem Fall die Behandlung ausländischer Sperrmarktguthaben.[21]

Ein wichtiges Thema in London, denn gerade die in den Ausschüssen „B" und „D" vertretenen privaten Gläubiger forderten vehement, im Fall unge-

---

[19] Erhard an Adenauer betr. Schuldenkonferenz und Wiedergutmachungsleistungen gegenüber Israel vom 16. 4. 1952, BA, NL Blankenhorn Nr. 18.
[20] Ebd.
[21] Abs (Frankfurt) an BK Adenauer vom 23. 4. 1952, HABB: B 330–2011.

nügender Transferkapazitäten ersatzweise DM-Zahlungen auf Sperrkonten zuzulassen und damit die Aufbringungs- von der Transferfähigkeit zu trennen. Genau das wollte Abs überhaupt nicht. Die Deutsche Delegation hatte der Schuldenkonferenz vor der Osterpause eigens ein Memorandum vorgelegt, das sich gegen die alternative Möglichkeit von DM-Zahlungen aussprach. Entschieden wehrte sich Abs gegen ein Exposé des Wirtschaftsministeriums über die Vereinbarkeit von Warenlieferungen und Transfer. Er berief sich dabei auf volkswirtschaftliche Erfahrungen der jüngsten Geschichte, denn schon im Dawes-Plan sei festgestellt worden, daß „in their financial effects, deliveries in kind are not really distinguishable from cash payment." Seit der Konferenz von Lausanne im Jahr 1932 habe man sich von Sachlieferungen völlig abgekehrt, weil sie im Fall der Wiederausfuhr der gelieferten Waren zu Niedrigpreisen negative Auswirkungen auf die Devisensituation des Geberlandes haben würden.[22]

Die Argumentation war stimmig, wenn man den Reexport der Waren voraussetzte. Verblieben die Waren aber tatsächlich im Empfängerland, stimmte sie nur zum Teil. Vor dem Auswärtigen Ausschuß des Bundestags gestand Abs denn auch zu, daß es über die Frage, ob Sachlieferungen mit Devisenleistungen gleichzusetzen seien, unter Experten unterschiedliche Auffassungen gebe.[23] Schützenhilfe für seine Position erhielt Abs vom Präsidenten der Bank deutscher Länder, der in einem Schreiben an Professor Erhard dessen positive Einstellung zu Sachlieferungen an Israel als „gefährliche Selbsttäuschung und Illusion" bezeichnete.[24] Vocke vertrat wie Abs die Meinung, daß es sich dabei sehr wohl um echte Transferleistungen handeln würde.

Die Transferfrage stand auch bei den Vorarbeiten für ein deutsches Angebot in London im Mittelpunkt. Von ihrer Beantwortung hing entscheidend ab, welche konkreten Leistungen den Gläubigern offeriert werden konnten. Bonn stand wegen der von Abs in London abgegebenen Erklärung unter Zugzwang. Am 17. April fand im Bonner Wirtschaftsministerium ein Treffen von Experten der in London vertretenen Ministerien und der Bank deutscher Länder zur Transferfrage statt. Das Bundeswirtschaftsministerium war in der Transferfrage federführend. Während man sich bisher weitgehend auf die Darstellung allgemeiner Faktoren beschränkt hatte, die für

---

[22] Abs an Stedtfeld (BWM) vom 30. 4. 1952, BA, B 102–6996; Abs an Blücher vom 30.4. 1952, BA, B 146–1200.
[23] Sitzung des Auswärtigen Ausschusses vom 9. 5. 1952, in: Der Auswärtige Ausschuß des Deutschen Bundestages, S. 708.
[24] Vocke an Erhard vom 28. 4. 1952, HADBB, B 330–2021.

2. Ausarbeitung des deutschen Angebots/Verhandlungen mit Israel 277

die Ermittlung der Transferfähigkeit relevant waren, ging es nun um die Entwicklung von Vorschlägen auf der Basis konkreter Zahlen. Alle Anwesenden waren sich einig, daß die künftige deutsche Transferfähigkeit nicht exakt zu definieren sein würde, sondern an Hand bestimmter Parameter lediglich mehr oder weniger verläßlich prognostiziert werden konnte. Als Berechnungsgrundlage einigte man sich auf das Jahr 1951, ein wirtschaftlich insgesamt schwieriges Jahr. Die Entwicklung der deutschen Transferfähigkeit hing nicht nur von inneren, sondern auch von einigen äußeren Faktoren ab. Die Liberalisierung der Importpolitik der Gläubigerländer stand hierbei an erster Stelle. Nur wenn sich der deutsche Export weiter positiv entwickelte, konnten ausreichende Handelsüberschüsse als Grundlage für deutsche Transferleistungen erzielt werden. Dem Wirtschaftsministerium und der Bank deutscher Länder lag dieser Punkt sehr am Herzen. Wichtig war, daß der Transfer für die Bedienung der Auslandsschulden die Einfuhr wichtiger Güter auf keinen Fall gefährden durfte.[25] Eine Drosselung der Einfuhr konnte der gesamten Wirtschaftsentwicklung der Bundesrepublik enorm schaden.

Nach welchem Schlüssel die zur Verfügung stehenden Devisen dann auf die diversen Forderungskomplexe aufgeteilt werden sollten, war eine politische Frage, die nur von der Bundesregierung in Abstimmung mit dem Parlament entschieden werden konnte. Die Experten setzten in dieser Sitzung für die Bedienung der Auslandsschulden eine Annuität von $ 125 Millionen an. Die vorgeschlagenen Summe basierte auf Daten, die das Wirtschaftsministerium und die Bank deutscher Länder als der deutschen Leistungsfähigkeit in etwa entsprechend ermittelt hatten. Wenn man $ 125 Millionen als Gesamtsumme zugrunde legte, standen etwas mehr als $ 50 Millionen pro Jahr für die Vorkriegsschulden zur Verfügung. Der Rest ($ 73,6 Mio.) war auf der Basis der im November 1951 geschlossenen vorläufigen Vereinbarungen mit den drei Besatzungsmächten bereits als Annuität für die Nachkriegsschulden verplant. Angesichts der Milliardenhöhe der Vorkriegsschulden waren $ 50 Millionen p.a. eine äußerst bescheidene Summe.[26] In der Expertenrunde war deshalb auch nur von einem Minimalangebot die Rede.

Neben der Angebotshöhe mußte darüber entschieden werden, in welcher Form das Angebot in London vorgelegt werden sollte. Die anwesenden Experten sprachen sich mehrheitlich dafür aus, nicht nach dem Prinzip der

---

[25] Vermerk Emminger betr. Besprechung im Bundeswirtschaftsministerium am 29. April 1952 über Transferfragen der Londoner Schuldenregelung vom 30. 4. 1952, HADBB, B 330–3773.
[26] Der eigentliche Dollaranteil bei den Nachkriegsschulden belief sich auf $ 52 Mio.

„Konkursmasse" zu verfahren und kein globales Transferangebot vorzulegen.[27] Mit dieser Verfahrensweise sollte endlosen Verteilungskämpfen und der Strategie einiger Gläubigergruppen, die Aufbringung der Gelder vom Transfer zu trennen, wirksam begegnet werden. Für die deutsche Seite waren die Transfermöglichkeiten das Maß aller Dinge, und die Gesamtleistung für die Regelung aller Auslandsschulden sollte ausschließlich danach bemessen werden und darauf beschränkt bleiben.[28] Alternative DM-Zahlungen auf Sperrkonten sollte es über die bereits bestehenden Möglichkeiten des seit Jahren diskutierten DM-*settlement* hinaus nicht geben. Aus taktischen Gründen sollte auf eine Trennung nach Währungsräumen im Transferangebot verzichtet werden, obwohl für die nächsten Jahre mit erheblichen Unterschieden zwischen dem EZU- und dem Dollar-Raum gerechnet wurde. Angesichts der fehlenden Konvertierbarkeit der meisten Währungen war die Möglichkeit zur Erwirtschaftung von Dollarüberschüssen zu Transferzwecken sehr begrenzt. Die wichtigste Einnahmequelle war immer noch die Marshallplan-Hilfe.[29] Bei einer Aufschlüsselung nach Währungsräumen wurde befürchtet, daß sich die Haltung der amerikanischen Gläubiger unter dem Eindruck weiter verhärten könnte, ihre Aussichten auf Dollar-Zahlungen würden gegen Null tendierten. Das Wirtschaftsministerium empfahl angesichts der ungewissen Zukunftsperspektiven dringlich, für den Fall einer festen Transferzusage auf einer *Escape*-Klausel für Notfälle zu bestehen.[30] Die Ergebnisse der Sitzung gingen in ein Paper ein, das der nächsten Delegationssitzung als Arbeitsgrundlage diente.[31]

Diese fand unter Leitung von Hermann J. Abs wenige Tage später in Bonn statt. Bis zur Wiederaufnahme der Schuldenverhandlungen in London verblieben nur noch vier Wochen. Abs sprach sich in der Delegationssitzung ebenfalls für ein spezifiziertes Angebot aus, das realistische Offerten für die einzelnen Schuldenkategorien enthielt. Es wurde der Beschluß

---

[27] Vermerk Baur betr. Ergebnis der Beratung eines Transferangebots am 17. 4. 1952 im BWM vom 18. 4. 1952, BA, B 146–1226.
[28] Gemeinsame Sitzung des Auswärtigen Ausschusses und des Ausschusses für Finanz- und Steuerfragen vom 8. 5. 1952, in: Der Auswärtige Ausschuß des Deutschen Bundestages, Bd. 1: Sitzungsprotokolle 1949–1953, S. 702 f.; Notiz Weiz betr. Referat von Abs vor Bundestagsausschüssen vom 8. 5. 1952, PA/AA, Abt. II Nr. 1556 (LSA 49).
[29] Vgl. EMMINGER, Deutsche Geld- und Währungspolitik, S. 487 ff.
[30] Vermerk Emminger betr. Besprechung beim Bundeswirtschaftsministerium über Transferfragen des Auslandsschuldendienstes vom 17. 4. 1952, HADBB, B 330–3773; BMW: Arbeitsentwurf (Stedtfeldt) betr. Sicherungs-Klauseln des Schulden-Abkommens vom 22. 4. 1952, BA, B 146–1194.
[31] Arbeitsentwurf: Beurteilung der deutschen Transferfähigkeit (streng vertraulich) vom 21. 4. 1952, PA/AA, Abt. II Nr. 1507 (LSA 4).

2. Ausarbeitung des deutschen Angebots/Verhandlungen mit Israel 279

gefaßt, die Zahlenangaben im deutschen Angebot durchgehend in DM auszudrücken, um eine einheitliche Rechnungsbasis zu haben. Nach Berechnungen der Bank deutscher Länder und des Bundeswirtschaftsministeriums standen für den gesamten Auslandsschuldendienst pro Jahr rund DM 500 Millionen (ca. $ 125 Mio.) zur Verfügung.[32] Legte man die vertragsgemäßen Forderungen der Gläubiger ohne Abstriche zugrunde, deckten die DM 500 Millionen nicht einmal ein Viertel der Ansprüche ab. Die schwierige Aufgabe bestand nun darin, die angenommene Zahlungsfähigkeit der Bundesrepublik mit den Forderungen der Gläubiger kompatibel zu machen. Zu diesem Zweck sollten Berechnungen durchgeführt werden, die diverse Reduktionsfaktoren, wie z. B. die Ersetzung der Gold- durch eine Dollarklausel, Abzüge bei den Reichsschulden wegen der Gebietsverluste im Osten u. ä., einbezogen. Auf dieser Basis konnten dann Zahlungsmodelle entwickelt werden, die neben den Zahlungsfristen auch die rückständigen und die laufenden Zinsen in verschiedenen Varianten berücksichtigten.[33] Auf der Grundlage dieser Modellrechnungen konnte dann ein konkretes Angebot ausgearbeitet werden.

Nach Auffassung von Abs sollten die rückständigen Zinsen, soweit sie nicht gestrichen wurden, dem Kapital zugeschlagen werden. Die insgesamt für den Transfer zur Verfügung stehenden Mittel sollten dann proportional auf die einzelnen Schuldenkategorien aufgeteilt werden. Auf diese Weise glaubte man ein Angebot darstellen zu können, das von den Gläubigern wenigstens als diskutabel angesehen wurde.[34] Eine feste Transferzusage wollte man mit dem Angebot nicht verbinden. Es sollten aber Bedingungen benannt werden, unter denen eine Transferzusage zu einem späteren Zeitpunkt gegeben werden könnte. Dazu zählten: Die Erwirtschaftung ausreichender Handelsüberschüsse, der weitere Abbau von Handelsbarrieren, ein definitiver Verzicht auf Reparationen und die Aufnahme einer *Escape-Klausel* in das Schuldenabkommen.[35] Es gab Anzeichen dafür, daß die

---

[32] Transfervorlage Stedtfeldt vom 21. 4. 1952, BA, B 146–1200.
[33] Vermerk (Herbst) betr. Besprechung bei der Landeszentralbank Nordrhein-Westfalen am 26.4. vom 29. 4. 1952, BA, B 126–48388; Erbstößer: Bericht über die Sitzung des Statistischen Ausschusses vom 29.4. und 2. 5. 1952, BA, B 126–483387.
[34] Vermerk (Erbstößer) betr. Sitzung der Deutschen Delegation für Auslandsschulden am 21. 4. 1952 in Bonn unter Vorsitz von Herrn Abs, HADBB, B 330–2468.
[35] Bericht über die Sitzung der Deutschen Delegation für Auslandsschulden am 21. 4. 1952 (Erbstößer) vom 22. 4. 1952, HABB: B 330–2468; Wichtige Punkte aus der Delegationsbesprechung am 21. 4. 1952 in Bonn (Bauer) vom 22. 4. 1952, BA, B 146–1225; Hans Möller (Vertreter Bundesrepublik bei OEEC Paris) an Bank deutscher Länder (von Schelling) vom 26. 5. 1952, BA, B 102–6974.

Amerikaner zu einem Reparationsverzicht bereit sein würden.[36] Da die für die Bedienung der Auslandsschulden insgesamt zur Verfügung stehenden Devisen recht überschaubar waren, sollte der Versuch gemacht werden, die amerikanische Regierung zu Nachverhandlungen über ihre Nachkriegsschulden zu bewegen. Ziel war dabei, die im Rahmen der bisherigen Regelung notwendige Transferannuität von $ 52 Millionen zu senken.

Daß sich das deutsche Angebot an die Vorkriegsgläubiger am Rande des Zumutbaren bewegen würde, war Delegationsleiter Abs völlig klar. Deshalb wies er in der Sitzung noch einmal deutlich darauf hin, daß die Wiedergutmachungsverhandlungen ein erhebliches Störpotential für London darstellten. Er verlangte kategorisch, daß jedes Angebot an Israel mit der TCGD und der gesamten Schuldenkonferenz abgestimmt werden müßte.[37] Daß es ein solches geben würde, war gegen seinen erklärten Willen inzwischen beschlossene Sache. Offen war aber noch dessen Art und Umfang. Abs drängte darauf, daß vom Kabinett endlich definitiv entschieden wurde, welche Angebote denn nun in London und Den Haag konkret gemacht werden sollten. Die Vorbereitung der Kabinettsvorlage für London oblag dem Bundesfinanzministerium in Abstimmung mit dem Auswärtigen Amt.[38]

Zur Vorbereitung der entscheidenden Kabinettssitzung fand am 14. Mai 1952 im Bonner Palais Schaumburg unter Leitung von Bundeskanzler Adenauer eine Sitzung statt, an der die Minister Schäffer, Erhard, Dehler und Blücher, die Staatssekretäre Hallstein, Lenz und Westrick, Präsident Vocke, wichtige Beamte der beteiligten Ministerien, die Delegationsleiter Böhm und Küster, Abs und Kriege sowie wichtige Repräsentanten der Wirtschaft wie Pferdmenges, Merton u.a. teilnahmen. Es sollte ein erneuter Versuch unternommen werden, die Komplexe London und Israel zu harmonisieren. Der gut gemeinte Versuch schlug vollständig fehl. Die Gegensätze traten noch deutlicher hervor als in der Sitzung zuvor. Nachdem Abs die Anwesenden in einem kurzen Statement darauf aufmerksam gemacht hatte, daß die Deutsche Schuldendelegation in fünf Tagen in London ein Angebot vorzulegen habe, das in einem direkten Zusammenhang zu potentiellen Zugeständnissen an Israel gesehen werden müßte, gab Bundesfinanzminister Schäffer eine Erklärung zur aktuellen Haushaltlage ab. Er bezeichnete die

---

[36] Acheson to US Embassy, 21. 5. 1952, NA, RG 43–243.
[37] Niederschrift über die Delegationsbesprechung vom 21. 4. 1952; Kurzprotokoll über die Sitzung der Deutschen Delegation für Auslandsschulden in Bonn, Baumschulallee 19 am 21. 4. 1952, PA/AA, Abt. II Nr. 1507 (LSA 4).
[38] Vermerk Staatssekretär Westrick vom 5. 5. 1952, BA, B 102–6997 H. 1; Vermerk Bohlen betr. Wiedergutmachungsforderungen Israels vom 8. 5. 1952, BA, B 102–7019 H. 1.

2. Ausarbeitung des deutschen Angebots/Verhandlungen mit Israel

Lage als kritisch, weil für 1952 mit einem Haushaltsdefizit von DM 1232 Millionen zu rechnen sein würde. Da der Bundeskanzler wegen der kommenden Bundestagswahlen als Ausweg Steuererhöhungen strikt ausschloß, standen laut Schäffer höchstens DM 400 Millionen aus Haushaltsmitteln für den Schuldendienst zur Verfügung. Eine Aufstockung war nach Meinung von Schäffer nur durch eine Einbeziehung von Gegenwertmitteln aus der Marshallplanhilfe möglich. Diese von Schäffer schon früher einmal lancierte Idee rief wie damals sofort den Widerspruch von Marshallplanminister Blücher hervor, der in den Gegenwertmitteln ein dauerhaftes Instrument zur Globalsteuerung der Wirtschaft sah, das seiner Ansicht nach keinesfalls aufgezehrt werden durfte. Schäffer äußerte unmißverständlich, daß er das für London vorgesehene Angebot einer Annuität für die Anlaufphase von DM 500 Millionen, davon DM 400 Millionen aus öffentlich und DM 100 Millionen aus privaten Mitteln, als gerade noch im Rahmen dessen liegend ansehe, was man als anständiger Schuldner anbieten könne. Landeszentralbankpräsident Kriege stimmte dieser Einschätzung ausdrücklich zu.

Für Den Haag waren nach Meinung von Minister Schäffer im Grunde überhaupt keine Mittel mehr vorhanden. Selbst die Finanzierung der in Aussicht genommenen Warenlieferungen in Höhe von DM 100 Millionen war aus seiner Sicht noch völlig ungeklärt. Die pessimistische Lagebeurteilung durch Schäffer wurde vom Präsidenten der Bank deutscher Länder Vocke durch eine nicht minder pessimistische Beurteilung der Transfersituation bestätigt. Vocke kam wieder auf seinen Lieblingsvorschlag zurück, die Schuldenkonferenz auf bessere Zeiten zu vertagen. Ein Vorschlag, der vom Bundeskanzler mit dem Hinweis auf eine mögliche Verbesserung des politischen Situation nach einem Wahlsieg Eisenhowers begierig aufgenommen wurde. Mit Blick auf die strategischen Überlegungen Großbritanniens, ein Schuldenabkommen unter den Vorbehalt einer späteren Revision zu stellen, legte Abs sein Veto gegen eine mögliche Verschiebung der Londoner Konferenz ein.

Danach erhielt Professor Böhm das Wort. Wie Abs stand auch er erheblich unter Druck, in Den Haag ein Angebot vorlegen zu müssen, das seiner Auffassung nach keinesfalls unterhalb von DM 3 Milliarden liegen dürfte. Im Fall eines geringeren Angebots würde den Deutschen von den Israelis der Wille zur Wiedergutmachung abgesprochen werden. Aus Sicht von Böhm war eine Annuität von DM 200 Millionen gerade noch akzeptabel, so daß die DM 3 Milliarden über einem Zeitraum von 12 bis 15 Jahren gezahlt werden konnten. Böhm erklärte, den Israelis keine Zusage für Zahlungen in US-Dollar gegeben zu haben. Nachdem Böhm seine Ausführungen beendet hatte, fügte Adenauer die Bemerkung an, daß die moralische Berechtigung von Wiedergutmachungsleistungen an Israel außer Frage stehe.

In seiner Replik auf Böhm wandte sich Abs entschieden gegen ein Angebot an Israel in Höhe von DM 3 Milliarden zum gegenwärtigen Zeitpunkt. Im Verhältnis zu den ursprünglichen Forderungen Israels seien die Abstriche weitaus geringer als die in London von deutscher Seite geforderten Abstriche an den Auslandsschulden. Abs betonte, daß er immer dagegen war, in Den Haag konkrete Summen zu nennen, bevor die Verhandlungen in London in trockenen Tüchern waren. Für Abs war London die Voraussetzung für Den Haag und nicht umgekehrt. Der Kanzler hegte dagegen die Hoffnung, daß Zugeständnisse in Den Haag einen guten Eindruck auf die jüdischen Bankkreise in den USA machen würden und daß sich daraus positive Auswirkungen für London ergeben könnten. Die These des Kanzlers ging an der Realität vorbei. Auch die jüdischen Gläubiger in Amerika wußten bei aller Sympathie für Israel sehr wohl zwischen Moral und Geschäft zu trennen.[39] Abs wiederholte seine Empfehlung aus der letzten Sitzung, die Antwortnoten der Alliierten auf die israelische Note vom 12. März 1951 doch bitte genau zu studieren, bevor man sich zu etwas verpflichtete. Er sah keinen Grund, sich von Israel dermaßen unter Druck setzen zu lassen, weil die Bundesrepublik nur Leistungen erbringen konnte, zu denen sie wirklich imstande war. Aus Sicht von Abs gab es keinen anderen Weg, als für die Wiedergutmachung neue Finanzquellen zu erschließen. Er dachte immer noch an die Emission einer Auslandsanleihe oder an die Nutzbarmachung der deutschen Vermögen in den USA. Die von Erhard vorgeschlagenen Warenlieferungen in Höhe von DM 100 Millionen waren nach Meinung von Abs das Äußerste, was die Bundesrepublik *vor* einem positiven Abschluß der Schuldenverhandlungen Israel anbieten konnte. Schäffer stimmte den Ausführungen von Abs vollinhaltlich zu und fügte noch einmal an, daß die Aufbringung von DM 100 Millionen für Warenlieferungen an Israel eine noch offene Frage war.

Wirtschaftsminister Erhard ergriff daraufhin das Wort zugunsten von Böhm. Ungeachtet der negativen Erfahrungen der 20er Jahre erklärte er jährliche Warenlieferungen an Israel in Höhe von DM 150 Millionen für vertretbar, so daß innerhalb von 15 Jahren insgesamt DM 2,5 Milliarden an Israel gezahlt werden könnten. Böhm wies den gut gemeinten Vorschlag von Erhard entschieden als unzureichend zurück.

Die kompromißlose Haltung von Professor Böhm ärgerte wiederum den Kanzler. Im Gegensatz zu Böhm hatte sich Abs in der Sache zumindest be-

---

[39] Vgl. dagegen GÜNTER KÖNKE, Wiedergutmachung und Modernisierung. Der Beitrag des Luxemburger Abkommens von 1952 zur wirtschaftlichen Entwicklung Israels, in: Vierteljahrschrift für Sozial- und Wirtschaftsgeschichte 75 (1988), S. 504 ff.

2. Ausarbeitung des deutschen Angebots/Verhandlungen mit Israel 283

weglich gezeigt, und außerdem schätzte Adenauer den Sachverstand von Abs außerordentlich. Abs hatte Kompromißbereitschaft erkennen lassen, indem er wider seine innere Überzeugung bereit war, Warenlieferungen an Israel in Höhe von DM 100 Millionen hinzunehmen. Der erfahrene Verhandlungstaktiker Adenauer vertrat die Meinung, daß man das Lamentieren der israelischen Unterhändler nicht zum Nennwert nehmen sollte. Der Staat Israel stehe finanziell mit dem Rücken zur Wand und brauche dringend finanzielle Hilfe. Fachkundige und verständige israelische Politiker würden schon einsehen, daß die Schuldenverhandlungen im Interesse der deutschen Kreditfähigkeit unbedingt erfolgreich zu Ende gebracht werden müßten. Abs wurde beauftragt, mit den israelischen Repräsentanten in London über Warenlieferungen in Höhe von DM 100 Millionen zu reden. Diesmal neigte sich die Waage zugunsten der Position Abs. Professor Böhm zeigte sich frustriert und lehnte es ab, unter diesen Bedingungen nach Den Haag zurückzukehren.[40]

Am 16. Mai beriet das Bundeskabinett über die Wiedergutmachungsverhandlungen mit Israel und den Jüdischen Organisationen. Professor Böhm und Hermann J. Abs nahmen an der Sitzung teil, die sich inhaltlich in etwa dem gleichen Rahmen bewegte wie die Besprechung im größeren Kreis zwei Tage zuvor. Professor Böhm erklärte im Kabinett, daß eine Offerte von DM 100 Millionen p.a. von Israel mit Sicherheit sofort als unannehmbar zurückgewiesen würde und ein definitiver Abbruch der Verhandlungen die Folge sei. Am Tag zuvor hatte Böhm in einer schriftlichen Aufzeichnung noch einmal seine Sicht der Dinge dargelegt und dabei eine Annuität von DM 200–300 Millionen für unabdingbar erklärt.[41] Wie in der vorhergehenden Sitzung vertrat auch Wirtschaftsminister Erhard die Meinung, daß DM 100 Millionen p.a. nicht ausreichten. DM 100 Millionen, die laut Finanzminister Schäffer nur aus Gegenwertmitteln zu finanzieren sein würden, waren nicht besonders viel. Das anerkannte sogar Abs. Eine Erhöhung auf DM 150 Millionen, wie von Erhard vorgeschlagen, kam für ihn aber dennoch nicht in Frage, weil diese Summe in keinem angemessenen Verhältnis zu dem Angebot stand, das den Gläubigern in London in Kürze vorgelegt werden sollte. Dieses mutete den Gläubigern für die Anlaufphase eine Globalannuität von DM 500 Millionen zu.[42] Wenn man Israel mehr als

---

[40] Niederschrift Vogel (streng vertraulich) vom 15. 5. 1952, BA, B 102–6997 H. 1.
[41] Aufzeichnung Böhm betr. Fortführung der Verhandlungen mit Israel vom 15. 5. 1952, BA, NL Blankenhorn Nr. 12.
[42] BFM Schäffer an Staatssekretär im BKA betr. Kabinettssache (geheim): Deutscher Vorschlag zur Regelung der Auslandsschulden für die Schuldenkonferenz in London unter Berücksichtigung der Ansprüche des Staates Israel vom 15. 5. 1952, BA, B 146–1194.

Sachlieferungen im Wert von DM 100 Millionen anbieten wollte, mußten nach Meinung von Abs eben zusätzliche Quellen – Anleihen, Auslandsvermögen in USA – erschlossen werden.

Im Gegensatz zu Böhm hegte Abs noch die Hoffnung, daß die Israelis wegen der unbedingten Notwendigkeit schneller Hilfe doch noch auf ein Sofortangebot von DM 100 Millionen eingehen könnten. Er lud Böhm ein, an einer Unterredung teilzunehmen, die er mit Vertretern Israels am 19 Mai in London führen würde. Böhm lehnte dies trotz Bitten von Bundeskanzler Adenauer ab, weil er ein Gespräch auf dieser Basis für aussichtslos hielt.[43] Zu Recht, denn wie von Böhm vorausgesehen, wiesen die israelischen Vertreter Shinnar und Keren den Vorschlag von DM 100 Millionen als „völlig unannehmbar" zurück. Desgleichen die von Abs schon mehrfach in Vorschlag gebrachten Alternativen. Eine Freigabe des deutschen Auslandsvermögens in den USA wurde für aussichtslos gehalten und die Chancen auf eine Auslandsanleihe für äußerst vage. Die Unterredung gipfelte in der Frage: Steht die Bundesrepublik zur Erklärung des Kanzlers vom 6. Dezember 1951 oder nicht? Wenn ja, dann wären in den nächsten drei Jahren mindestens DM 600 Millionen p.a. fällig – ein Teil davon in Devisen, zwei Teile in Waren! Abs versuchte die Situation mit der Beteuerung zu retten, er habe kein Angebot gemacht, sondern nur sondieren wollen. Sein Wunsch, mit Goldmann direkt sprechen zu dürfen, wurde abschlägig beschieden.[44]

Trotz des negativen Gesprächsausgangs war Abs keineswegs bereit, die Verhandlungen mit Israel als gescheitert zu betrachten. Er hielt es nun für das beste, die Delegationen für die Verhandlungen in London und Den Haag zusammenzulegen.[45] In diesem Fall hätte er selbst die gesamte Verhandlungsführung übernommen. Die Möglichkeit dazu wäre durchaus vorhanden gewesen, nachdem der Posten des deutschen Delegationschefs in Den Haag kurzzeitig frei geworden war. Am 18. Mai hatten Böhm und sein Stellvertreter Küster ihr Mandat als Leiter der Verhandlungsdelegation überraschend zurückgegeben. Böhm war frustriert, daß in der Kabinettssitzung vom 15. Mai zwar über das Londoner, nicht aber über ein in Den Haag vorzulegendes Angebot entschieden worden war. Er hatte es nicht vermocht, mit seiner Argumentation im Kabinett durchzudringen. Selbst der

---

[43] Kabinettssitzung am 16. 5. 1952, in: Die Kabinettsprotokolle der Bundesregierung, Bd. 5 (1952), S. 327ff.
[44] Notiz über die Unterhaltung der unterzeichneten Herren Abs und Ministerialdirektor Wolff mit Mr. Shinnar und Mr. Keren am 19. 5. 1952 vom 20. 5. 1952, BA, NL Blankenhorn Nr. 16.
[45] Eintrag vom Donnerstag, 22. 5. 1952 (1), in: KLAUS GOTTO et al. (Hrsg.), Im Zentrum der Macht. Das Tagebuch von Staatssekretär Lenz 1951–1953, Düsseldorf 1989, S. 342.

Bundeskanzler, der ein Scheitern der Wiedergutmachungsverhandlungen unbedingt vermeiden wollte, schätze die Lage offenbar nicht ganz so dramatisch ein. Das sollte sich in den nächsten Tagen ändern.

Am 20. Mai erreichte Adenauer ein Schreiben von Goldmann, in dem dieser seine tiefe Enttäuschung über den deutschen Delegationsleiter Abs zum Ausdruck brachte. Dieser habe in seiner Unterredung mit Shinnar und Keren keinerlei Bereitschaft erkennen lassen, zu wirklichen Opfern für die Wiedergutmachung bereit zu sein. „Man kann ein Problem von der moralischen Bedeutung der jüdischen Wiedergutmachung nicht mit den üblichen Methoden kommerzieller Verhandlungen – und Abhandelns – lösen", urteilte Goldmann in aller Deutlichkeit. Wenn die von Abs in den Raum gestellte Größenordnung offiziell bekannt werden sollte, gebe es für Israel keine Möglichkeit zu weiteren Verhandlungen mehr.[46]

Das ernste Schreiben von Nahum Goldmann war der zweite schwere Schlag, den Adenauer in dieser Sache innerhalb weniger Tage einstecken mußte. Der erste war der Rücktritt von Böhm und Küster, der im In- und Ausland hohe Wellen schlug. Nicht zuletzt deshalb, weil Böhm und Küster der Presse freimütig über die Gründe für ihre Entscheidung Auskunft erteilt hatten. In einem Interview mit der Frankfurter Rundschau machte Böhm seinem Ärger über Abs Luft, indem er ihm indirekt vorwarf, die Situation in London falsch zu beurteilen. Auf die Frage, ob die Gläubiger in London zu einem Entgegenkommen gegenüber Israel bereit sein würden, antwortete Böhm:

> Ich halte es für selbstverständlich, daß jedermann in der Welt dafür Verständnis hat, wenn sich die Bundesrepublik verpflichtet fühlt, das Möglichste zu tun, um die Verbrechen des Hitlerstaates wiedergutzumachen. Es handelt sich hier nach den Worten des Bundeskanzlers um eine Ehrenpflicht des deutschen Volkes, deren Vorhandensein die deutsche Leistungsfähigkeit für andere Zwecke begrenzt. Ich kann mir nicht denken, daß die übrigen Gläubiger der Bundesrepublik hierüber anders denken. […] Wenn wir an Israel wenig zahlen oder wenn die Verhandlungen mit Israel scheitern, kann an die übrigen Gläubiger mehr geleistet werden. Gleichzeitig aber werden diese Gläubiger ihre Schlüsse daraus ziehen, wenn sie sehen, daß die Bundesrepublik feierlichen Erklärungen keine Taten folgen läßt. Das ist meines Erachtens nicht der richtige Weg, unsere Kreditwürdigkeit wiederherzustellen.[47]

Im Bonner Generalanzeiger wurde von Böhm die Behauptung aufgestellt, „daß die deutschen Finanzexperten das Gewicht der moralischen Wieder-

---

[46] Goldmann an BK Adenauer vom 19. 5. 1952, BA, NL Blankenhorn Nr. 16; vgl. SHINNAR, S. 39 ff.; GROSSMANN, S. 33 ff.; HANSEN, S. 211 ff.
[47] „Leiter der deutschen Israel-Delegation bietet Rücktritt an." Interview mit Professor Böhm, in: FRANKFURTER RUNDSCHAU vom 21. 5. 1952.

gutmachungspflicht nicht genügend würdigten."⁴⁸ In der Frankfurter Allgemeinen Zeitung war vom unüberwindbaren „Widerstand der verantwortlichen Stellen gegen eine ausreichende Wiedergutmachung" im Sinne der Ankündigung von Bundeskanzler Adenauer die Rede.⁴⁹ Dies war starker Tobak an der Grenze zum Rufmord. In einem Brief an Abs bezeichnete Adenauer das Verhalten von Böhm und Küster denn auch als „sehr tadelnswert", fuhr aber fort, daß trotzdem ein für die Interessen der Bundesrepublik sehr verhängnisvoller Abbruch der Verhandlungen mit Israel unbedingt vermieden werden müßte.⁵⁰

Das Erscheinen deutschlandfeindlicher Artikel in der ausländischen Presse bereitete Adenauer große Sorgen.⁵¹ Die drohende Eskalation der Ereignisse bewogen zudem die USA, nun doch Druck auf die Bundesregierung auszuüben. Ein wirksames Mittel, um Druck auszuüben, war der Deutschlandvertrag, dessen Unterzeichnung unmittelbar bevorstand.⁵² Adenauer setzte nun alles daran, die deutsch-israelischen Verhandlungen wieder in Gang zu bringen. Obwohl er den wirtschaftlichen Sachverstand und das Verhandlungsgeschick von Abs überaus schätzte, war dieser in der gegebenen Situation nicht der richtige Mann für diese Aufgabe. Es ging ausschließlich um die moralische Integrität und die Glaubwürdigkeit des deutschen Unterhändlers in den Augen der Juden. Darüber verfügte im Gegensatz zu Abs Professor Böhm. Deshalb bemühte sich Adenauer ungeachtet der vorangegangenen Vorfälle in einem persönlichen Gespräch, Böhm von der Notwendigkeit zu überzeugen, sein Rücktrittsgesuch zurückzuziehen. Nachdem Böhm sich zur Weiterarbeit bereit erklärt hatte, reiste er unverzüglich zu einer Unterredung mit Goldmann nach Paris. Er hatte im Auftrag des Bundeskanzlers zu sondieren, ob ein Angebot von DM 3 Milliarden bei sofortigen Annuitäten von DM 200 bis 250 Millionen für Israel diskutabel war.⁵³ Adenauer war damit voll auf die Linie eingeschwenkt, die Böhm bereits in den Wochen zuvor vertreten hatte.

---

48 „Küster: Vertrauensgrundlage fehlt", in: BONNER GENERALANZEIGER vom 20. 5. 1952.
49 „Auch Böhm gibt seinen Auftrag zurück", in: FRANKFURTER ALLGEMEINE ZEITUNG vom 21. 5. 1952.
50 Adenauer an Abs vom 21. 5. 1852, BKAH, NL Adenauer Nr. 10.05.
51 Sondersitzung des Kabinetts am 20. 5. 1952, in: Kabinettsprotokolle der Bundesregierung, Bd. 5 (1952), S. 348 f.
52 Vgl. RUDOLF HUHN, Die Wiedergutmachungsverhandlungen in Wassenaar, in: LUDOLF HERBST und CONSTANTIN GOSCHLER (Hrsg.), Wiedergutmachung in der Bundesrepublik Deutschland, München 1989, S. 152 ff.
53 Aufzeichnung Frowein betr. Stand der Verhandlungen mit Israel seit dem 17. Mai 1952 vom 23. 5. 1952, BA, NL Blankenhorn Nr. 16.

2. Ausarbeitung des deutschen Angebots/Verhandlungen mit Israel 287

In seiner Funktion als Leiter der deutschen Schuldendelegation hatte Abs allen Grund, sich über die plötzliche Wendung Sorgen zu machen. Auch in London drohten sich die Dinge krisenhaft zuzuspitzen, weil das deutsche Verhandlungsangebot in ersten Reaktionen als nicht diskussionsfähig abgelehnt wurde. Großzügigkeit gegenüber Israel – Moral hin oder her – konnte in London fatale Konsequenzen haben. Die aus Londoner Perspektive durchaus berechtigten Einwände des Leiters der deutschen Schuldendelegation änderten aber nichts daran, daß sich die Bundesrepublik auf der oben skizzierten Basis auf ein Abkommen mit Israel einigte. Am 10. Juni fand eine Unterredung mit Goldmann statt, an der neben dem Bundeskanzler und Staatssekretär Hallstein auch Böhm und Abs teilnahmen. Dabei wurde eine Gesamtsumme von DM 3,4–3,5 Milliarden zur Regelung der Wiedergutmachung vereinbart. Die über den bisher genannten Betrag von DM 3 Milliarden hinausgehenden DM 400–500 Millionen sollten zur Abdeckung der Ansprüche der *Jewish Claims Conference* verwandt werden. Die Zahlungen sollten mit zwei Jahresraten à DM 200 Millionen beginnen und mit zehn Jahresraten à 250 DM Millionen fortgesetzt werden. Die nichtgedeckte Restsumme von DM 500–600 Millionen sollte später durch eine Anleihe abgedeckt werden. Die Gestaltung der Warenlieferungen blieb gesonderten Verhandlungen vorbehalten.[54]

Mit dem Ergebnis der Unterredung war Abs nicht besonders zufrieden, er sah aber keine Chance mehr, den Lauf der Dinge in seinem Sinn zu beeinflussen. Er hatte seine Einwände gegen die Vereinbarung mit Israel aber noch einmal in einem Memorandum dargelegt. Möglicherweise verband er damit die Hoffnung, im Kabinett doch noch Modifikationen durchsetzen zu können. Abs warnte davor, die Jahresleistung an Israel über die Summe von DM 200 Millionen hinaus, die er für das Alleräußerste hielt, zu erhöhen. Er kritisierte, daß in der Unterredung mit Goldmann nicht nachdrücklich genug auf die beschränkte deutsche Leistungsfähigkeit hingewiesen worden war, während er sich in London fast verzweifelt darum bemühte, die Gläubiger von diesem Umstand zu überzeugen. Noch einmal wies Abs darauf hin, daß sich die Haltung der Gläubiger wegen der Parallelverhandlungen in Den Haag erheblich versteift habe und die Perspektiven für die weiteren Verhandlungen eher kritisch einzuschätzen seien. Ausdrücklich

---

[54] Niederschrift über die Besprechung zwischen dem Bundeskanzler, den Herren Goldmann, Hallstein, Böhm, Frowein und Abs am 10. 6. 1952, PA/AA, Abt. II Nr. 1541 (LSA 35); vgl. HANSEN, S. 231 ff.

machte Abs noch einmal darauf aufmerksam, daß Warenlieferungen seiner Überzeugung nach Transferleistungen darstellten.[55]

Am 17. Juni 1952 standen die Wiedergutmachungsverhandlungen mit Israel im Kabinett zur Beratung an. Staatssekretär Hallstein berichtete ausführlich über den bisherigen Verlauf der Verhandlungen und unterbreitete den anwesenden Kabinettsmitgliedern einen Vorschlag auf der Basis der Unterredung vom 10. Juni. Demnach sollten insgesamt DM 3 Milliarden in zwei Jahresraten à DM 200 Millionen (bis März 1954) und zehn weiteren Jahresraten à DM 250 Millionen an den Staat Israel gezahlt werden. Die zusätzlichen Ansprüche der *Jewish Claims Conference* von ursprünglich $ 500 Millionen sollten zunächst weiter geprüft werden. Es war dann in Aussicht genommen, weitere 400–500 Millionen DM an Israel zu zahlen, das die Weiterleitung an die *Claims Conference* intern besorgen wollte. Bundesfinanzminister Schäffer äußerte gegen diese Verfahrensweise erhebliche Bedenken, die so weit gingen, die Berechtigung der israelischen Forderungen grundsätzlich in Zweifel zu ziehen. Schäffer erklärte, daß er dem Vorschlag von Hallstein seine Zustimmung verweigern werde. Vizekanzler Blücher, der bisher zumeist der Position von Abs zugeneigt hatte, bezeichnete es dagegen als politisch notwendig, den Israelis „unter weitgehender Zurückstellung finanzieller und sonstiger Bedenken" dieses Angebot zu machen. Dem stimmte auch Wirtschaftsminister Erhard zu. Am Ende der Aussprache hob der Bundeskanzler noch einmal die „überragende Bedeutung der Angelegenheit im Verhältnis zur gesamten westlichen Welt und insbesondere zu den USA" hervor. Daraufhin stimmte das Kabinett dem Vorschlag mit Mehrheit zu.[56]

Es war wesentlich dem persönlichen Einsatz des Bundeskanzlers zu verdanken, daß es zu dieser Entscheidung kam. Nicht nur im Kabinett, sondern auch im Parlament gab es erhebliche Widerstände. Dort erwiesen sich die Sozialdemokraten als die größte Stütze des Bundeskanzlers. Nur die sozialdemokratische Fraktion war nahezu geschlossen bereit, den Wiedergutmachungsverhandlungen im Zweifel Vorrang vor den Schuldenverhandlungen einzuräumen.[57] Die Weichen waren damit gestellt. Im Verlauf der

---

[55] Memorandum (Abs) zu den Fragen der Leistungen der Bundesrepublik an den Staat Israel vom 7. 6. 1952, PA/AA, Abt. II Nr. 1541 (LSA 35).
[56] Kabinettssitzung vom 17. 6. 1952, in: Die Kabinettsprotokolle der Bundesregierung, Bd. 5 (1952), S. 394 ff.
[57] Niederschrift (Vogel) über eine Sitzung des Auswärtigen Ausschusses des Bundestages am 16. 5. 1952 vom 19. 5. 1952, BA, B 146–1200; vgl. SCHLOMO SHAFIR, Die SPD und die Wiedergutmachung gegenüber Israel, in: LUDOLF HERBST und CONSTANTIN GOSCHLER (Hrsg.), Wiedergutmachung in der Bundesrepublik Deutschland, München 1989, S. 190–203.

weiteren Verhandlungen mit Israel bemühte sich Abs, soweit es ihm möglich war, Einfluß auf die Aufstellung der Warenlisten zu nehmen. Um weiteren Schaden von der Schuldenkonferenz abzuwenden, versuchte er, die Lieferung besonders transferrelevanter Waren zu minimieren.[58] Die Verhandlungen zogen sich auf Grund einiger neu auftretender Probleme noch mehrere Monate hin. Schließlich konnte das Luxemburger Abkommen zwischen der Bundesrepublik und Israel im September unterzeichnet werden, also erst nach dem Ende der Hauptkonferenz.[59]

Die Vereinbarungen mit Israel waren zweifellos ein wichtiger politischer Erfolg für den Bundeskanzler. Die Aufgaben des Leiters der Deutschen Schuldendelegation erleichterten sie sicher nicht.

---

[58] Telegramm Abs an Hallstein vom 22. 6. 1952, BA, B 146–1200.
[59] Vgl HUHN, S. 156 ff. Zur finanziellen Beanspruchung der Bundesrepublik vgl. ERNST FÉAUX DE LA CROIX, Finanzpolitische Aspekte der Wiedergutmachungsgesetzgebung, in: Finanzpolitische Mitteilungen des Bundesministeriums der Finanzen 1963, Nr. 21, S. 1872–1876.

3. Die Aufnahme des deutschen Angebots in London

In London wurde das deutsche Angebot mit Spannung erwartet. In Gläubigerkreisen hatte es wegen der angespannten deutschen Finanzlage zeitweilig Befürchtungen gegeben, daß die Deutsche Delegation nach ihrer Rückkehr zum Verhandlungsort vielleicht doch kein Angebot vorlegen würde. Nicht ohne Sorge richteten sich die Blicke der Gläubiger nach Den Haag. Rogers zeigte sich in einer Unterredung im *State Department* über die von den Deutschen betriebene enge Verzahnung der Londoner und der Haager Verhandlungen sehr besorgt. Nicht zu Unrecht befürchtete er davon negative Auswirkungen auf die Verhandlungsposition der Gläubiger, insbesondere der öffentlichen Anleihegläubiger. Den privaten Gläubigern würde es weitaus leichter fallen, ihre Ansprüche auch unter ungünstigen Umständen durchsetzen zu können, zumindest in den Fällen, wo damit kommerzielle Interessen verbunden waren.[1]

Zur allgemeinen Beruhigung hatte der amerikanische Delegationsleiter Pierson aber Ende April aus sicherer Quelle in Erfahrung gebracht, daß die Deutsche Delegation nach der Osterpause ein Angebot vorlegen würde. In welcher Höhe war aber noch fraglich. Die zuständigen Stellen in Bonn konnten sich lange Zeit nicht endgültig einigen. Pierson wußte von Meinungsunterschieden zwischen der Bank deutscher Länder, dem Wirtschafts- und dem Finanzministerium zu berichten, wobei das Finanzministerium den Gläubigern angeblich mehr anbieten wollte als die anderen. Das Finanzministerium war allerdings nur für die Aufbringung der Mittel, nicht aber für deren Transfer zuständig. Dieser lag im Zuständigkeitsbereich des Wirtschaftsministeriums und der Bank deutscher Länder. Nach Information von Pierson weigerte sich Abs, den Gläubigern ein Angebot vorzulegen, das in seinen Augen „not adequate or tolerable" war. In jedem Fall rechneten die Deutschen aber damit, daß die Gläubiger mehr fordern würden, als man ihnen wegen der begrenzten deutschen Zahlungsfähigkeit offerieren konnte. Der TCGD war mittlerweile bekannt, daß die Deutschen auf zusätzliche Konzessionen der USA im Bereich der Nachkriegsschulden hofften, um mehr Luft für die Vorkriegsschulden zu haben.[2] Die über Pierson nach Washington gelangten Informationen über die innere die Lage in Deutschland waren sehr zuverlässig. Von deutscher Seite war es strategisch nicht ungeschickt, die amerikanische Administration schon im voraus

---
[1] State Department: Memorandum of Conversation re German Debt Settlement (Rogers, Spang, Gunter, Margolies), 25. 4. 1952, NA, RG 43–222.
[2] London (Gifford) to Secretary of State, 1. 5. 1952, NA, RG 59–1516.

3. Die Aufnahme des deutschen Angebots in London

mit Informationen zu füttern. Die Hilfe der Vereinigten Staaten war unverzichtbar, wenn die Konferenz trotz der schwierigen Lage zum Erfolg geführt werden sollte. Auffälligerweise verfügten die Briten über weitaus weniger genaue Informationen. Von den Amerikanern wurden sie nur selektiv in Kenntnis gesetzt.

Das britische *Treasury* und die *Bank of England* nutzen die Osterpause, um sich eingehend mit den kurz vor der Konferenzpause offiziell vorgelegten deutschen Ergänzungsmemoranden zur Aufbringungs- und Transferfähigkeit auseinanderzusetzen. Daß diese Memoranden der Abfederung eines nicht allzu üppigen deutschen Angebots dienen sollten, lag auf der Hand. Was die Darstellung der deutschen Aufbringungsfähigkeit anbelangt, kamen die britischen Analysten auch diesmal zu dem Schluß, daß sie weitaus schlechter war, als es – ihrer Meinung nach – den Realitäten entsprach. Diese Feststellung gelte für den öffentlichen und ganz besonders für den privaten Sektor. Von Insolvenz oder Investitionsunfähigkeit könne in der deutschen Wirtschaft kaum die Rede sein. Auch die öffentliche Hand war nach Auffassung der britischen Analysten durchaus in der Lage, die notwendigen Jahresraten zur Abdeckung der Reichsschulden aufzubringen. Wieder einmal, so die *conclusio*, hätten die Deutschen sämtliche Negativfaktoren in die Zukunft prolongiert und zur Basis von Prognosen gemacht, alle Positiva aber wohlweislich vernachlässigt. An der prinzipiellen *capacity to pay* der öffentlichen und privaten deutschen Schuldner gegenüber allen ausländischen Gläubigern wurde kein Zweifel gelassen.[3] Was den Transfer anbelangt, wurde die Situation differenzierter gesehen. Daß die Lage gegenüber dem Dollarraum unbestreitbar schwierig war, wurde anerkannt. Eine Verbesserung der deutschen Dollarposition wurde aber im Zuge der Verteidigungsanstrengungen erwartet. Die Stationierung amerikanischer Truppen würde für Dollarzuflüsse sorgen. Mit den Auswirkungen der Verteidigungskosten auf die Gesamtleistungsfähigkeit der Bundesrepublik beschäftigten sich im übrigen auch die Amerikaner.[4] Für den EZU-Raum wurden die Aussichten dagegen recht rosig gesehen, weil sich hier die deutsche Zahlungsbilanzsituation vom Januar 1951 bis zum März 1952 günstig entwickelt hatte. Das deutsche Argument, die positive Entwicklung der vergangenen Monate dürfe nicht als repräsentativ angesehen werden und sei vermutlich eine außergewöhnlich positive Sonderentwicklung, wurde als taktisches Lamentieren verworfen. Die Briten stimmten aber der deutschen

---

[3] Supplementary Memorandum on German capacity to pay; Document: German capacity to pay (o. Datum), PRO, FO 371–100078.
[4] Department of State (Acheson) to US Embassy (London), 9. 5. 1952, NA, RG 59–1516.

Auffassung prinzipiell zu, daß die zur Verfügung stehende Transferrate, die letztlich vor allem von der Dollarposition der Bundesrepublik abhängig war, in den Schuldenverhandlungen das Maß der Dinge sein würde. Es sei denn – und damit war ernsthaft nicht zu rechnen – die USA würden sich auf eine generelle Schlechterstellung der Dollargläubiger einlassen.[5]

Alles in allem schätzten die maßgeblichen britischen Stellen die deutsche Zahlungsfähigkeit deutlich besser ein als die Deutschen selbst – zumindest langfristig. Eine gewisse Härte in den Verhandlungen gegenüber den deutschen Schuldnern wurde deshalb für vertretbar gehalten. Diese Meinung vertrat mittlerweile auch das *Board of Trade*, das in früheren Stellungnahmen noch für ein „light settlement" eingetreten war, um den Exporthunger der Deutschen zwecks Devisenbeschaffung nicht weiter anzuheizen. Inzwischen war man dort aber zu der Erkenntnis gelangt, daß die Deutschen sowieso „put all they have into export competition" und daß sie dabei bereits „spectacular progress" gemacht hätten. Schlimmer könne es also kaum noch werden, und deshalb wurde nun die umgekehrte Strategie verfolgt, die Expansionsmöglichkeiten der deutschen Industrie durch Auferlegung möglichst großer Lasten zu unterminieren. Deshalb lautete jetzt die Devise: „... our best interest lies in a strong agreement for the fullest settlement possible of German debts."[6] Eine erstaunliche Kursänderung! Trotz allem wurde von den Briten nicht verkannt, daß die gesamten Anforderungen an die Leistungsfähigkeit der Bundesrepublik erheblich sein würden. Wie hoch diese genau einzuschätzen waren, entzog sich allerdings der britischen Kenntnis. Abs würde aber mit gutem Grund auf die enormen Schwierigkeiten der Bundesrepublik hinweisen können, allen finanziellen Anforderungen gleichzeitig gerecht zu werden. Eine besondere Rolle spielten hierbei natürlich die Wiedergutmachungsansprüche. Die während der Osterunterbrechung an alle drei Besatzungsmächte gerichtete erneute Bitte des Staates Israel, ihn bei der Durchsetzung seiner Ansprüche gegen die Bundesrepublik zu unterstützen, wurden vom *Foreign Office* nicht sonderlich enthusiastisch aufgenommen. Dies wollte man gern den Amerikanern überlassen.[7]

In London wurden unterdessen Vermutungen angestellt, in welcher Form die Deutsche Delegation ihr Angebot vorlegen würde. Man rechnete damit, daß Abs der Konferenz einen „global amount" anbieten und den Gläubigern dessen Aufteilung überlassen würde „in the hope that the Trip-

---

5   Bank of England: German capacity to transfer, 28. 4. 1952, PRO, FO 371–100078.
6   Board of Trade to Strang (F.O.), 12. 5. 1952, PRO, FO 371–100084.
7   Minute by Palliser on a meeting of Wednesday, May 7th, 9. 5. 1952, PRO, FO 371–100083.

3. Die Aufnahme des deutschen Angebots in London 293

artite Commission would assume responsibility for ‚cutting the cake'."[8] Mit dieser Vorgehensweise waren aber weder die britischen Gläubiger noch die britischen Regierungsstellen einverstanden. Beide verlangten spezifizierte Offerten für die einzelnen Verhandlungsausschüsse.[9] Rendel sagte zu, darüber in der nächsten Sitzung der TCGD zu sprechen.[10] In Washington beschäftigte man sich weniger mit formalen Fragen. Dort stand die Festlegung von Strategien und Positionen für die nächste Verhandlungsrunde im Zentrum. Bei einer Unterredung im *State Department* erhielten Pierson und Gunter folgende Leitlinien: 1. Taktische Zurückhaltung der US-Delegation in der Goldklauselfrage. Hier zeichnete sich bereits deutlich ein Konflikt zwischen den Dollar-Gläubigern und den übrigen Gläubigern ab. 2. Prinzipielle Ablehnung des DM-*settlement* mit wenigen Ausnahmen, weil damit nur eine Verschiebung des Transferproblems verbunden war. 3. Keine zeitliche Bevorzugung der Stillhalteschulden. 4. Umrechnung von Goldmark- und Reichsmarkschulden analog zur innerdeutschen Regelung. 5. Pragmatische Lösung der Konversionskassenproblematik.[11] Die amerikanischen Vorstellungen korrespondierten in vieler Hinsicht mit denen der Deutschen. Abweichungen gab es dagegen in einigen Punkten zu den Konzepten der Briten.

Einige Tage vor der offiziellen Wiederaufnahme der Schuldenverhandlungen reiste Abs nach London. Im seinem Gepäck befand sich ein vom Bundeskabinett abgesegneter Vorschlag zur Regelung der Auslandsschulden, der von Bundesfinanzminister Schäffer vorgelegt worden war. Der Vorschlag trug im wesentlichen die Handschrift des Finanzministeriums.[12] Das Auswärtige Amt war an der Ausarbeitung der Kabinettsvorlage zwar beteiligt gewesen, hatte aber kaum Einfluß auf die Gestaltung der Vorlage ausüben können.[13] Abs hielt den Vorschlag für problematisch, da anzunehmen war, daß er den Erwartungen der Gläubiger nicht gerecht werden würde. Dies galt nicht nur für die absolute Höhe des Angebots, sondern

---

8 Ebd.
9 Record of an informal meeting held at Lancaster House on Friday May 9th 1952 between Sir Rendel, Sir Waley and Sir Niemeyer, PRO, FO 371–100084.
10 TCGD: Minute of the 79th meeting held on 12th May at Lancaster House, 12. 5. 1952, PRO, FO 371–100101.
11 Department of State (Acheson) to US Embassy (London), 8. 5. 1952, NA, RG 43–244.
12 BFM Schäffer an Staatssekretär im BKA betr. Kabinettssache (geheim): Deutscher Vorschlag zur Regelung der Auslandsschulden für die Schuldenkonferenz in London unter Berücksichtigung der Ansprüche des Staates Israel vom 15. 5. 1952, BA, B 146–1194.
13 Auswärtiges Amt (Hallstein) an Staatssekretär im BKA betr. Kabinettssache: Entwurf Deutscher Vorschlag zur Regelung der Auslandsschulden für die internationale Schuldenkonferenz vom 10. 5. 1052, BA, B 126–49380.

auch für den Umstand, daß das Transferangebot mit einer Reihe von Bedingungen und Konditionen verquickt war. Außerdem wurden keine spezifischen Angebote für die einzelnen Schuldenkategorien gemacht. Der Vorschlag hätte in vielen Punkten sicher anders ausgesehen, wenn Abs allein darüber zu entscheiden gehabt hätte. Wie das Ergebnis der Bonner Beratungen über das Angebot für London zeigt, waren seine Einflußmöglichkeiten begrenzt, obwohl Abs als Leiter der Schuldendelegation den Vorschlag gegenüber den Gläubigern zu vertreten hatte. Abs hatte sich auch deshalb mit Kritik am deutschen Angebot bisher zurückgehalten, weil er aus taktischen Gründen Rücksicht auf Bundesfinanzminister Schäffer nehmen wollte, der ihm in den Auseinandersetzungen um die Wiedergutmachung eine wichtige Stütze gewesen war. Ohne die Standfestigkeit von Schäffer wären die Zugeständnisse an Israel vermutlich noch umfangreicher ausgefallen.

Am 20. Mai 1952 stellte Abs den Mitgliedern der TCGD den deutschen Vorschlag zur Regelung der Auslandsschulden, der nur bedingt die Bezeichnung Angebot verdiente,[14] ausführlich vor. Der Vorschlag enthielt unter Punkt 1 und 2 eine detaillierte Auflistung aller an die Bundesrepublik gerichteten ausländischen Ansprüche beginnend mit allen Forderungen, die im weiteren Sinn Gegenstand der Londoner Schuldenkonferenz waren. Dazu zählten a) die von den Vorkriegsgläubigern erhobenen Forderungen in Höhe von DM 15,7 Milliarden, b) die Schweizer *Clearing*-Forderung von DM 0,972 Milliarden und c) die Nachkriegsforderungen Großbritanniens, Frankreichs, der Vereinigten Staaten und zusätzlich Dänemarks in Höhe von insgesamt DM 6,9 Milliarden, wobei es sich um eine gemäß den Vereinbarungen vom Dezember 1951 reduzierte Zahl handelte. Insgesamt ergab sich daraus eine Summe von DM 23,572 Milliarden. Unter Punkt 2 folgten in einem weiteren Abschnitt die Wiedergutmachungsansprüche Israels, die mit DM 4,2 Milliarden beziffert wurden, Kollektivansprüche jüdischer Verbände in Höhe von DM 2,1 Milliarden und jüdische Individualansprüche von ca. DM 4–6 Milliarden. Hinzu kamen eine Reihe weiterer Ansprüche von zusammen etwa DM 9 Milliarden. Grob geschätzt kamen zu den knapp DM 23,6 Milliarden unter Punkt 1 noch mal DM 20 Milliarden hinzu, von denen mehr als die Hälfte für Wiedergutmachungszwecke an den Staat Israel, Zahlungen an jüdische Organisationen und Individuen vorgesehen waren. Bemerkenswerter Weise war von den Ausgaben für Verteidigungsmaßnahmen nicht die Rede.

---

[14] Verbatim Transcript of the sixth meeting of the Steering Committee, 19. 5. 1952, NA, RG 43–188.

3. Die Aufnahme des deutschen Angebots in London   295

Nachdem die immensen gegen die Bundesrepublik gerichteten Ansprüche gleichsam als Folie ausgebreitet worden waren, folgte die eigentliche Offerte. Diese umfaßte für den gesamten (!) Londoner Schuldenkomplex eine maximale Jahresleistung von DM 500 Millionen für die sogenannte Anlaufphase und von DM 580 Millionen für die Zeit danach. Punkt 4 enthielt dann einen Vorschlag der Bundesregierung, wie die Forderungen der Vorkriegsgläubiger in Höhe von DM 15,7 Milliarden mit dem obigen Angebot kompatibel gemacht werden könnten. Dazu wurden folgende Maßnahmen vorgeschlagen:
1. Bei allen vom Bund übernommenen Schulden des Reiches und des Landes Preußen sollte ein Kapitalschnitt vorgenommen werden in Höhe von a) 40% wegen der territorialen Beschränkung des deutschen Hoheitsgebiets und b) von weiteren 10% wegen der allgemeinen Verarmung durch Kriegs- und Kriegsfolgelasten. Zur Rechtfertigung dieser einschneidenden Maßnahme berief sich die Bundesregierung auf den Briefwechsel zur Schuldenerklärung zwischen der Alliierten Hohen Kommission und der Bundesregierung. Im Schreiben von Hochkommissar Kirkpatrick an den Bundeskanzler vom 23. Oktober 1950 war ausdrücklich anerkannt worden, „daß bei der Festlegung der Art und Weise, in welcher die Bundesregierung die aus dieser Übernahme entstehenden Verpflichtungen zu erfüllen hat, sowie bei der Festlegung des Ausmaßes, in welchem dies geschehen muß, die allgemeine Lage der Bundesrepublik, und zwar unter besonderer Berücksichtigung der Wirkung der Beschränkung ihrer territorialen Regierungsgewalt in Rechnung gezogen werden muß."[15]
2. Die Goldklausel sollte durch die Dollarklausel ersetzt werden 3. Bei RM- und GM-Forderungen sollte den ausländischen Gläubigern die gleiche Behandlung zukommen wie Inländern. 4. Alle rückständigen Zinsen sollten gestrichen werden und 5. die laufenden Zinsen auf ca. 3% ermäßigt werden. 6. Nach einem mehrjährigen Tilgungsmoratorium sollte das Kapital mit 2% amortisiert werden über eine Tilgungsdauer von 35–37(!) Jahren.

Für die Nachkriegsschulden und die Schweizer *Clearing*-Forderung verwies Abs auf die bereits ausgehandelten vorläufigen Übereinkommen. Es folgte unter Punkt 5 eine summarische Aufteilung der vorgeschlagenen Annuitäten von DM 500 bzw. 580 Millionen auf die Bereiche Nachkriegswirtschaftshilfe, Flüchtlingshilfe Dänemark, Schweizer *Clearing*-Forderung und Vorkriegsschulden. Unter Berücksichtigung der unter Punkt 4 aufgelisteten Reduktionsfaktoren verblieb eine Gesamtschuld von DM 4,6 Milli-

---
15 AHK (Kirkpatrick) an BK Adenauer vom 23. 10. 1950, in: Deutsche Auslandsschulden. Dokumente zu den internationalen Verhandlungen Oktober 1950 bis Juli 1951, S. 7ff.

arden für die während der Anlaufphase eine Annuität von DM 168 Millionen und danach von DM 249 Millionen vorgesehen wurde. Von der Gesamtannuität von DM 500 bzw. 580 Millionen würden DM 400 bzw. 440 Millionen auf die öffentliche Hand und DM 100 Millionen bzw. 140 Millionen auf die privaten Schuldner entfallen. Insgesamt würden von den DM 23,5 Milliarden ca. DM 12 Milliarden als Gesamtschuldenbetrag übrig bleiben.

Ein Ausweichen auf DM-Zahlungen wurde unter Punkt 6 abgelehnt, weil der Transferbetrag von DM 500/580 Millionen der deutschen Aufbringungsfähigkeit entspreche. Zur Lösung des Problems der „Dollarlücke" wurden separate Gespräche vorgeschlagen. Außerdem wurde die Aufnahme einer speziellen Sicherungsklausel (*Escape*-Klausel) in das Schuldenabkommen verlangt (Punkt 7). Unter Punkt 8 wurde zudem der Einbau „angemessener handelspolitischer Sicherungsklauseln" für den Fall verlangt, daß die Empfängerländer die zur Erfüllung des Vorschlags notwendigen „handelspolitischen Voraussetzungen" nicht schaffen würden. Von der Bundesrepublik war ja wiederholt die Forderung vertreten worden, daß ein Transfer nur aus echten Handelsüberschüssen erfolgen könne und die Gläubigerländer durch eine Liberalisierung ihrer Importpolitik mit dazu beitragen müßten. Unter Punkt 9 wurde festgestellt, daß eine Erfüllung der Gläubigeransprüche nur unter der Voraussetzung möglich sein würde, daß die Bundesrepublik vor weiteren Reparationsansprüchen aus beiden Weltkriegen sicher sei.[16]

Die Punkte 7 bis 9 enthielten Bedingungen, die weniger die in London verhandelnden Gläubiger betrafen, sondern primär an die Regierungen der Gläubigerländer gerichtet waren. Sie sollten in das spätere Regierungsabkommen aufgenommen werden. Der im letzten Punkt geforderte Reparationsverzicht richtete sich direkt an die Adresse der drei Besatzungsmächte.

Die Mitglieder der TCGD nahmen die langen Ausführungen von Abs schockiert zur Kenntnis. In einer ersten Stellungnahme sah Rendel „stürmische Tage" auf die Konferenz zukommen, weil die Gläubiger mit Sicherheit über den deutschen Vorschlag tief enttäuscht sein würden. Die TCGD machte Abs aber direkt klar, daß sie nicht als Puffer zwischen Gläubigern und Schuldnern fungieren wollte. Zwei Punkte der Ausführungen von Abs beurteilten die führenden Mitglieder der TCGD besonders kritisch: erstens den Vorschlag eines generellen Kapitalschnitts bei den Reichsschulden und zweitens die Forderung, die rückständigen Zinsen vollständig zu streichen.

---

[16] Stichworte und Daten der mündlichen Erläuterung des deutschen Schuldenangebots vor Vertretern der Dreimächte-Kommission vom 20. 5. 1952, PA/AA, Abt. II Nr. 1557 (LSA 50).

3. Die Aufnahme des deutschen Angebots in London

Der Franzose Gregh warnte davor, die vorläufige Vereinbarung über die Nachkriegsschulden als Modell anzusehen. Die beabsichtigte prozentuale Reduzierung der Nachkriegsschulden diene ausschließlich dem Zustandekommen einer zufriedenstellenden (!) Regelung der Vorkriegsschulden. Rendel wies darauf hin, daß die Reduktion der Nachkriegsforderungen in Großbritannien gegen erhebliche innere Widerstände durchgesetzt werden mußte. Vergleichbare Opfer der Vorkriegsgläubiger seien völlig ausgeschlossen. Im übrigen würden die Gläubiger die Reichsanleihen als „test case" für den Gesamterfolg der Schuldenkonferenz betrachten. Der Amerikaner Pierson sah in einem Kapitalschnitt bei den Reichsschulden einen Verstoß gegen den Grundsatz der Gleichbehandlung aller Gläubiger. Die von deutscher Seite vorgeschlagene komplette Streichung der aufgelaufenen Zinsen hielt er für total unrealistisch.

Nachdem Abs die Vorwürfe des Dreimächteausschusses ruhig angehört hatte, äußerte er sein Unverständnis darüber, daß der aus der beschränkten territorialen Zuständigkeit der Bundesrepublik resultierende Vorschlag eines Kapitalschnitts bei den Reichsanleihen auf so heftige Kritik stieß. Es dürfte doch jedem klar sein, daß die Bundesrepublik nicht zu einer vollständigen Rückzahlung der Schulden fähig war. Abs verlangte Auskunft darüber zu erhalten, wie denn die im Zuge der Schuldenerklärung von alliierter Seite abgegebenen einschlägigen Erklärungen zu verstehen seien. Eine berechtigte Frage, die von den anwesenden Mitgliedern der TCGD nur ausweichend beantwortet wurde. Während Pierson davon sprach, daß weder an einen Kapitalschnitt noch an eine Streichung der rückständigen Zinsen, „sondern an irgendeine dazwischen liegende Regelung" gedacht worden sei, formulierte Rendel wolkig, daß mit der alliierten Zusage „nicht notwendigerweise ein in Prozenten auszudrückender Kapitalschnitt gemeint gewesen" sei, und der Gesichtspunkt der beschränkten territorialen Zuständigkeit in den Verhandlungen auf andere Weise zur Geltung gebracht werden müsse.[17] Pierson, Rendel und Gregh stimmten überein, daß der deutsche Vorschlag einiger Modifikationen (*adjustments*) bedurfte, wenn die Verhandlungen fortgesetzt werden sollten.[18] Dieser Einschätzung stimmte im Grunde auch Abs zu, der sich in der Sitzung tapfer geschlagen hatte, obwohl er sich in seiner Haut sichtlich unwohl fühlte.

---

[17] Aufzeichnung Baur über die Besprechung mit dem Dreimächte-Ausschuß am 20. 5. 1952, BA, B 146–1194.
[18] Summary minute of an informal meeting between the Tripartite Commission on German Debts and the German Delegation (R. J. Painter) held at Lancaster House on Tuesday, 20th May 1952, PRO, FO 371–100084; London (Gifford) to Secretary of State, 20. 5. 1952, NA, RG 59–1516.

Bevor Abs den deutschen Vorschlag am 23. Mai offiziell im *Steering Committee* vorstellte, wurden die wichtigsten Gläubigervertreter von den Mitgliedern der TCGD in getrennten Sitzungen vorab über den Inhalt des deutschen Angebots informiert. Damit sollte einem Abbruch der Verhandlungen vorgebeugt werden. Dieser lag durchaus im Bereich des Möglichen, weil die Gläubiger das Angebot durch die Bank als „totally inadequate" ablehnten. Auf britischer Seite zeigte sich nur Sir Edward Reid, der Vertreter der britischen Stillhaltegläubiger, relativ zufrieden. Sir Otto Niemeyer und der Vertreter der kommerziellen Gläubiger, Cavendish-Bentinck, plädierten für eine Aussetzung der Verhandlungen bis zum Herbst. Sie verbanden mit ihrem Vorschlag die Hoffnung, daß sich die Lage bis dahin verbessern würde. Mit einer Verschiebung oder gar einem Abbruch der Konferenz war das *Foreign Office* jedoch überhaupt nicht einverstanden. Außenminister Eden, Strang und Roberts vom *Foreign Office* ließen Rendel wissen, daß ein Abbruch der Verhandlungen vor der anstehenden Unterzeichnung des Generalvertrags und anderer wichtiger Verträge mit der Bundesrepublik denkbar schlecht sei. Zumindest bis Pfingsten sollte durchgehalten werden.

Die hochkarätigen Repräsentanten der britischen Außenpolitik widersprachen der These Niemeyers, daß eine zeitweilige Unterbrechung der Konferenz deren Aussichten verbessern würde. Unter Umständen müsse sogar mit einer Verschlechterung der deutschen Zahlungsbereitschaft gerechnet werden, wenn die Bundesregierung Klarheit über das Ausmaß der auf sie zukommenden Verteidigungslasten gewonnen habe. Es könne auch nicht völlig ausgeschlossen werden, daß sich andere Gläubigernationen zwischenzeitlich unter der Hand mit den Deutschen verständigten. Dies alles würde zu einer Verschlechterung der Position der britischen Gläubiger beitragen. Grundsätzlich stimmte das *Foreign Office* der Auffassung der Gläubiger zu, daß die Wiedergutmachungszahlungen an Israel keine Priorität vor der Rückzahlung der Schulden beanspruchen dürften. Dem Wunsch der Gläubiger, die Verhandlungen mit Israel einfach zu verschieben, könne jedoch aus politischen Gründen nicht nachgekommen werden.[19] Auf Zeit spielen und die Dinge am Laufen halten hieß die Devise. Diese Marschroute wurde auch vom *Treasury* unterstützt, aber nicht um jeden Preis! Bei allem Verständnis für die politische Notwendigkeit, einen potentiellen Zusammenbruch der Schuldenkonferenz bis auf weiteres zu vermeiden, lehnte es das *Treasury* ausdrücklich ab, die Gläubiger mit Druck zu disziplinieren. Damit würde nicht nur das Vertrauen der Gläubiger in die britische Regie-

---

[19] Minute Crawford to Roberts (German General Department), 22. 5. 1952, PRO, FO 371–100084.

3. Die Aufnahme des deutschen Angebots in London 299

rung erschüttert, sondern auch die Position von Abs in der innerdeutschen Auseinandersetzung untergraben.[20] Das *Foreign Office* beeilte sich, dem *Treasury* zu versichern, daß Rendel keineswegs aufgefordert worden sei, die Gläubiger unter Druck zu setzen. Aus den bekannten Gründen gehe es lediglich darum, einen sofortigen Abbruch der Konferenz zu vermeiden. Das *Foreign Office* ging im übrigen davon aus, daß das vorliegende deutsche Angebot nicht das letzte Wort sein würde. Deshalb sollten die Verhandlungen auf jeden Fall weiter in Gang gehalten werden, und es sollte nicht aus einem spontanen Gefühl der Enttäuschung heraus voreilig alles in Scherben gehauen werden.[21]

Auch mit den amerikanischen Gläubigern gab es heftige Diskussionen. Rogers und Boynton, letzterer vertrat die amerikanischen Industrieanleihe-Gläubiger, erklärten in einer ersten Reaktion das Angebot unisono für indiskutabel und weitere Verhandlungen für zwecklos. Im Verlauf der Diskussion gelang es allerdings Pierson, bei Rogers und Boynton einen Prozeß des Nachdenkens darüber in Gang zu setzen, ob das vorliegende deutsche Angebot nicht doch als diskussionsfähig betrachtet werden könnte. Pierson warb mit dem Argument, daß der deutsche Vorschlag durchaus Chancen bieten würde, wenn man sich zuerst einmal nicht an den genannten Zahlen festklammerte, sondern mit konkreten Verhandlungen über die Young- und die Dawes-Anleihe beginnen würde. Dies machte Sinn, weil die beiden Reichsanleihen erstens einen sehr großen Anteil der öffentlichen deutschen Schulden abdeckten und zweitens die hier ausgehandelte Regelung auch für einige private Schuldenkategorien Modellcharakter haben konnte. Ein entscheidender Punkt war beispielsweise der Umgang mit der Goldklausel. Ein Problem, das Rogers sehr am Herzen lag. Pierson setzte seine Hoffnungen darauf, mit Hilfe von Rogers und Boynton auch die übrigen amerikanischen Gläubigervertreter von der Sinnhaftigkeit einer solchen *step by step*-Strategie zu überzeugen. Daß dies ein schweres Stück Arbeit sein würde, darüber gab sich Pierson keinerlei Illusionen hin. Er machte keinen Hehl daraus, daß es auch aus politischen Gründen opportun war, die Verhandlungen fortzuführen. Diese Auffassung vertraten inzwischen alle Mitglieder der TCGD. Im Gegensatz zu Pierson und Gregh war Rendel in seiner Haltung zeitweilig etwas schwankend. Offenbar hatten ihm die Argumente der britischen Gläubiger zugesetzt.[22]

---

[20] Copleston (Treasury) to Roberts (F.O.), 22. 5. 1952, ebd.
[21] Crawford to Copleston, 23. 5. 1952, ebd.
[22] London (Gifford) to Secretary of State, 22. 5. 1952, NA, RG 43–222.

Am 23. Mai trug Abs das deutsche Angebot offiziell vor dem *Steering Committee* vor. Zwei Punkte waren wegen der bisherigen Reaktionen auf den deutschen Vorschlag bereits modifiziert worden. Erstens war die nach der Anlaufphase zu leistende Annuität von DM 580 auf DM 600 Millionen aufgestockt worden. Eine Erhöhung um DM 20 Millionen reichte in den Augen der Gläubiger sicher nicht aus, es wurde aber auf eine positive psychologische Wirkung gesetzt, wenn die Schallmauer von DM 600 Millionen erreicht wurde. Zweitens vermied es Abs, offen die Ersetzung der Gold- durch eine Dollarklausel zu verlangen. Statt dessen sprach er verklausuliert von einer Veränderung der Kalkulationsbasis, die implizit auf den Dollar zu beziehen war. Er kam damit einem Wunsch von Rogers nach, den Abs stets pfleglich behandelte. Die Formulierungen, die Abs bei der Vorstellung des deutschen Angebots vor dem *Steering Committee* wählte, waren von großer Vorsicht geprägt. Abs betonte mehrfach, daß es sich bei dem deutschen Angebot nicht um feste Vorschläge, sondern um eine Grundlage für weitere Verhandlungen handeln würde. Trotz aller Bemühungen von Abs, seinen Darlegungen die Schärfe zu nehmen, war die Rezeption seiner Ausführungen frostig. Vor allem die britischen Gläubiger zeigten sich mehrheitlich sehr unwillig, auf dieser Basis in weitere Verhandlungen einzutreten.

Eine offizielle Stellungnahme gaben die Gläubiger in dieser Sitzung aber noch nicht ab. Zuvor sollte die Angelegenheit in einem weiteren Gespräch zwischen dem *Creditors Committee* und der TCGD beraten werden.[23] Das Treffen fand am 28. Mai statt. Die Gläubiger erklärten den Mitgliedern der TCGD, daß sie das deutsche Angebot als Verhandlungsbasis ablehnten, gleichzeitig aber einen definitiven Abbruch der Verhandlungen vermeiden wollten. Sie baten die TCGD, Druck auf die Deutschen auszuüben, um eine deutliche Nachbesserung des Angebots zu erzwingen. Niemeyer machte geltend, daß die Bundesrepublik seit einiger Zeit in der EZU über eine Gläubigerposition verfügte. Abs war sich seit geraumer Zeit der Tatsache bewußt, daß das rasche Anwachsen der deutschen Devisenreserven und die damit verbundene Stabilisierung der deutschen Transfersituation für die deutsche Verhandlungsposition abträglich war. Er hatte sich deshalb Mühe gegeben, die positive Entwicklung herunterzuspielen. Das Argument von Niemeyer barg aber dennoch einige Sprengkraft.[24]

---

[23] Verbatim Transcript of the seventh meeting of the Steering Committee, 23rd May 1952, NA, RG 43–186; London (Gifford) to Secretary of State, 23. 5. 1952, NA, RG 59–1516.

[24] Abs hatte sich vergeblich gegen eine Erhöhung des Liberalisierungssatzes für Einfuhren aus den OEEC-Ländern von 70% auf 75% gewandt; Telegram Abs an BK Adenauer vom 13. 3. 1952; Antwort von Trützschler an Abs vom 15. 4. 1952, PA/AA, Abt. II Nr. 1507 (LSA 4).

3. Die Aufnahme des deutschen Angebots in London

Im einzelnen richtete sich die Kritik der Gläubiger gegen folgende Punkte: 1. den im Bereich der Reichsschulden verlangten generellen Nachlaß, 2. die als Vorbedingung verlangte Gewährung von Handelserleichterungen durch die Gläubigerländer, 3. die den Gläubigern aufgebürdete Spezifizierung der globalen Transfersumme, 4. Eingriffe in bestehende Vertragskonditionen, 5. den Ausschluß von DM-Zahlungen, und *last not least* wurde die von der Bundesrepublik angebotene jährliche Transfersumme für lächerlich gering gehalten. Die Gläubiger stellten dem zwei grundsätzliche Forderungen entgegen: Erstens sollte sich das deutsche Angebot an der deutschen Aufbringungsfähigkeit, d.h. der tatsächlichen Zahlungsfähigkeit in DM, auszurichten, und zweitens sollten spezielle Offerten für jede einzelne Schuldenkategorie unterbreitet werden. Allgemein wurde die Auffassung vertreten, daß eine entschieden ablehnende Antwort die innerdeutsche Autorität von Abs nur stärken könnte. An einer starken Position von Abs hatten sowohl die Gläubiger als auch die Mitglieder der TCGD übereinstimmend ein großes Interesse. Die Unzufriedenheit über das deutsche Angebot wurde Abs nicht persönlich angelastet, der von den meisten Teilnehmern der Konferenz als kompetenter Unterhändler geschätzt wurde. Abs hatte stets davor gewarnt, die deutsche Zahlungsfähigkeit allzu schwarz zu malen, weil das nicht zur Erhöhung der deutschen Glaubwürdigkeit beitragen würde.

Das französische Mitglied der TCGD Gregh vertrat die Auffassung, daß die Ersetzung der Gold- durch eine Dollarklausel praktisch eine Einlösung des sogenannten Territorialfaktors darstelle. Auf dieses sensible Thema wollte sich Pierson mit Blick auf Rogers jedoch nicht näher einlassen. Statt dessen tat er alles, um die anwesenden Gläubigervertreter zu überreden, doch erst einmal die Chancen des deutschen Angebots ernsthaft auszuloten. Gregh und Rendel folgten dieser Strategie nur bedingt, denn im Grunde sympathisierten beide mit der Forderung der Gläubiger, eine Erhöhung des Angebots zur Vorbedingung weiterer Verhandlungen zu machen. Sie beharrten aber nicht auf dieser Sichtweise, um den Fortgang der Konferenz nicht zu gefährden.[25] Trotzdem gab es vor allem auf britischer Seite nach wie vor starke Tendenzen, einen Abbruch oder eine Verschiebung der Konferenz in der Hoffnung auf bessere Zeiten zu betreiben, falls nicht doch eine umgehende Aufbesserung des deutschen Angebots durchzusetzen war.

In der britischen Presse wurde leidenschaftlich gegen das deutsche Angebot agitiert. Da der deutsche Vorschlag nicht offiziell veröffentlicht worden

---

[25] London (Holmes) to Secretary of State, 28. 5. 1952, NA, RG 59–1516.

war, hatte die Presse ihre Informationen höchst wahrscheinlich von den britischen Gläubigern erhalten, obwohl diese das abstritten. Die Amerikaner hielten die durch die einseitigen Presseartikel bewirkte emotionale Aufladung der britischen Öffentlichkeit für eine erhebliche Gefährdung der Schuldenkonferenz als Ganzes.[26] In den Presseartikeln wurde kein Hehl daraus gemacht, daß die Wiedergutmachungsforderungen Israels als eine schwere Belastung anzusehen seien, die nicht auf dem Rücken der Gläubiger ausgetragen werden durfte. Auch mit direkter Kritik an den USA wurde nicht gespart. Die einer deutschfreundlichen Haltung verdächtigten Amerikaner wurden beschuldigt, unter der Hand den Job der Deutschen zu erledigen.[27] Pierson und Gunter bemühten sich unermüdlich, das Schlimmste zu verhindern. Natürlich hielten auch sie das deutsche Angebot nicht für berauschend, aber wenigstens für eine „basis for serious negotiations."[28] Zumindest behaupteten sie das. In Washington wurde das Angebot allgemein als absolutes Minimum betrachtet. In manchen Köpfen hatte sich auf Grund von Presseveröffentlichungen eine jährlich Transfersumme von $ 200 Millionen festgesetzt. In amerikanischen Regierungskreisen gab man sich aber offenbar keinen Illusionen darüber hin, daß die Bundesrepublik Hilfe von außen erhalten mußte, um London und Den Haag gleichzeitig schultern zu können. Beobachter der Szene wagten die Prognose, daß das *State Department* im Bereich der Nachkriegsschulden zu einem weiteren Entgegenkommen bereit sein würde.[29] Allerdings mußte ein solcher Schritt innenpolitisch durchgesetzt werden, und das war nicht so leicht. Der einflußreiche Senator Gilette hatte sich bereits im Februar bei Außenminister Acheson beschwert, daß das *scaling down* bei den Nachkriegsschulden dem amerikanischen Steuerzahler eine Last von $ 2 Milliarden zugunsten privater Gläubiger aufbürde, die in den 20er Jahren auf eigenes Risiko deutsche Anleihen erworben oder sonstwie Geschäfte mit Deutschland gemacht hätten. Die Attacke konnte mit Hinweisen auf die internationale Interessenlage der USA nach dem zweiten Weltkrieg vorläufig abgewehrt werden, mit einem Wiederaufflammen der Diskussion war aber bei geeigneten Anlässen zu rechnen.[30]

Am 30. Mai erfolgte die offizielle Erwiderung der Gläubiger auf den deutschen Vorschlag. Im Namen aller Gläubiger brachte der Amerikaner

---

[26] London (Holmes) to Secretary of State, 27. 5. 1952, ebd.
[27] London (Gifford) to Secretary of State, 3. 6. 1952, und TCGD, US Delegation (London) to Department of State, 12. 6. 1952, NA, RG 59–1517.
[28] London (Gifford) to Secretary of State, 28. 5. 1952, NA, RG 59–1516.
[29] Ginsburg (Washington) to Leverkühn (London), 28.5. und 3. 6. 1952, BA, B 126–48380.
[30] Department of State (Acheson) to US Embassy (London), 5. 3. 1952, NA, RG 59–1516.

3. Die Aufnahme des deutschen Angebots in London

Rogers die tiefe Enttäuschung über das deutsche Angebot zum Ausdruck, das weit von einem „fair and equitable settlement" entfernt sei.[31] Eine Wiederherstellung der deutschen Kreditfähigkeit könne auf diese Weise nicht erreicht werden. Konkret erhob Rogers vier Forderungen: 1. Die deutsche Aufbringungs- und nicht die momentane deutsche Transferfähigkeit zur Grundlage von Verhandlungen zu machen, 2. das ziffernmäßige Angebot deutlich aufzustocken, 3. getrennte Offerten für die verschiedenen Schuldenkategorien anzubieten und 4. keine Bedingungen zur Handelspolitik und zur Reparationsregelung zu stellen.[32] Der Punkt vier wurde von der TCGD ausdrücklich unterstützt, weil die Handels- und Reparationspolitik kein Thema war, das im Rahmen der Schuldenkonferenz zur Beratung anstand. Es lag eindeutig außerhalb des sogenannten „scope of settlement". Im übrigen machte der Dreimächteausschuß kein Hehl daraus, daß er die Kritik der Gläubiger teilte und ihren Vorschlägen insgesamt sympathisch gegenüberstand. Mit einer Ausnahme: Eine Ausweitung von DM-Zahlungen kam nicht in Frage.[33]

Nachdem die Kritiker zu Wort gekommen waren, folgte ein für den gesamten Erfolg oder Mißerfolg des Unternehmens entscheidender Moment. Aus dem Stegreif hielt Abs eine Rede, die rational und emotional zugleich war und ihren tiefen Eindruck auf die Anwesenden nicht verfehlte. Abs eröffnete mit der rhetorischen Frage, ob denn den Gläubigern die tatsächliche Lage der Bundesrepublik wirklich präsent sei. Dann zählte er auf: die Aufteilung des früheren deutschen Reichs, von dem die Bundesrepublik nur ein Teil sei, die wirtschaftlichen und sozialen Folgen der Niederlage, Millionen von Flüchtlingen, die Vernichtung von Vermögenswerten, die Reduzierung der Sparguthaben durch die Währungsreform um mehr als 90%. Vor diesem Hintergrund könne man doch der Bundesrepublik schwerlich vorwerfen, daß sie Vorbedingungen für eine ausreichende Stärkung ihrer Transferfähigkeit benennt und auf den Verlust des deutschen Auslandsvermögens hinweist. Auch die EZU-Position der Bundesrepublik sei noch unsicher. Von einer echten Währungsreserve der Notenbank sei nichts zu sehen. Trotzdem zeigte sich Abs zuversichtlich, daß in den Gesprächen der nächsten Wochen eine Lösung gefunden werden könnte, „die Sie gerade *noch* als befriedigend und die wir *noch* als vereinbar mit dem Mut betrachten, der

---

31 London (Gifford) to Secretary of State, 30. 5. 1952, ebd.
32 Erwiderung der Gläubiger auf das deutsche Angebot (Rogers) vom 30. 5. 1952, PA/AA, Abt. II Nr. 1562 (LSA 55).
33 Erklärung des Vorsitzenden des Arbeits- und Organisationsausschusses im Namen des Dreimächteausschusses für deutsche Schulden vom 30. 5. 1952, ebd.

notwendig ist, das Transferproblem zu lösen."³⁴ Abs dankte der TCGD für deren ablehnende Haltung bezüglich einer Ausweitung von DM-Zahlungen. Er erinnerte noch einmal an die zahlreichen ausländischen Forderungen, die von der Bundesrepublik zu bewältigen sein würden und appellierte an den Realitätssinn der Gläubiger.³⁵

Von der Art und Weise der Gläubigerkritik fühlte sich Abs persönlich tief betroffen. Zwar hatte er den deutschen Vorschlag mit einigem Bauchgrimmen vorgetragen, und er hielt eine Reihe von Einwänden der Gläubiger für berechtigt, eine Ablehnung in Bausch und Bogen galt ihm aber als ungerecht. Seiner Meinung nach enthielt der Vorschlag zumindest einige diskutable Ansätze, die erst einmal ausgelotet werden sollten. Bei einem Mittagessen mit einem hohen Beamten des *Foreign Office* bezeichnete Abs das deutsche Angebot in vielen Punkten als „inadequate", monierte aber gleichzeitig, daß „the original offer had been unduly harshly criticised as it had in fact left a good many openings for improvement."³⁶ Abs hielt aber strikt daran fest, daß das Schuldenproblem nur von der Transferseite angegangen werden konnte. Offen zeigte er sich gegenüber der Kritik der Gläubiger, daß das deutsche Angebot im Hinblick auf die Reichsanleihen unangemessen war.³⁷ Nach der Sitzung des *Steering Committee* reiste Abs zu Konsultationsgesprächen zurück nach Bonn. Dort mußte er die zuständigen Stellen davon überzeugen, daß weitere Zugeständnisse an die Gläubiger unumgänglich sein würden. Abs sagte zu, nach seiner Rückkehr mit den führenden Gläubigervertretern die Eckpunkte für die weiteren Verhandlungen abzustimmen. Ein Zusammenbruch der Schuldenkonferenz war damit fürs erste abgewendet. Die Gläubiger hatten das deutsche Angebot in der vorliegenden Form zwar abgelehnt, die Brücken für weitere Gespräche aber nicht abgebrochen. Rogers hatte viel Überzeugungsarbeit geleistet, um die Gläubiger auf diesen Weg zu bringen und von unüberlegten Spontanreaktionen abzuhalten. Auch unter den amerikanischen Gläubigern gab es nicht wenige, die mit einer Verschiebung der Konferenz liebäugelten. Das *State Department* nutzte eigene Kontakte, um die Gläubiger von dieser Idee abzubringen.³⁸ Es herrschte beträchtliche Unruhe unter den Gläubigern aller Nationen. Der schwedische Delegierte Wistrand wurde persönlich im *Foreign*

---

34 Erklärung des Leiters der deutschen Delegation Herrn Hermann J. Abs vom 30. Mai 1952 auf die Erwiderung der Gläubiger auf das deutsche Angebot, ebd.
35 Verbatim Transcript of the eighth meeting of the Steering Committee, 30th May 1952, NA, RG 43–186.
36 Roberts to Strang, 11. 6. 1952, PRO, FO 371–100086.
37 London (Gifford) to Secretary of State, 30. 5. 1952, NA, RG 43–222.
38 Roberts to Strang, 4. 6. 1952, PRO, FO 371–100085.

3. Die Aufnahme des deutschen Angebots in London

Office vorstellig und erkundigte sich nach den Chancen für einen Abbruch der Konferenz. Er verlangte eine Gleichbehandlung der Kreuger-Anleihe und der beiden großen Reichsanleihen.[39] Wegweisend für die Konferenz blieb aber das Verhalten der amerikanischen und britischen Gläubiger.

Für den Fortgang der Konferenz erwies es sich als sehr hilfreich, daß der britische Außenminister Eden einen Besuch von Bundeskanzler Adenauer nutzte, um mit ihm direkt über die Schwierigkeiten der Londoner Schuldenkonferenz zu sprechen. Eden schilderte dem erschrockenen Kanzler die harsche Reaktion der Gläubiger und bat um eine Nachbesserung des deutschen Angebots. Der Kanzler beeilte sich daraufhin zu versichern, daß es sich bisher nur um ein deutsches Verhandlungsangebot gehandelt habe, das im Zuge der weiteren Verhandlungen „considerably improved" werden könnte.[40] Abs konnte nun darauf hoffen, vom Kanzler wieder mehr Rückendeckung für seine Gespräche in Bonn zu bekommen. Dies war auch nötig, weil die Bereitschaft des Bundesfinanzministeriums, der Bank deutscher Länder und anderer beteiligter Stellen gering war, das deutsche Angebot deutlich nachzubessern. Auf großes Unverständnis stieß z.B. die Weigerung der Gläubiger, wegen der territorialen Beschränkung der Bundesrepublik bei den Reichsschulden einen Kapitalschnitt zu akzeptieren. Darin wurde ein Verstoß gegen den Geist des Notenwechsels vom März 1951 gesehen.[41] Im übrigen wurden die Konjunkturaussichten vom Finanzministerium weiterhin pessimistisch beurteilt. Sowohl für den Transfer als auch für die Aufbringung der Schuldzahlungen wurden Schwierigkeiten prognostiziert.[42] Das Gespräch Edens mit dem Bundeskanzler war aber auch deshalb wichtig, weil es indirekt zu einer Festigung der Stellung der TCGD nach innen und außen beitrug. Nach innen festigte es die gemeinsame Front aller Mitglieder der TCGD, die hinsichtlich der Bewertung des deutschen Angebots zuvor nicht immer gleicher Meinung gewesen waren, nun aber übereinstimmend die Überzeugung vertraten, daß ein Abbruch der Verhandlungen den Gläubigern schaden würde.[43] Nach außen konnte den lauter werdenden Vorwürfen der Gläubiger besser begegnet werden, die TCGD gehe zu nachsichtig mit den Deutschen um.[44]

---

39 Minute Crawford, 12. 6. 1952, PRO, FO 371–100086.
40 London (Gifford) to Secretary of State, 30. 5. 1952, NA, RG 59–1516.
41 Vermerk betr. Londoner Schuldenkonferenz: Haftung des Bundes für Schulden des Reiches vom 17. 6. 1952, HABB: B 330–3116.
42 Vermerk zur Konjunktursituation vom 16. 6. 1952, BA, B 126–48369.
43 Rendel (TCGD) to Roberts, 6. 6. 1952, PRO, FO 371–100086.
44 Rendel (personal & confidential) to Roberts (Foreign Office), 30. 5. 1952, PRO, FO 371–100085.

Nach den bisher wenig positiven Erfahrungen mit dem Konferenzverlauf wurde nun die Verhandlungsstrategie verändert. Statt offizieller Verhandlungen im größeren Kreis wurden direkt nach Pfingsten informelle Gespräche zwischen Vertretern der Deutschen Delegation und den wichtigsten Gläubigervertreten aufgenommen. Ziel dieser vertraulichen Gespräche war es, die Bedingungen und Größenordnungen auszuloten, die in den einzelnen Schuldenkategorien die Chance auf eine Einigung eröffneten.[45] Von der bisher praktizierten deduktiven wurde damit auf eine induktive Verfahrensweise umgestellt.[46] Abs wies aber darauf hin, daß jede potentielle Einzelregelung unter einem Gesamtvorbehalt stand. Damit war von vornherein klargestellt, daß man sich auch im Lager der Gläubiger wechselseitig aufeinander zu bewegen mußte. Offiziell sollten die Verhandlungen erst dann wieder aufgenommen werden, wenn auf der Basis der informellen Gespräche realistische Einigungschancen gegeben waren. Bis zu diesem Zeitpunkt firmierten alle Gespräche und Beratungen innerhalb und außerhalb der Verhandlungsausschüsse als informell. Die großen Reichsanleihen standen erst einmal im Vordergrund. Insbesondere die Young-Anleihe von 1930, weil mit ihr die schwierige Goldklauselfrage verbunden war. Eine Lösung dieses wichtigen Komplexes galt als „touchstone" für das gesamte Schuldenabkommen.[47]

Doch kaum war die Krise um das deutsche Angebot überwunden, die informellen Gespräche zwischen Schuldnern und Gläubigern mit guten Aussichten wieder in Gang gebracht, da geriet die Schuldenkonferenz erneut in so schweres Fahrwasser, daß ein Abbruch in greifbare Nähe rückte. Dieses Mal war aber nicht die Deutschen Delegation für das mögliche Scheitern der Schuldenverhandlungen verantwortlich, sondern die Gläubiger selbst sorgten für Turbulenzen.

---

[45] Baur an Vizekanzler Blücher vom 5. 6. 1962, BA, B 146–1194.
[46] Aufzeichnung über die interne Besprechung betr. die Transferfrage am 10. Juni 1952 (Baur) vom 11. 6. 1952, BA, B 146–1225.
[47] Note by Sir George Rendel of Conversation with Herr Abs at June 4th 1952, PRO, FO 371–100085.

4. Die Rogers-Krise und der Erfolg der Verhandlungen

Anfang Juni wurden die informellen Gespräche zwischen der Deutschen Delegation und den Gläubigern aufgenommen. Beide Seiten schienen nun bereit, sich in dem von Abs in seiner Rede vor dem *Steering Committee* geforderten Geist an ihre jeweilige Grenze heranzutasten. Dabei zeichneten sich erstaunlich schnell Lösungsansätze für eine Reihe wichtiger Probleme ab. Unmittelbar nach seiner Rückkehr aus Bonn traf Abs mit Rogers und Niemeyer zu vertraulichen Gesprächen zusammen, die sich im wesentlichen auf die Regelung der großen Reichsanleihen konzentrierten. Damit zu beginnen, war aus zwei Gründen sinnvoll: Zum einen machten die Dawes- und die Young Anleihe zusammen einen wesentlichen Teil der deutschen Auslandsverschuldung aus, zum anderen würde sich eine Regelung dieser öffentlichen Schuldenkategorie auch positiv in anderen, privaten Kategorien niederschlagen. Modellcharakter hatte hier vor allem die Regelung der Goldklauselfrage, weil zahlreiche Anleihen der Industrie und sonstiger Emittenten ebenfalls mit einer Goldklausel ausgestattet waren.

Niemeyer und Rogers präsentierten einen Vorschlag, der im Kern darauf zielte, das Kapital unangetastet zu lassen und die nötige Reduzierung der Gesamtsumme allein über die Zinsseite vorzunehmen. Diese umfaßte wiederum zwei getrennte Bereiche: die künftig zu zahlenden Zinsen auf der einen und die seit dem Ausbruch des Krieges aufgelaufenen rückständigen Zinsen der notleidend gewordenen Reichsanleihen auf der anderen Seite. Die Gläubiger schlugen vor, den künftig für die beiden Anleihen zu zahlenden Zinssatz auf das Niveau des deutsch-britischen Zahlungsabkommens von 1938 abzusenken. Für die Dawes-Anleihe bedeutete dies eine Senkung des Zinsniveaus von 7% des ursprünglichen Kontraktsatzes auf 5% und für die Young-Anleihe von ehedem 5½% auf 4½%. Die rückständigen Zinsen sollten fundiert, zu einem noch festzulegenden Zinssatz neu kapitalisiert und nach einigen Jahren mit 1% amortisiert werden. Die Zahlungen für einen Teil der rückständigen Zinsen – im Gespräch war ein Drittel – sollten bis zum Zeitpunkt der Wiedervereinigung zurückgestellt werden.[1]

Abs sagte zu, den Vorschlag gründlich zu prüfen, obwohl er deutlich teurer kam und in keinem Punkt dem alten deutschen Vorschlag entsprach. Dieser hatte einen Kapitalschnitt von 40%–50%, eine Reduktion des künftigen Zinssatzes auf durchschnittlich 3% und eine vollständige Streichung

---

[1] London (Gifford) to Secretary of State, 4. und 5. 6. 1952, NA, RG 59–1517.

der rückständigen Zinsen vorgesehen. Abs akzeptierte, daß eine Reduzierung des Kapitals für die Gläubiger prinzipiell nicht in Frage kam, sah aber hinsichtlich der Behandlung der aufgelaufenen Zinsen noch erheblichen Diskussionsbedarf. Wenn es keinen Kapitalschnitt geben sollte, dann mußte dem Territorialfaktor eben auf andere Weise Rechnung getragen werden. Auch über den Satz der künftig für die Dawes- und die Young-Anleihe zu zahlenden Zinsen war laut Abs das letzte Wort noch nicht gesprochen.[2] Er hielt es aber für eine tragfähige Lösung, die rückständigen Zinsen der Reichsanleihen ganz oder teilweise in eine sogenannte Schattenquote einzubringen und ihre Bedienung von der deutschen Wiedervereinigung abhängig zu machen.

Für Abs war nicht der Titel bedeutend, unter dem etwas geschah, relevant war für ihn eigentlich nur, daß ein erheblicher Teil der Schuldensumme langfristig zurückgestellt werden konnte. Als Bankier war sich Abs der segensreichen Wirkung, den der Faktor Zeit auf Schuldverhältnisse ausüben konnte, sehr bewußt. Für die „politischen Bedenken", die vom Delegationsmitglied Ministerialrat Vogel gegen die Einrichtung einer Schattenquote vorgebracht wurden, hatte Abs kein Verständnis. Er hielt sie im wesentlichen für Juristerei.

In einer Aufzeichnung hatte Vogel Bedenken gegen die Verquickung von Verpflichtungen der Bundesrepublik mit einem wiedervereinigten Deutschland geltend gemacht. Ein solcher „*Automatismus*" griff nach Vogels Auffassung in die Entscheidungsfreiheit eines wiedervereinigten Deutschlands ein und bildete möglicherweise einen Verstoß gegen Artikel 7 Absatz 3 des Generalvertrags.[3] Vogel sah es auch deshalb als inakzeptabel an, den in der Schuldenerklärung zugesagten Ausgleich für die beschränkte territoriale Jurisdiktion der Bundesrepublik durch Zugeständnisse im Zinsbereich abzudecken, weil im ursprünglichen deutschen Angebot bei den Reichsschulden ein Kapitalschnitt *und* eine Streichung der rückständigen Zinsen verlangt worden war. Die nun von den Gläubigern angebotene Rückstellung eines Teils der aufgelaufenen Zinsen als Konzession zu verkaufen, hielt Vogel für geradezu unverschämt, weil es sich bei diesen Zinsen um den „am meisten odiose[n] Teil der Gläubiger-Forderung" handeln würde. Vogel erhob die Forderung, das Abkommen mit einer Revisionsklausel für den Fall der Wiedervereinigung zu versehen. Dies lehnte Abs seinerseits kategorisch ab. Er hielt eine Revisionsklausel für höchst gefährlich, weil damit zu einem späteren Zeitpunkt rückwirkend viele Regelungen in Frage gestellt werden

---

2 Roberts to Strang, 11. 6. 1952, PRO, FO 371–100086.
3 Aufzeichnung Vogel betr. Schattenquote vom 13. 6. 1952, BA, B 146–1194.

4. Rogers-Krise und Erfolg der Verhandlungen

konnten, die in London vereinbart worden waren, und es war mehr als fraglich, ob damit eine Wende zum Besseren verbunden sein würde.[4]

Auch damals gab es bereits Stimmen, die vor einer falschen Symbiose von Wiedervereinigung, wirtschaftlicher Prosperität und finanzieller Leistungsfähigkeit warnten. Für seine Agitation gegen die Schattenquote erhielt Vogel Rückendeckung von seinem Minister.[5] Vizekanzler Blücher äußerte in einem Schreiben an Abs politische Bedenken gegen die „Konstruktion der Schattenquote". Er könne sich des Eindrucks nicht erwehren, „daß wir bei einer Zustimmung zu einer derartigen Lösung ein unerwünschtes Präjudiz in der Frage der Wiedervereinigung schaffen würden."[6] Blücher plädierte mit Verve für eine vollständige Streichung der zwischen 1945 und 1949 aufgelaufenen Zinsen. Er begründete dies mit der von den Alliierten in dieser Zeit aufgehobenen deutschen Zentralinstanz und der daraus resultierenden Handlungsunfähigkeit Deutschlands bis zur Gründung der Bundesrepublik. Vor diesem Hintergrund stehe es den Alliierten schlecht an, „die volle Erfüllung vertraglich gegen das ehemalige Deutsche Reich aufgelaufener Zinsen zu fordern."[7] Blücher äußerte im übrigen Zweifel, ob der Bundestag einer Schattenquote zustimmen würde. Er selbst würde es bedauern, „wenn bei der bisherigen Einmütigkeit, die bei den großen Parteien über die Schuldenregelung bestand, durch unnötiges Hineintragen politischer Gesichtspunkte ein neuer Streit in der Frage der Wiedervereinigung hervorgerufen würde."[8]

Eine erneute Debatte im Bundestag war das letzte, was Abs gebrauchen konnte, nachdem er sich persönlich viel Mühe gegeben hatte, die parlamentarische Aufregung um die Ratifizierung der Schuldenerklärung und um die Einbeziehung des Auslandsvermögens in die Londoner Verhandlungen zu kalmieren.[9] Zu diesem Zweck hatte er eine Reihe von Gesprächen mit wichtigen Abgeordneten des Deutschen Bundestags geführt.[10] Abs fühlte sich durch das Schreiben von Minister Blücher alarmiert und bat ihn um eine persönliche Unterredung.[11] Dabei machte er den Minister eindringlich auf die negativen Auswirkungen aufmerksam, die die öffentliche Diskussion gewisser Themen in der Heimat auf die Verhandlungen in London haben

---

4 Vermerk Vogel vom 23. 6. 1952, ebd.
5 Vogel an Baur (London) vom 17. 6. 1952, ebd.
6 Minister Blücher an Abs (London) vom 19. 6. 1952, ebd.
7 Ebd.
8 Ebd.
9 Telegram Abs an Auswärtiges Amt vom 6. 6. 1952, PA/AA, Abt. II Nr. 1556 (LSA 49).
10 Vogel (London) an Witschel vom 5. 6. 1952, BA, B 146–1194.
11 Vermerk Vogel vom 21. 6. 1952, ebd.

würden. Für dieses Argument zeigte Blücher durchaus Verständnis, er hielt aber an seinen grundsätzlichen Bedenken gegen die Einrichtung einer sogenannten Schattenquote und gegen die Geltendmachung rückständiger Zinsen der Reichsanleihen aus den Jahren 1945–1949 fest.[12]

Abs zeigte sich trotzdem verhalten optimistisch, daß bei den Reichsschulden eine Einigung zu erzielen sein würde.[13] Voraussetzung dafür war aber, daß in der Goldklauselfrage eine Lösung gefunden werden konnte. Dies hing nicht von den Deutschen ab, die hier nur mittelbar betroffen waren, sondern von den Gläubigern selbst. Primär handelte es sich um einen Streitpunkt zwischen den amerikanischen Gläubigern auf der einen und den britischen und europäischen Gläubigern – mit Ausnahme der Schweizer – auf der anderen Seite. Es ging um die Frage, inwieweit die Goldklausel, mit der zahlreiche deutsche Anleihen der zwanziger und frühen dreißiger Jahre ausgestattet worden waren, noch angewendet werden durfte. Die Anwendung von Goldklauseln war in den USA seit 1933 gesetzlich verboten. Das Verbot galt für alle rein amerikanischen und für alle internationalen Verträge, an denen die USA beteiligt war.

Die wichtigste internationale deutsche Anleihe, die eine Goldklausel zum Schutz gegen Währungsverluste enthielt, war die Young-Anleihe. Bei dieser Anleihe handelte es sich um eine Parallelanleihe, die in neun Tranchen auf den Kapitalmärkten verschiedener Länder in der jeweiligen Landeswährung emittiert worden war.[14] Die Ländertranchen unterlagen alle den gleichen Bedingungen, die in einem *General Bond* festgelegt worden waren. Für alle Tranchen der Young-Anleihe war garantiert worden, daß „the principal and interest of each bond shall be payable...in the currency of the country in which it is issued, the unit of such currency being defined for the purpose of these presents in all circumstances by the weight of fine gold determined by law as at present in force."[15] Daneben galt, daß Zinsen und Tilgung „will be paid in time of war as of peace."[16] Eine Aufhebung der Goldklausel der Young-Anleihe und anderer goldklauselgesicherter Verträge kam den Interessen der Bundesrepublik sehr entgegen, weil sich bei einer Zugrundelegung des Nennwerts die Schuldenlast erheblich verminderte. Fast alle Währungen hatten in den dreißiger und vierziger Jahren erheblich an Wert eingebüßt. Lediglich der US-Dollar und der Schweizer Franken waren ins-

---

[12] Besprechungsnotiz Vogel vom 30. 6. 1952, ebd.
[13] Niederschrift Baur über den Stand der Schuldenkonferenz am 12. 6. 1952, ebd.
[14] Vgl. HORN, S. 112ff.
[15] German Government International 5½ per cent Loan 1930: General Bond (gez. Paul Moldenhauer), BA, B 146–1184.
[16] Ebd.

4. Rogers-Krise und Erfolg der Verhandlungen 311

gesamt stabil geblieben. Die Deutschen hatten sich den amerikanischen Standpunkt einer internationalen Ungültigkeit der Goldklausel zu eigen gemacht und bereits während der Vorverhandlungen die Möglichkeit in Betracht gezogen, die Goldklausel in den betroffenen Anleihen durch eine Dollarklausel zu ersetzen. Damit sollten zwei wichtige Ziele erreicht werden: erstens die Verpflichtung zur Gleichbehandlung aller Tranchen, und zweitens sollte verhindert werden, daß einige besonders schwer vom Währungsverfall betroffene Tranchen, wie z. B. die französische, ins Bodenlose fielen.

Aus europäischer Perspektive hätte die Beibehaltung der Goldklausel natürlich die beste aller Lösungen dargestellt. Sie war aber gegen den dezidierten Willen der USA kaum durchsetzbar, obwohl es juristisch fragwürdig war, ob die inneramerikanische Rechtsposition quasi durch die Hintertür international verbindlich gemacht werden konnte. Die Gläubiger wußten jedoch nicht, daß sich die TCGD intern bereits im November 1951 auf die Ersetzung der Goldklausel durch eine Hartwährungsklausel geeinigt hatte. Auch vor den Deutschen war der Beschluß geheim gehalten worden, denen aber nicht gänzlich verborgen geblieben war, daß es in diesem Punkt eine gewisse Interessenkoinzidenz mit der TCGD gab.[17] Neben dem US-Dollar hatte anfänglich auch der wertstabile Schweizer Franken als Goldersatz zur Diskussion gestanden. Die TCGD bevorzugte letztlich aber den Dollar. Ob es klug war, die Entscheidung gegen die Goldklausel vor den Gläubigern geheim zu halten, steht auf einem anderen Blatt. Offenbar wollte man Diskussionen zur Unzeit vermeiden, denn es war damit zu rechnen, daß die europäischen Gläubiger der Young-Anleihe auf Grund ihrer guten Rechtsposition einen Verzicht auf die Anwendung der Goldklausel nicht einfach hinnehmen würden. Theoretisch denkbar war ja auch, daß die Goldklausel in allen Tranchen beibehalten wurde, die nicht auf Dollar lauteten. An der erdrückenden Machtposition des Hauptgläubigers USA führte aber kein Weg vorbei. Deshalb schien die Dollarklausel, die den Gläubigern 30%–40% weniger bescherte als ihnen bei einer Einlösung der Goldklausel zugestanden hätte, die zweitbeste Lösung zu sein. Frankreich und Großbritannien bestanden darauf, die vertraglich zugesicherte Goldklausel nicht einfach ersatzlos zu streichen und sämtliche Tranchen nur zum Nennwert zu bedienen, denn nur die Dollar- und die Schweizer Franken-Tranchen hatten ihren Wert vergleichsweise gut gehalten. Besonders schlecht sah es für die französischen und italienischen Gläubiger aus, deren Anleihen nur

---

[17] Gold Clause: Note of April 3rd, 1952, by Rendel, PRO, FO 371–100103.

noch einen Bruchteil ihres früheren Werts besaßen. Viele Gläubiger sahen in einer Umstellung von der Gold- auf die Dollarklausel bereits eine so drastische Reduzierung ihrer Forderungen, daß weitere Zugeständnisse für sie per se nicht mehr in Frage kamen. Die von deutscher Seite immer wieder erhobene Forderung nach einer Berücksichtigung der territorialen Beschränkung der Bundesrepublik betrachteten sie damit als erledigt. Jedenfalls wurde dieses Argument in den Diskussionen von den Gläubigern gelegentlich vorgebracht.

Die Entscheidung zur Ersetzung der Gold- durch die Dollarklausel vom November 1951 war innerhalb der TCGD zwar einstimmig erfolgt, Pierson hatte seine Kollegen allerdings darauf aufmerksam gemacht, daß damit eine gewisse Benachteiligung der amerikanischen Anleihegläubiger verbunden war, weil nur sie zum Nennwert bedient werden würden. Alle anderen Tranchen – mit Ausnahme der schweizerischen – würden aufgewertet. Dem Besitzer eines $ 1000 Anteilsscheins hätten bei Anwendung der Goldklausel etwa $ 1700 zugestanden, für die er bei der vorgesehen Regelung keinerlei Ausgleich erhielt. Pierson hatte dem Beschluß der TCGD aber trotz gewisser Bedenken zugestimmt. Er hoffte wohl, daß die amerikanischen Gläubiger die Regelung entweder akzeptierten oder sich anderweitig ein Kompromiß finden lassen würde.[18] Ein frommer Wunsch, denn der einflußreiche amerikanische Gläubigervertreter Rogers hatte schon in früheren Diskussionen über den Umgang mit der Goldklausel zu verstehen gegeben, daß er mit einer Schlechterstellung seiner Klientel keinesfalls einverstanden sein würde.

Noch während der Osterpause machte Rogers diesen Standpunkt offiziell. Er lehnte es ausdrücklich ab, daß die britischen Gläubiger mehr als den Nennwert in Pfund Sterling erhalten sollten, wollte sich aber andererseits mit einer gewissen Besserstellung der drastisch im Wert gefallenen französischen und italienischen Tranchen einverstanden erklären. Die Briten lehnten diesen Vorschlag als inkonsistent ab. Trotzdem lancierte Rogers bei Pierson die Idee, die Goldklausel in den europäischen Tranchen durch eine Sterlingklausel zu ersetzen. Damit wäre für die stark wertgeminderten Tranchen eine Art Härtefallregelung getroffen worden, die Briten hätten den Wertverlust ihrer Währung jedoch voll zu tragen gehabt. Auf diesen Vorschlag wollten sich aber weder Gregh noch Rendel einlassen. Ihnen bereitete das weitere Verhalten von Pierson erhebliche Sorgen. Offiziell stand

---

[18] TCGD: Minutes of the 46th meeting on 13th November in Lancaster House: Treatment on gold clause in foreign exchange obligations (Memorandum by French Delegation), 10. 12. 1951, ebd.

4. Rogers-Krise und Erfolg der Verhandlungen 313

Pierson zwar nach wie vor zum November-Beschluß der TCGD, seine Beteuerungen klangen in den Ohren seiner britischen und französischen Kollegen aber pflaumenweich.[19] Die entscheidende Frage war, ob Pierson auch dann standfest bleiben würde, wenn Rogers seinen Druck erhöhte.

Die Haltung der amerikanischen Regierung in dieser Frage war ambivalent. Einerseits wollte man den sich abzeichnenden Erfolg der Schuldenkonferenz wegen der Goldklauselfrage nicht aufs Spiel setzten. Die deutsche Seite hatte sich nach der Osterpause sichtbar bewegt und war den Wünschen der Gläubiger näher gekommen.[20] Andererseits drohte der auch in den Staaten nicht einflußlose Rogers, die Konferenz zu verlassen, wenn man seinen Forderungen nicht nachkam.[21] Pierson wurde angewiesen, sich erst einmal taub zu stellen und Rogers gewähren zu lassen.[22] Dieser zeigte sich Anfang Juni noch optimistisch, seinen Standpunkt in London aus eigener Kraft durchsetzen zu können. Die amerikanischen Mitglieder der TCGD waren da weitaus skeptischer, hofften aber dennoch auf einen Kompromiß.[23] Es erleichterte die Situation nicht, daß Sir Otto Niemeyer seinerseits im Namen der britischen Anleihegläubiger auf der vertragsgemäßen Anwendung der Goldklausel beharrte. Sowohl Rogers als auch Niemeyer wandten sich direkt an Abs und versuchten, ihn in getrennten Unterredungen von ihrem jeweiligen Standpunkt in der Goldklauselfrage zu überzeugen. Abs lehnte es jedoch strikt ab, in dieser schwierigen Frage den Schiedsrichter zu spielen. Er hatte genug eigene Probleme zu lösen und war froh, hier einmal die komfortable Rolle des interessierten Beobachters einnehmen zu können.[24] Abs machte allerdings kein Geheimnis daraus, daß ihm die Meinung von Rogers sehr viel bedeutete, und zwar nicht nur deshalb, weil die amerikanische Position in der Goldklauselfrage für die Bundesrepublik günstiger kam als die britische, sondern weil ein „overall debt settlement" ohne Mitwirkung der amerikanischen Anleihegläubiger ein Widerspruch in sich selbst war.

Alle Hoffnungen, daß die Gläubiger untereinander doch noch zu einer Einigung in der Goldklauselfrage gelangen könnten, zerstoben aber rasch. Pierson hatte Rogers in einem persönlichen Gespräch vergeblich zu überzeugen versucht, mit den europäischen Gläubigern einen Ausgleich zu suchen. Rogers lehnte dies ab und kündigte erneut seinen Rückzug von der

---

19 Gold Clause: Note of April 3rd, 1952, by Rendel, ebd.
20 Symons to Rendel: Progress Report of 11th June, 12. 6. 1952, PRO, FO 371–100086.
21 Gold Clause in Young-Loan (o. Datum), PRO, FO 371–100104.
22 Department of State (Acheson) to US Embassy London, 5. 6. 1952, NA, RG 59–1517.
23 Gifford (London) to Secretary of State, 6. 6. 1952, ebd.
24 Waley to Rendel, 5. 6. 1952, PRO, FO 371–100103.

Konferenz an, falls sein Standpunkt nicht akzeptiert würde. Er beharrte auf seiner Meinung, daß die Anwendung der Dollarklausel eine Diskriminierung der amerikanischen Gläubiger und einen Verstoß gegen den Gleichheitsgrundsatz der Young-Anleihe darstelle. Denn während der amerikanische Gläubiger nur den auf dem Anteilsschein aufgedruckten Nennwert erhielt, würden dem britischen Gläubiger für 1 £ entweder $ 4,86 oder $ 2,80 zustehen, je nachdem ob der Dollarkurs von 1930 oder der aktuelle Kurs den Berechnungen zugrunde gelegte wurde. Französische Gläubiger würden durch die Dollarklausel sogar den vierzehnfachen Nennwert erhalten. Rendel und Gregh drängten Pierson immer entschiedener, sich eindeutig und offen zum Beschluß vom November 1951 zu bekennen. Pierson scheute aber eine definitive Stellungnahme und suchte statt dessen intensiv nach einem alternativen Ausweg aus der Sackgasse. Seine Anregung, vielleicht doch auf Rogers' Vorschlag einzugehen, die Goldklausel durch eine Sterling-Klausel zu ersetzen und dafür die britischen Gläubiger mit *ex-gratia*-Zahlungen aus dem liquidierten deutschen Auslandsvermögen zu entschädigen, wurde von den Kollegen als nicht praktikabel zurückgewiesen.[25]

Die Gefahr eines möglichen Scheiterns der Konferenz nahm immer deutlichere Konturen an. Peinlicherweise war dafür nicht die im Vorfeld der Konferenz gelegentlich befürchtete deutsche Halsstarrigkeit verantwortlich, sondern die Unfähigkeit der Gläubiger, in diesem einen Punkt zu einem Kompromiß zu finden. Im *Foreign Office* war man zutiefst enttäuscht, daß Pierson nicht in der Lage oder auch nicht willens gewesen war, Rogers zur Vernunft bringen.[26] Die Fronten in der Goldklauselfrage waren total verhärtet. Niemeyer forderte mit französischer und niederländischer Unterstützung entweder die vertragsgemäße Beibehaltung der Goldklausel in den europäischen Tranchen oder – falls das unmöglich sein würde – deren Ersetzung durch die Dollarklausel. Eine andere Lösung kam nicht in Frage. Rogers verlangte dagegen mit Unterstützung der Schweizer die Bedienung aller Tranchen zum Nennwert. Nur so könnte die Gleichbehandlung aller Tranchen gewährleistet werden. Da eine Annährung der Standpunkte nicht in Sicht war, wiederholte Rogers seine Drohung, zu Konsultationen mit dem *Foreign Bondholders Protective Council* über das weitere Vorgehen nach New York zurückzukehren. Er behauptete vollmundig, daß nicht nur

---

[25] Note of an informal meeting of members of the Tripartite Commission on German Debts on 13th June, 1952, at Lancaster House in Sir George Rendel's room, ebd.
[26] German Debt Conference: Difference with U.S. Bondholders on treatment of Gold Clause (Crawford), 14. 6. 1952, ebd.

4. Rogers-Krise und Erfolg der Verhandlungen

seine eigene Organisation, sondern die gesamte New Yorker Finanzwelt mit Ausnahme einiger kommerzieller Banken voll hinter ihm und seiner Position stünde.[27]

Der generelle Wahrheitsgehalt dieser Aussage wurde von der TCGD zwar bezweifelt, Kenner der New Yorker Szene hielten es aber für durchaus möglich, daß Rogers bei weniger gut informierten Mitgliedern seines *Foreign Bondholders Protective Council* Unterstützung für seine kompromißlose Strategie finden könnte.[28] An der Entschlossenheit von Rogers, seinen Standpunkt mit aller Härte durchzufechten und notfalls auch die Konferenz an dieser Frage scheitern zu lassen, bestanden in London kaum Zweifel. Ein hoher Beamter des *Foreign Office* faßte die Lage verbittert in einem einzigen Satz zusammen: „As usual, the Americans want everybody else to march their way."[29] Die Bemerkung zielte nicht nur auf James Grafton Rogers, sondern auch auf Pierson und die hinter ihm stehende amerikanische Regierung. Die Briten hatten nach dem Ende des Krieges schon mehrfach die schmerzliche Erfahrung machen müssen, daß die Amerikaner im Zweifel ihre Interessen ohne besondere Rücksicht auf andere durchzusetzen trachteten, und man war sich in London nicht wirklich sicher, wie die Amerikaner ihre Interessen in der Goldklauselfrage genau definierten. Das latente Gefühl von Unsicherheit und die Ohnmacht, den Knoten nicht mit einem kräftigen Hieb durchschlagen zu können, nagte kräftig am Selbstwertgefühl der Briten.

Am 17. Juni machte Rogers seine Drohung wahr und reiste zurück nach New York. Rogers hatte den Mitgliedern der TCGD kurz vor seiner Abreise signalisiert, daß er möglicherweise zu einer Modifizierung seines rigiden Standpunkts bereit wäre, falls auf anderem Wege eine Besserstellung der US-Tranche bewerkstelligt werden könnte. Die Tür blieb damit zumindest einen Spalt breit offen. Die Lage war also nicht hoffnungslos. Klar war allerdings auch, daß eine Lösung nicht zum Nulltarif zu haben sein würde. Man mußte den amerikanischen Gläubigern ein Stück weit entgegenkommen. Konkrete Vorstellungen, wie eine Lösung des Problems denn aussehen könnte, gab es zu diesem Zeitpunkt aber noch nicht. Es fehlte ein logischer Schlüssel, der eine gewisse Besserstellung der Dollartranche rational begründbar und damit für alle Seiten akzeptabel machte.[30]

---

[27] Gifford to Secretary of State, 16. 6. 1952, NA, RG 59–1517.
[28] Brussels (Cowen) to Secretary of State, 19. 6. 1952, ebd.
[29] Handschriftliche Notiz Strang, 14. 6. 1952, PRO, FO 371–100103.
[30] Gifford to Secretary of State, 14. 6. 1952, NA, RG 59–1517; Foreign Office to Sir Christopher Steel (Embassy Washington), 18. 6. 1952, PRO, FO 371–100103.

Nach eingehenden Diskussionen der Lage wurde im *Foreign Office* beschlossen, sich direkt mit dem *State Department* in Verbindung zu setzen.[31] Außenminister Eden richtete in einem Gespräch mit US-Botschafter Gifford die Bitte an die amerikanische Regierung, auf Rogers und den *Foreign Bondholders Protective Council* Druck ausüben. Gifford wurde von Eden ein Memorandum mit Vorschlägen zur Regelung der Young-Anleihe übergeben. Angeführt waren darin die wichtigsten Gründe für die ersatzweise Anwendung der Dollarklausel in den europäischen Tranchen goldklauselgesicherter Anleihen. Nur die Dollarklausel biete einen für die europäischen Gläubiger akzeptablen Kompromiß zum Verzicht auf die Goldklausel, deren generelle Ungültigkeit als juristisch fragwürdig eingestuft wurde.[32] In der britischen Presse erschienen kritische Berichte über den Rückzug des amerikanischen Gläubigervertreters Rogers, die mit der Forderung verbunden waren, das Problem Goldklausel oder Dollarklausel notfalls auf Regierungsebene zu regeln.[33] Auch die Franzosen entschlossen sich zu direkten Kontakten mit der amerikanischen Regierung.[34] Pierson bat das *State Department* ebenfalls, auf Rogers und den *Council* einzuwirken, um den Erfolg der Konferenz nicht generell zu gefährden. Abgesehen von der Goldklauselproblematik waren die Verhandlungen über die Reichsanleihen auf einem guten Weg, und eine Regelung dort war ein wichtiger Schritt zu einem Schuldenabkommen.[35]

Angesichts der schwierigen Lage erklärte sich das *State Department* bereit, dem *council* deutlich zu machen, daß ein dauerhafter Rückzug aus London und das damit zwangsläufig verbundene Scheitern der Schuldenverhandlungen nicht im Interesse der USA lägen. Es sollte ein Kompromiß angestrebt werden, der allerdings mit den berechtigten Interessen der amerikanischen Anleihegläubiger vereinbar sein mußte.[36] Damit gab die amerikanische Regierung zu erkennen, daß sie einen gewissen Ausgleich für die amerikanischen Gläubiger für notwendig erachtete. Eine schlichte Ersetzung der Gold- durch die Dollarklausel ohne jede Rücksichtnahme auf die speziellen Interessen der amerikanischen Anleihegläubiger kam offensichtlich nicht mehr in Frage. Die amerikanische Regierung befand sich in einer schwierigen Situation, weil sie von mehreren Seiten erheblich unter Druck stand. Einerseits wurde sie von der britischen und der französischen Regie-

---

31 Minute Crawford to Roberts, 18. 6. 1952, ebd.
32 Record of meeting held in the Foreign Office on May 20th, 1952, PRO, FO 371–100104.
33 Gifford to Secretary, 19. 6. 1952, NA, RG 59–1517.
34 Crawford: Gold Clause (confidential), 19. 6. 1952, PRO, FO 371–100103.
35 Gifford (London) to Secretary of State, 12. 6. 1952, NA, RG 59–1517.
36 Department (Acheson) to US Embassy London, 18. 6. 1952, ebd.

4. Rogers-Krise und Erfolg der Verhandlungen

rung massiv bedrängt, Rogers und den *Council* zu einer Billigung der Dollarklausel zu drängen.[37] Andererseits drohte die Gefahr, daß Rogers den *Congress* wegen der Diskriminierung der amerikanischen Gläubiger zu mobilisieren versuchte. Daraus konnte sich ein zusätzliches Störpotential für die Schuldenkonferenz in London entwickeln. Es hatte bereits Proteste gegen die geplante Reduzierung der amerikanischen Nachkriegsforderungen gegeben, weil diese zu Lasten des amerikanischen Steuerzahlers erfolge.[38] Rogers scheute sich nicht, dem *State Department* offen mit der Instrumentalisierung der Legislative für seine Zwecke zu drohen.

Eine erste Unterredung, die am 20. Juni zwischen hochrangigen Beamten des *State Department*, Rogers und anderen Vertretern des *Foreign Bondholders Protective Council* stattfand, endete in „complete disagreement."[39] Rogers gab sich unnachgiebig und beharrte darauf, daß ein Kompromiß bisher nicht an ihm, sondern an der inflexiblen Haltung der britischen und europäischen Gläubiger gescheitert sei. Den Einwand, die amerikanische Regierung könnte unter Umständen gezwungen sein, die Dollarklausel auch ohne sein Plazet zu akzeptieren, konterte Rogers ungerührt mit der Drohung, seinen Feldzug gegen die diskriminierende Behandlung der amerikanischen Gläubigerinteressen öffentlich zu führen. Damit wäre weder der Wiederherstellung der deutschen Kreditwürdigkeit noch der Wahrung des inneramerikanischen Friedens gedient. Rogers und sein Begleiter Bundy ließen keinen Zweifel daran, daß es ihnen nicht, wie verschiedentlich gemutmaßt, um bloße Gesichtswahrung ging, sondern tatsächlich um handfeste Konzessionen für die amerikanischen Gläubiger. Rogers wiederholte sein Angebot, das er vor seiner Abreise der TCGD gemacht hatte: Akzeptanz der Dollarklausel, wenn für die amerikanischen Gläubiger ein finanzieller Ausgleich geschaffen wurde. Zur Diskussion standen eine Verkürzung der Laufzeit der US-Tranche, höhere Zinssätze o.ä.[40] Damit wurde erstmals offen angesprochen, in welcher Richtung ein Ausweg aus dem Dilemma gefunden werden konnte.[41] Pierson sprach darüber vertraulich mit Abs, der grundsätzlich offen reagierte, dem aber noch nicht klar war, wie eine solche

---

[37] Brief: Discussion with Mr. Acheson and Mr. Schuman on the Gold Clause Question in the German Debt Conference on June 27th, 26. 6. 1952, PRO, FO 371–100104.
[38] Department to US Embassy (London), 23. 6. 1952, NA, RG 59–1517; Gifford (London) to Secretary of State, 23. 6. 1952, NA, RG 43–183.
[39] Department (Acheson) to London, 21. 6. 1952, NA, RG 59–1517.
[40] Department of State: Memorandum of conversation re Gold Clause Problem in German debt negotiations, 20. 6. 1952; Department (Acheson) to London, 21. 6. 1952, ebd.
[41] Rendel: United States' Attitude to Young-Loan, 25. 6. 1952, PRO, FO 371–100104.

318 *IV. Die Hauptverhandlungen*

Besserstellung logisch begründet und damit für alle Seiten akzeptabel gemacht werden konnte.[42]

Niemeyer verfocht mit breiter Unterstützung der europäischen Anleihegläubiger nach wie vor den Standpunkt, daß Rogers isoliert dastehen würde und Zugeständnisse nicht in Frage kämen. Sein demonstrativer Optimismus, die USA würden früher oder später schon einschwenken, wurde von Rendel nicht geteilt, der den Amerikanern allerdings eine gewisse Unberechenbarkeit attestierte: „... the right hand of the American Administration often did not know what its left hand was doing and the Administration could accordingly not be relied upon invariably to realise America's best interest until too late."[43] Niemeyers Bemühungen, Abs zu weiteren Verhandlungen über die Young-Anleihe auch ohne amerikanische Beteiligung zu bewegen, schlugen fehl, weil Abs dies für wertlos erachtete. Die Amerikaner nahmen diese Reaktion befriedigt zur Kenntnis, weil sich damit ihre Befürchtung als grundlos erwies, die Deutschen könnten sich unter der Hand mit den europäischen Anleihegläubigern verständigen wollen.[44] Diese Gefahr bestand nie wirklich, weil Abs sich der überragenden Bedeutung der Amerikaner stets bewußt war. Gegen deren Interessen war ein Erfolg der Schuldenkonferenz aus seiner Sicht nicht machbar.

Obwohl Abs von vielen Seiten ins Vertrauen gezogen wurde, stellte er sich nach wie vor auf den Standpunkt, daß der Streit um die Goldklausel primär eine britisch-amerikanische Auseinandersetzung war, in die er nicht hineingezogen werden wollte.[45] Trotzdem versuchte er mit taktischem Geschick, die Situation zur Stärkung der deutschen Verhandlungsposition zu nutzen. So ließ er die TCGD wissen, daß die Deutsche Delegation unter Umständen genötigt sein könnte, auf die für Deutschland finanziell wesentlich günstigere Linie von Rogers einzuschwenken. Abs verwies in diesem Zusammenhang auf die immensen finanziellen Zugeständnisse, die ihm von den Gläubigern in den letzten Wochen abgenötigt worden waren. Die Transfersumme war dadurch auf eine Höhe geschraubt worden, die nach Auffassung von Abs ein zusätzliches Entgegenkommen im Bereich der Nachkriegsschulden unvermeidlich machte. Der deutsche Vorschlag vom 23. Mai ging von einer jährlichen Transfersumme von DM 500 Millionen

---

[42] Gifford to Secretary, 24. 6. 1952, NA, RG 59–1517.
[43] Summary of points made at the weekly meeting between the U.K. Delegation to the Tripartite Commission on German Debts and the principal U.K. Creditors representatives held at Lancaster House on June 25th, 26. 6. 1952, PRO, FO 371–100086.
[44] Gifford to Secretary, 19.6. und 25. 6. 1952, NA, RG 59–1517.
[45] Vogel (London) an Vizekanzler Blücher vom 25. 6. 1952, PA/AA, Abt. II, Nr. 1557 (LSA 50).

4. Rogers-Krise und Erfolg der Verhandlungen 319

aus, die sich nach etwa fünf Jahren auf DM 600 Millionen steigern sollte. Nach dem gegenwärtigen Stand der Verhandlungen erhöhte sich die Transferannuität auf DM 660 Millionen bzw. DM 720 Millionen nach fünf Jahren.[46] Abs schlug deshalb vor, bei den amerikanischen Nachkriegsschulden die Tilgung oder die Zinsen für etwa fünf Jahre auszusetzen, um dadurch Raum für die Regelung der Vorkriegsschulden zu schaffen. Nach Darlegung von Abs reduzierte sich dann die deutsche Transferannuität in den Anfangsjahren auf aus Sicht von Abs akzeptable DM 570 Millionen. Die nach den fünf Jahren zu zahlende Annuität würde sich wegen der Rückstellungen allerdings auf etwa DM 750 Millionen erhöhen. Abs setzte also auf den Faktor Zeit.[47]

Der Vorschlag war nicht unproblematisch, denn es war fraglich, ob das *State Department* aus innenpolitischen Gründen darauf eingehen konnte. Trotzdem unterstützte Pierson den Vorschlag von Abs in einem Schreiben an seine Regierung, weil die Transferbelastungen für Deutschland nach dem gegenwärtigen Stand der Verhandlungen ein Maß erreicht hatte, das auch nach Meinung von Pierson weitere Konzessionen notwendig machte.[48] Die Briten schätzten die deutsche Transferfähigkeit – auch für den Dollar-Raum – auf Grund der positiven Entwicklung der deutschen Zahlungsbilanz im ersten Halbjahr des Jahres 1952 dagegen weitaus günstiger ein als Abs und Pierson. Eine zwingende Notwendigkeit zu weiteren Reduktionen im Bereich der Nachkriegsschulden sahen die Briten eigentlich nicht, insbesondere weil die wahlkampftaktischen Erklärungen der Bundesregierung über die fabelhafte Entwicklung der deutschen Wirtschaft sie in ihrer Haltung bestärkten.

Hilfreich waren diese Erfolgsmeldungen für die deutschen Unterhändler in London bei Gott nicht.[49] Glücklicherweise wurde die Marschrichtung von den USA bestimmt.[50] Pierson stellte seiner Regierung anheim, den Briten und Franzosen bei den Nachkriegsschulden gleichfalls weitere Zugeständnisse abzuverlangen. Denkbar war eine Verlängerung der Laufzeit von

---

[46] Bericht (Stedtfeld) über die Londoner Schuldenkonferenz insbesondere Höhe der Transferleistungen (streng vertraulich) vom 12. 7. 1952, BA, B 102–6996 H.1.
[47] TCGD: Note of an informal meeting with Herr Abs and other representatives of the German Delegation on 2nd July in Lancaster House, 3. 7. 1952, PRO, T 236–3404; Vogel an Vizekanzler Blücher vom 2. 7. 1952, PA/AA, Abt. II Nr. 1557 (LSA 50).
[48] Gifford to Secretary of State, 2. 7. 1952, NA, RG 59–1517.
[49] Vgl. HERMANN J. ABS, Zeitfragen der Geld- und Wirtschaftspolitik. Aus Vorträgen und Aufsätzen (Schriftenreihe zur Geld- und Finanzpolitik, Bd. 3), Frankfurt a.M. 1959, S. 20.
[50] Observations on the Economic and Financial Position of the Federal German Republic. From Wahnerheide to Foreign Office (J.G. Ward). 16. 6. 1952, PRO, T 236–3404; Symons to Crawford (German Section), 9. 7. 1952, PRO, FO 371–100086.

20 auf 25 Jahre. Realistischerweise ging Pierson davon aus, daß sich vor allem die Briten heftig dagegen zur Wehr setzen würden.[51] Die Briten befürchteten in der Tat, daß ihnen die Amerikaner zwecks Gleichbehandlung Zugeständnisse abverlangen könnten. Sie sahen sich dazu aber finanziell außerstande.[52] Auf der anderen Seite war ihnen ein potentieller Schulterschluß von deutschen Schuldnern und amerikanischen Anleihegläubigern – womöglich mit dem Segen der US-Regierung – eine alptraumhafte Vorstellung. Ohne konkret zu werden, war es Abs gelungen, die Dinge in Bewegung zu setzen. Rendel zeigte sich in einer Notiz über die möglichen Absichten von Abs sehr besorgt:

> He *[Abs]* nevertheless gave me the impression of deriving some satisfaction from the division which has now developed in the ranks of his adversaries. I am much afraid that, unless we can bring the American bondholders into line in the near future, Herr Abs may well try to reopen a number of questions on which a provisional agreement has already been reached between him and the creditors.[53]

Soweit kam es aber nicht, weil sich die amerikanische Regierung ungeachtet möglicher Proteste von Senat oder Congress dazu entschloß, die Tilgung der Nachkriegsschulden auf fünf Jahre auszusetzen, um damit den Weg für eine Lösung des Goldklauselproblems und für den Erfolg der Schuldenkonferenz als Ganzes freizumachen. Die Laufzeit wurde auf 30 Jahre festgesetzt. Einen zusätzlichen Zinsaufschub lehnte Washington jedoch ab. Pierson wurde angewiesen, Abs in diesem Sinn zu informieren und ihn zu bitten, von weiteren, zwecklosen Forderungen Abstand zu nehmen. Des weiteren sollte Pierson Großbritannien und Frankreich ersuchen, einer Verlängerung der Zahlungsfrist ihrer Nachkriegsschulden von 20 auf 25 Jahre zuzustimmen. Daraus wurde jedoch nichts.[54] Die Vereinbarung wurde den Gläubigern noch vorenthalten, um die Verhandlungen nicht zu präjudizieren. Erst am Schluß der Konferenz wurden die Vereinbarungen zur Regelung der *post-war debts* den Gläubigern offiziell bekannt gegeben.[55]

---

51 London (Gifford) to Secretary of State, 25. 6. 1952, NA, RG 43–222; Minute: German Debt conference from Abbott to Symons, July 1952, PRO, T 236–3404.
52 Crawford (German Finance Department) to Symons (Treasury), 1. 7. 11952, ebd.
53 Note by Sir George Rendel of an Interview with Herr Abs on June 26th, 1952, PRO, FO 371–100104.
54 Acheson to US Embassy (London), 11. 7. 1952, NA, RG 59–1517.
55 Bericht der Konferenz über Deutsche Auslandsschulden London, Februar-August 1952, vom 8. 8. 1952, Anhang 2: Beträge und Zahlungsbedingungen, welche die Regierungen Frankreichs, des Vereinigten Königreichs und der Vereinigten Staaten von Amerika zur vollen Befriedigung ihrer Ansprüche gegen Deutschland aus der Nachkriegs-Wirtschaftshilfe anzunehmen bereit sind, sofern eine befriedigende und billige Regelung der deutschen Vorkriegsschulden erreicht wird, S. 10.

4. Rogers-Krise und Erfolg der Verhandlungen

Inzwischen gestalteten sich die Dinge in der Goldklauselfrage weitaus hoffnungsvoller, nachdem die Krise im Juni durch die Abreise von Rogers ihren Höhepunkt erreicht hatte. Auch unter den *creditors* hatte sich die Einsicht durchgesetzt, daß mit einen Abbruch der Konferenz letztlich niemandem gedient sein würde. Anstelle von Rogers, der nicht mehr aus den USA nach London zurückkehrte, führte nun sein Vize Kenneth Spang die Verhandlungen für den *Foreign Bondholders Protective Council*.[56] Spang und sein Berater Bonsal trafen sich Anfang Juli mit Vertretern der europäischen *creditors* zu einem Meinungsaustausch über mögliche Wege aus der Goldklausel-Krise. Dabei unterbreitete Bonsal den Vorschlag, die Dollartranchen der Reichsanleihen mit einem um ½% erhöhten Zinssatz und einer um 1% höheren Tilgungsrate auszustatten. Dieser relativ moderate Vorschlag wurde auch von den amerikanischen Mitgliedern der TCGD unterstützt. Er fand bei den europäischen Gläubigern eine insgesamt positive Aufnahme.[57] Die Zeichen standen damit gut, daß das Problem bald gelöst sein würde. Wenige Tage später wurde Abs von Spang und Bonsal darüber informiert, daß sich die Gläubiger im Grundsatz geeinigt hatten.

Abs zeigte sich mit dem Ergebnis zufrieden, beklagte aber die zusätzliche Belastung für Deutschland, die nur unter der Voraussetzung tragbar sein würde, daß die von Pierson angekündigte Konzession bei den Nachkriegsschulden absolut sicher war. Erst wenn dies der Fall war, wollte Abs offiziell sein Plazet erteilen.[58] Bei einem vertraulichen Treffen deutscher Delegationsvertreter mit Spang und Bonsal sagte Abs den amerikanischen Anleihegläubigern seine Unterstützung zu und bat sie im Gegenzug, sich bei den europäischen Gläubigern für einen vollständigen Verzicht auf die sogenannte Schattenquote einzusetzen, um damit den territorialen Verlusten Deutschlands in angemessener Weise Rechnung zu tragen. Abs stand in dieser Frage unter erheblichem Druck aus der Heimat. Vizekanzler Blücher äußerte in einem Schreiben an Abs zwar noch einmal Verständnis für dessen schwierige Lage, er blieb aber „nach wie vor aus politischen Gründen der Ansicht, daß nur eine völlige Streichung der rückständigen Zinsen seit 1945 geeignet wäre, die Londoner Kompromißlösung bei den öffentlichen Vorkriegsschulden für die deutsche Öffentlichkeit einigermaßen annehmbar zu machen."[59] Diese Ansicht vertrat auch Bundesbankdirektor von Schelling, der es keinesfalls für ausreichend hielt, die rückständigen Zinsen nur zu-

---

[56] Gifford to Secretary of State, 27. 6. 1952, NA, RG 59–1517.
[57] Gifford to Secretary of State, 9. 7. 1952, ebd.
[58] Gifford to Secretary of State, 14. 7. 1952, ebd.
[59] Brief Blücher (Paris) an Abs vom 18. 7. 1952, BA, B 146–1194.

rückzustellen. Er giftete aus Frankfurt gegen Abs und andere Delegationsmitglieder, die „eine Geneigtheit erkennen lassen, diesem Vorschlag von Sir Otto Niemeyer zuzustimmen. [...] Die deutschen Unterhändler neigen der Auffassung zu, daß damit der territorialen Beschränkung der Herrschaftsgewalt der Bundesregierung Rechnung getragen sei." Von Schelling erhob dagegen „allerschwerste Bedenken", und er hielt es nicht einmal für vertretbar, daß der „gesamte Kapitalbetrag von der Bundesrepublik zurückgezahlt" wird.[60] Ein Kapitalschnitt war jedoch völlig utopisch und auch die Aussichten, die Forderung nach einem vollständigen Verzicht auf die seit 1945 aufgelaufenen Zinsen durchsetzen zu können, war äußerst ungewiß, obwohl die Amerikaner versprachen, sich dafür bei den europäischen Gläubigern zu verwenden. Über diese Zusage wurde strengstes Stillschweigen vereinbart.[61] Abs stimmte daraufhin auch offiziell der vereinbarten Besserstellung der Dollar-Tranchen der Dawes- und der Young-Anleihe zu und nutzte die Gelegenheit, noch einmal mit Nachdruck die ausstehende Kompensation für die deutschen Territorialverluste einzufordern.[62]

Wer geglaubt hatte, das Problem Goldklausel sei nunmehr vom Tisch, sah sich aber getäuscht. Am 23. Juli fand eine gemeinsame Sitzung der TCGD mit den Ausschüssen „A" und „B" statt, bei der das Thema Goldklausel auf der Tagesordnung stand. Der Ausschuß „B" war ebenfalls vertreten, weil die Goldklausel als Schutz gegen währungsbedingte Wertverluste nicht nur in öffentlichen, sondern auch in privaten Schuldverträgen verwandt worden war. Nachdem sich die Gläubiger im Fall der Young-Anleihe, die die größte mit einer Goldklausel ausgestattete Anleihe war und wegen ihrer besonderen Relevanz Modellcharakter für andere Anleihen aufwies, auf die Ersetzung der Goldklausel durch die Dollarklausel geeinigt hatten, ging es nun um deren Funktion als Wertsicherungsinstrument für die Zukunft. Die britischen und europäischen Gläubiger vertraten den Standpunkt, daß sie sich einzig wegen der eingeschränkten deutschen *capacity to pay* bereit erklärt hätten, im Rahmen einer Regelung der deutschen Auslandsschulden auf die volle Anwendung der Goldklausel zu verzichten, ein grundsätzlicher Verzicht auf die Goldklausel als solche sei damit aber nicht automatisch verbunden gewesen. Deren wertsichernde Funktion sollte für die Zukunft auf jeden Fall unangetastet bleiben. Eine prinzipielle Übertragung der wertsi-

---

[60] Vermerk betr. Londoner Schuldenkonferenz. Haftung des Bundes für Schulden des Reiches vom 17. 6. 1952, HADBB, B 330–3116.
[61] Aufzeichnung Granow über eine Besprechung mit den amerikanischen Gläubigervertretern betr. Regelung der deutschen Verbindlichkeiten aus der Dawesanleihe und der Younganleihe vom 156. 7. 1952, BA, B 126–48385.
[62] Gifford to Secretary of State, 17. 7. 1952, NA, RH 59–1517.

4. Rogers-Krise und Erfolg der Verhandlungen

chernden Funktion auf den Dollar kam für die europäischen Gläubiger – vor allem für die Briten – nicht in Betracht. Sie schlugen deshalb vor, bei der Formulierung des Schuldenabkommens nicht von einer Ersetzung der Goldklausel durch die Dollarklausel zu reden, sondern von einer um 40% reduzierten Goldklausel, was wertmäßig auf das Gleiche herauskam. Mit diesem Vorschlag wollten sich aber weder die amerikanischen Gläubiger noch die amerikanischen Mitglieder der TCGD einverstanden erklären, da jede Art von Goldklausel gegen US-Recht verstieß.

Die Amerikaner hatten auch deshalb die besseren Karten, weil sich die TCGD in ihrem Beschluß vom November 1951 bereits grundsätzlich gegen die Beibehaltung der Goldklausel ausgesprochen hatte. Im Verlauf der Sitzung kam es zu äußerst heftigen Diskussionen, die von den amerikanischen Mitgliedern der TCGD als „first-class row" charakterisiert wurden.[63] Die Lage verkomplizierte sich zusätzlich, weil Risse innerhalb der TCGD sichtbar wurden. Der Franzose Gregh ließ durchblicken, daß er nicht mehr vorbehaltlos zum Beschluß der TCGD vom November 1951 stehen könne. Sein Sinneswandel lag darin begründet, daß die französische Regierung gerade eine Anleihe auf den Markt gebracht hatte, die mit einer Art Goldklausel ausgestattet war.[64] Die Sitzung wurde kurz unterbrochen, um den Mitgliedern der TCGD und den Gläubigern getrennte Beratungen zu ermöglichen. Gunter forderte seine Kollegen Rendel und Gregh nachdrücklich dazu auf, ihre Gläubiger auf Kurs zu bringen, wie die Amerikaner es im Fall der Rogers-Krise bereits zuvor mit ihren Gläubigern getan hatten. Das war leichter gesagt als getan. Nach der Pause sprach sich Rendel im Namen der TCGD zwar entschieden gegen die künftige Anwendung der Goldklausel aus, Niemeyer blieb aber fest bei seiner Auffassung, die Goldklausel auch in Zukunft nicht aufgeben zu wollen. Eine ersatzweise generelle Akzeptanz der Dollarklausel als Instrument zur Wertsicherung kam für ihn nicht in Frage. Die kategorische Ablehnung des Dollars basierte sicher auch auf antiamerikanischen Ressentiments.[65] Der Vertreter der französischen

---

[63] State Department: Memorandum of Conversation: London debt Conference, 24. 7. 1952, ebd.
[64] Vgl. ABS, Entscheidungen, S. 174.
[65] Allerdings schien sich die Dollar-Aversion Sir Niemeyers immer dann zu verflüchtigen, wenn dies für die Interessen der britischen Anleihegläubiger vorteilhaft war. So hatte er während der Verhandlungen einen Versuch gestartet, für die Gläubiger von nicht auf US-Dollar lautenden Tranchen der Young-Anleihe die sogenannte Dollar-Option durchzusetzen, d. h. die Möglichkeit, wahlweise auch in Dollar ausbezahlt zu werden. Abs hatte diesen Vorschlag mit amerikanischer Hilfe im Keim ersticken können, weil dadurch die deutsche Transferverpflichtungen im Dollarbereich möglicherweise noch zugenommen hätten: Gif-

Anleihegläubiger Martin pflichtete Niemeyer ausdrücklich bei. Im Gegenzug erklärte Bonsal im Namen der amerikanischen Gläubiger, in Zukunft weder eine Goldklausel noch eine Dollarklausel akzeptieren zu wollen. Die Lage spitzte sich immer mehr zu, und es drohte sogar eine Frontbildung der europäischen Gläubiger gegen die TCGD, die Rendel nach Kräften zu unterbinden versuchte. Die Stimmung der meisten europäischen Gläubigervertreter war sehr gereizt, weil ihnen erst im zweiten Teil der Sitzung der genaue Inhalt der Vereinbarung der TCGD vom November 1951 zum künftigen Umgang mit der Goldklausel mitgeteilt worden war. Dem Beschluß war eindeutig die amerikanische Rechtsposition zugrunde gelegt worden, wonach die Goldklausel generell nicht mehr angewendet werden sollte oder durfte. Sir Niemeyer, der stets einen intensiven Kontakt zu seiner Regierung gepflegt hatte, fühlte sich hintergangen und zutiefst beleidigt.[66] Seine bisher ohnehin nur schwach ausgeprägte Kompromißbereitschaft tendierte nunmehr gegen Null. Die amerikanische Delegation sah den Erfolg der Londoner Schuldenkonferenz erneut in großer Gefahr und bat die britische und die französische Regierung, spürbaren Druck auf die Gläubiger auszuüben, wenn man ein Scheitern vermeiden wollte.[67]

Tatsächlich drohte die Konferenz kurz vor Schluß noch einmal in eine existentielle Krise zu geraten. Dies lag nicht zuletzt an der harten Haltung der amerikanischen Regierung, die sich trotz gegenteiliger Ratschläge des stellvertretenden amerikanischen Delegationsleiters Gunter weigerte, den Europäern in der Goldklauselfrage ein Stück weit entgegenzukommen.[68] Vor allem das amerikanische *Treasury* lehnte jeden Kompromiß in der Frage der künftigen Behandlung der Goldklausel kategorisch ab, obwohl Gunter vor der Gefahr eines Scheiterns der Konferenz noch kurz vor ihrem Ende eindringlich warnte.[69] Die Warnungen des vor Ort in London agierenden Gunter wurden aber offenbar in Washington nicht für bare Münze genommen, weil Pierson gegenüber dem *Treasury* und dem etwas stärker verunsicherten *State Department* die These vertrat, die europäischen Gläubiger würden lediglich hoch Pokern.[70] Obwohl seine Ferndiagnose nicht den tat-

---

ford to Secretary of State, 18. 7. 1952; Acheson to Embassy London, 25. 7. 1952. NA, RG 59–1517.
66 Crawford to Roberts, 25. 7. 1952, PRO, FO 371–100104.
67 London (Holmes) to Secretary of State, 23. 7. 1952, NA, RG 59–1517; Gold Clause in German Loans: Crawford to Roberts, 23. 7. 1952, PRO, FO 371–100104.
68 Department of State: Memorandum of conversation re German debt settlement program, 30. 7. 1952, NA, RG 43–222.
69 Department of State: Memorandum of Conversation, 1. 8. 1952; Holmes (London) to Secretary of State, 1. 8. 1952, NA, RG 59–1517.
70 Department of State: Memorandum of Conversation, 3. 8. 1952, ebd.

4. Rogers-Krise und Erfolg der Verhandlungen

sächlichen Gegebenheiten vor Ort entsprach, lehnte Washington weiter jeden Kompromiß in der Goldklauselfrage ab.[71] Dabei sprachen sich mittlerweile selbst Spang und Bonsal für ein Einlenken aus, um eine weitere Verzögerung der unmittelbar vor dem Abschluß stehenden Verhandlungen zu vermeiden.[72] Buchstäblich in letzter Minute konnte das Problem dann doch noch gelöst werden, nicht zuletzt durch das Engagement von Gunter, der für den in den USA weilenden Pierson die abschließenden Verhandlungen führte.[73]

Schlußendlich wurde vereinbart, wegen der eingeschränkten deutschen *capacity to pay* die Goldklausel in allen auf Dollar oder Schweizer Franken lautenden Obligationen zu ignorieren[74] und sie in den übrigen Tranchen durch die Dollarklausel zu ersetzen.[75] Als Grundlage für die Berechnung des zu zahlenden Betrages sollte der Dollarbetrag dienen, „dem die in der Währung des Emissionslandes fällige Zahlung entsprochen haben würde, umgerechnet zu dem im Zeitpunkt der Emission der Anleihe maßgebenden Wechselkurs. Der auf diese Weise ermittelte Nominalbetrag in US-Dollar wird dann zum Wechselkurs vom 1. August 1952 wieder in die betreffenden Währungen umgerechnet."[76] Ein etwas kompliziertes Berechnungsverfahren, das den stark vom Währungsverfall betroffenen Tranchen jedoch ein akzeptables Resultat bescherte. Angefügt wurde eine Wertsicherungsklausel, auf die man sich anstelle der ursprünglichen Goldklausel im Kompromißweg hatte einigen können. Diese sollte die Gläubiger auch in Zukunft vor Währungsverlusten schützen. Falls sich der Wechselkurs einer Emissionswährung nach dem 1. August 1952 um mehr als 5% änderte, sollten die Raten auf der „Grundlage der Währung mit der geringsten Abwertung (im Verhältnis zu dem Wechselkurs vom 1. August 1952)" neu berechnet werden und „zu dem im Zeitpunkt der Fälligkeit der betreffenden Zahlung maßgebenden Wechselkurs wieder in die Emissionswährung" umgerechnet werden.[77] Vor dem Erfahrungshintergrund der letzten Jahrzehnte ging es den Gläubigern um einen zuverlässigen Schutz vor Wertverlusten durch

---

[71] Department to Embassy London, 4.8.1952, ebd.
[72] London to Secretary of State, 2. 8. 1952, ebd.
[73] London to Secretary of State, 7. 8. 1952, ebd.
[74] Bei der Dollar-Tranche der Young-Anleihe und der Dawes-Anleihe wurde wie vereinbart zum Ausgleich ein leicht erhöhter Zins- und Tilgungssatz zugrunde gelegt.
[75] Vgl. SCHAFFNER, S. 17ff. und 58f.
[76] Bericht der Konferenz über Deutsche Auslandsschulden London, Februar-August 1952, vom 8. 8. 1952, Anhang 3: Vereinbarte Empfehlungen über die Regelung von Reichsschulden und Schulden anderer öffentlich-rechtlicher Körperschaften, Nr. 2: Die 5½% Internationale (Young-)Anleihe, S. 11.
[77] Ebd.

Abwertung oder Währungsverfall. An den umgekehrten Fall der Aufwertung einer Währung dachte man wohl nicht.[78] Gerade dieser Fall trat aber durch die Aufwertungen der DM nach 1961 ein. Es kam dadurch zu jahrelangen Auseinandersetzung über die Frage, ob die Wertsicherungsklausel der Young-Anleihe auch in diesem Fall oder nur bei Abwertungen anzuwenden war. Daß es dazu kommen konnte, lag an sprachlichen Differenzen zwischen dem deutschen und dem englischen bzw. französischen Text des Schuldenabkommens. Ein langwieriges Schiedsverfahren schloß sich an, das erst 1980 abgeschlossen wurde. Der Schiedsgerichtshof kam auf Grund von Dokumenten und Zeugenaussagen mit 4:3 Stimmen zu dem Urteil, daß an den Fall der Währungsaufwertung damals nicht gedacht wurde und die Wertsicherungsklausel als Schutz vor Abwertungen zu verstehen sei. Das Schiedsgericht folgte damit, wenn auch nur knapp, weitgehend der von der Bundesrepublik vertretenen Rechtsposition.[79]

Während die Goldklauselfrage schwerpunktmäßig den Ausschuß „A" beschäftigte, wurde in den Ausschüssen „B" und „D" über die thematisch benachbarte Frage der Umstellung von Goldmarkverbindlichkeiten gerungen. Während die deutsche Seite den Standpunkt vertrat, daß Inländer und Ausländer gleich behandelt werden sollten, pochten die ausländischen Gläubiger mit dem Argument auf eine Besserstellung, daß sie auf die Wertbeständigkeit goldgesicherter Schuldverhältnisse vertraut hätten. Nach deutschem Recht entsprach der Wert einer Goldmark dem Wert einer Reichsmark, die nach dem Währungsumstellungsgesetz von 1948 im Verhältnis 10:1 in DM umzuwandeln war.[80] Für eine Goldmark würde der ausländische Gläubiger also lediglich 10 deutsche Pfennige erhalten. Dies war eine enorme Diskrepanz zu der ursprünglichen Forderung der Gläubiger, auf Goldmark lautende Schuldverhältnisse im Verhältnis 1 GM:1,76 DM umzustellen. Im Zuge der Diskussionen um die Goldklausel im Ausschuß „A" rückten die Gläubiger von ihrer Maximalposition ab und plädierten für ein Umtauschverhältnis von 1 GM zu 1 DM. Die schweizerischen Gläubiger verlangten einen etwas höheren Satz von DM 1,20 für eine Goldmark.[81]

---

[78] Vgl. KURT EBERT, Young-Anleihe und DM-Aufwertung, in: Wertpapier-Mitteilungen (Teil IV: Wertpapier- und Bankfragen) 16 (1962), S. 440ff.

[79] Vgl. HAHN und BRAUN, Einleitung, in: BEHRENS (Hrsg.), Die Wertsicherung der Young-Anleihe, S. 6ff.; HUGO J. HAHN, Abschluß des Young-Anleihe-Schiedsgerichtsverfahrens, in: Zeitschrift für das gesamte Kreditwesen 33 (1980), S. 670–676.

[80] Niederschrift (Baur) über die inoffizielle Sitzung der Ausschüsse „B" und „D" am 2. 7. 1952 unter Vorsitz von Mr. Leggett, BA, B 146–1194.

[81] Vierter Bericht (Kroog) betr. Schuldenkonferenz vom 16. 7. 1952, ebd.

4. Rogers-Krise und Erfolg der Verhandlungen

Für die Haltung der ausländischen Gläubiger zeigte Abs zwar ein gewisses Verständnis, er hatte aber Rücksicht auf die innerdeutschen Verhältnisse zu nehmen. Hier gehe es um Ausnahmen von „einigen besonders grausamen Maßnahmen der Währungsreform, und die deutsche Öffentlichkeit sei in kaum einem anderen Punkt so empfindlich wie in diesem."[82] Abs betonte, daß er sich keinesfalls hinter der Währungsreform verstecken wolle, er hielt es aber für „undenkbar, daß beispielsweise auf Goldmark lautende Inhaberpapiere eine unterschiedliche Behandlung erführen, je nach dem Zufall, ob sie sich in- oder ausländischer Hand befinden."[83] Die Gläubiger beharrten aber auf einer gewissen Besserstellung, insbesondere die besonders betroffenen schweizerischen. In der TCGD gab es unterschiedliche Meinungen darüber, ob die volle Anwendung der deutschen Gesetzgebung auf ausländische Schuldverhältnisse wirklich gerechtfertigt und in jedem Fall durchzusetzen war. Die amerikanischen Mitglieder der TCGD vertraten ohne weiteres diese Meinung. Eine Konversion im Verhältnis 10 GM : 1 DM und damit eine Gleichbehandlung von Inländern und Ausländern hielten sie in diesem Fall für gerechtfertigt. Für die Amerikaner war es um so leichter, diese Haltung einzunehmen, weil nur wenige amerikanische Gläubiger von dieser Frage betroffen waren. Dies war mehr ein Problem der europäischen Gläubiger, die erheblichen Druck ausübten. Zum Mißfallen der Amerikaner zeigte sich die deutsche Seite dann doch bereit, auf die Forderung der Gläubiger einzugehen.[84] Trotz ihrer grundsätzlich abweichenden Meinung waren die Amerikaner dazu bereit, dies zu tolerieren, um den in Reichweite befindlichen Gesamterfolg der Londoner Schuldenkonferenz nicht unnötig zu gefährden.[85] Schließlich einigte man sich auf eine Sonderregelung für alle Goldmarkschulden und für alle Reichsmarkschulden mit Goldklausel mit „spezifisch ausländischem Charakter". Für rein kommerzielle Schuldverhältnisse galt die Regelung aber nicht.[86] Alle Schuldverhältnisse nach deutschem Recht waren ausnahmslos im Verhältnis 10:1 umzustellen. Die daraus resultierende Ungleichbehandlung in- und ausländischer Schuldverhältnisse

---

[82] Niederschrift über die inoffizielle Besprechung der Ausschüsse „B" und „D" am 4. 7. 1952, ebd.
[83] Ebd.
[84] Vorschlag Granow für eine Regelung der Goldmarkklauselfrage auf der Londoner Schuldenkonferenz vom 14. 7. 1952, ebd.
[85] Gifford to Secretary of State, 14. 7. 1952, NA, RG 59–1517.
[86] Vgl. ERNST J. COHN, Spezifisch ausländischer Charakter einer Forderung nach dem Londoner Schuldenabkommen, in: Neue Juristische Wochenschrift 10 (1957), S. 329–330; Vermerk Granow vom 18. 7. 1952 betr. Regelung der ausländischen Reichsmarkansprüche mit Goldklausel., BA, B 164–1194; Aufzeichnung Granow über eine Besprechung zur Frage der Umstellung von Goldmarkforderungen am 21. Juli 1952 vom 21. 7. 1952, BA, B 126–48393.

wurde im Interesse einer Gesamtlösung letztlich doch billigend in Kauf genommen.

Neben der Goldklauselfrage war die Behandlung der Zinsen das am schwierigsten zu lösende Problem im Ausschuß „A". Der ursprüngliche deutsche Vorschlag, der für die Reichsanleihen einen Kapitalschnitt von 40%–50%, die vollständige Streichung der rückständigen Zinsen und die Absenkung der laufenden Zinsen auf durchweg 3% vorsah, hatte sich als unrealistisch erwiesen. Die Gläubiger hatten sofort unmißverständlich klar gemacht, daß für sie weder ein Kapitalschnitt noch ein Totalverzicht auf die rückständigen Zinsen in Frage kam. Damit waren die jahrelangen deutschen Bemühungen, den sogenannten Territorialfaktor nicht nur inhaltlich zu begründen, sondern auch zahlenmäßig festzulegen, weitgehend umsonst gewesen. Es nutzte nichts, daß die deutsche Seite immer wieder auf das Schreiben des Bundeskanzlers vom 6. März 1951 hinwies, in dem die feste Absicht bekundet wurde, daß bei der Festlegung der deutschen Zahlungsverpflichtungen „insbesondere den Wirkungen der territorialen Beschränkung ihrer Herrschaftsgewalt und ihrer Zahlungsfähigkeit Rechnung getragen wird."[87] Im alliierten Antwortschreiben war diese Auffassung bestätigt worden.

Über die Art und Weise, wie man dieser Vorgabe gerecht werden sollte, hatten die Gläubiger allerdings völlig andere Vorstellungen als die Deutschen. Angesichts der in der Vergangenheit bereits erfahrenen Zumutungen, die zu einem erheblichen Teil von Deutschland verursacht worden waren, war die Bereitschaft der Gläubiger zu freiwilligen Zugeständnissen sehr gering. Wie immer die Regelung der deutschen Auslandsschulden letztlich auch aussehen würde, fest stand von vornherein, daß die Gläubiger nie das bekommen würden, was ihnen vertragsgemäß zugestanden hätte. Allein die Einbußen, die aus der Ersetzung der Gold- durch die Dollarklausel resultierten, reichten in den Augen vieler Gläubiger schon völlig aus, um dem Territorialfaktor Genüge zu tun. Die deutsche Seite sah das natürlich ganz anders und forderte wegen der Gebietsverluste und wegen der beschränkten deutschen Zahlungsfähigkeit deutliche Abschläge. Angesichts der politischen Verwerfungen der letzten Jahrzehnte müßte es von den Gläubigern doch bereits als positiv bewertet werden, daß eine Regelung der alten Reichsschulden überhaupt zustande kam. Die Gläubiger würden auf jeden Fall mehr erhalten, als sie in den Jahren zuvor realistischerweise erwarten

---

[87] Bericht der Konferenz über Deutsche Auslandsschulden London, Februar-August 1952, vom 8. 8. 1952, Anhang 1: Schriftwechsel vom 6. März über die Vereinbarung zwischen den Regierungen Frankreichs, des Vereinigten Königreichs und der Vereinigten Staaten von Amerika einerseits und der Regierung der Bundesrepublik Deutschland andererseits, S. 8 f. (Zitat S. 8).

konnten. Tatsächlich hatte es während des Krieges und in den frühen Nachkriegsjahren Phasen gegeben, in denen nicht ernsthaft an ein Wiederaufleben der deutschen Vorkriegsschulden gedacht werden konnte. Einerseits konkurrierten die Auslandsschulden mit anderen finanziellen Ansprüchen an das besiegte Deutschland, und gerade in Großbritannien war zeitweise nur wenig Bereitschaft erkennbar gewesen, sich für die Interessen der privaten Vorkriegsgläubiger einzusetzen, andererseits konnte angesichts der chaotischen Situation bei Kriegsende nicht mit einer so schnellen wirtschaftlichen Erholung Deutschlands gerechnet werden.

Als erfahrener Unterhändler versuchte Abs, sich auf realistische Verhandlungsziele zu konzentrieren. Positionen, die von der Gegenseite von vornherein für nicht verhandelbar erklärt wurden, gehörten im allgemeinen nicht dazu. Aus diesem Grund hatte Abs ohne große Diskussionen akzeptiert, daß die Forderung nach einem Kapitalschnitt aussichtslos war. Ebenso lag eine vollständige Streichung der aufgelaufenen Zinsen bei den Reichsschulden außerhalb jeder Reichweite. Die Gläubiger hatten sich in ihrer Reaktion auf das deutsche Angebot lediglich bereit erklärt, einen Teil der rückständigen Zinsen als sogenannte Schattenquote bis zur Wiedervereinigung zurückzustellen. Damit glaubten sie, ihrer Verpflichtung, der territorialen Beschränkung der Bundesrepublik Rechnung zu tragen, ausreichend gerecht zu werden. Diese Meinung teilte Abs zwar nicht, er sah aber dennoch keinen Grund für ideologische Auseinandersetzungen über die Schattenquote. Ihm kam es ausschließlich darauf an, am Ende der Verhandlungen zu einem funktionierenden Schuldenabkommen zu gelangen.

Mit seiner pragmatischen Einstellung in dieser Frage befand sich Abs im Gegensatz zu den Delegationsmitgliedern Vogel und Baur, die vom Ministerium für den Marshallplan nach London entsandt worden waren und die in Übereinstimmung mit ihrem Minister Blücher die Behandlung der rückständigen Zinsen der Reichsanleihen nicht nur als finanztechnisches, sondern als grundsätzliches politisches Problem betrachteten. Blücher beugte sich auf Grund der Situationsberichte seiner Beamten zwar der Einsicht, daß eine vollständige Streichung der rückständigen Zinsen unrealistisch war, er beharrte aber auf seiner Meinung, daß die bloße Zurückstellung der zwischen 1945 und 1952 aufgelaufenen Zinsen der alten Reichsschulden in Form einer Schattenquote, deren Konstruktion er wegen des Junktims von Reichsschulden und Wiedervereinigung ohnehin für juristisch fragwürdig hielt, völlig unzureichend sei.[88] Blücher forderte eine vollständige Strei-

---

[88] Baur (London) an Vizekanzler Blücher vom 28. 6. 1952, BA, B 146–1194.

chung der Zinsrückstände der Reichsschulden für die Zeit nach dem Ende des Zweiten Weltkriegs bis zum Beginn der Schuldenkonferenz, weil die Alliierten den Deutschen in dieser Phase die politische Handlungsfähigkeit ganz oder teilweise entzogen hatten und das Land nicht für die daraus resultierenden Versäumnisse verantwortlich gemacht werden könne. Blücher beauftrage Abs, mit den Gläubigern im Ausschuß „A" in diesem Sinn zu verhandeln. Abs war dazu aber nur teilweise bereit, weil für ihn ein Konfrontationskurs wegen der Schattenquote nicht in Frage kam. Es war abzusehen, daß die Gläubiger für die Argumentation des Marshallplanministeriums keinerlei Verständnis aufbringen würden, und Abs äußerte zudem die Befürchtung, daß Konzessionen bei der Schattenquote mit Forderungen in anderen Punkten einhergehen würden, „um dadurch einen Ausgleich für den Verzicht auf einen Teil der rückständigen Zinsen herbeizuführen."[89]

Wie immer Abs die Chancen in dieser Frage auch beurteilte, er ärgerte sich auf jeden Fall über die unerbetene Einmischung von Vizekanzler Blücher. Die Verhandlungsführung in London verstand er als seine ureigene Domäne, in die er sich nicht hereinreden ließ. Dies bekamen auch die übrigen Delegationsmitglieder vor Ort zu spüren, die Abs – mit graduellen Unterschieden – als Zuarbeiter betrachtete. Die Marschrichtung bestimmte er allein, und die zentralen Verhandlungen führte er selbst. Abs ließ Blücher übermitteln, daß er die Bundesregierung zu gegebener Zeit über die gesamte Entwicklung der Verhandlungen unterrichten würde, sich aber die Entscheidung über Zeitpunkt und Form vorbehalte.[90] Blücher zeigte sich keineswegs geneigt, diesen Wink mit dem Zaunpfahl verstehen zu wollen. Besonders in Zeiten der Abwesenheit des Bundeskanzlers von Bonn versuchte er, seine Funktion als Vizekanzler gegenüber Abs zur Geltung zu bringen. Dieser verfügte aber auch in Urlaubszeiten über gute direkte Kontakte zu Adenauer, so daß die Einwirkungsmöglichkeiten Blüchers begrenzt blieben. Auf jeden Fall beharrte Blücher auf seiner Forderung, die Schattenquote in den weiteren Verhandlungen zu Fall zu bringen.[91] Dies erwies sich aber als nicht durchsetzbar, obwohl Delegationsleiter Abs dem Wunsch Blüchers folgend im Ausschuß „A" noch einmal die Forderung vortrug, auf die rückständigen Zinsen ganz oder teilweise (Schattenquote) zu verzichten. Abs konnte damit zwar erreichen, daß die Gläubiger die Angelegenheit intern noch einmal berieten, sie blieben aber bei ihrer bekannten Haltung.

---

[89] Vermerk Vogel an Blücher vom 2. 7. 1952, ebd.
[90] Ebd.
[91] Blücher (Paris) an Abs vom 18. 7. 1952, BA, B 146–1194; Vermerk Vogel für Abs vom 17. 7. 1952, ebd.

Die in die amerikanischen Gläubiger gesetzten Hoffnungen erfüllten sich nicht.

Nachdem die Bildung einer Schattenquote für die Reichsanleihen und analog für die Preußische Äußere Anleihe von 1926 grundsätzlich feststand, kam es zu weiteren Diskussionen über deren Fälligkeitstermin. Niemeyer verlangte im Namen der Gläubiger, das Jahr 1966 als letzten Rückzahlungstermin für die Schattenquote festzulegen, falls bis dahin die Wiedervereinigung nicht erfolgt sein sollte. Da die deutsche Seite dies ablehnte, wurde alternativ auch die alleinige Festlegung eines fixen Datums als Zahlungstermin diskutiert. Den Gläubigern erschien der unpräzise Termin Wiedervereinigung verständlicherweise zu ungewiß. Beide Varianten konnten von deutscher Seite abgewendet werden, so daß es schließlich bei der Wiedervereinigung als Zeitpunkt für die Fälligkeit der Schattenquote blieb.[92] Vizekanzler Blücher wurde von seinen Beamten nach der Sitzung telefonisch über deren Ergebnis informiert. Auch jetzt war Blücher aber noch nicht bereit, die Existenz der Schattenquote zu akzeptieren.[93] Aussichten, daran etwas zu ändern, bestanden aber nicht mehr. Erfolgreich konnte Abs allerdings eine weitere Forderung der Gläubiger abwehren, die von Niemeyer im Namen der Gläubiger in der folgenden Sitzung erhoben wurde. Niemeyer verlangte, über die rückständigen Zinsen der Jahre 1945–1952 schon jetzt sogenannte *Fundingbonds* auszugeben. Abs machte dagegen sowohl wirtschaftliche – die Papiere wären bis auf weiteres praktisch wertlos – als auch politische Gründe geltend, indem er ganz im Sinn von Blücher Bedenken gegen die unzulässige Bindung eines wiedervereinigten Deutschlands äußerte. Abs konnte die widerstrebenden Gläubiger schließlich davon überzeugen, daß es besser war, zum gegenwärtigen Zeitpunkt zwar den Anspruch auf Rückzahlung zu fixieren, Papiere über die Schattenquote aber noch nicht auszugeben. Niemeyer selbst schlug dann die Formulierung vor: „Bonds […] will not be issued until the unification of Germany when payments on these bonds will begin."[94]

Im Vergleich zu den ursprünglichen deutschen Vorschlägen zur Regelung der Reichsschulden fiel das Verhandlungsergebnis insgesamt eher mager aus, denn auch im Bereich der künftig zu zahlenden Zinsen konnten die

---

[92] Niederschrift (Baur) über die inoffizielle Besprechung des Ausschusses „A" am 22. Juli 1952 vom 22. 7. 1952, PA/AA, Abt. II Nr. 1569 (LSA 61).
[93] Vermerk Vogel für Abs vom 22. 7. 1952, ebd.; Vogel (London) an Minister Blücher vom 23. 7. 1952, PA/AA, Abt. II Nr. 1510 (LSA 6).
[94] Niederschrift (Baur) über die Sitzung des Ausschusses „A" am 29. 7. 1952 vom 4. 8. 1952, PA/AA, Abt. II Nr. 1569 (LSA 61).

Deutschen ihre Vorstellungen nicht durchsetzen.[95] Die Gläubiger erklärten sich zwar mit einer Absenkung der Zinsraten einverstanden, aber nicht in dem von deutscher Seite gewünschtem Umfang. Für die Dawes-Anleihe wurden die Zinsen von 7% auf 5% und für die Young-Anleihe von 5½% auf 4½% gesenkt. Die amerikanische Tranche erhielt jeweils einen halben Prozentpunkt mehr. Die nicht in die Schattenquote einfließenden Zinsrückstände sollten zu einem Zinssatz von 5% bzw. 4½% neu berechnet und dem Kapital zugeschlagen werden. Von der Bundesregierung waren dann über den Betrag Schuldverschreibungen mit einer Laufzeit von 20 Jahren zu 3% Zinsen auszugeben. Sämtliche Tilgungszahlungen begannen erst nach einem Moratorium von 5 Jahren.[96] Mehr war nicht drin, auch wenn kritische Stimmen in Deutschland dies nicht akzeptieren wollten. Teile der Wirtschaft machten die vorgeblich zu nachgiebige deutsche Verhandlungsführung und die mangelnde Kooperationsbereitschaft von Abs für das aus ihrer Sicht unbefriedigende Ergebnis verantwortlich.[97] Die Auffassung, daß ein hartes und kompromißloseres Auftreten der deutschen Unterhändler zu besseren Verhandlungsergebnissen geführt hätte, ist sicher falsch. Richtig ist, daß Abs die Führung der Verhandlungen sehr stark auf seine Person konzentrierte und Ratschläge anderer Delegationsmitglieder nur selektiv in Anspruch nahm. Sein Blick war stets auf das große Ganze gerichtet, denn ihm oblag die Gesamtverantwortung für die Schuldenverhandlungen, und er hatte dabei die schwierige Aufgabe zu bewältigen, die öffentlichen und privaten Interessen auszutarieren.

Die innerdeutsche Kritik an der Regelung der öffentlichen Schulden hatte aber auch mentale Gründe, die in der öffentlichen Diskussion wenig in Erscheinung traten. Die im Zentrum der Londoner Verhandlungen stehenden Reichsanleihen galten bei vielen Deutschen als verkappte Reparationen des Ersten Weltkriegs und damit per se als fragwürdig. Fakt war, daß die Da-

---

[95] Vierter Bericht (Kroog) betr. Schuldenkonferenz vom 16. 7. 1952, BA, B 146–1194.
[96] Für die 6% äußere (Zündelholz-) Anleihe von 1930 (Kreuger-Anleihe) und für die 6½% Preußische Äußere Anleihe von 1926 wurden adäquate Regelungen getroffen. Für den Lee-Higginson Kredit wurde auf rückständige Zinsen verzichtet. Für die dort noch ausstehenden ca. DM 14 Mio. wurde eine Regelung innerhalb von zwei Jahren vereinbart: Bericht der Konferenz über Deutsche Auslandsschulden London, Februar-August 1952, vom 8. 8. 1952, Anhang 3: Vereinbarte Empfehlungen über die Regelung von Reichsschulden und Schulden anderer öffentlich-rechtlicher Körperschaften, S. 11 ff.; vgl. KURT EBERT, Die neuen Anleihen nach der Londoner Schuldenregelung, in: Zeitschrift für das gesamte Kreditwesen 6 (1953), S. 627–629.
[97] Vogel (London) an Sonnenhol vom 24. 7. 1952, BA, B 146–1194; Vermerk (Schütte) betr. Sitzung des Beirats der Koordinierungsstelle für private Auslandsschulden in Unkel vom 31. 7. 1952, BA, B 184–449.

4. Rogers-Krise und Erfolg der Verhandlungen

wes- und die Young-Anleihe als Anschubfinanzierung für Reparationsleistungen des Deutschen Reichs gedient hatten und daß letztlich nur diese „privatisierten Reparationen" übrig geblieben waren. Das 1932 in Lausanne beschlossene Ende der Reparationen galt nicht für die Reichsanleihen.[98] Nachkarten war aber in jedem Fall zwecklos. Trotzdem hielt man es im Marshallpanministerium wegen der allgemeinen Stimmung im Land für empfehlenswert, die Regelung der Reichsschulden – zumindest in Teilen – in der Öffentlichkeit „nicht breit zu treten".[99]

Jahrzehntelang sah es dann so aus, als würde die Rückzahlung der Schattenquote unter den Tisch fallen. Dies änderte sich schlagartig mit der Wiedervereinigung am 3. Oktober 1990. Die Zinsrückstände der Dawes-, Young- und der Kreuger-Anleihe lebten mit diesem Datum wieder auf. Den Bestimmungen des Londoner Schuldenabkommens von 1953 entsprechend begab die Bundesschuldenverwaltung noch im selben Jahr für die drei Reichsanleihen und zusätzlich für die Preußische Äußere Anleihe von 1926 Fundierungsschuldverschreibungen mit 20jähriger Laufzeit. Als Fälligkeitstermin wurde der 3. Oktober 2010 festgesetzt, soweit keine vorherige Tilgung erfolgt sein sollte.[100] Es gab keine weiteren Verhandlungen. Durch zwischenzeitliche Tilgungskäufe beliefen sich die Zahlungsverpflichtungen 1990 nur noch auf rund DM 250 Millionen.[101] Dies war weniger als ein Drittel der ursprünglich berechneten Summe.

Im Ausschuß „B" kreisten die Verhandlungen schwerpunktmäßig um die Neufestsetzung von Zinsen und Laufzeiten der notleidend gewordenen Industrieanleihen. Die ebenfalls relevanten Probleme Goldklausel und Konversionskasse wurden in Verbindung mit dem Ausschuß „A" geregelt. Dies bedingte gewisse zeitliche Verzögerungen, bis aus der Übereinkunft in einzelnen Punkten eine Gesamtvereinbarung werden konnte.[102] Nach dem Abklingen der Turbulenzen um das deutsche Angebot wurden die Verhandlungen im Ausschuß „B" Mitte Juni wieder aufgenommen. Zu Beginn der stets als inoffiziell firmierenden Sitzungen brachten die Gläubiger noch einmal die seit Jahren umstrittene Frage des DM-*settlement* auf die Tages-

---

[98] Vgl. SCHAFFNER, S. 189 ff.
[99] Notiz Vogel für Baur vom 13. 8. 1952, BA, B 146–1194.
[100] Bundesverband deutscher Banken an die Geschäftsleitungen der Banken betr. Bekanntmachung über Zinsrückstände aus Auslandsschulden des Deutschen Reiches nach dem Londoner Schuldenabkommen vom 22. 10. 1990, Presseabteilung der Landesbank Baden-Württemberg.
[101] Vgl. JÖRG JAECKEL, Verpflichtungen aus Vorkriegsanleihen („Schattenquoten"), in: Wertpapiermitteilungen. Zeitschrift für Wirtschafts- und Bankrecht 44 (1990), S. 1738.
[102] Baur an Vizekanzler Blücher vom 9. 7. 1952, PA/AA, Abt. II Nr. 1557 (LSA 50).

ordnung. Die im Ausschuß „B" vertretenen Gläubiger wollten partout nicht einsehen, warum die Bedienung der privaten Industrie-Anleiheschulden von der deutschen Transferfähigkeit abhängig gemacht werden sollte. Im Namen aller Gläubiger erhoben der Brite N. F. J. Leggett und der Amerikaner Herbert F. Boynton die altbekannte Forderung, DM-Zahlungen auf Sperrkonten zuzulassen, weil die deutsche Industrie mehrheitlich in der Lage sei, die finanziellen Mittel zur Bedienung ihrer Anleiheschulden in DM aufzubringen. Abs konnte dieses Ansinnen zurückweisen, weil bereits im Vorfeld festgelegt worden war, daß es eine Trennung von Aufbringung und Transfer nicht geben dürfe. Die Gläubiger verlagerten daraufhin die Diskussion auf die ebenfalls nicht neue Frage, ob die in London getroffene Regelung definitiv oder veränderbar sein sollte. Der niederländische Vertreter Meijer plädierte für ein „konditionales Abkommen", das bei einer günstigen Entwicklung der deutschen Transferkapazität angepaßt werden konnte. Auch dies lehnte Abs unter Hinweis auf das noch zu vereinbarende Rahmenabkommen ab. Er äußerte allerdings den Wunsch, für den Bereich der Industrie-Anleiheschulden ein Abkommen zu erzielen, das den Gläubigern von den beteiligten ausländischen Regierungen und Gläubigerorganisationen zur Annahme empfohlen werden könne. Juristisch stand es jedem einzelnen Gläubiger letztlich frei, die Vereinbarung anzunehmen oder abzulehnen. De facto hatte er aber keine Möglichkeit, auf anderem Weg ein besseres Ergebnis herauszuholen.

Nachdem auch dieses Thema vom Tisch war, ging es um die Festlegung der Laufzeiten. Leggett forderte für die Industrie-Anleihen eine deutlich kürzere Laufzeit von 10 Jahren. Abs wollte sich mit Blick auf die besonderen Finanzprobleme der Grundstoffindustrie nicht generell auf eine 10-jährige Laufzeit einlassen, hielt aber die Festlegung einer Mindest- und Höchstdauer für möglich.[103]

Die Sitzung des folgenden Tages verlief weniger harmonisch. Es ging um die Neufestsetzung der Zinsen. Hier gab es erhebliche Auffassungsunterschiede zwischen Gläubigern und Schuldnern. Die Gläubiger zeigten anfänglich überhaupt keine Bereitschaft, irgendeiner Reduzierung der rückständigen Zinsen zuzustimmen, die mit der im Ausschuß „A" vereinbarten Regelung der Schattenquote vergleichbar wäre. Sie machten geltend, daß der sogenannte Territorialfaktor nicht für die privaten Schulden in Anspruch genommen werden könne. Die deutsche Industrie sei in ihrer Gesamtheit nicht von den Gebietsverlusten betroffen, sondern nur einzelne

---

[103] Niederschrift Baur über die inoffizielle Sitzung des Ausschusses „B" am 17. 6. 1952, BA, B 146–1196.

4. Rogers-Krise und Erfolg der Verhandlungen

Firmen, für die bei Zahlungsunfähigkeit Sonderregelungen getroffen würden. Abs hielt dagegen, daß die gesamte deutsche Industrie durch die Währungsreform, hohe Steuern und Abgaben, wie z.B. die Umlagen für das Investitionshilfegesetz zugunsten der Montanindustrie, in ihrer Liquidität stark beeinträchtigt seien.[104]

Nach einigem Hin und Her sahen die Gläubiger der deutschen Industrieanleihen ein, daß sie vergleichbare Opfer bringen mußten wie die Gläubiger der öffentlichen Schuldner. Am 24. Juni legte Boynton einen Vermittlungsvorschlag vor, den Abs unter dem Vorbehalt des Zustandekommens einer für die deutsche Leistungskraft verkraftbaren Gesamtregelung annahm. Demnach sollte ⅓ der aufgelaufenen Zinsen gestrichen, die restlichen ⅔ fundiert und dem Kapital zugeschlagen werden, die laufenden Zinsen sollten bis zur Endfälligkeit auf ¾ der ursprünglichen Kontraktzinsen reduziert werden zu einem Höchstsatz von 5½% bzw. 6% und einem Mindestsatz von 4%. Die Laufzeit wurde auf mindestens 10 und höchstens 25 Jahre festgesetzt, wobei die längeren Laufzeiten für die Schulden der Montanindustrie vorgesehen waren. Der Zinsendienst sollte zum 1. Januar 1953 beginnen, die Tilgung ab 1958 zu 1% und ab 1962 zu 2%. Damit orientierte sich die Regelung der Industrieanleihen im wesentlichen an der Regelung für die Reichanleihen.[105] Die für die Industrieschulden getroffene Regelung wurde analog auch für die Anleihen von Ländern, Gemeinden und Kirchen übernommen. Eine Auseinandersetzung über die Frage, ob vor oder während des Krieges durchgeführte Konversionen des Zinssatzes als freiwillig oder erzwungen anzusehen seien, konnte auf dem Kompromißweg gelöst werden.[106] Damit waren die inoffiziellen Verhandlungen im Ausschuß „B" bereits Ende Juni zu einem vorläufigen Abschluß gekommen.

Schwieriger gestalteten sich die Verhandlungen im Ausschuß „D", wo die Altschulden aus dem Waren- und Dienstleistungsverkehr, Forderungen aus

---

[104] Niederschrift (Baur) über die inoffizielle Sitzung des Ausschusses „B" am 18. 6. 1952, PA/AA, Abt. II Nr. 1570 (LSA 62).
[105] Niederschrift (Baur) über die inoffizielle Sitzung des Ausschusses „B" am 24. 6. 1952, ebd.; Baur (London) an Vizekanzler Blücher vom 28. 6. 1952, BA, B 146–1194; Bericht der Konferenz über Deutsche Auslandsschulden London, Februar-August 1952, vom 8. 8. 1952, Anhang 4: Vereinbarte Empfehlungen für die Regelung mittel- und langfristiger deutscher Schulden aus privaten Kapitalgeschäften, S. 18ff; Die Neuregelung mittel- und langfristiger Auslandsschulden. Erläuterungen zur Anlage II des Londoner Schuldenabkommens (Süddeutsche Bank AG) im September 1953, HADB, NL Krebs, Schuldenabkommen Durchführung.
[106] Deutsche Delegation für Auslandsschulden BFM (Granow): Aufzeichnung über eine Besprechung betr. den Begriff der freiwilligen Konversion von Zinssätzen bei Auslandsanleihen von Ländern, Gemeinden, Kirchen, Banken und gewerblichen Unternehmungen vom 26. Juni 1952, BA, B 126–48373.

dem privaten Kapitalverkehr und diverse sonstige Forderungen verhandelt wurden. Mehr als 300000 Einzelschuldverhältnisse im Gesamtwert von geschätzten DM 1,2 Milliarden bedurften einer Regelung, wobei es sich um so unterschiedliche Dinge wie die Schulden aus Handelsgeschäften, Verpflichtungen aus Pensionsverträgen, Versicherungen, Gebühren, Dividenden, Vermögenserträge u. a. m. handelte. Die Gläubiger dieses Ausschusses zeigten sich erst einmal nicht bereit, den deutschen Schuldnern entgegenzukommen. Diesbezügliche Vorschläge der deutschen Delegation wurden abgelehnt. Im Namen der Gläubiger forderte der Brite Cavendish-Bentinck die Abkoppelung der kommerziellen und sonstigen Schulden von der deutschen Transferfähigkeit. Er forderte in voller Übereinstimmung mit dem amerikanischen Vertreter Michler die Zulassung von DM-Zahlungen auf Sperrkonten für diese Schuldenkategorie.[107] Abs lehnte dies unter Berufung auf den Grundsatz der Gleichbehandlung aller Gläubiger prinzipiell ab.[108] Allerdings wurde für alte RM-Forderungen in Anlehnung an die bereits gültige Regelung des DM-*settlement* eine Ausnahme zugelassen, so daß in eingeschränktem Umfang DM-Zahlungen auf spezielle Konten bei deutschen Banken erfolgen durften. Darüber hinaus gab es keine Erweiterung des DM-*settlement.* Im Unterschied zu den auf Goldmark lautenden Forderungen in ausländischer Hand wurde für die Umstellung von RM-Forderungen in DM die gleiche Behandlung vereinbart wie sie inländische Gläubiger erfuhren. Das Umstellungsverhältnis belief sich auf 10 RM:1 DM. Alle Wünsche der Gläubiger auf Besserstellung konnten erfolgreich abgewehrt werden.[109]

Weitaus zäher verliefen die Gespräche über die Neufestsetzung der Zinsen und Laufzeiten, weil die Gläubiger sich in diesem Punkt äußerst kompromißlos zeigten. Die Sturheit der Gläubiger im Ausschuß „D" und die damit verbundene zeitliche Verzögerung des Konferenzverlaufs wurde allenthalben als ärgerlich empfunden. Im übrigen war es inakzeptabel, den Gläubigern dieses Ausschusses eine bessere Behandlung zuteil werden zu lassen als den anderen Gläubigern.[110] Die Amerikaner appellierten gleicher-

---

[107] National Trade Council (Michler) to Lewis (Bureau of German Affairs), 1. 7. 1952, NA, RG 59–15177.
[108] Besprechung mit einzelnen Mitgliedern des Ausschusses „D" über DM-Zahlungen am 9. 6. 1952, BA, B 146–1197.
[109] Niederschrift (Baur) über die inoffizielle Sitzung des Ausschusses „D" am 18. 8. 1952, ebd.; Summary of points made at the weekly meeting between the U. K. Delegation to the Tripartite Commission on German Debts and the principal U.K. Creditors representatives held at Lancaster House on June 25th, 26. 6. 1952, PRO, FO 371–100086.
[110] Acheson to US Embassy London, 13. 7. 1952, NA, RG 59–1517.

4. Rogers-Krise und Erfolg der Verhandlungen

maßen an Gläubiger und Schuldner, endlich zu Ergebnissen zu kommen. Als Ausweg wurde schließlich eine zeitliche Staffelung bei den Rückzahlungsfristen vorgesehen, damit bei geringeren Schuldsummen eine schnellere Bedienung erfolgen konnte.[111] Alte Handelsschulden sollten zu ⅓ sofort und die restlichen ⅔ ab 1954 in 10 Jahresraten bedient werden. Ansonsten sollte die Laufzeit äußerstenfalls 17 Jahre betragen. Die im Ausschuß „D" behandelten Schulden waren in ihrer Zusammensetzung äußerst heterogen. Die Vereinbarung der konkreten Zahlungsmodalitäten aller im Ausschuß „D" vertretenen Schuldenkategorien oblag letzlich den einzelnen Schuldnern und Gläubigern in dem durch das Schuldenabkommen abgesteckten Rahmen.[112]

Professionell entspannt verliefen dagegen die Verhandlungen über die Stillhalteschulden. In dieser Kategorie gelang es am schnellsten, zu einer Vereinbarung zu gelangen. Nach Meinung von Abs liefen die Verhandlungen über die Stillhalteschulden vor allem deshalb so reibungslos, „weil es sich bei Schuldnern und Gläubigern um ‚professionals' – um Berufsbankiers – handelte."[113] In der Tat hatten die Verhandlungen im Ausschuß „C" einen völlig anderen Charakter als die der übrigen Verhandlungsausschüsse. Die Atmosphäre der separat von den übrigen Verhandlungen im kleinen Kreis geführten Gespräche war durchaus freundlich. Die Gläubiger der Stillhalteschulden waren amerikanische, schweizerische und britische Banken. Im Unterschied zu den Anleiheschulden hielten die Briten in dieser Kategorie den größten Anteil. Bekanntlich hatten die britischen Banken die kurzfristigen Kredite aus wirtschaftlichen und politischen Gründen vor dem Krieg weniger stark zurückgeführt als andere Länder. Das britische Interesse an dieser Schuldenkategorie war deshalb besonders groß. Bei den Stillhalteschulden handelte es sich ganz überwiegend um Schulden von Bank zu Bank, und nur ein kleiner Teil waren Direktschulden der deutschen Industrie. Letztere befanden sich überwiegend in schweizerischer Hand. Wäre es nach den Wünschen der Stillhalteschuldner und -gläubiger gegangen, hätte die Regelung der Stillhalteschulden schon weit vor der Londoner Schuldenkonferenz erfolgen können. Es gab schon seit dem Ende der 40er Jahre Bemühungen, die Stillhalteschulden zu regeln. Hermann J. Abs und

---

[111] Acheson to US Embassy London, 18. 7. 1952, NA, RG 43–242.
[112] Bericht der Konferenz über Deutsche Auslandsschulden London, Februar-August 1952, vom 8. 8. 1952, Anhang 6: Vereinbarte Empfehlungen für die Regelung von aus dem Waren- und Dienstleistungsverkehr, gewisse Forderungen aus dem Kapitalverkehr und verschiedener anderer Forderungen, S. 42 ff.
[113] Vgl. Hermann J. Abs, Das Londoner Schuldenabkommen. Vortrag vor Gästen der Süddeutschen Bank vom 29. 10. 1952, S. 21, HADBB, B 330–2474.

Richard Merton waren auf deutscher Seite entschieden um eine frühzeitige Lösung bemüht gewesen.[114] Die Vereinigten Staaten hatten sich aber konsequent allen Bestrebungen widersetzt, die Stillhalteschulden separat von den übrigen Vorkriegsschulden zu behandeln, obwohl es dafür gute Argumente gab. Für die Wiederherstellung des deutschen Auslandskredits und die Wiederaufnahme normaler Handels- und Finanzbeziehungen mit dem Ausland war die Regelung dieser kurzfristigen Schulden von größter Relevanz. Abs lagen sie deshalb sehr am Herzen. Er war mit dieser komplizierten Materie bestens vertraut, weil er schon vor dem Krieg damit befaßt gewesen war. Bereits in der Sitzung vom 6. Juni 1952 konnte über die künftige Behandlung der Stillhalteschulden „vollständiges Einvernehmen" erzielt werden, und am 11. Juni wurde das Deutsche Kreditabkommen von 1952 paraphiert. Es orientierte sich inhaltlich am Vertrag von 1939.[115] Die neue Regelung war erst einmal auf ein Jahr befristet, konnte aber bei Bedarf ohne weiteres verlängert werden. Die Regelung zielte schwerpunktmäßig auf eine Rekommerzialisierung der alten Kredite, d.h. deren Umwandlung in neue Handelskredite. Die Gläubiger wurden verpflichtet, für den Erhalt von Devisen „Ersatzlinien" zu schaffen. Alternativ blieb die bisherige Möglichkeit zum DM-*settlement* bestehen. Von der Rekommerzialisierung wurde jedoch ab 1953 zunehmend weniger Gebrauch gemacht, weil im In- und Ausland bald andere, günstigere Kreditlinien zur Verfügung standen. Da sich die Devisenlage überraschend schnell stabilisierte, entfielen die Hindernisse für eine vollständige Rückzahlung der Kredite. Bis auf kleine Reste konnten die Stillhaltekredite deshalb in kürzester Zeit zurückgeführt werden.[116]

Das im Juni 1952 vereinbarte Abkommen sah vor, daß die rückständigen Zinsen zu einem Zinssatz von 4% p.a. dem Kapital zugeschlagen wurden. Der laufenden Zinssatz für nicht rekommerzialisierte Kredite wurde auf 3% (an Banken) und 4% (an Industrie) festgelegt.[117] Abs und seine Mitstreiter waren mit dem Inhalt des Abkommens äußerst zufrieden. Als besonders erfreulich galt der Umstand, daß die britischen Stillhaltegläubiger bereit waren, die aus dem liquidierten deutschen Vermögen erhaltenen *ex-*

---

[114] Gespräch mit Prof. Dr. Dieter Spethmann vom 25. 1. 2002.
[115] Bericht der Konferenz über Deutsche Auslandsschulden London, Februar–August 1952, vom 8. 8. 1952, Anhang 5: Vereinbarte Empfehlungen für die Regelung der Stillhalteschulden: das Deutsche Kreditabkommen von 1952, S. 26 ff.
[116] Vgl. Statistische Übersicht zum Deutschen Kreditabkommen von 1952 zusammengestellt von der Bank deutscher Länder, November 1952, HADB, NL Krebs, Stillhaltung (Beendigung); vgl. KREBS, Die Stillhaltung, S. 806 ff.
[117] Vermerk von Schelling betr. Deutsches Kreditabkommen von 1952 vom 12. 6. 1952; Baur an Vizekanzler Blücher vom 12. 6. 1952, BA, B 146–1194; vgl. FRITZ E. UNGER, Das Deutsche Kreditabkommen 1952, in: Zeitschrift für das gesamte Kreditwesen 5 (1952), S. 441–442.

gratia-Zahlungen auf die Schuldensumme anzurechnen. Nur die Stillhaltegläubiger waren zu dieser Geste – trotz innerbritischer Widerstände – bereit.[118] Ein späterer Versuch der Deutschen Delegation, doch noch eine erweiterte Anrechnung von *ex-gratia*-Zahlungen auf private deutsche Schulden durchzusetzen, wurde von der britischen Regierung bereits im Keim erstickt. Delegationsleiter Abs wurde gebeten, mit dieser Forderung erst gar nicht offiziell aufzuwarten. Die *ex-gratia*-Zahlungen waren auf der Grundlage des *Enemy Property Act* von 1949 erfolgt, weil die britische Regierung damals nicht damit rechnete, daß es in absehbarer Zeit zu einer Tilgung der deutschen Auslandsschulden kommen würde. Wegen ihrer Nähe zur Reparationsthematik wollte die britische Regierung diese Frage nicht mehr anrühren. Den britische Gläubigern war es allerdings nicht verwehrt, die *ex-gratia*-Zahlungen auf freiwilliger Basis in Rechnung zu stellen.[119]

Nachdem bei den Stillhalteschulden bereits im Juni eine Einigung erzielt werden konnte, war es das Bestreben aller Beteiligten, das Abkommen so bald wie möglich in Kraft zu setzen. Es war abzusehen, daß die Aushandlung des intergouvernementalen Rahmenabkommens und sich daran anschließende Ratifikationsprozesse noch einige Monate in Anspruch nehmen würden. Andrew L. Gomory vom *American Committee for Standstill Creditors of Germany* und Sir Edward Reid vom *British Banking Committee for German Affairs* traten deshalb vertraulich mit der Bitte an Rendel und Pierson heran, die Stillhaltevereinbarungen, anders als die übrigen Vereinbarungen, sofort in Kraft zu setzen. Rendel brachte zwar Verständnis für diesen Wunsch auf, hielt die Chancen für eine gesonderte Behandlung der Stillhalteschulden wegen der inflexiblen amerikanischen Position jedoch für gering. Rendel machte Reid keine Hoffnungen, daß die TCGD die Forderung unterstützen würde. Er schlug Reid aber vor, die Sache im *Steering committee* zu diskutieren.[120] Gegen ein vorzeitiges Inkrafttreten des Kreditabkommens gab es von seiten der übrigen Gläubiger keinerlei Einwände. Sir Niemeyer sprach sich sogar ausdrücklich dafür aus. Negative Auswirkungen auf die Interessen der Anleihegläubiger sah er nicht.[121] Mit diesem

---

[118] Von Schelling an den Präsidenten der Bank deutscher Länder vom 10. 6. 1952, HADBB, B 330–3775; Aufzeichnung Granow (London) betr. Frage der Verrechnung von Liquidationserlösen aus deutschem Auslandseigentum gegen ausländische Forderungen, welche der Londoner Schuldenerklärung unterliegen vom 31. 7. 1952, PA/AA, Abt. II Nr. 1557 (LSA 50); vgl. Hermann J. Abs, Das Londoner Schuldenabkommen. Vortrag vor Gästen der Süddeutschen Bank AG vom 29 101952, S. 21, HADBB, B 330–2474.
[119] Palliser to Roberts, 19. 11. 1952; Allen to H. Trevelyan, 1. 12. 1952, PRO, FO 371–98210.
[120] Crawford: Settlement of standstill debts to Roberts, 11. 6. 1952, PRO, FO 371–100114.
[121] Protokoll der 10. Sitzung des Arbeits- und Organisationsausschuß vom 20. 6. 1952, PA/AA, Abt. II Nr. 1566 (LSA 50).

Votum im Rücken hoffte Gomory, die amerikanische Regierung zu einer Änderung ihrer bisherigen Haltung bewegen zu können.[122] Dies gelang aber nicht, obwohl das *State Department* ein gewisses Verständnis für die Position der Stillhaltegläubiger aufbrachte und aus wirtschaftlichen Gründen eigentlich selbst an einer schnellen Wiederherstellung der kurzfristigen deutschen Kreditfähigkeit interessiert sein mußte. Das *State Department* hielt ein Vorziehen der Regelung aus innenpolitischen Gründen aber dennoch für inopportun.[123] Auf Grund bestehender Absprachen mit dem *Foreign Relations Committee* glaubte das *State Department*, zumindest vorläufig einer „peace-meal implementation" des Londoner Schuldenabkommens nicht zustimmen zu können. Es stellte aber in Aussicht, die Sache noch einmal im *Senate Committee* beraten zu wollen.[124] Die Argumente überzeugten die Gläubiger allerdings nicht. Sie wollten nicht einsehen, warum eine private Vereinbarung über Kreditlinien, die eine positive Auswirkung auf die deutsche Wirtschaft haben würde und damit zumindest indirekt zur Entlastung des amerikanischen Steuerzahler beitragen konnte, weiter verzögert wurde. Nach Ansicht der Gläubiger war es bereits ein schwerer Fehler, die Stillhalteschulden im Rahmen der Londoner Konferenz zu behandeln. Hätte man die Gläubiger und Schuldner der Stillhaltekredite gewähren lassen, wäre die Sache schon früher vom Tisch gewesen.[125] Dies entsprach zwar den Tatsachen, in Washington scheute man sich jedoch vor potentiellen Vorwürfen wenig informierter Parlamentarier, die Stillhalteschulden würden bevorzugt behandelt. Außenminister Acheson blieb deshalb strikt bei seiner restriktiven Haltung.[126] Auch weitere Vorstöße der Gläubiger nach dem Ende der Hauptkonferenz vermochten daran nichts zu ändern.[127]

Erhebliche Schwierigkeiten bereiteten die sich fast bis zum Ende der Hauptkonferenz hinziehenden Verhandlungen über den Umgang mit der Konversionskasse. Mit Ausnahme vom Ausschuß „C" (Stillhalteschulden) waren alle übrigen Ausschüsse mit dieser Thematik befaßt. Schon die Vorkonferenz hatte die erheblichen Auffassungsunterschiede zwischen Schuld-

---

[122] American Committee for Standstill Creditors on Germany (Chairman Gomory) to James W. Riddleberger, Director of the Bureau of German Affairs, 9. 7. 1952, NA, RG 59–1517.
[123] Acheson to US Embassy, 16. 7. 1952, ebd.
[124] Riddleberger (Director of the Bureau of German Affairs) to Gomory (American Committee for Standstill Creditors of Germany), 21. 7. 1952, NA, RG 59–1518.
[125] Gomory to Riddleberger, 30. 7. 1952, ebd.
[126] Acheson to US Embassy, 11. 9. 1952, ebd.
[127] Palliser to Rendel, 11. 9. 1952, PRO, FO 371–100114; Office Memorandum re Standstill Agreement with Germany (Riddleberger), 21. 10. 1952, NA, RG 59–1518.

4. Rogers-Krise und Erfolg der Verhandlungen

nern und Gläubigern deutlich gemacht. Während die Gläubiger die Konversionskasse zu einer nicht nur juristisch, sondern auch moralisch höchst zweifelhaften Einrichtung erklärten und daraus die Forderung ableiteten, die Existenz der Konversionskasse rückwirkend für null und nichtig zu erklären, vertrat die deutsche Seite die Meinung, daß es sich bei der Konversionskasse um eine juristisch akzeptable und den Usancen der Zeit gemäße Institution zur Abwicklung des Auslandszahlungsverkehrs gehandelt habe. Eine rückwirkende Aufhebung ihrer gesetzlichen Grundlage lehnten die Deutschen deshalb ab. Sie konnten sich darauf berufen, daß die Konversionskasse nach dem Krieg von der amerikanischen Militärregierung als rechtmäßig anerkannt worden war. Der deutschen Argumentation zugunsten der Konversionskasse war nicht grundsätzlich zu widersprechen, zumal es in den dreißiger Jahren auch in anderen Ländern vergleichbare Regulierungen des Auslandszahlungsverkehrs gegeben hatte. Die internationalen Finanzbeziehungen waren seit den zwanziger Jahren starken Beschränkungen unterworfen worden, die erst seit den fünfziger Jahren schrittweise aufgehoben wurden.[128] Kritikwürdig war daher weniger die Institution der Konversionskasse als solche, sondern deren Handhabung durch die nationalsozialistische Regierung. Die moralischen Wertungen der Gläubiger fanden hier ihren Ansatzpunkt.

Das eigentliche Problem bestand vor allem darin, daß die Konversionskasse ihre Aufgabe, den Devisenverkehr mit dem Ausland zentral zu steuern, kaum wahrnehmen konnte, weil der Devisenverkehr mit dem Ausland auf Geheiß der Reichsregierung ab 1934 drastisch reduziert wurde und nach Ausbruch des Krieges fast ganz zum Erliegen kam. Die von den deutschen Schuldnern zugunsten ihrer ausländischen Gläubiger in die Konversionskasse eingezahlten RM-Beträge hatten ihre Empfänger entweder in Form sogenannter Fundierungsbonds oder Scrips, die eine Anwartschaft auf spätere Zahlungen begründeten, oder – dies wurde im Verlauf des Krieges mehr und mehr die Regel – überhaupt nicht erreicht. Die Regelung der verbrieften Schuldverpflichtungen war noch relativ unproblematisch, weil das Deutsche Reich für diese eine Garantieerklärung abgegeben hatte, die von der Bundesrepublik übernommen wurde. In diesem Punkt gelangte man bereits Anfang Juli zu einer vorläufigen Regelung. Die Gläubiger verzichteten auf zwei Drittel der bis Ende 1952 aufgelaufenen rückständigen Zinsen, das restliche Drittel sollte fundiert und zu 4% verzinst werden (Scrips zu 3%). Die Fälligkeitstermine wurden um 17 Jahre prolongiert.[129]

---

[128] Vgl. Kapitel III. 2.
[129] Unverbindlich vorgesehene Regelung der Fundierungsbonds und Scrips der Konversions-

Schwieriger war die Sachlage in den Fällen, wo der deutsche Schuldner zwar in Reichsmark an die Konversionskasse gezahlt hatte, der ausländische Gläubiger aber weder Geld noch irgendwelche Schuldverschreibungen erhalten hatte. Nach deutschem Recht hatten RM-Zahlungen in die Konversionskasse für den Schuldner schuldbefreiende Wirkung. Genau diesen Tatbestand akzeptierten die ausländischen Gläubiger nicht. Sie wollten eine Entlastung des deutschen Schuldners erst dann anerkennen, wenn der ausländische Gläubiger tatsächlich sein Geld in den Händen hatte. Solange dies nicht der Fall war, bestand das Schuldverhältnis ihrer Ansicht nach fort und der deutsche Schuldner mußte gegebenenfalls zweimal zahlen. Ob er für eine Doppelzahlung von der Bundesregierung entschädigt wurde, war allein Sache der Deutschen. Mit der Doppelzahlung als solcher hatten die Gläubiger kein Problem. Nicht zuletzt auch deshalb, weil viele Gläubiger ihren Schuldnern unterstellten, sich in der letzten Phase des Krieges durch stark im Wert geminderte RM-Zahlungen in die Konversionskasse ihrer Schulden billig entledigt zu haben. Dieses Geschäftsgebaren wurde von den Gläubigern als moralisch anrüchig verurteilt. In einer Reihe von Fällen war der Vorwurf sicher nicht von der Hand zu weisen, insgesamt war die moralisierende Argumentation der Gläubiger aber überzogen und nur aus dem Klima der Zeit heraus verständlich. Der permanente Versuch der Gläubiger, die Deutschen auch dort in eine Verteidigungsposition hineinzumanövrieren, wo dies sachlich unbegründet war, traf auf deutschen Widerstand. Trotzdem bekräftigte Abs den Wunsch der deutschen Seite, nach einer praktischen Lösung des Problems zu suchen und die unvermittelbaren Rechtsstandpunkte hintanzustellen. Auch bei der konkreten Formulierung eines Abkommens sollten die Rechtsstandpunkte außen vor bleiben, um einen Gesichtsverlust der einen oder anderen Seite zu vermeiden. Eine Regelung auf dieser Basis wäre vermutlich überhaupt nicht zustande gekommen. Es zeichnete sich schnell ab, daß eine Lösung des Problems ohne eine Befriedigung der Gläubiger nicht möglich sein würde. Für die dabei unvermeidlichen Doppelzahlungen würde der Bund den Schaden zu tragen haben.[130]

---

kasse gemäß Besprechung vom 3. 7. 1952, BA, B 146–1194; Baur an Vizekanzler Blücher vom 9. 7. 1952, PA/AA, Abt. II Nr. 1557 (LSA 50); Bericht der Konferenz über Deutsche Auslandsschulden London, Februar-August 1952, vom 8. 8. 1952, Anhang 3: Vereinbarte Empfehlungen für die Regelung von Reichsschulden und Schulden anderer öffentlich-rechtlicher Körperschaften, S. 11 f.

[130] Niederschrift (Baur) über die inoffizielle Sitzung des Ausschusses „D" am 1. 7. 1952, PA/AA, Abt. II Nr. 1572 (LSA 63b).

4. Rogers-Krise und Erfolg der Verhandlungen 343

Nachdem man sich über die Grundzüge der Lösung geeinigt hatte, war die Frage zu klären, ob der Bund in die Verpflichtungen gegenüber den ausländischen Gläubigern eintreten oder ob der deutsche Schuldner direkt an den betreffenden ausländischen Gläubiger zahlen und dafür im Fall einer Doppelzahlung vom Bund entschädigt werden sollte. Über das Für und Wider wurde in einer gemeinsamen Sitzung der Ausschüsse „A", „B" und „D" am 27. Juli lebhaft diskutiert, wobei von Gläubigerseite auch die Frage aufgeworfen wurde, wie mit den Verbindlichkeiten der Ostschuldner umgegangen werden sollte. Abs konnte in dieser Sitzung keinen konkreten Regelungsvorschlag vorlegen, weil die offizielle Entscheidung des Bundeskabinetts, um die Abs einige Tage zuvor gebeten hatte, noch ausstand.[131]

Die allgemeine Auffassung ging inzwischen dahin, die Schuldverhältnisse nicht global durch den Bund, sondern direkt zwischen dem deutschen Schuldner und den ausländischen Gläubigern zu regeln. Dieser Weg war aber in der Praxis nur dann durchführbar, wenn der Schuldner die Sicherheit hatte, für seine Doppelzahlung vom Bund entschädigt zu werden. Ob dies dann ganz oder teilweise erfolgen würde, war eine zusätzlich zu klärende Frage.[132] Am 29. Juli befaßte sich das Bundeskabinett mit der Behandlung von Zahlungen an die Konversionskasse. Finanzstaatssekretär Hartmann gab vorbehaltlich einer definitiven Stellungnahme des Bundesfinanzministeriums seine Präferenz für eine Zahlung durch den Bund zu erkennen. Seiner Einschätzung nach würde es sich um eine Summe von mindesten DM 250 Millionen handeln. Falls man sich doch für eine Direktzahlung durch den privaten deutschen Schuldner entscheiden sollte, müsse klar sein, daß eine volle Entschädigung durch den Bund nicht in Frage kommen könne. Dieser Ansicht schloß sich auch Bundeswirtschaftsminister Erhard an. Auch er tendierte zu einer Globalzahlung durch den Bund. Auch Staatssekretär Strauß sprach sich in der Hoffnung für diese Lösung aus, daß man die zu zahlende Summe noch etwas herunterhandeln könne. Im übrigen müßte sich die Übernahme der Zahlungsverpflichtungen auf den Bund auf die Bundesrepublik und dorthin verlagerte Betriebe beschränken.[133] Zu einer Entscheidung gelangte das Bundeskabinett in dieser Sitzung jedoch nicht, weil Abs in einem aus London geführten Telefongespräch mit Staatssekretär Hartmann erhebliche technische Bedenken gegen die Übernahme

---
[131] Niederschrift (Baur) über die gemeinsame inoffizielle Sitzung der Ausschüsse „A", „B" und „D" über das Problem der Wiederholung von Einzahlungen deutscher Schuldner in die Konversionskasse vom 27. 7. 1952, PA/AA, Abt. II Nr. 1569 (LSA 61).
[132] Vogel an Minister Blücher vom 23. 7. 1952, PA/AA, Abt. II Nr. 1510 (LSA 6).
[133] Kabinettssitzung vom 29. 7. 1952, in: Die Kabinettsprotokolle der Bundesregierung, Bd. 5 (1952), S. 486f.; London (Holmes) to Secretary of State, 30. 7. 1952, NA, RG 59–1517.

der Zahlungen durch den Bund geltend machte. Am folgenden Tag wurde die Angelegenheit noch einmal im Kabinettsausschuß beraten, eine Beschlußfassung erfolgte aber auch dort nicht. Abs erhielt praktisch freie Hand, um eine Vereinbarung in dem von ihm gewünschten Sinn herbeizuführen.[134] Sir Niemeyer wurde von Abs umgehend über den Stand der Dinge informiert. Dabei verwies er besonders auf die ablehnende Haltung der Bundesregierung, für Schulden außerhalb der Bundesrepublik ansässiger, zahlungsunwilliger Schuldner einzutreten.[135] Man könne nicht beides haben: eine individuelle Lösung auf der einen und eine globale Lösung auf der anderen Seite.

Letztlich kam die Bundesrepublik aber nicht umhin, in bestimmten Ausnahmefällen für Schuldner außerhalb der Grenzen der Bundesrepublik einzutreten. Sie übernahm die Haftung für Schuldner aus Österreich, Frankreich, Belgien, Luxemburg und dem Saargebiet, die in die Konversionskasse eingezahlt hatten, zu 60% der ursprünglichen Forderungen.[136] Die privaten deutschen Schuldner erhielten letztlich ihre doppelten Zahlungen aus öffentlichen Mitteln voll erstattet.

Damit waren die informellen Verhandlungen Ende Juli weitgehend abgeschlossen. Das nach der Vorlage des deutschen Angebots gewählte Verfahren, in informellen Sitzungen der einzelnen Verhandlungsausschüsse zu Regelungen zu kommen, hatte sich bewährt. Die TCGD war in dieser Phase sehr zurückhaltend aufgetreten und hatte sich nur gezielt in die Verhandlungen eingeschaltet, wenn dies aus bestimmten Gründen nötig erschien. Es kam nun darauf an, die in den Ausschüssen vereinbarten Empfehlungen in einen Schlußbericht einzuführen und in Zusammenarbeit mit der TCGD dazu allgemeine Rahmenbedingungen festzulegen.[137]

---

[134] Kurzprotokoll über die Sitzung des Kabinettsausschusses am 30. 7. 1952 vom 31. 7. 1952, BA, B 126–48395; Telegram von Spindler an Abs (London) vom 30. 7. 1952, PA/AA, Abt. II Nr. 1569 (LSA 61).
[135] Abs an Niemeyer (Bank of England) vom 31. 7. 1952, ebd.
[136] Bericht der Konferenz über Deutsche Auslandsschulden London, Februar-August 1952 vom 8. 8. 1952, Anhang 7: Vereinbarte Empfehlungen für die Behandlung von Zahlungen an die Konversionskasse, S. 54f.
[137] Niederschrift Weiz über Besprechung des deutschen Delegationsleiters mit der Dreimächte-Kommission am 26. Juli 1952 betr. Abschluß der Konferenz-Arbeit, PA/AA, Abt. II Nr. 1557 (LSA 50).

5. Der Schlussbericht

Mitte Juli traf Abs mit Rendel, Gunter und Gregh zu einer Besprechung des weiteren Procedere zusammen. Man ging davon aus, daß die Verhandlungen in den Ausschüssen „A", „B" und „D" innerhalb der nächsten zwei Wochen abgeschlossen werden könnten. Offiziell sollte die Konferenz spätestens Anfang August zu Ende gehen.[1] Nach einer kurzen Sommerpause sollte dann im September mit der Ausarbeitung des Regierungsabkommens begonnen werden. Diese Aufgabe übernahm ein aus Vertretern der TCGD gebildeter Arbeitsausschuß, zu dem zu einem späteren Zeitpunkt auch deutsche Vertreter hinzugezogen werden sollten. Eine direkte Beteiligung der übrigen Gläubigernationen war nicht vorgesehen, allerdings sollten wichtige Gläubigerländer wie die Schweiz, die Niederlande, Belgien und Schweden laufend über den Stand der Dinge informiert werden.[2] Vor allem die Amerikaner drückten jetzt aufs Tempo.[3]

Die drei Mächte hatten sich im Vorfeld der Konferenz grundsätzlich auf den Abschluß eines Regierungsabkommens verständigt, das die Verbindlichkeit der in London ausgehandelten Regelungen garantieren sollte. Gläubiger aus Staaten, die dem Abkommen nicht beitraten, sollten keine Zahlungen erhalten können.[4] Der anfänglich dominierende Sicherheitsaspekt geriet im Verlauf der Londoner Verhandlungen mehr und mehr in den Hintergrund.[5] Es überwog die Zuversicht, daß die in London ausgehandelten Regelungen in der Praxis funktionieren würden. Man glaubte, daß nur wenige Gläubiger versuchen würden, außerhalb des Abkommens nach einer besseren Regelung ihrer Schuldverhältnisse zu suchen. Die Chancen dazu waren auch mehr theoretischer als praktischer Natur. Dem ausländischen Gläubiger stand allerdings das Recht zu, seinen Zahlungsanspruch vor deutschen Gerichten durchzusetzen. Grundsätzlich mußte der deutsche Schuldner dem ausländischen Gläubiger ein den Empfehlungen des Schuldenabkommens entsprechendes Angebot unterbreiten, das dieser dann annehmen

---

[1] Crawford: Progress at German Debt Conference, 21. 7. 1952, PRO, FO 371–100088.
[2] TCGD: Proposal to „simplify" the Intergovernmental Agreement, 10. 7. 1952, PRO, FO 371–100086.
[3] Gifford to Secretary of State, 9. 7. 1952, NA, RG 59–1517.
[4] TCGD: Proposal to „simplify" the Intergovernmental Agreement, 10. 7. 1952, PRO, FO 371–100086.
[5] Niemeyer: Form of the ultimate international agreement, 9. 4. 1952; Need for legislation to put German debt settlement into effect in the U.K. (Painter), 3. 5. 1952, PRO, FO 371–100084.

oder ablehnen konnte. Lehnte er ab, verlor er jedoch den Anspruch „auf die Vorteile aus dem Regelungsplan."[6]

Im Verlauf der Verhandlungen wuchs das Interesse an einem einfachen und unkomplizierten Verfahren zur Umsetzung des Abkommens.[7] Besonders im Bereich der industriellen und kommerziellen Schulden war das Interesse an einem schnellen Inkrafttreten der Vereinbarungen groß, damit die Handels- und Finanzbeziehungen der Bundesrepublik zum westlichen Ausland zügig normalisiert werden konnten.[8] Die britischen Überlegungen tendierten nunmehr dahin, sich auf den Abschluß eines *Four-Power-Agreement* zu beschränken, dem die anderen Gläubigernationen beitreten konnten. Die frühere Idee eines „multilateral agreement with a series annexes embodying a complete over-all pre-war and post-war debt settlement", das als „single comprehensive agreement" in Kraft treten sollte, wurde aufgegeben. Die britischen Gläubiger übten Druck auf ihre Regierung aus, die praktische Umsetzung der Londoner Vereinbarungen zu beschleunigen.[9] Allerdings legte die traditionell legalistischen Prinzipien verhaftete britische Regierung großen Wert darauf, daß die Beschleunigung des Verfahrens nicht auf Kosten der juristischen Qualität des *Intergovernmental agreement* erfolgen durfte.[10]

Abs war sich mit den Mitgliedern der TCGD einig, daß es völlig unnötig war, die Gültigkeit des Rahmenabkommens von zeitraubenden Ratifikationsverfahren in unzähligen Gläubigernationen abhängig zu machen. Es reichte aus, den diesbezüglichen Kreis auf die drei Besatzungsmächte und die Bundesrepublik Deutschland zu beschränken. Für die übrigen Gläubigernationen konnten vereinfachte Beitrittsmöglichkeiten geschaffen werden. Gregh sprach sich in diesem Zusammenhang entschieden dagegen aus, eine Regierungskonferenz mit den Gläubigerstaaten in Betracht zu ziehen, weil eine solche Konferenz die Gefahr unerwünschter Diskussionen über bereits abgehandelte Tatbestände barg.[11] Auf jeden Fall sollte die Einbeziehung weiterer Länder in die Ausarbeitung des Regierungsabkommens minimiert werden.

---

[6] Bericht der Konferenz über Deutsche Auslandsschulden, London, Februar-August 1952, vom 8. 8. 1952, IV. Empfehlungen, Ziffer 24 und 25 (Zitat), S. 6.
[7] Gifford to Secretary of State, 21. 6. 1952, NA, RG 43–183; Record of meeting held in the Foreign Office on May 20th, 1952, PRO, FO 371–100104.
[8] Pierson (London) to Secretary of State (Byroade), 21. 3. 1952, NA, RG 59–1516.
[9] Waley: Proposal for a simplified Inter-Governmental Agreement and the early putting into force of debt settlement, 20. 6. 1952; Minute by Rendel, 23. 6. 1952, PRO, FO 371–100086.
[10] Minute by Palliser on meeting of Wednesday, May 7th, 9. 5. 1952, PRO, FO 371–100083.
[11] Niederschrift (Weiz) über die Besprechung zwischen Herrn Abs und dem Dreimächteausschuß am 16. 7. 1952, PA/AA, Abt. II Nr. 1557 (LSA 50).

5. Der Schlußbericht

Der am Ende der Hauptkonferenz vorzulegende Schlußbericht sollte als Basis und Orientierungspunkt für die Konzeption des staatlichen Rahmenabkommens dienen.[12] Dieser gliederte sich in drei Teile: 1. den historischen Rückblick über das Zustandekommen und den Verlauf der Konferenz, 2. die in den Verhandlungsausschüssen „A" bis „D" von Schuldnern und Gläubigern ausgehandelten Einzelvereinbarungen und 3. – last but not least – eine Reihe allgemeiner Empfehlungen, die von grundsätzlicher Relevanz für die praktische Regelung der deutschen Auslandsschulden insgesamt waren. Über die Frage, welche Empfehlungen in den Schlußbericht der Hauptkonferenz gehörten und welche erst in einem Regierungsabkommen berücksichtigt werden konnten, wurde im Redaktionsausschuß kontrovers diskutiert. Nach Meinung der Deutschen Delegation war es notwendig, die Umsetzung des Schuldenabkommens an bestimmte Bedingungen und Voraussetzungen zu knüpfen, die bereits im Schlußbericht der Hauptkonferenz verankert werden sollten. Die Deutschen legten großen Wert darauf, daß dies nicht erst mit dem Regierungsabkommens erfolgen sollte, weil ihnen dies zu unsicher erschien.[13] Es ging ihnen insbesondere um die Einfügung von Klauseln zum Transfer, zur Handelpolitik und zur Reparationsfrage.[14] In einem persönlichen Schreiben an Delegationsleiter Abs hatte Vizekanzler Blücher verlangt, daß „schon aus dem Schlußbericht klar hervorgehen [muß], daß ohne eine für uns befriedigende Regelung dieser allgemeinen Vorfragen weder eine umfassende noch eine beschränkte Schuldenregelung möglich ist. Ich lege dabei auf eine angemessene Lösung der Transferfrage und auf die Abwehr der politischen Reparationsforderungen um so mehr Gewicht, als gerade die Regelung dieser Probleme eines der Hauptkriterien für die Aufnahme des Vertragswerkes bei den politischen Parteien im Bundestag bilden wird."[15] Blücher hatte in seinem Schreiben an anderer Stelle sogar von „später in das Regierungsabkommen aufzunehmenden Generalvorbehalten" gesprochen, um die Bedeutsamkeit der Klauseln zu unterstreichen.

Die Mitglieder der TCGD standen der Aufnahme von ihnen so genannter *Escape*-Klauseln in den Schlußbericht grundsätzlich reserviert gegenüber. Sie wurden von den Gläubigern, die solche Klauseln prinzipiell ablehnten,

---

12 Proposals in regard to the Final Report of the German Debt Conference and the Intergovernmental Agreement, U.K. Draft 4th July, 1952, PRO, FO 371–100087.
13 Aufzeichnung über die Delegationsbesprechung vom 17. 7. 1952, BA, B 146–1194.
14 Überlegungen zur Vorbereitung des Schuldenregelungsabkommens vom 7. 6. 1952, PA/AA, Abt. II Nr. 1564 (LSA 56b).
15 Blücher (Paris) an Abs vom 18.7.192, BA, B 146–1194.

in ihrer skeptischen Haltung bestärkt.¹⁶ Während die deutsche Seite in diesen Klauseln ausschließlich einen Schutzmechanismus für potentiell in der Zukunft eintretende Notsituationen sehen wollte, die eine ordnungsgemäße Erfüllung der Verpflichtungen aus dem Schuldenabkommen ohne eigenes Verschulden der Bundesrepublik zeitweise unmöglich machen würden, hielt die TCGD derartige Klauseln alles in allem für eher schädlich. In der Sitzung des Redaktionsausschusses vom 24. Juli 1952 wäre es darüber fast zu einem Eklat gekommen. Im Verlauf der Diskussion verstieg sich der Franzose Gregh zu der Behauptung, daß die Aufnahme der von deutscher Seite gewünschten diversen *Escape*-Klauseln in der Öffentlichkeit den Eindruck hervorrufen würde, die Deutschen wollten die Regelung der Auslandsschulden unverbindlich in der Schwebe halten. Eine Wiederherstellung des deutschen Auslandskredits sei auf diesem Wege unmöglich. Die Deutschen hielten mit dem Argument dagegen, daß sich die mit den Gläubigern vereinbarten Regelungen teilweise auf Laufzeiten von mehreren Jahrzehnten erstreckten, in denen durchaus „unverschuldete Nichterfüllungsphasen" eintreten könnten, vor denen man sich wappnen müsse. Dies veranlaßte wiederum den Briten Waley zu der Bemerkung, er sei enttäuscht über das offenbar nicht vorhandene Vertrauen der Deutschen in die Gläubiger, während die TCGD ihrerseits der deutschen Seite während des gesamten Konferenzverlaufs stets großes Vertrauen entgegen gebracht habe. Der Amerikaner Gunter rettete die Situation, indem er die hitzige Diskussion an dieser Stelle abrupt unterbrach. Er wies auf die Komplexität des Zahlungsproblems hin, bei dem zwischen dem Verzug *(default)* einzelner Schuldner und der Zahlungsunfähigkeit der Bundesrepublik als solcher unterschieden werden müßte.¹⁷ Immerhin konnte man sich am folgenden Tag darauf einigen, die Frage des Zahlungsverzugs *(default)* abschließend im Regierungsabkommen zu beraten.¹⁸ Aber das war nicht das eigentliche Problem.

Im Zentrum der Diskussionen vom Vortag hatte das Reparationsproblem gestanden. Im Namen der Bundesregierung war von Mitgliedern der Deutschen Delegation der dringende Wunsch geäußert worden, in den Schlußbericht eine Reparationsklausel aufzunehmen. Rendel hielt dies für unnötig, weil das Reparationsproblem bereits im dritten Zusatzvertrag zum Deutschland-Vertrag behandelt worden war. Die Regelung des Zusatzver-

---

16 Vogel (London) an Sonnenhol vom 24. 7. 1952, ebd.
17 Kurz-Niederschrift über die Sitzung des Redaktionsausschusses der Schuldenkonferenz vom 24. 7. 1952, PA/AA, Abt. II Nr. 1575 (LSA 66); Notiz Vogel über eine Besprechung mit der Dreimächte-Kommission am 24. 7. 1952 vom 30. 7. 1952, BA, B 146–1225.
18 Notiz über die Ergebnisse einer Besprechung mit dem Dreimächte-Ausschuß betreffend Redaktion des Schlußberichts am 25. 7. 1952, PA/AA, Abt. II Nr. 1575 (LSA 66).

trags galt aber nur für die Alliierten und nicht für alle übrigen Staaten, mit denen sich das Deutsche Reich im Kriegszustand befunden hatte. Deshalb beharrten die Deutschen auf ihrer Forderung, das Thema Reparationen ins Schuldenabkommen aufzunehmen. Die TCGD lehnte dies mit der Begründung ab, die Bundesrepublik wolle sich offenbar ihren Verpflichtungen aus dem Schuldenabkommen entziehen, falls irgendwelche Reparationsforderungen erhoben würden. Ein Reparationsverzicht könne aber von der Schuldenkonferenz nicht ausgesprochen werden, weil dies deren Kompetenzen übersteige und einem Friedenvertrag vorbehalten bleiben müsse. Dies sei ein Mißverständnis, wurde der TCGD von deutscher Seite entgegengehalten. Man wolle ja den Verpflichtungen aus dem Schuldenvertrag unbedingt nachkommen, sei dazu aber außerstande, falls die Bundesrepublik neben den Transferaufwendungen für die Auslandsschulden noch Reparationszahlungen zu leisten haben würde. Diesem Argument konnten sich die Mitglieder der TCGD in Kenntnis der deutschen Lage nicht gänzlich verschließen. Sie kehrten daraufhin von ihrer harten Linie ab und versuchten, die Deutschen auf sanftere Weise davon zu überzeugen, daß die Aufnahme eines Reparationsvorbehalts in das Schuldenabkommen der Wiederherstellung des deutschen Auslandskredits abträglich sein würde.

Rendel erklärte einen unvernünftigen Umgang mit der Reparationsfrage wegen der schlimmen Erfahrungen in der Vergangenheit für praktisch undenkbar. Aus juristischen Gründen verbiete sich jedoch ein Vorgriff auf den Friedensvertrag. Aber auch diese Argumentation vermochte die deutschen Vertreter nicht zu überzeugen. Künftige Reparationsforderungen blieben eine reale Gefahr für die Durchführung des Schuldenabkommens, und deshalb hielt man die Forderung nach eines Reparationsklausel weiter aufrecht. Nach einer kurzen Beratungspause teilte Sir David Waley den Anwesenden mit, daß die TCGD die Aufnahme eines Reparationsvorbehalts in den Schlußbericht ablehnte. Die deutsche Delegation nahm diese Erklärung zur Kenntnis, blieb aber ausdrücklich bei ihrer Haltung. Es wurde festgestellt, daß es in diesem Punkt keine Einigung gab.[19]

Diese kam dann wenige Tage später doch noch zustande. Delegationsleiter Abs nahm dieses Mal selbst an der Sitzung teil. Auf Vorschlag von Rendel einigte man sich darauf, daß Abs in seiner offiziellen Schlußansprache ein zuvor mit der TCGD abgestimmtes *Statement* zum Thema Reparationen abgeben sollte, in dem er den Gläubigern noch einmal die Gründe für

---

[19] Notiz Vogel über eine Besprechung mit der Dreimächte-Kommission am 24. 7. 1952 vom 30. 7. 1852, BA, B 146–1225; Kurz-Niederschrift über die Sitzung des Redaktionsausschusses der Schuldenkonferenz vom 24. 7. 1952, PA/AA, Abt. II Nr. 1575 (LSA 66).

den deutschen Reparationsvorbehalt darlegen konnte. Abs erhielt außerdem die Zusage, daß dieses *Statement* breite Publizität erhalten sollte. Damit war das ursprüngliche deutsche Ziel, eine Reparationsklausel im Schlußbericht unterzubringen, zwar nicht erreicht worden, mit der öffentlichen Erklärung von Abs wurde aber sichergestellt, daß das Thema Reparationen bei der Aushandlung des Regierungsabkommens erneut auf der Agenda erscheinen würde. Abs betonte gegenüber Rendel ausdrücklich, daß ein Reparationsvorbehalt nicht nur aus innenpolitischen, sondern auch aus sachlichen Gründen unverzichtbar sei.[20]

Lange umstritten war auch die Transferklausel. Erst am 7. August konnte sich die Deutsche Delegation mit der TCGD auf eine gemeinsame Formulierung für den Schlußbericht einigen. Die Transferfrage war aus deutscher Sicht der Dreh- und Angelpunkt für das Funktionieren der gesamten Auslandsschuldenregelung. Nicht die Aufbringungsfähigkeit des einzelnen Schuldners, sondern die „außenwirtschaftliche Leistungskraft der schuldnerischen Volkswirtschaft" galt als Maßstab.[21] Die junge Bundesrepublik besaß keine nennenswerten Devisenreserven und verfügte auch sonst über keine nachhaltige Transferkraft. Die Deutschen hatten deshalb immer die Meinung vertreten, daß Transferleistungen nur aus deutschen Handelsbilanzüberschüssen erfolgen könnten, zu deren Entstehen die Gläubigerstaaten durch eine Liberalisierung ihrer Handelspolitik beitragen sollten. Die Frage war nun, was geschehen sollte, wenn zeitweise nicht genügend Überschüsse für den Transfer zur Verfügung standen.

Der Zentralbankrat beschäftigte sich in seiner Sitzung vom 31. Juli 1952 mit diesem Problem. Der vorläufige Entwurf einer Transferklausel für das Londoner Schuldenabkommen wurde in der Sitzung erheblicher Kritik unterzogen: In dem Entwurf komme 1. nicht klar genug zum Ausdruck, daß der Transfer ausschließlich aus echten Überschüssen erfolgen könne, 2. sei dort nicht ausdrücklich festgeschrieben, daß der Schuldentransfer nicht zu Lasten von Importen gehen dürfe, und 3. müsse eine „Moratoriumsklausel", d.h. ein festes Verfahren für den Notfall, im obigen Sinne vereinbart werden. Wenn man die nötigen „Kautelen" jetzt nicht durchsetzten könne, würde das auch in der Regierungskonferenz nicht mehr gelingen.[22] Telefonisch wurde Abs noch am gleichen Tag über den Inhalt der Sitzung des Zentralbankrats informiert. Dabei wurde ihm ein von Präsident Vocke und Prä-

---

20 Niederschrift (Vogel) über eine Besprechung mit der Dreimächte-Kommission am 29. 7. 1952, PA/AA, Abt. II Nr. 1557 (LSA 50).
21 Vermerk Mueller-Graaf betr. Transferproblem vom 11. 6. 1952, BA, B 102–6996.
22 Protokoll der 125. Zentralbankrat-Sitzung am 31. 7. 1952, HABB: B 330–58.

5. Der Schlußbericht

sidiumsmitglied Treue gezeichneter Formulierungsvorschlags des Zentralbankrats für eine Transferschutzklausel per Telegramm angekündigt.[23] Abs war über dieses zweifelhafte „Hilfsangebot" sehr ungehalten. Er richtete umgehend ein Telegramm an den Präsidenten der Bank deutscher Länder, in dem er sein „äußerstes Bedauern" darüber zum Ausdruck brachte, daß der Zentralbankrat seiner mehrfachen Bitte nicht nachgekommen war, Sachverständige für Transferangelegenheiten nach London zu entsenden. Trotzdem sei in den zentralen Fragen auch ohne Unterstützung durch die Bank deutscher Länder bereits mehr erreicht worden, als vom Zentralbankrat gewünscht werde. Es folgte eine detaillierte Auflistung aller Punkte, aus denen hervorging, daß die Forderungen aus Frankfurt entweder schon erledigt oder schierer Blödsinn waren, weil sie allenfalls zu einer Verschlechterung der deutschen Position führen konnten. Abs schloß sein Telegramm mit dem nochmaligen Ausdruck des Bedauerns, daß sich die Bank deutscher Länder der „Mitwirkung an hiesigen Transferverhandlungen versagt hat. Nur auf Nichtanwesenheit BdL-Transfer-Vertreters war es zurückzuführen, daß Bank deutscher Länder der notwendige und umfassende Überblick über die bisherigen Verhandlungen fehlte."[24] Die sublime Kritik des Zentralbankrats an seiner Verhandlungsführung in London verwandelte Abs in einen Bumerang gegen Wilhelm Vocke. Abs unterrichtete sowohl Bundeskanzler Adenauer als auch Vizekanzler Blücher über den Wortlaut seiner Antwort an Vocke. Das Verhältnis zwischen Abs und Vocke, den Abs weder persönlich mochte, noch fachlich schätzte, verschlechterte sich durch den Vorfall weiter.[25]

Die Schwierigkeiten bei der Formulierung der Transferklausel ergaben sich aus der unterschiedlichen Beantwortung der Frage, inwieweit die deutschen Währungsreserven in den laufenden Schuldendienst einzubeziehen waren. Nach deutscher Auffassung überhaupt nicht, weil der Transferdienst aus den Überschüssen der laufenden Zahlungsbilanz bestritten werden sollte. Damit wollten sich die Mitglieder der TCGD aber nicht einverstanden erklären. Sie standen auf dem Standpunkt, daß im Bedarfsfall auch auf die deutschen Devisenreserven zurückgegriffen werden müßte. Sir Waley hob hervor, daß „England in gleichgelagerten Fällen anders zu reagieren pflege; es verlasse sich zunächst auf seine eigenen Kräfte." Wenn Deutsch-

---

[23] Telefonische Durchsage an Abs vom 31. 7. 1952, PA/AA, Abt. II Nr. 1575 (LSA 66).
[24] Telegramm Abs an Präsident Vocke vom 2. 8. 1952, PA/AA, Abt. II Nr. 1576 (LSA 76).
[25] Vgl. ABS, Deutschlands wirtschaftlicher und finanzieller Aufbau, S. 355 f.; EMMINGER, D-Mark, Dollar, Währungskrisen, S. 68 ff.; Interview mit Prof. Dr. Dieter Spethmann vom 25. 1. 2002.

land dies ablehne, würde es nach britischer Auffassung „den eigenen Kredit zerstören."[26] Gregh pflichtete Waley ausdrücklich bei. Er verwahrte sich auch gegen die Inpflichtnahme anderer Länder, durch eine Liberalisierung ihrer Importpolitik zur Verbesserung der deutschen Zahlungsbilanz beizutragen. „Man könne doch nicht einfach die Last der Verantwortung anderen Regierungen zuschieben. Für die Aufrechterhaltung eines Schuldendienstes sei letztenendes die innere Finanzpolitik eines Landes entscheidend."[27] Gregh plädierte dafür, die schwierige Frage nicht weiter zu behandeln und auf die Aushandlung des Regierungsabkommens zu vertagen.

Die deutschen Delegationsvertreter waren damit nicht einverstanden und verwahrten sich entschieden gegen die von Frankreich und Großbritannien erhobenen Vorwürfe. Es gehe doch einzig und allein darum, für den potentiellen Krisenfall einen Mechanismus einzubauen, der die Bundesrepublik nicht zur einseitigen Unterbrechung des Transferdienstes zwingt, sondern die anderen Mächte im Rahmen eines zuvor festgelegten Verfahrens am Entscheidungsprozeß beteiligt. Gunter begrüßte die eindeutige Klarstellung, daß die Bundesrepublik durch die Transferschutzklausel nicht die Absicht verfolge, sich ihrer Zahlungsverpflichtungen zu entziehen. Er zog daraufhin einen eigenen Vorschlag aus der Tasche, der vorsah, daß „on an continuing basis, payment is not financed by drawing monetary reserves, particularly in view of the fact that such reserves are at the present at a low level."[28]

Die Diskussionen um die Formulierung der Transferklausel gingen am folgenden Tag in die nächste Runde. Im Gegensatz zum Vortag war Abs persönlich anwesend. Er ließ einen überarbeiteten deutschen Entwurf verteilen, der in einigen Nuancen vom Vorschlag Gunters abwich. Nach dessen eigener Einschätzung lagen die beiden Entwürfe sachlich aber gar nicht so weit auseinander. Abs beharrte darauf, daß der Transferdienst nur aus dem laufenden Zahlungsverkehr („on current account") erfolgen könne. Er machte geltend, daß dies schon bei der Vorkonferenz 1951 die Verhandlungsbasis gewesen sei. Möglicherweise stünden aber in einigen Jahren wieder ausreichende Währungsreserven zur Verfügung, die in Notfällen auch für den Schuldendienst verwandt werden könnten. Eine Kreditaufnahme im Ausland, die – wie die Geschichte lehrt – nur eine Scheinblüte vortäusche,

---

26 Niederschrift (Vogel) über eine Sitzung mit der Dreimächte-Kommission am 5. 8. 1952 vom selben Tag, BA, B 146–1225.
27 Ebd.
28 Vorschlag Gunter für Ziffer 21 (früher 15). Anlage zur Niederschrift vom 5. 8. 1952, BA, B 146–1225.

5. Der Schlußbericht

komme für die Bundesrepublik als Mittel zur Schuldentilgung nicht in Frage. Abs bat um Verständnis für seine Hartnäckigkeit in dieser Frage, die auch innenpolitisch begründet sei. Deutschland verlange keine Bevorzugung, aber wenn man „bei anderen Verträgen Deutschland an gemeinsamen Verteidigungsmaßnahmen beteilige, warum sollte es dann so unvorstellbar sein, Deutschland auch bei den Transferschwierigkeiten im Geiste der Partnerschaft zu behandeln? [...] Die Fassung der Klausel spreche doch nur dafür, daß man nur einen Fall im Auge habe, der auch nach den äußersten Anstrengungen Deutschlands eintreten könnte. Deutschland habe aber keine Reserven, und über die deutsche Position in der EZU habe er schon gesprochen."[29]

Die Ausführungen von Abs verfehlten ihre Wirkung auf die Mitglieder der TCGD nicht. Gregh und Rendel lobten die tiefe Überzeugungskraft von Abs und stimmten ausdrücklich zu, daß eine eindeutige Transferschutzklausel sowohl in den Schlußbericht als auch später in das Regierungsabkommen aufgenommen werden sollte. Die Bundesregierung wünschte, daß für den Fall einer zeitweiligen Transferunfähigkeit der Bundesrepublik im Regierungsabkommen präzise Regelungen getroffen würden. Darüber mußte noch verhandelt werden.[30]

Am 7. August wurde im Redaktionsausschuß der vorläufig endgültige Wortlaut für den Schlußbericht festgelegt. Die definitive Fassung für die Druckversion konnte aus Zeitgründen erst nach der Schlußsitzung erstellt werden.[31] Bei der Formulierung der Transferklausel einigte man sich schließlich darauf, daß der Transfer eine Zahlungsbilanzsituation voraussetze, in der die Schuldzahlungen durch „Deviseneinnahmen aus Exporten und unsichtbaren Transaktionen gedeckt werden können, so daß eine mehr als vorübergehende Inanspruchnahme der Währungsreserven vermieden wird."[32] Abs stimmte damit letztlich doch einer Variante zu, die den Interessen der Gläubiger entgegenkam, der deutschen Seite aber ausreichenden Schutz bot.[33] Natürlich gab es hierzu auch kritische Stimmen, aber vorläufig mußte man mit dem Erreichten bis zu den Regierungsverhandlungen

---

[29] Niederschrift (Vogel) über eine Sitzung mit der Dreimächte-Kommission am 6. August 1952, vom 6. 8. 1962, ebd.
[30] Staatssekretär Westrick an Staatssekretär im BKA betr. Londoner Schuldenkonferenz: Transferfragen vom 4. 8. 1952, PA/AA, Abt. II Nr. 1507 (LSA 4).
[31] Palliser to Roberts: German Debt Conference, 11. 8. 1952, PRO, FO 371–100089.
[32] Bericht der Konferenz über Deutsche Auslandsschulden, London, Februar-August 1952 vom 8. 8. 1952, IV. Empfehlungen, Ziffer 21.
[33] Niederschrift (Krebs) über eine Sitzung mit dem Redaktionsausschuß am 7. 8. 1952, PA/AA, Abt. II Nr. 1576 (LSA 67).

zufrieden sein.³⁴ Die Bundesregierung stimmte dem Verhandlungsergebnis zu.³⁵

Damit konnte die für den nächsten Tag anberaumte Schlußsitzung abgehalten werden. Wegen der Auseinandersetzungen um die Transferklausel mußte die Schlußsitzung um einige Tage verschoben werden. Alle Konferenzteilnehmer waren froh, endlich die Sommerferien antreten zu können. Es herrschte eine gelöste Atmosphäre, nachdem es trotz mancher Krisen gelungen war, das gewaltige Problem der deutschen Vorkriegsverschuldung gegenüber dem Ausland in den Griff zu bekommen.³⁶ In den letzten Tagen wurden die in den Ausschüssen zwischen Schuldnern und Gläubigern zuvor ausgehandelten Vereinbarungen in ihrer endgültigen Form paraphiert und in den Schlußbericht eingestellt, der in der Schlußsitzung offiziell genehmigt und zur Basis des Regierungsabkommens gemacht wurde. Am Wortlaut der Vereinbarungen wurde im Regierungsabkommen nichts mehr verändert.³⁷

Neben den „Empfehlungen" der Ausschüsse „A" bis „D" enthielt der Schlußbericht noch zwei weitere Vereinbarungen, die im Rahmen der Londoner Schuldenkonferenz ausgehandelt worden waren. Erstens handelte es sich um den Entwurf einer Übereinkunft zwischen der Bundesrepublik und der Bank für Internationalen Zahlungsausgleich. Dabei ging es im wesentlichen um Forderungen aus Kapitalanlagen in Deutschland, die im Zusammenhang mit nicht transferierten Zahlungen aus dem Young-Plan entstanden waren. Zusammen mit einer kleinen Forderung aus Goldlieferungen der Reichsbank handelte es sich insgesamt um Verbindlichkeiten von etwas über RM 243 Millionen. Da die BIZ in Schweizer Goldfranken bilanzierte, kam sie inklusive rückständiger Zinsen auf eine üppige Maximalforderung von DM 496 Millionen. Frühere Versuche, sich über diese Forderung direkt mit der Bank deutscher Länder zu verständigen, waren am alliierten Veto gescheitert.³⁸ Die in London ausgehandelte Regelung beschränkte sich darauf, bis 1966 nur die laufenden Zinsen auf die Gesamtforderung zu regeln. Die Bundesrepublik verpflichtete sich zu jährlichen Zahlungen in Höhe von Sfr. 5,6 Millionen bis 1966. Erst dann sollte die Rückzahlung von Kapital und rückständigen Zinsen möglich sein.³⁹ Auf diese Weise sollte vermie-

---

34 Vogel (London) an Blücher vom 11. 8. 1952, BA, B 146–1194.
35 Blücher an Abs/Stedtfeld betr. Transfer-Fragen vom 7. 8. 1952, PA/AA, Abt. II Nr. 1507 (LSA 4).
36 Vgl. ABS, Entscheidungen, S. 192.
37 London to Secretary of State, 7. 8. 1952, NA, RG 59–1517.
38 Vgl. ABS, Entscheidungen, S. 235 f.
39 Bericht der Konferenz über Deutsche Auslandsschulden, London, Februar-August 1952,

5. Der Schlußbericht

den werden, daß Reparationsverpflichtungen quasi durch die Hintertür ins Londoner Schuldenabkommen gelangten. Man hatte sich laut Abs zu einer großzügigen und entgegenkommenden Lösung bereit erklärt, weil die Bundesrepublik auf die Mitwirkung der BIZ bei der Neuregelung der Dawes- und der Young-Anleihe nicht verzichten konnte.[40]

Zweitens kam noch ein Abkommen mit Belgien zustande, in dem es um besondere Verbindlichkeiten der Konversionskasse in Höhe von RM 224,6 Millionen ging. Dafür wurde ein Pauschalbetrag von DM 40 Millionen vereinbart, der in 15 Jahresraten abzuzahlen war. Die Bundesrepublik hatte dafür entsprechende DM-Schuldverschreibungen auszugeben.[41]

Kurz erwähnt werden soll an dieser Stelle noch, daß man sich am Rande der Verhandlungen auch über die *Mixed Claims* gegenüber den USA verständigen konnte. Dabei handelte es sich um Schadensforderungen der USA gegen das Deutsche Reich aus dem Ersten Weltkrieg, deren Regelung den USA aus prinzipiellen Erwägungen sehr am Herzen gelegen hatte. Die Bundesrepublik verpflichtete sich zu Ratenzahlungen von $ 3–4 Millionen auf 25 Jahre.[42]

Die Schlußsitzung der Hauptkonferenz fand als Plenumsitzung am Vormittag des 8. August 1952 im Lancaster House statt. Im Namen des Dreimächteausschuß erklärte der Vorsitzende Gunter zu Beginn der Sitzung seine Zufriedenheit, daß die Vereinbarungen „einen vernünftigen Kompromiß zwischen den verschiedenen beteiligten Interessen darstellten und daß der Bericht eine gerechte und billige Regelung und damit eine Grundlage darstelle, auf der die beteiligten Regierungen ein Regierungsabkommen aushandeln könnten, durch das die deutsche Schuldenregelung in Kraft gesetzt werden könne."[43] Rendel lobte die gute Zusammenarbeit von Vertretern staatlicher und privater Interessen, und Gregh dankte allen Beteiligten für die manchmal schmerzliche Kompromißfähigkeit. Es folgte ein Wort des Dankes, das der niederländische Baron van Lynden, der den Vorsitz im

---

vom 8. 8. 1952, Anlage A zu Anhang 3, Entwurf einer Übereinkunft zwischen der Bundesrepublik Deutschland und der Bank für Internationalen Zahlungsausgleich, S. 17.
40 Vgl. ABS, Entscheidungen, S. 236f.
41 Bericht der Konferenz über Deutsche Auslandsschulden, London, Februar-August 1952, vom 8. 8. 1952, Anlage B zu Anhang 3, Entwurf eines Abkommens zwischen Belgien und der Bundesrepublik Deutschland, S. 17f.
42 Bericht des Konferenzausschusses über Ansprüche aus Entscheidungen der Deutsch-Amerikanischen Gemischten Kommission und aus den hierüber ausgestellten Schuldverschreibungen vom 30. 7. 1952, PA/AA, Abt. II Nr. 1569 (LSA 61).
43 Konferenz über Deutsche Auslandsschulden, London, Mai-August 1952, Protokoll der Fünften Plenarsitzung am Freitag, den 8. August um 11 Uhr im Lancaster House, PA/AA, Abt. II Nr. 1578 (LSA 69).

Gläubigerausschuß von Rogers nach dessen vorzeitiger Abreise übernommen hatte, im Namen aller Gläubiger abgab.

Daran schloß sich eine längere Schlußerklärung des deutschen Delegationsleiters Abs an. Darin ging er auf einige zentrale Punkte der Schuldenregelung ein. Er begann seine Ausführungen mit einer Bitte um Verständnis an die anwesenden Gläubiger- und Regierungsvertreter dafür, daß er in den Verhandlungen auf deren Entgegenkommen so dringend angewiesen war. Die Leistungsfähigkeit der deutschen Wirtschaft sei trotz unbestreitbarer Wiederaufbauleistungen insgesamt noch immer sehr beschränkt und wichtige Reichsteile blieben weiter abgetrennt. Die deutsche Seite habe gewiß nicht die Absicht verfolgt, „von lästigen Verbindlichkeiten aus der Vergangenheit freizukommen."[44] Abs verwies exemplarisch auf die Regelung der Young-Anleihe, wo es der deutschen Seite erkennbar um die Erfüllung der vertraglichen Rechte und nicht um die billigste Lösung gegangen sei. Bevor er zum Kernpunkt seiner Erklärung gelangte, wies Abs noch einmal global auf die sonstigen Verbindlichkeiten und Belastungen hin, die von der Bundesrepublik neben den Auslandsverbindlichkeiten zu tragen sein würden und die es notwendig gemacht hatten, die Schulden „auf ein tragbares Maß zurückzuführen und sie langfristig zu fundieren."[45] Er kam dann wie mit der TCGD abgesprochen auf die möglicherweise noch ausstehenden Reparationsforderungen und Forderungen ähnlicher Art zu sprechen. Abs stellte ausdrücklich fest, „daß die Bundesrepublik nicht in der Lage sein wird, den hier auf der Londoner Konferenz empfohlenen Schuldendienst durchzuführen, wenn sie solche Ansprüche des Auslands ganz oder teilweise erfüllen muß, soweit es sich nicht um Beträge handelt, die man als geringfügig ansehen kann."[46] Die öffentliche Erklärung eines Reparationsvorbehalts war die zentrale Passage der Schlußerklärung von Abs. Es folgte noch ein Hinweis auf die von den Gläubigerländern im Schlußbericht ausgesprochenen Bereitschaft, durch eine Liberalisierung ihrer Handelspolitik zu einer Erfüllung des Schuldenplans beizutragen. Abs schloß seine Ausführungen mit einem besonderen Dank an die Vereinigten Staaten, durch ein fünfjähriges Tilgungsmoratorium ihrer Nachkriegsschulden eine Erhöhung des deutschen Angebots und damit das Zustandekommen einer Schuldenregelung überhaupt ermöglicht zu haben. Offiziell war die Zurückstellung der

---

[44] Telegramm London an Auswärtiges Amt: Wortlaut Erklärung deutschen Delegationsleiters Abs in heutiger letzter Plenarsitzung Schuldenkonferenz vom 8. 8. 1952, PA/AA, Abt. II Nr. 1510 (LSA 6).
[45] Ebd.
[46] Ebd.

5. Der Schlußbericht

Tilgung erst unmittelbar vor der Schlußsitzung in der letzten Sitzung der *Steering Committee* bekannt gegeben worden.[47]

Gunter dankte Abs für seine Stellungnahme, wies aber den von Abs vorgetragenen Reparationsvorbehalt im Namen der TCGD mit der Begründung zurück, Forderungen dieser Art lägen außerhalb der Konferenz und dürften künftige Verhandlungen nicht präjudizieren. Rendel stimmte dem zu, erklärte aber sein Verständnis für die Motive, die Abs zur Abgabe dieser Erklärung veranlaßt hätten. Er fügte an:

Die auf dieser Konferenz gefaßten Beschlüsse könnten einer künftigen Regelung dieser Forderungen nicht vorgreifen, ebenso könnten die auf dieser Konferenz erzielten Beschlüsse nicht als Grundlage für Entscheidungen angesehen werden, die in anderem Zusammenhang an anderem Ort erzielt werden könnten; man könne jedoch wohl annehmen, daß bei künftigen Entscheidungen über diese anderen Fragen alle Umstände von den zuständigen Gremien in Rechnung gezogen würden und daß derartige Entscheidungen gerecht und angemessen sein würden.[48]

Mit seiner gewundenen Formulierung blieb Rendel der offiziellen Linie treu und ließ gleichzeitig Raum für Interpretationen. Alles weitere blieb dem Regierungsabkommen überlassen.[49]

Insgesamt konnten die Deutschen mit dem Ergebnis der umfangreichen Verhandlungen zufrieden sein, wofern man berücksichtigte, daß im Zuge der Verhandlungen über das Regierungsabkommen noch über einige grundsätzliche Bestimmungen zu reden sein würde. Das System der Einzelverhandlungen zwischen privaten Gläubigern und deutschen Schuldnern, deren Interessen allerdings zumeist von Beamten vertreten worden waren, hatte schließlich zum Erfolg geführt. Allerdings waren nicht wenige Mitglieder der deutschen Delegation der Meinung, daß die Gläubiger es dabei verstanden hätten, das Äußerste aus den Deutschen herauszupressen. In der Tat konnten die privaten Gläubiger letztlich deutlich mehr erzielen, als im ersten deutschen Angebot für sie eingeplant gewesen war. Auf britischer Seite zeigte man sich mit dem Ergebnis der Konferenz jedenfalls sehr zufrieden.[50] Rendel zog in seinem Konferenzbericht für den britischen Außenminister Eden das Resümee, „that the general settlement terms now

---

[47] London (Holmes) to Secretary of State, 8. 8. 1952, NA, RG 43–222.
[48] Konferenz über Deutsche Auslandsschulden, London, Mai-August 1952, Protokoll der Fünften Plenarsitzung am Freitag, den 8. August um 11 Uhr im Lancaster House, PA/AA, Abt. II Nr. 1578 (LSA 69).
[49] Kurzer Vermerk (Vogel) über die Schlußsitzung vom 8. 8. 1952, PA/AA, Abt. II Nr. 1557 (LSA 50).
[50] Roberts to Strang: German Debt conference, 12. 8. 1952, PRO, FO 371–100089; Crawford: German Debt Conference, 29. 8. 1952, PRO, FO 371–100090.

provisionally agreed upon seem far more satisfactory than could have been expected a year – or even a few months – ago." Er und seine Kollegen hielten das jetzt vorliegende Abkommen für „fair and equitable to all concerned, and to represent the best terms which could, in all circumstances, be obtained."[51] Auch die Amerikaner zeigten sich unterm Strich zufrieden, weil „issues of fundamental importance to United States, such as initial burden and gold clause have been dealt with substantially in accord to United States interests."[52]

Delegationsleiter Abs sah die im Verlauf der Verhandlungen notwendig gewordenen Zugeständnisse in Relation zum Gesamtergebnis als nicht so dramatisch an. Er schaute weniger auf die absolute Höhe der Zahlungsverpflichtungen, sondern auf deren Laufzeiten. Die zeitliche Streckung war für ihn neben der Reduzierung der Zinsverpflichtungen das Wichtigste. Er war optimistisch, daß sich die eingegangenen Zahlungsverpflichtungen als machbar erweisen würden. Angesichts der stabil positiven Entwicklung der deutschen Zahlungsbilanz in den nächsten Jahren sollte sich diese Einschätzung auch als richtig erweisen.[53] Mit dem Wissensstand des Sommers 1952 war sie aber ein wenig mutig. Die Verhandlungen waren in einer partnerschaftlichen Atmosphäre verlaufen. Trotzdem war nicht zu übersehen gewesen, daß die Bundesrepublik in ihrer Souveränität noch immer Beschränkungen unterlag. „Man sieht daher die Verhandlungen der Londoner Schuldenkonferenz nur dann im richtigen Licht, wenn man sich darüber klar ist, daß sie in hohem Grade ein Stück Abwicklung des Besatzungsrechts waren."[54] Mit dem Abschluß der Londoner Verhandlungen wurde aber ein wichtiger Schritt getan, um sich weiterer Fesseln auf dem Weg zur Wiedererlangung der deutschen Souveränität zu entledigen.

Die unbestreitbar positiven Aspekte des Londoner Schuldenabkommens wurden in der deutschen Presse jedoch nicht so recht gewürdigt. Die Berichterstattung war überwiegend kritisch oder bestenfalls neutral sachlich. Ein Bericht der einflußreichen *Frankfurter Allgemeinen Zeitung* war mit der Frage tituliert „Sieg der Auslandsgläubiger?". Sie wurde mit einem klaren Ja beantwortet. Die Vereinbarungen „übertreffen sogar die ursprünglichen Forderungen maßgebender Gläubigergruppen", hieß es süffisant im

---

[51] Rendel (TCGD) to Eden, 28. 8. 1952, ebd.
[52] Holmes (London) to Secretary of State, 13. 8. 1952, NA, RG 59–1517.
[53] Bundesschuldenverwaltung: Aufstellung der Auslandsschulden, Stand 30. 9. 1966, vom 28. 10. 1966, HADB, NL Krebs, Auslandsschulden/Statistische Übersicht: Stand der Schuldenregelung; vgl. OTMAR EMMINGER, Währungspolitische Betrachtungen, Berlin 1965, S. 15 ff.
[54] Vogel (London) an Blücher vom 11. 8. 1952, BA, B 146–1194.

5. Der Schlußbericht

Text.⁵⁵ Eine Behauptung, die im wesentlichen mit der völlig unzureichenden Berücksichtigung der Ost-West-Teilung in London begründet wurde. Auch in einer Artikelserie des *Vereinigten Wirtschaftsdienstes* wurde gemäkelt und schwarz gesehen. Die Höhe der Transferbelastung sei riskant, die handelspolitischen Empfehlungen mehr platonisch denn real und der Schuldner werde im Zweifelsfall geknebelt.⁵⁶ In einem Artikel der Fachzeitschrift *Der Volkswirt* stand zu lesen, daß die deutsche Delegation nach anfänglicher Zähigkeit nur noch Rückzugsgefechte geliefert habe. Die Reduzierung der Gesamtschuldensumme wurde minimalisiert, indem man den Goldfaktor von vornherein mit der Begründung herausrechnete, daß eine solche Forderung in London nie zur Debatte gestanden habe. Abs wurde unterstellt, er könne die Transferverpflichtungen nur deshalb als machbar darstellen, weil er andere Verpflichtungen, z. B. gegenüber Israel, geflissentlich verschweige.⁵⁷

Die negative Bewertung des Londoner Schuldenabkommens wurde auch von der berüchtigten Studiengesellschaft für privatwirtschaftliche Auslandsinteressen inspiriert. Ein Vertreter dieser Organisation übte in einem Vortrag vor dem Währungsausschuß des Bundesverbandes der deutschen Industrie vernichtende Kritik am Londoner Vertragswerk, die nicht nur einseitig überzogen, sondern zum Teil auch schlichtweg falsch war. So wurde die unrichtige Behauptung aufgestellt, es müßten praktisch doch Zinseszinsen bezahlt werden.⁵⁸ Auch im Umkreis von Bankpräsident Vocke wurde die Verhandlungsführung von Abs hinter vorgehaltener Hand erheblich kritisiert. Zum Teil wurden sogar Vergleiche mit den Reparationsverhandlungen nach dem Ersten Weltkrieg angestellt.⁵⁹ Abs war über die verzerrenden Darstellungen des Londoner Schuldenabkommens, die vielfach auf fruchtbaren Boden fielen, sehr ungehalten und manchmal sogar persönlich beleidigt. Deshalb bemühte sich Abs nach seiner Rückkehr aus London nach Kräften, dem in der Öffentlichkeit entstandenen falschen Eindruck entgegenzuwirken. In zahlreichen Interviews, Artikeln und Vorträgen versuchte Abs in den nächsten Monaten, zu einer sachlichen und kor-

---

55 „Sieg der Auslandsgläubiger", in: FRANKFURTER ALLGEMEINE ZEITUNG vom 1. 8. 1952.
56 Die Londoner Schuldenregelung IV: Handelspolitik und Schuldentransfer, in: Vereinigte Wirtschaftsdienste Frankfurt (o. Datum), HADB, NL Krebs: Allgemeine Korrespondenz Auslandsschulden
57 Vgl. KURT RICHEBÄCHER, Im Hintergrund das Auswärtige Amt. Eine kostspielige Kreditpflege, in: Der Volkswirt 7 (1953), Nr. 9, S. 9–10.
58 Abschrift aus dem Protokoll über die Sitzung des Geld-, Kredit- und Währungsausschusses des Bundesverbandes der Deutschen Industrie am 11. 9. 1952, HADB, Bestand Krebs, Deutsche Auslandsschulden. Allgemeine Korrespondenz.
59 Berger an Vocke vom 16. 8. 1952, HADBB, B 330–2014.

rekten Bewertung des Schuldenabkommens beizutragen.60 Da auch in Wirtschaftkreisen ein zum Teil schiefes Bild entstanden war, nutzte Abs einen Vortrag im Düsseldorfer Industrie-Club, um bei seinen Freunden aus Industrie und Handel um ein besseres Verständnis für die in London notwendig gewordenen Kompromisse zu werben.61 Sein unermüdlicher Einsatz trug zu einer verbesserten Akzeptanz des Londoner Schuldenabkommens bei.62

Am 12. August erstattete Abs der Bundesregierung im Rahmen einer Sondersitzung des Kabinetts Bericht über den erfolgreichen Abschluß der Londoner Schuldenverhandlungen. Ziffernmäßig sah die erzielte Einigung so aus, daß in den ersten fünf Jahren vom 1. Januar 1953 an DM 576 Millionen und danach DM 750 Millionen pro Jahr zu zahlen sein würden. Auf den Bund entfielen davon in den ersten Jahren DM 391 Millionen und ab 1958 DM 550 Millionen, der Rest auf die privaten Schuldner. Das Aufteilungsverhältnis zwischen dem EZU-Raum und dem Dollar-Raum belief sich in den ersten fünf Jahren auf ein Verhältnis von 60:40 und dann auf 50:50 bezogen auf die Gesamtsumme. Die Tilgung begann grundsätzlich erst nach fünf Jahren. Besonders zufrieden zeigte sich Abs mit der Regelung der Zinsen, die seiner Meinung nach ganz wesentlich dazu beigetragen hatte, daß die ursprünglichen deutschen Vorkriegsschulden in Höhe von DM 13,5 Milliarden (DM 9,6 Milliarden ohne Goldfaktor) auf DM 7,3 Milliarden gesenkt werden konnten. Dies entsprach einer Reduzierung um etwa 46%. Berücksichtigte man den Goldfaktor nicht, waren immerhin noch knapp 25% weniger zu zahlen. Eine nicht unerhebliche Reduzierung der Schuldensumme, auch wenn viele Kritiker dies anders sehen wollten. Ausschlaggebend war die Kürzung und Fundierung der rückständigen Zinsen, die Reduzierung der laufenden Zinsen und die Streckung der Zahlungsfristen. Zinseszinsen wurden grundsätzlich nicht berechnet.63

---

[60] Vgl. Manuskript Abs: Hessischer Rundfunk vom 15. 8. 1952, HADBB, B 330–3116; Das Londoner Schuldenabkommen. Zusammenfassende Darstellung aus Vorträgen von Hermann J. Abs gehalten in der Zeit vom 11. September bis 26. November 1952, BA, B 146–1207.

[61] Vgl. Die Londoner Schuldenkonferenz. Vortrag im Industrie-Club e.V. Düsseldorf von Hermann J. Abs vom 28. 10. 1952; das Manuskript wurde der Verfasserin von Prof. Dr. Volker Ackermann zur Verfügung gestellt, der an einer Geschichte des Düsseldorfer Industrie-Clubs arbeitet.

[62] Niederschrift über die Sitzung des Arbeitskreises für Auslandsanleihen am 3. Oktober 1952 vom 9. 10. 1952; Vermerk über eine Besprechung mit Vertretern des Bundesverbandes der Deutschen Industrie am 21.Oktober 1952 vom 23. 10. 1952, BA, B 126–48412.

[63] Sondersitzung der Bundesregierung vom 12. 8. 1952, in: Kabinettsprotokolle der Bundesregierung, Bd. 5 (1952), S. 502 ff.; Zusammenstellung der auf der Londoner Konferenz über Deutsche Auslandsschulden vereinbarten Regelungsbedingungen., PA/AA, Abt. II Nr. 1557

5. Der Schlußbericht

Vier Tage später reiste Abs in die Schweiz, um den auf dem Bürgenstock urlaubenden Kanzler persönlich über das Ergebnis der Londoner Verhandlungen in Kenntnis zu setzten[64] Der Bundeskanzler zeigte sich mit dem Verhandlungsergebnis zufrieden. Er setzte großes Vertrauen in den Bankier Abs und unterstützte ihn, wo immer ihm dies politisch vertretbar erschien. Ohne die Rückenstärkung des Kanzlers hätte Abs die schwierige Aufgabe in London kaum meistern können.[65]

Am 11. September erstattete Abs dem Ausschuß für das Besatzungsstatut und auswärtige Angelegenheiten und dem Ausschuß für Geld und Kredit sowie dem Ausschuß für Finanz- und Steuerfragen in einer gemeinsamen Sitzung einen ausführlichen Bericht über das Ergebnis der Londoner Schuldenkonferenz. Er hatte großen Wert darauf gelegt, die Berichterstattung vor den Ausschüssen des Bundestags selbst zu übernehmen.[66] Abs war in der Lage, die komplizierte Materie in einer für Laien anschaulichen Weise darzustellen. Die anschließende Diskussion verlief in ruhigen Bahnen. Die Abgeordneten machten allerdings deutlich, daß im Zuge der Verhandlungen über das Regierungsabkommen noch einige grundsätzliche Fragen zu klären sein würden. Dazu zählte nicht zuletzt die Frage über den künftigen Umgang mit Reparationsforderungen an die Bundesrepublik.[67]

(LSA 50); vgl. ERWIN SEIDLER, Die Belastung des Bundesrepublik aus der Übernahme von Schulden des Deutschen Reiches, in: Die finanzielle Liquidation des Krieges beim Aufbau der Bundesrepublik Deutschland (Schriftenreihe des Bundesministeriums der Finanzen, Heft 3), Bonn 1962, S. 98–101.

64 Terminkalender Adenauer: Treffen Abs mit BK Adenauer auf dem Bürgenstock (Schweiz), BKAH, NL Adenauer.
65 Handschreiben Abs an BK Adenauer vom 28. 12. 1952, BKAH, NL Adenauer, Nr. 10.05.
66 Baur an Vogel vom 10. 9. 1952, BA, B 146–1201.
67 Gemeinsame Sitzung des Ausschusses für das Besatzungsstatut und auswärtige Angelegenheiten, des Ausschusses für Geld und Kredit und des Ausschusses für Finanz- und Steuerfragen vom 11. 9. 1952, in: Der Auswärtige Ausschuß des Deutschen Bundestags, Bd. 1: Sitzungsprotokolle 1949–1953, S. 1083 ff.

V. ABSCHLIESSENDE REGIERUNGS-VERHANDLUNGEN

1. Die Verhandlungen über die bilateralen Abkommen mit den Besatzungsmächten

Am 16. September 1952 wurden in London die Verhandlungen über das sogenannte Regierungsabkommen aufgenommen. Dieses Mal waren nur Mitglieder der TCGD und der Deutschen Delegation daran beteiligt. Vertreter der deutschen Schuldner gehörten der Delegation nicht an. Abs hatte sich ausdrücklich dagegen entschieden, weil auch keine Gläubigervertreter als Teilnehmer vorgesehen waren.[1] Der Kreis der Teilnehmer sollte überschaubar sein, damit man möglichst schnell zu Ergebnissen gelangen konnte. Deshalb war auch beschlossen worden, die übrigen Gläubigerstaaten nicht an den Verhandlungen zu beteiligen. Erst zu einem späteren Zeitpunkt sollte den Gläubigerländern Gelegenheit gegeben werden, zu den Verhandlungsergebnissen Stellung zu beziehen. Allgemein ging man davon aus, daß das Rahmenabkommen in wenigen Wochen ausgehandelt sein würde. Die Unterzeichnung des Londoner Schuldenabkommens war für den Spätherbst vorgesehen. Auf jeden Fall sollte sie noch vor Weihnachten vollzogen werden, damit ab dem 1. Januar 1953 mit der Aufnahme der Zinszahlungen begonnen werden konnte.

Zusammen mit dem eigentlichen Schuldenabkommen sollten dann auch die bilateralen Abkommen zur Regelung der Verpflichtungen aus der Nachkriegswirtschaftshilfe unterzeichnet werden, die zwischen der Bundesrepublik und den drei Besatzungsmächten abzuschließen waren. Über die genaue Gestaltung der bilateralen Verträge mußte in London noch verhandelt werden. Bei den Gesprächen im November 1951 waren global die Höhe der Rückzahlungsverpflichtungen und die Zahlungsmodalitäten festgelegt worden, über Details hatte man seinerzeit aber nicht gesprochen. Deshalb ging man von deutscher Seite davon aus, daß dies jetzt nachgeholt werden würde.

Gesprächsbedarf wurde bei den Nachkriegsschulden vor allem bezüglich der Verpflichtungen aus dem sogenannten Amerika-Geschäft gesehen, die im November 1951 nur am Rande thematisiert worden waren. Unter der Bezeichnung Amerika-Geschäft war der Ankauf überschüssiger Heeres-

---
[1] Vermerk Baur vom 10. 9. 1962, BA, B 146–1201.

güter von den USA zu verstehen. Die amerikanischen Militärdienststellen waren auf Grund des *War Surplus Act* von 1944 nach dem Ende der Kampfhandlungen berechtigt gewesen, überschüssige Bestände von Gütern wie Kleidung und sonstiges Material an die Deutschen zu verkaufen. Einerseits war dies als Hilfslieferung gedacht gewesen, andererseits wurden dem amerikanischen Steuerzahler auf diese Weise die nicht unerheblichen Kosten für den Rücktransport der Heeresbestände erspart. Für die Abwicklung der Geschäfte war seit 1946 die *Gesellschaft zur Erfassung von Rüstungsgut* zuständig, die 1948 in *Staatliche Erfassungsgesellschaft für öffentliches Gut GmbH* (StEG) umbenannt worden war.[2]

Am 5. September, also elf Tage vor dem Beginn der Verhandlungen, erhielt die amerikanische Delegation der TCGD eine telefonische Anfrage aus Bonn, ob in London geeignete Experten zur Beratung des Amerika-Geschäfts zur Verfügung stünden. Dies wurde von den Amerikanern mit der Begründung verneint, daß alle wesentlichen Dinge bereits Ende 1951 geregelt worden seien und weitere Detaildiskussionen deshalb nur reine Zeitverschwendung sein würden. Der für den StEG-Komplex zuständige Sachbearbeiter Scott äußerte die Erwartung, daß die Gespräche über dieses Thema allenfalls zwei bis drei Tage in Anspruch nehmen würden. Der dringlichen Bitte, wenigstens deutsche Fachleute mitbringen zu dürfen, wurde zögerlich mit der Bemerkung nachgegeben, man werde die Experten höflich empfangen, „but they must realize in advance that USDEL will not re-open discussions on settlement reached last December."[3] Dies war sicher nicht die von deutscher Seite erwünschte Antwort. Die Sorge der Amerikaner, die Deutschen wollten die Bewertung des aus drei Einzelverträgen[4] bestehenden Amerika-Geschäfts in London erneut diskutieren, war völlig berechtigt.[5] Aber genau dies wollte das *State Department* unbedingt vermeiden, weil die Verträge seinerzeit von der *US-Army* abgeschlossen worden waren und die ganze Angelegenheit damit in die Zuständigkeit des *War Department* fiel. Die damals zugrundegelegten Bewertungskriterien sollten ex post nicht mehr in Zweifel gezogen werden.[6] Offensichtlich war man sich über deren zumindest partielle Fragwürdigkeit in Washington sehr wohl bewußt. Dem Drängen der Deutschen, die Entwürfe der bilateralen

---

[2] Vgl. MAGNUS, S. 22 ff.
[3] Gifford (London) to Secretary of State, 5. 9. 1952, NA, RG 59–1518.
[4] Das Amerikageschäft war in drei Teile untergliedert: 1. Einzelübernahmen 2. SIM-Programm 3. Bulk Deal Vertrag. Vgl. MAGNUS, S. 25 ff.
[5] Vermerk Baur betr. Amerika-Geschäft der StEG vom 5. 8. 1952, BA, B 146–1218.
[6] Department of State (Acheson) to US Embassy London, 11. 9. 1952, NA, RG 59–1518.

Abkommen noch vor dem Beginn der Verhandlungen zugestellt zu bekommen, wurde ebenfalls nicht entsprochen.

Zusammen mit dem Entwurf eines Regierungsabkommens wurden der Deutschen Delegation im Anschluß an die Eröffnungssitzung von 16. September 1952 vier Entwürfe bilateraler Verträge übergeben. Drei Entwürfe, die formal gleich aufgebaut waren, bezogen sich auf die Regelung der deutschen Schulden aus der Nachkriegswirtschaftshilfe gegenüber den drei Besatzungsmächten, der vierte diente der Regelung der Ansprüche aus der Lieferung amerikanischer Überschußgüter (*surplus property*) an Deutschland. Die USA übergaben also zwei Vertragsentwürfe. Schon eine erste Prüfung machte klar, daß die Verhandlungen über die bilateralen Abkommen, die parallel zu den Verhandlungen über das Regierungsabkommen laufen sollten, nicht ohne Schwierigkeiten vonstatten gehen würden. Von reiner Formsache konnte aus deutscher Perspektive nicht die Rede sein, und das galt sowohl für die drei Verträge über die alliierte Nachkriegswirtschaftshilfe als auch für das StEG-Abkommen. Letzteres wurde für besonders problematisch gehalten. Bereits die ersten Gespräche zwischen Deutschen und Amerikanern, die auf der Gegenseite für den Bereich der Nachkriegsschulden die Verhandlungsführung übernommen hatten, verliefen in einem gereizten Klima.[7] Auf deutscher Seite wurden die Verhandlungen über die Nachkriegsschulden in Abwesenheit von Abs von Ministerialrat Vogel vom Marshallplanministerium geleitet. Dies galt auch für das Amerika-Geschäft, obwohl die Zuständigkeit dafür eigentlich beim Bundesfinanzministerium angesiedelt war.[8] Abs wollte nur von Zeit zu Zeit persönlich an den Verhandlungen teilnehmen, weil er sich nach dem Ende der Hauptkonferenz verstärkt seinen zahlreichen Verpflichtungen in Deutschland widmen mußte. Im übrigen war auch auf deutscher Seite a priori nicht erwartet worden, daß sich die Verhandlungen über die Nachkriegsschulden so schwierig gestalten würden und die persönliche Anwesenheit von Abs sich zunehmend als dringlich erweisen sollte. Die ursprünglich auf höchsten zwei bis drei Wochen angesetzten Verhandlungen nahmen letztlich mehrere Monate in Anspruch.[9]

---
[7] Die Verhandlungen über die Nachkriegsschulden führten: Scott/Eisenberg (USA); Abbott (Großbritannien); Davost (Frankreich); Vogel (Bundesrepublik).
[8] Vogel (London) an Oberregierungsrat Röhreke (Ministerium für den Marshallplan) vom 18. 9. 1952, PA/AA, Abt. II Nr. 1579 (LSA 70).
[9] Bericht der Deutschen Delegation für Auslandsschulden (Abs) über die Besprechungen betreffend die Abkommensentwürfe über die Nachkriegsschulden in London vom 16. September bis 9. Dezember 1952 (Londoner-Besprechungen über die Nachkriegsschulden-Abkommen) vom 2. 1. 1953, PA/AA, Abt. II Nr. 1628 (LSA 118).

Es stieß auf das völlige Unverständnis von Scott, daß Vogel im ersten Gespräch über die Entwürfe der bilateralen Abkommen über die Nachkriegswirtschaftshilfe von den USA eine Spezifizierung ihrer Aufstellungen über die geleisteten Hilfen verlangte, damit die Bundesregierung den von den USA gewährten Nachlaß anhand der Einzelposten besser nachvollziehen könne. Scott lehnte dieses Ansinnen wegen potentieller Gegenreaktionen des amerikanischen *Congress* als nicht im deutschen Interesse liegend ab.[10] Bedenken machte Vogel auch gegen die Formulierung der Verzichtklauseln geltend, die er in einem Konkurrenzverhältnis zu Artikel 3 Teil IX des Überleitungsabkommens zum Deutschland-Vertrag sah. Dort war nicht von einem Verzicht, sondern nur von einem Geltendmachungsstop bis zum Friedensvertrag die Rede. Die Bemerkung von Vogel bezog sich allerdings weniger auf die Klausel im amerikanischen Vertragsentwurf als auf die Formulierung der Verzichtklauseln in den französischen und britischen Entwürfen.[11]

Der im Dezember 1951 von den drei Besatzungsmächten angekündigte Verzicht auf einen erheblichen Teil ihrer Nachkriegsforderungen war an zwei Bedingungen geknüpft worden. Zum einen an die Aushandlung einer befriedigenden und gerechten Regelung der Vorkriegsschulden, diese Bedingung war inzwischen erfüllt, und zum anderen an einen Verzicht der Bundesrepublik auf die Geltendmachung von Gegenforderungen (*waiver of counter claims*) gegenüber den drei Besatzungsmächten. Die zweite Bedingung war im Zusammenhang mit der Regelung der Auslandsschulden etwas in den Hintergrund geraten, weil sie auch Gegenstand der Verhandlungen über die Ablösung des Besatzungsstatuts war.[12] Die Gestaltung der Verzichtklauseln sollte sich zu einem zentralen Problemfeld der Verhandlungen über die bilateralen Abkommen entwickeln. Ein weiteres, nicht minder schwieriges Problem waren die Auseinandersetzungen über das Amerika-Geschäft.

Schon in der ersten Unterredung über den am Vortag ausgehändigten Abkommensentwurf prallten die divergierenden Auffassungen der deutschen und der amerikanischen Seite aufeinander. Während Vogel die Verhandlungen mit der Forderung eröffnete, den gesamten StEG-Komplex noch ein-

---

10 Gifford (London) to Secretary of State, 18. 9. 1952, NA, RG 59–1518.
11 Niederschrift (Baur) über die Besprechung betr. Das deutsch-amerikanische Staatsabkommen über die Nachkriegsschulden am 17. 9. 1952, BA, B 146–1218; Niederschrift (Vogel) über die Besprechung betreffend das deutsch-britische und das deutsch-französische Staatsabkommen über die Nachkriegsschulden vom 19. 9. 1952, BA, B 146–1220.
12 U.K. High Commission in Germany (Kirkpatrick) to Foreign Office, 29. 4. 1952, PRO, FO 371–97803.

mal von Grund auf neu aufrollen zu wollen, erklärte Scott alle möglichen Einwände gegen die im November 1951 für die Lieferung von Überschußgütern veranschlagte Summe von $ 203 Millionen wegen der großzügigen Reduktion der amerikanischen Nachkriegsschulden in Höhe von $ 2 Milliarden für bereits erledigt. Darauf wollte sich Vogel nicht einlassen, weil das Amerika-Geschäft als selbständiges Vertragswerk eine eigenständige Behandlung erhalten müsse. Nachdem auch noch die anwesenden deutschen Experten diverse Einwände gegen die Höhe der amerikanischen Forderungen vorgetragen hatten, die teilweise alt bekannt und von den Amerikanern schon vor Jahren zurückgewiesen worden waren, und darüber hinaus die Rechtmäßigkeit des Amerika-Geschäfts prinzipiell in Frage gestellt wurde, weil es auf Verträgen basierte, die vor der Gründung des Bundesrepublik abgeschlossen worden waren,[13] erreichte die Diskussion einen kritischen Punkt. Verärgert stellte Scott die bisherigen Verhandlungsergebnisse generell in Frage und fragte provokativ, ob man die $ 2 Milliarden schlichtweg vergessen und mit den Verhandlungen von vorne beginnen wolle. Um einen Eklat zu vermeiden, bemühte sich die deutsche Seite daraufhin um Deeskalation. Vogel führte zur Erklärung der unnachgiebigen deutschen Haltung die Schwierigkeiten mit dem Bundestag an. Es sei keineswegs seine Absicht, alles neu verhandeln zu wollen. Scott lenkte daraufhin verbal ein und bat um deutsche Vorschläge. Ein direktes Gespräch zwischen Abs und Gunter wurde unter den gegebenen Umständen für zweckmäßig erachtet.[14]

Die harsche deutsche Reaktion traf die Amerikaner völlig unerwartet. Sie hatten mit einer zügigen und geschäftsmäßigen Bearbeitung der bilateralen Vertragsentwürfe ohne große Probleme gerechnet. Statt dessen wurden sie von den in London verhandelnden Beamten des Marshallplanministeriums mit juristischen und politischen Bedenken überhäuft.[15] Den Amerikanern fehlte dafür das rechte Verständnis. Sie konnten nicht ganz nachvollziehen, warum die Deutschen wegen des StEG-Abkommens ein solches Theater machten und Vogel in emotionaler Erregung sogar von „humiliating German people" sprach. Sie verstanden aber, daß es für die Deutschen ein ernstes politisches Problem war, und es nicht ihr Motiv des Handelns war,

---

[13] Wirtschaftsrat für das Vereinte Wirtschaftsgebiet (Köhler) an Robert K. Phelps, Bipartite Control Office Frankfurt (Abschrift) vom 15. 8. 1949 und Phelps an Köhler vom 26. 8. 19449, BA, B 146–1218.
[14] Niederschrift (Baur) über die Besprechung über das Amerika-Geschäft am 17. 8. 1952 vom 18. 9. 1952, BA, B 146–1218; Gifford to Secretary of State, 18. 9. und 19. 9. 1952, NA, RG 59–1518.
[15] Gifford (London) to Secretary of State, 26. 9. 1952, ebd.

"to obtain further concessions on amount of total scale-down with which they repeatedly express grateful satisfaction."[16]

Diese Einschätzung wurde auch von Vertretern der USA in Bonn bestätigt. Sie hielten das StEG-Abkommen wegen der in der deutschen Öffentlichkeit und im Bundestag vorherrschenden ablehnenden Haltung tatsächlich für ein brisantes Thema und rieten dringlich, der Deutschen Delegation in dieser Frage soweit entgegenzukommen, wie dies mit den Interessen der USA in Einklang zu bringen war. Allerdings sollte das mit dem bizonalen Wirtschaftsrat vertraglich vereinbarte Recht, die Zahlungen für die von der *US-Army* übernommenen Überschußgüter auf Wunsch in DM erhalten zu können, nicht in Frage gestellt werden.[17] Die Gelder waren für den Unterhalt amerikanischer Einrichtungen in der Bundesrepublik vorgesehen. In Washington zeigte man sich durchaus geneigt, auf die speziellen innerdeutschen Probleme Rücksicht zu nehmen. Es wurden Überlegungen angestellt, wie man den Deutschen formal entgegenkommen konnte, ohne inhaltlich etwas zu ändern. In diesem Zusammenhang wurde auch die Möglichkeit erwogen, die Schulden aus dem Amerika-Geschäft mit den Verpflichtungen aus den GARIOA-Lieferungen und der Marshallplanhilfe in einem Vertrag zusammenzubinden und die von der Bundesrepublik zu zahlenden $ 1,2 Milliarden als Pauschalsumme (*lump sum*) zu behandeln.[18] Der Gedanke wurde aber als unpraktikabel verworfen.

Zu substantiellen Änderungen am Inhalt des Vertrages waren die USA aber nicht bereit. Dies galt besonders für die Schuldenhöhe. Eine Reduzierung der im StEG-Abkommen geforderten $ 203 Millionen wurde kategorisch abgelehnt, obwohl die Summe von deutscher Seite als viel zu hoch angesehen wurde. Nach Einschätzung des früheren Leiters der StEG wäre eine Summe zwischen maximal $ 50 Millionen und minimal $ 25 Millionen berechtigt gewesen. Verständlicherweise war eine so geringe Summe in London nicht einmal genannt worden, und auf Weisung von Abs wurden alle Versuche energisch unterbunden, die Zahlen, die die StEG in der Bundesrepublik ermittelt hatte, öffentlich bekannt zu machen.[19] Fakt war aber, daß sich das Amerika-Geschäft für die Bundesrepublik als ausgesprochen verlustreich erwiesen hatte, weil ein beträchtlicher Teil der gelieferten

---

[16] Gifford (London) to Secretary of State (2), 26. 9. 1952, ebd.
[17] Donally (Bonn) to Secretary of State, 4. 10. 1952, NA, RG 43–244.
[18] Department of State: Memorandum of Conversation re Negotiations on Intergovernmental Agreement, 29. 9. 1952, NA, RG 59–1518.
[19] Vogel an Wollnik (Vorsitzender des Vorstands der Staatlichen Erfassungsgesellschaft für Öffentliches Gut GmbH) vom 16. 10. 1952 und 21. 10. 1952, PA/AA, Abt. II Nr. 1631 (LSA 121a).

Waren unbrauchbar war oder erhebliche Qualitätsmängel aufwies. Außerdem war man im zuständigen Bonner Ministerium sicher, daß die Bundesrepublik bei der Übernahme der Restgüter – man sprach auch von „Schrott" – schlechtere Konditionen erhalten hatte als andere europäische Abnehmerländer.[20] Da von den $ 203 Millionen offenbar nicht herunterzukommen war, wurde alternativ eine Verbesserung der Zahlungsmodalitäten ins Auge gefaßt. Die USA wurden ersucht, auf die vereinbarten Zinsen zu verzichten und in den ersten Jahren nur geringe Annuitäten von höchstens $ 5 Millionen einzufordern, die in deutscher Währung gezahlt werden sollten. Nur unter diesen Voraussetzungen sah man Chancen, das StEG-Abkommen durch den Bundestag zu bekommen.[21] Von dem deutschen Vorschlag wollten die Amerikaner jedoch nur die Möglichkeit von DM-Zahlungen akzeptieren, weil dies mit ihren eigenen Vorstellungen übereinstimmte. Allerdings in einer völlig anderen Größenordnung, wie sich zeigen sollte. Ein Zinsverzicht kam für sie nicht in Frage.[22] Die besseren Konditionen, die andere Länder für den Kauf von Heeresgütern erhalten hatten, wurden mit der Verrechnung von Kriegskosten begründet.[23]

Da auch weitere Gespräche zu keiner Annäherung der Standpunkte führten, spitze sich die Lage krisenhaft zu. Die Verhandlungen glitten immer stärker ins Grundsätzliche ab. Vogel erhielt ausdrücklich Rückenstärkung von seinem Minister, sich von den Amerikanern nicht ungerechtfertigt unter Druck setzen zu lassen. Es gehe nicht an, daß die von den USA nachgelassenen $ 2 Milliarden als Totschlagargument gegen jede Kritik am StEG-Abkommen benutzt würden. In einem Telefonat mit Vogel sprach Minister Blücher sogar über die Möglichkeit von Nachverhandlungen mit den USA.[24] Tatsächlich bat Blücher den zuständigen deutschen Vertreter in Washington, das Terrain für einen solchen Schritt vertraulich zu erkunden. Heraus kam dabei aber so gut wie nichts.[25] Blücher war sich völlig darüber im klaren, daß man sein Vorhaben in der Deutschen Delegation in London nicht goutierte. Er wandte sich mit einem Schreiben direkt an Abs, um ihm sein Mißfallen über den bisherigen Verlauf der Verhandlungen mitzuteilen. Bezüglich des Amerika-Geschäfts bestritt er die bedingungslose Bereitschaft der Bundesregierung, in die vor Gründung der Bundesrepublik von

---

20 Baur an Minister Blücher vom 9. 10. 1952, PA/AA, Abt. II Nr. 1579 (LSA 70).
21 Vermerk Vogel (vertraulich) vom 2. 10. 1952, ebd.
22 Gifford (London) to Secretary of State, 4. 10. 1952, NA, RG 59–1518.
23 Niederschrift (Vogel) über eine Besprechung am 16. Oktober 1952 betreffend die vier Verträge über Nachkriegswirtschaftshilfe vom 16. 10. 1952, PA/AA, Abt. II Nr. 1579 (LSA 70).
24 Vertrauliche Aufzeichnung Vogel (London) vom 14. 10. 1952, ebd.
25 Ministerialdirektor Podeyn an Minister Blücher vom 22. 10. 1952, BA, B 146–1207.

bizonalen Organisationen abgeschlossenen Verträge mit allen Rechtsfolgen einzutreten, statt sich auf die Übernahme gewisser finanzieller Verpflichtungen daraus zu beschränken. Wegen der im November in den USA anstehenden Wahlen sollte man laut Blücher in Ruhe die weitere Entwicklung abwarten: „Die parlamentarische Auseinandersetzung über den Deutschland-Vertrag bereitet der Bundesregierung bereits so viele Schwierigkeiten, daß alles vermieden werden muß, was neue Spannungen zwischen der Bundesregierung und den politischen Parteien nach sich ziehen könnte."[26] Delegationsleiter Abs konzedierte, das man keinem direkten Zeitdruck unterliege, riet aber entschieden von allen Versuchen ab, bei den Amerikanern nachträglich bessere Bedingungen herausholen zu wollen, als bisher in den Schuldenverhandlungen erreicht worden waren. Alle Vereinbarungen seien definitiv und nicht mehr verhandelbar.[27]

Offenbar kulminierte bei Blücher in diesen Wochen ein lange aufgestauter Verdruß über die amerikanische Besatzungspolitik, soweit sie in die Zuständigkeit seines Ministeriums fiel. Er war der festen Überzeugung, daß sich die vielgepriesene amerikanische Großzügigkeit gegenüber der Bundesrepublik bei Licht betrachtet als relativ entpuppen würde. Wenn man die für die Marshallplanhilfe und für die GARIOA-Lieferungen zurückzuzahlende $ 1 Milliarde dahingehend aufschlüsselte, daß man für erstere eine Zahlung von 10% – 15% der Ausgangssumme zugrunde legte, dies entsprach den Usancen der USA gegenüber anderen ECA-Empfängerländern, dann waren für letztere über 50% der Ausgangssumme fällig. Blücher hielt dies nicht für besonders großzügig. Er vergaß aber bei seinen Berechnungen, daß Deutschland sowohl Kriegsverlierer als auch Kriegsverursacher gewesen war und deshalb immer noch eine gewisse Sonderrolle spielte. Vogel nahm den Ball seines Ministers auf und stellte sich auf den Standpunkt, daß im November 1951 ein Reduktionsangebot gemacht worden war, das vor seiner definitiven Annahme juristisch erst gründlich zu prüfen sein würde.[28] Unter diesen Bedingungen konnte man mit den Verhandlungen natürlich nicht gut vorankommen, und es verwundert nicht, daß die amerikanische Verhandlungsdelegation die persönliche Anwesenheit von Abs in London dringend herbeisehnte.[29] Abs hielt sich in Äußerungen gegenüber Blücher und dessen Vertrauten taktisch bedeckt, empfand deren Agieren

---

[26] Minister Blücher an Abs vom 19. 10. 1952, ebd.
[27] Vermerk (Baur) London über eine Besprechung bei Herrn Abs am 29. 10. 1952, PA/AA, Abt. II Nr. 1570 (LSA 70).
[28] Aufzeichnung Vogel vom 17. 10. 1952, PA/AA, Abt. II Nr. 1579 (LSA 70).
[29] Gifford (London) to Secretary of State, 27. 10. 1952, NA, RG 59–1519.

aber im Grunde als sehr unglücklich.³⁰ Es drohte die Gefahr eines verzögerten Inkrafttreten des Schuldenabkommens, das vor allem der Bundesrepublik wirtschaftlich und politisch zum Schaden gereichen würde. Aus einer gewissen Verärgerung über den bisherigen Verlauf der Regierungsverhandlungen hatten die USA ein festes Junktim zwischen dem Regierungsabkommen und den vier bilateralen Verträgen beschlossen. Für sie kam nur eine gleichzeitige Unterzeichnung aller Abkommen in Frage, egal welche Hindernisse auf dem Weg dorthin in London oder Bonn noch auszuräumen sein würden.³¹

Schwierigkeiten gab es aber nicht nur bei den Verhandlungen über das StEG-Abkommen, sondern auch in den Beratungen über die Entwürfe der bilateralen Abkommen zur Regelung der alliierten Nachkriegswirtschaftshilfen. Diese betrafen vor allem die Verzichtklauseln, gegen deren Formulierung in den drei Vertragsentwürfen von deutscher Seite in zweifacher Hinsicht Bedenken erhoben wurden. Es ging zum einen um die präzise Klärung der Frage, worauf sich der deutsche Verzicht genau erstrecken sollte, und zum zweiten darum, ob es sich um einen sogenannten Geltendmachungsstop bis zum Abschluß eines Friedensvertrags und damit um einen vorläufigen Aufschub oder um einen endgültigen Forderungsverzicht handeln sollte. Dabei wurden von deutscher Seite deutliche Unterschiede zwischen den einzelnen Besatzungsmächten gemacht.

Was die Franzosen anbelangt, waren die Deutschen praktisch überhaupt nicht zu irgendeinem Forderungsverzicht bereit, denn von einer französischen Wirtschaftshilfe konnte ernsthaft nicht die Rede sein. In der Bundesrepublik erinnerte man sich nur mit Unbehagen an die Lebensumstände der Bevölkerung in der französischen Besatzungszone. Tatsächlich war die sogenannte französische Nachkriegswirtschaftshilfe ein reines Konstrukt, gezimmert aus einem angeblich positiven Saldo im Außenhandel der französischen Zone, der dann als Kapitalbeitrag zur JEIA anerkannt wurde. Bei diesem Manöver war es lediglich um eine formelle Gleichstellung der Franzosen mit Briten und Amerikanern gegangen. Vogel sprach darüber ganz offen mit den Amerikanern, die auch ein gewisses Verständnis für die deutsche Haltung zeigten, es aber gleichzeitig für unmöglich erklärten, den Franzosen quasi nachträglich ihre Position als Nachkriegsgläubiger abzusprechen.³² Ausgerechnet die Franzosen hatten anfänglich die am weitesten

---
30 Vgl. ABS, Der Weg zum Londoner Schuldenabkommen, in: Föderalismus und Finanzpolitik. Gedenkschrift für Fritz Schäffer, S. 91 f.
31 Telegramm Vogel an Minister Blücher vom 29. 10. 1952, BA, B 146–1214.
32 Vogel (London) an Minister Blücher vom 3. 10. 1952, BA, B 146–1207.

gehenden Wünsche bezüglich der Verzichtklausel. Ihnen schwebte ein vollständiger Verzicht auf sämtliche Gegenansprüche aus der gesamten Besatzungszeit vor, während die Amerikaner in ihrem ersten Entwurf vom 16. September nur einen Verzicht auf Forderungen verlangten, die in einem direkten Zusammenhang zur Marshallplanhilfe und zur GARIOA-Hilfe standen. Die Deutschen vertraten grundsätzlich den Standpunkt, man könne im Rahmen der bilateralen Verträge mit den drei Besatzungsmächten nicht „über die Zugeständnisse hinausgehen, die bereits im Übergangsabkommen Teil IX, Art. 3 niedergelegt sind."[33] Es schien sich dann aber abzuzeichnen, daß Frankreich und Großbritannien auf die schlankere amerikanische Version einschwenken würden und damit eine größere Auseinandersetzung um dieses Thema vermieden werden konnte.[34] Die amerikanische Delegation bat Washington um Weisung, wie sie in der Frage der Verzichtklausel weiter vorgehen sollte.[35]

Die umgehende Antwort des *State Department* ließ jedoch erkennen, daß sich dort ein Klimawechsel zugunsten einer härteren Gangart gegenüber den Deutschen abzeichnete. Schon 1951 habe man den Deutschen klar gesagt, daß als Gegenleistung für die erhebliche Reduktion der Nachkriegsschulden ein „broad waiver of claims" gewünscht werde. Auf Grund der bisherigen Gespräche dränge sich nun allerdings der Eindruck auf, daß die Deutschen sich in dem Glauben befänden, tatsächlich Gegenforderungen geltend machen zu können. Wenn die USA aber ihre Forderungen gegenüber der Bundesrepublik regelten, müsse dies auch in umgekehrter Richtung passieren. Alles andere wäre anormal. Die amerikanischen Unterhändler vor Ort wurden vom *State Department* angewiesen, erst mal genau herauszukriegen, welche Art von Verzicht die Deutschen denn überhaupt leisten wollten.[36] Zu diesem Zweck fand wenige Tage später ein Gespräch mit dem deutschen Delegationsleiter Abs statt, der sich kurzzeitig in London aufhielt. Abs ließ dabei erkennen, daß sich die Bundesrepublik zu einem weitergehenden Forderungsverzicht gegenüber den USA bereit finden könnte, nicht aber gegenüber Frankreich. Allerdings schränkte Abs ein, daß er über die politischen und juristischen Implikationen des Problems nicht vollständig im Bilde sei und dafür auf die Hilfe von Professor Kaufmann rekurrieren müsse.[37]

---

33 Minister Blücher an Abs vom 19. 10. 1952, ebd.
34 Vermerk Vogel vom 9. 10. 1952, PA/AA, Abt. II Nr. 1628 (LSA 118).
35 Gifford (London) to Secretary of State, 16. 10. 1952, NA, RG 59–1518.
36 Department of State to London Embassy, 17. 10. 1952, ebd.
37 Gifford (London) to Secretary of State, 21. 10. 1952, ebd.

1. Verhandlungen über die bilateralen Abkommen

Der Rechtsexperte des Auswärtigen Amts befand sich bereits auf dem Weg nach London, wo er zu verschiedenen rechtlichen Problemen Stellung nehmen sollte. Das Thema Verzichtklauseln wurde in der gemeinsamen Sitzung der Deutschen Delegation mit der TCGD vom 24. Oktober ausführlich diskutiert. Professor Kaufmann eröffnete die Diskussion mit der Feststellung, daß die von den USA im Entwurf vom 16. September vorgelegte Verzichtklausel insofern eine Diskrepanz zu Artikel 3 Absatz 2 Teil IX des Vertrags zur Regelung aus Krieg und Besatzung entstandener Fragen (Überleitungsvertrag) aufweise, als dort von einem Verzicht vorbehaltlich eines Friedensvertrags nicht die Rede war. Kaufmann machte darauf aufmerksam, daß die Formulierung des Überleitungsvertrags von den Besatzungsmächten bereits abgesegnet worden war, und bat um Erläuterung, wie die USA diesen Unterschied beurteile. Der amtierende amerikanische Delegationsleiter Gunter erklärte sich zu einer Interpretation des Überleitungsvertrags außerstande, betonte aber gleichzeitig, daß die USA nie einen Zweifel daran gelassen hätten, welchen Zweck sie mit der Verzichtklausel im bilateralen Abkommen über die Nachkriegshilfen erreichen wollten. Über reine Formulierungsfragen könne man natürlich reden. Er bat deshalb um konkrete Vorschläge. Aus juristischen Gründen beharrte Kaufmann aber auf seiner Frage, ob die USA beabsichtigten, mit der Verzichtklausel des bilateralen Abkommens über den Inhalt von Artikel 3 Teil IX des Überleitungsvertrags hinauszugehen. Getreu seiner Weisung hielt Gunter nun dagegen und stellte fest, daß von der Bundesrepublik offenbar bestimmte Gegenforderungen für bedeutsam erachtet würden. Die amerikanische Regierung wolle aber reinen Tisch machen und mögliche Gegenansprüche ausschließen, wenn sie sich zu einer derart großzügigen Reduzierung ihrer Nachkriegsschulden entschließen würde. Gunter verwies auf einschlägige Verzichtklauseln in den *lend-lease* Verträgen und fügte unmißverständlich an: „This type of agreement the United States were seeking here."[38]

Im Verlauf der Diskussion kristallisierte sich glasklar heraus, daß die USA sehr wohl über den Artikel 3 von Teil IX des Überleitungsabkommens hinausgehen wollten, indem sie für die ERP-Hilfe und die GARIOA-Hilfe einen definitiven Verzicht auf mögliche Gegenforderungen durchsetzen wollten. Sie sahen darin kein Problem, weil alle übrigen Bestimmungen von Teil IX des Überleitungsvertrags unangetastet bleiben sollten. Kaufmann machte dagegen geltend, daß die Bundesregierung bereits genug Schwierigkeiten habe, den Deutschlandvertrag mit seinen Zusatzverträgen durch den

---

[38] TCGD: Minutes of a meeting held with the German Delegation on Friday, 24th October 1952, PA/AA, Abt. II Nr. 1599 (LSA 89).

Bundestag zu bringen. Weitere Ansatzpunkte für Angriffe der Opposition sollten tunlichst nicht geboten werden. Je länger die Diskussion andauerte, desto gespannter wurde die Atmosphäre. Die von Professor Kaufmann wiederholt mit juristischer Gründlichkeit vorgetragenen Argumente wurden von den nichtdeutschen Teilnehmern der Runde als typisch deutsche Penetranz empfunden und gingen entsprechend auf die Nerven. Gunter sagte allerdings eine Überarbeitung des Formulierungsvorschlags zu. Die Verzichtklauseln der beiden anderen Vertragsentwürfe wurden nur kurz thematisiert. Am britischen Vorschlag monierte Kaufmann lediglich die zu allgemeine Formulierung, während er die völlige Andersartigkeit der französischen Formulierung scharf kritisierte und vorschlug, es in diesem Fall mit einem Rekurs auf frühere Abkommen[39] bewenden zu lassen.

Mit diesem Vorschlag erklärte sich der französische Delegierte Davost jedoch nicht einverstanden. Er kündigte an, daß Frankreich sich künftig in dieser Frage mit Großbritannien abstimmen wolle.[40]

Wenige Tage später nahm die Angelegenheit eine höchst unerfreuliche Wende, weil der von den Amerikanern angekündigte neue Formulierungsvorschlag für die Verzichtklausel zur allgemeinen Überraschung noch deutlich über den bisherigen Vorschlag hinausging. Verlangt wurde jetzt nicht mehr nur der Ausschluß von Gegenansprüchen aus der Marshallplan-Hilfe und der GARIOA-Hilfe, sondern ein allumfassender Verzicht auf Gegenforderungen in Bezug auf alle Handlungen und Unterlassungen der amerikanischen Besatzungsmacht in Deutschland. Es handelte sich also um einen Generalverzicht, der auch politische Forderungen umfaßte.[41] Nach Einschätzung von Abs waren die Amerikaner massivem französischen Drängen nachgekommen.[42] Möglicherweise hatte aber auch eine gewisse Verstimmung über die vermeintliche Undankbarkeit der Deutschen gepaart mit einer profunden Unkenntnis der innerdeutschen Rechtssituation zu diesem Schritt beigetragen.[43]

Die neue Fassung der amerikanischen Verzichtklausel war für die deutsche Delegation völlig unannehmbar. Ein Verzicht dieser Größenordnung

---

39 Gemeint war ein deutsch-französischer Briefwechsel betr. JEIA vom Mai 1952.
40 TCGD: Minutes of a meeting held with the German Delegation on Friday, 24th October 1952, PA/AA, Abt. II Nr. 1599 (LSA 89); Niederschrift über die Sitzung mit dem Dreimächte-Ausschuß vom 24. 10. 1952, PA/AA, Abt. II Nr. 1628 (LSA 118).
41 Bericht der Deutschen Delegation für Auslandsschulden (Abs) über die Besprechungen betr. die Abkommensentwürfe über die Nachkriegsschulden in London vom 16. September bis 9. Dezember 1952 (Londoner-Besprechungen über die Nachkriegsschulden-Abkommen) vom 2. 1. 1953, ebd.
42 Vgl. ABS, Entscheidungen, S. 205.
43 Aufzeichnung Vogel vom 27. 10. 1952, PA/AA, Abt. II Nr. 1630 (LSA 120).

1. Verhandlungen über die bilateralen Abkommen

war eine rein politische Entscheidung, die nicht mehr in London getroffen werden konnte, sondern in den alleinigen Zuständigkeitsbereich der Bundesregierung fiel. Erschwerend kam hinzu, daß auch die Franzosen nicht hinter den Amerikanern zurückstehen wollten und zumindest eine allumfassende Verzichterklärung in Bezug auf den gesamten Außenhandel in der französischen Besatzungszone forderten. Damit sollte nach Meinung von Vogel das „trübe Kapitel der französischen Ausbeutungspolitik" ein für alle Mal geschlossen werden.[44] In der deutschen Delegation wuchs das Mißfallen sowohl gegenüber den Franzosen mit ihren höchst fragwürdigen Forderungen als auch gegenüber den Amerikanern mit ihrer Pseudo-Großzügigkeit. Von den Verfechtern dieser schwerwiegenden Behauptung wurde angeführt, daß die USA im Widerspruch zum Völkerrecht auch Zahlungen für Hilfsleistungen an die deutsche Bevölkerung in ihre Rechnung einbezogen hätten, die noch zu Zeiten der Feindseligkeiten erfolgt und damit eindeutig vom Kriegsgegner zu tragen waren. Natürlich wurde betont, daß man von deutscher Seite keine neue Diskussion über die Nachkriegsschulden anzetteln wolle, eine solche aber auch nicht zu scheuen brauche, wenn die Gegenseite die Sache auf die Spitze treibe.[45]

Damit drohten die Verhandlungen über die bilateralen Abkommen in eine Sackgasse zu geraten. Da Abs für einige Tage in London war und persönlich die Verhandlungsführung übernahm, konnte eine totale Verhärtung der Fronten abgewendet werden. Abs war grundsätzlich gegen eine Überbetonung juristischer Probleme. Selbst wenn manche Zugeständnisse ungerecht oder juristisch fragwürdig sein sollten, hielt Abs ein vertretbares Nachgeben in der Sache für besser als ein fruchtloses Beharren auf Rechtsstandpunkten, wodurch ein Inkrafttreten des Schuldenabkommens nur verzögert würde. Abs wurde von den Amerikanern vertraulich darüber in Kenntnis gesetzt, daß die offizielle Vertragsunterzeichnung noch vor Weihnachten über die Bühne gebracht werden sollte. Sie zählten auf seine Unterstützung, damit dieses Vorhaben tatsächlich umgesetzt werden konnte.[46] Abs war auch willig, das Seinige dazu beizutragen, hatte es aber nicht leicht, seinen pragmatischen Standpunkt gegen die widerstrebenden Kräfte in seiner Delegation und in Bonn durchzusetzen.

---

44 Vogel (London) an Minister Blücher vom 28. 10. 1952, BA, B 146–1207.
45 Bemerkungen (Vogel) zu den französischen und amerikanischen Vorschlägen betr. eine Verzichtklausel in den bilateralen Verträgen vom 29. 10. 1952, ebd.
46 Department to US Embassy London, 29. 10. 1952, und Gifford (London) to Secretary of State, 6. 11. 1952, NA, RG 59–1518.

Vizekanzler Blücher neigte mehr und mehr zu einem Konfrontationskurs. In einem ausführlichen Schreiben an den Bundeskanzler legte Blücher die unterschiedlichen Rechtsgrundlagen der diversen Nachkriegsschulden eingehend dar. Dabei versuchte er aufzuzeigen, daß es juristisch gesehen durchaus Handlungsspielräume für die Bundesrepublik gab. So sei im ECA-Abkommen von 1949 die Haftung für die gesamte Alt-GARIOA-Hilfe ausdrücklich abgelehnt worden und in der Schuldenerklärung vom 6. 3. 1951 sei eine Haftungserklärung nur „dem Grunde nach" („in principle") gegeben worden. Für das Amerika-Geschäft gelte Ähnliches. Mit der Schuldenerklärung sei zwar eine grundsätzliche Haftung übernommen worden, bis dahin habe es aber keine offiziellen Verträge mit der Bundesrepublik über die Lieferung der Überschußgüter gegeben, da lediglich alte vertragliche Abmachungen mit dem Wirtschaftsrat bzw. der Verwaltung für Wirtschaft in Minden, also ehemaligen Dienststellen aus der Besatzungszeit, vorhanden waren. Ein Zwang zur Übernahme der alten Verträge durch die Bundesregierung bestehe juristisch nicht. Blücher führte die vertrackte Situation darauf zurück, daß in den Verhandlungen vom November und Dezember 1951 juristische Fragen nur ein Randthema gewesen seien. Das räche sich jetzt! Damals sei es fast ausschließlich um die Festlegung der rechnerischen Grundlagen und um die Reduzierung der Gesamtschulden auf eine „tragbare Größenordnung" gegangen. Was die Verzichtklausel betrifft, die 1951 als zweite Bedingung für die Reduzierung der Nachkriegsschulden verlangt worden war, sei man stets davon ausgegangen, daß damit nur Gegenforderungen wirtschaftlicher Natur gemeint sein könnten. Die nun vorgelegte Formulierung der Klausel impliziere aber politische Forderungen, die eindeutig unter den Deutschlandvertrag und seine Zusatzverträge fielen. In London könnten aber keine Änderungen an diesem Vertrag hingenommen werden, die Deutschlands Position verschlechtern würden. Blücher bat den Kanzler, der Deutschen Delegation in London auf der Basis eines Kabinettsbeschlusses für die weiteren Verhandlungen klare Weisung in diesem Sinne zu erteilen.[47]

Aus London unterstützte Vogel den Kurs seines Ministers. Er glaubte, daß der überraschende Ausgang der amerikanischen Präsidentschaftswahlen – Eisenhower und die Republikaner hatten eine ganz klare Mehrheit erzielt – zumindest beim StEG-Abkommen noch mal eine Chance für Korrekturversuche biete. Dabei schwebte ihm vor allem der Einbau einer Revisionsklausel vor.[48]

---

[47] Vizekanzler Blücher an BK Adenauer vom 3. 11. 1952, PA/AA, Abt. II Nr. 1628 (LSA 118).
[48] Vogel an Minister Blücher vom 5. 11. 1952, BA, B 146–1207.

Auch Delegationsleiter Abs bat das Kabinett um eine Entscheidung, wie die Deutsche Delegation in den strittigen Punkten weiter vorgehen sollte.[49] Die Situation war einigermaßen festgefahren, weil auch Abs persönlich die Haltung der USA bezüglich der Verzichtklausel nicht hatte beeinflussen können. Die amerikanischen Vertreter beharrten darauf, daß die aktuelle Formulierung der Verzichtklausel mit den Ankündigungen vom Dezember 1951 übereinstimmte und mit Teil IX des Überleitungsvertrags zum Deutschlandvertrag kompatibel sei. Ein endgültiger Verzicht auf einen erheblichen Teil der Nachkriegsschulden erfordere eben auch einen definitiven Verzicht auf Gegenansprüche. Abs zeigte für die amerikanische Position im Kern Verständnis, lehnte aber eine Gleichbehandlung der beiden übrigen Besatzungsmächte mit dem Hinweis auf die höchst unterschiedlichen Größenordnungen ihrer Forderungen ab.[50] In Anwesenheit von Abs wurde auch noch einmal über Probleme bezüglich des StEG-Abkommens gesprochen. Vogel betete in der Sitzung mit den Amerikanern erneut seine ganze Litanei von Einwänden herunter. Abs hielt sich dabei auffällig zurück, resümierte die Einlassungen Vogels nach Einschätzung der Amerikaner dann in einer Weise „which clearly indicates that he does not support Vogel's proposals."[51] Dies traf zu, soweit es sich um eine grundsätzliche Infragestellung der bisherigen Verhandlungsergebnisse handelte. Abs stand fest zu seiner Überzeugung, daß „man den verlorenen Krieg nicht am Verhandlungstisch rückgängig machen" könne. Er glaubte nicht, daß wesentliche Punkte noch verhandelbar waren.[52] Vogel sah dagegen noch Chancen, die starre amerikanische Haltung aufzulockern, wenn man die Verhandlungen auf eine politische Ebene verlagerte.[53]

In einem Punkt stimmte Abs aber mit Vogel völlig überein: Die von den USA unter Berufung auf alte Abkommen beim StEG-Abkommen geltend gemachten Ziehungsrechte in deutscher Währung durften ein vernünftiges Maß nicht überschreiten. Grundsätzlich entsprach es zwar den deutschen Interessen, die Schulden in Höhe von $ 203 Millionen in DM-Schulden (ca. DM 800 Mio.) umzuwandeln. Entscheidend war aber, daß die Annuitäten maßvoll ausfielen. Abs nahm die amerikanische Forderung, im laufenden Haushaltsjahr den DM-Gegenwert von $ 23 Millionen ziehen zu

---

[49] Deutsche Delegation (Abs) an Auswärtiges Amt vom 8. 11. 1952, PA/AA, Abt. II Nr. 1508 (LSA 5).
[50] Gifford (London) to Secretary of State, 8. 11. 1952, NA, RG 59–1518.
[51] Gifford to Secretary of State, 8. 11. 1952, ebd.
[52] Vermerk Weiz (Bonn) vom 10. 11. 1952 betr. Kabinettssitzung am 11. 11. 1952, PA/AA, Abt. II Nr. 1510 (LSA 6).
[53] Vogel an Vizekanzler Blücher vom 8. 11. 1952, PA/AA, Abt. II Nr. 1593 (LSA 84).

wollen, unter Hinweis auf die bevorstehende Kabinettsentscheidung kommentarlos zur Kenntnis.[54]

Neben dem StEG-Abkommen und der Verzichtklausel war die Fixierung der Prioritätsklausel das dritte strittige Problem. Die Besatzungsmächte beanspruchten für die Bedienung der Nachkriegsverbindlichkeiten eine grundsätzliche Priorität, die sie sich schon beim Abschluß der Verträge hatten einräumen lassen. Nun ging es um eine Absicherung der Vorzugsrechte für den Fall, daß Schwierigkeiten bei der Durchführung des Londoner Schuldenabkommens auftreten sollten. Die Besatzungsmächte verlangten, daß den Verpflichtungen aus der Nachkriegswirtschaftshilfe in jedem Fall „first priority" eingeräumt wurde. Abs hatte gegen die Formulierung der Klausel gewisse Bedenken, weil er dadurch die freie Kreditaufnahme der Bundesrepublik in Gefahr geraten sah. Damit wäre dann auch eine Beeinträchtigung der deutschen Devisenhoheit verbunden, die in Ausführung von Teil VIII des Überleitungsvertrags durch den Abschluß der Schuldenregelung doch gerade wiederhergestellt werden sollte. Gunter wollte aber die bevorzugte Behandlung der Nachkriegsschulden im Krisenfall unbedingt gewahrt wissen. Abs bestand aber auf einer Formulierung der Klausel, die zum Ausdruck brachte, daß „die mittel- und kurzfristige Finanzierung des Handels von allen Beschränkungen frei sei. Auch in der Aufnahme von Krediten der Weltbank könne die Bundesrepublik keine Beschränkungen auf sich nehmen."[55] Auch hier gelangte man nicht zu einer Einigung. Allerdings wurde Abs von Gunter vertraulich mitgeteilt, daß die USA die Devisenkontrolle nach der Unterzeichnung des Schuldenabkommens aufheben wollten, wogegen von französischer Seite neuerdings Widerstand erhoben wurde.[56] Möglicherweise war dies eine Retourkutsche für die deutsche Haltung bezüglich der französischen Verzichtklausel. Im Zusammenhang mit der Festlegung einer Prioritätsklausel für die Nachkriegsschulden war auch von Interesse, in welchem Verhältnis dazu die alten Prioritätsrechte der Dawes- und der Younganleihe stehen sollten. Die Treuhänder dieser Anleihen hatten in der Vergangenheit wiederholt auf dieses Problem hingewiesen, ohne von den Besatzungsmächten eine klare Antwort zu erhalten. Für die USA war intern eigentlich klar, daß die Rechte aus den beiden Reichsanleihen nur hinter den Prioritätsrechten der Nachkriegsschulden rangieren

---

[54] Deutsche Delegation (Abs) an Auswärtiges Amt vom 8. 11. 1952, PA/AA, Abt. II Nr. 1508 (LSA 5).
[55] Niederschrift (Baur) über die Besprechung betreffend die deutschen Nachkriegsverbindlichkeiten gegenüber den USA vom 7. 11. 1952, PA/AA, Abt. II Nr. 1630 (LSA 120); Gifford (London) to Secretary of State, 7. 11. 1952, NA, RG 59–1518.
[56] Foreign Office to Wahnerheide, 25. 11. 1952, PRO, FO 371–98220.

1. Verhandlungen über die bilateralen Abkommen

konnten.[57] Abs setzte sich in einem Schreiben an die TCGD persönlich dafür ein, die Prioritätsrechte bei den Nachkriegsschulden nicht zum Schaden der Gläubiger der beiden Reichsanleihen einzusetzen.[58] Eine eindeutige Zusage der Besatzungsmächte erreichte er aber nicht.[59]

Am 11. November 1952 standen im Bundeskabinett die wichtigsten Probleme der Londoner Verhandlungen zur Entscheidung an. Delegationsleiter Abs und Professor Kaufmann waren anwesend. Nachdem Abs einen konzisen Überblick über die Problemlage gegeben hatte, fällte das Kabinett zu den Nachkriegsschulden folgende Beschlüsse: 1. Bei der Formulierung der Verzichtklauseln sollte „nicht über die im Deutschland-Vertrag vorgesehene Regelung hinausgegangen werden." 2. Beim StEG-Abkommens „soll das Angebot der amerikanischen Delegation angenommen werden."[60] Damit wurde die Schuldenhöhe von $ 203 Millionen endgültig anerkannt, eine Einigung über die Zahlungsmodalitäten stand aber noch aus. Abs reiste umgehend nach London zurück, um der Gegenseite die Bonner Entscheidungen zu erläutern. Er teilte den Mitgliedern der TCGD die grundsätzlich Annahme des StEG-Abkommens mit, allerdings unter der Voraussetzung, daß eine einvernehmliche Regelung über die Höhe der jährlich zu leistenden DM-Zahlungen zustande kam. Bei den Verzichtklauseln könne das Kabinett keine Formulierungen akzeptieren, die über den Deutschland-Vertrag hinausgingen oder dazu im Widerspruch stünden. Abs machte aber in Bezug auf die amerikanische Verzichtklausel das Angebot, die erste Formulierung der Vorlage vom 16. September zu akzeptieren, obwohl auch dort ein definitiver Verzicht – allerdings auf die Wirtschaftshilfe begrenzt – und kein Geltendmachungsstop verlangt werde.

Der Vorschlag wurde von den amerikanischen Delegierten ihrer Direktive aus Washington gemäß sogleich als nicht ausreichend zurückgewiesen.[61] Den britischen Mitgliedern der TCGD gefiel die amerikanische Haltung ganz und gar nicht. Sie hielten den Vorschlag von Abs für akzeptabel. In einer internen Sitzung der TCGD kam es deshalb zu einer hitzigen Diskussion zwischen Briten und Amerikanern. Rendel vertrat die Auffassung, daß

---

57 Secretary of State (Acheson) to US Embassy London, 8. 9. 1952, NA, RG 59–1518.
58 Abs an Vorsitzenden Dreimächteausschuß vom 17. 2. 1953, PA/AA, Abt. II Nr. 1596 (LSA 86).
59 Aktenvermerk Granow vom 25. 2. 1953, ebd.
60 257. Kabinettssitzung vom 11. November 1952, in: Die Kabinettsprotokolle der Bundesregierung, Bd. 5 (1952), S. 673f.
61 Gifford to Secretary of State, 12. 11. 1952, NA, RG 59–1518; Vermerk (Weiz) über die Sitzung der Deutschen Delegation mit dem Dreimächteausschuß am 12. 11. 1952 vom 15. 11. 1952, PA/AA, Abt. II Nr. 1593 (LSA 84).

die verschärfte amerikanische Variante, die einen Generalverzicht beinhaltete, tatsächlich über die Bestimmung des Überleitungsvertrags hinausging. Dies habe eine genaue Analyse der amerikanischen Formulierung durch das *Foreign Office* ergeben, die erst das volle Ausmaß der von den USA geforderten Verzichtleistung bewußt gemacht habe.[62] Nach Auffassung der Briten sollten die Amerikaner zu ihrer ersten Fassung der Verzichtklausel zurückzukehren und sie für alle Verträge verbindlich machen.[63]

In einer anschließenden Besprechung mit deutscher Beteiligung stellte Abs den Amerikanern in Aussicht, in ihrem Fall unter Umständen doch ein „full and final waiver" anbieten zu können. Das Angebot gelte aber nicht für Großbritannien und keinesfalls für Frankreich, weil es im Bundestag zahlreiche Abgeordnete gebe, die die Berechtigung von Gegenforderungen an Frankreich mit Dokumenten bestens belegen könnten und einem solchen Verzicht gegenüber Frankreich mit Sicherheit ihre Zustimmung verweigern würden. Aus diesem Grund sei in diesem Fall ein Nachgeben für die Bundesregierung unmöglich. Diese Position sei bereits mit dem Bundeskanzler und dem Bundesfinanzminister abgesprochen worden. Hinter dem Rücken von Großbritannien hatten die französischen Delegierten zwischenzeitlich ihren amerikanischen Kollegen signalisiert, daß sie möglicherweise aus der Einheitsfront mit Großbritannien ausbrechen und einer abweichenden Formulierung der Klausel zustimmen würden, wenn ihre Basisforderung nach einem Schutz vor deutschen Ansprüchen, die aus dem Außenhandel der französischen Besatzungszone resultierten, erfüllt würde.[64] Die Bundesregierung lehnte dies kategorisch ab.

In seinem Bericht an das *State Department* zeigte Gunter drei alternative Verfahrensweisen auf: 1. die USA konnten die Reduktion der amerikanischen Nachkriegsschulden unter den Vorbehalt eines Friedensvertrags stellen, 2. die USA konnten Großbritannien und Frankreich bitten, sich mit einer weniger umfassenden Verzichtklausel zufrieden zu geben (diesem Vorschlag würde allenfalls Frankreich zustimmen) und 3. die USA konnten sich wieder auf die Formulierung vom 16. September zurückziehen und zu erreichen versuchen, daß diese Variante in alle Verträge aufgenommen wurde. Gunter empfahl Washington die dritte Variante.[65] Das *State Department* stimmte dem Vorschlag zu. Gunter ließ die Deutsche Delegation dar-

---

[62] Abbott: Bilateral Agreements on Post-War-Economic Assistance, Waiver Clause, 15. 11. 1952, PRO, FO 371–98222.
[63] Gifford (London) to Secretary of State, 13. 11. 1952, NA, RG 59–1518; Allen to O'Neill (Chancery) Wahnerheide, 14. 11. 1952, PRO, FO 371–98222.
[64] Gifford (London) to Secretary of State, 12. 11. 1952, NA, RG 59–1518.
[65] Gifford to Secretary of State, 13. 11. 1952, ebd.

aufhin wissen, daß die USA wieder auf die erste Variante der Verzichtklausel, die sich auf den Ausschluß von Gegenforderungen aus der Nachkriegswirtschaftshilfe beschränkte, zurückging.[66] Die offizielle Einigung zwischen der deutschen und der amerikanischen Delegation in der Frage der Verzichtklausel erfolgte dann am 6. Dezember 1952. Mit Großbritannien und Frankreich wurde danach ebenfalls auf dieser Basis eine Einigung erzielt, wobei sich gegenüber den Franzosen noch einige „Überzeugungsarbeit" als nötig erwies.[67] Vogel zeigte sich mit dem Ergebnis leidlich zufrieden, obwohl eine Diskrepanz zu Art. 3 Teil IX des Überleitungsabkommens insofern bestehen geblieben war, als es sich doch um einen (beschränkten) definitiven Verzicht handelte.[68] Darin sah auch Bundeskanzler Adenauer ein Problem, der sich lange Zeit schwer tat, der Verzichtklausel in ihrer definitiven Fassung sein Plazet zu erteilen. Massives Drängen von Abs gab hier schließlich den Ausschlag.[69] Vogel hielt im übrigen seine Kritik an der fehlenden Bereitschaft der USA, die $ 2 Milliarden Nachlaß bei den Nachkriegsschulden zu spezifizieren, weiter aufrecht.[70]

Für Delegationsleiter Abs zählte dagegen vor allem, daß die USA endgültig auf $ 2 Milliarden ihrer Nachkriegsforderungen verzichteten. Zufrieden zeigte sich Abs auch mit dem Kompromiß, der bei der Formulierung der Prioritätsklausel erzielt wurde. Nach seiner Einschätzung standen einer künftigen Kreditaufnahme der Bundesrepublik im Ausland nun keine Hindernisse mehr im Weg.[71] Die Frage nach den alten Prioritätsrechten der Dawes- und der Younganleihe blieb in der Schwebe. Die Verhandlungen über die bilateralen Verträge zur Regelung der Nachkriegsschulden waren am 9. Dezember beendet. Alle drei bilateralen Verträge waren schematisch

---

66 Niederschrift (Baur) über die Besprechung betreffend die deutschen Nachkriegsverbindlichkeiten gegenüber den Vereinigten Staaten vom 21. 11. 1952, PA/AA, Abt. II Nr. 1630 (LSA 120).
67 Niederschrift Baur über Besprechung betr. Bilaterale Abkommen vom 8. 12. 1952, PA/AA, Abt. II Nr. 1628 (LSA 118); Bericht (Abs) der Deutschen Delegation für Auslandsschulden über die Besprechungen betreffend die Abkommensentwürfe über die Nachkriegsschulden in London vom 16. September bis 9. Dezember 1952 (Londoner Besprechungen über die Nachkriegsschulden-Abkommen) vom 2. 1. 1953, PA/AA, Abt. II Nr. 1628 (LSA 118).
68 Vogel an Vizekanzler Blücher vom 8. 12. 1952, PA/AA, Abt. II Nr. 1511 (LSA 7).
69 Vermerk Vogel vom 24. 11. 1952, PA/AA, Abt. II Nr. 1631 (LSA 121a).
70 Vogel (London) an Minister Blücher vom 29. 1. 1953, BA, B 146–1207.
71 Vermerk Baur vom 30. 10. 1952, PA/AA, Abt. II Nr. 1628 (LSA 118); Bericht (Abs) der Deutschen Delegation für Auslandsschulden über die Besprechungen betreffend die Abkommensentwürfe über die Nachkriegsschulden in London vom 16. September bis 9. Dezember 1952 (Londoner Besprechungen über die Nachkriegsschulden-Abkommen) vom 2. 1. 1953, ebd.

gleich aufgebaut.[72] Sie enthielten im ersten Teil eine Beschreibung der Zahlungsverpflichtungen mit Erläuterung. Die Laufzeit erstreckte sich im deutsch-amerikanischen Abkommen auf 35 Jahre, in den beiden anderen Fällen auf 20 Jahre. Bei letzteren begann die Tilgung schon mit dem 1. August 1953, weil keine Zinsen zu zahlen waren. Auf die Forderungen der USA war ab dem 1. Januar 1953 ein Zinssatz von 2½% fällig, die Tilgung sollte, wie auf der Hauptkonferenz vereinbart, erst ab dem 1. Juli 1958 aufgenommen werden. Im Fall einer vorzeitigen Rückzahlung der Schulden durch die Bundesrepublik mußten alle drei Regierungen im gleichen Verhältnis bedient werden. Es folgten die allgemeinen Bestimmungen mit der Verzichts-, der Prioritäts- und einer Konsultationsklausel, die im Fall wirtschaftlicher Schwierigkeiten der Bundesrepublik den Vertragspartnern die Möglichkeit einräumte, die Zahlungsbedingungen anzupassen. Die Aushandlung der Konsultationsklausel verlief bei den Nachkriegsschulden unproblematisch.

Schwieriger gestaltete sich die endgültige Einigung über das StEG-Abkommen. Das Bundeskabinett hatte das StEG-Abkommen am 11. November unter dem Vorbehalt genehmigt, daß man sich über die Rückzahlungsmodalitäten noch verständigte. Beide Seiten waren sich prinzipiell darüber einig, daß die Zahlungen in deutscher Währung erfolgen sollten. Unter Berufung auf uneingeschränkte Ziehungsrechte, die in den alten Verträgen von 1948 vereinbart worden waren, verlangten die USA jetzt eine Jahresleistung von $ 50 Millionen zahlbar in DM. Die von den Amerikanern fast beiläufig genannte Summe wurde von der Deutschen Delegation für untragbar gehalten.[73] Das *State Department* zeigte aber keine Bereitschaft, die geforderte Summe entscheidend zu senken. Gunter erhielt die klare Vorgabe, daß ein Verhandlungsergebnis unter $ 40 Millionen inakzeptabel sein würde. Er wurde angewiesen, den Deutschen die Annahme des amerikanischen Zahlungsvorschlags mit einem Hinweis auf das amerikanische Entgegenkommen bei der Verzichtklausel schmackhaft zu machen. Im übrigen müßten die normalerweise anfallenden Zinszahlungen abgezogen werden, so daß effektiv nur $ 35 Millionen aufzubringen sein würden.[74] Soweit die amerikanische Rechnung, die nicht leicht nachvollziehbar war.

Die unnachgiebige Haltung der Amerikaner in diesem speziellen Punkt lag offenbar darin begründet, daß das Amerika-Geschäft in einer verwandtschaftlichen Nähe zu den *lend-lease*-Verträgen gesehen wurde. Auf Grund

---
[72] BGBl. II, 1953, S. 491 ff.
[73] Vermerk über Delegationssitzung vom 17. 11. 1952, PA/AA, Abt. II Nr. 1593 (LSA 84).
[74] Department of State to US Embassy (London), 17. 11. 1952, NA, RG 59–1518.

1. Verhandlungen über die bilateralen Abkommen

massiven parlamentarischen Drucks hatte sich die US-Regierung nach Kriegsende außerstande gesehen, der britischen Regierung bei den Zahlungskonditionen entgegenzukommen. Dies hatte zu einer zeitweiligen Eintrübung des britisch-amerikanischen Verhältnisses geführt. Die Forderung von $ 50 Millionen war aber so hoch, daß die Deutsche Delegation darauf gar nicht eingehen konnte. Auf eigenes Risiko machte Abs, der brennend an einem Ausgleich mit den Amerikanern interessiert war, ohne vorherige Abstimmung mit Bundesfinanzminister Schäffer ein Gegenangebot in Höhe von $ 25 Millionen. Er hegte die Hoffnung, die Sache in Bonn im Nachhinein schon durchzusetzen zu können. Sein mutiger Schritt wurde aber von den Amerikanern nicht honoriert. Nach erneuter Rücksprache mit Washington bot Gunter $ 40 Millionen (zahlbar in DM) als äußerstes Angebot. Darauf konnte Abs ohne Zustimmung des Kabinetts nicht eingehen, denn mit dem Angebot von $ 25 Millionen hatte er seine Kompetenzen bereits überschritten.[75]

Angesichts der Lage mußte sich das Bundeskabinett am 25. November nach nur zwei Wochen wieder mit den Londoner Verhandlungen beschäftigen. Da Abs wegen dringender Termine im Ausland an der Sitzung nicht persönlich teilnehmen konnte, referierte Vogel über den Stand der Dinge.[76] Aus deutscher Perspektive stellte sie sich wie folgt dar: Die USA beanspruchten für das bereits laufende Haushaltsjahr $ 23 Millionen (rd. DM 96 Mio.) plus $ 40 Millionen für das folgende, so daß bis zum 30. Juni 1954 der DM-Gegenwert von $ 63 Millionen aufzubringen sein würde. Wenn man den Wünschen der Amerikaner nachgab, dann würden die gesamten Schulden aus dem Amerika-Geschäft innerhalb von nur 5 Jahren abgetragen werden. Genau dieser Zeitraum war aber auf der Hauptkonferenz aus gutem Grund als tilgungsfreie Zeit für die Rückzahlung der Schulden aus der amerikanischen Nachkriegswirtschaftshilfe festgelegt worden. Vogel, der sich unter Zurückstellung seiner persönlichen Meinung sehr um eine sachliche Darlegung des Problems bemühte, trug am Schluß seines Vortrags im Namen von Abs und der Deutschen Delegation die dringende Bitte vor, die Londoner Verhandlungen wegen der Frage der DM-Zahlungen „nicht scheitern zu lassen oder zu gefährden."[77] Das wollte auch keiner der Anwe-

---

[75] Niederschrift (Baur) über die Besprechung betreffend die deutschen Nachkriegsverbindlichkeiten gegenüber den Vereinigten Staaten vom 21. 11. 1952, PA/AA, Abt. II Nr. 1630 (LSA 120); Vogel an Minister Blücher vom 22. 11. 1952, BA, B 146–1207; Vogel (London) an Vizekanzler Blücher vom 24. 11. 1952, PA/AA, Abt. II Nr. 1628 (LSA 118).
[76] Memorandum Vogel vom 26. 11. 1952, PA/AA, Abt. II Nr. 1631 (LSA 121a).
[77] 261. Kabinettssitzung vom 25.November.1952, in: Die Kabinettsprotokolle der Bundesregierung, Bd. 5 (1952), S. 710f. (Zitat S. 711).

senden, trotzdem machte sich im Kabinett deutliche Verärgerung über die hohen amerikanischen Forderungen breit. Bundeskanzler Adenauer kritisierte die rüden Verhandlungsmethoden der Amerikaner, die sich nicht scheuten, durch ein Junktim zwischen StEG-Abkommen, Nachkriegsschulden und Regierungsabkommen Druck auf die Bundesregierung auszuüben. Adenauer hielt es unter diesen Umständen für geboten, die Verhandlungen auf eine höhere Ebene zu verlagern und notfalls direkt mit Washington zu verhandeln, da man in London offenbar mit dem Latein am Ende sei. Das Kabinett stimmte dem Vorschlag des Kanzlers einmütig zu.[78]

Damit gerieten die Londoner Verhandlungen in eine Sackgasse. Gunter erbat vom *State Department* neue Direktiven.[79] Ein Treffen von Vertretern der Deutschen Delegation mit Mitgliedern der TCGD ergab nicht mehr als eine wechselseitige Darlegung unvereinbarer Standpunkte.[80] Gunter stand unter Druck, weil seine britischen und französischen Kollegen kaum Verständnis dafür aufbrachten, daß die leidige DM-Frage den Fortgang der Londoner Verhandlungen vollständig blockierte, nachdem die USA ein Junktim verfügt hatten. Er fragte aus diesem Grund noch einmal in Washington an, ob man nicht doch auf das $ 25 Millionen Angebot von Abs eingehen sollte.[81] Dieser Vorschlag hatte sich durch die Kabinettsentscheidung allerdings erst einmal erledigt.[82] Innerhalb der Deutschen Delegation gab es unterschiedliche Meinungen darüber, ob eine Weiterführung der Verhandlungen in London unter den gegebenen Umständen überhaupt noch Sinn machte. Vogel hielt weitere Verhandlungen für eine bloße Alibi-Veranstaltung. Er sprach sich für konsequente Härte aus, wenn die Deutschen nicht ihre Glaubwürdigkeit verlieren wollten. Der Vertreter des Finanzministeriums, Ministerialdirektor Wolff, plädierte für Weiterverhandeln.[83] Da die Zuständigkeit für das Amerika-Geschäft beim Finanzministerium lag, wurden die Londoner Gespräche nicht offiziell abgebrochen., obwohl sich die Entscheidungsebene für die nächsten Wochen nach Bonn verlagerte. Die Briten beobachteten die Zuspitzung der Lage mit Sorge.[84] Sie konnten auf

---

[78] Ebd.
[79] Gifford (London) to Secretary of State, 26. 11. 1952, NA, RG 59–1518.
[80] Niederschrift über die Besprechung mit dem Dreimächte-Ausschuß betreffend das StEG-Abkommen vom 27. 11. 1952, PA/AA, Abt. II Nr. 1631 (121a).
[81] Gifford (London) to Secretary of State, 28. 11. 1952, NA, RG 59–1518; Vermerk Vogel vom 24. 11. 1852, PA/AA, Abt. II Nr. 1631 (LSA 121a).
[82] Donelly (Bonn) to Secretary of State, 28. 11. 1952, NA, RG 59–1518.
[83] Vogel (London) an Minister Blücher vom 28. 11. 1952, PA/AA, Abt. II Nr. 1593 (LSA 84).
[84] Abbott: Bilateral Agreements with Germany on Post-war Debts. Note of a meeting between German Delegation and U.S., U.K. and French Delegation concerning the U.S. Agreement relating to Surplus Property, 24. 11. 1952, PRO, FO 371–98222.

1. Verhandlungen über die bilateralen Abkommen

Grund einschlägiger Informationen ihrer Bonner Dienststellen sehr gut nachvollziehen, daß der Bundesregierung die Aufbringung der von den USA geforderten DM-Beträge wirklich Probleme bereitete. Auf dringliches Anraten ihres Finanzberaters in Bonn vermieden sie aber jede Einmischung in den deutsch-amerikanischen Konflikt, um die Amerikaner nicht unnötig zu verärgern.[85]

Am 30. November reiste Gunter zu direkten Gesprächen mit der Bundesregierung nach Bonn ab. Vom *State Department* hatte er am Tag zuvor ein Telegramm mit Direktiven für seine Bonner Gespräche erhalten. Darin erklärte das *State Department* „extremely reluctant" zu sein, auf ein Angebot von nur $ 25 Millionen einzugehen. Gunter wurde angewiesen, sich nach Kräften um eine Lösung zu bemühen, die eine Jahresleistung von $ 35 Millionen nicht unterschritt. Aus Washingtoner Sicht war die Zahl ein guter Kompromiß zwischen den ursprünglich geforderten $ 50 Millionen und den angebotenen $ 25 Millionen. Falls man auf dieser Basis jedoch zu überhaupt keiner Lösung kommen konnte, zeigte sich Washington bereit, „to accept lower figure (but not less than $ 25 millions)."[86] Gunter wurde angewiesen, gegenüber Großbritannien und Frankreich keine Silbe darüber verlauten zu lassen, daß das Geld in der Bundesrepublik für militärische Zwecke eingesetzt werden sollte. Beim heiklen Thema Besatzungskosten sollten keine schlafenden Hunde geweckt werden.

Auf Vermittlung von Abs kam am 2. Dezember 1952 ein direktes Gespräch zwischen Gunter und Finanzminister Schäffer zustande, an dem neben Abs auch die in der Bundesrepublik stationierten amerikanischen Finanzexperten teilnahmen. Das Gespräch brachte, wie vermutlich von Abs erwartet, keine Einigung. Schäffer stellte sich stur und zeigte sich anfänglich nur bereit, den DM-Gegenwert von $ 5 Millionen bis 1954 zu zahlen, was in etwa den regulären Zinsverpflichtungen entsprach. Im Verlauf der Unterredung erhöhte Schäffer dann sein Angebot auf $ 15 Millionen unter der Bedingung, daß der ab dem 1. Januar 1953 eingeplante Verteidigungsbeitrag von monatlich DM 850 Millionen „mit Rücksicht auf eine verspätete Finanz-Konvention erst später als vorgesehen zu leisten wäre."[87] Mit der Einbeziehung des Verteidigungsbeitrags in die Schuldenverhandlungen traf Schäffer einen Nerv. Auf diesen Vorschlag konnten sich die Amerikaner nicht einlassen. Zur Rettung der verfahrenen Situation machte Abs einen

---

[85] Trevelyan (Office of the Economic Adviser) U.K. High Commission in Germany Wahnerheide to Allen (Foreign Office), 25. 11. 1952, PRO, FO 371–98222.
[86] Department to US Embassy London, 29. 11. 1952, NA, RG 59–1518.
[87] Vermerk (Baur) über eine Besprechung am 2. 12. 1952 im BFM, BA, B 146–1218.

Kompromißvorschlag, der von Gunter wohlwollend aufgenommen wurde, nicht jedoch von Schäffer. Es mußte auf die Hilfe des Bundeskanzlers vertraut werden, um Schäffer auf Kurs zu zwingen.[88] Abs schlug vor, das StEG-Abkommen offiziell anzunehmen und für die Zeit ab dem 1. Juli 1954 eine Annuität von $ 40 Millionen (zahlbar in DM) zu akzeptieren. Für die Zeit bis zum 30 Juni 1954 sollte eine spezielle Lösung vereinbart und in einem Briefwechsel festgelegt werden, die unterhalb der bisher geforderten Summe von $ 40 Millionen plus $ 23 Millionen liegen mußte. Die Möglichkeit, für diese Phase eine Sonderregelung zu treffen, war bereits zuvor vertraulich ventiliert worden.[89] Ohne Beteiligung von Schäffer gingen die Beratungen auf Expertenebene weiter.[90] Auf britischer Seite wuchs jetzt die Verstimmung über die Bockigkeit von Schäffer, weil weitere Verzögerungen der Londoner Verhandlungen befürchtet wurden. Das Inkrafttreten des Schuldenabkommens und damit die Aufnahme der Zahlungen wurden sowohl von der britischen Regierung als auch von den britischen Gläubigern dringend gewünscht.[91] Versuche der Briten, gegen die Deutschen mobil zu machen, indem man ihnen in der Öffentlichkeit den Schwarzen Peter für den schleppenden Fortgang der Verhandlungen zuschob, wurden jedoch von den USA unterbunden.[92] Die USA wollten ihren politischen Partner Bundesrepublik nicht weiter verärgern.

Inzwischen zeichnete sich nämlich nach einigen Konfusionen zwischen Bonn, London und Washington eine vorläufige Einigung auf der vorgeschlagenen Basis ab.[93] Am 6. Dezember 1952 wurde zwischen Gunter und Vogel ein Briefwechsel vollzogen, im dem die Bundesrepublik den StEG-Vertrag in der vorliegenden Form akzeptierte und den Vereinigten Staaten mit Wirkung vom 1. Juli 1954 das Recht einräumte, ohne weitere Konsultationen pro Jahr $ 40 Millionen in DM zu ziehen. Für die Zeit bis zum 30. Juni 1954 wurde die Aushandlung einer Sonderregelung vereinbart.[94]

---

[88] Donelly (Bonn) to Secretary of State, 3. 12. 1952, NA, RG 59–1518.
[89] Gifford (London) to Secretary of State, 28. 11. 1952, ebd.
[90] Aufzeichnung Vogel vom 4. 12. 1952, BA, B 146–1218.
[91] Secker to Abbott (Treasury Chambers), 5. 8. 1952; Minute: Date of initial payment by Germany on post-war debt. Crawford to Roberts, 18. 9. 1952, PRO, FO 371–100110.
[92] Allen (Foreign Office) to Trevelyan (Office of the Economic Adviser) Wahnerheide 5. 12. 1952; Trevelyan to Allen, 15. 12. 1952, PRO, FO 371–98222.
[93] Gifford to Secretary of State, 4. 12. 1952; Department to US Embassy London, 4. 12. 1952; Department (Acheson) to HICOG, Bonn, 4. 12. 1952, NA, RG 59–1518.
[94] Exchange of letters between Mr. Gunter and Dr. Vogel of December, 6, 1952, BA, B 146–1218; Vermerk Röhreke betr. Schuldenkonferenz: StEG-Abkommen und Nachkriegsschulden vom 6. 12. 1952, BA, B 146–1213; Gifford to Secretary of State, 6. 12. 1952, NA, RG 59–1519.

Diese sollte sich im Rahmen einer Gesamtsumme von $ 48 Millionen (zahlbar in DM) bewegen. Über die genauen Zahlungsmodalitäten mußte noch Einvernehmen erzielt werden. Infolge dieser Vereinbarung konnte der zwischenzeitlich fertig gestellte Entwurf des Regierungsabkommens an die anderen beteiligten Regierungen zur Prüfung abgeschickt werden. Vizekanzler Blücher stellte befriedigt fest, daß sich der Widerstand des Kabinetts gegen eine „überhastete und erpresste" Regelung ausgezahlt habe. Auf Wunsch der USA sollten die abschließenden Besprechungen über das Regierungsabkommen aber erst dann stattfinden, wenn eine definitive Vereinbarung auch über die DM-Zahlungen aus dem StEG-Abkommen für die Phase bis zum 30. Juni 1954 getroffen worden war.[95] Das *State Department* war fest entschlossen, bis dahin weiter Druck auf die Bundesregierung auszuüben. Aus amerikanischer Perspektive war man der Bundesrepublik im Vergleich zu anderen Ländern bereits sehr weit entgegengekommen. Deshalb waren weitere Kompromisse beim Amerika-Geschäft ausgeschlossen. Das Geld wurde dringend benötigt. Das State Department stellte in einem Schreiben an die Alliierte Hohe Kommission ausdrücklich fest, daß die amerikanischen Operationen „in Germany will be seriously crippled unless we obtain from Federal Government draw-downs in sufficient quantity to meet our requirements in coming months and therefore this issue is primary importance to HICOG."[96] Die amerikanische Regierung war auf die Ausübung der bestehenden DM-Ziehungsrechte angewiesen, weil damit Gelder zur Verfügung standen, die nicht in den Zuständigkeitsbereich der amerikanischen Legislative fielen.

Die letzte Etappe der Verhandlungen gestaltete sich noch einmal äußerst schwierig. Schäffer weigerte sich nach wie vor entschieden, die geforderten Beträge in den Bundeshaushalt einzustellen. Er hielt weiter an seinem Vorschlag fest, ein Junktim zu den Besatzungskosten herzustellen. Diesen Vorschlag hielt Abs für utopisch, er mußte aber besorgt feststellen, daß das Kabinett angesichts der jüngsten Verhandlungserfolge keine übermäßige Eile an den Tag legte. Auch die amerikanischen Vertreter in Bonn beobachteten diese Entwicklung mit Sorge. Sie befürchteten, daß der Bundeskanzler den falschen Ratgebern folgen könnte.[97] Das *State Departement* erließ daraufhin die Weisung, den Bundeskanzler direkt auf die mögliche Konsequenz einer falschen Entscheidung aufmerksam zu machen, die da lautete: Keine

---
[95] Vogel an Vizekanzler Blücher vom 8. 12. 1952, PA/AA, Abt. II Nr. 1511 (LSA 7).
[96] Department (Acheson) to HICOG, 5. 12. 1952, NA, RG 59–1518.
[97] Samuel Reber (Bonn) to Secretary of State, 22. 12. 1952, NA, RG 59–1519.

DM-Zahlungen, kein Regierungsabkommen![98] Der stellvertretende amerikanische Hochkommissar richtete eine entsprechende Note an das Auswärtige Amt, die von Ministerialdirektor Blankenhorn hinhaltend beantwortet wurde.[99] Washington ließ die Bundesregierung daraufhin wissen, daß man „äußerst ungehalten über das deutsche Gebaren" sei.[100] Trotz allseitiger Empfindsamkeiten und trotz anhaltender Verärgerung darüber, daß die amerikanische Regierung praktisch alle deutschen Einwände niedergebügelt hatte, konnte man sich im Januar 1953 schließlich auf der vorgesehenen Basis einigen.[101] Bis zum 30. Juni 1954 oblag der Bundesrepublik eine Gesamtzahlung im DM-Gegenwert von $ 48 Millionen, die in sechs Raten unterteilt war. Die erste Teilzahlung war im März 1953 fällig, die letzte im April 1954. Die Vereinbarung wurde in einem offiziellen Briefwechsel zwischen den Delegationsleitern Abs und Pierson mit Datum vom 27. Februar 1953, dem Tag der Unterzeichnung des Regierungsabkommens, niedergelegt.[102]

---

[98] Department (Acheson) to HICOG (Bonn), 23. 12. 1952, ebd.
[99] Stellvertretender US Hochkommissar (Reber) an Ministerialdirektor Blankenhorn (Palais Schaumburg) vom 23. 12. 1952; Blankenhorn an US Hochkommissar vom 6. 1. 1953, BA, B 146–1218.
[100] Vermerk von Witzleben vom 27. 1. 1953, ebd.
[101] Vogel an Vizekanzler Blücher vom 29. 1. 1953, PA/AA, Abt. II Nr. 1628 (LSA 118).
[102] Deutsche Delegation (Abs) an Pierson (London) vom 27. 2. 1953, ebd.

2. Das Regierungsabkommen unter besonderer Berücksichtigung der Reparationsfrage

Im Namen der TCGD begrüßte Sir George Rendel am 16. September 1952 die Mitglieder der Deutschen Delegation zum Beginn der Verhandlungen über das Regierungsabkommen. Er zeigte sich davon überzeugt, daß „the negotiations which were about to begin would have a speedy outcome and would achieve results satisfactory to all."[1] Beide Aussagen sollten sich als nicht zutreffend erweisen, denn erstens zogen sich die Beratungen auch hier wesentlich länger hin als erwartet, und zweitens waren am Ende nicht alle Beteiligten mit dem Ergebnis zufrieden. Die TCGD hatte in den Wochen zuvor, nicht ohne gelegentliche Reibereien, den Entwurf eines Regierungsabkommens ausgearbeitet.[2] Dieser Entwurf war den Deutschen erst kurz vor der Eröffnungssitzung zugestellt worden, so daß für eine eingehende Prüfung keine Zeit mehr verblieben war. Abs schlug deshalb vor, die einzelnen Themenkomplexe erst einmal in kleineren Fachgruppen durchzusprechen. Mit diesem Procedere erklärte sich die TCGD einverstanden. Anschließend erläuterte der Rechtsberater der britischen Delegation den Aufbau und die Grundkonzeption des vorliegenden Abkommensentwurfs, dessen Hauptzweck darin bestehe, „to incorporate in one text, which would be binding on Governments, the results of the Conference which had ended in August and which had been embodied in the Report of the Conference and the Annexes thereto."[3] Delegationsleiter Abs verzichtete auf eine eigene Stellungnahme zum Entwurf. Erst in der nächsten Sitzung gab er ein kurzes Statement ab, in dem er den Artikel 13 des vorliegenden Entwurfs kritisierte, weil darin von einer Aufhebung der Rechtsvorschriften der Konversionskasse die Rede war. Eine Nichtigkeitserklärung der Konversionskassengesetzgebung für die Vergangenheit, die von den Regierungen gewünscht wurde, erklärte Abs für unmöglich.[4] Hier ging es ums Prinzip, denn ein Eintreten für die Schulden der Konversionskasse und für deren nicht vollzogene Transferverpflichtungen war von der Bundesregierung ja

---

[1] TCGD: Minutes of a Meeting with the German Delegation held on 16th September, 1952, PA/AA, Abt. II Nr. 1599 (LSA 89).
[2] Dreimächteausschuß für Deutsche Schulden: Vertraulicher Entwurf eines Regierungsabkommens über Deutsche Auslandsschulden (Vorläufige Übersetzung) vom 16. 9. 1952, PA/AA, Abt. II Nr. 1592 (LSA 83): Gifford to Secretary of State, 5. 9. 1952, NA, RG 59–1518.
[3] TCGD: Minutes of a Meeting with the German Delegation held on 16th September, 1952, PA/AA, Abt. II Nr. 1599 (LSA 89).
[4] TCGD: Minutes of a Meeting with the German Delegation held on 18th September, 1952, ebd.

bereits auf der Hauptkonferenz zugesagt und damit eine Lösung für die Praxis gefunden worden. Die Bundesregierung war aber nach wie vor nicht bereit, die Konversionskasse als solche für ungesetzlich zu erklären, weil ein zentraler Transfer von Schuldbeträgen ins Ausland in den dreißiger Jahren gängige staatliche Praxis vieler Länder gewesen war. Kritikwürdig war dagegen ihr mangelhaftes Funktionieren nach dem Ausbruch des Krieges. Hier lag das eigentliche Problem. Die Bundesregierung lehnte die Aufnahme einer besonderen Bestimmung in das Schuldenabkommen ab, die sie zu Zwangsmaßnahmen bezüglich der Konversionskasse verpflichtete, obwohl die Auflösung dieser Einrichtung außer Frage stand. Schließlich einigte man sich im Ausschuß darauf, den Sachverhalt ohne explizite Erwähnung der Konversionskasse im Abkommen indirekt klarzustellen.[5] Dies war aber nur ein Problem an Rande, das relativ leicht gelöst werden konnte. Die Lösung anderer Probleme erforderte wesentlich mehr Zeit und Kraft.

Nach der offiziellen Eröffnung der Verhandlungen überließ Abs das Feld erst einmal seinen Experten und reiste zur Wahrnehmung beruflicher Verpflichtungen nach Hause. In seiner Abwesenheit oblag Ministerialdirektor Wolff vom Bundesfinanzministerium die Leitung der Verhandlungen über das Regierungsabkommen. Nach Auffassung der Amerikaner konnte aber von Führung auf deutscher Seite nicht die Rede sein, wenn Abs nicht persönlich anwesend war. In einem Bericht an das *State Department* beklagte sich Gunter, daß die unzähligen deutschen Experten in zeitraubendster Manier jede Kleinigkeit zum Problem machen würden. Von Koordination keine Spur![6] Aus deutscher Sicht stellte sich die Lage völlig anders dar. Beim Entwurf des Regierungsabkommens wurde in einigen Punkten noch erheblicher Diskussionsbedarf gesehen.[7] Im wesentlichen ging es dabei um die Behandlung von Transferproblemen im Regierungsabkommen, die Ausgestaltung der Präambel, die Regelung von in der Zukunft auftretenden Meinungsverschiedenheiten und ganz besonders der Umgang mit den Reparationsforderungen aus beiden Weltkriegen. Der letzte Punkt war von überragender Bedeutung.

Um die Formulierung der Transferklausel (Ziffer 21) im Schlußbericht der Londoner Schuldenkonferenz vom 8. August 1952 war lange gerungen worden. Der deutschen Seite ging es erklärtermaßen darum, für den Fall

---

[5] Deutsche Delegation für Auslandsschulden: Niederschrift (Granow) über die Ergebnisse der Sitzung des Verhandlungsausschusses II am 24. 9. 1952, BA, B 146–1207.
[6] Gifford (London) to Secretary of State, 2. 10. 1952, NA, RG 59–1518.
[7] Vogel (London) an Minister Blücher vom 30. 9. 1952, BA, 146–1207.

2. Das Regierungsabkommen

unverschuldeter Transferschwierigkeiten in der Zukunft Vorsorge zu treffen. Im zweiten Absatz von Ziffer 21 war außerdem eine weitere Liberalisierung der internationalen Handelspolitik und die Wiederherstellung der freien Konvertierbarkeit der Währungen zum wünschenswerten Ziel erklärt worden, um damit aktiv zur Stärkung der deutschen Zahlungsbilanz und mittelbar zur Vermeidung künftiger Transferschwierigkeiten beizutragen. Alle am Abkommen Beteiligten, also vor allem die Gläubigerländer, wurden aufgefordert, ihre Politik an diesen Grundsätzen zu orientieren. Bei der Ausarbeitung des Regierungsabkommens sollten Regelungen erwogen werden, die eine allseits befriedigende Handhabung des Schuldenplans gewährleisteten, „einschließlich von Bestimmungen, die in dem Fall angewandt werden, daß die Bundesrepublik trotz äußerster Anstrengungen Schwierigkeiten bei der Durchführung dieser Verpflichtungen aus dem Regelungsplan gegenübersteht."[8]

Die Aufnahme dieser Klausel in den Schlußbericht hatte die Deutsche Delegation mit massivem Druck gegen die TCGD durchgesetzt, die aus ihrer skeptischen Einstellung gegenüber *Escape*-Klauseln dieser Art keinen Hehl gemacht hatte. Entsprechend gering war die Bereitschaft, sich im Zuge der Aushandlung des Regierungsabkommens noch einmal ausführlich auf dieses Thema einzulassen. Die amerikanische Delegation war vom *State Department* angewiesen worden, keine Klausel zur Konditionierung der Zahlungsverpflichtungen der Bundesrepublik in das Rahmenabkommen aufzunehmen. Alles Wichtige sei bereits im Konferenzbericht enthalten und bedürfe keiner Wiederholung. Eine Übernahme des zweiten Absatzes der Ziffer 21 des Schlußberichts, in dem die handelspolitischen Forderungen an die Regierungen enthalten waren, wurde ausdrücklich für unerwünscht erklärt. Statt der Transferklausel wurde der Einbau einer Konsultationsklausel vorgeschlagen, die Vorkehrungen für den Fall später auftretender Schwierigkeiten treffen sollte. Darunter sollten auch der *default* (Zahlungsverzug) oder sonstige Transferschwierigkeiten subsumiert werden.[9] Im Artikel 29 des Abkommensentwurfs fand sich dann die sehr allgemein gehaltene Bestimmung, daß bei Bedarf „die Parteien dieses Abkommens in Beratungen über die wirksame Ausführung der in diesem Abkommen enthaltenen Verpflichtungen eintreten."[10]

---

[8] Bericht der Konferenz über Deutsche Auslandsschulden London, Februar-August 1952, vom 8. 8. 1952, IV. Empfehlungen, Ziffer 21, S. 5f.
[9] Acheson to US Embassy London, 11. 9. 1952, NA, RG 59–1517.
[10] Dreimächteausschuß für Deutsche Schulden: Vertraulicher Entwurf eines Regierungsabkommens über Deutsche Auslandsschulden (Vorläufige Übersetzung) vom 16. 9. 1952, PA/AA, Abt. II Nr. 1592 (LSA 83).

Die Deutsche Delegation war nicht damit einverstanden, daß die Transferschutzklausel stillschweigend durch eine vage Konsultationsklausel ersetzt wurde. Wolff legte ausführlich dar, aus welchen Gründen die deutsche Seite entschiedenen Wert auf eine Schutzklausel legte, und unterbreitete der TCGD einen Gegenvorschlag. Dieser sah vor, die Konsultationsklausel dahingehend zu konkretisieren, daß in bestimmten Problemfällen die gutachterliche Äußerung eines internationalen Sachverständigengremiums eingeholt werden sollte. Wolff verwies in diesem Zusammenhang auf ähnliche Gremien des Young-Plans. Die TCGD beharrte jedoch auf einer allgemeineren Formulierung für das Regierungsabkommen. Abs schaltete sich ein und machte die TCGD darauf aufmerksam, daß die Lösung der Transferfrage von den Gläubigern auf der Hauptkonferenz zur Regierungsaufgabe erklärt worden war, der man sich nun nicht einfach entziehen könne.[11] Am nächsten Tag wurde der deutsche Alternativvorschlag noch einmal ausführlich mit der TCGD diskutiert. Teilweise wurden dabei die Schlachten der Vergangenheit geschlagen. Die TCGD blieb bei ihrer ablehnenden Haltung der von den Deutschen vorgeschlagenen Ingangsetzung einer festen Maschinerie im Fall von Zahlungsschwierigkeiten. Sie begründete dies damit, daß eine solche Einrichtung die Ernsthaftigkeit des deutschen Zahlungswillens in Frage stelle. Sir Otto Niemeyer äußerte sich am Rande einer BIZ-Sitzung in Basel in ähnlich Weise gegenüber Präsident Vocke.[12] Abs hielt zwar argumentativ dagegen, konnte Rendel und Gunter aber nicht von der Sinnhaftigkeit des deutschen Vorschlags überzeugen. Es blieb bei seiner Ablehnung.

Um den Streit nicht auf die Spitze zu treiben, versprach die TCGD aber, den Artikel 29 (Transfer) des Abkommensentwurfs einer erneuten Überprüfung zu unterziehen.[13] Allerdings tat sich die TCGD weiterhin schwer, der Aufnahme von Bestimmungen in das Abkommen zuzustimmen, welche die beteiligten Regierungen zu einem bestimmten politischen Verhalten verpflichteten. Auf der anderen Seite wollten sich die Deutschen mit gutem Grund gegen potentielle Zahlungsschwierigkeiten in der Zukunft absichern, die außerhalb ihres Zuständigkeits- und Einflußbereichs lagen. Historische Erfahrungen spielten hier eine wichtige Rolle.[14]

---

[11] Niederschrift über die Besprechung von Transferfragen am 8. Oktober 1952 vom 13. 10. 1952, PA/AA, Abt. II Nr. 1606 (LSA 96); TCGD: Minute of a Meeting with the German Delegation held on Wednesday, 8th October 1952, PA/AA, Abt. II Nr. 1599 (LSA 89).
[12] Vermerk Vocke vom 14. 10. 1952, HADBB, B 330–2021.
[13] Niederschrift über die Besprechung von Transferfragen am 9. Oktober 1952 vom 13. 10. 1952, PA/AA, Abt. II Nr. 1606 (LSA 96).
[14] TCGD: Minute of a Meeting with the German Delegation held on Wednesday, 17th October 1952, PA/AA, Abt. II Nr. 1599 (LSA 89).

2. Das Regierungsabkommen

In einer vertraulichen Unterredung mit Abs unterbreitete Rendel den Vorschlag, im Regierungsabkommen einen direkten Hinweis auf den Schlußbericht unterzubringen, um damit den deutschen Wünschen nach einem zuverlässigen Transferschutz ein Stück entgegen zukommen. Abs hielt dies für einen gangbaren Weg, wofern ihm die Bank deutscher Länder und die zuständigen Ministerien in Bonn grünes Licht gaben.[15] Vocke, der die Transferfrage während der Hauptkonferenz so leidenschaftlich betrieben hatte, tendierte nach seinem Gespräch mit Niemeyer nun auch dazu, eine Kompromißlinie zu finden.[16] Nach weiteren Gesprächen über Detailfragen konnte schließlich ein tragfähiger Kompromiß gefunden werden.[17] Die Konsultationsklausel wurde in ihrer endgültigen Fassung um einen Abschnitt (b) ergänzt, in dem in einer sprachlich etwas sperrigen Form ausdrücklich auf den Fall deutscher Zahlungsprobleme eingegangen und auf den Konferenzbericht vom 8. August Bezug genommen wurde. Ebenso wurde auf die Möglichkeit hingewiesen, im Verzugsfall internationale Sachverständige einbeziehen zu können. Damit kam man den diesbezüglichen deutschen Wünschen auf halbem Weg entgegen.[18]

Abs reiste am 25. Oktober nach Deutschland zurück, versprach aber, am 6. November wiederzukommen und bis zum Ende der Beratungen zu bleiben. Offenbar ging man von der Erwartung aus, im Verlauf des Monats November alle wesentlichen Probleme lösen zu können. Den übrigen Gläubigerländern sollte anschließend der Entwurf des Abkommens zur Stellungnahme zugeleitet werden. Wie das weitere Procedere dann genau aussehen würde, stand noch nicht fest. Die Briten hätten eine Regierungskonferenz gern vermieden, was sich als nicht möglich erweisen sollte.[19] Die Beratungen kamen im übrigen nur schleppend voran. Ähnlich wie die Amerikaner beklagten auch die Briten, daß die Deutsche Delegation in Abwesenheit von Abs nur aus Fachleuten bestehe, „who seem to have no discretion to compromise on any point of importance and who are mainly concerned to produce endless complicated and generally unacceptable drafts providing for every kind of improbable contingency."[20] Diese Einschätzung war sicher

---

15 Vermerk (Krebs) über eine Besprechung mit dem Vorsitzenden der Dreimächtekommission am 20. 10. 1952, BA, B 146–1225.
16 Vermerk Vocke vom 14. 10. 1952, HADBB, B 330–2021.
17 Vogel (London) an Minister Blücher vom 27. 10. 1952, PA/AA, Abt. II Nr. 1592 (LSA 83).
18 Abkommen über Deutsche Auslandsschulden London vom 27. Februar 1953, Artikel 34, S. 26f.
19 Crawford to Roberts: Intergovernmental Agreement on Germany, 29. 10. 1952, PRO, FO 371–98206.
20 Rendel (TCGD, US Delegation) to Roberts (Foreign Office), 31. 10. 1952, ebd.

nicht ganz falsch, denn juristisch vorgebildete deutsche Beamte neigen zur Gründlichkeit, zumal die Vorlagen der TCGD stellenweise mit der heißen Nadel gestrickt und der Nachbesserung bedürftig waren. Auf der anderen Seite stand mittlerweile fest, daß das Schuldenabkommen dem amerikanische *Congress* zur Zustimmung vorgelegt werden würde, nachdem dem *Foreign Relation Committee* eine entsprechende Zusage seitens der Regierung gemacht worden war.[21] Gunter machte Rendel die vertrauliche Mitteilung, daß das Regierungsabkommen nicht vor Januar 1953 dem *Congress* zur Genehmigung vorgelegt und mit dessen Zustimmung frühestens im April zu rechnen sein würde. Den Deutschen sollte diese Nachricht allerdings vorenthalten werden, damit sie nicht zu noch weiter ausufernden juristischen Diskussionen motiviert würden.[22] Nennenswerte negative Auswirkungen für den Beginn der Zahlungen wurden von britischer Seite nicht erwartet, weil das Gros der Zahlungen vertragsgemäß erst zum 1. April 1953 aufgenommen werden sollte. Geringe Auswirkungen wurden allenfalls für die Stillhalteschulden erwartet.[23]

Meinungsverschiedenheiten gab es auch über die inhaltliche Gestaltung der Präambel, die in ihrer ursprünglichen Fassung vom 16. September 1952 von der Deutschen Delegation als unannehmbar zurückgewiesen wurde. Den Stein des Anstoßes bildeten einige Passagen, die von der deutschen Seite als vergangenheitsorientiert und teilweise als abwertend empfunden wurden. Dazu zählte zum einen ein ausdrücklicher Hinweis auf das Jahr 1933 und dessen Folgen für die Bedienung der deutschen Auslandsschulden, zum anderen eine gewisse Überbewertung der Bedeutung der Nachkriegswirtschaftshilfe für den Wiederaufbau der deutschen Wirtschaft und die Wiederaufnahme von Zahlungen auf die Auslandsschuld. Ferner mißfiel der deutschen Delegation die Art und Weise, wie die Schuldenerklärung vom 6. März 1951 in der Präambel wiedergegeben wurde.[24]

In einer gemeinsamen Sitzung von TCGD und Deutscher Delegation erklärte Sir Rendel in einem einführenden Statement, daß „the main purpose and importance of the preamble was to present the Agreement in its right perspective to public opinion and to the Parliaments in the countries con-

---

21 Department of State to US Embassy, 29. 8. 1952, NA, RG 59–1517.
22 E. H. Perk to Crawford: Inter-Governmental Agreement on German External Debts, 23. 9. 1952, PRO, FO 371–100093.
23 Crawford to Harrison/Strang: German Debt Settlement, 10. 10. 1952, PRO, FO 371–100094.
24 Vermerk Weiz über die Sitzung des Ausschusses I vom 1. 10. 1952, PA/AA, Abt. II Nr. 1583 (LSA 74).

2. Das Regierungsabkommen

cerned."²⁵ Die Vorstellungen, wie man diesem Ziel am besten gerecht werden konnte, gingen allerdings auseinander. Rendel setzte sich für eine Straffung der Präambel ein und schlug vor, den Briefwechsel vom 6. März 1951 in einem Anhang an das Regierungsabkommen anzufügen und in der Präambel nur darauf zu verweisen. Die Deutsche Delegation wandte sich gegen diesen Vorschlag. Sie hielt es für „essential that the Intergovernmental Agreement should present the basic ideas of the exchange of letters as opinions to which all parties subscribed."²⁶ Mit ihrer Argumentation konnten sich die Deutschen in diesem Punkt aber nicht durchsetzen. Die TCGD lehnte den Vorschlag ab, wesentliche Ausschnitte aus der Note vom 6. März 1951 in der Präambel zu zitieren. Außerdem sorgten die Franzosen in diesem Kontext zusätzlich für Ärger, weil sie plötzlich das heikle Thema Reichsnachfolge wieder diskutieren wollten. Dies wurde vereitelt. Schließlich gab die TCGD dem deutschen Wunsch insofern nach, als sie bereit war, im ersten Absatz der Präambel als Leitprinzip der gesamten Schuldenregelung die Beseitigung von „Hindernissen auf dem Weg zu normalen Wirtschaftsbeziehungen zwischen der Bundesrepublik Deutschland und anderen Staaten" als „Beitrag zur Entwicklung einer blühenden Völkergemeinschaft" zu nennen.²⁷ Im Gegensatz zum ersten Entwurf wurde damit ein eindeutig positiver Aspekt an den Anfang der Präambel gestellt.

Auch die von deutscher Seite besonders kritisch aufgenommenen Passagen zur Verzugslage (*default*) seit dem Jahr 1933 und zur Bewertung der alliierten Nachkriegswirtschaftshilfe wurden sprachlich abgemildert.²⁸ Außerdem sollte der Präambel ein Hinweis zugefügt werden, daß das Schuldenabkommen vom 6. März 1951 nicht nur für die Bundesrepublik und die drei Besatzungsmächte, sondern für alle beteiligten Regierungen verpflichtend die „wesentlichen Grundgedanken" enthält. In der Endfassung wurde der Zusatz dann allerdings wieder verwässert, ohne daß dies aber zu erneuten Auseinandersetzungen geführt hätte.²⁹ Zwischen der TCGD und der Deutschen Delegation wurde eine grundsätzliche Einigung darüber herbeigeführt, daß der Begriff „Vereinbarung" im Zusammenhang

---

25 TCGD: Minutes of a meeting with the German Delegation held at 7th October 1952, PA/AA, Abt. II Nr. 1599 (LSA 89).
26 Ebd.; Baur an Minister Blücher vom 9. 10. 1952, PA/AA, Abt. II Nr. 1579 (LSA 70).
27 Telegramm Weiz (London) an Auswärtiges Amt (Bonn) vom 12. 10. 1952, PA/AA, Abt. II Nr. 1510 (LSA 6).
28 TCGD: Draft Inter-Governmental Agreement on German External Debts: Minute of a Meeting between the Tripartite Commission on German Debts and the German Delegation for External Debts held on 10th October, 1952, PA/AA, Abt. II Nr. 1599 (LSA 89).
29 Abkommen über Deutsche Auslandsschulden London vom 27. Februar 1953, Präambel S. 5 f., HADB, NL Krebs allgemein.

mit der Schuldenerklärung mit Rücksicht auf den Deutschen Bundestag vermieden werden sollte.[30] Dort gab es nach wie vor Vorbehalte, weil die ursprünglich vorgesehene Ratifizierung der Schuldenerklärung unterblieben war. Der Briefwechsel vom 6. März 1951 war einfach dem Teil VIII des Überleitungsvertrags zum Deutschland-Vertrag beigefügt worden. Zur Rechtfertigung dieses Schritts war auf den engen Konnex zwischen der Regelung der Auslandsverschuldung und der Wiederherstellung der deutschen Souveränität verwiesen worden. In Wahrheit konnte auf diese Weise ein politisch inopportunes Junktim zwischen Auslandsschulden und Auslandsvermögen vermieden werden, das der Bundestag gerne eingeführt hätte. Das Thema Auslandsvermögen stand in der Bundesrepublik nach wie vor auf der politischen Tagesordnung und war im Hinblick auf die Ratifikation des Londoner Schuldenabkommens durch den Bundestag ein sensibles Thema. Vom Bundestag war zwischenzeitlich die Einrichtung eines Internationalen Komitees vorgeschlagen worden, das den Zusammenhang zwischen Auslandsschulden und Auslandsvermögen untersuchen sollte. Die amerikanische Regierung lehnte Vorschläge dieser Art jedoch kategorisch ab.[31] Dies konnte Bundeskanzler Adenauer aber nicht davon abhalten, erneut mit der Bitte an die Vereinigten Staaten heranzutreten, ihre Haltung in der Vermögensfrage zu überprüfen.[32] Erfolg hatte er damit zwar nicht, aus innenpolitischen Gründen war er aber zur Aktivität gezwungen.

Ein weiterer Punkt, der den Deutschen sehr am Herzen lag, war die Schaffung einer Schiedsinstanz, die über später auftretende Meinungsverschiedenheiten zum Inhalt des Schuldenabkommens entscheiden konnte. Zu Beginn der Verhandlungen legte die Deutsche Delegation ein Memorandum mit ihren speziellen Vorstellungen vor, die von Wolff im Verhandlungsausschuß VII erläutert wurden.[33] Demnach sollte ein Schiedsgerichtshof eingerichtet werden, der bei Differenzen unter den beteiligten Regierungen über die Auslegung des Schuldenabkommens ein verbindliches Urteil fällen konnte. Er sollte ausschließlich für juristische und nicht für wirtschaftliche Fragen zuständig sein und über keine Anordnungsbefugnisse verfügen. Bei Streitfällen sollte das Schiedsgericht, das aus Gründen der Zweckmäßigkeit nur wenige Mitglieder umfassen sollte, ad hoc gebildet werden. Vor allem die

---

30 Telegramm Weiz (London) an Auswärtiges Amt (Bonn) vom 12. 10. 1952, PA/AA, Abt. II Nr. 1510 (LSA 6).
31 Department (Acheson) to US Embassy Paris, 22. 9. 1952, NA, RG 59–1517.
32 Note BK Adenauer an AHK Botschafter James B. Conant vom 7. 11. 1952, BA, B 146–9119.
33 Deutsche Delegation: Memorandum on the establishment of an Arbitration Court for the interpretation of the Intergovernmental Agreement and its appendices, 19th September 1952, PA/AA, Abt. II Nr. 1588 (LSA 79).

2. Das Regierungsabkommen

amerikanischen Mitglieder der TCGD hielten ein solches Schiedsgericht für verzichtbar, weil ihrer Meinung nach bereits genug schiedsgerichtliche Instanzen und Konsultationsverfahren vorgesehen waren. Im übrigen verwiesen sie auf die im Deutschland-Vertrag zur Regelung von Streitfällen enthaltenen Möglichkeiten.[34] Die Deutschen blieben aber bei ihrer Auffassung, daß ein separater Schiedsgerichtshof für Streitigkeiten zwischen den am Abkommen beteiligten Regierungen Sinn machen würde.[35] Die Diskussionen über das Schiedsgericht konzentrierten sich in den nächsten Wochen auf zwei Problemkreise. Zum einen ging es darum, ob das Schiedsgericht, wie von deutscher Seite gefordert, ausschließlich für Streitigkeiten unter den Regierungen zuständig sein oder ob man dessen Zuständigkeit auch auf andere Fälle ausdehnen sollte. Die TCGD erwog, die im Ausschuß „D" beschlossene „Gemischte Kommission" [Anlage IV, Art. 16] mit dem Schiedsgericht für die Regierungen zusammenzulegen.[36] Die Deutsche Delegation setzte sich dagegen weiter für eine strikte Trennung der beiden Funktionsbereiche ein.[37] Damit konnte sie sich zwar nicht ganz durchsetzen, es wurde aber schließlich doch eine akzeptable Lösung erzielt. Die Zuständigkeiten des Schiedsgerichtshof wurden im Artikel 28 des Regierungsabkommens genau abgegrenzt. Er war für alle Grundsatzfragen über die Auslegung des Schuldenabkommens zuständig, welche die Unterzeichnerstaaten nicht auf dem Verhandlungsweg regeln konnten. Streitigkeiten über die Auslegung der Konsultationsklausel (Art. 34) wurden prinzipiell ausgenommen. In den anschließenden Artikeln 29 bis 32 ging es um die Anbindung und Abgrenzung der in den Anlagen zum Schuldenabkommen sonst noch enthaltenen schiedsgerichtlichen Gremien und Verfahren. Mit der Aufzählung sollte eine Art Gesamtkonnex hergestellt werden. Der Artikel 33 behandelte den Sonderfall von Streitfällen, die sich auf Unternehmen bezogen, die unter das AHK-Gesetz Nr. 27 (Entflechtung) fielen.[38] Die Einigung über die genaue

---

[34] Aufzeichnung über die Sitzung des Verhandlungsausschusses VII (Schiedsgericht und Schlichtungskommission) am 3. Oktober 1952 vom 6. 10. 1952, ebd.
[35] Niederschrift über das Ergebnis der Sitzung des Verhandlungsausschusses VII (Schiedsgericht und Schiedsverfahren) am 5. November 1952 vom 6. 11. 1952, ebd.; Niederschrift Granow über das Ergebnis der Sitzung des Verhandlungsausschusses VII (Schiedsgericht/ Schiedsverfahren) vom 6. 11. 1952, BA, B 126–48401.
[36] Vermerk Weiz vom 1. 12. 1952, PA/AA, Abt. II Nr. 1588 (LSA 79); Vermerk Arnold betr. Londoner Schuldenkonferenz (Schiedsgerichtsverfahren) vom 5. 12. 1952, PA/AA, Abt. II Nr. 1588 (LSA 79).
[37] Auswärtiges Amt an Deutsche Delegation für Auslandsschulden betr. Schiedsklauseln des multilateralen Abkommens vom 5. 12. 1952, ebd.
[38] Abkommen über Deutsche Auslandsschulden London vom 27. Februar 1953, Präambel S. 20 ff., HADB, NL Krebs allgemein.

Zusammensetzung und den Aufbau des Schiedsgerichts zog sich noch etwas länger hin. Die Deutsche Delegation hatte vorgeschlagen, den Schiedsgerichtshof mit nur sieben Mitgliedern zu besetzen.[39] Man einigte sich schließlich auf acht ständige Mitlieder, wovon drei von der Bundesregierung und je ein Mitglied von Frankreich, Großbritannien und den USA zu ernennen waren. Hinzu kamen ein Präsident und ein Vizepräsident.[40] Laut Satzung mußten sich die Regierungen der Länder, die als ordentliche Mitglieder dem Schiedsgerichtshof angehörten, auf einen gemeinsamen Kandidaten für den Vorsitz verständigen. Bei andauernder Uneinigkeit oblag die Entscheidung darüber dem Präsidenten des Internationalen Gerichtshofes in Den Haag.[41] Der Sitz des Schiedsgerichtshofes sollte in der Bundesrepublik liegen. Die Bundesregierung bestimmte dazu später die Stadt Koblenz. Die Verfahrensregeln zum Schiedsgerichtshof wurden dem Regierungsabkommen in einer ausführlichen Satzung als Anlage IX beigefügt.[42] Die Anlage X enthielt die Satzung der „Gemischten Kommission".[43]

Das wichtigste Problem in den Verhandlungen über das Regierungsabkommen waren die Auseinandersetzung über die Formulierung des Artikels 5, in dem die nicht unter das Abkommen fallenden Forderungen enthalten waren. Neben den Schulden der Stadt Berlin, die wegen des Viermächtestatus der Stadt ausgeklammert worden waren, bezog sich der Artikel 5 im wesentlichen auf die aus den beiden Weltkriegen herrührenden Forderungen, also auf Reparationen oder Forderungen mit reparationsähnlichem Charakter. Die TCGD hatte Forderungen dieser Art ausdrücklich von den Schuldenverhandlungen ausgenommen. Dazu gehörten auch die *Clearing*-Schulden in zweistelliger Milliardenhöhe, die während des Krieges in den besetzten Gebieten angefallen waren. Für die Niederlande war diese Kategorie besonders relevant, und sie unternahmen mehrere vergebliche Anläufe, ihre Forderungen aus der Besatzungszeit in die Londoner Verhandlungen einzubringen. Im Regierungsabkommen ging es nun darum, die Geltendmachung von Reparationsforderungen jeglicher Art auch künftig zu unterbinden, um den Schuldendienst nicht zu gefährden. Die Deut-

---

[39] Vorschläge für einen Schiedsgerichtshof für das Londoner Schuldenabkommen vom 14. 11. 1952, PA/AA, Abt. II Ntr. 1588 (LSA 79).
[40] Telegramm Weiz an Auswärtiges Amt vom 19. 12. 1952, ebd.
[41] Weiz (London) an Auswärtiges Amt vom vom 12. 3. 1953, PA/AA, Abt. II Nr. 1589 (LSA 80).
[42] Abkommen über Deutsche Auslandsschulden London vom 27. Februar 1953, Anlage IX, S. 122 ff., HADB, NL Krebs allgemein.
[43] Abkommen über Deutsche Auslandsschulden London vom 27. Februar 1953, Anlage X, S. 116 ff., ebd.

2. Das Regierungsabkommen

sche Delegation hatte im Lauf der Verhandlungen mehrfach auf die Unvereinbarkeit von Schuldenzahlungen und Reparationsleistungen hingewiesen, und Delegationsleiter Abs hatte in der Schlußsitzung der Hauptkonferenz eigens eine Erklärung zu diesem Thema abgegeben. In einem ersten kurzen Statement zum Entwurf des Regierungsabkommens vom 18. September 1952 bat Abs die TCGD, die übrigen Unterzeichnerstaaten des Schuldenabkommens von den Beratungen über den Artikel 5 auszunehmen, weil dies nach der Unterzeichnung des Deutschland-Vertrags im Mai ausschließlich eine Angelegenheit zwischen der Bundesrepublik und den drei Besatzungsmächten sei.[44] Die Bitte von Abs wurde in der Sitzung nicht weiter diskutiert, weil eine Einbeziehung der übrigen Regierungen in die Beratungen ohnehin erst zu einem späteren Zeitpunkt erfolgen sollte.

Der Artikel 5 in dem von der TCGD vorgelegten Entwurf eines Regierungsabkommens vom 16. September sah vor, daß sämtliche aus dem Ersten und Zweiten Weltkrieg herrührenden Forderungen gegen Deutschland bis zu einer „endgültigen allgemeinen Regelung" (*final general settlement*) zurückgestellt werden sollten.[45] Damit wurde dem deutschen Wunsch, während der Laufzeit des Abkommens vor Reparationsforderungen sicher zu sein, grundsätzlich entsprochen. Die Deutsche Delegation war aber mit der im Entwurf vorgesehen Formulierung des Artikels 5 nicht einverstanden. Sie wünschte eine stärkere Orientierung am Teil VI des Überleitungsvertrags zum Deutschland-Vertrag, der im Mai 1952 unterzeichnet worden war.[46] Die betreffende Formulierung von Teil VI Artikel 1 lautete wie folgt: „Die Frage der Reparationen wird durch den Friedensvertrag zwischen Deutschland und seinen ehemaligen Gegnern *oder vorher* durch diese Frage betreffende Abkommen geregelt werden. Die Drei Mächte verpflichten sich, zu keiner Zeit Forderungen auf Reparationen aus der laufenden Produktion der Bundesrepublik geltend zu machen."[47] Die deutschen Delegierten unterbreiteten der Gegenseite im Verhandlungsausschuß II den Vorschlag, den Artikel 5 in zwei Teile zu zerlegen. Teil I sollte alle Kategorien von Forderungen präzise auflisten, die von einer Regelung nach dem Schul-

---

[44] TCGD: Protokoll einer Sitzung des Dreimächte-Ausschuß für deutsche Schulden und der Deutschen Delegation vom 18. 9. 1952, BA, B 146–1203.
[45] Dreimächteausschuß für Deutsche Schulden: Entwurf Regierungsabkommen über deutschen Auslandsschulden (Vorläufige Übersetzung als Arbeitsgrundlage) vom 16. 9. 1952, PA/AA, Abt. II Nr. 1592 (LSA 83).
[46] Kurzprotokoll über die erste Sitzung des Verhandlungsausschusses I (Allgemeine Vertragsbestimmungen) vom 19. 9. 1952, BA, B 146–1207.
[47] Vertrag zur Regelung aus Krieg und Besatzung entstandener Fragen Teil VI, Art. 1, Abs. 1, in: BGBl. II, 1954, S. 202.

denabkommen und seinen Anlagen ausgenommen sind, Teil II würde Hinweise darauf enthalten, wie mit den zurückgestellten Forderungen in Zukunft umgegangen werden soll.[48] Die Deutsche Delegation legte am 24. September 1952 einen eigenen Entwurf für eine Neuformulierung von Artikel 5 vor. Danach sollten in Teil I folgende Forderungen von der Schuldenregelung ausgenommen werden: 1. Forderungen aus dem Ersten Weltkrieg, 2. Forderungen aus dem Zweiten Weltkrieg inklusive *Clearing*-Schulden, 3. Forderungen neutraler Staaten und deren Bürgern aus der Zeit des Zweiten Weltkriegs, 4. Forderungen von Staaten, die vor Kriegsbeginn in das deutsche Reich eingegliedert wurden, sowie Ansprüche ehemaliger Kriegsverbündeter und 5. die Schulden der Stadt Berlin wegen ihres besonderen politischen Status.[49] Gegen den Vorschlag gab es keine nennenswerten Einwände, weil damit keine inhaltlichen Änderungen zum bisherigen Text verbunden waren. Anders lag die Sache beim Teil II, wo gravierende inhaltliche Änderungen vorgeschlagen wurden. Dabei ging es ging vor allem darum, die spezielle Passage aus Teil VI des Überleitungsvertrags in das Regierungsabkommen zu übernehmen, was die TCGD strikt ablehnte. Rendel sah die besondere Gefahr der von den Deutschen vorgeschlagenen Fassung darin, daß „countries with reparation claims could advance such claims at any time and might obtain a settlement. The major allied powers were not proposing to advance such claims under present circumstances and it would be awkward from the point of view of public opinion if another country were to receive compensation for the World War I and II claims when the major allied powers had refrained from putting forward such claims."[50] Verständlicherweise empfahl Rendel ein Festhalten an der ursprünglichen Vorlage, die eine Gleichbehandlung aller Staaten sicherstellte, indem *sämtliche* Reparationsforderungen gegen Deutschland bis zu einer Gesamtregelung zurückgestellt wurden. Abs antwortete Rendel, daß die Bundesrepublik keine unlauteren Intentionen verfolge und es primär um die Vermeidung innenpolitischer Schwierigkeiten gehe. Seinen Worten fehlte aber die gewohnte Überzeugungskraft, was möglicherweise damit zusammen hing, daß Abs persönlich den von Rendel angeführten Argumenten viel Verständnis entgegenbrachte. Auch ihm lag vor allem daran, die Gefährdung der Schuldenregelung durch zusätzliche Zahlungsansprüche

---

[48] Deutsche Delegation für Auslandsschulden: Niederschrift über die Ergebnisse der Sitzung des Verhandlungsausschusses II am 22. 9. 1952, BA, B 146–1207.
[49] German Delegation for External Debts: Proposal for a new wording of Article 5, London, September 24th, 1952, PA/AA, Abt. II Nr. 1584 (LSA 75).
[50] TCGD: Minutes of a Meeting with the German Delegation held on 15th October, 1952, PA/AA, Abt. II Nr. 1599 (LSA 89).

2. Das Regierungsabkommen

aus dem Ausland zu unterbinden. Die spitzfindige Argumentation deutscher Juristen vertrat er im Gegensatz zu vielen anderen Delegationsmitgliedern nur halbherzig.[51] Abs überließ deshalb die weitere Diskussion dem Chefjuristen des Auswärtigen Amts Professor Erich Kaufmann, der zu diesem Zweck eigens nach London kam.

Am 23. Oktober 1952 hatte Professor Kaufmann vor der TCGD seinen großen Auftritt. In seiner Eigenschaft als Rechtsberater des Auswärtigen Amts war Kaufmann führend an der Aushandlung der Bonner Verträge beteiligt gewesen, und er war deshalb auf deutscher Seite der unangefochtene Fachmann für die Auslegung dieses Vertragswerks. Kaufmann stellte in der Sitzung einen deutschen Vorschlag zum Artikel 5 vor, der nicht mehr in zwei Teile untergliedert war und der für die Formulierung des zweiten Absatzes den Wortlaut von Teil VI Artikel 1 des Überleitungsvertrags zugrunde legte. Danach waren alle aus dem Zweiten Weltkrieg herrührenden Forderungen zurückzustellen, „bis die Frage der Reparationen durch den Friedensvertrag zwischen Deutschland und seinen ehemaligen Gegnern oder *vorher* durch diese Frage betreffende Abkommen geregelt wird."[52] Kaufmann bat die Mitglieder der TCGD um Verständnis dafür, daß die Bundesrepublik bei der Behandlung der Reparationsfrage im Regierungsabkommen nicht hinter die Regelung des Überleitungsvertrags zurückfallen könne. Bei diesem handle es sich um einen „peace contract" zwischen der Bundesrepublik und den drei Hauptalliierten und nicht um einen „final [peace] treaty", der nur mit einem wiedervereinigten Deutschland abgeschlossen werden könne. Die endgültige Regelung der Reparationsfrage sei prinzipiell bis zum Friedensvertrag zurückgestellt worden, es gebe aber laut Vertrag die Möglichkeit, zu einem früheren Zeitpunkt bilaterale Abkommen mit reparationsberechtigten Staaten zu schließen. Daran werde festgehalten: „The Federal Government must remain firm on this point and could agree nothing which would weaken the advantage obtained under the Conventions, since not only the ratification of those agreements depended thereon, but undoubtedly also, the ratification of the debt settlement."[53] Auf die Frage von Gunter, worin denn der besondere Vorteil dieser vorgezogenen bilateralen Reparationsabkommen liege, antwortete Kaufmann, daß es der Bundesrepublik darum gehe, durch bilaterale Verträge so viele

---

51 Vermerk (Weiz) über Besprechung Abs mit Rendel am 6. 10. 1952, PA/AA, Abt. II Nr. 1510 (LSA 6); Vermerk Vogel vom 16. 10. 1952, PA/AA, Abt. II Nr. 1583 (LSA 74).
52 Deutscher Vorschlag betr. Artikel 5 vom 23. 10. 1952, PA/AA, Abt. II Nr. 1592 (LSA 83).
53 TCGD: Minutes of a meeting between the Tripartite Commission on German Debts and the German Delegation for External Debts held on 23rd October, 1952, PA/AA, Abt. II Nr. 1599 (LSA 89).

Reparationsansprüche wie möglich frühzeitig definitiv zu eliminieren. Gunter und Rendel konstatierten hier einen Widerspruch zur deutschen Forderung, die Durchführung der Schuldenregelung nicht durch Reparationsansprüche zu gefährden. Beide erinnerten Kaufmann in diesem Zusammenhang an die wiederholten Versuche der Niederlande, im Rahmen der Londoner Schuldenkonferenz reparationsähnliche Forderungen geltend zu machen. Nachdem dies gescheitert war, hatte die niederländische Regierung trotzdem die feste Absicht geäußert, auch in Zukunft für die Durchsetzung dieser Ansprüche zu kämpfen. Da dieser Einwand berechtigt war, gab Professor Kaufmann zu erkennen, daß es den Deutschen im Kern um das deutsche Auslandsvermögen ging. Offenbar hoffte die Bundesregierung, durch die Verquickung beider Bereiche das in einigen Ländern noch nicht liquidierte deutsche Vermögen retten zu können. Zumindest war sie aus innenpolitischen Gründen in dieser Frage zum Aktionismus verpflichtet. So sehr Kaufmann sich auch anstrengte, die deutschen Absichten schön zu reden, er vermochte die TCGD nicht von der Richtigkeit seiner höchst komplizierten Argumentation zu überzeugen. Dabei erkannte die TCGD durchaus an, daß ein Unterschied zwischen Artikel 5 des Schuldenabkommens und Teil VI des Überleitungsvertrags bestand.[54]

An diesem Punkt nahm die Diskussion eine unverhoffte Wende, als sich der französische Delegierte Rodocanachi zu Wort meldete und die von Professor Kaufmann dargelegte Interpretation des VI. Teils des Überleitungsvertrags prinzipiell in Frage stellte. Er bezweifelte, daß die Bundesregierung durch die fragliche Formulierung im Überleitungsvertrag tatsächlich zu vorzeitigen bilateralen Reparationsabkommen berechtigt werde. Gemeint seien hier keine *bilateralen* Verträge zwischen der Bundesrepublik und anderen Staaten, sondern der Passus beziehe sich auf ein *multilaterales* Abkommen zur Regelung der Reparationsfrage *vor* einem Friedensvertrag. Auf jeden Fall liege es im Interesse aller Unterzeichnerstaaten des Londoner Schuldenabkommens, „that no more reparation claim be presented to Germany and settled before the claims which have been dealt with under the debt settlement."[55] Kaufmann wollte sich dieser Interpretation nicht anschließen und bestand darauf, genau die Interpretation vorgestellt zu haben, die von der Bundesregierung immer für korrekt gehalten und nach innen und außen vertreten worden war. Er bedauerte, daß über die damaligen Verhandlungen keine Protokolle existierten, da strengste Geheimhaltung ver-

---

[54] Telegramm Weiz an Auswärtiges Amt, Bonn vom 28. 10. 1952, PA/AA, Abt. II Nr. 1583 (LSA 74).
[55] Ebd.

einbart worden war. Kaufmann stellte zum Schluß der Sitzung unmißverständlich fest, daß die Möglichkeit bilateraler Verhandlungen offen bleiben müsse.[56]

Die Sitzung hinterließ bei allen Beteiligten eine gewisse Ratlosigkeit. Die juristische und politische Auslegung des Bonner Vertrages war eine Angelegenheit, die die Kompetenz der TCGD überstieg. Die TCGD erklärte deshalb in der Sitzung des folgenden Tages, erst einmal mit den Regierungen Rücksprache nehmen zu müssen.[57] Gunter fragte beim *State Department* an, ob die Interpretation von Kaufmann denn historisch richtig sei. Wenn ja, könne man der Bundesrepublik das Recht zu bilateralen Verhandlungen kaum streitig machen.[58] Die Antwort aus Washington war uneindeutig: „From US viewpoint we could not accept arrangement under which reparation claim could be taken up in bilateral negotiations and any payments made on them." Also: bilaterale Verhandlungen ja, Zahlungsabmachungen nein? Dazu hieß es, daß die USA nicht substantielle Abstriche an ihren Nachkriegsforderungen vornehmen und gleichzeitig Reparationszahlungen an andere Länder zulassen könnten. Die Bundesrepublik sollte aber nicht daran gehindert werden, von anderen Staaten Reparationsverzichte zu erlangen, „provided waiver is not obtained in consideration of further payments or undertakings to make settlement on part of Federal Republic."[59]

Die amerikanische Vertretung in Bonn lehnte die von Kaufmann in London und zuvor in zahlreichen Publikationen vertretene Interpretation der umstrittenen Bestimmung des Überleitungsvertrags eindeutig ab. Man sei immer davon ausgegangen, daß die Reparationsfrage bis zu einer endgültigen Regelung aufgeschoben worden sei und nicht vorzeitig bilateral geregelt werden dürfe. Gegen die von Kaufmann offensiv vertretene Mißinterpretation habe man zwar bisher nicht protestiert, unter Umständen empfehle sich jetzt aber ein klärendes Schreiben an die Bundesregierung, in dem klar gemacht wird, daß Stillschweigen nicht mit Einverständnis verwechselt werden sollte. Im übrigen gebe es auch im Bundestag Zweifel an der von Kaufmann vertretenen Interpretation. Allerdings sei der Teil VI des Überleitungsvertrags politisch ein ganz heißes Eisen. Die Strategie der Bundesregierung ziele darauf ab, die Reparationsfrage auf kleiner Flamme köcheln zu lassen, um sie mit dem Thema Auslandsvermögen verquicken zu kön-

---

56 Niederschrift (Baur) über die Sitzung mit dem Dreimächteausschuß vom 23. 10. 1952, BA, B 146–1207.
57 TCGD: Minute of a meeting held with the German Delegation on 24th October, 1952, PA/AA, Abt. II Nr. 1599 (LSA 89).
58 Gifford (London) to Secretary of State, 23. 10. 1952, NA, RG 59–1518.
59 Department to US Embassy London, 27. 10. 1952, ebd.

nen. Objektiv gesehen stünde sich die Bundesrepublik in jedem Fall besser, ein „final settlement" abzuwarten.[60]

Diesem Urteil stimmte das *State Department* grundsätzlich zu. Die US-Delegation in London und die *High Commission* in Bonn wurden angewiesen, die Deutschen in diesem Sinn zu beeinflussen. Auf jeden Fall sollte im Regierungsabkommen ein Aufschieben sämtlicher Kriegsforderungen wasserdicht geregelt werden. Wenn es aber Staaten gäbe, die ohne finanzielle Gegenleistung (!) einen Reparationsverzicht erklären wollten, sollten sie daran nicht gehindert werden. Falls in diesem Sinn eine akzeptable Formulierung gefunden werden könnte, durfte sie in das Schuldenabkommen aufgenommen werden.[61] Das *State Department* war offensichtlich bemüht, sich möglichst geräuschlos aus der Affäre zu ziehen. Auf Anfrage ließ man das *Foreign Office* wissen, daß Washington nicht in Interpretationsfragen verstrickt werden wollte. So dachte man auch in London, wo man der von Kaufmann vertretenen Vertragsauslegung ebenfalls nicht ohne weiteres zustimmen konnte. Die TCGD war der Meinung, daß sich die Passage im Überleitungsvertrag auf ein „general settlement" für den Fall beziehe, daß ein Friedensvertrag dauerhaft nicht zustande kommen würde. Andererseits sei nach dem Pariser Reparationsabkommen ein Reparationsverzicht grundsätzlich erlaubt. Im *Foreign Office* existierte allerdings keine einheitliche Meinung darüber, ob die Bundesregierung bilaterale Verträge in diesem Sinn abschließen dürfe oder nicht. Schwierigkeiten mit den Beneluxländern wurden ohnehin erwartet. Schließlich einigte man sich auf die Linie, den Deutschen in den weiteren Verhandlungen ein Stück weit entgegenzukommen, ohne sich auf Interpretationsfragen zum Überleitungsvertrag einzulassen. Gedacht wurde an eine Formel, daß Reparationen „shall be deferred until final settlement [...] unless they are withdrawn at an earlier date."[62] Dies war unverbindlich und ließ offen, auf welche Art und Weise dies geschehen konnte.

Am 6. November fand die nächste gemeinsame Sitzung von TCGD und Deutscher Delegation statt. Erster und wichtigster Tagesordnungspunkt war der Artikel 5. Sir Rendel berichtete, daß sich die TCGD in den vergangenen vierzehn Tagen intensiv mit dem Problem beschäftigt habe. Dabei habe sich herausgestellt, daß die Auffassung der Alliierten Hohen Kommission über die Auslegung von Teil VI Abs. 1 des Überleitungsvertrags mit

---

[60] Donelly (Bonn) to Secretary of State, 31. 10. 1952, ebd.
[61] Department to US Embassy London, 7. 11. 1952, ebd.
[62] Foreign Office: Brief U.K. Delegation. Draft Intergovernmental Debt Agreement (o. Datum), PRO, FO 371–98206.

der von Professor Kaufmann vertretenen Interpretation „appeared to be irreconcilable."[63] Mit der fraglichen Passage seien keine vorzeitigen bilateralen Sonderabkommen zwischen der Bundesrepublik und anderen Staaten gemeint, sondern es gehe um die grundsätzliche Möglichkeit einer allgemeinen Regelung der Reparationsfrage vor einem offiziellen Friedensabkommen, falls dieses aus politischen Gründen dauerhaft auf sich warten lassen würde. Der im Entwurf der TCGD vorliegende Artikel 5 sei in seiner Aussage eindeutig und schütze die Bundesrepublik definitiv vor der Geltendmachung kriegsbedingter Forderungen bis zu einer endgültigen allgemeinen Regelung. Rendel sah dies als ausschließlich vorteilhaft und im Interesse der Bundesrepublik liegend an. Eine Aufnahme der Passage aus dem Teil VI Abs 1 des Überleitungsvertrag in das Schuldenabkommen könnte dagegen den Nachteil mit sich bringen, daß sich einige Staaten zur Geltendmachung derartiger Forderungen geradezu animiert fühlen könnten. Unter den gegebenen Umständen hielt Rendel es für nicht empfehlenswert, den Wortlaut von Teil VI Art 1 des Überleitungsvertrags in das Schuldenaufkommen aufzunehmen, um die entstandene Unklarheit nicht weiter zu verfestigen. Gunter und Gregh stimmten den Ausführungen Rendels vollinhaltlich zu.

Delegationsleiter Abs zeigte in seiner Replik Verständnis für die Argumente der TCGD, erklärte sich aber an seine Direktiven gebunden. Eine Lösung, die den Überleitungsvertrag vollständig ignoriere, sei für die Deutsche Delegation unannehmbar. Abs regte an, für den Artikel 5 eine Formulierung zu suchen, die sich möglichst eng an diejenige von Teil VI Art. 1 des Überleitungsvertrags anlehne. Auf diesem Weg könne möglicherweise ein Kompromiß gefunden werden. Die Sitzung wurde ohne Ergebnis vertagt.[64]

Auch zwei Tage später erzielte man keine Einigung. Den Mitgliedern der TCGD fiel es sichtlich schwer, die deutsche Haltung in dieser Frage nachzuvollziehen. Sir David Waley, der sich auf britischer Seite seit Jahren mit dem Thema Reparationen befaßt hatte, wies noch einmal nachdrücklich darauf hin, daß der im Entwurf der TCGD enthaltene Artikel 5 der Bundesrepublik nicht nur Schutz vor Reparationen, sondern auch vor Forderungen mit reparationsähnlichem Charakter wie den *Clearing*-Schulden biete. Abs konnte nur innerlich mit den Schultern zucken und auf die Entscheidung

---

63 TCGD: Minute of a meeting between the Tripartite Commission on German Debts and the German Delegation for External Debts, 6th November, 1952, PA/AA, Abt. II Nr. 1599 (LSA 89).
64 Ebd.

der Bundesregierung verweisen.[65] Die innere Einstellung von Abs blieb auch den Mitgliedern der TCGD nicht verborgen. Gunter berichtete nach Washington, daß Abs im Grunde die Haltung der TCGD für richtig erachte. Er äußerte die Hoffnung, daß die Deutsche Delegation doch noch einlenken werde. Die TCGD habe jedenfalls den Beschluß gefaßt, Kompromißsignale erst nach der Entscheidung des Bundeskabinetts auszusenden. Ein Vorschlag von Gregh, den Artikel 5 ganz aus dem Regierungsabkommen herauszunehmen, war zuvor abgeschmettert worden.[66]

In einem Bericht an Vizekanzler Blücher zeigte sich Vogel optimistisch, daß die TCGD von ihrer bisherigen Position abrücken würde, wenn Abs am Standpunkt der Regierung festhalte. Dies war ein Seitenhieb auf Delegationsleiter Abs, der in dieser Frage kompromißbereiter als andere Mitglieder seiner Delegation war, die stärker staatsrechtlich und weniger ökonomisch dachten als er.[67] Vogel lag mit seiner Einschätzung, daß sich die Gegenseite schon bewegen würde, nicht ganz falsch. Andererseits gab Vogel aber auch frank und frei zu, daß die von Abs vertretene Meinung viel für sich hatte, weil der von der TCGD vorgeschlagene generelle Aufschub von Reparationsregelungen bis zum Friedensvertrag einen zuverlässigen Schutz bot und deshalb möglicherweise einem faulen Kompromiß vorzuziehen war.[68] Zur Vorbereitung der anstehenden Kabinettssitzung legte Abs dem Auswärtigen Amt einen Bericht vor, in dem er den bisherigen Diskussionsstand zum Artikel 5 sachlich darlegte.[69] Auch Professor Kaufmann legte eine Stellungnahme vor. Darin bekräftigte er, daß der Artikel 5 des Schuldenabkommens nicht hinter den Deutschland-Vertrag zurückfallen dürfe. Entweder müsse der Wortlaut von Teil VI Art. 1 des Überleitungsvertrags übernommen werden oder ein entsprechender Hinweis darauf in den Regierungsvertrag eingefügt werden. Damit rückte Kaufmann von einer Maximalposition ab und ebnete erstmals den Weg für einen Kompromiß.[70] Das Bundeskabinett faßte am 11. November 1952 den Beschluß, daß bei den Verhandlungen in London „nicht über die im Deutschlandvertrag vorgese-

---

[65] TCGD: Minute of a meeting between the Tripartite Commission on German Debts and the German Delegation for External Debts, 8th November, 1952, ebd.
[66] Gifford to Secretary of State, 10. 11. 1952, NA, RG 59–1518.
[67] Vogel an Vizekanzler Blücher vom 8. 11. 1952, PA/AA, Abt. II Nr. 1593 (LSA 84).
[68] Vogel (London) an Oberregierungsrat Röhreke (Bundesministerium für den Marshallplan) vom 3. 11. 1952, BA, B 146–1207.
[69] Deutsche Delegation (Abs) an Auswärtiges Amt vom 8. 11. 1952, PA/AA, Abt. II Nr. 1508 (LSA 5).
[70] Aufzeichnung Kaufmann betr. Londoner Schuldenkonferenz und Reparationsfrage vom 4. 11. 1952, ebd.

2. Das Regierungsabkommen

hene Regelung hinausgegangen werden"[71] soll. Diese von Abs angeregte Formulierung ließ einen gewissen Spielraum für die Londoner Verhandlungen offen.

Am 12. November 1952 berichtete Abs in London von der Entscheidung des Bundeskabinetts, die ihm verbiete, einer Formulierung von Artikel 5 zuzustimmen, die im Widerspruch zum Deutschland-Vertrag stehe. Die von der TCGD vorgeschlagene Formulierung sei vom Bundeskabinett geschlossen abgelehnt worden. Persönlich würde er zwar die im Entwurf der TCGD enthaltene Formulierung akzeptieren, die Bundesregierung habe er von deren Vorzügen aber nicht zu überzeugen vermocht. Abs bat die TCGD zu überlegen, ob angesichts der Lage nicht folgende Überlegung eine Lösung bieten könnte. Er schlug vor, entweder den Artikel 5 ganz aus dem Abkommen herauszunehmen oder dessen Wortlaut dahingehend zu ändern, daß nicht mehr von einem „final general settlement" der Reparationsfrage, sondern nur noch von einem „final settlement" die Rede ist. Auf diese Formulierung könne die Deutsche Delegation eingehen. Eine Prüfung des Vorschlags wurde von der TCGD zugesagt[72]

Nun ging alles sehr schnell. Die TCGD traf sich am folgenden Tag zu einer internen Lagebesprechung. Dabei zeigte sich, daß die britischen und französischen Mitglieder des Gremiums geneigt waren, auf den ersten Vorschlag von Abs einzugehen. Da eine Ausklammerung der Reparationsfrage für die Amerikaner nicht akzeptabel war, wandte man sich dem zweiten Vorschlag zu. Rendel machte die Anwesenden darauf aufmerksam, daß nur eine Formulierung in Frage kommen könne, die mit dem Überleitungsvertrag in Einklang zu bringen war. Da die Deutschen von dieser Prämisse nun einmal nicht abgehen würden, empfahl er, die von Abs vorgeschlagene Formulierung „final settlement" zu akzeptieren. Daß diese Formulierung etwas unpräzise war, könne in Kauf genommen werden, da ein Vertrag schwerlich für alle Eventualitäten der Zukunft garantieren könne. Der Vorschlag wurde allseits positiv aufgenommen, falls sicherzustellen war, daß die Bundesrepublik keine verdeckten Zahlungen an andere Staaten leisten konnte. Gunter behielt sich die Zustimmung des *State Department* vor.[73] Diese erfolgte umgehend. Das *State Department* erklärte sich mit dem Wortlaut

---

71 257. Kabinettssitzung vom 11. November.1952, in: Kabinettsprotokolle der Bundesregierung, Bd. 5 (1952), S. 673.
72 Minute of a meeting between the Tripartite Commission on German Debts and the German Delegation for External Debt on 12th November, 1952, PA/AA, Abt. II Nr. 1599 (LSA 89); Vermerk (Weiz) über die Sitzung der Deutschen Delegation mit dem Dreimächteausschuß am 12. 11. 1952 vom 15. 11. 1952, PA/AA, Abt. II Nr. 1593 (LSA 84).
73 Gifford to Secretary of State, 13. 11. 1952, NA, RG 59–1518.

"final settlement" einverstanden, weil dieser auch im Pariser Reparationsabkommen verwandt worden war. Nach Auffassung des *State Department* war die Bundesrepublik nicht berechtigt, andere Länder zu bilateralen Abkommen aufzufordern, ihr stand aber frei, ein freiwilliges Angebot von außen anzunehmen. Washington wies Gunter ausdrücklich an, in London keinerlei Diskussionen zu führen, "which prejudices our position on interpretation on Convention."[74] Gewisse Unklarheiten wurden also billigend in Kauf genommen.

Die entscheidende Sitzung von TCGD und Deutscher Delegation fand am 14. November statt. Abs nahm persönlich daran teilnahm. Sir Rendel erklärte zu Beginn der Sitzung die Bereitschaft der TCGD, den Wortlaut von Artikel 5 des Schuldenabkommens mit der Formulierung von Teil VI Artikel 1 des Überleitungsvertrags in "closer harmony" zu bringen. Er verband damit aber die Feststellung, daß die Interpretation der fraglichen Bestimmung des Deutschland-Vertrags durch die Drei Mächte prinzipiell unberührt bleibe. Die TCGD sei für alle den Deutschland-Vertrag betreffenden Fragen unzuständig, und sie wolle irgendwelchen Reparationsforderungen auf keinen Fall Vorschub leisten. Nach diesen Präliminarien kam Rendel zum Kern seines Statement: Die TCGD wolle dem Wunsch der deutschen Seite nach einer möglichst engen Anlehnung an den Teil VI Art. 1 des Überleitungsvertrags entgegenkommen und biete deshalb an, im Artikel 5 Absatz 1 und 2 die Formel "final general settlement" durch die Worte "the final settlement of the problem of reparations" zu ersetzen.[75] Gunter und Gregh stimmten dem von Rendel abgegebenen Angebot zu, sie wollten aber die betreffende Formulierung nur für den Absatz 2 verwenden, der sich auf die Forderungen aus dem Zeiten Weltkrieg bezog. Der dem Ersten Weltkrieg gewidmete Absatz 1 sollte unverändert bleiben. Abs war damit ohne weiteres einverstanden und stimmte der von der TCGD angebotenen Lösung – sein eigener Vorschlag – zu. Nachdem damit eine grundsätzliche Übereinkunft erzielt worden war, fügte Gunter im Namen der TCGD die Erklärung an, daß die Bundesrepublik nach Auffassung der drei alliierten Regierungen gemäß Teil VI Art. 1 des Überleitungsvertrags nicht das Recht besitzt "to enter into bilateral agreements with regard to problem of reparations." Delegationsleiter Abs antwortete mit der Feststellung, daß die deutsche Delegation nichts verlangt habe, wozu sie nicht laut Deutschland-Vertrag berechtigt sei, und er versicherte der TCGD, daß die Bundesrepublik

---

74 Department to US Embassy London, 13. 11. 1952, ebd.
75 TCGD: Meeting between theTripartite Commission on German Debts and the German Delegation held on 14th November, 1952, PA/AA, Abt. II Nr, 1599 (LSA 89).

2. Das Regierungsabkommen

„had no intention of making any agreements which might be considered offensive, nor did it intend to involve the wording of the Debt Agreement as an argument in connection with any discussion of the question of reparation."[76] Damit gaben sich beide Seiten dann ohne weitere Diskussion zufrieden. Die anschließende Aussprache über die Absätze 3 bis 5 des Artikels 5 verlief unproblematisch. Nachdem man sich am nächsten Tag noch auf die genaue Fassung der Absätze 1 und 2 des Artikels 5 verständigt hatte, war die Einigung über den Artikel 5 des Schuldenabkommens zwischen der TCGD und der Deutschen Delegation perfekt.[77] Diese basierte im wesentlichen darauf, daß von einer wirklichen Klärung der Probleme Abstand genommen wurde und alle Fragen mehr oder weniger in der Schwebe gelassen wurden. Es blieb die Stellungnahme der übrigen Länder abzuwarten.[78]

Obwohl der Entwurf des Regierungsabkommens im November weitestgehend fertig gestellt wurde, konnte er nicht sofort an die übrigen Regierungen zur Stellungnahme weitergeleitet werden. Die USA verweigerten diesen Schritt solange, bis die Verhandlungen über das StEG-Abkommen zu einem befriedigenden Abschluß gekommen waren. Am 6. Dezember 1952 war es dann endlich soweit. In einer gemeinsamen Sitzung mit der Deutschen Delegation kündigte der Vorsitzende der TCGD an, daß der Entwurf des Abkommens nunmehr den betreffenden Regierungen zugeleitet werde, die bis zum 7. Januar 1953 Zeit für eine schriftliche Stellungnahme haben würden. Termine für das anschließende Procedere sollten laut Rendel erst dann bekanntgegeben werden, wenn die letzten strittigen Punkte des StEG-Abkommens zwischen den USA und der Bundesrepublik definitiv geklärt sein würden.[79]

Zu Beginn der Regierungsverhandlungen war man davon ausgegangen, daß das Schuldenabkommen noch vor Weihnachten dem Bundestag vorgelegt werden könnte. Inzwischen hoffte man, daß wenigstens die Unterzeichnung des Schuldenabkommens und der bilateralen Verträge bis Ende Januar 1953 erfolgen könnte. Als möglicher Termin stand der 23. Januar 1953 im Raum. Die nach Meinung der TCGD doch nötigen Gespräche mit

---

76 Ebd.
77 Vogel an Vizekanzler Blücher vom 15. 11. 1952, BA, B 146–1207; Minute Palliser (German General Department), 17. 11. 1952, PRO, FO 371–98206.
78 TCGD, UK Gelegation: German Debt Settlement: Discuss the present difficulties on the German and American sides, 5. 11. 1952, ebd.
79 TCGD: Minute of a meeting between the Tripartite Commission on German Debts and the German Delegation for External Debts held on 6th December, 1952, PA/AA, Abt: II Nr. 1599 (LSA 89); die die Schiedsgerichtsbarkeit betreffenden Artikel wurden am 20. Dezember 1952 nachgereicht.

den Hauptgläubigerländern sollten möglichst kurz gehalten werden. Im *Foreign Office* war mit Blick auf die Verhandlungen der letzten Monate von einer „wearisome story of frustration and delay" die Rede.[80] Für den unerquicklichen Verlauf wurden gleichermaßen die Deutschen wie die Amerikaner verantwortlich gemacht. In einem *Progress Report* für Sir William Strang urteilte Sir Frank Roberts mit leichter Bitterkeit:

The German have been painstaking almost to the point of obstruction and their leader, Herr Abs, has had so many other commitments that he has not been able to spend much time in London. The Americans have also frequently held up the drafting for lack of instruction of the State Department, largely because of the latter's difficulty in consulting the U. S. creditor interests, whose headquarters are in New York and not in Washington.[81]

Inzwischen wurde im *Foreign Office* auch zunehmend die Gefahr gesehen, daß ein pünktlicher Zahlungsbeginn durch die fortwährenden Verzögerungen in Frage gestellt werden könnte. Großbritannien war daran schuldlos, konnte aber wenig dagegen tun.

Während die Regierungsverhandlungen in London in ihre entscheidende Phase traten, mehrten sich in Deutschland die Stimmen, die für eine Aufhebung der Devisenkontrolle eintraten. Der Präsident der Bank deutscher Länder wandte sich Anfang Oktober mit einem gleichlautenden Schreiben an die Bundesminister Schäffer und Erhard, in dem er die Aufrechterhaltung der alliierten Devisenkontrolle „politisch gesehen eigentlich als ganz ungeheuerlich" bezeichnete. In Teil VIII Art. 2 des Vertrags zur Regelung aus Krieg und Besatzung entstandener Fragen (Überleitungsvertrag) war die Regelung sämtlicher deutscher Devisenangelegenheiten unter den Vorbehalt eines Abkommens zur ordnungsgemäßen Regelung der deutschen Auslandsschulden oder eines einvernehmlichen Vertrags mit den Drei Mächten gestellt worden. Die deutsche Souveränität war in diesem wichtigen Punkt weiterhin erheblich eingeschränkt. Angesichts des bevorstehenden erfolgreichen Abschlusses eines Abkommens zur Regelung der deutschen Auslandsschulden hielt Vocke es für an der Zeit, daß „die diskriminierende Klausel des Generalvertrages bezüglich der Devisenhoheit ersetzt und beseitigt wird." Wie die Formulierung von Teil VIII Art. 2 des Überleitungsvertrags zeige, sei dies wohl auch von den Alliierten so beabsichtigt

---

[80] Allen: Inter-governmental Agreement on German External Debts, 11. 12. 1952, PRO, FO 371–98213.
[81] Roberts to Strang: German Debts Settlement (Progress Report), 16. 12. 1952, PRO, FO 371–98214.

worden.[82] Der Zusammenhang von Schuldenabkommen und Deutschland-Vertrag war auch in London thematisiert worden, das Problem überstieg jedoch den Kompetenzbereich der TCGD. Aus seinen Gesprächen mit Vertretern der Deutschen Delegation hatte Gunter aber die Überzeugung gewonnen, daß die Bundesrepublik eine weitere Aufrechterhaltung der Devisenkontrolle nach dem Inkrafttreten des Schuldenabkommens als großen Vertrauensbruch ansehen würde.[83] Im Gegensatz zu Schäffer lag Bundeswirtschaftsminister Erhard voll auf der Linie von Vocke. In einem Schreiben an den *International Monetary Fund* sprach sich Erhard grundsätzlich für die freie Konvertierbarkeit von Währungen aus und verlieh seiner Hoffnung Ausdruck, daß die alliierte Devisenkontrolle als wichtiger Schritt auf dem Weg dorthin bald aufgehoben würde.[84] In einem Brief an Präsident Vocke verlangte Erhard, daß die Bundesrepublik mit dem Abschluß des Schuldenabkommens volle Freiheit zur Regelung von Devisenangelegenheiten erhalten sollte. Erhard teilte Vocke mit, daß er die Vertreter des Wirtschaftsministeriums in der Londoner Delegation angewiesen habe, in diesem Sinn tätig zu werden.[85] Das Vorpreschen von Wirtschaftsminister Erhard wurde in London allerdings mit Sorge betrachtet. Als Abs zu Ohren kam, daß Professor Kaufmann in Bonn eine Note konzipiert hatte, in der von den Alliierten die Wiederherstellung der Devisenhoheit gefordert wurde, versuchte er dem Rad in die Speichen zu greifen.[86] Abs hielt Aktionen dieser Art für verfrüht, solange das Abkommen noch nicht unter Dach und Fach war. In diesem Punkt erhielt er die Unterstützung des Marshallplanministeriums.[87]

Die Diskussionen gingen aber trotzdem weiter, wobei sich das Bundeswirtschaftsministerium und die Bank deutscher Länder auf der einen, das Bundesfinanzministerium und das Marshallplanministerium auf der anderen Seite gegenüber standen. Abs warb in einem ausführlichen Schreiben an Bundeswirtschaftsminister Erhard um Verständnis für seine retardierende Haltung in dieser Frage. Dem Schreiben war eine Denkschrift von Abs beigefügt, in der darauf hingewiesen wurde, daß sich bereits die Diskussionen

---

[82] Präsident der Bank deutscher Länder (Vocke) an BFM Schäffer vom 3. 10. 1952, HADBB, B 330–2021.
[83] Gifford (London) to Secretary of State, 19. 9. 1952, NA, RG 59–1518.
[84] BWM Erhard an Ivar Rooth, Managing Director of the International Monetary Fund (Abschrift) vom 23. 10. 1952, HADBB, B 330–2021.
[85] BWM Erhard an Vocke vom 31. 10. 1952, ebd.
[86] Oberregierungsrat Schulz (BWM) an Delegationsleiter vom 15. 11. 1952; Vermerk Weiz betr. Schuldenabkommen und Wiederherstellung der deutschen Devisenhoheit vom 25. 11. 1952, BA, B 126–48398.
[87] Vermerk Baur betr. Schritte in Richtung Konvertibilität vom 20. 12. 1952, BA, B 146–1225.

um die positive Entwicklung der deutschen Zahlungsbilanz sehr negativ auf die Londoner Schuldenverhandlungen ausgewirkt hätten und deshalb zu befürchten sei, daß die Forderung nach einer Liberalisierung des deutschen Kapitalverkehrs den offiziellen Abschluß des Schuldenabkommens noch kurz vor Schluß ernstlich gefährden könnte. Wenn die Devisenbeschränkungen in Kürze aufgehoben würden, drohe die Gefahr, daß das im Abkommen als Ausnahme gehandhabte DM-*settlement* (DM-Zahlungen auf Sperrkonten) zur Regel werden könnte und damit die Durchführung des Abkommens in Frage gestellt würde. Der wichtigste Vorteil der Schuldenregelung, die langfristige Fundierung der Schulden und die Streckung der Zahlungsfristen, würde untergraben.

Zusammenfassend unterstreiche ich nochmals, daß die Auslandsgläubiger, die hinsichtlich der Höhe und der Aufschiebung der Fälligkeit große Opfer gebracht haben, auch in der Aufnahme des Schuldendienstes einen Vorsprung demjenigen gegenüber verdient haben, der vom Ausland her Kapitalanlagen in Deutschland besitzt und den Transfer der Gewinnerträgnisse erwartet.[88]

Abs vermochte Erhard zwar nicht wirklich zu überzeugen, er konnte aber weitere Aktionen der Bundesregierung bis nach der Unterzeichnung des Schuldenabkommens unterbinden. Erst im März 1953 wurde man in Bonn in der Sache wieder aktiv.[89] Im Oktober 1953 wurde dem Bundeskanzler in einer Note der Alliierten Hohen Kommission mitgeteilt, daß die alliierten Vorbehaltsbefugnisse betreffend den Außenhandel und die Devisenwirtschaft nicht mehr ausgeübt (!) würden.[90]

Nach der Weihnachtspause wurden die Beratungen in London wieder aufgenommen. Die TCGD unterrichtete die Deutsche Delegation am 16. Januar über die von den übrigen Ländern eingegangenen Stellungnahmen. Der Entwurf des Regierungsabkommens war über 60 Staaten mit der Aufforderung zur Stellungnahme zugegangen, aber nur wenige Länder hatten von dieser Möglichkeit Gebrauch gemacht. Der Inhalt der Kommentare konnte zu 90% als weniger wichtig eingestuft werden. Nur die Regierungen der Länder, die substantielle Kommentare abgegeben hatten, sollten zur Teilnahme an „a few informal meetings" eingeladen werden, die in der letzten Januarwoche beginnen sollten. Bis dahin blieb der TCGD gemeinsam mit der Deutschen Delegation Zeit zur Auswertung der Kommentare und

---

[88] Abs an BWM Erhard vom 5. 2. 1953, nebst Anlage: Die Liberalisierung laufender Zahlungen des Kapitalverkehrs und das Londoner Schuldenabkommen, HADBB, B 330–2011.
[89] Aufzeichnung (Mosler) betr. Verhältnis des Londoner Schuldenabkommens zu den Bonner Verträgen vom 16. 3. 1952, BA, B 141–9116.
[90] Note AHK an BK Adenauer vom 16. 10. 1953, BA, B 126–12444.

2. Das Regierungsabkommen

zur Vorbereitung der Gespräche. Das Treffen mit den Regierungsvertretern war hauptsächlich dafür gedacht, Erläuterungen zu den in den schriftlichen Stellungnahmen aufgeworfenen Fragen zu geben. Eine Wiedereröffnung der Verhandlungen wurde von der TCGD in diesem Stadium für ebenso ausgeschlossen erklärt wie substantielle Änderungen am Text des Abkommens.[91] Zur Teilnahme an der sogenannten kleinen Regierungskonferenz wurden die Schweiz, Schweden, Belgien, die Niederlande, Kanada, Dänemark, Norwegen, Jugoslawien und Italien eingeladen. Die Deutschen waren sich mit der TCGD einig, daß die Besprechungen so kurz wie möglich gehalten werden sollten.[92]

Am 29. Januar 1953 fand die erste Sitzung mit den Regierungsvertretern statt. Zentraler Diskussionspunkt war der Artikel 5 Absatz 2 des Schuldenabkommens. Der niederländische Delegierte Rinnooy Kan wandte sich im Namen seiner Regierung entschieden gegen den Inhalt dieses Artikels, weil die darin verfügte Zurückstellung der aus dem Zweiten Weltkrieg herrührenden Forderungen bis zu einer endgültigen Regelung der Reparationsfrage außerhalb des Kompetenzbereichs der Schuldenkonferenz liege. Kan verlangte, daß sich der Artikel 5 darauf beschränken sollte, reine Reparationsforderungen von der Schuldenregelung auszuschließen, und daß keine weiteren Verfügungen für die Zukunft getroffen werden sollten. Die Niederlande bestünden auf ihrem Recht, aus dem Krieg resultierende Restitutions- und Wiedergutmachungsforderungen vor einer endgültigen Regelung der Reparationsfrage mit der Bundesrepublik regeln zu können. Rendel und der amerikanische Jurist Kearney versuchten, die niederländischen Bedenken zu entkräften, indem sie auf die bestehenden Rechtsvorschriften zur Regelung von Reparationsansprüchen und auf den Deutschland-Vertrag (!) hinwiesen. Da Kan sich davon unbeeindruckt zeigte, wurde Gunter deutlicher und lehnte eine Änderung von Artikel 5 wegen der beschränkten deutschen Leistungsfähigkeit grundsätzlich ab. Abs erinnerte Kan an seine Ausführungen vom 8. August 1952 und stellte noch einmal ausdrücklich klar, daß die Bundesrepublik keine Forderungen aus dem Zweiten Weltkrieg erfüllen könne, ohne ihre Verpflichtung zur Regelung der Vorkriegsschulden zu gefährden. Darauf entgegnete Kan, daß es den Niederlanden z.B. um die Lohnforderungen niederländischer Arbeiter gehe, die als Häft-

---
[91] TCGD: Minute of a meeting between Tripartite Commission on German Debts and the German Delegation for External Debts held on 16th January, 1953, PA/AA, Abt. II Nr. 1599 (LSA 89).
[92] Vogel an Bundesminister für den Marshall-Plan vom 22. 1. 1953, PA/AA, Abt. II Nr. 1628 (LSA 118).

linge von Konzentrationslagern für die I.G. Farben gearbeitet hatten. Außerdem gäbe es Forderungen zur Rückerstattung von RM-Wertpapieren und Auslandsbonds, die während der Besatzungszeit aus niederländischem Besitz geraubt worden seien. Es sei völlig inakzeptabel, diese Forderungen in Gänze bis zu einer endgültigen Regelung zurückzustellen. Hier ging es also um Schulden einer völlig anderen Qualität.[93]

Abs ging darauf nicht ein, sondern verwies Kan auf den Anhang IV des Schuldenabkommens, der Regelungen für ausstehende Lohnforderungen enthielt.[94] Auch die Vertreter der übrigen Länder verhielten sich schweigsam, mit Ausnahme des norwegischen Vertreters, der die niederländische Position ausdrücklich unterstützte. Da man zu keiner Annäherung der Standpunkte gelangen konnte, wurde das Thema auf eine der nächsten Sitzungen vertagt.[95] Daß die niederländischen Einwände gegen den Artikel 5 Absatz 2 fundiert waren, wurde in Washington nicht übersehen.[96] Dort löste auch die moralische Qualität der niederländischen Forderungen, vor allem die „wage claims for slave labor", ein gewisses Unbehagen aus. Um so größer war die Erleichterung der Mitglieder der TCGD, daß die Niederlande von den Vertretern der übrigen Länder, mit Ausnahme Norwegens, keine Sympathiebekundungen erhielten.[97] Ganz pragmatisch wurden Fragen der Moral den materiellen Interessen untergeordnet – und zwar von (fast) allen Beteiligten![98]

Die Auseinandersetzungen um den Artikel 5 Absatz 2 gingen am 4. Februar 1953 in die nächste Runde. Kan lehnte den am Pariser Reparationsabkommen orientierten Inhalt von Artikel 5 Absatz 2 als zu starr und für die Zukunft zu inflexibel ab. Das Schuldenabkommen müsse sich auf die Regelung rein finanzieller Fragen beschränken und dürfe nicht auf politisches Terrain ausgreifen. Die Bundesrepublik und die Niederlande dürften dadurch nicht an Verhandlungen über politische Probleme gehindert werden,

---

93 Vgl. HERBERT, S. 279 ff.
94 Innerhalb der Deutschen Delegation scheinen tatsächlich Überlegungen angestellt worden zu sein, ob Zwangsarbeiterlöhne unter den Teil IV Art. 28 LSA fallen könnten; Vogel (London) an Minister Blücher vom 4. 2. 1953, BA, B 146–1207.
95 Informelle Besprechungen über die Regierungsanfragen zu dem Entwurf des Abkommens über deutsche Auslandsschulden. Protokoll der ersten Sitzung vom 29. 1. 1953 (Druckfassung), BA, B 146–1206; Vermerk Weiz vom 30. 1. 1953 betr. Forderungen aus dem Ersten und Zweiten Weltkrieg, Artikel 5 des Schuldenabkommens, PA/AA, Abt. II Nr. 1606 (LSA 96); Kurze Notiz (Vogel) über die erste Sitzung mit den neun eingeladenen Regierungen am 29. 1. 1953, BA, B 146–1207.
96 State Department (Dulles) to US Embassy London, 28. 1. 1953, NA, RG 59–1519.
97 Holmes (London) to Secretary of State, 30. 1. 1953, ebd.
98 Vgl. FISCH, Reparationen nach dem Zweiten Weltkrieg, S. 122 f.

2. Das Regierungsabkommen 415

bei denen auch die Reparationsfrage eine Rolle spielen könnte. Dieser Auffassung widersprach Gunter mit dem Argument, daß von den USA und Großbritannien beträchtliche finanzielle Opfer gebracht worden seien, um die Bundesrepublik zur Regelung der Auslandsschulden überhaupt instand zu setzten. Deshalb gehe es nicht an, daß die knappen finanziellen Ressourcen der Bundesrepublik für Reparationsforderungen an andere Staaten zweckentfremdet würden. Kan wollte der Argumentation von Gunter aber nicht folgen und beharrte auf einer Streichung von Artikel 5 Absatz 2 in der vorliegenden Form. Die Bundesrepublik sei langfristig durchaus in der Lage, ihren gesamten finanziellen Verpflichtungen nachzukommen. Der daraufhin eingebrachte Vorschlag des norwegischen Delegierten, die Zurückstellung kriegsbedingter Forderungen zeitlich zu befristen, fand ebenfalls keine positive Resonanz. Nachdem Abs noch einmal auf die beschränkten finanziellen Möglichkeiten der Bundesrepublik hingewiesen hatte, versuchte er die Bedenken Kans mit einen Hinweis auf Teil VI des Überleitungsabkommens zu entkräften. Es sei keineswegs nötig, mit der Behandlung des Reparationsproblems bis zum Friedensvertrag zu warten, weil bereits vor diesem Zeitpunkt bilaterale Verträge geschlossen werden könnten.[99] Um eine Diskussion über die Auslegung des Reparationsartikels des Deutschland-Vertrags und dessen Verhältnis zum Artikel 5 Absatz 2 des Schuldenabkommens zu unterbinden, brach die TCGD die Beratungen an dieser Stelle ab. Die Kontrahenten waren sich nicht näher gekommen, obwohl die TCGD die Aufnahme eines Zusatzes zum Artikel 5 Absatz 2 in das Schuldenabkommen angeboten hatte. Rinnooy Kan lehnte das Angebot als unzureichend ab. Er kündigte an, daß die Niederlande das Abkommen nicht unterzeichnen würden, falls man ihren Bedenken nicht Rechnung tragen würde.[100] Die Deutsche Delegation war von dem angebotenen Zusatz keineswegs angetan, fand sich aber damit ab, nachdem Professor Kaufmann dessen Inhalt geprüft und für juristisch unbedenklich erklärt hatte.[101] Der Zusatz bestätigte in allgemein gehaltener Form, daß in der Bundesrepublik bestehende Rechtsvorschriften sowie Rechte aus Abkommen, die bereits

---

[99] Vermerk betr. Sitzung der Deutschen Delegation und dem Dreimächteausschuß mit den Vertretern der Regierungen, welche Bemerkungen zu dem Entwurf des Schuldenabkommens vorgelegt haben, am 4. 2. 1953, insb. Art 5 (2) und das Reparationsproblem, PA/AA, Abt. II Nr. 1583 (LSA 74); Explanatory talks to discuss the comments of Governments on the Draft Agreement on German External Debts, Minutes of the 5th Meeting, 4th February, 1953, PA/AA, Abt. II Nr. 1607 (LSA 97).
[100] Vermerk über die Sitzung mit den neun eingeladenen Regierungen am 4. 2. 1953, BA, B 146–1207.
[101] Vogel (London) an Auswärtiges Amt vom 4. 2. 1953, PA/AA, Abt. II Nr. 1628 (LSA 118).

vor dem Schuldenabkommen unterzeichnet worden waren, durch das Abkommen nicht beeinträchtigt werden würden.

Die Diskussion über den Artikel 5 Abs. 2 versickerte in den nächsten Tagen allmählich. Da keine allgemeine Einigung erzielt worden war, behielt sich die TCGD die letzte Entscheidung vor. An der Formulierung von Artikel 5 Absatz 2 sollte nichts mehr verändert werden. Die TCGD ging trotz der Drohung von Rinnooy Kan davon aus, daß die niederländische Regierung ihren Beitritt zum Schuldenabkommen nicht an diesem einen Punkt scheitern lassen würde.[102] Ein solcher Schritt ginge auf jeden Fall zu Lasten der niederländischen Gläubiger, die an der Geltendmachung ihrer Forderungen solange gehindert sein würden, bis die niederländische Regierung ihre Unterschrift unter das Abkommen gesetzt hatte. Es bestand also ein gewisser Beitrittszwang, der durchaus beabsichtigt war. Bei der Abfassung von Artikel 7 des Regierungsabkommens waren alle Beteiligten davon ausgegangen, daß die Vorteile des Abkommens so erheblich waren, „daß die Gläubigerländer gewisse Bedenken gegen die Regelung zurückstellen müßten."[103] Am 16. Februar 1953 gab die TCGD offiziell ihre Entscheidung bekannt, am bestehenden Wortlaut von Artikel 5 Absatz 2 unverändert festzuhalten und den vorgeschlagenen Zusatz zu dessen Auslegung in das Abkommen einzufügen.[104] Den Regierungsvertretern wurde die Übersendung eines Memorandums mit Erläuterungen zur Auslegung des Zusatzes angekündigt.[105] Obwohl es auch weiterhin keinerlei Anzeichen für ein Nachgeben der Niederlande gab, blieb die TCGD optimistisch, daß die niederländische Regierung dennoch das Abkommen unterzeichnen würde.[106] Das Kalkül sollte sich als falsch erweisen. Die Niederlande traten dem Schuldenabkommen erst Jahre später bei.[107]

Der Artikel 5 Absatz 2 des Londoner Schuldenabkommens blieb auch nach der Unterzeichnung des Schuldenabkommens weiter im Blickpunkt. Der deutsche Delegationsleiter Abs setzte sich unermüdlich dafür ein, daß die Funktion des Artikels 5 Absatz 2 als Schutz gegen Reparationsansprüche oder reparationsähnliche Forderungen in den nächsten Jahren nicht

---

102 Vogel an Minister Blücher vom 12. 2. 1953, BA, B 146–1207.
103 Deutsche Delegation: Niederschrift über die Ergebnisse der ersten Sitzung des Verhandlungsausschusses III am 26. 9. 1952, ebd.
104 Abkommen über Deutsche Auslandsschulden London vom 27. Februar 1953, Artikel 5, S 8f.; Anlage VIII: Vereinbarte Auslegung des Artikels 5 Absatz 2 des Abkommens über Deutsche Auslandsschulden, S. 112, HADB, NL Krebs allgemein.
105 Protokoll der Sitzung vom 16. 2. 1953, BA, B 146–1203.
106 Holmes (London) to Secretary of State, 23. 2. 1953, NA, RG 59–1519.
107 Vgl. ROMBECK-JASCHINSKI, S. 352 ff.

2. Das Regierungsabkommen

unterlaufen wurde. Abs hatte sich bei den Verhandlungen in London wider seine Überzeugung für den Teil VI Art. 1 des Überleitungsabkommens einsetzen müssen, der bilaterale Abkommen zur Regelung von Reparationsfragen vor einer allgemeinen Regelung möglich machte. Dafür waren ausschließlich politische Gründe maßgeblich gewesen. Abs lag die ungestörte Abwicklung des Londoner Schuldenabkommens sehr am Herzen, die als gefährdet galt, wenn auf die Bundesrepublik zusätzlich finanzielle Belastungen größeren Umfangs zukommen würden. Die Aufwendungen für den Schuldendienst gemäß dem Londoner Abkommen, die Zahlungen für die alliierte Nachkriegswirtschaftshilfe und für das Luxemburger Abkommen mit Israel stellten höchste Anforderungen an die deutsche Aufbringungs- und Transferfähigkeit. Das Volumen des Bundeshaushalts belief sich im Jahr 1952 auf DM 23 Milliarden. Insofern war die Sorge von Abs durchaus berechtigt, daß durch vorzeitige bilaterale Reparationsabkommen die Durchführung des Schuldenabkommens in Gefahr geraten könnte. In einem Schreiben an Bundesfinanzminister Schäffer vertrat Abs im Dezember 1953 deshalb die Auffassung, daß „nach den eindeutigen Ergebnissen" der Londoner Verhandlungen „derartige bilaterale Abkommen unzulässig" sind. Abs begründete dies mit der Auffassung der TCGD, daß der Reparations- und Forderungsverzicht der drei westlichen Besatzungsmächte die Erfüllung derartiger Ansprüche anderer Staaten bis zu einer allgemeinen Regelung unmöglich mache. Die niederländischen Forderungen seien daher in London abgewiesen worden.[108] Abs machte sich den von der TCGD vertretenen Standpunkt voll zu eigen. Juristisch waren seine Äußerungen zum Teil VI Art. 1 des Überleitungsvertrages, auf den im Anhang VIII des Schuldenabkommens indirekt rekurriert wurde, problematisch.[109] Professor Kaufmann teilte sie in dieser Form nicht.

Des ungeachtet hielt es auch Kaufmann hinsichtlich der Auslegung von Artikel 5 Absatz 2 für nicht zweifelhaft, „daß wir jedenfalls berechtigt sind, alle alliierten Forderungen aus der Kriegszeit abzulehnen; denn eine Verpflichtung zum Abschluß der im Reparationskapitel vorgesehenen bilateralen Abkommen besteht natürlich nicht. Andererseits ist die Bundesrepublik aber nach Art. 1 des Reparationskapitels berechtigt, bilaterale Abkommen abzuschließen, wenn ihr das aus politischen Gründen geboten erscheint und die betreffenden Summen ohne Gefährdung der finanziellen Lage des Bun-

---

[108] Abs an BFM Schäffer vom 19. 12. 1953, HADB, NL Krebs, Regierungsabkommen Art. 5/Wiedergutmachung.
[109] Vermerk Kaufmann (Rechtsberater des Auswärtigen Amts) vom 27. 4. 1953, BA, B 126–42470.

des aufgebracht werden können. Einen Einspruch können die Gläubigerstaaten des Londoner Schuldenabkommens höchstens erheben, wenn dadurch die Erfüllung des Abkommens gefährdet würde."[110] Der Eiertanz um die Möglichkeit zum Abschluß bilateraler Abkommen galt natürlich primär dem im Ausland beschlagnahmten deutschen Auslandsvermögen. In den 50er Jahren war die Vermögensfrage innenpolitisch ein relevanter Faktor, weil viele zu diesem Zeitpunkt noch Hoffnungen hegten, zumindest Teile davon zurückholen zu können.[111] Abs warnte aber auch im Zusammenhang mit der Vermögensfrage vor einer Antastung des Artikels 5 Absatz 2. Seiner Ansicht nach unterlief jede Sonderregelung das Prinzip und beschwor die Gefahr eines Dammbruchs herauf.[112]

Im Lauf der Jahre trat der Aspekt Auslandsvermögen immer mehr in den Hintergrund. Es setzte sich zunehmend die von Abs schon immer vertretene restriktive Auslegung von Artikel 5 Absatz 2 und von Anhang VIII des Schuldenabkommens durch.[113] Dabei spielte sicher auch eine Rolle, daß die am 26. Mai 1952 unterzeichneten Bonner Verträge wegen des negativen Votums der französischen Nationalversammlung zum EVG-Vertrag nicht in Kraft traten. In modifizierter Fassung wurde das Vertragswerk schließlich zum 5. Mai 1955 in Kraft gesetzt.

In der Folgezeit ging es nicht mehr um Reparationsforderungen im klassischen Sinn, sondern um reparationsähnliche Forderungen wie Restitutions- und Wiedergutmachungsansprüche, die finanziell als große Gefahr gesehen wurden.[114] Unter Berufung auf den Artikel 5 des Schuldenabkommens wurden Ende der 50er Jahre von deutschen Gerichten ausländische Ansprüche auf Entschädigungszahlungen für ehemalige Zwangsarbeiter zurückgewiesen, weil diese angeblich zum Reparationskomplex gehörten. Eine Haftung einzelner Firmen, die während des Krieges Zwangsarbeiter beschäftigt hatten, wurde per Gerichtsurteil verworfen.[115] Auf der anderen Seite wurden mit einigen westlichen Staaten dennoch Verträge zur Wiedergutmachung nationalsozialistischen Unrechts geschlossen. Wenn dies aus

---

110 Aufzeichnung des Rechtsberaters des Auswärtigen Amtes (Kaufmann) vom 18. 6. 1955, ebd.
111 Vgl. WOLFF, S. 95 ff.
112 Abs an BK Adenauer vom 7. 2. 1954, BA, B 136–2285.
113 Vgl FÉAUX DE LA CROIX, Betrachtungen zum Londoner Schuldenabkommen, S. 59 ff.; vgl. PAUL LEVERKÜHN, Die Stellung des Londoner Schuldenabkommens im internationalen Recht, in: Monatsschrift für Deutsches Recht 7 (1953), S. 521–523.
114 HANS GURSKI, Kriegsforderungen (Zur Auslegung des Artikels 5 Abs. 2 und 3 des Londoner Schuldenabkommens), in: Außenwirtschaftsdienst des Betriebs-Beraters 1961, Heft 1, S. 12–16; HADB, NL Krebs, Regierungsabkommen Art.V/Wiedergutmachung.
115 FÉAUX DE LA CROIX, Schadenersatzansprüche ausländischer Zwangsarbeiter im Lichte des Londoner Schuldenabkommens, in: Neue Juristische Wochenschrift 13 (1960), S. 2268 ff.

2. Das Regierungsabkommen

politischen Gründen für opportun gehalten wurde, fanden sich Mittel und Wege. Letztlich war alles eine Frage der Deklaration.[116] Abs erfüllte diese politische Tendenz mit Sorge. In einem Schreiben an Bundesaußenminister von Brentano warnte er entschieden vor einem Eingehen auf Reparationsforderungen der Niederlande und anderer westlicher Staaten. Offenbar befürchtete Abs, daß der ins Amt gekommene Außenminister von Brentano und seine Beamten über Genese und Bedeutung von Artikel 5 des Schuldenabkommens nicht mehr so recht im Bilde waren. Abs fühlte sich deshalb veranlaßt, seine „Gedanken über Entstehungsgeschichte, Sinn und Tragweite der gesamten Bestimmung" dem Außenminister schriftlich vorzutragen. In seinem Schreiben wiederholte er noch einmal die von der TCGD vertretene Auffassung, „daß die Regelung von Reparationsansprüchen grundsätzlich bis zum Zustandekommen einer multilateralen Regelung zurückgestellt werden muß." Abs fügte an, daß sich diese Auffassung „auf der ganzen Linie durchgesetzt" habe. Auch von deutscher Seite sei diese Auffassung, „nachdem zunächst von Prof. Kaufmann ein etwas abweichender Standpunkt vertreten worden war, akzeptiert und in der Praxis des Londoner Schuldenabkommens sorgfältig beachtet worden."[117] Letzteres war zweifellos richtig, denn die wenigen Ausnahmen, die entgegen der Warnung von Abs aus politischen Gründen dann doch gemacht wurden, bezogen sich ausschließlich auf westliche Länder. Ostblockstaaten waren generell von der Partizipation am Schuldenabkommen ausgeschlossen.[118] Forderungen aus diesen Ländern hatten eine andere politische Qualität. Insgesamt kann man feststellen, daß der Artikel 5 Absatz 2 des Schuldenabkommens seine Abwehrfunktion bis in die aktuelle Gegenwart hinein bestens erfüllt hat.[119] Zu den moralischen Implikationen dieser Regelung gab es jedoch in jüngster Zeit zunehmend auch kritische Stimmen.[120]

Nach der Beendigung der kleinen Regierungskonferenz wurde der Entwurf des Regierungsabkommens einer letzten Überarbeitung unterzogen. Die letzte Fassung stammte vom 16. Februar 1953. Sie wurde mit einigen Anlagen versehen am 19. Februar allen Bundesministern zur Vorbereitung der Kabinettssitzung zugeleitet.[121] In der Kabinettssitzung vom 24. Februar

---

[116] Vgl. HANS-GÜNTER HOCKERTS, Wiedergutmachung in Deutschland. Eine historische Bilanz 1945–2000, in: VfZ 49 (2001), S. 191 ff.
[117] Abs an Bundesminister von Brentano (o.Datum), HADB, NL Krebs, Regierungsabkommen Art. 5/Wiedergutmachung (das Schreiben datiert vermutlich von Ende Oktober 1956).
[118] Department to US Embassy London, 21. 10. 1952, NA, RG 59–1518.
[119] Vgl. BRODESSER, S. 183 ff.
[120] Vgl. FISCH, Reparationen und Entschädigung, S. 111 ff.; HERBERT, S. 275 ff.
[121] Auswärtiges Amt an alle Minister betr. Kabinettsbeschluß zur Genehmigung der Unter-

1953 erläuterte Abs den anwesenden Ministern, Bundeskanzler Adenauer war nicht persönlich anwesend, noch einmal ausführlich die am 27. Februar in London zur Unterzeichnung anstehenden sechs Entwürfe. Neben dem Regierungsabkommen handelte es sich um die Verträge mit Frankreich, Großbritannien und den USA zur Regelung der Schulden aus der Nachkriegswirtschaftshilfe, dem StEG-Abkommen mit den USA und dem Abkommen mit Dänemark zur Regelung der Verbindlichkeiten aus der Flüchtlingshilfe. Das Regierungsabkommen umfaßte insgesamt 38 Artikel, zu deren Anwendung sich die Unterzeichnerstaaten verpflichteten, um dem Schuldenregelungsplan internationale Geltung zu verschaffen. Das Schuldenabkommen ist endgültig, es kann nicht gekündigt und nicht revidiert werden, was im Notenwechsel vom 6. März 1951 noch vorgesehen war. Im Fall der Wiedervereinigung sollten lediglich einige dann notwendig werdende Anpassungen vorgenommen werden. Die zwischen Schuldnern und Gläubigern auf der Hauptkonferenz ausgehandelten Regelungen, die als Empfehlungen in den Schlußbericht vom 8. August 1952 eingegangen waren, wurden dem Abkommen in den Anlagen I bis VII beigefügt und sind somit Bestandteile des Schuldenabkommens. Die Anlagen VIII bis X enthalten den interpretierenden Zusatz zum Artikel 5 Absatz 2 sowie Vereinbarungen zum Schiedsverfahren. Der Anhang A beinhaltet den Schriftwechsel vom 6. März 1951, im abschließenden Anhang B findet sich ein kurzer Konferenzbericht.[122] Nach einigen Rückfragen stimmte das Kabinett der Unterzeichnung der Verträge durch Herrn Abs zu.[123] Dieser hatte bereits im Dezember des Vorjahrs den Beschluß gefaßt, diesen Akt selbst vornehmen zu wollen.[124] Der Kanzler war damit einverstanden.

Am 25. Februar traf die TCGD ein letztes Mal vor der offiziellen Schlußsitzung mit der Deutschen Delegation zusammen. Die Sitzung diente der Vorbereitung der Zeremonie zur feierlichen Unterzeichnung des Schuldenabkommens, die für den 27. Februar 1953 um 11 Uhr im Londonderry House angesetzt worden war.[125] Außerdem wurde ein gemeinsames Presse-

---

zeichnung des Abkommens über die Regelung deutscher Auslandsschulden vom 19. 2. 1953, BA, B 126–48408.
[122] Abkommen über Deutsche Auslandsschulden London vom 27. Februar 1953, HADB, NL Krebs allgemein; vgl. BERNHARD WOLFF, Grundsätze der internationalen Regelung der deutschen äußeren Vorkriegsschulden, in: Neue Juristische Wochenschrift, 6 (1953), S. 1409 ff.
[123] 277. Kabinettssitzung vom 24. Februar 1953, in: Die Kabinettsprotokolle der Bundesregierung, Bd. 6 (1953), S. 186 f.
[124] Weiz an Auswärtiges Amt vom 17. 12. 1952, PA/AA, Abt. II Nr. 1597 (LSA 70).
[125] TCGD: Minute of a meeting between the Tripartite Commission on German Debts and the

2. Das Regierungsabkommen

kommuniqué vorbereitet, das im Anschluß an die Unterzeichnung um 12 Uhr herausgegeben werden sollte.

In der Schlußsitzung lobte Abs das Abkommen als wichtigen Schritt, um die finanziellen Beziehungen der Bundesrepublik zum Ausland wieder in „normale Bahnen zu lenken." Auch Rendel und Pierson fanden lobende Worte für das Ergebnis der Verhandlungen, die sich von der Abgabe der Schuldenerklärung bis zur Unterzeichnung des Abkommens über fast zwei Jahre erstreckt hatten. Ursprünglich war die Unterzeichnung des Abkommens für den Herbst 1952 geplant gewesen, der Termin hatte sich aber wegen einiger unvorhergesehener Komplikationen immer weiter verzögert. Es war deshalb praktisch unmöglich geworden, die Zahlungen termingerecht aufzunehmen. Für die Reichsanleihen sollte im April 1953 der Zahlungsbeginn sein. Abs sagte den Anwesenden jedoch zu, daß die Bundesregierung die fälligen Summen auf jeden Fall in den Bundeshaushalt 1953/54 einstellen würde, obwohl das Abkommen nicht mehr wie ursprünglich vorgesehen noch vor April in Kraft treten konnte. Der Abschluß des Ratifikationsverfahren in weniger als einem Monat war nach deutschen Recht nicht machbar. Abs sagte aber zu, daß sich die Bundesregierung für einen zügigen Verlauf des Ratifikationsverfahren einsetzen würde. Trotz dieser Zusage wuchs besonders unter den britischen Gläubigern die Befürchtung, daß sie deutliche Zahlungsverzögerungen in Kauf nehmen müßten. Trotz des insgesamt positiven Verlaufs der gesamten Verhandlungen bestand im Ausland immer noch ein profundes Mißtrauen hinsichtlich der Zahlungsmoral der Bundesrepublik Deutschland und der deutschen Privatschuldner.[126] Delegationsleiter Abs war sehr bemüht, bei den anwesenden Regierungsvertretern um Vertrauen in die deutsche Zuverlässigkeit zu werben. Er zeigte sich tief überzeugt, daß die Durchführung des Abkommens sowohl im öffentlichen als auch im privaten Bereich erfolgreich ablaufen würde.[127] Das Londoner Schuldenabkommen regelte laut Pressekommuniqué eine Gesamtverbindlichkeit von DM 13,73 Milliarden. Es wurde in London von 21 Staaten unterzeichnet. Zahlreiche Staaten sollten dem Abkommen in der nächsten Zeit noch beitreten.[128] Laut Artikel 36 waren dazu alle Staaten berechtigt, die eine Einladung zur Unterzeichnung der Schuldenabkommens erhalten

---

German Delegation for External Debts held on 25th February, 1953, PA/AA, Abt. II Nr. 1599 (LSA 89).
[126] Aufzeichnung Granow vom 16. 2. 1953, PA/AA, Abt. II Nr, 1596 (LSA 86).
[127] Dreimächteausschuß für deutsche Schulden: Protokoll über die Sitzung anläßlich der Unterzeichnung des Abkommens über deutsche Auslandsschulden vom 27. 2. 1953, PA/AA, Abt. II Nr. 1608 (LSA 98).
[128] Presseverlautbarung vom 27. Februar 1953, ebd.

hatten. Insgesamt handelte es sich um 70 westliche oder neutrale Staaten.[129] Ostblockstaaten waren ausgeschlossen. Laut Artikel 35 trat das Abkommen in Kraft, wenn Frankreich, Großbritannien, die USA und die Bundesrepublik ihre Ratifikationsurkunde oder Notifikation bei der britischen Regierung hinterlegt hatten. Es war vereinbart worden, daß sämtliche Originalurkunden am Verhandlungsort London aufbewahrt werden sollten. Sobald die Ratifikationsurkunden der vier Staaten vollständig in London hinterlegt worden waren, oblag es der britischen Regierung, die übrigen am Abkommen beteiligten Staaten über den Vollzug und die Inkraftsetzung des Londoner Schuldenabkommens zu unterrichten.

---

[129] Liste der an den internationalen Abkommen zur Regelung der deutschen Vorkriegsschulden zu beteiligenden Staaten vom 8. 10. 1952, PA/AA, Abt. II Nr. 1510 (LSA 6).

3. Die Ratifikation des Londoner Schuldenabkommens

Die Bundesregierung in Bonn war bestrebt, das Zustimmungsgesetz zum Schuldenabkommen so schnell wie möglich über die parlamentarischen Hürden zu bringen. Deshalb fand schon am 4. März 1953 im Bonner Finanzministerium unter Leitung von Ministerialdirektor Wolff eine Besprechung über das weitere Vorgehen statt, an der Vertreter aller an den Londoner Verhandlungen beteiligten Ressorts, der Bank deutscher Länder und Delegationsleiter Abs teilnahmen. Nach längeren Diskussionen kamen die Teilnehmer der Sitzung überein, dem Bundeskabinett und dem Bundesrat noch innerhalb der nächsten zwei Wochen den Entwurf der Zustimmungsgesetze zum Schuldenabkommen zur Billigung vorzulegen. Das gemäß Artikel 2 des Abkommens ebenfalls nötige Ausführungsgesetz sollte davon abgetrennt und den Gremien etwas später vorgelegt werden.[1] Aus politischen Gründen und um einem möglichen Ansehensverlust der Bundesregierung vorzubeugen, hielten die Anwesenden Eile für geboten, denn einige Gläubigerstaaten hatten in London Zweifel an einer baldigen Ratifikation des Schuldenabkommens durch den Deutschen Bundestag angedeutet. Außerdem kamen auf die Bundesregierung Unannehmlichkeiten zu, wenn die Zahlungen nicht wenigstens in etwa termingerecht aufgenommen werden konnten.[2] Am 9. März ging die gemeinsam vom Auswärtigen Amt, den Bundesministerien für den Marshallplan, Justiz, Finanzen, Wirtschaft und der Bank deutscher Länder ausgearbeitete Kabinettsvorlage im Kanzleramt mit der Bitte ein, sie auf die Tagesordnung der nächsten Kabinettssitzung zu setzen. Die Kabinettsvorlage bestand aus insgesamt sieben einzelnen Zustimmungsgesetzen zu den in London am 27. Februar unterzeichneten Abkommen nebst Anlagen.[3] Das Bundeskabinett stimmte der Vorlage in der Sitzung vom 13. März zu. Auf Vorschlag von Vizekanzler Blücher wurde der Beschluß gefaßt, den im Bundestag vertretenen Fraktionen zwecks Zeitersparnis die Bildung eines Sonderausschusses vorzuschlagen, der sich anstelle diverser Einzelausschüsse zentral mit dem Londoner Schuldenabkommen befassen sollte. Die zuständigen Fachminister wurden beauftragt, mit dem Vorschlag an die Fraktionsvorsitzenden der im Bundestag

---
[1] 292. Kabinettssitzung vom 15. Mai 1953, in: Die Kabinettsprotokolle der Bundesregierung, Bd. 6 (1953), S. 285f.
[2] Vermerk Diesel an Brückner, von Trützschler und Weiz vom 5. 3. 1953, PA/AA, Abt. II Nr. 1610 (LSA 100).
[3] Auswärtiges Amt (Hallstein) an Staatssekretär BKA: Kabinettsvorlage vom 9. März 1953, PA/AA, Abt. II Nr. 1609 (LSA 99). Das Abkommen mit Dänemark wurde am 26. 2. 1953 unterzeichnet.

vertretenen Parteien heranzutreten.[4] Der von der Bundesregierung beschlossene Gesetzentwurf wurde dem Bundesrat gemäß Artikel 76 Absatz 2 GG am 17. März zugestellt.[5] Dieser stimmte der Vorlage schon am 27. März zu.[6] Die rasche und problemlose Zustimmung des Bundesrates wurde von Vizekanzler Blücher in einem Schreiben an Bundestagspräsident Ehlers als positives Signal für das Ausland lobend erwähnt. Blücher forderte den Bundestag auf, dem Beispiel der Länderkammer zu folgen und dem Zustimmungsverfahren die „größtmögliche Beschleunigung" angedeihen zu lassen. Er bat Ehlers deshalb, die erste Lesung der sieben Zustimmungsgesetze noch nachträglich auf die Tagesordnung der Bundestagssitzung vom 16. April 1953 zu setzen. Da das Schreiben Blüchers vom 10. April datierte, war die Zeitspanne äußerst knapp bemessen. Trotzdem hielt Blücher es umständehalber für vertretbar, den Abgeordneten nur drei bis vier Tage zur Prüfung der Vorlage zuzugestehen, weil das Schwergewicht der Beratungen ohnehin in den Ausschüssen liegen würde.[7] Die Bundesregierung hatte zu diesem Zeitpunkt bereits aus dem Bundestag positive Zeichen empfangen, daß sich das Parlament mit der Einsetzung eines Sonderausschusses einverstanden erklären würde. Zeitlich unter Druck setzen lassen wollte sich der Bundestag allerdings nicht. Die Idee, an den Präsidenten des Bundestags in diesem Sinn heranzutreten, stammte von Ministerialdirigent Vogel. Sie war in einer Ressortbesprechung vom 2. April gegen die Bedenken des Auswärtigen Amts abgesegnet worden.[8] Auch wenn zuweilen Rückschläge zu verzeichnen waren, ließ die Bundesregierung nichts unversucht, um die Ratifizierung des Schuldenabkommens so schnell wie möglich voranzutreiben. Parallel wurden in den zuständigen Ministerien die Vorarbeiten für die praktische Umsetzung des Abkommens vorangetrieben. Im Bundesfinanzministerium wurden bereits die Regelungsangebote für die beiden großen Reichsanleihen vorbereitet.[9]

---

[4] 282. Kabinettssitzung vom 13. März 1953, in: Die Kabinettsprotokolle der Bundesregierung, Bd. 6 (1953), S. 218.
[5] BK Adenauer an Präsident des Bundesrates vom 17. 3. 1953, PA/AA, Abt. II Nr. 1610 (LSA 100).
[6] Bundesrat, Drucksache Nr. 116/53: Entwurf eines Gesetzes betr. das Abkommen vom 27. 2. 1953 über deutsche Auslandsschulden, ebd.
[7] Der Stellvertreter des Bundeskanzlers (Blücher) an den Präsidenten des Deutschen Bundestags vom 10. 4. 1953, PA/AA, Abt. II Nr. 1611 (LSA 101).
[8] Vermerk (Weiz) betr. Erste Lesung der Zustimmungsgesetze zu den Schuldenabkommen im Bundestag vom 7. 4. 1953, ebd.
[9] BFM an die Treuhänder der Deutschen Äußeren Anleihe von 1924, Paris (Entwurf) vom 22. 4. 1953; BFM an BIZ Basel (Entwurf) vom 23. 4. 1953 in der Fassung vom 5. 6. 1953, PA/AA, Abt. II Nr. 1623 (LSA 113).

3. Die Ratifikation des Londoner Schuldenabkommens

Als Termin für die erste Lesung der Zustimmungsgesetze zum Londoner Schuldenabkommen legte das Präsidium des Deutschen Bundestags den 29.April 1953 fest. Die Bundesregierung war sehr bestrebt, einen reibungslosen Verlauf dieser Sitzung sicherzustellen. Zu diesem Zweck wurde die CDU-Bundestagsfraktion bereits am Tag vor der Sitzung in einer Informationsveranstaltung mit dem Inhalt des Schuldenabkommens vertraut gemacht. 35 Mitglieder der CDU-Fraktion nahmen an der Veranstaltung teil, die vom Abgeordneten Schröder geleitet wurde. Einwände grundsätzlicher Art wurden von den CDU-Abgeordneten nicht geltend gemacht, kritische Anmerkungen gab es aber zu folgenden Punkten: 1. die unzureichende Berücksichtigung der territorialen Beschränkung der Bundesrepublik, 2. die Höhe des StEG-Abkommens und 3. die Forderung, als Gegenleistung für den Abschluß des Schuldenabkommens nunmehr frei über das deutsche Auslandsvermögen verhandeln zu dürfen.[10] Auf diese und eine Reihe anderer Fragen, die von den Abgeordneten des Bundestags möglicherweise während der Beratungen gestellt werden würden, bereitete die Bundesregierung Antworten vor.[11] Der Rechtsberater des Auswärtigen Amts, Professor Kaufmann, erstellte zur Vorbereitung der ersten Lesung im Bundestag einen kurzen Vermerk zur Auslegung des besonders wichtigen Artikels 5 des Schuldenabkommens. Die Bundesregierung wollte auch hier vor kritischen Nachfragen aus dem Plenum gewappnet sein. Kaufmann hob in seinem Vermerk als Positivum hervor, daß die Bundesrepublik gemäß Artikel 5 zur Abwehr sämtlicher Reparationsansprüche einschließlich der Kosten der deutschen Besatzung, der während der Besetzung auf Verrechnungskonten erworbenen Guthaben und der Forderungen gegen die Reichskreditkassen nicht nur ermächtigt, sondern sogar verpflichtet werde. Damit sei erstmals ein vollständiger Schutz vor Ansprüchen dieser Art gewährleistet.

Daß es zwischen der Bundesrepublik und den drei Mächten Meinungsverschiedenheiten über die Auslegung von Teil VI Artikel 1 des Überleitungsvertrags gab, räumte Kaufmann zwar ein, sie würden aber „von keiner großen praktischen Bedeutung sein." Die fragliche Bestimmung aus dem Überleitungsvertrag werde durch den Zusatz zum Artikel 5 Absatz 2 im Anhang VIII ungeachtet der noch ausstehenden Ratifizierung des Deutschland-Vertrags mit dem Inkrafttreten des Schuldenabkommens wirksam.[12]

---
10 Vermerk betr. Schuldenabkommen, Haltung der CDU-Fraktion des Bundestages vom 28. 4. 1953, PA/AA, Abt. II Nr. 1611 (LSA 101).
11 Vermerk betr. Vorbereitung der Bundeshausdebatte über die Schuldenabkommen am 29. ds. Mts.; Antworten auf vermutliche Anfragen vom 28. 4. 1953, ebd.
12 Vermerk Kaufmann betr. Londoner Abkommen über deutsche Auslandsschulden (Art 5) vom 27. 4. 1953, ebd.

Für gewisse Irritationen im Vorfeld hatte eine kleine Anfrage gesorgt, welche die SPD-Fraktion am 20. März 1953 im Bundestag eingebracht hatte. Dabei ging es um die Schuldenerklärung vom 6. März 1951, die von den gesetzgebenden Körperschaften der Bundesrepublik nicht eigens gebilligt worden war und die deshalb nach Auffassung der SPD-Fraktion „sowohl staats- wie völkerrechtlich unwirksam" sei.[13] Bekanntlich hatte die Bundesregierung seinerzeit bewußt auf diesen Schritt verzichtet, um einer politisch inopportunen Verknüpfung von Auslandsschulden und Auslandsvermögen durch die Abgeordneten vorzubeugen. Statt dessen war der Schriftwechsel vom 6. März 1951 als Anlage dem Teil VIII des Vertrags zur Regelung aus Krieg und Besatzung entstandener Fragen beigefügt worden, der vom Bundestag am 19. März 1953 in dritter Lesung gebilligt worden war. Auf diesen Tatbestand wies Ministerialdirektor Blankenhorn in seiner Antwort an den Präsidenten des Bundestags hin.[14]

Die erste Beratung der Gesetzesentwürfe zum Abkommen über Deutsche Auslandsschulden begann mit einer Regierungserklärung von Bundeskanzler Konrad Adenauer. Diese war unter Mitwirkung sämtlicher an den Londoner Verhandlungen beteiligten Bundesministerien sorgfältig ausgearbeitet worden. Die Koordination der Vorarbeiten oblag Ministerialdirektor Blankenhorn.[15] Die Rede war so konzipiert, daß sie möglichst wenig Anlaß zur Diskussion bieten sollte. Zu Beginn seiner Ausführungen lobte der Kanzler die wirtschaftliche Vernunft und das Augenmaß der Gläubiger, die sich trotz ihrer berechtigten Eigeninteressen letztlich an den eingeschränkten finanziellen Möglichkeiten der Bundesrepublik orientiert hätten. Ohne diese Bereitschaft hätte eine Regelung der Vorkriegsschulden nicht zustande gebracht werden können. In London sei eine Rahmenvereinbarung ausgehandelt worden, die die diversen Schuldner und Gläubiger in die Lage versetzten soll, eine Vereinbarung über die Wiederaufnahme des seit Jahren unterbrochenen Zins- und Tilgungsdienstes zu treffen. Als wichtigstes Kriterium der neuen Regelung benannte Adenauer die zeitliche Streckung der eigentlich sofort fälligen Schulden. Er wandte sich dann dem Thema Auslandsvermögen zu. Dabei mußte er einräumen, daß trotz der deutschen

---

[13] Kleine Anfrage Nr. 326 der Fraktion der SPD betr. Schuldenanerkenntnis vom 20. 3. 1953, Deutscher Bundestag, 1. Wahlperiode, Drucksache Nr. 4206.
[14] Der Staatssekretär im Auswärtigen Amt (i.V. Blankenhorn) an Präsident des Bundestags betr. Kleine Anfrage Nr. 326 der SPD vom 20. März 1953 – Nr. 4206 der Drucksachen – Schuldanerkenntnis vom 8. 4. 1953, Deutscher Bundestag, 1. Wahlperiode, Drucksache Nr. 4252.
[15] Vermerk Weiz betr. Regierungserklärung zu den Schuldenabkommen im Bundestag am 29. April 1953 vom 24. 4. 1953, PA/AA, Abt. II Nr. 1612 (LSA 102).

3. Die Ratifikation des Londoner Schuldenabkommens

Bemühungen „die Probleme des Auslandsvermögen nur in mittelbaren Zusammenhang" mit den Londoner Verhandlungen gebracht werden konnten. Uneingeschränktes Lob zollte er dagegen der Regelung des Reparationsproblems im Artikel 5 des Schuldenabkommens. Die Zurückstellung dieses Problems bis zum Friedensvertrag gelte in Zukunft nicht nur für die drei Besatzungsmächte, sondern auch für andere Länder. Es sei zwar in London kein offizieller Reparationsverzicht ausgesprochen worden, Adenauer glaubte aber davon ausgehen zu können, daß dieses Problem zumindest im Hinblick auf die Hauptmächte als erledigt angesehen werden könnte. Auf die Verbindung zum Teil VI Artikel 1 des Überleitungsvertrags ging der Kanzler nur indirekt ein. Bevor er sich den bilateralen Verträgen zuwandte, stellte Adenauer die von der Gegenseite gezeigte Rücksichtnahme auf die beschränkten deutschen Transfermöglichkeiten heraus. Gerade in diesem Zusammenhang seien die nach dem Zweiten Weltkrieg erfolgten deutschen Territorialverluste berücksichtigt worden. Er ging dann ausführlich auf die großzügige Reduzierung der Forderungen aus der amerikanischen Nachkriegswirtschaftshilfe ein, worunter er die StEG-Forderungen implizit subsumierte. Daß es in diesem Fall bei einer Schuldensumme von $ 203 Millionen geblieben war, versuchte Adenauer mit Problemen des inneramerikanischen Haushaltsrechts zu begründen. Auch die britische Reduktionsbereitschaft wurde von Adenauer gebührend gewürdigt. Die von $ 16 Millionen auf $ 12 Millionen reduzierte Forderung Frankreichs erwähnte Adenauer dagegen nur kurz am Rande. Am Schluß seiner Regierungserklärung gab der Bundeskanzler einen Überblick über die aus dem Schuldenabkommen resultierenden finanziellen Verpflichtungen für die Bundesrepublik Deutschland. Adenauer hob hervor, daß in London eine beträchtliche Verminderung der Schuldensumme durchgesetzt werden konnte. Die Vorkriegsschulden seien von DM 13,5 Milliarden einschließlich Goldklausel auf DM 7,3 Milliarden herabgesetzt worden, bei den Nachkriegsschulden habe der Betrag von rund DM 16 Milliarden auf DM 7 Milliarden gemindert werden können. Als besonders positiv würdigte Adenauer, daß als alleiniger Maßstab zur Beurteilung der Leistungsfähigkeit sowohl der öffentlichen als auch der privaten Schuldner die Transferfähigkeit der Bundesrepublik herangezogen wurde. Eine für den Wechselkurs der DM höchst schädliche Anhäufung von DM-Zahlungen auf Sperrkonten habe ebenfalls vermieden werden können. Der Kanzler kündigte an, daß mit dem Inkrafttreten des Schuldenabkommens die noch bestehenden Beschränkungen der deutschen Devisenhoheit entfallen würden. Unter großem Beifall des Bundestags dankte der Bundeskanzler dem deutschen Delegationsleiter Hermann J. Abs für seine hervorragende Arbeit. Er appellierte an die Abgeordneten, sich in den Beratungen über die Zustimmungsgesetze bewußt zu bleiben, daß es bei der Regelung der alten deutschen Verbindlichkeiten entscheidend um die Festigung „des Vertrauens des Auslandes in die deutsche Vertragstreue" gehe. Ohne ein solches Vertrauen sei weder eine wirtschaftliche noch eine politische Erholung des Landes möglich.¹⁶

Die anschließende Aussprache verlief in ruhigen Bahnen, da sich die komplizierte Materie für polemische Attacken kaum eignete. Lediglich der KPD-Abgeordnete Fisch tanzte aus der Reihe, indem er das Schuldenabkommen als weiteren Beweis für den Willen der Adenauer-Regierung verstehen wollte, für die westdeutsche Eingliederung „in das amerikanische Militärpaktsystem nicht nur deutsche Fremdenlegionen zur Verfügung zu stellen, sondern auch Tributleistungen finanzieller Art in ungeheurem Ausmaß anzuerkennen und zu gewährleisten." An anderer Stelle fügte er an, daß das deutsche Volk nichts zu tun haben wolle „mit der Rückzahlung von Rüstungsgeldern, die in den zwanziger Jahren den Krupp und Thyssens zur Vorbereitung des Krieges geleistet wurden."¹⁷ Solche Kritik sprach für sich selbst. Ernstzunehmender waren dagegen die kritischen Anmerkungen, die von Abgeordneten der Regierungsfraktionen und der Sozialdemokraten gemacht wurden. Dabei standen zwei Punkte im Vordergrund: zum einen die beträchtliche Höhe der auf die Bundesrepublik in nächster Zeit zukommenden finanziellen Verpflichtungen aus dem Schuldenabkommen, dem Wiedergutmachungsabkommen mit Israel und der *Jewish Claims Conference*, den Ausgaben für Verteidigungszwecke und sonstigen finanziellen Belastungen. Zum anderen wurde der Umgang mit dem deutschen Auslandsvermögen im Zusammenhang mit dem Londoner Schuldenabkommen kritisiert. Je nach Parteizugehörigkeit gab es allerdings unterschiedliche Akzentsetzungen. So sprach der CDU-Abgeordnete Kopf von einer hohen Gesamtbelastung der Bundesrepublik, deren Tragbarkeit er in einen unmittelbaren Zusammenhang zur Entwicklung der deutschen Exportmöglichkeiten stellte. Diesen Aspekt hob auch der FDP-Abgeordnete Preusker hervor, der die Gläubigerländer direkt aufforderte, mit ihrer Wirtschafts- und Handelspolitik zum Gelingen des Schuldenabkommens beizutragen. Der SPD-Abgeordnete Gülich sprach dagegen von einer zu großen Belastung des Bundeshaushalts durch das Schuldenabkommen, dessen Finanzierbarkeit sich erst noch erweisen müßte. Gülich kritisierte, daß keine

---

16 262. Sitzung des Deutschen Bundestags vom 29. April 1953, in: Sitzungsberichte Deutscher Bundestag, 1. Wahlperiode, Bd. 17, S. 12749 ff.
17 Ebd., Zitate S. 12760 und 12761 f.

Transferschutzklausel in das Regierungsabkommen aufgenommen worden sei, die objektive Maßstäbe für die Definition und praktische Handhabung eines *defaults* lieferte. Statt dessen sei ein Konsultationsverfahren vereinbart worden, das sich erst noch in der Praxis bewähren müßte.

Allgemein bemängelt wurde auch, daß sich die territoriale Beschränkung der deutschen Herrschaftsgewalt nur in unvollkommener Weise in dem Abkommen niedergeschlagen habe. Eine Kapitalreduktion, die nach Einschätzung der Parlamentarier angemessen gewesen wäre, hatte sich bekanntlich nicht durchsetzen lassen. Herber fiel die Kritik an der weitgehenden Nichtberücksichtigung des deutschen Auslandsvermögens aus. Während der Abgeordnete Kopf (CDU) noch zurückhaltend von dessen nur indirekter Berücksichtigung als leistungsmindernder Faktor sprach und gleichzeitig die Forderung erhob, in Zukunft frei über die noch nicht liquidierten Teile des deutschen Vermögens mit dem Ausland verhandeln zu dürfen, erklärte der Abgeordnete Gülich (SPD) das alliierte Verhalten in dieser Frage für schlichtweg unvereinbar mit dem Aufbau eines partnerschaftlichen Verhältnisses. Der FDP-Abgeordnete Preusker verlangte kategorisch, die „absolute Reziprozität der Anerkennung der Rechte und Pflichten des Eigentums" wiederherzustellen.[18] Mit Ausnahme der Kommunisten war die von den Abgeordneten am Londoner Schuldenabkommen geübte Kritik insgesamt jedoch als konstruktiv zu bewerten. Der Abgeordnete Kopf kam zu dem Fazit, daß das Schuldenabkommen einige unrühmliche Jahrzehnte der deutschen Finanzgeschichte beende. Es werde „ein Schlußstrich unter eine tragische Vergangenheit gezogen und ein neuer Anfang mit schweren Opfern gemacht. Dieser Neubeginn fällt zeitlich zusammen mit dem Zeitpunkt, in dem sich Deutschland anschickt, seine Souveränität wiederzugewinnen und sich in eine neu zu schaffende europäische Ordnung als gleichberechtigter Partner einzufügen."[19] Dieser These widersprach der Sozialdemokrat Gülich. Von einem Schlußstrich unter die Vergangenheit könne zum gegenwärtigen Zeitpunkt keine Rede sein, weil dazu noch „viele zähe Verhandlungen" zu führen sein würden.[20] Die sozialdemokratische Fraktion wollte sich in der ersten Lesung noch nicht festlegen, ob sie dem Zustimmungsgesetz zum Schuldenabkommen zustimmen würde. Gülich kündigte an, daß die SPD-Fraktion ihr Abstimmungsverhalten vom Ergebnis der Ausschußberatungen abhängig machen wollte. Die eine Woche, die den Abgeordneten zur Vorbereitung der ersten Lesung zeitlich zur Verfügung

---

[18] Ebd., Zitat S. 12762.
[19] Ebd., Zitat S. 12756.
[20] Ebd., Zitat S. 12757.

gestanden hatte, kritisierte Gülich angesichts des Umfangs der Gesetzesvorlage als völlig unzureichend. Am Schluß der Aussprache wurde auf Vorschlag der Koalitionsparteien die Einsetzung eines Ad-hoc-Sonderausschusses beschlossen. Die Sozialdemokraten hätten es lieber gesehen, wenn die Beratungen einem Unterausschuß des Auswärtigen Ausschusses anvertraut worden wären. Eine Mehrheit für diesen Vorschlag gab es im Plenum jedoch nicht.[21]

Der Sonderausschuß nahm Anfang Juni unter Vorsitz des Abgeordneten Wellhausen (FDP) seine Arbeit auf. Schon im Vorfeld der Beratungen gab es Hinweise darauf, daß die Frage des Auslandsvermögens im Ausschuß noch einmal thematisiert werden würde. Eine Reihe von Abgeordneten des Bundestags hingen immer noch der Meinung an, daß eine Rettung größerer Teile des im Ausland beschlagnahmten deutschen Vermögens möglich gewesen wäre, wenn die Bundesrepublik auf einem Junktim zwischen der Vermögensfrage und der Regelung der Auslandsschulden bestanden hätte. In diesem Zusammenhang wurde der Bundesregierung vom FDP-Abgeordneten Pfleiderer vorgeworfen, mit der Billigung der Schuldenerklärung vom 6. März 1951 durch den Deutschen Bundestag „ein böses Spiel" zu treiben.[22] Pfleiderer hatte sich seit dem Beginn der Schuldenverhandlungen mit dem Thema Auslandsvermögen zu profilieren versucht. Richtig an seinem Vorwurf war, daß die Bundesregierung aus politischen Gründen ein Scheitern der Schuldenerklärung im Parlament um jeden Preis vermeiden wollte und deshalb die Vorlage des Schriftwechsels vom 6. März 1951 hinausgezögert hatte. Auf der anderen Seite kann man den Befürwortern eines Junktims den Vorwurf der politischen Blauäugigkeit nicht ersparen. Das deutsche Auslandsvermögen war Teil der Reparationsfrage und insofern in politischer, juristischer und moralischer Hinsicht ein heißes Eisen. Noch im Februar 1953 hatte die Alliierte Hohe Kommission der Bundesregierung mitgeteilt, daß die bisherige Gesetzeslage weiter Bestand haben und bilaterale Verhandlungen mit dem Ausland über das deutsche Auslandsvermögen untersagt bleiben würden. Allerdings waren mit der Unterschrift unter das Schuldenabkommen erste Tendenzen zu einer Lockerung der bisherigen alliierten Haltung sichtbar geworden. Die Alliierte Hohe Kommission hatte der Bundesregierung in Aussicht gestellt, etwaige „Ersuchen um Verhandlungsermächtigung zu prüfen", ohne damit jedoch irgendwelche Verpflichtungen verbinden zu wollen.[23] Dies war zwar ein Schritt in die gewünschte

---
[21] Ebd., S. 12763 f.
[22] Weiz an Abs vom 2. 6. 1953, PA/AA, Abt. II Nr. 1611 (LSA 101).
[23] Generalsekretär der AHK an Staatssekretär Hallstein vom 5. 2. 1953, ebd.

3. Die Ratifikation des Londoner Schuldenabkommens

Richtung, grundsätzlich änderten die Hauptalliierten ihre Position in der Frage des deutschen Auslandsvermögens aber auch in Zukunft nicht.[24] Daß man beim Thema Auslandsvermögen nur schrittweise vorankommen konnte, akzeptierten auch die Mitglieder des Sonderausschusses. Der sozialdemokratische Abgeordnete Lütkens bezeichnete den Umgang der Bundesregierung mit der Schuldenerklärung und die dadurch möglicherweise verpaßten Chancen zur Rettung des Auslandsvermögens zwar als eine „politisch aus staatsrechtlichen und aus vielen anderen Gründen außerordentlich betrübliche" Geschichte, ein Nachkarten wurde aber allseits für zwecklos gehalten.[25] An der Ausschußdiskussion über das Thema Auslandsvermögen nahm auf ausdrücklichen Wunsch der Abgeordneten auch Staatssekretär Hallstein teil. Wegen der hohen politischen Relevanz dieses Themas war Hallstein vom Ausschußvorsitzenden Wellhausen zuvor um ein klärendes Gespräch gebeten worden.[26] Alle Sorgen, daß die Diskussion über den Zusammenhang von Auslandsvermögen und Schuldenabkommen aus dem Ruder laufen könnte, erwiesen sich aber glücklicherweise als unbegründet. Es blieb letztlich bei der Annahme eines Entschließungsantrags des FDP-Abgeordneten Pfleiderer, der die Bundesregierung zu weiteren Initiativen zur Rettung des deutschen Auslandsvermögens veranlassen sollte.[27]

Überraschenderweise gestalteten sich die Beratungen über die bilateralen Abkommen zur Regelung der Nachkriegsschulden weitaus schwieriger. Ministerialdirigent Vogel hatte in der Sitzung vom 8. Juni 1953 ausführliche Erläuterungen zum Inhalt der Verträge abgegeben.[28] In der anschließenden Aussprache geriet unversehens das Abkommen mit der Republik Frankreich ins Kreuzfeuer der Kritik. Das sozialdemokratische Ausschußmitglied Baade eröffnete die Diskussion mit einem Statement, in dem er die von Frankreich geleistete Nachkriegshilfe prinzipiell in Frage stellte: „Bisher war ich der Meinung, daß es keine französische Nachkriegs-Wirtschaftshilfe gibt. Ich war der Meinung, daß die französische Besatzungszone von

---

24 AHK an BK Adenauer vom 21. 1. 1954, BA, B 141–9116.
25 Protokoll der Sitzung des Sonderausschusses vom 15. 6. 1953. PA/AA, Abt. II Nr. 1619 (LSA 109); Vermerk Weiz betr. Schuldenabkommen: Behandlung im Sonderausschuß des Bundestags vom 8. 6. 1953, PA/AA, Abt. II Nr. 1611 (LSA 101).
26 Vermerk Weiz an Staatssekretär vom 13. 6. 1953, ebd.
27 Vermerk Weiz an Staatssekretär betr. Art. IV des Reparationsteils des Überleitungsabkommens in Zusammenhang mit der Ratifizierung des Schuldenabkommens vom 23. 6. 1953, ebd.
28 Skizze (Vogel) für Ausführungen vor dem Sonderausschuß über die Nachkriegsschulden vom 8. 6. 1953, BA, B 146–1235.

der Besatzungsmacht systematisch ausgeraubt wurde."[29] Baade fügte hinzu, daß der Mißbrauch, den die französische Oficomex mit dem deutschen Außenhandel getrieben haben, den Mißbrauch der JEIA noch weit übertroffen habe. Vogel nahm den begründeten Vorwurf auf, verwies aber auf die ablehnende Reaktion, welche die Deutsche Delegation bei der Präsentation des französischen Vorschlags am 5. Dezember 1951 gezeigt habe. Auf ausdrücklichen Wunsch der TCGD habe die damalige deutsche Stellungnahme gegen Frankreich bisher nicht publik gemacht werden können. Der Deutschen Delegation sei aus politischen Gründen allerdings keine andere Wahl gelassen worden, als den vermeintlichen französischen Beitrag zum JEIA-Kapital als Nachkriegsschuld zu akzeptieren. Abs fügte an, daß man den relativ geringen Betrag so oder so bezahlen müsse. Bei weiterem Widerstand hätte man nicht mehr erreichen können, „als Frankreich aus der Gruppe der Nachkriegsgläubiger auszuschließen."[30] Die Frage, ob dies tatsächlich ein Vorteil gewesen wäre, ließ Abs offen. Es gelang Vogel und Abs jedoch nicht, die Ausschußmitglieder von einer weiteren Diskussion dieses Themas abzubringen. Der Abgeordnete Baade blieb dabei, daß die Anerkennung einer französischen Nachkriegswirtschaftshilfe nicht zuletzt deshalb ausgeschlossen sei, weil man sich der Chance begebe, bei späteren Reparationsverhandlungen Gegenforderungen gegenüber Frankreich geltend zu machen. Man könne Frankreich nicht die gleiche Behandlung angedeihen lassen wie den Vereinigten Staaten. Was in dem einen Fall seine Berechtigung habe, sei im anderen Fall falsch. Baade erhielt Schützenhilfe von seinem Parteifreund Erler, der es kategorisch ablehnte, den Franzosen mit der Anerkennung einer angeblichen französischen Wirtschaftshilfe wider alle historische Wahrheit auch noch Wohltaten zu bescheinigen. Auch die Abgeordneten anderer Parteien zeigten Verständnis für diese Haltung. Der Abgeordnete Bertram (Zentrum) machte den Vorschlag, das Abkommen mit Frankreich ganz aus dem Gesetzespaket herauszunehmen oder diesem wenigstens eine spezielle deutsche Präambel voranzustellen. Der CDU-Abgeordnete Handschuhmacher plädierte statt dessen für eine Entschließung des Bundestags zum Abkommen mit Frankreich, um die Verabschiedung der übrigen Verträge im Bundestag nicht zu gefährden.[31]

Angesichts des Diskussionsverlaufs im Sonderausschuß mußte die Frage geklärt werden, ob zwischen dem Inkrafttreten der Abkommen über die

---

[29] Protokoll der Sitzung des Sonderausschusses „Londoner Schuldenabkommen" vom 8. 6. 1953, PA/AA, Abt. II Nr. 1619 (LSA 109).
[30] Ebd.
[31] Ebd.

3. Die Ratifikation des Londoner Schuldenabkommens

Nachkriegsschulden und dem Inkrafttreten des eigentlichen Schuldenabkommens ein Junktim besteht. Von Regierungsseite war im Ausschuß stets betont worden, daß es „jedenfalls in tatsächlicher und politischer Hinsicht eine solche unlösbare Verknüpfung der sieben gemeinsam vorgelegten Londoner Abkommen" gebe. Eine eindeutige juristische Aussage war das nicht. Da die Regierung aber damit rechnete, daß der Ausschuß genau dies verlangen würde, wurden die Einzelabkommen einer rechtlichen Prüfung unterzogen. Dabei wurde festgestellt, daß die fraglichen Vertragsbestimmungen über die Ratifikation und das Inkrafttreten der Verträge in den Abkommen über die Nachkriegsverpflichtungen unterschiedlich geregelt waren. Im deutsch-französischen Abkommen war beispielsweise von einer Ratifikation überhaupt nicht die Rede. Das Abkommen sollte lediglich am gleichen Tag in Kraft gesetzt werden wie das Londoner Schuldenabkommen. Allerdings wurde im Rahmen der Prüfung auch festgestellt, daß es neben der Verknüpfung in tatsächlicher und politischer Hinsicht insofern eine „lose" rechtliche Verknüpfung gebe, als die Bundesregierung sich „um die Zustimmung des Bundestages nach besten Kräften" bemühen müsse.[32] Ein Junktim ließ sich also juristisch nicht eindeutig belegen. Dies änderte aber nichts an der Tatsache, daß ein Scheitern des deutsch-französischen Abkommens im Bundestag politisch gefährlich war. Im Auswärtigen Amt wurde jedoch erst einmal nicht ernsthaft mit dieser Möglichkeit gerechnet.[33] Dies änderte sich ein wenig, nachdem der Abgeordnete Bertram offiziell einen Antrag der Fraktion der FU Bayernpartei-Zentrum zum Abkommen mit Frankreich über die Regelung der Nachkriegs-Wirtschaftshilfe für den Bundestag ankündigte. Die Bundesregierung sollte durch diesen Antrag verpflichtet werden, die Hinterlegung der Ratifikationsurkunde solange zurückzustellen, bis sich die französische Regierung bereit erklärte, den Begriff „Nachkriegswirtschaftshilfe" aus dem Abkommen zu streichen.[34] Die Formulierung des Antrags von Bertram war zwar etwas unpräzise und mißverständlich, die Zielrichtung dafür um so klarer. Auf Seiten der Regierung wurden deshalb Überlegungen angestellt, ob die Koalitionsparteien nicht für den Fall, daß

---

32 Vermerk Vogel betr. Ratifikation und Inkrafttreten der Abkommen über die Nachkriegsschulden vom 18. 6. 1953, PA/AA, Abt. II Nr. 1611 (LSA 101).
33 Vermerk Weiz betr. Zweite und Dritte Lesung der Zustimmungsgesetze zu dem Schuldenabkommen und des Ausführungsgesetzes zu dem Abkommen über Deutsche Auslandsschulden im Bundestag am 2. und 3. Juli 1953; vermutliche Punkte der Kritik im Plenum des Bundestages und kurze Stellungnahme dazu vom 23. 6. 1953, ebd.
34 Antrag der Fraktion der FU Bayernpartei-Zentrum (Bertram u. a.) Abschrift vom 23. 6. 1953, ebd.; Vermerk Weiz an Staatssekretär betr. Schuldenabkommen im Sonderausschuß des Bundestags vom 24. 6. 1953, PA/AA, Abt. II Nr. 1618 (LSA 108).

der Antrag Bertram von den Sozialdemokraten unterstützt werden sollte, einen eigenen Entschließungsantrag zum deutsch-französischen Abkommen im Plenum einbringen sollten. Beamte des französischen Außenministeriums hatten dem Marshallplanministeriums ihr Einverständnis signalisiert, daß zur Sicherung des Ratifikationsverfahrens im Deutschen Bundestag Erläuterungen zur Genese des deutsch-französischen Abkommens und abschwächende Erklärungen zu dessen Inhalt abgegeben werden dürften, wofern besondere Schärfen in der Formulierung vermieden wurden. Ministerialdirigent Vogel stellte Überlegungen über den Inhalt eines möglichen Gegenantrags zum Antrag des Abgeordneten Bertram an. Demnach sollte auf die formale Analogie der bilateralen Abkommen zur Regelung der Nachkriegsschulden abgestellt und gleichzeitig die Besonderheit des deutsch-französischen Vertrags nicht verhehlt werden.[35] In Absprache mit Abs legte Vogel dann einen Entschließungsantrag zum deutsch-französischen Abkommen vor, der im Bedarfsfall von einigen Abgeordneten der CDU zur Neutralisierung des Antrags Bertram im Bundestag eingebracht werden konnte.[36] Im übrigen war man sich sicher, daß dem Abkommen aus den Reihen der Regierungsfraktionen keine ernsthafte Gefahr drohte. Es wurde allenfalls mit einigen Enthaltungen gerechnet.[37] Zuverlässige Abgeordnete der Koalitionsfraktionen sollten dafür Sorge tragen, daß bei einer eventuellen Abstimmung über den Antrag Bertram keine Zufallsmehrheit zustande kam. Im Fall eines negativen Votums des Bundestags über den deutsch-französischen Vertrag wurden Proteste der französischen Regierung in Washington befürchtet, die unter Umständen zu einer Verzögerung des noch nicht beendeten Ratifikationsverfahrens in den Vereinigten Staaten führen konnten. Es bestand die Gefahr, daß das relativ unwichtige Abkommen mit Frankreich zu einem Prestigeobjekt aufgeblasen wurde, das im ungünstigsten Fall zu einem Scheitern der Gesamtregelung beitragen konnte.[38] Aus Sicht der Bundesregierung war es wichtig, daß sowohl die Zustimmungsgesetze als auch das Ausführungsgesetz möglichst schnell auf den Weg gebracht wurden, damit die vertraglich festgelegten Regelungen anlau-

---

[35] Vermerk (Vogel) betr. Zustimmungsgesetz zum deutsch-französischen Abkommen über Nachkriegsschulden (Gesetz Nr. 6) der Bundestagsdrucksache Nr. 4260 vom 30. 6. 1053, PA/AA, Abt. II Nr. 1611 (LSA 101).
[36] Entwurf einer Entschließung, die wahrscheinlich von Abgeordneten der CDU eingebracht wird als Gegenantrag zum Antrag des Abgeordneten Bertram betr. deutsch-französisches Nachkriegsschuldenabkommen vom 1. 7. 1953, PA/AA, Abt. II Nr. 161 (LSA 101).
[37] Vermerk Weiz an Staatssekretär betr. deutsch-französisches Abkommen über Nachkriegsschulden in der morgigen Plenarsitzung des Bundestags vom 1. 7. 1953, ebd.
[38] Vermerk Weiz an Staatssekretär vom 30. 6. 1953, ebd.

3. Die Ratifikation des Londoner Schuldenabkommens   435

fen konnten.³⁹ Der Entwurf des Ausführungsgesetzes zum Londoner Schuldenabkommen war vom Bundeskabinett am 16. Juni 1953 gebilligt und anschließend den parlamentarischen Gremien zugeleitet worden.⁴⁰ Er wurde am 23. Juni im Sonderausschuß behandelt. Im Verlauf der Beratungen waren noch einige Änderungen am Entwurf vorgenommen worden.⁴¹ Da die Alliierte Kommission keine Einwände gegen den Gesetzentwurf in der vom Sonderausschuß gebilligten Fassung erhob, konnte das Ausführungsgesetz zusammen mit dem Zustimmungsgesetz im Bundestag beraten werden.⁴²

Die Berichterstatter des Sonderausschusses „Londoner Schuldenabkommen" legten Ende Juni einen umfassenden schriftlichen Bericht vor, der in fünf Einzelberichte untergliedert war. Neben dem Ausschußvorsitzenden Wellhausen (Allgemeiner Bericht) hatten die Abgeordneten Gülich (Öffentliche Vorkriegsschulden), Hoffmann (Private Anleihen und sonstige Schulden), Köhler (Nachkriegsschulden) und Neuburger (Stillhalteschulden) die Einzelberichte verfaßt.⁴³ Der Abgeordnete Neuburger hatte zusätzlich noch den Bericht zum Ausführungsgesetz angefertigt. Auf der Basis seines schriftlichen Berichts (Bundestagsdrucksache Nr. 4568) empfahl der Ausschuß dem Bundestag die Annahme der Zustimmungsgesetze zum Londoner Schuldenabkommen (Bundestagsdrucksache Nr. 4260) in unveränderter Form.⁴⁴ Die generelle Empfehlung bezog sich auch auf das umstrittene deutsch-französische Abkommen, obwohl der Bericht des Abgeordneten Köhler keineswegs verschwieg, daß es im Ausschuß „lebhafte Zweifel und starke Bedenken gegenüber der tatsächlichen und rechtlichen Grundlage der französischen Forderung" gegeben habe. Der Sonderausschuß plädierte trotzdem für Zustimmung, „weil er das Zustandekommen der Gesamtschuldenregelung in London nicht gefährden wollte."⁴⁵

---

39 Vermerk Weiz an Staatssekretär betr. Bundestagssitzung am 2. Juli 1953; Zustimmungsgesetze zum Schuldenabkommen und Ausführungsgesetz zum Hauptabkommen; Begründung der Eilbedürftigkeit, ebd.
40 Sondersitzung der Bundesregierung vom 16. Juni 1953, in: Die Kabinettsprotokolle der Bundesregierung, Bd. 6 (1953), S. 344 f.
41 Vermerk Weiz betr. weitere Behandlung des Ausführungsgesetzes zum Schuldenabkommen im Bundestag und mit der AHK vom 23. 6. 1953; AHK an Ministerialdirektor Blankenhorn (BKA) vom 1. 6. 1953; Entwurf eines Schreibens des Auswärtigen Amts an den Vorsitzenden der AHK betr. Ausführungsgesetz zum Schuldenabkommen vom 23. 6. 1953, PA/AA, Abt. II Nr. 1618 (LSA 108).
42 AHK (Generalsekretär Neate) an Blankenhorn vom 1. 7. 1953, PA/AA, Abt. II Nr. 1620 (LSA 110).
43 Wellhausen und Hoffmann (FDP), Gülich (SPD), Neuburger und Köhler (CDU).
44 Schriftlicher Bericht des Sonderausschusses „Londoner Schuldenabkommen" nebst Nachtrag; Deutscher Bundestag, 1. Wahlperiode, Drucksache Nr. 4568.
45 Bericht des Abgeordneten Köhler (Nachkriegsschuld), ebd., S. 11.

Am 2. Juli fand die zweite und dritte Lesung der Gesetzentwürfe zum Londoner Schuldenabkommen im Bundestag statt. Um das Ratifikationsverfahren im Bundestag zügig abzuschließen, war deren Zusammenlegung beschlossen worden. Da die zu behandelnde Materie äußerst kompliziert war, wurde auf eine ausführliche mündliche Berichterstattung sowohl zum Ausführungsgesetz als auch zu den Zustimmungsgesetzen verzichtet. Allen Abgeordneten lag als Diskussionsgrundlage der schriftliche Bericht des Sonderausschusses vor. Die zweite Lesung begann in Abweichung vom üblichen Verfahren mit der allgemeinen Aussprache, die normalerweise Bestandteil der dritten Lesung ist. Sie wurde vom SPD-Abgeordneten Lütkens eröffnet, der dem Plenum verkündete, daß seine Fraktion dem Abkommen zur Regelung der Vorkriegsschulden die Zustimmung verweigern, den bilateralen Abkommen zur Regelung der Nachkriegsverpflichtungen aber zustimmen würde. Lütkens begründete die Haltung seiner Fraktion primär mit der Auslandsvermögensfrage. Da diese im Zusammenhang mit den Nachkriegsschulden keine direkte Rolle spiele, könnten die Sozialdemokraten den bilateralen Verträgen zustimmen.[46] An ihrem Unmut über den alliierten Umgang mit dem deutschen Auslandsvermögen ließen auch die Redner der Regierungsfraktionen keinen Zweifel. Ihre Absicht, dennoch allen sieben Einzelabkommen zuzustimmen, begründeten sie damit, daß die Wiederherstellung der deutschen Kreditfähigkeit und die damit verbundene Festigung des ausländischen Vertrauens in die Redlichkeit der Bundesrepublik Vorrang haben müsse. Im übrigen wurde auf den Antrag des Abgeordneten Pfleiderer verwiesen, der später zur Beratung anstand. Kritik am Abkommen mit Frankreich wurde von allen Rednern geäußert. Der Abgeordnete Wellhausen (FDP) kündigte an, daß sich einige wenige Abgeordnete seiner Fraktion in diesem Punkt der Stimme enthalten würden.[47] Unmittelbar im Anschluß an die allgemeine Aussprache erfolgte die sogenannte Einzelaussprache. Die sieben Gesetzesentwürfe wurden einzeln aufgerufen und zur Abstimmung gestellt. Dabei kam es zu einer Überraschung, als das Abkommen über die Regelung der Ansprüche der französischen Regierung aus der Deutschland geleisteten Nachkriegswirtschaftshilfe keine Mehrheit fand. Ursache für sein Scheitern war ein Wortbeitrag des Abgeordneten Gülich (SPD), der deutliche Kritik an der französischen Besatzungspolitik enthielt. Von Wirtschaftshilfe könne keine Rede sein, es habe sich vielmehr um eine Ausbeutung der deutschen Bevölkerung in der

---

[46] 279. Sitzung des Deutschen Bundestags vom 2. Juli 1953, in: Sitzungsberichte Deutscher Bundestag, 1. Wahlperiode, Bd. 17, S. 13943 ff.
[47] Ebd., S. 13946 ff.

3. Die Ratifikation des Londoner Schuldenabkommens 437

französischen Zone gehandelt. Gülich betonte, daß er dabei keineswegs vergesse, was das Hitlerreich dem französischen Volk angetan habe. Voraussetzung für die Wiederherstellung gutnachbarlicher Beziehungen sei aber, „daß zwischenstaatliche Verträge mit Frankreich nicht mit Fehlern aus der Vergangenheit belastet werden."[48] Da bei der Handabstimmung keine eindeutige Mehrheit erkennbar war, wurde per Hammelsprung abgestimmt. Bundestagsvizepräsident Schmid gab das Ergebnis bekannt: Von den an der Abstimmung beteiligten 301 Abgeordneten hatten 135 Abgeordnete mit Ja, 148 Abgeordnete mit Nein gestimmt. 18 Abgeordnete hatten sich der Stimme enthalten. Damit war das Zustimmungsgesetz zum Abkommen mit Frankreich in zweiter Lesung durchgefallen.[49] Es war das einzige Einzelgesetz, das keine Mehrheit fand. Auch das Ausführungsgesetz wurde gebilligt. Die dritte Beratung schloß sich direkt an die Einzelberatungen an. Da die allgemeine Aussprache bereits erfolgt war und keine Änderungsanträge mehr vorlagen, wurde zur Schlußabstimmung aufgerufen. Die Mehrheit der Abgeordneten des Deutschen Bundestages erhoben sich von ihren Sitzen. Nach einer Gegenprobe erklärte Vizepräsident Schmid das Gesetz für angenommen.[50]

Damit war genau der Fall eingetreten, den die Bundesregierung unter allen Umständen vermeiden wollte. Juristisch hing das Abkommen mit Frankreich zwar nur sehr bedingt mit den übrigen Abkommen zusammen, politisch bildeten die sieben Einzelabkommen aber eine Einheit. In einer eiligst entworfenen Erklärung von Staatssekretär Hallstein wurde an die politische Urteilskraft der Abgeordneten appelliert. Es dürfe kein einzelner Stein aus dem Gebäude herausgebrochen werden.[51] Händeringend wurde nach einem Ausweg aus der mißlichen Situation gesucht, um das Inkrafttreten des Londoner Schuldenabkommen nicht durch unerwünschte Reaktionen des Auslands auf die Entscheidung des Bundestags zu gefährden. Man verfiel auf den juristischen Kniff, die Abstimmung über das deutsch-französische Abkommen wegen Irrtums anfechten zu lassen. Einige Abgeordnete seien irrtümlicherweise davon ausgegangen, daß das Gesetz noch in einer separaten dritten Lesung behandelt werden würde. Zur Rechtfertigung dieser ungewöhnlichen Vorgehensweise zog Bundestagspräsident Ehlers einen Präzedenzfall aus dem Jahr 1951 heran. Trotz einiger kritischer Anmerkun-

---

[48] Ebd., S. 13951.
[49] Ebd.
[50] Ebd., S. 13954.
[51] Entwurf einer Erklärung des Herrn Staatssekretärs vor dem Plenum des Bundestages am 3. Juli 1953 vom 2. 7. 1953, PA/AA, Abt. II Nr. 1628 (LSA 118).

gen des Abgeordneten Menzel (SPD) zum Verfahren konnte eine Geschäftsordnungsdebatte vermieden werden. Auf Antrag von Menzel erfolgte die Wiederholung der Entscheidung über das deutsch-französische Abkommen in namentlicher Abstimmung. Die Regierungsfraktionen stimmten mit wenigen Enthaltungen zu, während Sozialdemokraten und Kommunisten überwiegend mit Nein votierten.[52] Damit war auch das umstrittene Abkommen mit Frankreich vom Bundestag im zweiten Anlauf ratifiziert worden. Da der Bundesrat auf einen Antrag gemäß Artikel 77 Absatz 2 GG verzichtete, war das Ratifikationsverfahren in Deutschland im Juli 1953 erfolgreich abgeschlossen.[53] Am 24. August 1953 wurden die Gesetze ausgegeben:[54] Die Urkunde über das Ratifikationsverfahren konnte in London hinterlegt werden.

Damit das Schuldenabkommen offiziell in Kraft treten konnte, mußten außer der Bundesrepublik auch die drei Besatzungsmächte ihre Urkunden bei der britischen Regierung hinterlegt haben. Großbritannien und Frankreich hatten diesen Schritt bereits vollzogen, weil das Ratifikationsverfahren in diesen beiden Ländern ohne Umstände abgeschlossen werden konnte. In Großbritannien bedurfte es dazu lediglich einer Auslegung im Parlament über einen Zeitraum von 21 Tagen. Erfolgten in dieser Zeit keine Einsprüche von Parlamentariern, war das Gesetz automatisch ratifiziert. In Großbritannien konnte das Schuldenabkommen noch vor dem 1. April 1953 vom Parlament ratifiziert werden. In Frankreich wurde das Abkommen per Präsidentendekret ohne Einschaltung des Parlaments ratifiziert.[55]

Dagegen nahm der Ratifikationsprozeß in den Vereinigten Staaten ähnlich viel Zeit in Anspruch wie in der Bundesrepublik. In einer Stellungnahme, die dem *Committee on Foreign Relations* zugestellt wurde, setzte sich das *State Department* für eine zügige Ratifizierung des Londoner Schuldenabkommens und der bilateralen Abkommen ein. Die Empfehlung wurde mit den vitalen wirtschaftlichen und politischen Interessen begründet, die die Vereinigten Staaten am Inkrafttreten der Abkommen haben müßten, weil sie der größte Profiteur einer Wiederherstellung geordneter Wirtschafts- und Finanzbeziehungen zwischen der Bundesrepublik

---

[52] 280. und 281. Sitzung des Bundestages vom 3. Juli 1953, in: Sitzungsberichte Deutscher Bundestag, 1. Wahlperiode, Bd. 17, S. 14071 ff.
[53] Der Präsident des Bundesrats (Reinhold Meier) an den Bundeskanzler vom 17. 7. 1953, PA/AA, Abt. II Nr. 1610 (LSA 100).
[54] BGBl. II, 1953, S. 1200 ff.
[55] Vgl. ABS, Entscheidungen, S. 242 f.

3. Die Ratifikation des Londoner Schuldenabkommens

Deutschland und dem Ausland sein würden.[56] Der Vorsitzende des *Committee on Foreign Relations*, Senator Wiley aus Wisconsin, teilte diese Einschätzung. Er verteidigte die Verträge im Senat gegen teilweise heftige Angriffe einer Reihe von Senatoren, die die Schuldenregelungen ablehnten. Wortführer der Ablehnungsfront war Senator Gilette aus Iowa, der sich schon lange als Kritiker der Abkommen hervorgetan hatte. Gilette und seine Gesinnungsfreunde bestritten der Regierung der Vereinigten Staaten das Recht, der Bundesrepublik Schulden in Höhe von $ 2 Milliarden aus der Nachkriegswirtschaftshilfe zu Lasten des amerikanischen Steuerzahlers zu erlassen, nur damit die privaten Vorkriegsgläubiger ihr ausstehendes Kapital bei nur geringen Zinsverlusten vollständig zurückerhalten konnten. Gilette behauptete, daß es sich bei den privaten amerikanischen Gläubigern primär um Banken und institutionelle Anleger handelte, die keineswegs besser gestellt werden dürften als der gemeine Steuerzahler. Senator Morse, ein Abkommensgegner wie Gilette, fügte hinzu, daß die Käufer deutscher Reichsanleihen mit ihrem Geld möglicherweise sogar zum Aufstieg der Nazis beigetragen hätten – ein Argument, das vor Jahren schon von britischen Sozialisten benutzt worden war. Die Behauptung, daß sich die deutschen Wertpapiere ganz überwiegend in institutionellen Händen befänden, war laut einer vom *Treasury* veranlaßten Untersuchung aus dem Jahr 1943 nicht haltbar, weil die Anteilsscheine wesentlich breiter gestreut waren, als die Gegner des Abkommens glauben machen wollten. Da die Regierung aber keine aktuellen Daten über den Wertpapierbesitz vorlegen konnte, beharrten Gilette und seine Freunde auf ihrer fragwürdigen These. Hinzu kam, daß die Redebeiträge vieler Abkommensgegner im Senat von einer profunden Unkenntnis der wirtschaftlichen und politischen Situation in Europa zeugten. Einige Senatoren waren offenkundig auf dem Informationsstand von 1945 stehengeblieben. Zuweilen fiel der Name Morgenthau verbunden mit Zweifeln am Sinn eines wirtschaftlichen Wiederaufbaus der Bundesrepublik Deutschland.[57] Stimmen dieser Art blieben glücklicherweise in der Minderheit. Die Beratungen im Senat vermitteln jedoch einen Eindruck davon, mit welchen zumeist auf Unkenntnis beruhenden Schwierigkeiten das *State Department* während der Verhandlungen im Land zu kämpfen hatte.

Die Befürworter der Abkommen führten dagegen überwiegend politische Gründe für ihre Haltung an. Senator Wiley wies seine Kollegen darauf hin, daß es auf Grund der weltpolitischen Situation nicht an der Zeit sei, „to

---
[56] Riddleberger to Alexander Wiley (Chairman Committee on Foreign Relations U.S.A.), 19. 6. 1953, NA, RG 59–1512.
[57] Congressional Record, Senate, 13. 7. 1953, S. 8927ff.; NA, RG 43–219.

take a Versailles Treaty approach on Germany."[58] Ganz im Gegenteil sei es ein wichtiges strategisches Ziel für die Vereinigten Staaten, den wirtschaftlichen Wiederaufbau der Bundesrepublik zu fördern, weil nur auf diese Weise die Stabilität Westeuropas gesichert werden könnte. Ein ausgepowertes, wirtschaftlich am Boden liegendes Deutschland böte der Sowjetunion ein fruchtbares Agitationsfeld. Zu einer vollständigen Rückzahlung der Auslandsschulden sei die Bundesrepublik nicht in der Lage. Würden die USA dies ohne Rücksicht auf Verluste trotzdem von der Bundesrepublik verlangen, wäre dies nach Meinung von Senator Wiley der sicherste Weg, die Deutschen in die Arme der Russen zu treiben.[59] Dieser These stimmte Senator George ausdrücklich zu. Seiner Auffassung nach hatte die amerikanische Regierung während des Zweiten Weltkriegs zwei entscheidende Fehler gemacht, aus denen die richtigen Konsequenzen gezogen werden müßten: Erstens habe man die Sowjetunion in Verkennung ihrer propagandistisch vertretenen humanitären Prinzipien fälschlicherweise für eine Demokratie anderer Art gehalten, und zweitens habe man mit der Zerstörung von Japan und Deutschland ein Vakuum geschaffen, in das aggressive kommunistische Staaten einzudringen versuchten. Im Interesse der Verteidigung der gesamten westlichen Welt sei es unabdingbar, Westdeutschland wirtschaftlich wieder auf die Beine zu helfen. Senator George hielt es in Umkehrung der Argumentation seines Kollegen Gilette für richtig, die aus dem deutschen Konkurs resultierenden Lasten auf die Schultern vieler Steuerzahler zu verteilen und nicht den einzelnen Privatgläubiger dafür bluten zu lassen. Wenn man erhebliche Abstriche an den privaten Vorkriegsschulden zuließe, hätte dies zur Folge, daß die internationale Kreditwürdigkeit der Bundesrepublik nicht wiederhergestellt werden könnte und die USA aus politischen Gründen weiter Hilfsgelder für die Bundesrepublik aufbringen müßten. Dadurch würde der amerikanische Steuerzahler weitaus mehr belastet als durch die vorgesehene Reduzierung der Nachkriegsschulden.[60]

Die Argumente der Abkommensbefürworter waren offenbar überzeugender als die der Abkommensgegner. Nachdem deren Antrag, die zur Entscheidung anstehenden Abkommen an das *Committee on Foreign Relations* zurückzuverweisen, gescheitert war, wurde das Londoner Schuldenabkommen zusammen mit den bilateralen Abkommen gebilligt. 46 Senatoren stimmten für die Ratifizierung, 16 Senatoren waren dagegen. Dies war eine

---

[58] Ebd., S. 8920 ff. (Zitat S. 8921).
[59] Ebd.
[60] Ebd., S. 8935 ff.

3. Die Ratifikation des Londoner Schuldenabkommens 441

überzeugende Mehrheit. Allerdings hatten sich 39 Senatoren der Stimme enthalten.[61]

Nachdem die Regierungen von Frankreich, Großbritannien, der Vereinigten Staaten und der Bundesrepublik Deutschland ihre Ratifikationsurkunden in London hinterlegt hatten, trat das Londoner Schuldenabkommen zusammen mit allen bilateralen Abkommen am 16. September 1953 in Kraft.

---

[61] Ebd., S. 8945.

ZUSAMMENFASSUNG

Am 27. Februar 1953 setzten die Vertreter von 18 Gläubigerstaaten und Herman J. Abs als Repräsentant des Schuldnerlandes Deutschland ihre Unterschrift unter das Londoner Schuldenabkommen. Nach über 20 Monaten schwieriger Verhandlungen, die sich mehrfach am Rande des Scheitern bewegten, konnte das riesige Problem der deutsche Auslandsverschuldung einer Lösung zugeführt werden. Nicht wenige, die in London ihre Unterschrift unter das Abkommen setzten, waren skeptisch, ob die Bundesrepublik Deutschland in den nächsten Jahren in der Lage sein würde, die in London vereinbarten Zahlungen von insgesamt gut DM 14 Milliarden auch tatsächlich zu leisten. Wider manche Erwartung erwies sich die vereinbarte Regelung für die deutschen Auslandsschulden aus der Vor- und Nachkriegszeit jedoch als tragfähig. Die überaus positive Entwicklung der deutschen Zahlungsbilanz ermöglichte in mehreren Schuldenkategorien sogar eine vorzeitige Rückzahlung der Schulden.[1] Die Erfolgsgeschichte des Londoner Schuldenabkommens war sozusagen der finanz-ökonomische Teil des deutschen Wirtschaftswunder, der sich in stiller Effizienz weitgehend unbemerkt vollzog.

Daß die Abwicklung der immensen deutschen Auslandsverschuldung aus der Vor- und Nachkriegszeit derart problemlos vonstatten gehen würde, war während der langen und schwierigen Schuldenverhandlungen nur von notorischen Optimisten erwartet worden. Herman J. Abs hatte stets zu denen gehört, die ihren Zukunftserwartungen ein positives Szenarium zugrunde legten. Aus der Retrospektive konnte er sich deshalb bestätigt fühlen, daß er mit seinen optimistischen Einschätzungen gegenüber Pessimisten wie Wilhelm Vocke Recht behalten hatte. Es ist aber zu vermuten, daß Abs während der Verhandlungen ein gehöriges Maß an Zweckoptimismus an den Tag gelegt hat, um unter den damals obwaltenden schwierigen Umständen überhaupt zu einem erfolgreichen Abschluß der Verhandlungen gelangen zu können. Die bis Februar 1953 zur Verfügung stehenden historischen Erfahrungen boten eher Anlaß zu einer gewissen Skepsis, die sich jedoch nicht bestätigen sollte.

Die lange Vorgeschichte des Londoner Schuldenabkommens hat bisher weitgehend im Dunkeln gelegen, obwohl sie nicht nur für die Entstehung

---
[1] Abwicklung der deutschen Auslandsschulden nach den Londoner Schuldenabkommen gegenüber den U.S.A. vom 11. 1. 1957, HADBB, NL Emminger.

des Schuldenabkommens, sondern auch für die politische Geschichte der Bundesrepublik von großer Bedeutung ist. Sie reicht bis in die Zeit des Zweiten Weltkriegs zurück. Daß es schon zu Beginn der 50er Jahre zu einer Regelung der deutschen Auslandsverschuldung kommen würde, war während des Krieges und in den ersten Nachkriegsjahren von niemandem erwartet worden. Zu groß schienen die finanziellen Ansprüche, die nach dem Krieg an das besiegte und völlig zerstörte ehemalige Deutsche Reich gestellt werden würden. Dabei wurde zuerst einmal an Reparationen und Entschädigungsforderungen sonstiger Art sowie an Aufwendungen für Besatzungskosten gedacht.

Die ersten, die sich systematisch mit dieser Problematik beschäftigten, waren die Briten. Im November 1942 wurde ein interministerieller Ausschuß (*Malkin Committee*) eingesetzt, der Grundsätze für eine künftige Regelung der Reparationsfrage und damit verwandter Gebiete erarbeiten sollte. Der im Sommer 1943 vorgelegte Ausschußbericht enthielt deshalb auch einige Vorschläge für den Umgang mit den Vorkriegsschulden. Diese konzentrierten sich primär auf eine juristische Sicherung der bestehenden Schuldansprüche an das Deutsche Reich oder an deutsche Staatsbürger über das Kriegsende hinaus, weil man davon ausging, daß diese Schulden in einem direkten Konkurrenzverhältnis zu den Reparations- und sonstigen Entschädigungsforderungen an das besiegte Deutschland stehen und damit de facto ohne Realisierungschancen sein würden. Die Vorschläge des *Malkin Committee* bildeten die Basis der britischen Schuldenpolitik, die durch Pragmatismus und Legalismus gekennzeichnet war.

Die amerikanische Regierung schenkte den deutschen Vorkriegsschulden während des Krieges keine vergleichbare systematische Aufmerksamkeit. Nach traditionellem amerikanischen Verständnis waren die deutschen Anleihe-, Bank- und sonstigen Schulden aus der Vorkriegszeit eine Angelegenheit privater Gläubigerorganisationen.

In der unmittelbaren Nachkriegszeit sah es dann tatsächlich so aus, als würden die Vorkriegsschulden im Strudel der Reparations- und Wiedergutmachungsansprüche untergehen. Die von Finanzminister Morgenthau inspirierte amerikanische Politik zeigte überhaupt kein Interesse an einer Regelung der deutschen Vorkriegsschulden gegenüber dem Ausland. Dies war mit einer Politik à la Morgenthau auch überhaupt nicht zu leisten, weil eine Wiederaufnahme des deutschen Schuldendienstes von einer vorherigen Wiederherstellung der deutschen Zahlungsfähigkeit und damit von einer Stabilisierung der deutschen Wirtschafts- und Finanzlage abhängig war. Morgenthau und die Verfechter seiner Politik wollten aber das genaue Gegenteil. Und es dauerte gut ein Jahr, bis sich die konstruktiven Ansätze des

Zusammenfassung

State Department in der amerikanischen Deutschlandpolitik wieder durchsetzen konnten.

Bis zu diesem Zeitpunkt waren die Briten die einzige Besatzungsmacht, die das Interesse an den deutschen Vorkriegsschulden wach hielt. Allerdings muß hierbei beachtet werden, daß es innerhalb der britischen Administration unterschiedliche Meinungen über die Bedeutung der Vorkriegsschulden gab. Einige Politiker der *Labour*-Partei hielten diese Schulden in Verkennung ihrer tatsächlichen Genese für moralisch anrüchige, finanzielle Forderungen aus Geschäften mit den Nationalsozialisten. Da es bis Ende 1946 praktisch keine Aussichten für die Vorkriegsgläubiger gab, in absehbarer Frist Zahlungen aus Deutschland zu erhalten, versuchten die britischen Gläubiger auf andere Weise, an ihr Geld zu kommen. Teilweise erhielten sie Zahlungen aus dem Erlös des beschlagnahmten und liquidierten deutschen Auslandsvermögens in Großbritannien, das der britischen Regierung nach dem Pariser Reparationsabkommen zur freien Verfügung stand. Vielen amerikanischen Gläubigern brannte die Schuldenfrage weniger auf den Nägeln, weil sie in den zurückliegenden Kriegsjahren großzügige steuerliche Abschreibungsmöglichkeiten in Anspruch nehmen konnten. Die wirtschaftliche und finanzielle Stärke der Vereinigten Staaten ließ ein solches Vorgehen zu, das dem ausgepowerten und finanziell am Boden liegenden Großbritannien verwehrt war.

Das Jahr 1947 war auch im Hinblick auf die deutsche Auslandsverschuldung ein wichtiges Wendejahr. Die politische Teilung der Welt in eine östliche und eine westliche Hemisphäre machte eine neue Deutschlandpolitik der westlichen Besatzungsmächte erforderlich, die sich weniger an der nationalsozialistischen Vergangenheit, sondern mehr an einer demokratischen deutschen Zukunft orientierte. Der westliche Teil Deutschlands, die künftige Bundesrepublik, wurde in wirtschaftlicher, politischer und sicherheitspolitischer Hinsicht zu einem wichtigen Faktor für die westliche Staatengemeinschaft unter Führung der wirtschaftlich und politisch dominierenden Vereinigten Staaten. Der Marshallplan war sinnfälliger Ausdruck der antikommunistischen amerikanischen Strategie, Westeuropa unter Einschluß der westlichen Teile Deutschlands wirtschaftlich und politisch zu stabilisieren. Reparationen und sonstige Entschädigungsleistungen paßten in dieser grundlegend veränderten politischen Situation nicht mehr ins Konzept. Statt dessen rückten wieder die deutschen Vorkriegsschulden in den Blick.

Die seit den 30er Jahren aufgelaufenen öffentlichen und privaten Anleihe-, Bank-, Handels- und sonstigen Schulden befanden sich in den Händen institutioneller und privater internationaler Gläubiger. Der mit Abstand größte Anteil der deutschen Vorkriegsschulden (fast) aller Kategorien befand sich in den Händen der amerikanischen Gläubiger. Die einzige Ausnahme waren die Bankschulden (Stillhalteschulden), die mehrheitlich von britischen Banken gehalten wurden. Diese hatten im Gegensatz zu den amerikanischen Banken auf Wunsch ihrer Regierung in den 30er Jahren weitgehend darauf verzichtet, ihre Kredite bei Zeiten aus Deutschland abzuziehen. Aus diesem Umstand ergab sich eine besondere politische Verantwortung der britischen Regierung für die Interessen der britischen Gläubiger. Für den gesamten Verlauf der Schuldenverhandlungen kann durchgehend festgestellt werden, daß sich die Kooperation zwischen der britischen Regierung und den britischen Gläubigern sämtlicher Schuldenkategorien weitaus intensiver gestaltete, als dies auf der amerikanischen Seite der Fall war. Die dringende Notwendigkeit einer funktionierenden Zusammenarbeit zwischen der britischen Regierung und den privaten Gläubigerorganisationen war auch ein Ausdruck der wirtschaftlichen und politischen Schwäche Großbritanniens, denn es war nicht immer leicht, die britischen Interessen in der Schuldenpolitik gegenüber den teilweise abweichenden amerikanischen Interessen zur Geltung zu bringen.

Für die amerikanische Regierung waren die deutschen Auslandsschulden im Rahmen ihrer globalstrategischen Zielsetzungen primär Mittel zum Zweck. Diese Feststellung gilt sowohl für die deutschen Schulden aus der Vorkriegszeit, als auch für die Verbindlichkeiten aus der alliierten Nachkriegswirtschaftshilfe, für letztere natürlich in besonders ausgeprägter Weise, weil es sich um rein staatliche Schulden handelte. Die Vereinigten Staaten hielten mit der GARIOA-Hilfe und der Marshallplanhilfe auch bei den Nachkriegsschulden den Löwenanteil. Die Hilfsleistungen der Briten waren dagegen vergleichsweise bescheiden, und die Franzosen hatten überhaupt keine Wirtschafthilfe im eigentlichen Sinn geleistet. Da sich die Vereinigten Staaten und Großbritannien beim Abschluß der Lieferverträge mit den damals zuständigen deutschen Stellen für die Rückzahlung ihrer Wirtschaftshilfen absolute Priorität vor allen anderen von Deutschland zu leistenden Zahlungsverpflichtungen hatten einräumen lassen, stand den Vereinigten Staaten ein Instrument zur Verfügung, mit dem sie die gesamte Schuldenpolitik gegenüber der Bundesrepublik und damit mittelbar auch andere Politikfelder steuern konnten. Solange die Vereinigten Staaten auf der vertraglich vereinbarten, bevorrechtigten Rückzahlung ihrer Milliardenforderung bestanden, waren deutsche Zahlungen für Schulden sonstiger Art unmöglich. Eine Modifikation der amerikanischen Zahlungsansprüche an die Bundesrepublik war also eine zwingend notwendige Voraussetzung für eine Regelung der deutschen Auslandsverschuldung aus der Vorkriegszeit. Wenn die Amerikaner aber zu Zugeständnissen bereit waren, dann konnten sie ihre Bedingungen dafür praktisch diktieren. Von diesem Recht machten die Vereinigten Staaten auch schonungslos Gebrauch. Das schwache und von den Vereinigten Staaten weitgehend abhängige Großbritannien konnte seine speziellen Interessen an den deutschen Auslandsschulden nur mit und nie gegen die amerikanischen Interessen durchsetzen. Dabei empfand es die britische Regierung als besondere Schmach, daß die Amerikaner der Bundesrepublik aus strategischen Gründen teilweise ein größeres Wohlwollen und Entgegenkommen zeigten als ihrem wichtigsten Kriegspartner Großbritannien.

An zwei Punkten konnte die amerikanische Dominanz exemplarisch verdeutlicht werden: zum einen an den Auseinandersetzungen um das sogenannte DM-*settlement* und den damit verbundenen Investitionsmöglichkeiten in der Bundesrepublik. Hier spielten die Amerikaner gnadenlos aus, daß sie, anders als die Briten, mit ihrem starken Dollar über genügend investitionsfähiges Kapital verfügten. Zum anderen an den Diskussionen um die Nachkriegsschulden. Im Gegensatz zu den Amerikanern waren die Briten auf die möglichst vollständige Rückzahlung ihrer Nachkriegswirtschaftshilfe dringend angewiesen. Eine umfassende Reduzierung der amerikanischen Nachkriegsforderungen an die Bundesrepublik war aber unumgänglich, wenn eine Regelung der deutschen Vorkriegsschulden überhaupt ermöglicht werden sollte. Dazu waren die Amerikaner auch grundsätzlich bereit, aber nur unter der Bedingung, daß die Briten in einem prozentual gleichen Umfang ihre Forderungen herabsetzten. Es kostete erhebliche Mühe und Zeit, bis sich die Amerikaner zu einer Lösung bereit fanden, die für Großbritannien akzeptabel war. Es erbitterte die Briten sehr, daß die Amerikaner – nicht zuletzt aus sicherheitspolitischen Erwägungen – zu einem umfangreichen finanziellen Entgegenkommen gegenüber der Bundesrepublik bereit waren, von Großbritannien aber gleichzeitig die vertragsgemäße Rückzahlung ihrer Kredite verlangten, die auch der Finanzierung der britischen Nachkriegswirtschaftshilfe an die Bundesrepublik gedient hatten.

Die Initiative zur Einberufung einer internationalen Konferenz zur Regelung der deutschen Auslandsverschuldung ging von den Vereinigten Staaten und Großbritannien aus. Als neu gegründeter und nur teilsouveräner Staat besaß die Bundesregierung damals weder das Recht noch die Möglichkeit, in dieser Sache selbst aktiv zu werden. Es gab aber auch auf deutscher Seite ein profundes Interesse an einer zügigen Regelung der Auslandsschulden. Dabei standen allerdings erst einmal die privaten Vorkriegsschulden von Banken, Industrie und Handel im Zentrum des Interesses und weniger die alten Reichsschulden aus der Weimarer Zeit. Als besonders bedeutend wurde eine schnelle Regelung der kurzfristigen Bankschulden angesehen, weil dies für die Wiederherstellung der deutschen Kreditwürdigkeit eine wesentliche Voraussetzung war.

Herman J. Abs rief als einer der ersten öffentlich zu einer zügigen Regelung der Schulden aus der Vorkriegszeit auf. In seinem berühmten Vortrag, den er im September 1949 vor dem Hamburger Übersee-Club hielt, machte Abs die anwesenden Industrievertreter eindringlich darauf aufmerksam, daß die ausländischen Gläubiger von heute die Kreditgeber von morgen sein würden. Nicht alle der anwesenden Industrievertreter waren allerdings der Meinung von Abs, daß man schon jetzt an die schwere Aufgabe einer Schuldenregelung herangehen müßte. Durch die finanzpolitischen Machenschaften der Nationalsozialisten hatte Deutschland nicht nur seinen finanziellen Kredit, sondern auch seine moralisch-politische Glaubwürdigkeit verloren. Beides mußte so schnell wie möglich wiederhergestellt werden, wenn die Bundesrepublik wirtschaftlich und politisch in die westliche Welt re-integriert werden wollte. Insofern lag Abs mit seiner Einschätzung richtig, daß keine Zeit vergeudet werden dürfe.

Auch die Bundesregierung zeigte nach ihrem Amtsantritt großes Interesse an einer Lösung des Auslandsschuldenproblems. Wegen der restriktiven alliierten Gesetzgebung waren ihr aber genauso die Hände gebunden wie den privaten Schuldnern. Insbesondere im Bankenbereich bestanden schon seit Jahren informelle Kontakte zwischen den deutschen Schuldnern und den ausländischen Gläubigern, die aber wegen der gesetzlichen Hindernisse nicht in konkrete Vereinbarungen umgesetzt werden konnten.

Mit der Gründung der Bundesrepublik 1949 geriet das Problem der deutschen Auslandsverschuldung wieder auf die alliierte Tagesordnung. Es war abzusehen, daß die Besatzungsmächte ihre Vorbehaltsrechte gegenüber der Bundesrepublik im Verlauf der nächsten Jahre schrittweise aufgeben mußten. Damit verringerten sich die alliierten Möglichkeiten, direkt in die wirtschaftlichen und politischen Belange der Bundesrepublik einzugreifen. Trotz der mehrfachen Bekundungen von deutscher Seite, an einer Regelung der deutschen Auslandsverschuldung interessiert zu sein, gab es vor dem Hintergrund gegenteiliger historischer Erfahrungen im Ausland ein profundes Mißtrauen, ob die Bundesrepublik und die privaten Schuldner wirklich bereit sein würden, die erheblichen Summen dafür aufzubringen.

Wenn die Besatzungsmächte einen direkten Einfluß auf die Gestaltung einer Schuldenregelung nehmen und diese nicht vollständig in deutsche Hände legen wollten, mußten sie in absehbarer Zeit für eine Regelung nach ihren Vorstellungen Sorge tragen. Im Mai 1950 wurde deshalb in London eine *Intergovernmental Study Group* ins Leben gerufen, die sich neben an-

Zusammenfassung 449

deren deutschlandpolitischen Problemen auch mit dem Problem der deutschen Auslandsverschuldung beschäftigen und Empfehlungen für dessen Lösung erarbeiten sollte. Die Vorschläge der *Study Group* sollten der New Yorker Außenministerkonferenz im September 1950 vorgelegt werden.

Zu den Aufgaben der *Study Group* gehörte auch die Vorbereitung einer Haftungserklärung, welche die Bundesregierung zur Übernahme der deutschen Auslandsschulden abgeben sollte. Die Abgabe einer solchen Erklärung wurde von den Außenministern zur Vorbedingung einer ersten Revision des Besatzungsstatuts gemacht, die von der Bundesregierung dringend gewünscht wurde. Entgegen den Erwartungen der Besatzungsmächte zeigte sich die Bundesregierung nicht bereit, die Haftungserklärung in der vorliegenden Form zu akzeptieren. Es dauerte ein halbes Jahr, bis in zähen Verhandlungen zwischen der Bundesrepublik und den Besatzungsmächten schließlich eine Fassung vereinbart werden konnte, die für beide Seiten akzeptabel war. Im Zuge dieser Verhandlungen gelang es der Bundesrepublik, ihr politisches Standing erheblich zu verbessern. War sie bisher mehr ein Objekt der alliierten Schuldenpolitik, avancierte sie nunmehr zum (fast) gleichberechtigten Verhandlungspartner. Die Frage der Reichsnachfolge und das damit verflochtene Problem der wegen der deutschen Gebietsverluste nur eingeschränkten Rückzahlungsverpflichtungen spielten in den Diskussionen über die Formulierung der Schuldenerklärung eine erhebliche Rolle. Die Auslandsschuldenfrage gewann in dieser Phase für die Bundesrepublik einen eminent politischen Charakter.

Parallel zu den Auseinandersetzungen um die deutsche Schuldenerklärung gingen in London die Vorbereitungen für die Abhaltung einer internationalen Schuldenkonferenz weiter. Im Mai 1951 wurden die bisherigen Aufgaben der *Study Group* auf eine *Tripartite Commission on German Debts* (TCGD) übertragen, die bis zur Unterzeichnung des Schuldenabkommens Ende Februar 1953 für die Lenkung und Leitung der Schuldenverhandlungen verantwortlich war. Die TCGD erarbeitete zwei Basisdokumente („Procedure for the settlement of German pre-war external debts" und „Statement of principles relating to the settlement of German debts"), die für die in mehreren Teilabschnitten verlaufenden Verhandlungen grundlegend waren. Eine wichtige Entscheidung im Vorfeld der Schuldenkonferenz war die Ausklammerung sämtlicher während des Krieges entstandener finanzieller Forderungen an Deutschland.

Die Bundesregierung wurde erst im Juni 1951 offiziell in die Vorbereitungen für die Schuldenkonferenz einbezogen. Erste Informationen erhielt die deutsche Seite in Vorgesprächen, die im Juni 1951 in Bonn stattfanden. Daran anschließend wurde im Juli 1951 in London eine Vorkonferenz abgehalten, an der neben den Mitgliedern der TCGD und der Deutschen Delegation auch die Vertreter der privaten Gläubigerorganisationen aus den wichtigsten Gläubigerländern und weitere Regierungsbeobachter teilnahmen. Die Vorkonferenz diente ausschließlich dem gegenseitigen Kennenlernen der Standpunkte und einem allgemeinen Meinungsaustausch. Dazu wurden ein Arbeits- und Organisationsausschuß (*Steering Committee*) und drei Fachausschüsse für Statistik, für Grundsatzfragen und für Technische Fragen eingesetzt. Der Ausschuß für Statistik hatte die Aufgabe, die genaue Höhe der deutschen Auslandsverschuldung in den diversen Kategorien zu ermitteln, wofür fast ausschließlich deutsche Unterlagen zur Verfügung standen. Der Ausschuß für Technische Fragen beschäftigte sich mit Definitionsproblemen, wie z.B. der Abgrenzung des Begriffs Vorkriegsauslandsschulden. Im Mittelpunkt des Ausschusses für Grundsatzfragen stand das zentrale Problem der Bestimmung der deutschen Zahlungsfähigkeit, die in eine Aufbringungs- und eine Transferfähigkeit zu untergliedern war. Von der Beantwortung dieser Frage hing ganz entscheidend der Gesamterfolg der Schuldenkonferenz ab. Die deutsche Seite legte bei ihrer Vorbereitung der Hauptkonferenz einen Schwerpunkt auf dieses Thema.

Bevor die Hauptkonferenz, die den eigentlichen Verhandlungen über die Vorkriegsschulden vorbehalten war, überhaupt beginnen konnte, mußte im Grundsatz festgelegt werden, in welcher Größenordnung sich die Zahlungsverpflichtungen der Bundesrepublik für die Schulden aus der alliierten Nachkriegswirtschaftshilfe bewegen würden. Zuvor mußten sich die Vereinigten Staaten und Großbritannien erst intern auf eine Summe verständigen, was, wie bereits erwähnt, erhebliche Schwierigkeiten bereitete. Deshalb konnten die Verhandlungen über die Nachkriegsschulden mit den Deutschen erst im November 1951 in London beginnen. Um Verhandlungen im wörtlichen Sinn handelte es sich ohnehin nicht, weil der Deutschen Delegation von der TCGD im Prinzip nur mitgeteilt wurde, in welchem Rahmen sich die Reduzierung der Nachkriegsschulden bewegen würde. Die Höhe der Nachlässe wurde von deutscher Seite für akzeptabel gehalten, sie löste aber keineswegs Begeisterung aus.

Die Hauptkonferenz nahm im Februar 1952 in London ihre Arbeit auf. Doch kaum hatten die Verhandlungen begonnen, geriet die Konferenz schon in eine erste Krise, weil die internationalen Gläubiger sehr enttäuscht darüber waren, daß die Deutsche Delegation kein konkretes Eröffnungsangebot vorgelegt hatte, das als Verhandlungsgrundlage dienen konnte. Statt dessen verfolgte die deutsche Verhandlungsdelegation die völlig entgegengesetzte Strategie, keine konkreten Zahlen zu nennen, sondern erst einmal das Problem der deutschen Zahlungsfähigkeit als solcher in den Mittelpunkt zu rücken. Die Deutsche Delegation beschränkte sich einerseits darauf, die begrenzte deutsche Aufbringung- und Transferfähigkeit ausführlich zu explizieren, andererseits versuchte sie, leistungsmindernde Faktoren, die zu einer Reduzierung der Gesamtforderungen herangezogen werden konnten, festzulegen. Die deutsche Verhandlungsdelegation ging unter Berufung auf die Schuldenerklärung vom März 1951 ganz selbstverständlich davon aus, daß die Gläubiger den im Vergleich zum früheren Deutschen Reich erheblich eingeschränkten Gebietsumfang der Bundesrepublik mit den daraus resultierenden Folgen und die angespannte deutsche Finanzlage anerkennen und als Grund für erhebliche Abstriche akzeptieren würden.

Dem war aber nicht so, denn die Gläubiger waren der festen Überzeugung, daß die Bundesrepublik und die privaten deutschen Schuldner mittel- und langfristig zur vollständigen Aufbringung und zum Transfer der vertraglichen Verbindlichkeiten imstande sein würden. Sie waren allenfalls zu geringfügigen Korrekturen an den Rückzahlungsverpflichtungen bereit. Die Verhandlungen gerieten in eine kritische Lage, und es gelang nur mit Mühe, einen vorzeitigen Abbruch der Konferenz zu vermeiden. Wegen der bevorstehenden Unterzeichnung des Deutschland-Vertrags waren die Besatzungsmächte jedoch sehr daran interessiert, die Konferenz wenigstens in die Osterpause hinein zu retten. Die TCGD übte deshalb erheblichen Druck nach allen Seiten aus. Abs mußte im Namen der Deutschen Delegation die Zusage abgeben, daß er nach der Konferenzunterbrechung mit einer konkreten Offerte nach London zurückkehren würde.

Die Verhandlungen in London wurden durch den Umstand erheblich belastet, daß Bundeskanzler Adenauer ohne vorherige Rücksprache mit Abs die Zusage gemacht hatte, die vom Staat Israel und der *Jewish Claims Conference* geforderte Wiedergutmachung in Höhe von $ 1,5 Milliarden zur Grundlage von Verhandlungen zu machen. Abs war entschieden dagegen, die Wiedergutmachungsverhandlungen mit Israel gleichzeitig mit den Londoner Schuldenverhandlungen zu führen. Er vertrat die Auffassung, daß zuerst die Schuldenverhandlungen zu einem erfolgreichen Abschluß gebracht werden müßten, um dadurch überhaupt erst die Basis für eine umfassende Wiedergutmachung zu schaffen. Aus kaufmännischer Sicht war die Auffassung von Abs richtig. Er dachte etwa daran, nach einem erfolgreichen Abschluß der Schuldenverhandlungen eine Auslandsanleihe zugunsten Israels aufzulegen, weil Haushaltsmittel praktisch nicht zur Verfügung standen. Entgegen den israelischen Erwartungen zeigten die Gläubiger in London überhaupt keine Bereitschaft, ihre vertraglich begründeten Zahlungsansprüche zugunsten der ethisch-moralisch begründeten Wiedergutmachungsforderungen Israels und der *Jewish Claims Conference* wenigstens teilweise zurückzustellen. Ganz im Gegenteil vertraten die meisten Gläubiger die Auffassung, daß die Bundesrepublik erst ihre Schulden zurückzahlen müßte, bevor sie riesige Summen für andere Zwecke ausgeben dürfte. Wohlfeile Worte über die moralische Berechtigung der israelischen Forderungen waren das eine, tatsächliche Verzichtbereitschaft das andere. Diese Einschätzung gilt auch für das Interesse der britischen Regierung an einer Rückzahlung der Nachkriegsschulden. Abs scheiterte mit dem Versuch, seine sachlich-pragmatische Sichtweise gegen die moralisch-ethische Sichtweise seiner Gegner durchzusetzen. Er mußte hinnehmen, daß die Wiedergutmachungsverhandlungen parallel weitergeführt und mit einem Ergebnis beendet wurden, das seine Aufgabe in London erheblich erschwerte.

Nach dem Ende der Osterpause legte Abs in London ein deutsches Angebot vor, das weder den Erwartungen der TCGD noch denen der Gläubiger auch nur annähernd gerecht wurde. Die im deutschen Angebot genannte Summe wurde für geradezu lächerlich gering erachtet. Außerdem war das Angebot an eine Reihe von Bedingungen geknüpft, die aus Sicht der Gläubiger völlig inakzeptabel waren. So verlangte die deutsche Seite unter Zugrundelegung des Territorialfaktors für die Reichsschulden einen Kapitalschnitt in Höhe von 40%–50% und einen vollständigen Verzicht auf die rückständigen Zinsen. Die Gläubiger drohten mit einem definitiven Scheitern der Schuldenverhandlungen, wenn das deutsche Angebot nicht umgehend erheblich nachgebessert würde. Abs war über die ablehnende Haltung der Gläubiger nicht wirklich überrascht, er hatte sich aber bei der Ausarbeitung des deutschen Angebots in Bonn mit seiner Forderung nach einem besseren Angebot nicht durchsetzen können. Er ärgerte sich aber dennoch über die Schroffheit der Gläubigerreaktion und über die gänzlich fehlende Bereitschaft der Gläubiger, sich die schwierige deutsche Finanzsituation bewußt vor Augen zu führen. Mit einer aus dem Stegreif gehaltenen Blut-, Schweiß- und Tränenrede war es sein maßgebliches, persönliches Verdienst, daß ein Abbruch der Konferenz vermieden und die Verhandlungen weitergeführt werden konnten. Außenminister Eden tat ebenfalls das Seinige, indem er Bundeskanzler Adenauer bei dessen Besuch in London vom Ernst der Lage überzeugte. Adenauer gestand daraufhin zu, daß bezüglich des deutschen Angebots das letzte Wort noch nicht gesprochen worden sei.

Die Verhandlungen wurden dann zunächst informell in den Verhandlungsausschüssen weitergeführt. Dabei sollte für jede Schuldenkategorie getrennt ausgelotet werden, wo ungefähr eine Kompromißlinie verlaufen könnte. Als erfahrener Verhandlungsstratege akzeptierte Abs zuvor, daß für die Gläubiger weder ein Kapitalschnitt noch eine vollständige Streichung der rückständigen Zinsen verhandelbar war. Die unvermeidbare Reduzierung der Schuldenhöhe mußte auf anderem Weg erreicht werden. Die Lösung bestand letztlich aus drei Schritten: 1. Die bis Ende 1952 aufgelaufenen Zinsen sollten neu berechnet, fundiert und kapitalisiert werden. Ein Drittel sollte dann in eine sogenannte Schattenquote eingebracht werden, deren Bedienung erst im Fall einer deutschen Wiedervereinigung fällig werden würde. 2. Die Zinssätze für die laufenden Zinsen sollten maßvoll reduziert, und 3. sollten die Laufzeiten gestreckt werden. Dem Bankier Abs war die wohltuende Wirkung des Faktors Zeit bei der Regelung problematischer Schuldenverhältnisse bestens vertraut.

Die informellen Verhandlungen in den einzelnen Ausschüssen kamen insgesamt gut voran, allerdings erforderten die dort gefundenen Lösungen eine nicht unerhebliche Erhöhung des ursprünglichen deutschen Angebots. Um das Abkommen daran nicht scheitern zu lassen, waren die Amerikaner zu einem weiteren Entgegenkommen bei den Nachkriegsschulden bereit. Die erzielten Einzelkompromisse konnten dann zu einer Gesamtlösung zusammengebunden werden.

Abs hatte während der gesamten Verhandlungen mit gelegentlichen Widerständen aus seiner eigenen Delegation und von seiten der Bonner Ministerien zu kämpfen, die mit seiner pragmatisch-kompromißorientierten Verhandlungsführung in einigen Fällen nicht einverstanden waren. Für Abs standen Prinzipienfragen immer hinter dem Ziel zurück, zu einer Regelung der deutschen Auslandsverschuldung zu gelangen. Dies galt auch für die Frage des beschlagnahmten deutschen Auslandsvermögens. Teile der deutschen Industrie kämpften mit Unterstützung zahlreicher Abgeordneter des Deutschen Bundestags erbittert für eine Freigabe der Vermögenswerte, damit diese wie nach dem Ersten Weltkrieg zur Schuldentilgung eingesetzt werden konnten. Eine Verquickung der Komplexe Auslandsschulden und Auslandsvermögen gelang aber nicht, weil letzteres dem Pariser Reparationsabkommen gemäß eine Reparationsangelegenheit war.

Wegen eines Streits über die Anwendung der in zahlreichen Anleiheverträgen aus den 20er und 30er Jahren als Wertsicherungsinstrument vorhandenen Goldklausel geriet die Konferenz zu einem Zeitpunkt, als ein Erfolg der Verhandlungen bereits in greifbare Nähe gerückt war, noch einmal in schweres Fahrwasser. Die Frontlinie verlief zwischen den amerikanischen und schweizerischen Gläubigern auf der einen und den übrigen europäischen Gläubigern auf der anderen Seite. Während die Amerikaner für eine ersatzlose Streichung der Goldklausel eintraten, plädierten die Europäer für deren Beibehaltung oder deren Ersetzung durch eine Dollarklausel. Die Amerikaner waren dagegen, weil sie im Gegensatz zu allen anderen Gläubigern mit Ausnahme der schweizerischen von einer Dollarklausel keine Vorteile hatten und damit schlechter gestellt würden als alle anderen Gläubiger. Nach schwierigen Verhandlungen konnte die Krise schließlich dadurch überwunden werden, daß die Ersetzung der Gold- durch eine Dollarklausel mit einer gewissen Besserstellung der amerikanischen Gläubiger verbunden wurde. Für die Zukunft wurde die Goldklausel durch eine spezielle Währungsklausel ersetzt, die gegen Abwertungen von mehr als 5% schützen sollte. Wegen des damals nicht vorgesehenen Falls der Aufwertung kam es später zu einem jahrelangen Schiedsgerichtsverfahren. Ein weiteres diffiziles Problem war die Regelung der Konversionskassenschulden. Auch hier wurde eine pragmatische Lösung gefunden.

Die während der Hauptkonferenz in den Verhandlungsausschüssen erzielten Vereinbarungen wurden am Ende der Verhandlungen in einen Schlußbericht eingebracht, der als Basis und Orientierungspunkt für die Konzeption des staatlichen Rahmenabkommens dienen sollte. Der Schlußbericht enthielt über die Vereinbarungen der Verhandlungsausschüsse hinaus einige allgemeine Bestimmungen, die für die Durchführung des Abkommens von allgemeiner Bedeutung waren. Die deutsche Seite verlangte, daß in den Schlußbericht einige Schutzklauseln (*Escape*-Klauseln) eingefügt wurden, die im Fall unvorhergesehener Schwierigkeiten, die eine ordnungsgemäße Umsetzung des Abkommens in Frage stellten, angewendet werden sollten. Wichtig war hier vor allem der Transferschutz. Die Diskussionen um die Schutzklauseln wurden bei der Aushandlung des Regierungsabkommens wieder aufgenommen. Die von deutscher Seite als Notfallschutz gedachten Klauseln wurden von den Gläubigern und den Mitgliedern der TCGD mißtrauisch beäugt, weil man den Verdacht hegte, die Deutschen suchten nach Wegen, um sich unter Umständen ihren Verpflichtungen doch entziehen zu können. Angesicht der negativen Erfahrungen in der jüngsten Vergangenheit war das Vertrauen in die Zuverlässigkeit der Deutschen nämlich noch nicht sehr ausgeprägt.

Nur wenige Wochen nach dem Ende der Hauptkonferenz begannen in London die Beratungen über die Ausgestaltung des Regierungsabkommens. Die bilateralen Verträge zur Regelung der alliierten Nachkriegswirtschaftshilfe mußten ebenfalls noch ausgehandelt werden. In beiden Bereichen traten unvorhergesehene Schwierigkeiten auf, die zur Folge hatten, daß die Unterzeichnung des Londoner Schuldenabkommens nicht mehr wie geplant noch im Jahr 1952 vollzogen werden konnte, sondern bis Ende Februar 1953 verschoben werden mußte.

Die Probleme, die in den Beratungen über die bilateralen Verträge auftraten, resultierten zum größten Teil aus den unterschiedlichen Erwartungshaltungen der Beteiligten. Die Deutschen gingen davon aus, daß es zu echten Verhandlungen über die genaue Ausgestaltung der bilateralen Verträge kommen würde, nachdem ihnen im November 1951 praktisch nur mitgeteilt worden war, in welchem prozentualem Umfang und unter welchen Bedingungen die Besatzungsmächte zu Nachlässen an ihren jeweiligen Forderungen bereit sein würden. Dagegen waren insbesondere die Amerikaner der Auffassung, daß es über die von ihnen vorbereiteten Abkommen nicht mehr viel zu verhandeln gäbe. Die Kritik der deutschen Seite richtete sich vor allem gegen das StEG-Abkommen, dessen Schuldenhöhe zu Recht in Frage gestellt wurde. Die Amerikaner waren jedoch ungeachtet der berechtigten deutschen Kritik in keiner Weise geneigt, in Detailverhandlungen über den Inhalt des Vertrags einzutreten. Ganz im Gegenteil machten sie auch den weiteren Fortgang der Beratungen über das Regierungsabkommen von dessen Akzeptanz abhängig. Zur Rechtfertigung ihrer fehlenden Verhandlungsbereitschaft verwiesen sie immer wieder auf die immense Reduktion ihrer Nachkriegsforderungen und erklärten damit jede Diskussion über juristische Fragen a priori für obsolet. Die Bundesregierung hielt dieses Vorgehen für inakzeptabel, sie mußte sich aber letztlich den bestehenden Machtverhältnissen fügen. In der Auseinandersetzung um das StEG-Abkommen entlud sich ein seit geraumer Zeit angestauter Verdruß über das zur Selbstherrlichkeit neigende amerikanische Politikverständnis.

Ein weiterer umstrittener Punkt war der von den Besatzungsmächten als Gegenleistung für die Reduzierung der Nachkriegsforderungen geforderte Verzicht auf die Geltendmachung von Gegenforderungen (*counter-claims*) aus der Besatzungszeit. Die Diskussion kreiste hier um die Frage, ob es sich um einen generellen Verzicht auf Gegenforderungen handeln sollte oder ob sich der Verzicht auf die Geltendmachung von Forderungen beschränken sollte, die in einem direkten Zusammenhang zu der von den Alliierten geleisteten Nachkriegswirtschaftshilfe standen. Ausgerechnet die Franzosen, die überhaupt keine Nachkriegswirtschaftshilfe geleistet hatten, erhoben hier die am weitesten gehenden Forderungen.

In den Verhandlungen über das Regierungsabkommen bildete die Formulierung des Artikels 5 Absatz 2 das schwierigste Problem. In seiner Schlußansprache am Ende der Hauptkonferenz hatte der deutsche Delegationsleiter Abs mit aller Entschiedenheit darauf aufmerksam gemacht, daß eine vertragsgemäße Durchführung des Londoner Schuldenabkommens nur unter der Voraussetzung möglich sein würde, daß keine weiteren Reparationsansprüche gegenüber Deutschland geltend gemacht werden dürften. Angesichts der bereits bestehenden oder noch bevorstehenden finanziellen

Belastungen der Bundesrepublik durch die Wiedergutmachung, die künftigen Verteidigungsausgaben u.a.m. stimmten die Besatzungsmächte dieser These zu. Im Entwurf des Regierungsabkommens war deshalb im Artikel 5 ein Passus enthalten, der die Regelung aller aus den beiden Weltkriegen herrührenden Forderungen bis zu einer definitiven Regelung durch einen Friedensvertrag zurückstellte.

Zum Erstaunen der TCGD waren die Deutschen aber mit dieser eindeutigen Formulierung des Reparationsvorbehalts nicht einverstanden, sondern verwiesen auf den VI. Teil des Überleitungsvertrag zum Deutschlandvertrag, der die Ergänzung enthielt, daß derartige Ansprüche auch vor einer allgemeinen Regelung in bilateralen Verträgen zwischen der Bundesrepublik und einzelnen Ländern geregelt werden dürften. Die Bundesregierung weigerte sich beharrlich, hinter die Formulierung des Überleitungsvertrags zurückzugehen, obwohl der Vorschlag der TCGD eigentlich eine viel größere Sicherheit vor unliebsamen Ansprüchen bot. Der eigentliche Grund für den deutschen Schlingerkurs, der von Abs nicht besonders goutiert wurde, war das Problem des Auslandsvermögens. Man hoffte, in bestimmten Fällen die Entschädigungs- mit der Vermögensfrage verquicken zu können. Nach intensiven Diskussionen über die Interpretation der einschlägigen Bestimmung des Überleitungsvertrags konnte man sich schließlich auf einen lauen Kompromiß einigen, der für beide Seiten gesichtswahrend war. Wegen der Aufnahme des Artikels 5 in das Regierungsabkommen verweigerten die Niederlande dem Londoner Schuldenabkommen ihre Unterschrift. Die niederländischen Gläubiger konnten deshalb ihre Forderungen gegen deutsche Gläubiger erst nach 1958 realisieren. Da das Auslandsschuldenproblem in den nächsten Jahren an Relevanz einbüßte, war im Verlauf der Zeit nur noch von der Bollwerkfunktion des Artikels 5 Absatz 2 die Rede.

Die Ratifikation des Londoner Schuldenabkommens verlief insgesamt unproblematisch, abgesehen von einer Panne, die allerdings schnell behoben werden konnte. In der Einzelabstimmung im Deutschen Bundestag fiel das bilaterale Abkommen über die Nachkriegsschulden mit Frankreich durch. Die Abgeordneten waren nicht willens, den Franzosen Zahlungen für eine Nachkriegswirtschaftshilfe zukommen zu lassen, die diese nie geleistet hatten. Mit Hilfe eines Verfahrenstricks wurde die Abstimmung am nächsten Tag wiederholt, nachdem die Abgeordneten mehrheitlich davon überzeugt werden konnten, daß man nicht einen einzelnen Stein aus dem Mauerwerk herausbrechen konnte. Die Regelungen über die Vor- und Nachkriegsschulden bildeten ein Ganzes. Das Londoner Schuldenabkommen konnte damit am 16. September 1953 in Kraft treten.

Zusammenfassung

Entgegen aller vorherigen Sorgen und Befürchtungen traten bei der Abwicklung des Schuldenabkommens keine finanziellen Probleme auf.[2] Zwar waren die Belastungen für die Industrie zum Teil nicht unerheblich, der Transfer, der stets als Achillesferse des Abkommens angesehen worden war, bereitete jedoch keine Schwierigkeiten.[3] Die deutsche Zahlungsbilanzsituation entwickelte sich weiterhin so positiv, daß die Kritiker des Abkommens, die dessen Belastung als zu groß erachtet hatten, bald verstummten. Dafür wurden im Ausland gelegentlich Stimmen laut, die eine Nachbesserung forderten, weil Deutschland offenbar zu entgegenkommend behandelt worden sei. Die Stillhalteschulden konnten schon bis Ende 1954 weitestgehend getilgt werden. Bis Ende 1960 waren durch planmäßige und vorzeitige Tilgung dann bereits mehr als ein Drittel aller Vorkriegsschulden zurückgezahlt. 1969 wurde die Dawes-Anleihe fällig, 1980 die Young-Anleihe, um die es allerdings wegen der zwischenzeitlich erfolgten Aufwertung der DM noch einen mehrjährigen Schiedsgerichtsprozeß gab, der letztlich zugunsten der Bundesrepublik entschieden wurde.

Auch die Nachkriegsschulden konnten wegen der deutschen Devisenüberschußposition vorzeitig zurückgezahlt werden. Die Zahlungen an Frankreich und Großbritannien konnte bereits bis 1961 abgeschlossen werden. Die Zahlungen an die Vereinigten Staaten zogen sich trotz der in der Bundesrepublik ausreichend vorhandenen Mittel noch bis 1966 hin, weil von deutscher Seite noch einmal ein letzter Versuch unternommen wurde, durch eine vorzeitige Rückzahlung der Auslandsschulden noch einen Teil des in den USA beschlagnahmten deutschen Auslandsvermögens zu retten. Dies gelang aber nicht.

Obwohl die Zahlungsverpflichtungen aus dem Schuldenabkommen bis 1980 weitgehend erfüllt waren, blieb das Schuldenabkommen unverändert weiter in Kraft, was vor allem wegen der Ausschließung von Reparations- und Entschädigungsforderungen bedeutsam war.

Mit der Wiedervereinigung wurden schließlich die in die Schattenquote eingebrachten, nicht abgegoltenen Zinsansprüche fällig. Es handelte sich um eine überschaubare Summe von DM 250 Millionen, die spätestens bis 2010 zurückgezahlt werden müssen.

---

2 Zur Wirkungsgeschichte vgl. HANS-GEORG GLASEMANN, Vierzig Jahre Londoner Schuldenabkommen, in: Die Bank 8 (1998), S. 493 ff.; ABS, Entscheidungen, S. 251 ff.
3 Vgl. EMMINGER, Währungspolitische Betrachtungen, S. 15 ff.

ABKÜRZUNGEN

AA	Auswärtiges Amt
AAPBD	Akten zur Auswärtigen Politik der Bundesrepublik Deutschland
AHC	Allied High Commission
AHK	Alliierte Hohe Kommission
BA	Bundesarchiv, Koblenz
BDI	Bundesverband der Deutschen Industrie
BdL	Bank deutscher Länder
BFM	Bundesministerium der Finanzen; Bundesfinanzminister
BGBl	Bundesgesetzblatt
BIS	Bank for International Settlement (Bank für Internationalen Zahlungsausgleich)
BIZ	Bank für Internationalen Zahlungsausgleich (Bank for International Settlement)
BJM	Bundesministerium der Justiz
BK	Bundeskanzler
BKA	Bundeskanzleramt
BKAH	Stiftung Bundeskanzler-Adenauer-Haus, Rhöndorf
BWM	Bundesministerium für Wirtschaft
CCG/BE	Control Commission for Germany/British Element
COGA	Control Office for Germany and Austria
DIHT	Deutscher Industrie- und Handelstag
ERP	European Recovery Program
EZU	Europäische Zahlungsunion
FO	Foreign Office
FRUS	Foreign Relations of the United States
GARIOA	Government Appropriations and Relief for Import in Occupied Areas
GM	Goldmark
HADB	Historisches Archiv der Deutschen Bank, Frankfurt a. M.
HADBB	Historisches Archiv der Deutschen Bundesbank, Frankfurt a. M.
HICOG	Office of the U.S. High Commissioner for Germany
IGG	Intergovernmental Study Group
ISGG	Intergovernmental Study Group on Germany
JEIA	Joint Export and Import Agency
NA	U.S. National Archives, Washington D.C.

NL	Nachlaß
OEEC	Organization for European Economic Cooperation
OMGUS	Office of Military Government for Germany, United States
PA/AA	Politisches Archiv des Auswärtigen Amts, Bonn
PRO	Public Record Office, Kew
RGBl.	Reichsgesetzblatt
RM	Reichsmark
StEG	Staatliche Erfassungsgesellschaft
TCGD	Tripartite Commission on German Debts
VfZ	Vierteljahrshefte für Zeitgeschichte

QUELLEN- UND LITERATURVERZEICHNIS

1. Ungedruckte Quellen

Bundesarchiv, Koblenz [BA]
    B 102 Bundeswirtschaftsministerium
    B 126 Bundesfinanzministerium
    B 141 Bundesjustizministerium
    B 146 Bundesministerium für den Marshallplan
    B 184 Studiengesellschaft für privatrechtliche Auslandsinteressen
    NL Blankenhorn

Historisches Archiv der Deutschen Bank, Frankfurt a. M. [HADB]
    NL Krebs

Historisches Archiv der Deutschen Bundesbank, Frankfurt a. M. [HADBB]
    Bestand   B 330
    NL Emminger

Politisches Archiv des Auswärtigen Amts, Bonn [PA/AA]
    Abteilung II
    Bestand Londoner Schuldenabkommen [LSA]

Public Record Office, Kew [PRO]
    FO 371   Foreign Office General
    FO 944   Foreign Office, German Section, Finance Department
    FO 1036 Control Commission for Germany, Office of the Economic Adviser
    FO 1046 Control Commission for Germany (BE), Finance Division
    T 236   Treasury

Stiftung Bundeskanzler-Adenauer-Haus, Rhöndorf [BKAH]
    Schriftlicher NL Adenauer:
    Korrespondenz Adenauer-Schäffer
    Korrespondenz Adenauer-Abs
    Terminkalender Adenauer

U.S. National Archives, Washington D.C. [NA]
    RG 59   Department of State
    RG 43   Records of International Conference, Commissions and Exhibitions
    RG 466 High Commissioner of Germany

Zeitzeuge: Interview mit Prof. Dr. Dieter Spethmann, 25. 1. 2002

2. Gedruckte Quellen

Abkommen über Deutsche Auslandsschulden, London, vom 27. Februar 1953.
Akten zur Auswärtigen Politik der Bundesrepublik Deutschland [AAPBD]. Adenauer und die Hohen Kommissare, Bd. 1: 1949–1951, bearb. von FRANK-LOTHAR KROLL und MANFRED NEBELIN, München 1989.
Akten zur Auswärtigen Politik der Bundesrepublik Deutschland [AAPBD]. Adenauer und die Hohen Kommissare, Bd. 2: 1952, bearb. von FRANK-LOTHAR KROLL und MANFRED NEBELIN, München 1990.
Akten zur Auswärtigen Politik der Bundesrepublik Deutschland [AAPBD] 1951, bearb. von MATTHIAS JAROCH, München 1999.
Amtsblatt der Alliierten Hohen Kommission in Deutschland, 1949.
Der Auswärtige Ausschuß des Deutschen Bundestages, Bd. 1: Sitzungsprotokolle 1949–1953, bearb. von WOLFGANG HÖLSCHER, Düsseldorf 1998.
Bericht der Konferenz über Deutsche Auslandsschulden, London, Februar-August 1952, vom 8. 8. 1952.
BUCHSTAB, GÜNTER (Hrsg.), Adenauer: „Es mußte alles neu gemacht werden." Die Protokolle des CDU-Bundesvorstandes 1950–1953, Stuttgart 1986.
Bundesgesetzblatt [BGBl.]
Congressional Record.
Deutsche Auslandsschulden. Dokumente zu den internationalen Verhandlungen Oktober 1950 bis Juli 1951, hrsg. vom Auswärtigen Amt, dem Bundesministerium der Finanzen, dem Bundesministerium für Wirtschaft und dem Bundesministerium für den Marshallplan, 1951.
Deutscher Bundesrat. Drucksachen, Bonn 1949ff.
Foreign Relations of the United States [FRUS] 1944, 1950 und 1951, Washington D.C.
GOTTO, KLAUS et al. (Hrsg.), Im Zentrum der Macht. Das Tagebuch von Staatssekretär Lenz 1951–1953, Düsseldorf 1989.
Die Kabinettsprotokolle der Bundesregierung, hrsg. vom Bundesarchiv, 1950–1953, Bd. 1–6, Boppard 1984–1989.
MORSEY, RUDOLF und HANS-PETER SCHWARZ (Hrsg.), Adenauer. Teegespräche 1950–1954, Berlin 1984.
Reichsgesetzblatt [RGBl.]
Verhandlungen des Deutschen Bundestags, 1. Wahlperiode, nebst Drucksachen, Bonn 1949ff.

3. Literatur

ABELSHAUSER, WERNER, Wiederaufbau vor dem Marshall-Plan. Westeuropas Wachstumschancen und die Wirtschaftspolitik in der zweiten Hälfte der vierziger Jahre, in: VfZ 29 (1981), S. 545–578.

3. Literatur

ABELSHAUSER, WERNER, Wirtschaftsgeschichte der Bundesrepublik Deutschland 1945–1980, Frankfurt a. M. 1983.

ABELSHAUSER, WERNER, Hilfe und Selbsthilfe. Zur Funktion des Marshallplans beim westdeutschen Wiederaufbau, in: VfZ 37 (1989), S. 85–113.

ABS, HERMANN J., Probleme der europäischen Kreditwirtschaft. Vortrag vor den Industrie- und Handelskammern Koblenz und Trier, in: Wege zu einer europäischen Wirtschaft, Koblenz 1951, S. 3–30.

ABS, HERMANN J., Auslandsschulden, in: DERS., Zeitfragen der Geld- und Wirtschaftspolitik. Aus Vorträgen und Aufsätzen (Schriftenreihe zur Geld- und Finanzpolitik, Bd. 3), Frankfurt a. M. 1959, S. 11 ff.

ABS, HERMANN J., Konrad Adenauer und die Wirtschaftspolitik der fünfziger Jahre, in: DIETER BLUMENWITZ (Hrsg.), Konrad Adenauer und seine Zeit. Politik und Persönlichkeit des ersten Bundeskanzlers, Stuttgart 1976, S. 229–245.

ABS, HERMANN J., Probleme der deutschen Auslandsverschuldung und der Auslandskredite. Vortrag vor dem „Übersee-Club", Gesellschaft für Weltwirtschaft e.V., Hamburg am 16. 9. 1949, in: HANS-PETER SCHWARZ (Hrsg.), Die Wiederherstellung des deutschen Kredits. Das Londoner Schuldenabkommen, Stuttgart 1982, S. 80–96.

ABS, HERMANN J., Deutschlands wirtschaftlicher und finanzieller Aufbau, in: KARL CARSTENS und ALFONS GOPPEL (Hrsg.), Franz Josef Strauß. Erkenntnisse, Standpunkte, Ausblicke, München 1985, S. 351–370.

ABS, HERMANN J., Der Weg zum Londoner Schuldenabkommen, in: WOLFGANG J. MÜCKL (Hrsg.), Föderalismus und Finanzpolitik. Gedenkschrift für Fritz Schäffer, Paderborn 1990, S. 81–95.

ABS, HERMANN J., Entscheidungen 1949–1953. Die Entstehung des Londoner Schuldenabkommens, Mainz 1991.

BAADE, HANS W., Die Behandlung des deutschen Privatvermögens in den Vereinigten Staaten nach dem Ersten und Zweiten Weltkrieg, in: FRITZ KRÄNZLIN und HEINRICH E. A. MÜLLER (Hrsg.), Der Schutz des privaten Eigentums im Ausland. Festschrift für Hermann Janssen zum 60. Geburtstag, Heidelberg 1958, S. 11–27.

BEHRENS, PETER (Hrsg.), Die Wertsicherung der Young-Anleihe. Das Urteil des Schiedsgerichtshofs für das Abkommen über deutsche Auslandsschulden vom 16. Mai 1980. Text und Kommentare, Tübingen 1984.

BELL, PHILIP W., The Sterling Area in the Postwar World. Internal Mechanism and Cohesion 1946–1952, Oxford 1956.

BELLERS, JÜRGEN, Außenwirtschaftspolitik der Bundesrepublik Deutschland 1949–1989, Münster 1990.

BERENBERG-GOSSLER, GÜNTHER VON, Um das deutsche Auslandsvermögen: Was soll heute noch das Gesetz Nr. 63, in: Wirtschaftsdienst. Zeitschrift für Wirtschaftspolitik 31 (1951), Nr. 9, S. 3–7.

BERGER, HELGE und ALBRECHT RITSCHL, Germany and the political economy of the Marshall Plan, 1947–1952: A re-revisionist view, in: BARRY EICHENGREEN (Hrsg.), Europe's post-war recovery, Cambridge 1995, S. 199–245.

BERGER, HELGE und ALBRECHT RITSCHL, Die Rekonstruktion der Arbeitsteilung in Europa. Eine neue Sicht des Marshallplans in Deutschland 1947–1951, in: VfZ 43 (1995), S. 473–519.

BERGHAHN, VOLKER, Zur Amerikanisierung der westdeutschen Wirtschaft, in: LUDOLF HERBST und WERNER BÜHRER (Hrsg.), Vom Marshallplan zur EWG. Die Eingliederung der Bundesrepublik Deutschland in die westliche Welt, München 1990, S. 227–253.

BERTUCH, FRITZ und WILHELM JAEHNICKE, Das Deutsche Kreditabkommen von 1939, Berlin 1939.

BETTELHEIM, CHARLES, Die deutsche Wirtschaft unter dem Nationalsozialismus, München 1974.

BIRD, KAI, The Chairman. John J. McCloy. The Making of American Establishment, New York 1992.

BISCHOF, GÜNTER, Der Marshall-Plan in Europa 1947–1952, in: Aus Politik und Zeitgeschichte B 22/23 (1997), S. 3–17.

BÖHM, FRANZ, Das deutsch-israelische Abkommen 1952, in: DIETER BLUMENWITZ (Hrsg.), Konrad Adenauer und seine Zeit. Politik und Persönlichkeit des ersten Bundeskanzlers, Stuttgart 1976, S. 437–465.

BÖHMER, OTTO, Grenzen der Auswirkung des besatzungsrechtlichen Beschlagnahmerechts in Deutschland auf das deutsche Auslandsvermögen, in: FRITZ KRÄNZLIN und HEINRICH E. A. MÜLLER (Hrsg.), Der Schutz des privaten Eigentums im Ausland. Festschrift für Hermann Janssen zum 60. Geburtstag, Heidelberg 1958, S. 41–55.

BORCHARDT, KNUT und CHRISTOPH BUCHHEIM, Die Wirkung der Marshallplan-Hilfe in Schlüsselbranchen der Deutschen Wirtschaft, in: VfZ 35 (1987), S. 317–347.

BORN, KARL ERICH, Die deutsche Bankenkrise 1931. Finanzen und Politik, München 1967.

BRODESSER, HERMANN-JOSEF, Wiedergutmachung und Kriegsfolgenliquidation. Geschichte, Regelungen, Zahlungen, München 2000.

BUCHHEIM, CHRISTOPH, Das Londoner Schuldenabkommen, in: LUDOLF HERBST (Hrsg.), Westdeutschland 1945–1955: Unterwerfung, Kontrolle, Integration, München 1986, S. 229–239.

BUCHHEIM, CHRISTOPH, Die Währungsreform 1948 in Westdeutschland, in: VfZ 36 (1988), S. 189–231.

BUCHHEIM, CHRISTOPH, Die Bundesrepublik und die Überwindung der Dollar-Lücke, in: LUDOLF HERBST und WERNER BÜHRER (Hrsg.), Vom Marshallplan zur EWG. Die Eingliederung der Bundesrepublik Deutschland in die westliche Welt, München 1990, S. 81–98.

BUCHHEIM, CHRISTOPH, Die Wiedereingliederung Westdeutschlands in die Weltwirtschaft 1945–1958, München 1990.

BÜHRER, WERNER, Auftakt in Paris. Der Marshallplan und die deutsche Rückkehr auf die internationale Bühne 1948/49, in: VfZ 36 (1988), S. 529–556.

BÜHRER, WERNER, Erzwungene oder freiwillige Liberalisierung? Die USA, die OEEC und die westdeutsche Außenhandelspolitik 1949–1952, in: LUDOLF HERBST und WERNER BÜHRER (Hrsg.), Vom Marshallplan zur EWG. Die Eingliederung der Bundesrepublik Deutschland in die westliche Welt, München 1990, S. 139–162.

CAIRNCROSS, ALEC, The Price of War. British Policy on German Reparations, 1941–1949, Oxford 1986.

CHARMLEY, JOHN, Churchill. Das Ende einer Legende, Berlin 1995.

CHERNOW, RON, Die Warburgs. Odyssee einer Familie, Berlin 1994.

COHN, ERNST J., Spezifisch ausländischer Charakter einer Forderung nach dem Londoner Schuldenabkommen, in: Neue Juristische Wochenschrift 10 (1957), S. 329–330.

CZADA, PETER, Ursachen und Folgen der großen Inflation, in: HARALD WINKEL (Hrsg.), Finanz- und wirtschaftspolitische Fragen der Zwischenkriegszeit, Berlin 1973, S. 9–43.

DALBERG, RUDOLPH, Die deutschen Auslandsschulden, in: Zeitschrift für das gesamte Kreditwesen 3 (1950), S. 191–195.

DEUTSCHKRON, INGE, Bonn and Jerusalem. The Strange Coalition, Philadelphia 1970.

DICKHAUS, MONIKA, Die Bundesbank im westeuropäischen Wiederaufbau. Die internationale Währungspolitik der Bundesrepublik Deutschland, München 1996.

DOMKE, MARTIN, Deutsche Auslandswerte in den Vereinigten Staaten von Amerika 1945–1950, in: Zeitschrift für ausländisches öffentliches Recht 13 (1950/51), Nr. 3 (Sonderdruck).

DÜWELL, KURT, Entstehung und Entwicklung der Bundesrepublik 1945–1961, Köln 1981.

DURRER, MARCO, Die schweizerisch-amerikanischen Finanzbeziehungen im Zweiten Weltkrieg. Von der Blockierung der schweizerischen Guthaben in den USA über die „Safehaven"- Politik zum Washingtoner Abkommen (1941–1946), Bern 1984.

EBERLEI, WALTER, Von Abs lernen. Schuldenerlaß: Vorbildliches Modell aus Deutschland, Frankfurt a. M., April 1993 (Separatdruck der Reihe: Entwicklung und Zusammenarbeit).

EBERT, KURT, Die neuen Anleihen nach der Londoner Schuldenregelung, in: Zeitschrift für das gesamte Kreditwesen 6 (1953), S. 627–629.

EBERT, KURT, Young-Anleihe und DM-Aufwertung, in: Wertpapier-Mitteilungen (Teil IV: Wertpapier- und Bankfragen) 16 (1962), S. 438–455.

EICHENGREEN, BARRY und PETER TERMIN, The Gold Standard and the Great Depression, in: Contemporary History 9 (2000), S. 185–207.

EICHHORN, BERT WOLFGANG, Reparationen als völkerrechtliche Deliktshaftung.

Rechtliche und praktische Probleme unter besonderer Berücksichtigung Deutschlands (1918–1990), Baden-Baden 1992.

EMMINGER, OTMAR, Währungspolitische Betrachtungen, Berlin 1965.

EMMINGER, OTMAR, Deutsche Geld- und Währungspolitik zwischen innerem und äußerem Gleichgewicht (1948–1975), in: Deutsche Bundesbank (Hrsg.), Währung und Wirtschaft in Deutschland 1876–1975, Frankfurt a. M. 1976, S. 485–554.

EMMINGER, OTMAR, D-Mark, Dollar, Währungskrisen, Stuttgart 1986.

ERLER, GEORG, Die Rechtsprobleme der deutschen Auslandsverschuldung und ihre Behandlung auf der Londoner Schuldenkonferenz, in: Europa-Archiv 18 (1952), S. 2–16.

FÉAUX DE LA CROIX, ERNST, Betrachtungen zum Londoner Schuldenabkommen, in: Völkerrechtliche und staatsrechtliche Abhandlungen. Festschrift für Carl Bilfinger zum 75. Geburtstag am 21. Januar 1954, Köln 1954, S. 27–70.

FÉAUX DE LA CROIX, ERNST, Schadenersatzansprüche ausländischer Zwangsarbeiter im Lichte des Londoner Schuldenabkommens, in: Neue Juristische Wochenschrift 13 (1960), S. 2268–2271.

FÉAUX DE LA CROIX, ERNST, Finanzpolitische Aspekte der Wiedergutmachungsgesetzgebung, in: Finanzpolitische Mitteilungen des Bundesministeriums der Finanzen 1963, Nr. 21, S. 1872–1876.

FISCH, JÖRG, Reparationen nach dem Zweiten Weltkrieg, München 1982.

FISCH, JÖRG, Reparationen und Entschädigungen nach dem Zweiten Weltkrieg, in: Blätter für deutsche und internationale Politik 6 (2000), S. 687–696.

FORBES, NEIL, London Banks, the German Standstill Agreements, and „Economic Appeasement" in the 1930s, in: The Economic History Review 40 (1987), S. 571–587.

FOSCHEPOTH, JOSEF, Konflikte in der Reparationspolitik der Alliierten, in: DERS. (Hrsg.), Kalter Krieg und Deutsche Frage. Deutschland im Widerstreit der Mächte 1945–1952, Göttingen 1985.

FREI, DANIEL, Das Washingtoner Abkommen von 1946. Ein Beitrag zur Geschichte der schweizerischen Außenpolitik zwischen dem Zweiten Weltkrieg und dem Kalten Krieg, in: Schweizerische Zeitschrift für Geschichte 19 (1969), S. 567–619.

FREI, NORBERT, Die deutsche Wiedergutmachungspolitik gegenüber Israel im Urteil der öffentlichen Meinung der USA, in: LUDOLF HERBST und CONSTANTIN GOSCHLER (Hrsg.), Wiedergutmachung in der Bundesrepublik Deutschland, München 1989, S. 215–230.

FREI, NORBERT, Vergangenheitspolitik. Die Anfänge der Bundesrepublik und die NS-Vergangenheit, München 1996.

GALL, LOTHAR, A man for all seasons? Hermann Josef Abs im Dritten Reich, in: Zeitschrift für Unternehmensgeschichte 43 (1998), S. 1–53.

GALL, LOTHAR, Hermann Josef Abs – politischer Bankier zwischen den Zeiten. Festvortrag anläßlich der Feierstunde zum 100. Geburtstag von Hermann Josef

Abs am 15. Oktober 2001 in der Deutschen Bank, Frankfurt, in: Hermann J. Abs, 15. 10. 1901 – 5. 2. 1994, (Eigendruck Deutsche Bank) 2001, S. 18–30.

GALL, LOTHAR und GERALD D. FELDMANN (Hrsg.), Die Deutsche Bank 1870–1995, München 1995.

GARDNER, RICHARD N., Sterling-Dollar Diplomacy in Current Perspective. The Origins and the Prospects of our International Economic Order, New York 1980.

GILLESSEN, GÜNTHER, Konrad Adenauer und der Israel-Vertrag, in: HANS MAYER et al. (Hrsg.), Politik, Philosophie, Praxis. Festschrift für Wilhelm Hennis zum 65. Geburtstag, Stuttgart 1988, S. 556–568.

GLASEMANN, HANS-GEORG, Vierzig Jahre Londoner Schuldenabkommen, in: Die Bank 8 (1998), S. 491–496.

GOLDMANN, NAHUM, Staatsmann ohne Staat. Autobiographie, Köln 1970.

GROSSMANN, KURT R., Die Ehrenschuld. Kurzgeschichte der Wiedergutmachung, Frankfurt a. M. 1967.

GURSKI, HANS, Das Abkommen über deutsche Auslandsschulden. Kommentar, Köln 1955.

GURSKI, HANS, Kriegsforderungen (Zur Auslegung des Artikels 5 Abs. 2 und 3 des Londoner Schuldenabkommens), in: Außenwirtschaftsdienst des Betriebs-Beraters 1961, Heft 1, S. 12–16

HABERLER, GOTTFRIED, Die Weltwirtschaft und das internationale Währungssystem in der Zeit zwischen den beiden Kriegen, in: Deutsche Bundesbank (Hrsg.), Währung und Wirtschaft in Deutschland 1876–1975, Frankfurt a. M. 1976, S. 205–248.

HACKE, CHRISTIAN, Weltmacht wider Willen. Die Außenpolitik der Bundesrepublik Deutschland, Stuttgart 1988.

HAHN, HUGO J., Abschluß des Young-Anleihe-Schiedsgerichtsverfahrens, in: Zeitschrift für das gesamte Kreditwesen 33 (1980), S. 670–676.

HAHN, HUGO J. und WILFRIED BRAUN, Einleitung, in: PETER BEHRENS (Hrsg.), Die Wertsicherung der Young-Anleihe. Das Urteil des Schiedsgerichtshofs für das Abkommen über deutsche Auslandsschulden vom 16. Mai 1980. Text und Kommentare, Tübingen 1984, S. 1ff.

HANRIEDER, WOLFGANG F., Deutschland, Europa, Amerika. Die Außenpolitik der Bundesrepublik Deutschland 1949–1989, Paderborn 1991.

HANSEN, NIELS, Aus dem Schatten der Katastrophe. Die deutsch-israelischen Beziehungen in der Ära Konrad Adenauer und David Ben Gurion, Düsseldorf 2002.

HARDACH, GERD, Währungskrise 1931. Das Ende des Goldstandards in Deutschland, in: HARALD WINKEL (Hrsg.), Finanz- und wirtschaftspolitische Fragen der Zwischenkriegszeit, Berlin 1973, S. 121–133.

HARDACH, GERD, Weltmarktorientierung und relative Stagnation. Währungspolitik in Deutschland 1924–1931, Berlin 1976.

HARDACH, GERD, Der Marshall-Plan. Auslandshilfe und Wiederaufbau in Westdeutschland 1948–1952, München 1994.

HARMSEN, GUSTAV WILHELM, Reparationen, Sozialprodukt, Lebensstandard. Versuch einer Wirtschaftsbilanz, Bremen 1948.

HEINTZE, JOACHIM, Wertpapiere der Konversionskasse, in: Zeitschrift für das gesamte Kreditwesen 8 (1955), S. 149–150.

HEERING, WALTER, Der Marshall-Plan und die ökonomische Spaltung Europas, in: Aus Politik und Zeitgeschichte B 22/23 (1997), S. 30–38.

HENNING, FRIEDRICH-WILHELM, Die Liquidität der Banken in der Weimarer Republik, in: HARALD WINKEL (Hrsg.), Finanz- und wirtschaftspolitische Fragen der Zwischenkriegszeit, Berlin 1973, S. 45–92.

HENNING, FRIEDRICH-WILHELM, Rezension von: HERMANN J. ABS, Entscheidungen 1949–1953. Die Entstehung des Londoner Schuldenabkommens, Mainz 1991, in: Vierteljahrschrift für Sozial- und Wirtschaftsgeschichte 79 (1992), S. 596.

HENTSCHEL, VOLKER, Die europäische Zahlungsunion und die deutschen Devisenkrisen 1950/51, in: VfZ 37 (1989), S. 715–739.

HERBERT, ULRICH, Nicht entschädigungsfähig? Die Wiedergutmachungsansprüche der Ausländer, in: LUDOLF HERBST und CONSTANTIN GOSCHLER (Hrsg.), Wiedergutmachung in der Bundesrepublik Deutschland, München 1989, S. 273–302.

HERBST, LUDOLF, Stil und Handlungsspielräume westdeutscher Integrationspolitik, in: LUDOLF HERBST und WERNER BÜHRER (Hrsg.), Vom Marshallplan zur EWG. Die Eingliederung der Bundesrepublik Deutschland in die westliche Welt, München 1990, S. 3–18.

HICKMAN, WARREN LEROY, Genesis of the European Recovery Program. A Study on the Trend of American Economic Policies, Genf 1949.

HILDEBRAND, KLAUS, Integration und Souveränität. Die Außenpolitik der Bundesrepublik Deutschland 1949–1982, Bonn 1991.

HILLGRUBER, ANDREAS, Deutsche Geschichte von 1945–1972, Darmstadt 1974.

HINDERER, HERMANN, Probleme der Stillhaltekredite, Diss. Heidelberg 1935.

HIRSCHFELD, GERHARD, Fremdherrschaft und Kollaboration. Die Niederlande unter deutscher Besatzung 1940–1945, Stuttgart 1984.

HÖPFNER, BERND, Clearingdefizite im Großwirtschaftsraum. Der Verrechnungsverkehr des Dritten Reiches 1939–1945, in: Bankhistorisches Archiv 14 (1988), S. 116–138.

HOCKERTS, HANS-GÜNTER, Wiedergutmachung in Deutschland. Eine historische Bilanz 1945–2000, in: VfZ 49 (2001), S. 167–214.

HOGAN, MICHAEL J., Europäische Integration und deutsche Reintegration: Die Marshallplaner und die Suche nach Wiederaufbau und Sicherheit in Westeuropa, in: CHARLES MAIER und GÜNTER BISCHOF (Hrsg.), Deutschland und der Marshallplan, Baden-Baden 1992, S. 140–199.

HORN, NORBERT, Die Young-Anleihe als Parallelanleihe, in: PETER BEHRENS (Hrsg.), Die Wertsicherung der Young-Anleihe. Das Urteil des Schiedsgerichtshofs für das Abkommen über deutsche Auslandsschulden vom 16. Mai 1980. Text und Kommentare, Tübingen 1984, S. 112 ff.

HORSTMANN, THEO, Kontinuität und Wandel im deutschen Notenbanksystem. Die Bank deutscher Länder als Ergebnis alliierter Besatzungspolitik nach dem Zweiten Weltkrieg, in: THEO PIRKER (Hrsg.), Autonomie und Kontrolle. Beiträge zur Soziologie des Finanz- und Steuerstaates, Berlin 1989, S. 135–153.

HORSTMANN, THEO, Die Entstehung der Bank deutscher Länder als geldpolitische Lenkungsinstanz in der Bundesrepublik Deutschland, in: HAJO RIESE und HEINZ-PETER SPAHN (Hrsg.), Geldpolitik und ökonomische Entwicklung. Ein Symposion, Regensburg 1990, S. 202–212.

HORSTMANN, THEO, Die Alliierten und die deutschen Großbanken. Bankenpolitik nach dem Zweiten Weltkrieg in Westdeutschland, Bonn 1991.

HOUWINK TEN CATE, JOHANNES, Hjalmar Schacht als Reparationspolitiker (1926–1930), in: Vierteljahrschrift für Sozial- und Wirtschaftsgeschichte 74 (1987), S. 186–228.

HUHN, RUDOLF, Die Wiedergutmachungsverhandlungen in Wassenaar, in: LUDOLF HERBST und CONSTANTIN GOSCHLER (Hrsg.), Wiedergutmachung in der Bundesrepublik Deutschland, München 1989, S. 139–160.

JACOBSON, JON, The Reparation Settlement of 1924, in: GERALD D. FELDMAN et al. (Hrsg.), Konsequenzen der Inflation, Berlin 1989, S. 79–108.

JAECKEL, JÖRG, Verpflichtungen aus Vorkriegsanleihen („Schattenquoten"), in: Wertpapiermitteilungen. Zeitschrift für Wirtschafts- und Bankrecht 44 (1990), S. 1738.

JAMES, HAROLD, The Reichsbank and Public Finance in Germany: A Study of the Politics of Economics during Great Depression, Frankfurt a. M. 1985.

JAMES, HAROLD, Deutschland in der Weltwirtschaftskrise, Stuttgart 1988.

JAMES, HAROLD, Die Deutsche Bank und die Diktatur, in: LOTHAR GALL und GERALD D. FELDMAN (Hrsg.), Die Deutsche Bank 1870–1995, München 1995, S. 315–409.

JAMES, HAROLD, The IMF and the creation of the Bretton Woods System 1944–1958, in: BARRY EICHENGREEN (Hrsg.), Europe's post-war recovery, Cambridge 1995, S. 93–126.

JELINEK, YESHAYAHU A., Israel und die Anfänge der Shilumin, in: LUDOLF HERBST und CONSTANTIN GOSCHLER (Hrsg.), Wiedergutmachung in der Bundesrepublik Deutschland, München 1989, S. 119–138.

JELINEK, YESHAYAHU A., Die Krise der Shilumin/Wiedergutmachungsverhandlungen im Sommer 1952, in: VfZ (1990), S. 113–125.

JERCHOW, FRIEDRICH, Deutschland in der Weltwirtschaft 1944–1947. Alliierte Deutschland- und Reparationspolitik und die Anfänge der westdeutschen Außenwirtschaft, Düsseldorf 1978.

JERCHOW, FRIEDRICH, Import Financing and the Establishment of a Foreign Exchange Rate as Origins and Means of West Germany's Integration into the World Economy after the Second World War, in: ECKEHARD KRIPPENDORFF (Hrsg.), The Role of the United States in the Reconstruction of Italy and West Germany 1943–1949, Papers presented at a German-Italian Colloquium at the John F. Kennedy-Institut für Nordamerikastudien, Berlin, June 1980, Berlin 1981, S. 56–78.

KAPLAN, JACOB J. und GÜNTHER SCHLEIMINGER, The European Payments Union. Financial Diplomacy in the 1950s, Oxford 1989.

KARLSBERG, B., German Federal Compensation- and Restitution-Laws and Jewish Victims in the Netherlands, in: Studia Rosenthaliana 2 (1968), S. 194–244.

KATZENSTEIN, LIORA, From Reparation to Rehabilitation, Thèse No. 368 Université de Genève, Genf 1983.

KETTENACKER, LOTHAR, Krieg zur Friedenssicherung. Die Deutschlandplanungen der britischen Regierung während des Zweiten Weltkriegs, Göttingen 1989.

KEYNES, JOHN M., Der Friedensvertrag von Versailles, Berlin 1921.

KLEINERT, UWE, Flüchtlinge und Wirtschaft in Nordrhein-Westfalen 1945–1961, Düsseldorf 1988.

KLEMM, BERND und GÜNTER J. TRITTEL, Vor dem „Wirtschaftswunder": Durchbruch zum Wachstum oder Lähmungskrise? Eine Auseinandersetzung mit Werner Abelshausers Interpretation der Wirtschaftsentwicklung 1945–1948, in: VfZ 35 (1987), S. 571–624.

KNAPP, MANFRED, Reconstruction and West-Integration: The Impact of the Marshall Plan on Germany, in: Zeitschrift für die gesamte Staatswissenschaft 137 (1981), S. 415–433.

KNAPP, MANFRED, Das Deutschlandproblem und die Ursprünge des Europäischen Wiederaufbauprogramms. Eine Auseinandersetzung mit John Gimbels Marshall-Plan-Thesen, in: HANS-JÜRGEN SCHRÖDER (Hrsg.), Marshall-Plan und westdeutscher Wiederaufstieg. Positionen – Kontroversen, Stuttgart 1990, S. 22–37.

KNAPP, MANFRED, Der Einfluß des Marshallplans auf die Entwicklung der westdeutschen Außenbeziehungen, in: HANS-JÜRGEN SCHRÖDER (Hrsg.), Marshall-Plan und westdeutscher Wiederaufstieg. Positionen – Kontroversen, Stuttgart 1990, S. 209–239.

KÖHLER, HENNING, Adenauer. Eine politische Biographie, Frankfurt a.M. 1994.

KÖNKE, GÜNTER, Wiedergutmachung und Modernisierung. Der Beitrag des Luxemburger Abkommens von 1952 zur wirtschaftlichen Entwicklung Israels, in: Vierteljahrschrift für Sozial- und Wirtschaftsgeschichte 75 (1988), S. 503–548.

KREBS, PAUL, Die Stillhaltung erfüllte ihren Zweck, in: Zeitschrift für das gesamte Kreditwesen 7 (1954), S. 806–808.

KREBS, PAUL, Schuldenabkommen, in: HEINRICH NICKLISCH, Handwörterbuch der Betriebswirtschaft, Bd. 3, Stuttgart 1960, Sp. 4816–4829.

KREIKAMP, HANS-DIETER, Deutsches Vermögen in den Vereinigten Staaten. Die Auseinandersetzungen um seine Rückführung als Aspekt der deutsch-amerikanischen Beziehungen 1952–1962, Stuttgart 1979.

LADEMACHER, HORST, Zwei ungleiche Nachbarn. Wege und Wandlungen der deutsch-niederländischen Beziehungen im 19. und 20. Jahrhundert, Darmstadt 1990.

LEVERKÜHN, PAUL, Die Stellung des Londoner Schuldenabkommens im internationalen Recht, in: Monatsschrift für Deutsches Recht 7 (1953), S. 521–523.

MAGNUS, KURT, Eine Million Tonnen Kriegsmaterial für den Frieden. Die Geschichte der StEG, München 1954.
MAHRHOLZ, BERNHARD, Reparationsregelung und interalliierte Kriegsschulden, in: Bankwissenschaft 5 (1928), S. 648–652.
MAIER, CHARLES und GÜNTER BISCHOF (Hrsg.), Deutschland und der Marshallplan, Baden-Baden 1992.
MARJOLIN, ROBERT, Europe and the United States in the World Economy, Durham, N.C. 1953.
MAUSBACH, WILFRIED, Zwischen Morgenthau und Marshall. Das wirtschaftspolitische Deutschlandkonzept der USA 1944–1947, Düsseldorf 1996.
MEYER, GERD, Die Reparationspolitik. Ihre außen- und innenpolitischen Rückwirkungen, in: KARL D. BRACHER et al. (Hrsg.), Die Weimarer Republik 1918–1933. Politik, Wirtschaft, Gesellschaft, Bonn 1987, S. 327–342.
MIKESELL, RAYMOND F., Foreign Exchange in the Postwar World, New York 1954.
MILWARD, ALAN S., The Reconstruction of Europe, London 1984.
MINX, ECKARD, Von der Liberalisierungs- zur Wettbewerbspolitik, Berlin 1980.
MÖLLER, HANS, The Reconstruction of the International Economic Order after the Second World War and the Integration of the Federal Republic of Germany into the World Economy, in: Zeitschrift für die gesamte Staatswissenschaft 137 (1981), S. 344–366.
MOGGRIDGE, DONALD (Hrsg.), The Collected Writings of John Maynard Keynes, Bd. XXVI: Activities 1941–1946. Shaping the Post-War World Bretton Woods and Reparations, Cambridge o.J.
NEEBE, REINHARD, Technologietransfer und Außenhandel in den Anfangsjahren der Bundesrepublik Deutschland, in: Vierteljahrschrift für Sozial- und Wirtschaftsgeschichte 76 (1989), S. 49–75.
NEUMARK, FRITZ, Vom Dawes-Gutachten zum Young-Plan, in: Bankwissenschaft 6 (1929/30), S. 302–314.
NOACK, PAUL, Die Außenpolitik der Bundesrepublik Deutschland, Stuttgart 1972.
NÜBEL, OTTO, Die Amerikanische Reparationspolitik gegenüber Deutschland 1941–1945, Frankfurt a.M. 1980.
PEASE, LOUIS E., After the Holocaust: West Germany and Material Reparation, Ph. D. Thesis, The Florida State University 1976.
PENROSE, ERNEST FRANCIS, Economic Planning for Peace, Princeton 1953.
PETER, MATTHIAS, John Maynard Keynes und die britischen Deutschlandpolitik, München 1997.
POHL, MANFRED, Wiederaufbau. Kunst und Technik der Finanzierung 1947–1953. Die ersten Jahre der Kreditanstalt für Wiederaufbau, Frankfurt a.M. 1973.
POLLARD, ROBERT A., Economic Security and the Origins of the Cold War: Bretton Woods, the Marshall Plan, and American Rearmament, 1944–50, in: Diplomatic History 9 (1985), S. 271–289.
RADKAU, JOACHIM, Entscheidungsprozesse und Entscheidungsdefizite in der deutschen Außenwirtschaft 1933–1940, in: Geschichte und Gesellschaft 2 (1976), S. 33–65.

Rat der Evangelischen Kirche und Deutsche Bischofskonferenz (Hrsg.), „Internationale Verschuldung – eine ethische Herausforderung." Gemeinsames Wort des Rates der Evangelischen Kirche in Deutschland und der Deutschen Bischofskonferenz 1998, www.ekd.de-Texte/2064-verschuldung.1998.

RENDEL, GEORGE, The Sword and the Olive. Recollections of Diplomacy and the Foreign Service, 1913–1954, London 1957.

RICHEBÄCHER, KURT, Im Hintergrund das Auswärtige Amt. Eine kostspielige Kreditpflege, in: Der Volkswirt 7 (1953), Nr. 9, S. 9–10.

RITSCHEL, ALBRECHT, Die Deutsche Zahlungsbilanz 1936–1941 und das Problem des Devisenmangels vor Kriegsbeginn, in: VfZ 41 (1993), S. 103–123.

ROMBECK-JASCHINSKI, URSULA, Schuld oder Schulden? Die niederländischen Entschädigungsansprüche an die Bundesrepublik Deutschland 1950–1960, in: VOLKER ACKERMANN et al. (Hrsg.), Anknüpfungen. Gedenkschrift für Peter Hüttenberger, Essen 1995, S. 347–362.

RONDE, HANS, Von Versailles bis Lausanne. Der Verlauf der Reparationsverhandlungen nach dem ersten Weltkrieg, Stuttgart 1950.

RÖPKE, WILHELM, Das Deutsche Wirtschaftsexperiment. Beispiel und Lehre, in: ALBERT HUNOLD (Hrsg.), Vollbeschäftigung, Inflation und Planwirtschaft. Aufsätze, Zürich 1951.

RÖPKE, WILHELM, Wege zur Konvertibilität, in: ALBERT HUNOLD (Hrsg.), Konvertibilität der Europäischen Währungen, Zürich 1954.

RUPIEPER, HERMANN-JOSEF, Der besetzte Verbündete. Die amerikanische Deutschlandpolitik 1949–1955, Opladen 1991.

SAGI, NANA, Die Rolle der jüdischen Organisationen in den USA und die Claims Conference, in: LUDOLF HERBST und CONSTANTIN GOSCHLER (Hrsg.), Wiedergutmachung in der Bundesrepublik Deutschland, München 1989, S. 99–119.

SCHAFFNER, PETER F., Die Regelung der verbrieften Auslandsschulden des Deutschen Reichs innerhalb des Londoner Schuldenabkommens – ein taugliches Modell zur Bereinigung gouvernementaler Auslandsschulden, Jur. Diss. Würzburg 1987.

SCHANETZKY, TIM, Unternehmer: Profiteure des Unrechts, in: NORBERT FREI (Hrsg.), Karrieren im Zwielicht. Hitlers Eliten nach 1945, Frankfurt a.M. 2001, S. 70–130.

SCHEUNER, ULRICH, Zur Auslegung des Interalliierten Reparationsabkommens vom 14. 1. 1946, in: FRITZ KRÄNZLIN und HEINRICH E. A. MÜLLER (Hrsg.), Der Schutz des privaten Eigentums im Ausland. Festschrift für Hermann Janssen zum 60. Geburtstag, Heidelberg 1958, S. 135–147.

SCHILD, GEORG, Bretton Woods and Dumbarton Oaks. American Economic and Political Postwar Planning in the Summer of 1944, London 1995.

SCHÖLLGEN, GREGOR, Die Außenpolitik der Bundesrepublik Deutschland. Von den Anfängen bis zur Gegenwart, München 1999.

SCHRÖDER, HANS-JÜRGEN, Marshallplan, Amerikanische Deutschlandpolitik und europäische Integration 1947–1950, in: Aus Politik und Zeitgeschichte B 18 (1987), S. 3–33.

SCHÜTTE, EHRENFRIED, Die deutschen Auslandsvermögen unter dem Gesetz 63, in: Der Betriebs-Berater 6 (1951), S. 705–707.

SCHWARTZ, THOMAS A., America's Germany. John McCloy and the Federal Republic of Germany, Cambridge 1991.

SCHWARTZ, THOMAS A., Europäische Integration und „Special Relationship". Zur Durchführung des Marshall-Planes in der Bundesrepublik Deutschland 1948–1951, in: CHARLES MAIER und GÜNTER BISCHOF (Hrsg.), Deutschland und der Marshallplan, Baden-Baden 1992, S. 201–249.

SCHWARZ, HANS-PETER, Geschichte der Bundesrepublik 1949–1957: Die Ära Adenauer (Geschichte der Bundesrepublik, hrsg. von DIETRICH BRACHER und THEODOR ESCHENBURG, Bd. 2), Stuttgart 1981.

SCHWARZ, HANS-PETER (Hrsg.), Die Wiederherstellung des deutschen Kredits. Das Londoner Schuldenabkommen (Rhöndorfer Gespräche, Bd. 4), Stuttgart 1982.

SCHWARZ, HANS-PETER, Die Eingliederung der Bundesrepublik Deutschland in die westliche Welt, in: LUDOLF HERBST und WERNER BÜHRER (Hrsg.), Vom Marshallplan zur EWG. Die Eingliederung der Bundesrepublik Deutschland in die westliche Welt, München 1990, S. 593–612.

SCHWARZ, WALTER, Rückerstattung und Entschädigung. Eine Abgrenzung der Wiedergutmachungsformen, München 1952.

SCHWARZ, WALTER, Die Wiedergutmachung nationalsozialistischen Unrechts durch die Bundesrepublik Deutschland. Ein Überblick, in: LUDOLF HERBST und CONSTANTIN GOSCHLER (Hrsg.), Wiedergutmachung in der Bundesrepublik Deutschland, München 1989, S. 33–54.

SHAFIR, SCHLOMO, Die SPD und die Wiedergutmachung gegenüber Israel, in: LUDOLF HERBST und CONSTANTIN GOSCHLER (Hrsg.), Wiedergutmachung in der Bundesrepublik Deutschland, München 1989, S. 190–203.

SEIDLER, ERWIN, Die Belastung des Bundesrepublik aus der Übernahme von Schulden des Deutschen Reiches, in: Die finanzielle Liquidation des Krieges beim Aufbau der Bundesrepublik Deutschland (Schriftenreihe des Bundesministeriums der Finanzen, Heft 3), Bonn 1962, S. 98–101.

SHINNAR, FELIX E., Bericht eines Beauftragten. Die deutsch-israelischen Beziehungen 1951–1966, Tübingen 1967.

SIMON, HARRY ARTHUR, Das Baseler Stillhalteabkommen, in: Bank-Archiv 30 (1930/31), S. 506–514.

SIMON, HARRY ARTHUR, Das neue Stillhalteabkommen, in: Bank-Archiv 31 (1931/32), S. 180–185, 201–208 und 229–234.

SKAUPY, WALTHER, Deutsche Dollarbonds in den Vereinigten Staaten, in: Zeitschrift für das gesamte Kreditwesen 8 (1955), S. 98–102.

STUCKEN, RUDOLF, Schaffung der Reichsmark, Reparationsregelungen und Auslandsanleihen, Konjunkturen (1924–1939), in: Deutsche Bundesbank (Hrsg.),

Währung und Wirtschaft in Deutschland 1876–1975, Frankfurt a.M. 1976, S. 249–281.

THEIS, ROLF, Wiedergutmachung zwischen Moral und Interesse. Eine kritische Bestandsaufnahme der deutsch-israelischen Regierungsverhandlungen, Frankfurt a.M. 1989.

THOMÄ, KARL EUGEN, Die Freigabe des deutschen Vermögens in der Schweiz im Licht des deutschen Verfassungsrechts, in: FRITZ KRÄNZLIN und HEINRICH E. A. MÜLLER (Hrsg.), Der Schutz des privaten Eigentums im Ausland. Festschrift für Hermann Janssen zum 60. Geburtstag, Heidelberg 1958.

TOMLINSON, JIM, The Attlee Government and the Balance of Payments, 1945–1951, in: Twentieth Century British History 2 (1991), S. 47–66.

TREPP, GIAN, Bankgeschäfte mit dem Feind. Die Bank für Internationalen Zahlungsausgleich im Zweiten Weltkrieg. Von Hitlers Europabank zum Instrument des Marshallplans, Zürich 1993.

TRIFFIN, ROBERT, Europe and the Money Muddle. From Bilateralism to Near-Convertibility, 1947–1956, London 1957.

TÜNGELER, JOHANNES, Die ersten Stunden, in: Zeitschrift für das gesamte Kreditwesen 32 (1979), Sonderbeilage „Beiträge zur Bankgeschichte" zu Heft 17, S. 1–8.

UNGER, FRITZ E., Das Deutsche Kreditabkommen 1952, in: Zeitschrift für das gesamte Kreditwesen 5 (1952), S. 441–442.

VEITH, WERNER, Der Begriff der Auslandsschuld nach dem Abkommen über deutsche Auslandsschulden, in: Der Betriebs-Berater 8 (1953), S. 814–816.

VEITH, WERNER, Die Konversionskassenreglung nach dem Abkommen über deutsche Auslandsschulden, in: Der Betriebs-Berater 8 (1953), S. 432–436.

VINER, JACOB, German Reparations once more, in: Foreign Affairs. An American Quarterly Review 21 (1943), S. 659–673.

VOCKE, WILHELM, Memoiren, Stuttgart 1973.

VOGEL, GEORG, Diplomat unter Hitler und Adenauer, Düsseldorf 1969.

VOGEL, ROLF (Hrsg.), Wiedergutmachung und Londoner Schuldenkonferenz, in: DERS., Deutschlands Weg nach Israel. Dokumentation, 2., erg. Aufl., Stuttgart 1967, S. 42–45.

VOGT, MARTIN, Die Entstehung des Youngplans, dargestellt vom Reichsarchiv 1931–1933, Boppard am Rhein 1970.

WALA, MICHAEL, Winning the Peace. Amerikanische Außenpolitik und der Council on Foreign Relations 1945–1950, Stuttgart 1990.

WANDEL, ECKHARD, Hans Schäffer. Steuermann in wirtschaftlichen und politischen Krisen, Stuttgart 1974.

WANNER, ECKHARDT, Ein Streichholzfabrikant finanziert das Reich, in: Die Bank. Zeitschrift für Bankpolitik und Bankpraxis 1983, S. 188–190.

WARBURG, JAMES P., Germany. Key to Peace, London 1954.

WEGERHOFF, SUSANNE, Die Stillhalteabkommen 1931–1933. Internationale Versuche zur Privatschuldenregelung unter den Bedingungen des Reparations- und Kriegsschuldensystems, Diss. München 1982.

WENDT, BERND-JÜRGEN, „Economic Appeasement". Handel und Finanz in der britischen Deutschlandpolitik 1933–1939, Düsseldorf 1971.

WENDT, BERND-JÜRGEN, „Economic Appeasement" – A Crisis Strategy, in: WOLFGANG J. MOMMSEN und LOTHAR KETTENACKER (Hrsg.), The Fascist Challenge and the Policy of Appeasement, London 1983, S. 157–172.

WIELENGA, FRIESO, West-Duitsland: partner uit noodzaak. Nederland en de Bondsrepubliek 1949–1955, Utrecht 1989.

WILMANNS, WERNER, Das Konversionskassenproblem, in: Zeitschrift für das gesamte Kreditwesen 3 (1950), S. 440–443.

WOLFF, BERNHARD, Zur Frage der Abgeltung von Reparationsschäden unter besonderer Berücksichtigung der Entstehungsgeschichte des Sechsten Teils des Überleitungsvertrags: Rechtsgutachten, Bonn o. J. (1964).

WOLFSOHN, MICHAEL, Das deutsch-israelische Wiedergutmachungsabkommen von 1952 im internationalen Zusammenhang, in: VfZ 36 (1988), S. 691–731.

WOLFSOHN, MICHAEL, Globalentschädigung für Israel und die Juden? Adenauer und die Opposition in der Bundesregierung, in: LUDOLF HERBST und CONSTANTIN GOSCHLER (Hrsg.), Wiedergutmachung in der Bundesrepublik Deutschland, München 1989, S. 161–190.

YASAMEE, HEATHER J., Großbritannien und die Westintegration der Bundesrepublik, in: LUDOLF HERBST und WERNER BÜHRER (Hrsg.), Vom Marshallplan zur EWG. Die Eingliederung der Bundesrepublik Deutschland in die westliche Welt, München 1990, S. 535–560.

ZIMMERMANN, HUBERT, The Sour Fruits of Victory: Sterling and Security in Anglo-German Relations during the 1950s and 1960s, in: Contemporary European History 9 (2000), S. 225–243.

ABSTRACT

The London debt-settlement agreement of 1953 resolved the questions of Germany's enormous foreign public and private-sector debts from the time before and after the war. The three Western Allies insisted on re-establishing the Federal Republic's credit-worthiness as a precondition for re-attaining sovereignty.

During the war the British and Americans were already considering the question of Germany's debts, with the British taking the leading role. During the war and shortly thereafter the main issue was to secure legally the demands of foreign creditors against the competing claims for reparations. Once the East-West conflict started, the question of reparations became noticeably less prominent. Allied post-war supplies, and above all the Marshall Plan, then created further debts, which had to be dealt with first. Debt-reduction was unavoidable here if a general agreement on Germany's foreign debts was to be reached. The Americans played a key role, being the main creditors in almost all debt categories, and they made relentless use of this, much to the regret of the financially-weakened British. As far as Washington was concerned Germany's foreign debts were a means to an end in the context of American global strategy.

As the legal successor to the German Reich, the Federal Republic took over liability for all Germany's pre-war debts. A declaration to this effect was an essential prerequisite for a revision of Germany's occupied status. There was huge concern amongst the Western Allies that the Germans would renege on the repayments.

It was not until very late in the day that the Allies included the Germans in the debt-settlement plans. One of the main reasons for this were the ongoing differences between the British and the Americans. Chancellor Adenauer appointed the banker Hermann J. Abs as head of the German debt delegation, who for some time had been advocating a quick repayment of Germany's private debts. He saw the creditors of today and the lenders of tomorrow.

The main negotiations were extremely difficult due to the diversity of the claims. They were made even more complicated by Israel's reparations claims which were dealt with at the same time, against the express wishes of Abs. The main point of contention in the negotiations was how to determine Germany's ability to raise and transfer money. The key to the success of these difficult negotiations was eventually an increase in maturity of the debts and a slight modification of interest rates. The capital remained untouched. This aspect is very important if the London debt-settlement agreement is to be used as a model for solving the debt crisis of the Third World.

During the concluding negotiations a controversial passage was included in Article 5, paragraph 2 of the debt-settlement agreement, deliberately designed to prevent any demands similar to reparations in the future. Despite its enormous importance for the early history of the Federal Republic, the London debt-settlement agreement has so far been largely ignored by contemporary historians. This book, based on wide selection of sources, is the first monograph on the subject, which it approaches from a variety of different perspectives.

Personenregister

Nicht verzeichnet wurde Hermann Josef Abs. Kursiv gesetzte Seitenzahlen verweisen auf Nennungen im Haupttext.

Abbott, Jack E. 77 f., 83, 88, 145, 151, 153, 157, 162, 206, 226, 230, 320, 365, 380, 384, 386
Acheson, Dean G. 79, 96 f., 102 f., 105, *112, 114,* 141, 146, 148 f., 151–154, 156, 163, 171, 173, *174,* 175 f., 196, 199, 210 f., *212,* 236, 247, 254, 263, 270, 280, 291, 293, *302,* 313, 316 f., 320, 324, 336 f., *340,* 364, 379, 386–388, 391, 396
Ackermann, Volker 360
Adenauer, Konrad *12, 18, 22,* 87 f., 91, *95 f.,* 116 f., 121, *125–127,* 130, *133–139,* 143, *160 f., 163,* 168–*171, 174,* 177, 180, 190, *212,* 236, 239, 242, 248, 251–256, 269–272, 275 f., *280 f.,* 283–286, 295, 300, 305, 330, *351,* 361, 376, *381, 384,* 396, 412, 418, *420,* 424, *426 f.,* 431, *451 f.*
Albrecht, Karl 244
Allen, William Denis 96 f., 104, 113, 235, 339, 386
Anderson, Sir John *38, 53, 59,* 61
Angell, James W. 62
Arnold, Hans 397
Ashe, Derick Rosslyn 97
Attlee, Clement 53, 61

Baade, Fritz 130, *431 f.*
Baker, George W. 109, 236
Barou, Noah 274
Barratt, F. R. 145, 153
Bathurst, Maurice Edward 140
Bauer, Walter *217,* 218, 279
Baur, Bruno 258 f., 278, 297, 306, 309 f., 326, 329, 331, 333, 335 f., 338, 342 f., 361, 363 f., 366 f., 369 f., 378, 381, 383, 385, 395, 403, 411
Beerenson, R. G. 100
Berger, Hans 359
Berle, Adolf Augustus Jr. 45
Bertram, Helmut *432 f.*
Beutler, Wilhelm 180
Bevin, Ernest 95, *113 f.,* 148
Beyer, Paul 180, 237

Black, M. M. 146, 157
Blankenhorn, Herbert 22, *117,* 119, 121 f., *139,* 141, 159, 169, 173, 177, 246, *269, 388, 426,* 435
Blücher, Franz *21, 92,* 105, *122, 125,* 132, *161,* 173, 180, *217–222,* 242, 251 f., 255 f., 265, *268 f.,* 276, *280 f.,* 288, 306, *309 f.,* 318 f., *321, 329–331,* 333, 335, 338, 343, *347, 351,* 354, 358, *369 f.,* 371 f., *375–377,* 381, 383 f., 387 f., *390,* 393, 395, *406,* 409, 414, 416, *423 f.*
Bohlen, Charles E. 280
Böhm, Franz *17,* 253–*256,* 269–*271,* 274, 280–287
Bolton, Sir George 152
Bonsal, Dudley B. 193, *321, 324 f.*
Bowie, Robert R. 227
Boynton, Herbert F. 258, *299, 334 f.*
Branch, Michael 153, 183
Bregstein, Marcel Henri *263 f.*
Brentano, Heinrich von *419*
Breswick, William 239
Breuer, Rolf-E. 22
Brittain, Sir Herbert 206, 208
Brodesser, Hermann-Josef *10*
Bruce, David K. E. 152
Brückner, Hardo 423
Brüning, Heinrich *127*
Buchheim, Christoph *16, 18*
Bundy, Harvey H. *317*
Burchhard, Otto 238
Butler, Elliot F. M. 198
Butler, Sir Neville 264
Buttenwieser, Benjamin Joseph 79, 95
Byington, Homer M. 146
Bynton, Harold L. 244
Byroade, Henry Alfred 110, 153, 212, 214 f., 236, 244, 346

Cains, Sir Sidney 211
Campe, Carl Rudolf von *169*
Caspers 196
Cattier, Jean 108, 123, 127

Catto, Lord of Cairncatto 67f.
Cavendish-Bentinck, Victor 79, 89, 298, 336
Chamberlain, Neville 37
Chambers, S. Paul 60
Christelow, Allan 211
Churchill, Winston Spencer 37, 53f., 58
Cobbold, Cameron F. 38, 77
Conant, James B. 396
Copleston, Ernest R. 148, 151–153, 157f., 202, 206, 225f., 230, 299
Corliss, James C. 65
Coulson, John E. 41
Cowen, Myron M. 315
Crawford, R. Stewart 75, 83, 91, 94, 98, 102, 126f., 130, 139, 145, 147f., 151, 153, 157, 183, 185–187, 196, 198, 206, 208, 212, 226, 237, 239–241, 247, 262, 264, 298f., 305, 314, 316, 319f., 324, 339, 345, 357, 386, 393f.
Cridland, H. A. 162, 165, 169, 229, 247
Cripps, Sir Stafford 86
Cunnell, R. J. 75

Dalberg, Rudolph 99f., 196
Dalton, Hugh 38
Davost, Hubert 365, 374
Dawes, Charles G. 47
Dean, Sir Patrick Henry 66–68, 88, 90
Dehler, Thomas 125, 280
Deknatel, J. A. 263f.
Dieben, Wilhelm 162, 188, 229, 258
Diesel, Jürgen 423
Dittmann, Herbert 139, 142, 174
Dölle, Hans 100f., 197
Donelly, Walter Josef 368, 384, 386
Douglas, Lewis W. 96f., 100, 105–110, 147
Duden, K. 179
Dulles, John Foster 414
Düwell, Kurt 16, 23

Eady, Sir Wilfrid 40, 62
Eban, Abba 236
Eden, Sir Anthony 262, 298, 305, 316, 357f., 452
Ehlers, Hermann 424, 437
Eisenberg, Robert 109, 150, 154, 157, 162, 213, 365
Eisenhower, Dwight D. 138, 280, 376
Emminger, Otmar 22, 242, 277
Erbstößer, Kurt 87, 122–124, 126, 133, 138, 156, 166, 188f., 193f., 224, 238, 242, 279

Erhard, Ludwig 88, 173, 196, 269f., 274–276, 280, 282f., 288, 343, 410–412
Erler, Fritz 432
Ernst, Otto 188, 193

Fass, E. 29
Fehn, Bernd Josef 10
Fetter, Frank W. 154, 210, 224f., 239
Fisch, Jörg 9
Fisch, Walter 428
François-Poncet, André 116, 134f., 143, 170, 186
Franks, Sir Oliver 113, 115, 207–211, 214
Frentzel 180
Frères, Maurice 229
Friedensburg, Ferdinand 233
Frowein, Abraham 254, 271, 286f.
Furman, J. P. 149

Gainer, Sir Donald 102, 107, 112, 114, 127, 136, 147, 154
Gaitskell, Hugh 207, 210f.
Garner, J. L. 65
Gässler 177
George, Walter F. 440
Gibara, Wolfgang von 45f., 51
Gifford, Walter S. 141, 147, 150, 152–157, 173f., 187, 204, 216, 220, 227, 230f., 236f., 243, 248, 251, 253, 255, 257–261, 290, 297, 299f., 302–305, 307, 313, 315f., 317–324, 327, 346, 364, 366–370, 372, 375, 377–380, 384, 386, 389f., 403, 406f., 411
Gilbert, Parker 47
Gilette, Guy Mark 243, 302, 439f.
Ginsburg, David 212, 302
Goetz, Carl 189, 194
Goldmann, Nahum 251f., 255, 274, 284–287
Gomory, Andrew L. 64, 131f., 185, 194, 339f.
Graf, Otto 125
Granow, Hans-Ulrich 117f., 122f., 128, 162, 164, 188f., 191, 204, 217, 233, 245f., 322, 327, 335, 339, 379, 421
Gregh, François-Didier 154, 162–165, 172, 192, 213, 215, 219, 297, 299, 301, 312, 314, 323, 345f., 348, 352, 355, 405f., 408
Gregory, Sir Henry S. 41, 113
Guisan, H. 258
Gülich, Wilhelm 428–430, 435–437
Gunter, John W. 150, 153, 162, 165, 207,

211, 213, 216, 247, 290, *302*, *324*, *345*,
348, *352*, *355*, *357*, *367*, *373f.*, *378*, *380*,
382–386, *392*, *394*, *401–403*, *405*, *407f.*,
411, *413*, *415*
Gurski, Hans 123, 162, 188

Hacke, Christian *16*
Hallstein, Walter 174, 177, 180, 186, *248*,
253f., *269*, *280*, *287–289*, 293, 423,
430f., *437*
Hambro, R. Olaf 63, 131
Handley-Derry, L. 132
Handschuhmacher, Johannes (Johann
Jacob) *432*
Hanrieder, Wolfgang F. *16*
Harrison, G. W. 394
Hartmann, Alfred *269*, *343*
Havilend, Dennis 104
Hays, George Price 120, 176
Hayter, William Goodenough 101
Henckel, Hans 162, 188, 193
Henderson, Lord William W. 154
Henning, Wilhelm *14*
Hensel, H. Struve 185, 193
Herbert, Ulrich *9*
Herbst, Anneliese 188, 234, 237, 248, 279
Herlitz, Ester 236
Hildebrand, Klaus *16*
Hillgruber, Andreas *16*
Hodgon, Sir Edward 41
Hoffmann, Karl *435*
Holgate, H. C. F. 98, 145
Holmes, Julius C. 110, 147, 230, 244,
301f., 324, 343, 357f., 414, 416
Hoover, Herbert C. *32*, *34*

Ingrams, Leonard 131

Janssen, Hermann 133, 177, 179
Jarvis, R. G. E. 131
Jay, Nelson Dean 51, 65, 86, 230
Jerolaman, Jean 154
Jones, Judson C. 216, 224f., 227, 230, 236
Jones, Sir Cyril 62, 74f.

Kan, Rinnooy A. *413–416*
Kaufmann, Erich 117, 119, *122–124*, *126*,
128, *133*, 178f., *373f.*, *379*, *401–406*,
411, *415*, *417–419*, *425*
Kearney, Richard D. 109, 121, 154, 178,
209, 213, 228, 231, 257, *413*
Kennet of the Dene, Lord 86, 230, 258
Keren, Moshe *251f.*, *284f.*

Keynes, John Maynard *25f.*, *30*, *55*, *57*,
60–62
Kirkpatrick, Sir Ivone 83, *95*, *116f.*, *121*,
126–128, *134*, *136–138*, *140–143*, 148,
163, 168, 180, *295*, 366
Kleinwort, Ernest G. 131
Kohlbrügge 196
Köhler, Erich *367*, *435*
Köhler, Henning *17f.*
Könneker, Wilhelm 244
Kopf, Hermann *428f.*
Krebs, Paul *16*, *22*, 83, 97, *260*, 274, 353,
393
Kremer, Ferdinand 119, 160–162, 188,
193, 217
Kreuger, Ivar *32*
Kriege, Walter *161f.*, 185, *188*, *193f.*, 243,
258, *280f.*
Kroog, Werner 326, 332
Kulla, Bernd *14*
Küster, Otto 256, *269*, *280*, *284–286*

Ladenburg, Hubert K. 98, 113, 154, 156,
183
Laylin, John 64
Le Rougetel, Sir J. 134
Leggett, N. F. J. 196, *258*, 326, *334*
Lenz, Otto *280*
Leroy-Beaulieu, Paul 123
Létondot, R. P. 162, *165*
Lever, E. H. 39, 59, 86
Leverkühn, Paul 100, 130, 176, 189, 194,
222, 240, *260*, 302
Lewis, Geoffrey W. 130, 150, 153, 163,
215, 233. 336
Lipschutz, Isidore 163
Livesey, Frederick 64
Louchheim 157
Loynes, John Barraclough 78
Luns, Joseph M. A. H. 104
Luther, Hans 161
Luthringer 64
Lütkens, Gerhard *431*, *436*
Lynden, Baron C. D. A. van 237, *355*

Macartney-Filgate, J. 131
MacCulloch, G. S. 63
MacDonald, Donald H. 100
MacFarlane, Colin 77
Madden, A. 154
Maier, Reinhold 438
Makins, Sir Roger M. 152
Malkin, Sir William 26

Mallet, Sir William Ivo 101, 104, 113, 127
Mangoldt, Hans-Karl von 257
Margolies, Daniel F. 109, 120, 130, *208*, 210f., 214–216, 239, 290
Marshall, George C. 69, *153*
Martin, L. *324*
Masel, Sylvia M. 198
McCloy, John J. 78, 87, *91f.*, *95f.*, 105f., 116f., *120*, 123, *126f.*, 129, *132*, *134f.*, 137–140, *142*, *150*, *153*, 163, 170f., *174–176*, *211f.*, 244, 247, *256*, *269*, *271*, *273*
McKittrick, T. H. 51
Meijer, A.W.A. *334*
Melville, Eugene *123f.*, 126f., 130, 208, 226
Menzel, Walter *438*
Merton, Richard 189, *280*, *338*
Metzler, Lloyd 65
Michler, Gordon H. 334, 336
Milner-Barry, P. S. 145
Moldenhauer, Paul 310
Möller, Hans 279
Morgan, John P. 86
Morgan, Shephard 100
Morgenthau, Henry Jr. *42*, *44*, *53*, *55*, *439*, *444*
Morse, Wayne *439*
Mosler, Hermann 412
Mueller-Graaf, Carl Hermann 350

Nasmyth, J. A. 75
Neate, Horace Richard 246, 435
Neuburger, August *435*
Nicholls, J. W. 74–78
Niemeyer, Sir Otto 30, 69, 92, *193f.*, *225*, *233*, *248f.*, *257f.*, *265*, 293, *298*, *300*, *307*, *313f.*, *318*, *322–324*, *331*, *339*, *344f.*, *392*
Noack, Paul *16*
Nöller 162
Norman, Montagu *36*

Ophüls, Carl Friedrich 119, 123

Painter, R. J. 297, 345
Palliser, Sir Arthur Michael 249, 262f., 271, 292, 339f., 346, 353, 409
Palmer, Gardner E. 86, 144, 196
Parker, Richard H. 98, 108, 139, 169, 172, 181, 271
Penson, J. Herbert 88, 90, 96, 112, 114, 121
Perk, Edward H. 394

Pferdmenges, Robert 91, 130, *141f.*, *280*
Pfleiderer, Karl-Georg *137*, 170f., 177, 180, *430f.*, *436*
Phelps, Robert K. 367
Pierrot, A. O. 145, 150
Pierson, Warren Lee *153f.*, *172*, *185*, *191*, *207*, *210–213*, *215f.*, *219f.*, *253*, *255*, *257*, *260f.*, *265f.*, *290*, *297*, *299*, *301f.*, *312–317*, *319–321*, *324f.*, *339*, 346, *388*, *421*
Pitblado, R. B. 68
Playfair, Edward Wilder 38–41, 60, 62, 66f., 74f., 107
Podeyn, Hans Carl 369
Pollock, James K. 113, 116, 120
Preusker, Viktor-Emanuel *428f.*
Prud'Homme, Hector C. 120
Pumphrey, L. M. 154
Puttkamer, von 119, 123

Raymond, John M. 149
Reading, Lord Rufus Isaacs 272
Reber, Samuel Jr. 387f.
Reichel 237
Reid, Sir Edward 67, 83, *131*, 183, 194, 224, *225*, *298*, *339*
Reinstein, Jacques J. *109f.*, 113, 120, 145, 152f., 157, *208*, *210*, 235, 247
Rendel, Sir George William *15*, 131, *153*, 157, *162f.*, *165*, *172f.*, *182–184*, *186*, *191*, 204, 207, *211–215*, *217–219*, 230, *249f.*, *264–267*, *293*, *296–299*, *301*, *305f.*, *311-314*, *317f.*, *320*, *323f.*, *339f.*, *345f.*, *348–350*, *353*, *355*, *357f.*, *379*, *389*, *392–395*, *400–402*, *404f.*, *407f.*, *413*, *421*
Renz, G. 131 f.
Riddleberger, James William 340
Rist, Charles 65, 86, 230, 258
Robb, Michael A. M. 68
Roberts, Sir Frank Kenyon 252, 264, 266f., 272, *298f.*, *304f.*, 308, 316, 324, 339, 353, 357, 386, 393, *410*
Robertson, Sir Brian Hubert 79, 86, *95*
Robinson, Hamlin 157, 230
Rodocanachi, M. A. 162, 213, *402*
Roedel 175
Rogers, James Grafton *108f.*, *185*, *187*, *193f.*, *197*, *204*, *249*, *257f.*, *260f.*, *265*, *272*, *290*, *299–301*, *303–305*, *307*, *312–318*, *321*, *356*
Röhreke 365, 386, 406
Roosevelt, Franklin Delano *44*, *53f.*
Rooth, Ivar 411

Rootham, Jasper 108, 112, 152, 230, 267
Rowan, Sir Lesley 213
Rubin, S. J. 64

Sachs, Hans-Georg 162, 217, 257
Schacht, Hjalmar 48
Schäffer, Fritz 22, 86, 123, *125f.*, *159–161*, *163f.*, *167*-169, 173, 177, *212*, 221, *241*, *253*, *273*, *275*, *280–283*, *288*, *293f.*, *383*, *385f.*, *410f.*, *417*
Schaffner, Peter F. 8
Schelling, Friedrich-Wilhelm von *81*, 100, *122*-124, 129f., 139, 142, *160*, 162, 183, 188f., 194, 246, 279, *321f.*, 338f.
Schlange-Schöningen, Hans 141, 204
Schmid, Carlo *133f.*, *138*, *169f.*, 177, *437*
Schöllgen, Gregor *18*
Schröder, Gerhard *425*
Schulz 411
Schuman, Robert *115*, 317
Schütte, Ehrenfried 176f., 180, 237f., 260, 332
Schwarz, Hans-Peter *13f.*, *18*
Schwede, Walter 185, 189, 194, 204, 237, 240, *268*
Schweinitz, von 217
Scott, R. D. *364–367*
Seeliger, Wolfgang 212
Sergent, René *154*, 162, *213*
Serpell, David R. 88, 102, 108, 112, 145, 147, 237
Sherman, Saul L. 154, 209, 257
Shinnar, Felix E. 274, *284f.*
Simpson, J. L. 153
Sinard, Albert 163
Slater, Joseph E. 159
Sonnenhol, Gustav Adolf 332
Spang, Kenneth M. 193, 290, *321*, *325*
Spethmann, Dieter 13, 338, 351
Spindler, Joachim von 162, 234, 242f., *257f.*, 344
Stalin, Joseph *53*
Stedtfeld, Fritz 185, 188, 234, 276, *278f.*, 319, 354
Steel, Sir Christopher E. 96f., 315
Stein, Gustav 177
Stevens, Roger B. 68, 79f., 83, 88–90, 97, 102, 107f., 110, 136, 148, 151, 153f., 157f., 162, 183, 198, 202, 204, 206f., *211*-213, 216, 225f., 230
Stikker, Dirk *113*
Stinebower, Leroy Dean 196, 211
Stockreiser, R. B. 98

Strang, Sir William 75, 154, 292, 304, 308, 315, 357, 394, *410*
Strauß, Walter *343*
Stresemann, Gustav 49
Stucki, Walter Otto *263*
Süßkind 220
Symons, Ronald S. 213, 239f., 267, 313, 319f.

Thiessen 220
Tomberg, Willy 93, 98
Treue, Hans 82, 104, *351*
Trevelyan, Humphrey 339, 385f.
Trimble, William C. 97, 235
Truman, Harry S. 44, *53f.*
Trützschler von Falkenstein, Heinz 300, 423
Tüngeler, Johannes 242
Turner, R. M. C. 41
Turpin, J. D. 162

Veith, Werner 179, 240, 260
Vigers 77
Viner, Jacob *42f.*
Vocke, Wilhelm 22, *81*, 88, *91f.*, 131, *141f.*, *160*, 173, *221*, *241–244*, 248, *276*, *280f.*, *350f.*, *359*, *392f.*, *410f.*, *443*
Vogel, Georg *15*, 117, 119, *122–124*, 127, 140, 142, 162, 164–166, 173f., 178, 188f., 204, *217–220*, 251f., *255f.*, 261, 265, 268, 283, 288, *308–310*, 318f., 329–333, 348–350, 352–354, 357f., 361, 365, *366*, 367, *369–372*, *375–377*, *381*, *383f.*, 386f., 390, 393, 401, *406*, *413–416*, 431-*434*

Waley, Sir David 29–*31*, *38f.*, 41, 66f., *153*, 162, 204, *211*, 213, 224, 272, 293, 313, 346, *348f.*, *352*, *405*, 424
Warburg, James P. 57
Warburg, Siegmund 83
Ward, John G. 319
Webb, James E. 116
Weitnauer 246
Weiz, Gerhard 119, 123, 162, 173f., 176–178, 188, 219f., 221, 232, 238, 259, 278, 344, 346, 377, 379, 394–398, 401f., 407, 411, 414, 420, 423f., 426, 430f., 433–435
Welles, Sumner 45
Wellhausen, Hans 177, 181, *430f.*, *435f.*
Westrick, Ludger *280*, 353
White, Harry Dexter 55

Wiggin, Albert H. *34*
Wiley, Alexander *439f.*
Wilhelm, Karl 92
Williams, O. L. 145
Wilson, Sir Henry 77, 235
Wistrand, T. H. *304*
Witschel 309
Witzleben, von 388

Wolff, Bernhard Rudolf 119, 124, 130, 140, 161f., 177, 188, 194, *256*, *269*, 284, *384*, *390*, *392*, *423*
Wolff, Louis 82
Wollnik, Josef 368

Young, Owen D. *48*